• 检察官素能培训教材

刑事检察实务问题研究

XINGSHI JIANCHA SHIWU WENTI YANJIU

张智辉／主编

中国检察出版社

编 委 会

主　编　张智辉

撰稿人　张智辉　谢鹏程　邓思清
　　　　　吴孟栓　董　坤　姚　诗
　　　　　郭竹梅　黄海波　周媛媛
　　　　　李红霞　洪　流　安宏泽

编者说明

2012年修改的刑事诉讼法,赋予检察机关许多新的职能,同时对刑事诉讼中的人权保障做出了许多具体的规定。2014年以来,根据十八届四中全会决议,全国审判机关和检察机关积极推进以审判为中心的诉讼制度改革和认罪认罚从宽制度。2018年全国人大常委会关于修改刑事诉讼法的决定又对检察机关在刑事诉讼中的职权做出了重大调整。2019年最高人民法院、最高人民检察院分别公布了新一轮司法改革实施纲要和工作规划。这些都对检察机关在刑事诉讼中的职能作用产生了重大影响,对刑事检察工作提出了新的挑战,对检察官从事刑事检察工作提出了更高的要求。应对这些挑战,更好地完成刑事诉讼的任务,需要高素质的检察官。特别是在检察机关全面落实司法责任制和实行捕诉一体工作机制改革的过程中,检察官贯彻执行刑事诉讼法的能力水平问题,越来越成为做好刑事检察工作的瓶颈。

正是基于这种考虑,湖南大学法学院与丹麦人权研究中心联合组织了检察官贯彻执行新刑事诉讼法素能培训项目,以提高检察官在刑事诉讼中发挥职能作用的水平。项目组的成员在深入调查的基础上,根据刑事诉讼法的规定,结合《人民检察院刑事诉讼规则

(试行)》，曾于 2015 年撰写并出版了《审前程序问题研究》一书。为了满足检察官培训的需要，我们在《审前程序问题研究》的基础上，根据近年来刑事诉讼法的修改和检察改革的情况，对该书进行了修改、补充和删节，并以《刑事检察实务问题研究》为题，重新出版，以期为检察官贯彻执行刑事诉讼法素能培训提供可资参考的教材。

参加本书撰写的有：

最高人民检察院法律政策研究室处长吴孟栓（撰写第一章）；

湖南大学法学院特聘教授张智辉（撰写第二章、与安宏泽合写附录一）；

最高人民检察院检察理论研究所学术部主任邓思清（撰写第三章）；

最高人民检察院检察理论研究所所长谢鹏程、编译部副主任董坤（撰写第四章）；

广东省深圳市罗湖区人民检察院副检察长黄海波（撰写第五章）；

最高人民检察院第三检察厅检察官郭竹梅、北京市房山区人民检察院第二检察部检察官周媛媛（撰写第六章）；

天津市人民检察院第一分院检察官李红霞（撰写第六章第三节、第七章）；

湖南大学法学院副教授姚诗（撰写第八章）；

湖南大学法学院博士研究生安宏泽（与张智辉合写撰写附录一）。

湖南大学法学院博士研究生洪流（撰写附录二）；

虽然各位作者在撰写过程中尽其所能地遵循刑事诉讼法的规定和精神，力求尽可能地精准表达，主编也对之进行了认真的统稿，但由于水平所限，难免谬误叠成，敬请读者批评指正。

本书在调研过程中，得到了上海、江苏、浙江、云南、青海等地各级人民检察院的大力帮助；在统稿过程中，丹麦人权研究中心聘请的专家宋英辉教授阅读了初稿的全文，并提出了许多宝贵的修改意见；在出版过程中，得到了中国检察出版社的大力支持和帮助，在此一并表示衷心的感谢！

张智辉
二零一九年六月一日于长沙

目 录

第一章　诉讼制度改革与刑事检察工作的应对　/ 1

第一节　以审判为中心的诉讼制度改革　/ 1
一、刑事诉讼制度改革是一个持续渐进的过程　/ 1
二、以审判为中心诉讼制度改革的基本要求　/ 8
三、诉讼制度改革对刑事检察工作提出的挑战　/ 11

第二节　刑事检察工作的应对　/ 13
一、更新刑事检察工作理念　/ 13
二、调整刑事检察工作机制和工作模式　/ 17
三、做好刑事诉讼程序与监察程序的衔接　/ 21
四、认真履行好人民检察院的侦查职能　/ 23
五、切实发挥刑事检察诉前主导和审前过滤的作用　/ 28
六、实现繁简分流，切实办好认罪认罚从宽案件　/ 30
七、强化出庭公诉，切实发挥指控犯罪的功能　/ 35
八、办好缺席审判案件　/ 36
九、借力现代科技加强智慧检务建设　/ 39
十、围绕提升素质能力加强刑事检察队伍建设　/ 39

第二章　刑事诉讼中的人权保障　　/ 41

第一节　刑事诉讼中的人权理念　　/ 42

　　一、人权的一般含义　　/ 42

　　二、刑事诉讼中人权保障的对象　　/ 44

　　三、刑事诉讼中人权保障的重点　　/ 46

第二节　刑事诉讼法关于被告人权利的规定　　/ 50

第三节　刑事诉讼法关于被害人权利的规定　　/ 68

　　一、控告权　　/ 69

　　二、提起附带民事诉讼的权利　　/ 70

　　三、自诉权　　/ 71

　　四、代理诉讼的委托权　　/ 72

　　五、申请回避的权利　　/ 72

　　六、申请监督立案的权利　　/ 72

　　七、同意取证权　　/ 73

　　八、申请排除非法证据的权利　　/ 73

　　九、申请重新鉴定的权利　　/ 74

　　十、申请不公开审理的权利　　/ 74

　　十一、人格尊严不受侵犯的权利　　/ 74

　　十二、受保护的权利　　/ 75

　　十三、发表意见的权利　　/ 75

　　十四、对不起诉决定提出异议的权利　　/ 77

　　十五、对裁判结果提出异议的权利　　/ 78

　　十六、与被告人和解的权利　　/ 79

十七、要求返还财产的权利　　　　　　　　　　　　／80

十八、要求法定代理人或者其他合适成年人在场的权利　　／80

第四节　诉讼权利的保障与行使　　　　　　　　　／80

一、诉讼权利的保障　　　　　　　　　　　　　　／81

二、诉讼权利的行使　　　　　　　　　　　　　　／83

第五节　检察机关在保障人权中的责任　　　　　　／86

一、完成诉讼任务与保障人权的关系　　　　　　　／87

二、保障被告人权利与保障被害人权利的关系　　　／94

三、监督他人与约束自己的关系　　　　　　　　　／97

第三章　证据的审查判断　　　　　　　　　　　　／101

第一节　证据审查判断的一般理论　　　　　　　　／101

一、证据的概念及其分类　　　　　　　　　　　　／103

二、证据审查判断的任务　　　　　　　　　　　　／110

三、证据审查判断的基本原则　　　　　　　　　　／118

四、证据审查判断的基本方法　　　　　　　　　　／130

第二节　实物证据的审查判断　　　　　　　　　　／138

一、实物证据的价值　　　　　　　　　　　　　　／139

二、实物证据的审查判断　　　　　　　　　　　　／141

三、实物证据审查判断中的特殊问题　　　　　　　／147

第三节　言词证据的审查判断　　　　　　　　　　／156

一、言词证据的价值　　　　　　　　　　　　　　／157

二、言词证据的审查判断　　　　　　　　　　　　／159

三、言词证据审查判断中的特殊问题　　　　　　　　　　/ 164

第四章　非法证据排除规则的具体应用　　　　　　　/ 178

第一节　实体构成性规则　　　　　　　　　　　　　/ 178

一、理论层面非法证据之"非法性"认识　　　　　　　/ 179

二、规范层面非法证据的范围与边界　　　　　　　　　/ 184

第二节　程序实施性规则　　　　　　　　　　　　　/ 202

一、审查逮捕环节非法证据的排除程序　　　　　　　　/ 202

二、审查起诉环节非法证据的排除程序　　　　　　　　/ 210

第三节　审查批捕环节非法证据排除的实证研究　　　/ 217

一、审查批捕环节非法证据排除的实证面向　　　　　　/ 217

二、实证表象背后的深层次分析——实践对理论的
有限吸纳和"反对"　　　　　　　　　　　　　　/ 224

三、实践对理论的反哺：基于实证调研和理论分析的
改良进路　　　　　　　　　　　　　　　　　　　/ 232

第四节　审查起诉环节非法证据排除的实证研究　　　/ 237

一、审查起诉与审查逮捕中排除非法证据的同与不同　　/ 237

二、审查起诉阶段非法证据排除的新问题　　　　　　　/ 240

第五章　审查批准逮捕实务问题　　　　　　　　　　/ 256

第一节　逮捕的社会危险性条件的审查与把握　　　　/ 256

一、逮捕社会危险性条件的价值与实践　　　　　　　　/ 256

二、逮捕社会危险性条件的证成与适用　　　　　　　　/ 263

三、社会危险性条件的考察与把握　　　　　　　　　　/ 270

四、逮捕社会危险性条件的完善与发展 / 279

第二节 逮捕案件的诉讼式审查模式 / 283
一、逮捕案件诉讼式审查概述 / 284
二、推行逮捕案件诉讼式审查模式的可行性和必要性 / 286
三、检察机关逮捕案件诉讼式审查模式的深圳探索 / 290
四、检察机关探索逮捕案件诉讼式审查工作的困惑 / 293
五、完善逮捕案件诉讼式审查机制的方向 / 297

第三节 审查逮捕程序中瑕疵证据的补救与排除 / 302
一、问题的提出：从非法证据到瑕疵证据 / 302
二、瑕疵证据的界定与生成 / 304
三、瑕疵证据的排除与补救 / 308
四、瑕疵证据的侦查监督 / 314

第四节 审查逮捕程序中的侦查活动监督
——以毒品犯罪诱惑侦查为例 / 318
一、毒品犯罪诱惑侦查的正当性 / 319
二、毒品犯罪诱惑侦查存在的风险与问题 / 321
三、毒品犯罪诱惑侦查的侦查活动监督 / 325

第六章 审查起诉实务问题 / 331
第一节 审查起诉的理念 / 332
一、无罪推定原则 / 332
二、证据裁判原则 / 332
三、客观公正原则 / 333

四、注重诉讼效益 /334

第二节　审查起诉的程序 /334
　　一、前置程序 /334
　　二、讯问犯罪嫌疑人 /336
　　三、审查案卷材料 /337
　　四、退回补充侦查 /340
　　五、撰写审查报告 /342

第三节　审查起诉中应当注意的问题 /343
　　一、讯问犯罪嫌疑人应当注意的问题 /343
　　二、退回补充侦查应当注意的问题 /351
　　三、证据审查中应当注意的问题 /354
　　四、撰写审查报告应当注意的问题 /362

第四节　提起公诉 /378
　　一、提起公诉的条件 /379
　　二、起诉书的制作 /380
　　三、移送起诉书和其他证据材料 /384
　　四、提起公诉的法律效力 /385

第五节　不起诉 /386
　　一、三类不起诉的审查与适用 /386
　　二、不起诉决定书的制作 /391
　　三、不起诉决定书的宣布与送达 /392
　　四、不起诉后对被不起诉人的其他处理 /392
　　五、不起诉后涉案财物的处理 /392

六、不起诉的救济途径 / 394
七、特殊不起诉 / 396

第七章　普通程序出庭实务问题　/ 397

第一节　出庭前的准备　/ 397
一、复读案卷材料 / 398
二、准备庭审预案 / 399
三、重视庭前会议 / 404

第二节　出席法庭　/ 409
一、法庭调查 / 410
二、法庭辩论 / 417
三、最后陈述 / 421

第三节　庭审常见问题及其对策　/ 423
一、证据突袭 / 423
二、非法证据 / 424
三、庭审翻供 / 427
四、重新鉴定问题 / 428
五、情感战的应对 / 429

第八章　未成年被告人的权利保障问题　/ 430

第一节　社会调查制度　/ 431
一、未成年人社会调查的制度起源 / 431
二、未成年人社会调查在我国的发展 / 432
三、社会调查报告的法律定位 / 433

四、社会调查的主体　　　　　　　　　　　　　　　　　／436

　　五、社会调查的内容　　　　　　　　　　　　　　　　／440

第二节　合适成年人参与制度　　　　　　　　　　　　　／443

　　一、合适成年人参与制度的起源及其理念　　　　　　／443

　　二、合适成年人制度在我国的发展情况　　　　　　　／446

　　三、合适成年人的选任　　　　　　　　　　　　　　／448

　　四、合适成年人的权利义务及其实现　　　　　　　　／456

第三节　附条件不起诉制度　　　　　　　　　　　　　　／463

　　一、附条件不起诉制度的起源与发展　　　　　　　　／463

　　二、附条件不起诉与相对不起诉　　　　　　　　　　／465

　　三、附条件不起诉制度的适用条件　　　　　　　　　／466

　　四、附条件不起诉制度中的考察帮教机制　　　　　　／471

　　五、适用附条件不起诉的制度保证　　　　　　　　　／475

第四节　未成年人犯罪记录封存制度　　　　　　　　　　／476

　　一、未成年人犯罪记录封存的域外考察　　　　　　　／476

　　二、未成年人犯罪记录封存的国内立法　　　　　　　／478

　　三、犯罪记录封存的适用对象　　　　　　　　　　　／479

　　四、关于"但书"规定的适用问题　　　　　　　　　／481

　　五、犯罪记录封存的适用主体和程序　　　　　　　　／484

　　六、犯罪记录封存的救济制度　　　　　　　　　　　／487

附录一　　　　　　　　　　　　　　　　　　　　　　　／489

普通程序出庭公诉情况调查　　　　　　　　　　　　　　／489

　　一、普通程序出庭公诉的基本情况　　　　　　　　　／490

二、普通程序出庭公诉中存在的主要问题　　/ 511

　　三、改进普通程序出庭公诉的路径　　/ 523

附录二　　/ 536
未成年人刑事检察情况调查　　/ 536
　　一、未成年人刑事检察的基本情况　　/ 538

　　二、未成年人刑事检察中存在的问题　　/ 556

　　三、未成年人刑事检察工作的若干思考　　/ 568

第一章 诉讼制度改革与刑事检察工作的应对

第一节 以审判为中心的诉讼制度改革

一、刑事诉讼制度改革是一个持续渐进的过程

刑事诉讼制度是一国的基本司法制度,是实现国家刑罚权,打击犯罪,保障人权,维护社会治安秩序稳定的国家基本制度,是国家治理体系和治理能力现代化的制度基石。刑事诉讼法是刑事诉讼制度的集中体现,因此,刑事诉讼法也被称为"小宪法"。1979年7月1日第五届全国人民代表大会第二次全体会议通过,1980年1月1日起实施的《中华人民共和国刑事诉讼法》总结了我国长期以来刑事诉讼的经验,总结了"文化大革命"的教训,确立了我国刑事诉讼制度的基本内容,为我国刑事诉讼制度的不断发展完善奠定了坚实基础。1979年刑事诉讼法颁布后,我国改革开放和社会经济发展进入快车道,民主法制建设随之进入快速发展完善的历史时期。适应我国经济起飞、社会快速转型的需要,刑事诉讼制度也随着形势的发展,不断调整改革,在打击犯罪和保障人权之间不断寻找新的平衡点。也可以说,改革开放以来,我国社会发展转型的过程,也就是刑事诉讼制度随之改革完善的过程。这也决定了我国的刑事诉讼制度改革是一

个持续渐进的过程。刑事诉讼法作为刑事诉讼制度的集中体现，刑事诉讼制度的重大改革都通过刑事诉讼法的修改来体现和完成。以刑事诉讼法的修改为标志，我国改革开放以来的刑事诉讼制度改革分为三个阶段：

第一阶段是1979年至1996年。1979年刑事诉讼法颁布执行后，刑事案件的办理按照刑事诉讼法的规范步入法制轨道。同时，我国迎来改革开放后的第一次犯罪高峰，社会治安形势严峻，暴力犯罪活动和恶性案件频发。为配合"严打"，1981年6月全国人大常委会决定在1981年至1983年内，对犯有杀人、抢劫、强奸、爆炸、放火、投毒、决水和破坏交通、电力等设备的罪行，由省、自治区、直辖市高级人民法院终审判决死刑的，或者中级人民法院一审判决死刑，被告人不上诉，经高级人民法院核准，以及高级人民法院一审判决死刑，被告人不上诉的，都不必报最高人民法院核准。1983年9月全国人大常委会修改人民法院组织法，规定杀人、强奸、抢劫、爆炸以及其他严重危害公共安全和社会治安判处死刑的案件的核准权，最高人民法院在必要的时候，得授权省、自治区、直辖市的高级人民法院行使。同时全国人大常委会还通过了《关于严惩严重危害社会治安的犯罪分子的决定》和《关于迅速审判严重危害社会治安的犯罪分子的程序的决定》。决定对杀人、强奸、抢劫、爆炸和其他严重危害公共安全应当判处死刑的犯罪分子，主要犯罪事实清楚，证据确凿，民愤极大的，应当迅速及时审判，可以不受刑事诉讼法第110条规定的关于起诉书副本送达被告人期限以及各项传票、通知书送达期限的限制。上述犯罪分子的上诉期限和人民检察院的抗诉期限，由刑事诉讼法规定的10日改为3日。到1996年，刑事诉讼法已经执行17年，社会生活的各方面都有了很大变化，对刑事诉讼的各个环节，从立案管辖、强制措施、侦查手段、诉讼当事人的权利到起诉与审判方式以及执行都提出了一些需要研究的新问题。1996年3月17日八届人大四次会议通过《关于修改〈中华人民共和国刑事诉讼法〉的决定》，对我国刑事诉讼制度进行了重大改革，进一步完善了惩罚犯罪的机制，加强了对当事人特别是犯罪嫌疑人、被告人和被害人诉讼权利的保障；进一步理顺了公安机关、检察机关和人民法院之间的关系；将超职权主义的诉讼模式改革为控辩式，强化了控辩双方的举证和辩论等。

第二阶段是从1996年至2012年。1996年刑事诉讼法修改后，最高人民法院、最高人民检察院、公安部等机关制定发布了《关于刑事诉讼法实施中若干问题的规定》《公安机关办理刑事案件程序规定》《人民检察院刑事诉讼规则》《最高人民法院关于执行〈中华人民共和国刑事诉讼法〉若干问题的解释》《关于走私犯罪侦查机关办理走私犯罪案件适用刑事诉讼程序若干问题的通知》《律师办理刑事案件规范》《关于军队执行〈中华人民共和国刑事诉讼法〉若干问题的暂行规定》等一系列司法解释和规范性文件，基本形成了比较完备的刑事诉讼制度的规范体系。同时，我国经济社会继续快速发展，社会转型期和矛盾凸显期的双重影响，决定了刑事案件居高不下，严重暴力犯罪增多，犯罪的种类和手段都出现了新变化、新情况，对我国社会管理提出了严峻挑战；国家民主法制建设的推进和人民群众法制观念的增强，对维护司法公正和保护公民权利提出了更高的要求，迫切需要进一步完善刑事诉讼制度，进一步保障司法机关准确及时惩罚犯罪，保护公民诉讼权利和其他合法权利。党中央从发展社会主义民主政治，加快建设社会主义法治国家的高度，持续推进司法体制和工作机制改革，不断规范司法行为，推进建设公正高效权威的社会主义司法制度。这些都不断推动刑事诉讼制度适应社会发展的需要不断进行调整。2007年死刑核准权收归最高人民法院统一行使，中共十七大对司法改革和刑事诉讼制度完善提出更高要求。2008年中央政法委下发《关于深化司法体制和工作机制改革若干问题的意见》从优化司法职权配置、落实宽严相济刑事政策、加强政法队伍建设、加强政法经费保障四个方面就深化司法改革工作作出总体部署。刑事司法改革正式进入深水区，各地司法改革陆续取得成果，司法解释随之密集出台。2010年最高人民法院、最高人民检察院、公安部、国家安全部、司法部联合颁布《关于办理刑事案件排除非法证据若干问题的规定》，明确在刑事案件中以刑讯逼供等非法手段收集的证据将被排除，不得作为定案依据。2010年8月最高人民检察院和公安部联合制定《关于审查逮捕阶段讯问犯罪嫌疑人的规定》，讯问未成年人时应当通知监护人到场等一系列司法改革成果被正式确认。2010年9月最高人民法院、最高人民检察院、公安部、国安部、司法部联合制定《关于规范量刑程序若干问题的意见试行》，规定量刑问题作为庭审重要内容由控辩双方在庭审中直接辩论。

为了充分适应加强打击犯罪、保护人民的需要，加强和创新社会管理、维护社会和谐稳定的需要，深化司法体制和工作机制改革的需要，2012年3月14日第十一届全国人大第五次会议通过修改刑事诉讼法的决定。这次修改适应我国犯罪活动新变化和加强惩罚犯罪能力的需要，坚持稳中求进的指导思想，坚持惩罚犯罪与保障人权并重、实体公正与程序公正并重的理念，使刑事诉讼制度民主化、法治化和科学化取得了重大的进步。

第三阶段是2012年至2018年。2012年刑事诉讼法修改后，最高人民法院、最高人民检察院和公安部相应修改了《关于执行刑事诉讼法的解释》《人民检察院刑事诉讼规则》和《公安机关办理刑事案件程序规定》，六部门也联合发布了新的《执行刑事诉讼法若干问题的规定》，刑事诉讼的规范化、法制化取得了新的进展。党中央协调推进"四个全面"战略部署，2013年11月，十八届三中全会通过了《中共中央关于全面深化改革若干重大问题的决定》，提出确保依法独立公正行使审判权、检察权，健全司法权力运行机制，完善人权司法保障制度，2014年10月，十八届四中全会通过了《中共中央关于全面推进依法治国若干重大问题的决定》。提出"推进以审判为中心的诉讼制度改革"，"全面贯彻证据裁判规则，严格依法收集、固定、保存、审查、运用证据，完善证人、鉴定人出庭制度，保证庭审在查明事实、认定证据、保护诉权、公正裁判中发挥决定性作用。"为今后一个时期的刑事诉讼制度改革指明了方向。根据全面推进依法治国的总体部署，主要对刑事诉讼制度进行了三个方面的调整：

一是构建速裁程序和认罪认罚从宽制度。2014年6月27日，为进一步完善刑事诉讼程序，合理配置司法资源，提高审理刑事案件的质量与效率，维护当事人的合法权益，全国人大常务委员会决定授权最高人民法院、最高人民检察院在北京、天津、上海、重庆等18个城市开展为期两年的刑事案件速裁程序试点工作。对事实清楚，证据充分，被告人自愿认罪，当事人对适用法律没有争议的危险驾驶、交通肇事、盗窃、诈骗、抢夺、伤害、寻衅滋事等情节较轻，依法可能判处1年以下有期徒刑、拘役、管制的案件，或者依法单处罚金的案件，进一步简化刑事诉讼法规定的相关诉讼程序。2014年8月22日，根据全国人大常委会的授权决定，最高人民法院、最高人民检察院、公安部、司法部印发《关于在部分地区开展刑事案件速裁程序试点工作的办法》，对试点工作的范围、程序作出进一步的具体和明确。

为进一步落实宽严相济刑事政策，完善刑事诉讼程序，合理配置司法资源，提高办理刑事案件的质量与效率，确保无罪的人不受刑事追究，有罪的人受到公正惩罚，维护当事人的合法权益，促进司法公正，2016年9月3日全国人大常委会决定授权最高人民法院、最高人民检察院在北京、天津、上海、重庆等地开展刑事案件认罪认罚从宽制度试点工作。对犯罪嫌疑人、刑事被告人自愿如实供述自己的罪行，对指控的犯罪事实没有异议，同意人民检察院量刑建议并签署具结书的案件，可以依法从宽处理。刑事案件速裁程序试点工作按照新的试点办法继续试行。

二是推进监察体制改革，调整职务犯罪侦查体制。2016年根据党中央确定的《关于在北京市、山西省、浙江省开展国家监察体制改革试点方案》，为在全国推进国家监察体制改革探索积累经验，全国人大常委会决定在北京市、山西省、浙江省开展国家监察体制改革试点工作，设立监察委员会，对本地区所有行使公权力的公职人员依法实施监察；履行监督、调查、处置职责，调查涉嫌贪污贿赂、滥用职权、玩忽职守、权力寻租、利益输送、徇私舞弊以及浪费国家资财等职务违法和职务犯罪行为并作出处置决定，对涉嫌职务犯罪的，移送检察机关依法提起公诉。2017年将试点扩大到全国范围内开展。在试点的基础上，2018年3月11日第十三届全国人民代表大会第一次会议通过《中华人民共和国宪法修正案》，3月20日通过《中华人民共和国监察法》，正式组建各级监察委员会。

三是系统推进以审判为中心的刑事诉讼制度改革。2016年10月11日，最高人民法院、最高人民检察院、司法部、公安部、国家安全部联合印发了《关于推进以审判为中心的刑事诉讼制度改革的意见》。该意见再次重申了未经人民法院依法判决，对任何人都不得确定有罪；证据裁判原则；侦查机关应当全面客观收集证据；防止刑讯逼供，不得强迫任何人证实自己有罪等基本原则和制度。随后最高人民法院和最高人民检察院制定下发了人民法院和人民检察院贯彻以审判为中心的刑事诉讼制度改革的意见。党的十八届三中全会提出，严禁刑讯逼供、体罚虐待，严格实行非法证据排除规则；十八届四中全会进一步要求，健全落实非法证据排除等法律原则的法律制度，加强对刑讯逼供和非法取证的源头预防。这是党中央在全面依法治国、全面深化改革背景下作出的重大司法改革部署，事关依法惩罚犯罪、切实保障人权，是保证司法公正、提高司法公信力的重要举措，对证据制度乃至刑事诉讼制度改革具有深远影响。2017年6月中央政法各部门研究制定了《关于严格实行排除非法证据规则的若干规定》，结合司法实践，特别是重大冤假错案反映的突出问题，明确非法证据的认定标准，完善非法证据的排除程序，对侦查、起诉、辩护、审判等工作提出更高的标准、更严的要求。

党的十八大以来，党中央协调推进"四个全面"战略布局，在深化国家监察体制改革、反腐败追逃追赃、深化司法体制改革等方面作出了一系列重大决策部署，取得了重大成果和进展。从刑事诉讼制度来看，应当及时调整跟进。2018年10月，全国人大常委会通过《关于修改刑事诉讼法的决定》，对刑事诉讼法作了三个方面修改：一是保障国家监察体制改革的顺利进行，完善监察与刑事诉讼的衔接。监察法确定对于公职人员的职务犯罪由监察机关负责调查。为了与监察法的规定相衔接，对人民检察院的侦查职权做出相应的调整，保留检察机关的部分侦查权。对监察机关调查终结将案件移送到检察院进行审查起诉的，对有关的程序性的机制做出衔接性规定。二是加强反腐败国际追逃追赃的工作力度，丰富反腐败和国际追逃追赃的手段，建立刑事缺席审判制度，明确对于贪污贿赂的案件以及需要及时进行审判，经过最高人民检察院核准的严重危害国家安全的犯罪和恐怖活动犯罪的案件，犯罪嫌疑人、被告人在境外的，可以缺席审判。三是与深化司法体制改革密切相关的内容，在总结认罪认罚从宽制度和速裁程序试点工作经验的基础上，将在实践中可复制、可推广的、行之有效的在司法实践中的经验上升为法律。这次刑事诉讼法的修改，是紧紧围绕党中央的重大决策部署，特别是对深化国家监察体制改革、反腐败追逃追赃、深化司法体制改革、对进一步完善中国特色的刑事诉讼制度、推进国家治理体系和治理能力现代化而做出的修改，具有十分重要的意义。

纵观我国刑事诉讼制度四十年来的改革历程，可以看出，刑事诉讼制度的变革是不断适应社会发展，在惩治犯罪与保障人权之间不断调整契合点的持续过程，其间既有自上而下的突变式改革，也有自下而上的渐进式调整；既有立法主体的强力推进，也有司法主体的努力推动；既有一步到位的强制建构，也有渐进主义的循序调整，正是因为既往中国刑事诉讼制度改革发展并未拘泥于某一种变革模式，而是综合运用了不同的改革方式，并让多种主体尽力发挥自身作用，才实现了制度的平稳变迁与深刻转型，不仅呈现了中国刑事诉讼制度改革变迁的总体特点，更蕴藏着刑事诉讼制度改革发展的重要经验。总的来说，刑事诉讼制度主要围绕尊重和保障人权、完善证据制度、强制措施更加科学、加强辩护权的保障、侦查措施的完善、审判程序的不断完善、构建中国特色的刑事特别程序、完善执行程序八个方面进行。贯穿始终的一条主线就是探索符合中国国情、符合司法规律、符合实际需要的刑事诉讼制度。

二、以审判为中心诉讼制度改革的基本要求

建立以审判为中心的诉讼制度，是当前和今后一个时期刑事诉讼制度改革的基本方向和核心内容，不仅对审判程序提出了要求，同时强调从刑事诉讼的源头开始，就必须按照裁判要求和标准，全面、规范地收集、固定、审查、运用证据，确保案件裁判公平正义。

以审判为中心的诉讼制度在侦查阶段的主要要求是：第一，依法全面、客观、及时收集证据。要求侦查机关应当全面、客观、及时收集与案件有关的证据，严格排除非法证据，并强调所有证据应当妥善保管，随案移送，为公正裁判奠定坚实基础。为进一步规范侦查机关取证行为，保证取证合法性，要求公安机关探索建立命案等重大案件检查、搜查、辨认、指认等过程录音录像制度。通过对有关侦查活动过程录音录像，有效固定和还原侦查机关侦办重大案件时收集、提取证据的过程，进一步增强相关证据的证明力和说服力，促使办案人员规范取证。此外，还应积极推进建立健全符合裁判要求、适应各类案件特点的证据收集指引，完善技术侦查证据的移送、审查、法庭调查和使用规则，统一司法鉴定标准和程序以及完善见证人制度等。第二，完善讯问制度。公安机关应当严格按照有关规定要求，在规范的讯问场所讯问犯罪嫌疑人，严格依照法律规定对讯问过程全程同步录音录像，逐步实行对所有案件的讯问过程全程同步录音录像。第三，保障当事人、辩护人的诉讼权利。要健全当事人、辩护人和其

他诉讼参与人的权利保障制度；在案件侦查终结前，对犯罪嫌疑人提出的无罪或者罪轻的辩解、辩护律师提出的犯罪嫌疑人无罪或者依法不应追究刑事责任的意见，侦查机关应当依法予以核实。

以审判为中心的诉讼制度在检察环节的主要要求是：第一，着力规范侦查取证行为，从制度上防范刑讯逼供。针对实践中对证明标准把握不统一的问题，要建立健全符合裁判要求、适应各类案件特点的证据收集指引。为确保讯问合法进行，要求完善讯问制度，对公安机关、国家安全机关和人民检察院侦查的重大案件，由人民检察院驻看守所检察人员讯问犯罪嫌疑人，核查是否存在刑讯逼供、非法取证情形，并同步录音录像。第二，切实防止案件"带病"进入审判程序，加强检察机关审前把关和发挥过滤功能。完善补充侦查制度，进一步明确退回补充侦查的条件，建立人民检察院退回补充侦查引导和说理机制；规范补充侦查行为，对于确实无法查明的事项，公安机关、国家安全机关应当书面向人民检察院说明理由。完善不起诉制度，规定对未达到法定证明标准的案件，人民检察院应当依法作出不起诉决定，防止事实不清、证据不足的案件进入审判程序。完善撤回起诉制度，规范撤回起诉的条件和程序。第三，发挥检察职能作用，推进案件繁简分流。要进一步完善公诉机制、优化司法资源配置的制度机制。为完善刑事案件认罪认罚从宽制度，要积极探索被告人认罪与不认罪案件相区别的出庭公诉模式，对被告人不认罪的，人民检察院应当强化庭前准备和当庭讯问、举证、质证；对被告人认罪的，要大力适用刑事案件速裁程序和认罪认罚从宽制度。第四，着眼于发挥检察机关法律监督的职能作用，完善人民检察院对侦查活动和刑事审判活动的监督机制。

以审判为中心的诉讼制度在审判环节的主要要求是：第一，严格贯彻证据裁判原则的要求。首先，严格执行法定的证据采纳标准，把好证据审查判断关。其次，严格执行法定的证明标准，依法准确认定案件事实。再次，严格落实疑罪从无原则，切实防范冤假错案发生。人民法院应当坚持严格依法裁判，杜绝疑罪从有、从轻、从挂等错误做法，真正做到有罪则判，无罪放人，不得违心下判或作出留有余地的判决。第二，着力提高人权司法保障水平。首先，严格实行非法证据排除规则，切实防止刑讯逼供、非法取证。法院应当严格落实法律规定，对各类非法证据依法认定、严格排除，促使办案人员严格执行法定取证程序。同时要立足司法实践，进一步明确非法证据的范围和认定标准，减少非法证据排除规则适用中的法律争议。其次，完善值班律师制度，依法维护被告人的合法权益。重视发挥值班律师的职能作用，有效减少审判过程中的程序性争议。再次，完善法律援助制度，依法保障被告人的辩护权。健全依申请法律援助工作机制和办案机关通知辩护工作机制，依法保障辩护人在庭审中发问、质证、辩论辩护等权利，完善便利辩护人参与诉讼的工作机制。第三，充分发挥庭审在查明事实、认定证据、保护诉权、公正裁判中的决定性作用。首先，要完善证人、鉴定人、侦查人员出庭作证制度，积极推进庭审实质化。要积极推动关键证人出庭作证，落实强制证人到庭制度，完善出庭作证保障机制，有效解决证人出庭率等问题。其次，要规范法庭审理程序，落实公正审判的内在要求。要规范法庭调查程序，证明被告人有罪或者无罪、罪轻或者罪重的证据，都应当在法庭上出示，依法保障控辩双方质证权利；要完善法庭辩论规则，依法保障被告人及其辩护人的辩护辩论权，有效解决争议问题；要完善当庭宣判和定期宣判制度，真正做到"诉讼证据出示在法庭""案件事实查明在法庭""控辩意见发表在法庭""裁判结果形成在法庭"。第四，完善审判程序繁简分流机制。充分发挥庭前会议功能，有效解决程序性争议。完善刑事案件速裁程序和认罪认罚从宽制度。积极总结试点经验，完善认罪认罚从宽制度的实施机制。

以审判为中心的诉讼制度在律师辩护、法律援助和司法鉴定方面的主要要求是：第一，进一步强化律师在刑事诉讼中的职能作用。强化律师在侦查阶段的辩护职责，突出律师辩护意见的重要性，明确侦查机关对律师意见"应当依法予以核实"的要求,为律师在侦查阶段发挥有效作用创造积极条件;强化辩护律师在法庭调查中质证权。要有效解决当前律师辩护中存在的"发问难"和"质证难"问题,促进庭审实质化具有重要作用;强化辩护律师在庭审中的辩论权。意见要对增强律师辩护的有效性、维护当事人合法权益产生积极影响;强化辩护律师诉讼权利保障。必须依法保障辩护人会见、阅卷、收集证据和发问、质证、辩论辩护等权利,完善便利律师参与诉讼的工作机制;强化律师的行为规范,辩护人不得帮助犯罪嫌疑人、被告人隐匿、毁灭、伪造证据或者串供,不得威胁引诱证人作伪证以及进行其他干扰司法机关诉讼活动的行为。对于实施上述行为的,应当依法追究法律责任。第二,进一步强化法律援助的职能作用。在推进以审判为中心的诉讼制度改革中,刑事辩护率低,部分犯罪嫌疑人、被告人无法及时获得法律帮助等问题依然比较突出。为此,需要建立法律援助值班律师制度,完善法律援助制度。保证犯罪嫌疑人、被告人依法及时获得法律帮助。第三,进一步强化司法鉴定的职能作用。长期以来,刑事诉讼中存在不同鉴定机构在程序、标准上不统一的问题,一定程度上影响了诉讼效率和司法公信力。这就要求统一司法鉴定程序,落实鉴定人出庭作证制度,提高出庭作证率。这对于进一步规范司法鉴定活动、统一证据裁判规则、防止因鉴定问题导致冤假错案、有效维护被告人的辩护权具有重要作用。

为免除证人、鉴定人出庭的后顾之忧,需要建立证人、鉴定人等作证补助专项经费划拨机制,弥补鉴定人在刑事审判中出庭作证费用有关法律规定和制度规范的不足,调动鉴定人出庭积极性,提高鉴定人出庭作证率和审判效率。

三、诉讼制度改革对刑事检察工作提出的挑战

"以审判为中心的诉讼制度改革"是一个需要长期推进的系统工程,

是刑事诉讼模式由阶段论的线形模式向庭审对抗制模式的逐步转变。这一转变对刑事诉讼的影响是深远的，带有根本性的，对刑事检察工作提出了一系列挑战。这些挑战主要表现在：

第一，刑事检察工作中的传统观念与刑事司法理念不断更新不适应。长期以来，检察机关受重打击轻保护、重实体轻程序、重效率轻公正等价值取向的影响至深，"疑罪从轻""疑罪从挂""捕必诉、诉必判""诉辩不平等"等错误思想还有一定的市场。疑罪从无、程序正当等现代司法理念要真正内化于心，外见于行，还需经过长期的培养和实践才能实现。理念上的滞后和认识上的模糊，意味着以审判为中心诉讼制度的完全确立不可能一蹴而就，将是一个长期的过程。

第二，刑事检察人员的素能与以审判为中心的要求不适应。推进以审判为中心的诉讼制度改革，使处于承上启下环节的检察机关面临一系列挑战：法院对证据的要求越来越高、对定案标准的把握越来越严，随着律师执业权利日益受到重视和保障，律师介入案件的时间日渐提前、空间不断加大，律师与检察机关公诉人员庭审对抗的程度更趋激烈。面对多重压力，检察人员不同程度地存在以下问题：对改革的要求理解不深、应对的主动性不够强，有的出现畏难情绪；引导侦查取证不知如何下手，尺度把握不准；审前过滤、案件分流的意识和能力需要加强；庭审指控能力亟待提高。

第三，刑事检察工作机制与刑事司法的新要求不适应。检察机关参与刑事诉讼的全过程，刑事诉讼制度的每一次重大改革，都会涉及到刑事检察工作的方方面面。普通程序的不断调整，特别程序的不断扩展，都使刑事检察工作不断面临新职能、新使命、新问题。一方面，刑事检察工作积累了丰富的经验，形成了一整套比较完备的制度规范。另一方面，刑事检察职能的不断更新扩展与有限的司法资源的矛盾日益突出，特别是一些地方案多人少的矛盾始终突出；犯罪案件和犯罪手段日益智能化、专业化，涉及的法律适用问题日益复杂与刑事检察的分环节履行职能之间的不适应问题日益突出，批捕和公诉两大环节面对所有的刑事案件，既重复劳动、浪费资源，又严重影响了刑事检察人员的专业化素养提高；三级审批的行政化办案模式，在适应过去业务素质普遍有待提高的基本队伍状况，保证了整体办案质量的同时，不符合司法规律，不符合办案的亲历性要求，不利于刑事检察人员提高素质、发挥积极性的弊端也日益突显。

第二节 刑事检察工作的应对

一、更新刑事检察工作理念

检察机关作为国家法律监督机关是具有中国特色的宪法定位。根据修改后宪法的规定，检察机关的性质定位依然是国家的法律监督机关，在刑事诉讼中的职能定位依然是法律监督。由于历史原因，我国检察制度不仅与前苏联检察制度相似，也与大陆法系国家的检察制度接近，这些国家检察官的定位是"法律守护人"，以监督法律实施、恪守客观性义务，追寻司法正义为己任。这些职责并不衍生于职务犯罪侦查权，也不因职务犯罪侦查权的转隶而丧失、变性。根据修改后刑诉法，检察机关保留的部分侦查权正是针对履行诉讼监督职能过程中发现的司法工作人员侵犯公民权利、损害司法公正的犯罪，这增强了检察机关法律监督的刚性，有利于有效履行法律监督职能、及时纠正违法行为。检察机关在刑事诉讼中履行的审查逮捕权、审查起诉权、公诉权、立案监督、侦查监督、审判监督、刑罚执行和监管活动监督等职能，凸显了法律监督性质。检察机关参与刑事诉讼的目的是为了维护法律实施和公正司法，既要担负追诉犯罪的诉讼职责，也担负着维护人权、追求司法公正的监督职责。总之，坚持检察机关的法律监督定位是我国刑事诉讼立法不断完善、日臻成熟的一项重要制度经验。多年来的司法实践也表明，检察机关在刑事诉讼中履行法律监督职责,对于保证刑事诉讼活动顺利进行,保障国家刑罚权的实现,保障人民群众合法权益,具有重要意义。

"以审判为中心"与检察机关的法律监督并不是对立的。宪法和刑事诉讼法在赋予检察机关法律监督职责的同时,将公检法在刑事诉讼中分工负责、相互配合、相互制约,作为刑事诉讼的基本原则。党的十八届四中全会通过的《关于全面推进依法治国若干重大问题的决定》在提出"以审判为中心"的同时,重申了政法各部门各司其职、相互配合、相互制约的原则和检察监督原则。习近平总书记指出:"我国刑事诉讼法规定公检法三机关在刑事诉讼活动中各司其职、互相配合、互相制约,这是符合中国国情、具有中国特色的诉讼制度,必须坚持。"近年来,推进以审判为中心的刑事诉讼制度改革对检察机关履行职能提出了更高的要求,但并不意味着否定原来刑事诉讼法确立的公检法三机关关系,也不意味着与检察机关履行法律监督职能的对立。检察机关通过加强对侦查的规制和取证引导,使其移送的证据符合法院裁判规格和要求;通过出庭支持公诉和对审判活动进行监督,确保办案质量、实现司法公正,完全契合了"以审判为中心"的诉讼制度改革要求。

刑事诉讼制度的改革,要求检察机关对刑事诉讼的法律监督要通过办案实现。在刑事诉讼中,检察机关的法律监督是在审查批捕、审查起诉和出庭支持公诉等具体工作中进行的,也就是说必须通过具体办案实现。办案是检察机关实行法律监督最有效的手段。正如张军检察长所强调的,法律监督要抓业务,就是要抓办案,要"在办案中监督,在监督中办案"。检察机关在刑事诉讼中履行法律监督职能既不是"检察至上"跟在别人后面挑毛病,也不是跟在别人后面等饭吃,而是要通过具体办案活动实行法律监督,实现多赢共赢。

对刑事诉讼的法律监督必须依法展开。监督的法定性是程序法定原则在法律监督环节的具体体现,检察机关对刑事诉讼实行法律监督的前提是必须依法。依法就是依照刑事诉讼法和其他法律的规定，对刑事诉讼活动实行法律监督。刑事诉讼法作了较为具体明确的规定，这些规定既为检察机关履行法律监督职责提供了明确的法律依据，也为检察机关履行法律监督职责提出了要求和边界，检察机关在履职过程中要严守法律规定的标准和要求，依法监督、规范监督。

刑事检察工作要紧跟形势发展，顺应人民群众日益增长的美好生活需要，围绕刑事法律监督职能定位，贯彻落实好刑事诉讼法，把握好新时代检察机关在刑事诉讼中的角色定位：

1. 新理念的践行者

党的十九大报告作出了我国社会主要矛盾已经转化的重要论断，这无疑对检察工作提出了更高标准。进入新时代，检察机关反贪转隶，完成了恢复重建四十年来最深刻、最具影响的一次重大职能调整。新的时代坐标下，检察工作要实现创新发展，满足人民群众的新需要，树立正确理念至关重要。理念一新天地宽，要坚持以理念变革引领检察工作创新发展。检察工作必须站在国家法治建设全局和检察事业长远发展的高度，始终服从服务顺应党和国家中心工作、服从服务顺应经济社会发展大局。要把讲政治落实到检察工作的方方面面，以习近平新时代中国特色社会主义思想为指引，认真践行以人民为中心的检察新理念，为人民群众提供优质的法治产品、检察产品，努力让人民群众在每一个司法案件中感受到公平正义。要树立双赢共赢多赢的监督新理念，与被监督者形成良性、积极的互动关系，共同维护好社会公平正义和公共利益。要认真践行检察工作平衡、充分、全面的新理念，做实刑事法律监督工作。在监督过程中，要坚持政治效果、社会效果、法律效果相统一，不搞粗放式办案，注重精准监督，力求通过个案公平正义引领司法工作乃至整个社会的进步。这些理念应该成为构建新时代刑事诉讼法律监督的价值取向，并贯彻落实到刑事诉讼监督的全过程、各个方面。

2. 审前程序的主导者

随着以审判为中心的刑事诉讼制度改革的确立，整个刑事诉讼将围绕法庭庭审来展开，围绕证据做文章，这决定了检察机关在审前程序中应发挥好积极的主导作用。在侦查环节，检察机关不能囿于传统批捕"被动"审查、流程过滤的角色，而应当围绕以审判为中心的诉讼制度要求，树立"大控方"理念，尤其是捕诉一体化后，要将庭审要求的案件质量标准向侦查环节传导，不仅要严把审查逮捕关，还应当通过提前介入、引导侦查、退回补充侦查、侦查监督等方式，协同、督促侦查机关从源头上打牢证据基础、提高案件质量。在审查起诉环节，要强化审查职能，发挥审前过滤的主导作用，严格落实非法证据排除规则，保证进入审判的案件真正达到事实清楚、证据确实充分，防止带病起诉。在审判环节，要不断提高举证、质证和发表公诉意见的能力，引导法庭增强对指控犯罪的本质、危害性及证据证明意义的认同，提升检察机关指控犯罪的能力。

3. 诉讼程序的分流者

根据案件和被告人是否认罪等情况进行诉讼程序分流，是以审判为中心的刑事诉讼制度的重要内容和要求。这次刑诉法修改，在借鉴域外经验的基础上，根据我国国情完善了刑事案件认罪认罚从宽制度，增设了速裁程序，加上原有的普通程序、简易程序和不起诉程序，构成了多元化的诉讼体系。这些程序的适用或者由人民检察院启动，或者由人民检察院提出建议，这就决定了检察机关应当做好诉讼程序的调控者，对适用不同程序的案件完善繁简分流工作机制，进行准确分流，导入不同的诉讼程序，实现简案快办、繁案精办，提升办案质效。在做好程序"导流"的同时，还应做好程序"限流"工作，就是充分发挥不起诉裁量权的作用，适当扩大不起诉的适用范围，过滤掉那些没有必要进入审判程序的案件，以激励一些可罚可不罚的犯罪嫌疑人尽早认罪悔罪，并通过积极退赔、赔礼道歉、刑事和解等，消除或减轻危害后果，争取被害人谅解，促进案结事了，增进社会和谐。

4. 新程序的推动者

2012 刑事诉讼法修改增加了四个特别程序，即未成年人刑事案件诉讼程序、刑事和解程序、违法所得没收程序和强制医疗程序。由于新程序的制度设计较为原则、实践经验较少，一些特别程序，尤其是没收程序、强制医疗程序在司法实践中应用并不多，没有很好地实现法律设置特别程序的目的。在这些程序中，检察机关往往处于发动者的地位，检察机关不提起，就没有后面的特别程序适用。此次刑事诉讼法修改又增设了"缺席审判程序"，还特别增加了最高人民检察院核准以及检察机关对缺席判决提出抗诉等规定。面对这些新程序、新制度，检察机关要积极应对挑战，加强研究，探索行之有效的方法，履行好刑事诉讼法赋予的职责，推动特别程序在司法实践中的贯彻实施，充分发挥法律修改对社会治理的积极推动作用。

二、调整刑事检察工作机制和工作模式

构建一个适应刑事诉讼制度需要的刑事检察工作机制，是应对好刑事诉讼制度改革的关键。检察机关重建以后，刑事检察工作曾经设置综合的刑事检察部门，综合办理批捕、起诉、诉讼监督等各项刑事检察业务，实行承办人、部门负责人、院领导三级审批的工作模式。1996 年刑事诉讼法作出重大修改后，为履行好检察机关在刑事诉讼各个环节的职责，检察机关实行捕、诉部门分设，对检察机关内部实行内部制约提高办案质量确实起到了积极作用，但在捕、诉分设的情况下，由不同的办案主体对同一案件重复审查，造成重复劳动，形成了司法资源浪费。同时，侦查监督和公诉部门分设，导致在实践中两个环节沟通不畅，衔接不顺。侦查监督部门在工作中发现的侦查机关的侦查取证问题不能及时传送给公诉部门，而到了公诉环节发现的问题往往因为时过境迁，难以充分地补查补证，这是导致很多案件带病起诉的重要原因。捕诉分设的体制，还造成两个环节的检

察人员同时面对各类犯罪案件，难以培养办理各类案件的专家型人才，严重置后于当前犯罪案件日益智能化、复杂化、专业化的形势，与公安机关、审判机关按照犯罪类型设置机构，集中办理各类案件的体制相比，弊端明显，也不利于与公安机关、审判机关的沟通衔接。在当前司法改革全面推开的新形势下，员额检察官制度、内设机构整合的实行，导致司法资源严重不足。推进捕诉一体化，是破解当前案多人少局面，适应以审判为中心的刑事诉讼制度改革，推动司法体制改革向纵深发展的重要举措。

"捕诉一体"或者"捕诉分立"，属于检察机关内部的职能分工，涉及的是内设机构如何设置等组织法意义上的问题，并不影响诉讼的程序效力。批准逮捕与提起公诉，属于检察机关的基本职权，这两项权力曾经由检察机关同一部门行使，即刑事检察部门；后来，分由不同部门办理，即批捕部门（后改称"侦查监督部门"）与公诉部门。这种捕与诉的分与合，不产生诉讼法效力上的差异。因此，"捕诉一体"不存在诉讼法理上的障碍。

"捕诉一体"可以避免对于同一案件的重复审查。在"捕诉分立"的情况下，由负责审查批准逮捕的检察官进行阅卷、讯问和核实证据，提出逮捕与否的意见；后将案件返回公安机关进行后续的侦查活动，案件侦查终结后，再度移送检察机关审查起诉，由公诉部门的检察官审查决定是否起诉，同样在零起点上进行阅卷、讯问和核实证据，提出起诉与否的意见。在"捕诉一体"的情况下，审查批捕和审查起诉由同一部门同一检察官办理，这意味着对于同一案件可以进行递进式审查，办案效率有所提高。显然，面对检察机关人案矛盾突出的现状，"捕诉一体"对于缓解矛盾有一定的积极作用。

"捕诉一体"，可以精简检察机关内部业务环节，实现部门业务的整合。检察机关部门整合工作早在前几年已经展开，包括将公诉部门与批捕部门合并为"刑事检察部"在内的"大部制"改革。此前"大部制"改革只是将若干部门划为一"部",缺乏真正的部门合并和办案人员的整合。"捕诉一体"是在原来"大部制"改革的基础上更进一步,将部门进行合并,对办案人员的具体职能进行调整,使"大部制"实质化,打通各部门间的壁垒。

"捕诉一体",在减少内部环节的同时,有利于激活刑事诉讼机制内的制约作用。多年来,我国司法体制注重内部制约,设置了较为细致的行政化的内部制约环节,实行上级对下级和部门与部门之间的内部制约,发挥了一定的权力制约功能,有助于保障办案质量。但是,也存在着注重检察体制内部的制约而忽视刑事诉讼程序内的制约机制的问题,造成对刑事诉讼机制制约的弱化。按照刑事诉讼程序的设计,对于检察机关的批捕工作,公安机关认为不批准逮捕决定有错误的,有权提出复议、复核,一旦公安机关提出复议,原作出决定的检察机关应当审核原作出的决定有无错误,对于提出复核的案件,由上一级检察机关审核原作出的不批准逮捕决定有无错误;对于检察机关的审查起诉工作,公安机关认为不起诉决定存在错误的,同样有权提出复议、复核,从而启动原作出决定的检察机关或者上一级检察机关对于不起诉决定进行审核,另外,被害人和被不起诉人皆可以提出申诉,同样能够启动原作出决定的检察机关或者上一级检察机关对于不起诉决定进行审核;检察机关提起公诉,该案件进入审判程序,形成控辩审三方制约的格局,由审判机关对于起诉案件的质量进行把关。可见,刑事诉讼程序中这些制约机制的作用应有效发挥。

"捕诉一体"更有利于检察官对于侦查活动的引导。公安机关的侦查与检察机关的起诉具有诉讼程序上的承接关系,也具有职能上的一致性,侦查是提起公诉的准备活动,具有为公诉提供证据、缉捕犯罪嫌疑人和保障诉讼顺利进行的作用,本质上属于控诉职能,与检察机关履行提起公诉、出庭支持公诉的控诉职能具有一致性。公诉检察官在审查起诉、出庭公诉等诉讼活动中,通过审查案件、核实证据等活动,形成对于侦查中要查清哪些事实、收集哪些证据、注意哪些取证规范的认识和经验,这些认识和经验可以用于引导侦查机关办理案件。在"捕诉分立"的情况下,侦查活动由侦查监督部门检察官与侦查人员形成对接,公诉检察官不了解案件情况和侦查情况,无法及时对侦查活动进行引导,至案件到了审查起诉阶段,公诉部门检察官才能介入案件的办理,一些引导意见可能会因案件时过境迁而无法发挥实际作用,这种检察引导侦查的滞后现象有望通过"捕诉一体"得以改观。

需要指出的是,我国检察机关的侦查监督主要体现为两个环节,一是审查批准逮捕,二是审查起诉。"捕诉一体"以后,这两个审查环节并没有被取消,只是由同一部门、同一检察官来承担检察工作,通过两个审查环节发现侦查中存在的违法问题并予以纠正的监督效果并没有变化,同一检察官既承担同一案件的批捕也承担起诉工作,对于案情更为熟悉,有利于提高侦查监督的效率。

调整的思路,一是改变按照诉讼环节设置刑事检察部门的模式,实行捕诉一体,二是与公安机关、审判机关按罪名管辖分类设置部门的体制相适应,按照专业化的思路,设置刑事检察工作部门。将危害国家安全、公共安全犯罪,故意杀人、抢劫、毒品等严重犯罪案件的审查逮捕、审查起诉、出庭支持公诉、抗诉、立案监督、侦查监督、审判监督以及相关案件的补充侦查,由一个刑事检察部门负责;将监察委员会移送的职务犯罪案件的审查逮捕、审查起诉、出庭支持公诉、抗诉、审判监督以及相关刑事申诉案件的办理,由一个刑事检察部门负责;破坏社会主义市场经济秩序犯罪案件的审查逮捕、审查起诉、出庭支持公诉、抗诉、审判监督以及相关案件的补充侦查和相关刑事申诉案件的办理,由一个刑事检察部门负责;除上述案件以外的刑事案件的审查逮捕、审查起诉、出庭支持公诉、抗诉、审判监督以及相关刑事申诉案件的办理,由一个刑事检察部门负责;对监狱、看守所和社区矫正机构等执法活动的监督,对刑事判决、裁定执行、强制医疗执行、羁押和办案期限的监督、羁押必要性审查、罪犯又犯罪案件的办理，以及司法工作人员利用职权实施的非法拘禁、刑讯逼供、非法搜查等侵犯公民权利、损害司法公正的犯罪案件和其他按照刑事诉讼法规定需要由人民检察院直接受理的其他重大犯罪案件的侦查，由一个刑事检察部门负责。未成年人刑事案件由未成年人检察部门统一负责办理。基层人民检察院可以根据本院的实际情况综合设置刑事检察部门。

在各个刑事检察部门内，要改变过去"三级审批"的办案模式，贯彻司法责任制的要求，由独任检察官或者检察官办案组按照授权在检察长的领导下，从审查逮捕到审判监督全流程办理具体案件，真正落实谁办案谁负责，谁决定谁负责。

刑事检察部门设置和工作模式调整后，应合理配置原侦监、公诉部门的办案力量，充分发挥检察官会议的作用，相应地调整业务考评机制，建立健全新型的办案监督机制，充分发挥新机制新模式的积极作用，真正实现刑事检察业务工作的平衡、充分、高效发展。

三、做好刑事诉讼程序与监察程序的衔接

《监察法》第11条规定，"对涉嫌职务犯罪的，将调查结果移送人民检察院依法审查、提起公诉"。做好监察机关与检察机关的衔接工作，是应对刑事诉讼制度改革的重要内容。监察机关是行使国家监察职能的专责机关，监察机关办理的案件，在移送审查起诉之前，处于监察调查阶段，适用监察法规定；在移送审查起诉之后，正式进入刑事诉讼程序，适用刑诉法关于诉权行使的相关内容。根据修改后刑事诉讼法第170条的规定，检察机关对监察机关移送起诉的案件，依照刑事诉讼法和监察法的有关规定予以审查；认为需要补充核实的，应当退回监察机关补充调查；必要时可以自行补充侦查。对监察机关采取留置措施的案件，检察机关应当先行拘留，留置措施自动解除。检察机关审查决定采取强制措施的期间不计入

审查起诉期限。从法律监督视角,要注意如下问题:

1. 正确处理退回补充调查与自行补充侦查的关系

对监察机关移送的案件,检察机关经审查后认为犯罪事实不清、证据不足,需要补充核实的,应当退回监察机关补充调查,必要时可以自行侦查。这是检察机关对监察机关进行监督的重要体现和制度措施。对于退回补充调查和自行补充侦查的适用顺序,存在不同观点。有学者主张公诉机关的审查起诉工作应当立足"事实清楚,证据确实、充分"的要求,"退回补充调查"和"自行补充侦查"没有特定要求。也有观点提出,退回补充调查与自行侦查有先后顺序。从监察法第47条和刑事诉讼法第170条的措辞来看,"人民检察院经审查,认为需要补充核实的,应当退回监察机关补充调查,必要时可以自行补充侦查",退回补充调查与自行补充侦查是有先后顺序的。考虑到监察机关移送案件的敏感性,以及对事实和证据提起公诉的标准,一般情况下,应当先行退回监察机关补充调查,必要时才由检察机关自行补充侦查。此外,关于退回补充调查的时间和次数限制,按照监察法第47条的规定,应当在一个月以内补充调查完毕,补充调查以二次为限。

2. 做好强制措施的衔接

案件一旦移送审查起诉,监察法不再适用。此时需要采取必要的刑事强制措施,否则可能导致犯罪嫌疑人脱逃。从理顺整个诉讼程序的关系而言,应当由人民检察院根据具体情况决定作出采取何种强制措施。同时,与办理其他案件行使诉权同理,人民检察院同样要注意采取强制措施的谦抑性和严肃性。不是所有的案件都必须先行拘留,对于监察机关移送起诉的已采取留置措施的案件,才启动先行拘留。此外,先行拘留后,是否适用逮捕措施,也应当适用既有的审查批准逮捕条件和工作机制予以办理。

3. 做好提前介入

2018年1月,高检院与中央纪委、国家监委会签了关于办理职务犯罪案件工作衔接办法,对检察机关提前介入监察机关办理案件工作作出了原则性规定。关于介入的案件范围,检察机关要从公诉力量和必要性考虑,主要针对重大、疑难案件介入调查。介入时间过早或者过晚,都会影响介入工作效果。要防止出现介入工作随意性。介入不是代替,关键是围绕证据的"充分、确凿、合法"提出建议。

4. 监察委向检察机关移送案件的证据标准

办案实践中,一些地方反映,有地方监察委员会重视案件实体方面的证据收集,对证据收集的程序性要求和量刑情节方面的证据重视不够,移送检察机关审查起诉的案件,存在证据取证程序不规范、证据标准不统一、证据材料不齐备等问题。对此,检察机关应当加强与监察委员会的沟通协商,采取有力措施,确保移送案件符合《刑事诉讼法》规定的证据标准。同时,把好事实关、证据关,加强退回补充调查和自行补充侦查工作,起诉案件必须达到"犯罪事实清楚,证据确实、充分",确保办案质量和效果。

四、认真履行好人民检察院的侦查职能

推进国家监察体制改革,是以习近平同志为核心的党中央着力协调推进"四个全面"战略布局的重大举措,是一项重大的政治体制改革,对推进国家治理体系和治理能力现代化,有着重大现实意义和战略意义。中央部署监察体制改革以来,各级检察机关坚决拥护、积极配合,全力保障改革顺利推进。随着监察体制改革的推进,检察机关原有的反贪、反渎、预防的机构、人员、职能转隶到监察机关,检察机关是否还应保留一定的侦查权,成为亟待解决的问题。在全国人大常委会《关于在北京市、山西省、浙江省开展国家监察体制改革试点工作的决定》和《关于在全国各地推开国家监察体制改革试点工作的决定》中,对于检察机关的侦查权作了这样的规定:"在试点工作中,暂时调整或者暂时停止适用《中华人民共

和国刑事诉讼法》第三条、第十八条、第一百四十八条以及第二编第二章第十一节关于检察机关对直接受理的案件进行侦查的有关规定。"对于刑事诉讼法关于检察机关侦查权的条文，上述《监察体制改革试点决定》中采用"暂时调整或者暂时停止适用"的表述，但是没有明确检察机关今后是不是都不再行使侦查权。最高人民检察院对此问题高度重视，进行了深入研究论证，认为由检察机关继续行使对诉讼活动实行法律监督中发现的司法工作人员利用职权实施的侵犯公民权利、损害司法公正的犯罪的侦查权，是检察机关维护司法公正和保障诉讼正常进行的必要手段。

第一，检察机关保留必要的侦查权，是其有效履行法律监督职能的重要途径和方式。由于上述职务犯罪发生在诉讼过程中，对其及时立案侦查，是检察机关开展诉讼监督，有效纠正违法行为、维护司法公正、保障法律正确实施的必要措施。目前，检察机关法律监督职能发挥不够充分的主要原因，就是监督偏软、缺乏刚性。检察机关提出的纠正违法意见、检察建议等，不具备强制执行效力，被监督对象可以采纳，也可以不采纳，因此实际监督效果有限。如果完全取消检察机关的职务犯罪侦查权，检察机关的法律监督职能将进一步失去刚性。只有保留部分与法律监督工作密切相关的职务犯罪侦查权，才能有效提升法律监督的刚性和威慑力，确保监督取得实效。

第二，检察机关保留必要的侦查权，有利于节约办案资源，提高追诉犯罪的效率。对上述案件的侦查和对诉讼中违法行为的调查核实往往同步进行，检察机关在对诉讼活动进行监督的同时对上述犯罪进行侦查，既能保证正在进行的诉讼活动在法定期限内得以顺利完成，也有利于节约办案资源和提高查办效率。例如，人民检察院可以在审查证据合法性、排除非法证据的过程中对刑讯逼供、暴力取证犯罪进行侦查；可以在诉讼监督的过程中，及时收集司法机关工作人员徇私枉法、枉法裁判、执行判决、裁定失职和滥用职权等犯罪行为的证据；在对监狱、看守所执法监督过程中发现私放在押人员、失职致使在押人员脱逃、徇私舞弊减刑、假释、暂予监外执行等情形的，可以在调查核实和纠正违法的同时，完成对相关犯罪的侦查取证。

第三，检察机关保留必要的侦查权，有利于保持中国检察制度发展的历史传承性。从世界各国和有关地区的立法例来看，作为刑事追诉机关，拥有侦查权是检察机关普遍的本质特征之一。我国自近代建立检察制度以来，检察机关的职能也都包含有侦查权。检察机关保留必要的侦查权，有利于保持中国检察制度的历史传承性，有利于中国特色社会主义检察制度的发展。

修改后刑事诉讼法第19条对检察机关自侦案件的范围作出了新的规定，即"人民检察院在对诉讼活动实行法律监督中发现的司法工作人员利用职权实施的非法拘禁、刑讯逼供、非法搜查等侵犯公民权利、损害司法公正的犯罪，可以由人民检察院立案侦查"。立法确认检察机关保留部分侦查权，这对于保障当事人权益尤为重要，一旦出现侵权案件，比如非法拘禁、刑讯逼供、非法搜查等侵犯当事人权利的情形，检察机关应当及时介入，立案侦查。

履行好人民检察院的侦查职能，需要注意如下几个方面：一是这些案件必须是在检察机关履行诉讼监督职责中发现的，同时服务于检察机关的诉讼监督工作的。检察机关保留部分职务犯罪侦查权，主要满足检察机关有效开展诉讼监督工作的需要，提升监督的刚性和威慑力。二是犯罪主体是司法工作人员。刑法第94条规定："本法所称司法工作人员，是指有侦查、检察、审判、监管职责的工作人员。"因此，"司法工作人员"包括四类人员：（1）有侦查职责的人员，包括公安机关、国家安全机关、检察机关、军队保卫部门、中国海警局、监狱等部门中负责对犯罪嫌疑人的犯罪行为进行侦查的人员；（2）有检察职责的人员，是指检察机关负责审查逮捕、审查起诉、出庭支持公诉、诉讼监督、公益诉讼等工作的人员；

（3）有审判职责的人员，是指人民法院负责审判工作的人员；（4）有监管职责的人员，包括公安机关、国家安全机关以及监狱中负责监管犯罪嫌疑人、被告人、罪犯的人员。三是具体罪名，主要涉及侵犯公民权利、损害司法公正的犯罪。具体包括14个罪名：非法拘禁罪；非法搜查罪；刑讯逼供罪；暴力取证罪；虐待被监管人罪；司法人员的滥用职权罪；玩忽职守罪；徇私枉法罪；民事、行政枉法裁判罪；执行判决、裁定失职罪；执行判决、裁定滥用职权罪；私放在押人员罪；失职致使在押人员脱逃罪；徇私舞弊减刑、假释、暂予监外执行罪。

修改后刑事诉讼法规定"可以由人民检察院立案侦查"，因为检察机关更贴近诉讼，更容易发现诉讼过程中司法人员相关职务犯罪，同时，查办这类职务犯罪，往往涉及证据合法性判断和诉讼走向，因此，由检察机关立案查办这些案件更为便捷，也有利于及时判断证据合法性，保障诉讼顺利进行。发现、遇到此类须立案查办的案件线索，检察机关就不能推诿，而应当依职责开展立案侦查工作。另一方面"可以"也意味着并非必然一定由检察机关侦查。检察机关在立案侦查司法工作人员相关职务犯罪过程中，发现犯罪嫌疑人还涉嫌监察委员会管辖的职务犯罪线索的，应当及时与监察委沟通，认为全案由监察委员会管辖更为适宜的，人民检察院应当撤销案件，将案件和职务犯罪线索一并移送监察委员会，并及时报告上一级人民检察院。沟通期间，人民检察院不得停止对案件的侦查。人民检察院立案侦查刑事诉讼法所列犯罪时，发现犯罪嫌疑人同时涉嫌公安机关管辖的犯罪线索的，依照现行有关法律和司法解释的规定办理。

最高人民检察院明确，司法工作人员利用职权实施的这14个罪名的案件，由设区的市级人民检察院立案侦查。基层检察院发现犯罪线索的，应当由市级人民检察院决定立案侦查。市级人民检察院也可以将案件交由基层人民检察院立案侦查，或者由基层人民检察院协助侦查。省级以上人民检察院发现犯罪线索的，可以自行决定立案侦查，也可以将案件线索交由指定的省、市级人民检察院立案侦查。侦查终结后，应当按照刑事诉讼法的规定，交由有管辖权的检察院审查起诉。侦查职能由负责诉讼监督职责的刑事检察部门行使，现有人员力量不足的，要调整补充。同时各地可灵活运用专门办案组模式，抽调人员集中办理此类案件，检察长、分管检察长要带头作为主办检察官直接办案。

机动侦查权是人民检察院履行法律监督职能过程中在特定情况下行使的侦查权，其形态变迁充分体现了此类法律监督措施启动的谦抑性和谨慎性。1979年刑事诉讼法使用的是"认为需要自己直接受理的其他案件"这一表述，较为笼统；1996年刑事诉讼法予以缩限，即检察机关只有对"国家机关工作人员利用职权实施的其他重大的犯罪案件"可以行使机动侦查权，并且必须经省级以上人民检察院决定。2012年修改刑诉法完全保留了这一表述。

在刑事诉讼法中有必要保留人民检察院的机动侦查权。主要理由是：第一，人民检察院行使机动侦查权，是实现有效法律监督的重要手段。宪法和刑诉法将人民检察院作为法律监督机关，机动侦查权是实现法律监督职能的利器，特别是在立案监督方面，赋予检察机关在公安机关不立案侦查或者消极侦查时自行立案侦查的选择权，是纠正有案不立、以罚代刑现象的有力保障，将大大提高立案监督的实效。第二，人民检察院行使机动侦查权，能够保证侦查活动的客观公正，确保国家机关工作人员利用职权实施重大犯罪依法受到惩处，国家和人民利益得到有效维护。机动侦查权的对象主要是公安机关不便立案侦查的案件，如有些案件可能涉及公安人员，这时如果由公安机关立案侦查可能会被群众提出质疑，由作为法律监督机关的人民检察院立案侦查，效果可能更好，有利于保证侦查活动的客观性和公信力。第三，现有程序能够保证人民检察院行使机动侦查权不越位。根据刑事诉讼法的规定，人民检察院行使机动侦查权要经省（自治区、直辖市）人民检察院或者最高人民检察院决定，能够有效防止任意扩大人民检察院直接受理立案侦查案件的范围。

刑事诉讼法修改前对机动侦查权的表述为:"对于国家机关工作人员利用职权实施的其他重大的犯罪案件,需要由人民检察院直接受理的时候,经省级以上人民检察院决定,可以由人民检察院立案侦查。"修改后的表述为:"对于公安机关管辖的国家机关工作人员利用职权实施的重大犯罪案件,需要由人民检察院直接受理的时候,经省级以上人民检察院决定,可以由人民检察院立案侦查。"在内容上没有大的变化,主要是明确了检察机关行使机动侦查权的对象是公安机关管辖的案件。

需要特别强调的是,首先,行使机动侦查权是检察机关立案监督工作的一种具体方式,监督的对象是刑事立案主体,即刑事诉讼法所确立的侦查机关,包括公安机关以及具备侦查职能的军队保卫部门、中国海警局、监狱等。监察机关不是刑事立案主体,监察机关的立案调查程序也不属于刑事立案程序,因此不包括"监察机关"管辖的国家机关工作人员利用职权实施的重大犯罪案件。其次,机动侦查权只能针对个别案件。刑事诉讼法关于公安机关、人民检察院和人民法院案件各自管辖范围的规定,是刑事诉讼中三机关管辖分工的基本原则,机动侦查则是例外情形。因此,检察机关行使机动侦查权,只能针对个别案件,而且是公安机关不立案或者不便立案的个别案件,不能普遍适用,否则就违反了刑事诉讼法关于侦查的管辖分工,违反了公检法三机关分工负责、互相制约的原则。

五、切实发挥刑事检察诉前主导和审前过滤的作用

以审判为中心的刑事诉讼制度更加强调审前程序的重要性,为防止案件"带病"进入审判程序,对充分发挥审前程序作用提出了更高的要求。在刑事诉讼中,刑事检察是连接审前与审判程序的关键环节,如何充分发挥其诉前主导、审前过滤的功能至关重要。应从以下几个方面充分发挥刑事检察的职能:

（一）严把证据关，依法排除非法证据

审查逮捕、审查起诉是刑事诉讼承上启下的关键环节，都涉及证据合法性的审查问题。为确保人民检察院充分履行法律监督职责，在刑事检察工作中要切实做好以下工作：认真落实讯问时的权利告知。审查逮捕、审查起诉期间讯问犯罪嫌疑人，应当告知其有权申请排除非法证据，并告知诉讼权利和认罪的法律后果。讯问犯罪嫌疑人时告知诉讼权利，既是法律的内在要求，也能促使犯罪嫌疑人尽早提出排除非法证据申请，进而尽早解决证据合法性争议，坚决依法排除非法证据。审查逮捕、审查起诉期间，犯罪嫌疑人及其辩护人申请排除非法证据，并提供相关线索或者材料的，人民检察院应当调查核实。调查结论应当书面告知犯罪嫌疑人及其辩护人。人民检察院在审查起诉期间发现侦查人员以刑讯逼供等非法方法收集证据的，应当依法排除相关证据并提出纠正意见，必要时人民检察院可以自行调查取证。人民检察院对审查认定的非法证据，应当予以排除，不得作为批准或者决定逮捕、提起公诉的根据。同时，被排除的非法证据应当随案移送，并写明为依法排除的非法证据。人民检察院依法排除非法证据后，证据不足，不符合逮捕、起诉条件的，不得批准或者决定逮捕、提起公诉。实践中，一些案件的关键证据属非法证据，除该证据外可能缺乏必要证据证明犯罪事实，为确保案件质量，人民检察院既要严格依法排除非法证据，又要在排除非法证据后严格把握案件证明标准，不得将定罪证据存在疑问、证据不足的案件提起公诉。

（二）完善补充侦查制度

审查起诉阶段对事实不清、证据不足的案件退回补充侦查，符合刑事诉讼规律，也是确保办案质量的重要措施。当前司法实践中，一些侦查人员对检察机关的退回补充侦查存有抵触情绪，草率应付补充侦查或以情况说明代替补充侦查等消极侦查现象不同程度存在；也有一些检察机关对退回补充侦查的案件引导和说理不够，导致侦查人员对补查的方向、标准和要求不明确。要进一步明确退回补充侦查的条件，建立人民检察院退回补充侦查引导和说理机制；规范补充侦查行为，对于确实无法查明的事项，公安机关、国家安全机关应当书面向人民检察院说明理由。

（三）完善不起诉制度

不起诉是检察机关发挥审前过滤功能的重要手段。对达不到起诉标准的案件依法作出不起诉决定，有利于防止案件"带病"进入审判程序。当前司法实践中既存在一诉了之、勉强起诉的问题，也存在对于不起诉决定不敢用、不愿用的问题，影响了不起诉功能作用的发挥。要完善不起诉制度，对未达到法定证明标准的案件，人民检察院应当依法作出不起诉决定，防止事实不清、证据不足的案件进入审判程序。

（四）完善撤回起诉制度

检察机关对已经起诉到法院的案件，发现有不应当追究被告人刑事责任的情形而撤回起诉，是刑事诉讼的一种重要过滤机制和救济措施，对保障人权和提高诉讼效率具有重要意义。由于立法缺失及司法解释规定的原则性和不协调，当前实践中撤回起诉权行使存在随意和混乱等问题，影响制度功效的发挥。要进一步完善撤回起诉制度，规范撤回起诉的条件和程序。

六、实现繁简分流，切实办好认罪认罚从宽案件

以审判为中心的刑事诉讼制度改革是一项内容丰富的系统工程，需要根据案件的复杂疑难程度和犯罪嫌疑人、被告人是否认罪，需要繁简分流，分别适用不同的程序处理，既坚持公正，又兼顾效率。

（一）进一步完善公诉机制、优化司法资源配置的制度机制

进一步发挥检察机关审前把关和分流作用，构建普通程序、简易程

序、速裁程序有序衔接的多层次刑事诉讼体系，推动实现繁简分流，提高诉讼效率。积极探索被告人认罪与不认罪案件相区别的出庭公诉模式，强调"繁案精办""简案快办"。当前普通程序案件出庭公诉中，检察机关举证、质证等环节拖沓、冗长、烦琐现象不同程度存在，造成出庭效率低下、效果不好，已不能适应实践需要。为完善刑事诉讼中认罪认罚从宽制度，有必要探索被告人认罪与不认罪案件相区别的出庭公诉模式。对被告人认罪案件，举证、质证、辩论等环节予以简化；对被告人不认罪案件，特别是重大疑难复杂案件，举证、质证等环节应依法进行，但对被告人无异议的证据和问题，在举证示证时可以相应简化。进一步完善公诉机制，对被告人不认罪的，人民检察院应当强化庭前准备和当庭讯问、举证、质证。

（二）推进案件繁简分流，完善刑事案件速裁程序和认罪认罚从宽制度

对案件事实清楚、证据充分的轻微刑事案件，或者犯罪嫌疑人、被告人自愿认罪认罚的，可以适用速裁程序、简易程序或者普通程序简化审理。

认罪认罚从宽制度是当前司法体制改革的一项重要内容，其内涵包括实体从宽、程序从简、进度从快三个方面。建立认罪认罚从宽制度，是落实以审判为中心的刑事诉讼制度改革的重大举措，体现了司法资源的合理配置以及刑事诉讼制度的创新和完善。从试点开始到2018年10月，试点地区适用认罪认罚从宽制度起诉的案件数，占同期起诉刑事案件总数的50%左右，其中绝大部分是检察机关建议适用，审查起诉平均用时缩短至26天，人民法院15日内审结的占80%多；适用速裁程序审结的占70%左右，其中当庭宣判率达95%；适用简易程序审结的占25%左右；当庭宣判率为79.8%。这充分说明，认罪认罚从宽制度在依法及时惩治犯罪、强

化人权保障、优化司法资源配置、推动繁简分流、提升诉讼质量效率、完善多层次刑事诉讼程序体系等方面发挥了重要作用。

检察机关在认罪认罚从宽中实际上起到了主导作用,认罪认罚从宽制度是检察法律监督职能充分体现的典型场域。在认罪认罚案件中,确保侦查环节取证的客观性、合法性成为检察机关履行监督职能的关键。根据刑事诉讼法第81条、第120条,在侦查阶段,侦查机关应当告知犯罪嫌疑人具有适用认罪认罚从宽制度的权利,同时将犯罪嫌疑人认罪认罚情况记录在案,并由此作为向检察机关提请批准逮捕社会危险性的依据。因此,检察机关在审查批准逮捕时,应当将认罪认罚作为判断其社会危险性的重要参数,并且需要结合刑诉法规定的逮捕条件综合衡量。对于具备取保候审、监视居住条件的,可以予以取保候审、监视居住,以便为后续作出不起诉、适用非监禁刑预留空间。

在试点实践中,从2016年12月至2017年11月,认罪认罚案件中适用逮捕措施的占47.3%,拘留占10.5%,取保候审占40.6%,监视居住占1.6%,可以说,较好地贯彻了认罪认罚作为社会危险性参考因素的政策,正确发挥了逮捕和非羁押性强制措施的作用。同时检察机关应当积极与侦查机关沟通,推动侦查机关在办理案件过程中主动告知犯罪嫌疑人享有的诉讼权利和认罪认罚的法律规定。同时,还要注意预防侦查人员滥用认罪认罚从宽的权力,避免导致冤枉无辜或放纵犯罪。

公诉权是法律监督职能的核心要义,也是认罪认罚从宽制度运行的核心,这种核心作用突出体现在程序启动上的决定性、诉讼分流中的主导性和定罪量刑上的关键性。

第一,程序启动的决定性。根据刑事诉讼法第120条、第162条,虽然提起适用认罪认罚主体是多元的,犯罪嫌疑人及其辩护律师、侦查机关、检察机关都可以在审前阶段启动认罪认罚程序,并且在试点中有的地方还实行了"认罪越早量刑折扣越大"的做法,但是需要厘清的是,认罪认罚协商的主体依然是犯罪嫌疑人和检察机关，侦查阶段的认罪认罚内容要受到限制。原则上，在侦查阶段，犯罪嫌疑人只能"认罪"。"认罚"是指犯罪嫌疑人同意量刑建议，签署具结书只能由犯罪嫌疑人和检察机关进行。

此外，需要特别指出的是，对于特定情形下公安机关撤销案件，修改后刑事诉讼法第182条第1款规定了十分严格的核准程序，"犯罪嫌疑人自愿如实供述涉嫌犯罪的事实，有重大立功或者案件涉及国家重大利益的，经最高人民检察院核准，公安机关可以撤销案件，人民检察院可以作出不起诉决定，也可以对涉嫌数罪中的一项或者多项不起诉"。这是一种特殊的制度安排，充分体现了检察机关的法律监督机关性质。

第二，诉讼分流的主导性。截至目前，试点地区适用认罪认罚从宽制度起诉的案件数，占同期起诉刑事案件总数的一半左右，其中绝大部分是检察机关建议适用。其中，适用速裁程序审结的占70%左右，适用简易程序审结的占25%左右。这充分说明，检察机关在运用认罪认罚从宽制度推动繁简分流、完善多层次刑事诉讼程序体系等方面发挥了重要作用。

第三，定罪量刑上的关键性。根据刑事诉讼法第15条、第176条，第201条，犯罪嫌疑人同意量刑建议，是适用认罪认罚从宽制度的必要条件，而人民法院依法作出判决时，一般也应当采纳人民检察院的量刑建议。

从试点情况看，2016年11月至2017年11月底，法院对检察机关的量刑采纳率为92.1%，2017年12月至2018年4月，法院对检察机关的量刑采纳率为88.38%。也就是说，检察机关提出量刑建议是办理认罪认罚案件的必经环节，这也对检察机关量刑建议的质量也提出了很高要求。具体包括：第一，关于量刑建议内容。根据修改后刑事诉讼法第176条的规定，量刑建议一般应当包括主刑、附加刑，并明确刑罚执行方式。第二，关于量刑建议的提出方式。一般应当提出明确具体的量刑建议并充分听取犯罪嫌疑人及其辩护律师的意见。第三，注意量刑建议的客观公正性。检察官不仅担负追诉犯罪职责，还要保护被告人权益。在提出量刑建议时，要注意全面收集证据和信息，既要重视自首、立功等法定情节，也要重视和解、赔偿、被害人过错等酌定情节，确保量刑信息掌握的完整性。

保障犯罪嫌疑人、被告人在自愿的前提下认罪认罚，是认罪认罚从宽制度能否取得实效的关键，对此社会各界高度关注。修改后刑事诉讼法第36条、120条、173条、190条对此作出了规定。在认罪认罚从宽制度中，检察机关虽然负有追诉犯罪、进行认罪协商的职责，但检察机关参与诉讼的根本目的是为了维护法律实施和公正司法，因此同样要负担维护人权、保障诉讼活动依法进行的监督职责。具体说来：一是要确保犯罪嫌疑人获得有效法律帮助。审查起诉阶段，检察机关应当告知犯罪嫌疑人享有的诉讼权利和认罪认罚导致的后果，对没有辩护人的，应当通知值班律师为其提供法律咨询、程序选择、申请变更强制措施等法律帮助。符合应当指定辩护条件的，依法通知法律援助机构指派律师为其提供辩护。二是听取意见。犯罪嫌疑人认罪认罚的，检察机关应当就相关事项，包括涉嫌的犯罪事实、罪名及适用的法律规定，从轻、减轻或者免除处罚等从宽处罚的建议，认罪认罚后案件处理适用的程序等，听取犯罪嫌疑人及其辩护人或者值班律师的意见。根据修改后刑诉法，在检察机关不一定都派驻值班律师，但可以根据需要安排值班律师提供法律帮助。三是认罪认罚自愿性审查。审查起诉阶段，检察机关应对侦查阶段认罪认罚自愿性进行审查。如果犯罪嫌疑人或者其辩护人提出在侦查阶段认罪系非自愿，检察机关可以重新就认罪认罚事项与犯罪嫌疑人及其辩护人进行沟通，记录在案并附卷。若经审查，认定侦查机关采取刑讯逼供等非法手段强迫犯罪嫌疑人违背意愿认罪的，则认罪供述应当作为非法证据予以排除。

七、强化出庭公诉，切实发挥指控犯罪的功能

刑事诉讼模式更加强化控辩双方的庭审对抗色彩。通过对刑事证据制度的补充和完善，使证据作为诉讼基石的作用日益显现，将庭审对抗的重心从法庭辩论转向庭审质证。

公诉人提交的控诉证据能否被法庭采信，所构建的有罪证据体系是否符合刑事案件的证明标准，将直接影响庭审后果的走向。因此，新刑事诉讼法时代公诉人应强化对庭审质证活动的控庭能力。

（一）要围绕证明标准强化公诉人的举证责任，以证据审查为基础支持庭审举证质证工作

以非法证据排除规则的运用为手段，严格审查案件证据的证据资格。刑事案件的证据审查工作，以证据三性审查为主。非法证据排除规则体系，将证据的合法性审查置于证据三性审查之首，所要解决的是对于侦查机关收集、整理、固定、提交的案件证据材料是否具备刑事证据资格的初始判断工作。通过将非法方法取得的证据直接予以排除，从源头上防止不具备证据资格能力的证据材料进入庭审质证环节。为此，公诉人为避免庭审质证的被动，必须从源头上积极开展非法证据的审查排除工作，对证据材料的合法性需要进一步予以说明补充的情况，及时要求侦查机关予以补充完善。通过对证据三性，尤其是对证据合法性进行认真细致的审查，确保进入庭审质证环节的证据具备证据资格和证明力，为构建控诉证据体系奠定基础。

（二）要按照庭审的证明标准组织案件证据体系

公诉人向法庭出示证明被告人有罪的证据，意在还原案件事实，使法官采信公诉人的指控主张，确定据以定罪的案件达到刑事案件的证明标准。因此，公诉人在出庭公诉前必须以案件证明标准为标尺，构建控诉证

据的体系，使庭审出示的证据能够形成完整的证据链条，排除合理怀疑，达到成功指控的公诉目的。根据庭审环节的变化，公诉人在举证质证过程中，从案件事实、被告人的量刑情节两个方面，对在案证据进行分组梳理，组建证据体系。同时对针对辩护人可能提出的质疑问题，组建辅助证据体系，证明证据的合法性。通过有罪的指控证据体系和说明证据合法性的辅助证据体系的构建，使据以定罪的证据达到案件的证明标准。

（三）根据庭审的要求强化对言词证据的庭审质证能力

言词证据具有主观性强、易受外界影响的特点，因而是排除非法证据的重点。在庭审中要以灵活的交叉询问方式，积极引导证人证言阐述证明事项。要根据案件审理的需要，积极要求鉴定人、侦查人员出庭接受质证。在庭审中，遇到言词证据被指为系非法取得的情形，要根据讯问笔录、羁押记录、健康检查记录、看守管教人员的谈话记录、侦查机关出具的说明、讯问录音录像和讯问合法性核查笔录及录像等进行证据合法性证明。对于被告人在侦查终结前接受检察人员对讯问合法性的核查询问时，明确表示侦查阶段不存在刑讯逼供、非法取证情形，在审判阶段又提出排除非法证据申请，应请求法庭驳回其申请。

八、办好缺席审判案件

修改后的刑事诉讼法第五编特别程序中增设"缺席审判程序"一章，规定了刑事缺席审判制度。对外逃的犯罪分子及时作出法律上的否定评价，可以彰显我国法治权威，维护国家和社会公众利益。

根据刑事诉讼法第五编第三章的相关规定，缺席审判适用的案件范围包括三种：第一种情况是贪污贿赂犯罪案件，以及需要及时进行审判，经最高人民检察院核准的严重危害国家安全犯罪、恐怖活动犯罪案件，犯罪嫌疑人、被告人在境外的；第二种情况是因被告人患有严重疾病无法出庭，中止审理超过六个月，被告人仍无法出庭，被告人及其法定代理人、近亲属申请或者同意恢复审理的；第三种情况是被告人死亡，有证据证明被告人无罪，人民法院经缺席审理确认无罪的。后两种情况的缺席审判，实际上是一种排除审判障碍的方式，即普通审判程序在运作中遭遇客观障碍（被告人患有严重疾病、无法出庭或被告人死亡），丧失审判要件，导致庭审无法正常进行，为排除这种审判障碍，只能选择在被告人不在场的情况下继续审判。因此，其性质上属于普通程序的一个环节，系普通程序处置审判障碍时的一项诉讼措施。此次刑事诉讼法修改增加的缺席审判制度，主要指第一种情况。

为了确保缺席审判制度的正确实施，刑事诉讼法对犯罪嫌疑人、被告人潜逃境外的缺席审判的具体程序等作了严格的限制：一是在管辖上，明确由犯罪地、被告人离境前居住地或者最高人民法院指定的中级人民法院组成合议庭进行审理。二是规定人民法院通过司法协助方式或者被告人所在地法律允许的其他方式，将传票和检察机关的起诉书副本送达被告人。三是规定送达传票和起诉书副本后，被告人未按要求到案的，人民法院应当开庭审理，依法作出判决，并对违法所得及其他涉案财产作出处理。

为充分保障被告人的诉讼权利，刑事诉讼法从六个方面作出了规定：一是对委托辩护和提供法律援助作出规定。"被告人有权委托辩护人，被告人的近亲属可以代为委托辩护人。被告人及其近亲属没有委托辩护人的，人民法院应当通知法律援助机构指派律师为其提供辩护"。二是赋予被告人及其近亲属上诉权。"被告人或者其近亲属不服判决的，有权向上一级人民法院上诉"。"辩护人经被告人或者其近亲属同意，可以提出上诉"。三是规定了重新审理的情形。"在审理过程中，被告人自动投案或者被抓获的，人民法院应当重新审理"。四是规定了罪犯异议权。"罪犯在判决、裁定发生法律效力后到案的，人民法院应当将罪犯交付执行刑罚。交付执行刑罚前，人民法院应当告知罪犯有权对判决、裁定提出异议。罪犯对判决、裁定提出异议的，人民法院应当重新审理"。五是规定了检察机关的抗诉权。对于缺席审判的判决，人民检察院认为确有错误的，应当向上一级人民法院提出抗诉。六是规定了纠错机制。即依照生效判决、裁定对罪犯的财产进行的处理确有错误的，应当予以返还、赔偿。这些制度设计，不违反刑事诉讼的公正审判和程序参与原则，也符合国际上通行的司法准则的要求，有利于充分保障被告人的权利。

目前缺席审判制度还是一个新生事物，刑事诉讼法对其规定较为原则化。关于具体的程序，我们将通过司法实践不断探索完善。检察机关在缺席审判制度中，既担负着提起公诉的职责，也担负着诉讼监督职责。办好缺席审判案件，应注意把握以下几点：

一是为慎重起见，特定案件需经过最高人民检察院核准。根据修改后刑事诉讼法第291条，除贪污贿赂犯罪外，对于严重危害国家安全和恐怖活动犯罪案件，适用缺席审判程序，需特别经过最高检的核准程序。

二是启动缺席审判程序还需经人民法院审查。修改后《刑事诉讼法》第291条第1款最后一句规定："人民法院进行审查后，对于起诉书中有明确的指控犯罪事实，符合缺席审判程序适用条件的，应当决定开庭审判。"此处规定的人民法院的审查应是"形式审查"而非"实质审查"，其中，对"起诉书中有明确的指控犯罪事实"的审查与刑事诉讼法第186条规定的对普通刑事案件的形式审查相同；对"符合缺席审判程序适用条件"的审查同样只能是形式审查，即判断检察机关起诉的案件是否符合法律规定的条件，而不能对事实是否清楚、证据是否确实充分等实质问题进行审查，这些问题应当在庭审中解决。

三是人民检察院对缺席审判作出的判决负有监督职责。修改后《刑事诉讼法》第294条第2款规定："人民检察院认为人民法院的判决确有错误的，应当向上级人民法院提出抗诉。"也就是说，对于缺席审判程序作出的裁判，履行与其他普通程序同样的审判监督职能。

九、借力现代科技加强智慧检务建设

随着以信息技术为核心的新一轮科技革命蓬勃兴起，数字化、网络化、智能化正在重塑人们的生产生活方式。刑事检察工作必须紧紧把握网络信息时代发展机遇，全面借力"智慧检务"，以电子检务工程为抓手，积极应用"信息感知、网络传输、知识服务、检务应用、运行管理"五维一体的检察信息化应用体系，通过运用云计算、大数据、物联网、人工智能等新技术，促进刑事检察工作与信息化深度融合，把检察官从编制阅卷笔录等烦琐的书写工作中解放出来，解决"案多人少"的突出矛盾；积极研发和应用司法办案智能辅助系统，通过建立司法办案知识库，运用"实体识别""数学建模"等大数据技术，通过绘制"犯罪构成知识"图谱，建立各罪名案件数学模型，为办案提供案件信息智能采集、"要素—证据"智能关联和风险预警、证据材料甄别，以及类案推送、法条关联、文书编写、量刑建议计算等智能化服务，辅助开展定罪、量刑等工作，提高检察官办案质量，为解决过去办案实践中"起点错、跟着错、错到底"的难题提供技术辅助；通过类似案件综合分析，对偏离度过大的案件启动评查机制，分析具体原因，解决标准不一、司法任意性等问题。

十、围绕提升素质能力加强刑事检察队伍建设

刑事检察工作面临的新形势、新任务、新模式迫切要求围绕提升素质能力，大力加强刑事检察队伍建设。以往侦查监督和公诉部门分设的体制，决定了检察人员业务能力结构的局限，在新的体制下，刑事检察人员迫切需要培养和掌握全流程业务能力、综合能力，具体应包括：类案的法律政策能力、更具亲历性的证据审查能力、庭审实质化背景下的指控犯罪能力、全流程的诉讼监督能力、与各方的沟通交流能力、更全面的法律文书撰写能力、运用现代科技的综合能力。此外，还要大力加强检察队伍的

思想政治建设、纪律作风建设。为此需要以一线办案人员为重点,贴近办案实际,开展多层次、多形式的业务培训和岗位练兵,特别是实训性培训和业务竞赛、辩论赛,切实提高刑事检察的实战技能,积极培养专门型人才和业务专家,打造品牌团队,加强人才库建设,发挥引领带动作用。对于专业性较强的刑事案件,积极探索引入具有专门知识的特邀检察官助理协助检察官办理案件的制度。认真落实各级检察院检察长带头办理重大复杂疑难刑事案件的具体规定,发挥领导办案的引领示范作用。深化规范司法行为专项整治工作的成果,大力解决司法不规范的突出问题,进一步改进司法办案作风。适应司法改革需要,抓好司法责任制、员额制等改革措施的落实,在人员配制比例上适度向刑事检察部门倾斜,解决好一线办案人员的职业保障问题,更好地推动以审判为中心的诉讼制度改革顺利进行。

第二章　刑事诉讼中的人权保障

随着人类文明的发展，对人权的保障越来越受到重视。特别是在最可能侵犯到人权的刑事诉讼领域，保障人权的必要性，受到人们的普遍认同。我国在 2012 年修改刑事诉讼法的过程中，社会各界对保障人权达成了重要的共识，在刑事诉讼的任务中增加了"尊重和保障人权"的内容，从而使刑事诉讼的任务，不仅包括保证准确、及时地查明犯罪事实，正确应用法律，惩罚犯罪分子，保障无罪的人不受刑事追究，教育公民自觉遵守法律，积极同犯罪行为作斗争，维护社会主义法制，而且包括尊重和保障人权，保护公民的人身权利、财产权利、民主权利和其他权利。这意味着，我们国家在刑事诉讼中的人权保障进入了一个新的发展阶段。为了保证刑事诉讼法规定的这个任务的完成，我国的刑事诉讼程序进行了许多重要的修改，以建立能够更好地保障人权的诉讼制度。而切实贯彻落实新刑事诉讼法中关于保障人权的规定，则是实现刑事诉讼法修改的精神，完成刑事诉讼任务的必经之路。特别是在审前程序中，保障人权的任务更为艰巨。能否有效的保障人权，直接关系到刑事诉讼任务的完成。检察机关在贯彻执行刑事诉讼法的过程中应当特别予以关注。

第一节　刑事诉讼中的人权理念

一、人权的一般含义

人权是一个十分重要而又十分宽泛的概念。说它十分重要，是因为它关系到在现实社会中生活的每一个人的生存质量；说它十分宽泛，是因为它所包含的内容可能涉及人类生存的各个方面，它既包括作为人的存在本身应当享有的权利，如生存权、人格尊严等；也包括作为社会活动的主体参与社会活动时应当享有的基本权利，如公民在政治、经济、文化等方面享有的权利；同时也包括在某些专门性的领域作为特殊主体应当享有的权利，如在刑事诉讼中，作为被告人或者作为被害人所享有的权利。人的这些权利，随着社会的发展，随着人们生存条件的改善，特别是随着人类对自身价值和发展需求的认识的不断深化，在内容上、在范围上都在不断扩展。

尊重和保护人的基本权利，历来受到世界各国人民和整个国际社会的高度关注和重视。因为尊重和保护人的基本权利，是人类社会生存和发展的基本需要。1945年6月26日签订的《联合国宪章》就重申了基本人权、人格尊严与价值以及男女平等权利的信念，1948年12月10日联合国大会通过的《世界人权宣言》明确规定了世界各国人民应当享有的基本权利。1966年12月9日联合国大会通过的《公民权利和政治权利国际公约》和《经济、社会、文化权利国际公约》，以及1984年12月10日联合国大会通过的《禁止酷刑和其他残忍、不人道或有辱人格的待遇或处罚公约》等，都进一步规定了保障人权的最低限度的要求。特别是联合国大会通过的《公民权利和政治权利国际公约》，全面、集中地规定了国际社会公认的刑事司法中人权保障的基本准则。其主要内容有：（1）一切个人享有同等权利（第2条第1项）；（2）保证权利或自由被侵犯后能得到有效的司法补救（第2条第3项）；（3）不得任意剥夺任何人的生命，严格限制死刑的适用（第6条）；（4）对任何人不得施以酷刑或残忍的、不人道的或侮辱性的待遇或刑罚（第7条）；（5）对任何人不得加以任意逮捕或拘禁，被逮捕、拘禁的人有权向法院提起诉讼（第9条）；（6）对所有被剥夺自由的人应给予人道或尊重人格尊严的待遇，监狱制度应包括以争取囚犯改造和回归社会的基本目标的待遇（第10条第1节第3项）；（7）所有的人在法庭前一律平等（第14条第1项）；（8）人人有资格由一个依法设立的合格的、独立的和无偏倚的法庭进行公正和公开的审判（第14条第1项）；（9）凡受刑事控告者，在未依法证实有罪之前，应有权被视为无罪（第14条第2项）；（10）受刑事指控的人有权亲自辩护和选择律师辩护，并享有法律援助权利（第14条第3项乙、丁目）（11）在法庭上有权在同等条件下讯问对其不利和有利的证人（第14条第3项戊目）；（12）在法庭上能免费获得译员的援助（第14条第3项己目）；（13）不被强迫作不利于自己的证言或强迫承认犯罪（第14条第3项庚目）；（14）对未成年人的案件在程序上应考虑到他们的年龄和帮助他们重新做人的需要（第14条第4项）；（15）被判有罪者有权由较高级法官进行复审（第14条第5项）；（16）根据新事实原有罪判决确实错误而被推翻时，受刑罚人应依法得到赔偿（第14条第6项）；（17）任何人的任何行为或不行为，在其发生时依照国家法律或国际法均不构成刑事罪者，不得据以认为犯有刑事罪（第15条第1项）。

我国一贯重视国际社会保障人权的呼声，积极参与联合国有关人权公约的起草工作。如1985年9月6日第七届联合国预防犯罪和罪犯待遇大会建议通过、1985年11月29日联合国大会通过的《联合国少年司法最低限度标准规则》（北京规则）；1984年12月10日联合国大会通过的《禁止酷刑和其他残忍、不人道或有辱人格的待遇或处罚公约》（1987年6月26日生效）等，我国都积极参与并及时批准加入。此外，我国还于1998

年签署了《公民权利和政治权利国际公约》和《经济、社会、文化权利国际公约》。这就意味着，这些国际公约所确立的有关在刑事诉讼中保障人权的条款，我国政府已经予以认可。不仅如此，2004年3月14日第十届全国人民代表大会第二次会议通过的《中华人民共和国宪法修正案》明确规定："国家尊重和保障人权"。这些国际性法律规定和宪法性规定，在刑事诉讼的立法和司法中应当得到充分的体现和遵守。

二、刑事诉讼中人权保障的对象

在刑事诉讼领域，法律所要保障的人权，主要包括六个方面：

(一) 社会上绝大多数人的权利

刑事诉讼的客体是犯罪，犯罪本身是危害国家、社会和公民利益的行为，其中大多数犯罪都对公民的人身权利、民主权利、财产权利及其他权利造成了严重的侵害。能否有效地运用刑法惩治犯罪，直接关系到社会上广大人民群众的权利保障。

(二) 被告人的权利

被告人，在狭义上，仅指在法庭上被控告有罪的人；在广义上，可以是泛指一切在刑事诉讼中受追诉的人。广义上的被告人，包括犯罪嫌疑人、刑事被告人、被判有罪的人（罪犯）、被执行刑罚的人（服刑人）；但是在通常意义上主要是指犯罪嫌疑人和被指控犯罪的人。刑事诉讼法关于被告人的权利规定最多，因为他在刑事诉讼中始终是受追诉的对象。被告人的权利大小及其保障程度，不仅反映了一个国家司法制度发展的阶段和司法文明的程度，而且关系到刑事诉讼的任务能否客观公正地实现。

(三) 被害人的权利

在刑事诉讼中，被害人是受犯罪侵害的人。在广义上，被害人不仅包括直接遭受犯罪侵害的人本身，而且包括他的近亲属以及其他法定代理人。被害人有时候也是证人。被害人的权利能否得到有效保护，直接关系到刑事诉讼法适用的社会效果。

（四）证人的权利

证人是了解案件情况的人。证人在广义上也包括鉴定人和见证人。证人在刑事诉讼中扮演着重要的角色，对于查明案件的事实真相、有效地追诉犯罪和保障无罪的人不受刑事追诉，起着极为重要的作用。因此，保护证人，保障其在刑事诉讼中的权利，是刑事诉讼中人权保障的应有之义。

（五）辩护人的权利

辩护人是帮助犯罪嫌疑人、被告人行使辩护权的人。辩护人的权利及其行使权利的状况代表着一个国家刑事诉讼制度的文明程度和发展水平，对于查明案件的事实真相，对于防止刑事诉讼中公权力的滥用，对于保护犯罪嫌疑人、被告人的诉讼权利，都具有极为重要的作用。切实保障辩护人的权利，是现代刑事诉讼制度的基本特征。新刑诉法第四十九条特别规定：辩护人、诉讼代理人认为公安机关、人民检察院、人民法院及其工作人员阻碍其依法行使诉讼权利的，有权向同级或者上一级人民检察院申诉或者控告。人民检察院对申诉或者控告应当及时进行审查，情况属实的，通知有关机关予以纠正。

（六）其他诉讼参与人的权利

"其他诉讼参与人"是指被告人、被害人、证人、辩护人以外的参加刑事诉讼的人。这类人包括被告人和被害人的法定代理人（即被代理人的父母、养父母、监护人和负有保护责任的机关、团体的代表）；诉讼代理人（即委托代为参加诉讼的人，包括公诉案件的被害人及其法定代理人或者近亲属、自诉案件的自诉人及其法定代理人委托代为参加诉讼的人，附带民事诉讼的当事人及其法定代理人委托代为参加诉讼的人）；附带民事诉讼的原告人；自诉案件中的自诉人；鉴定人和翻译人员等。其他诉讼参与人,当其以被害人及其代表者的身份参与诉讼时,他所行使的权力在很大程度上是法律赋予被害人的权利。

三、刑事诉讼中人权保障的重点

刑事诉讼中的人权涉及上述六个方面的权利,这些权利都应当得到尊重和保障。但是,应当看到,刑事诉讼中人权保障的核心,或者说,刑事诉讼中所说的人权保障,主要是指对被告人和被害人的权利保障,特别是对被告人的权利保障。

为什么说,被告人包括犯罪嫌疑人的权利是刑事诉讼中人权保护的重点?其理由主要有四个方面:

第一,被告人包括犯罪嫌疑人在刑事诉讼中处于一种十分特殊的地位。

被告人包括犯罪嫌疑人,在刑事诉讼中,既是刑事诉讼的对象,也是刑事诉讼的主体之一。刑事诉讼始终是围绕着犯罪嫌疑人、被告人是否犯罪、是否应当承担刑事责任展开的。犯罪嫌疑人和被告人的权利如何以及其权利能否得到有效的保障,直接关系到刑事诉讼是否公正、客观、有效地进行。犯罪嫌疑人、被告人,如果确实是实施犯罪行为的人,那么,他就是最了解犯罪过程的人。保障他的权利、尊重他的人格,让他感到司法机关在教育挽救他,而不是简单地惩罚他,他就可能尊重司法工作人员,如实地交代犯罪的过程和动机,配合司法工作人员查明案件的事实真相,有助于司法机关收集更多的证据材料。即使是对于那些负隅顽抗的犯罪分子,保障他的权利,可以彰显刑事诉讼程序的公正性和司法机关及其工作人员办案的客观性,保障案件客观公正地处理。如果犯罪嫌疑人、被告人不是真正的罪犯,保障他的权利,让他能够充分地为自己辩解,有利于及时地洗刷他的犯罪嫌疑,使司法机关及时调整侦查方向,把精力用在查找真正的罪犯身上;也有利于防止冤错案件的发生。

辩护人的权利在刑事诉讼中也十分重要,但是辩护人的权利是从被告人的辩护权中派生出来的，并且始终围绕着被告人的权利进行，是为了帮助被告人更好地行使法律赋予他的权利。相对于被告人的权利而言，辩护人的权利虽然具有一定的独立性，但总是服务于被告人的权利的。没有被告人的权利，就很难有辩护人的权利。如果被告人的权利得不到有效的保障，为被告人服务的辩护人的权利就不可能得到有效地保障。相对应辩护人的权利而言，被告人的权利更广泛、更具本源性，因而也应当更受保障。

在刑事诉讼中，证人对于查明案件的事实真相也是十分重要的。因此保障证人的权利也非常重要。但是，保障证人的权利主要是保障其作为证人在刑事诉讼过程中作证时所享有的权利。在整个刑事诉讼过程中，证人本身的人身自由没有受到限制、证人的公民权利没有被剥夺。因此，无论是在范围上还是在内容上，证人的权利，与犯罪嫌疑人、被告人的权利之间，是没有可比性的。此外，证人所了解的案件事实毕竟没有犯罪嫌疑人、被告人那么具体、直接，证人证言受到证人的认知能力、认知条件、作证时的心理甚至包括对个人利益的权衡等诸多因素的影响。相对于证人证言而言，犯罪嫌疑人、被告人自愿作出的供述，更有助于司法机关查明案件的事实真相。因此，在保障证人权利的同时，应当突出对犯罪嫌疑人、被告人的权利保障。

第二，被告人包括犯罪嫌疑人是刑罚和强制措施适用的对象，容易受到国家刑事司法权滥用的侵害。

刑事司法系统及其工作人员，在刑事诉讼中承担着"惩罚犯罪，保护人民，保障国家安全和社会公共安全，维护社会主义社会秩序"的任务，承受一定的社会压力，因而为了完成任务，很容易出现滥用司法权侵犯被告人合法权益的情况。同时，刑事诉讼法中规定的强制措施都是针对被告人包括犯罪嫌疑人的，这些措施的运用都意味着对被告人包括犯罪嫌疑人一定权利的限制。如果这些措施使用不当，就可能给被告人包括犯罪嫌疑人的权利造成不应有的侵害。因此，在刑事诉讼中强调保障被告人的权利，从某种意义上讲，就是提醒司法机关及其工作人员不得滥用自己手中的刑事追诉权，任意侵犯被告人包括犯罪嫌疑人的权利。

第三，被告人在刑事诉讼中相对处于弱势，他的权利需要特别予以保护。

刑事案件的被告人往往是加害者。相当于被害人而言，他也许是强悍、蛮横的。但是被告人作为受追诉的对象，在刑事诉讼中往往受到国家刑事司法权的强制，处在受控制的状态。与强大的国家刑事司法系统相比，被告人总是处于弱势，在其权利受到侵犯的时候，很难有效地进行抗争，所以需要辩护人的帮助，同时也需要行使公权力的主体给予特别的关注。

保障被告人的权利，并不意味着忽视被害人的权利。因为，刑事诉讼的过程，在一定意义上，本身就是为被害人讨回公道的过程，是伸张正义的过程。在刑事诉讼的过程中，国家司法机关追诉犯罪的活动本身，就是为了保护被害人的权利，实现对被害人的权利救济。同时，刑事诉讼法还专门规定了被害人在刑事诉讼中的权利。因此，对被告人权利的保障，丝毫不意味着放弃或者削弱对被害人权利的保障。

第四，对犯罪嫌疑人、被告人权利的保障可以反射到对所有公民权利的保障。

在国家权力面前，任何一个公民都可能成为潜在的犯罪嫌疑人、被告人。这并不是说，司法机关办案任意怀疑别人是犯罪嫌疑人，而是说，在人民法院依法判决有罪之前，犯罪嫌疑人或者被告人，可能确实是实施犯罪的人，也可能是没有实施犯罪的人。特别是在刑事案件侦查的过程中，一个人被锁定为犯罪嫌疑人，可能是因为各种迹象和证据表明他就是实施犯罪的人，也完全有可能是因为某种巧合或者偶然事件把他与犯罪现场联系起来，从而被怀疑为犯罪嫌疑人。刑事司法实践中的大量案件表明，即使是目击证人甚至包括被害人本人所指认的犯罪嫌疑人都未必是真正实施犯罪的人，更何况仅仅是基于某种迹象或某些证据进行判断而事后得出的结论。即使是在美国那样刑事司法技术极为发达的国家，自20世纪80年代末DNA技术被用于刑事侦查以来，"已经有超过320名无辜者通过定罪后的DNA检测被无罪释放"①。尽管刑事诉讼中被确定为犯罪嫌疑人的人，多数都最终被认定有罪，但是不可否认的事实是：总有一些并没有犯罪的人甚至"好人"是被有意无意地纳入刑事诉讼而成为犯罪嫌疑人、被告人的。他们是普通公民甚至是守法的公民，然而一旦被作为犯罪嫌疑人、被告人，就要在刑事诉讼过程中被依法限制某些公民权利甚至包括人身自由。

因此，保障犯罪嫌疑人、被告人的权利，从一定意义上讲，就是保护可能成为潜在的犯罪嫌疑人和被告人的所有公民的权利。如果一个公民在其成为犯罪嫌疑人、被告人的时候，他的权利不能得到有效的保障，那么，他作为公民的基本权利就难以有效地受到保护。像好心的司机"张氏叔侄"②，像前途无量的年轻干部于英生③，甚至像手中握有公权力的人民

---

① [美]布兰登·L.加勒特：《误判》，李奋斗等译，中国政法大学出版社2015年版，中译本序，第VI页。

② 2003年5月18日，女青年王冬搭乘张辉、张高平叔侄开的长途运输卡车，到杭州市郊下车。因约好接王冬的朋友未到。王借用张的手机给朋友打电话后，张氏叔侄即开车前往上海。不幸的是，5月19日早晨，王冬被人杀害，尸体被抛至杭州市西湖区留下镇留泗路东穆坞村路段的路边溪沟。经公安机关侦查，认定系张辉、张高平所为，因王东是搭乘张氏叔侄的车到杭州的，且最后一次通话记录是用张氏的手机打出的。张氏叔侄因此于2003年5月23日被刑事拘留，同年6月28日被逮捕。2004年2月，杭州市人民检察院以张辉、张高平犯强奸罪向杭州市中级人民法院提起公诉。2004年4月21日，杭州市中级人民法院以强奸罪分别判处张辉死刑、张高平无期徒刑。2004年10月19日，浙江省高级人民法院二审分别改判张辉死刑、缓期二年执行，张高平有期徒刑十五年。2013年3月26日，浙江省高级人民法院依法对张辉、张高平强奸再审案公开宣判，撤销原审判决，宣告张辉、张高平无罪。

③ 于英生，男，1962年出生，安徽蚌埠人，原本是前途光明的国家机关干部。1996年到蚌埠市东市区下派锻炼，任区长助理。1996年12月2日上午，于英生下班回家发现妻子韩露在家中遇害，遂向公安机关报案。因于英生之前与其妻发生过争执，家中门窗没有被破坏的痕迹，蚌埠市公安机关经侦查，锁定于英生为犯罪嫌疑人，蚌埠市人民检察院提起公诉，蚌埠市中级人民法院以故意杀人罪判处于英生无期徒刑，安徽省高院二审裁定维持原判。17年后的2013年8月13日再审宣告无罪释放。

警察杜培武①，一旦被确定为犯罪嫌疑人，如果其基本的人权得不到应有的保护，都可能被屈打成招，都可能成为刑事诉讼中公权力的受害者。即使是真正的犯罪分子，那也应当等到人民法院依法判决其有罪之后来限制甚至剥夺他作为罪犯的某些权利。因此，被告人的权利，虽然表现为个体利益，但在本质上是一种社会利益的反映，是一种以个体利益的形式表现出来的社会普遍利益。

正因为如此，《刑事诉讼法》第14条明确规定："人民法院、人民检察院和公安机关应当保障犯罪嫌疑人、被告人和其他诉讼参与人依法享有的辩护权和其他诉讼权利"。这里，在强调司法机关应当在刑事诉讼中保障人权的时候，在"其他诉讼参与人"之前特别提出了"犯罪嫌疑人、被告人"。这样的规定也就意味着犯罪嫌疑人、被告人的权利在诉讼参与人权利保障中是重点保障的对象。

当然，在刑事诉讼中保障被告人的权利，并不是保障他作为公民的所有权利，而是保障他作为刑事案件的被告人依法享有的权利。这些权利具有特定的内容和行使的条件。

第二节 刑事诉讼法关于被告人权利的规定

在刑事诉讼中，犯罪嫌疑人、被告人的权利包括两个方面：一是实体性权利；二是程序性权利。

---

① 杜培武原本是昆明市公安局的戒毒民警。因在同一公安局工作的妻子王晓湘和昆明市石林县公安局副局长王俊波于1998年4月20日被人枪杀在一辆警车上，公安机关经侦查认为，杜培武因知道其妻与王俊波通奸而怀恨在心，并将二人杀害。尽管杜培武始终不承认自己杀人，但经侦查、起诉，昆明市中级人民法院还是于1999年2月5日以故意杀人罪判处杜培武死刑，剥夺政治权利终身。杜培武不服提起上诉，云南省高级人民法院于1999年10月20日以故意杀人罪判处杜培武死刑，缓期二年执行，剥夺政治权利终身。2000年7月6日，云南省高级人民法院再审改判杜培武无罪，并当庭释放。

刑事被告人的实体性权利主要有：要求依法认定本人有罪无罪的权利；认定无罪时要求不受刑罚处罚的权利；认定有罪时要求得到正确定罪和适当量刑的权利。对实体性权利的保障措施主要是刑法中的三大原则和有关定罪量刑规格的规定，同时也包括刑事诉讼法中有关正当程序的规定。

犯罪嫌疑人、被告人的程序性权利，从刑事诉讼法的规定看，主要有18项权利，应当予以保障：

（一）知情权

犯罪嫌疑人、被告人有权了解针对其本人所采取的诉讼行为的合法性及其具体情况。当犯罪嫌疑人、被告人的人身自由受到限制时，他的家属应当知道其身在何处。知情权包括：

1. 检验证件

《宪法》第37条明确规定："任何公民，非经人民检察院批准或者决定或者人民法院决定，并由公安机关执行，不受逮捕。禁止非法拘禁和以其他方法非法剥夺或者限制公民的人身自由，禁止非法搜查公民的身体"。人身自由是公民的一项宪法性权利，限制公民的人身自由必须经法律授权的国家机关批准或者决定，并由公安机关执行。因此，任何公民在被作为犯罪嫌疑人、被告人而拘留、逮捕、搜查时，都有权检验有关的法律文书或者证件，以确认该行为的合法性。为此，《刑事诉讼法》第85条规定："公安机关拘留人的时候，必须出示拘留证"；第93条："公安机关逮捕人的时候，必须出示逮捕证"；第138条："进行搜查，必须向被搜查人出示搜查证。在执行逮捕、拘留的时候，遇有紧急情况，不另用搜查证也可以进行搜查"。此外，《刑事诉讼法》第119条规定："对不需要逮捕、拘留的犯罪嫌疑人，可以传唤到犯罪嫌疑人所在市、县内的指定地点或者到他的住处进行讯问，但是应当出示人民检察院或者公安机关的证明文件。对在现场发现的犯罪嫌疑人，经出示工作证件，可以口头传唤，但应当在讯问笔录中注明"。这个规定也意味着,被传唤的犯罪嫌疑人有权检验人民检察院或者公安机关的证明文件,口头传唤时有权检验司法工作人员的工作证。

犯罪嫌疑人、被告人被羁押时,他的家属有权知道其被羁押的事实。《刑事诉讼法》第85条规定:"拘留后,应当立即将被拘留人送看守所羁押,至迟不得超过二十四小时。除无法通知或者涉嫌危害国家安全犯罪、恐怖活动犯罪通知可能有碍侦查的情形以外,应当在拘留后二十四小时以内,通知被拘留人的家属。有碍侦查的情形消失以后,应当立即通知被拘留人的家属"。第93条也规定:"逮捕后,应当立即将被逮捕人送看守所羁押。除无法通知的以外,应当在逮捕后二十四小时以内,通知被逮捕人的家属"。第139条规定:"在搜查的时候,应当有被搜查人或者他的家属,邻居或者其他见证人在场"。这些规定,都是为了保障犯罪嫌疑人、被告人能够了解对其进行的诉讼行为。

2. 审核笔录

《刑事诉讼法》第122条规定:"讯问笔录应当交犯罪嫌疑人核对,对于没有阅读能力的,应当向他宣读。如果记载有遗漏或者差错,犯罪嫌疑人可以提出补充或者改正。犯罪嫌疑人承认笔录没有错误后,应当签名或者盖章";第207条规定:"法庭审判的全部活动,应当由书记员写成笔录,经审判长审阅后,由审判长和书记员签名。……法庭笔录应当交给当事人阅读或者向他宣读。当事人认为记载有遗漏或者差错的,可以请求补充或者改正。当事人承认没有错误后,应当签名或者盖章"。这些规定,实际上就赋予了犯罪嫌疑人、被告人审核笔录的权利,以确认司法机关工作人员就其供述或者辩解所作的笔录与其所讲的完全一致。这项权利,也是为了保障犯罪嫌疑人、被告人有机会了解讯问笔录、法庭笔录的内容。

3. 获得起诉书、抗诉书副本

《刑事诉讼法》第187条规定:"人民法院决定开庭审判后,应当确定合议庭的组成人员,将人民检察院的起诉书副本至迟在开庭十日以前送达被告人及其辩护人";第232条规定：地方各级人民检察院对同级人民法院第一审判决、裁定提出抗诉的，原审人民法院应当将将抗诉书副本送交当事人。第231条规定：自诉人、附带民事诉讼的原告人通过原审人民法院提出上诉的，原审人民法院应当在三日以内将上诉状连同案卷、证据移送上一级人民法院，同时将上诉状副本送交同级人民检察院和对方当事人；自诉人、附带民事诉讼的原告人和被告人直接向第二审人民法院提出上诉的，第二审人民法院应当在三日以内将上诉状交原审人民法院送交同级人民检察院和对方当事人。这些规定，都是为了保障被告人及时了解对他提出的指控、抗诉或上诉，以便其有针对性地进行答辩或辩护。

4. 了解判决结果

《刑事诉讼法》第202条规定："宣告判决，一律公开进行。当庭宣告判决的，应当在五日以内将判决书送达当事人和提起公诉的人民检察院；定期宣告判决的，应当在宣告后立即将判决书送达当事人和提起公诉的人民检察院"。人民法院的判决直接关系到被告人的权利，因此他有权及时收到判决书，以便了解判决的内容。

（二）辩护权

辩护权是犯罪嫌疑人、被告人最重要的一项权利。当一个人被作为犯罪嫌疑人而限制人身自由或者被指控犯罪的时候，无论他是否实施了犯罪行为，都有权为自己进行辩护。犯罪嫌疑人、被告人，如果没有实施被认为或被指控的犯罪行为，他有权为自己辩解，有权提供证据证明自己的清白；如果他确实实施了犯罪行为，他也有权说明自己实施犯罪行为的原因，为自己的行为进行辩解。特别是当一个行为是不是犯罪而又争议的时候，犯罪嫌疑人、被告人更有权为自己行为的合法性进行辩解。辩护权的有效行使，有利于司法机关通过刑事诉讼查明案件的真实情况，保证办案的客观真实性，也有利于案件的公正处理。因此法律不仅赋予了犯罪嫌疑人、被告人自行辩护的权利，而且赋予了犯罪嫌疑人、被告人委托律师或其他人为自己辩护的权利。

1. 获得辩护

《刑事诉讼法》第 11 条规定："人民法院审判案件，除本法另有规定的以外，一律公开进行。被告人有权获得辩护，人民法院有义务保证被告人获得辩护"。

2. 委托他人为自己辩护

《刑事诉讼法》第 33 条规定："犯罪嫌疑人、被告人除自己行使辩护权以外，还可以委托一至二人作为辩护人。下列的人可以被委托为辩护人：（一）律师；（二）人民团体或者犯罪嫌疑人、被告人所在单位推荐的人；（三）犯罪嫌疑人、被告人的监护人、亲友"；第 34 条规定："犯罪嫌疑人自被侦查机关第一次讯问或者采取强制措施之日起，有权委托辩护人；在侦查期间，只能委托律师作为辩护人。被告人有权随时委托辩护人"。

3. 获得关于辩护权的告知。

《刑事诉讼法》第 34 条第 2 款规定："侦查机关在第一次讯问犯罪嫌疑人或者对犯罪嫌疑人采取强制措施的时候，应当告知犯罪嫌疑人有权委托辩护人。人民检察院自收到移送审查起诉的案件材料之日起三日以内，应当告知犯罪嫌疑人有权委托辩护人。人民法院自受理案件之日起三日以内，应当告知被告人有权委托辩护人。犯罪嫌疑人、被告人在押期间要求委托辩护人的，人民法院、人民检察院和公安机关应当及时转达其要求"。在现实社会中，有些人因为不懂法律，不知道当自己成为犯罪嫌疑人、被告人时还有辩护权，因此法律规定，无论是公安机关、检察机关还是审判机关，在对犯罪嫌疑人、被告人进行讯问、审查、审判的时候，应当告知其依法享有的辩护权，以便其行使这项权利。

4. 代为委托

《刑事诉讼法》第 34 条第 3 款规定："犯罪嫌疑人、被告人在押的，也可以由其监护人、近亲属代为委托辩护人"。这就意味着，当犯罪嫌疑人、被告人被采取强制措施而处于被羁押的状况，自己因与外界隔离而无法亲自委托他人为自己辩护时，有权通过自己的监护人或者近亲属为自己委托辩护人，从而保障辩护权的行使。

（三）获得帮助权

1. 翻译帮助

《刑事诉讼法》第9条规定："各民族公民都有用本民族语言文字进行诉讼的权利。人民法院、人民检察院和公安机关对于不通晓当地通用的语言文字的诉讼参与人，应当为他们翻译"。这个规定意味着，无论是少数民族的人在其他民族聚居的地方受到刑事追诉，还是汉族的人在少数民族聚居的地方受到刑事追诉，都有权要求司法机关提供通晓当地语言的人为其进行翻译，以保证其了解诉讼的具体内容，保证其所进行的陈述或辩解能够被司法机关和其他诉讼参与人了解。

2. 法律援助

《刑事诉讼法》第35条规定："犯罪嫌疑人、被告人因经济困难或者其他原因没有委托辩护人的，本人及其近亲属可以向法律援助机构提出申请。对符合法律援助条件的，法律援助机构应当指派律师为其提供辩护。犯罪嫌疑人、被告人是盲、聋、哑人，或者是尚未完全丧失辨认或者控制自己行为能力的精神病人，没有委托辩护人的，人民法院、人民检察院和公安机关应当通知法律援助机构指派律师为其提供辩护。犯罪嫌疑人、被告人可能被判处无期徒刑、死刑，没有委托辩护人的，人民法院、人民检察院和公安机关应当通知法律援助机构指派律师为其提供辩护"；第278条规定："未成年犯罪嫌疑人、被告人没有委托辩护人的，人民法院、人民检察院、公安机关应当通知法律援助机构指派律师为其提供辩护"。根据这些规定，犯罪嫌疑人、被告人在四种情况下，有权要求获得法律援助：一是因经济困难等原因没有委托辩护人；二是因犯罪嫌疑人、被告人本身是盲、聋、哑人或限制责任能力的精神病人且没有委托辩护人；三是犯罪嫌疑人、被告人可能被判处无期徒刑、死刑且没有委托辩护人；四是犯罪嫌疑人、被告人本身是未成年且家长没有为其委托辩护人。在这四种情况下，人民法院、人民检察院、公安机关都有义务通知法律援助机构指派律师为其提供辩护

3. 委托诉讼代理人

《刑事诉讼法》第46条规定："公诉案件的被害人及其法定代理人或者近亲属，附带民事诉讼的当事人及其法定代理人，自案件移送审查起诉之日起，有权委托诉讼代理人。自诉案件的自诉人及其法定代理人，附带民事诉讼的当事人及其法定代理人，有权随时委托诉讼代理人。人民检察院自收到移送审查起诉的案件材料之日起三日以内，应当告知被害人及其法定代理人或者其近亲属、附带民事诉讼的当事人及其法定代理人有权委托诉讼代理人。人民法院自受理自诉案件之日起三日以内，应当告知自诉人及其法定代理人、附带民事诉讼的当事人及其法定代理人有权委托诉讼代理人。"根据这个规定，被告人及其法定代理人，在附带民事诉讼中，作为当事人之一，有权委托诉讼代理人。在公诉案件中，自案件移送审查起诉之日起，被告人就可以在附带民事诉讼中委托诉讼代理人；人民检察院有义务及时告知被告人有权委托诉讼代理人。在自诉案件中，自自诉人提起自诉附带民事诉讼之日起，被告人就有权委托诉讼代理人，人民法院有义务及时告知被告人有权委托诉讼代理人。

4. 要求法定代理人或者其他合适成年人到场

刑事诉讼法在未成年人刑事案件的特别程序中，专门规定了讯问犯罪嫌疑人、被告人时法定代理人或者合适成年人到场的制度。其第281条明确规定："对于未成年人刑事案件，在讯问和审判的时候，应当通知未成年犯罪嫌疑人、被告人的法定代理人到场。无法通知、法定代理人不能到

场或者法定代理人是共犯的,也可以通知未成年犯罪嫌疑人、被告人的其他成年亲属,所在学校、单位、居住地基层组织或者未成年人保护组织的代表到场,并将有关情况记录在案。到场的法定代理人可以代为行使未成年犯罪嫌疑人、被告人的诉讼权利。到场的法定代理人或者其他人员认为办案人员在讯问、审判中侵犯未成年人合法权益的,可以提出意见。讯问笔录、法庭笔录应当交给到场的法定代理人或者其他人员阅读或者向他宣读。"这个规定,实际上是赋予未成年犯罪嫌疑人、被告人在被讯问、审判时获得其法定代理人及其他合适成年人帮助的权利。

(四) 申请回避权

为了保证刑事诉讼的公正进行,刑事诉讼法设置了回避制度。请求与案件有利害关系或者其他可能影响案件公正办理的司法工作人员回避,是法律赋予犯罪嫌疑人、被告人的一项权利。这项权利,即可以在侦查阶段行使,也可以在审查起诉阶段和法庭审理阶段行使。

《刑事诉讼法》第29条规定:"审判人员、检察人员、侦查人员有下列情形之一的,应当自行回避,当事人及其法定代理人也有权要求他们回避:(一)是本案的当事人或者是当事人的近亲属的;(二)本人或者他的近亲属和本案有利害关系的;(三)担任过本案的证人、鉴定人、辩护人、诉讼代理人的;(四)与本案当事人有其他关系,可能影响公正处理案件的";第30条规定:"审判人员、检察人员、侦查人员不得接受当事人及其委托的人的请客送礼,不得违反规定会见当事人及其委托的人。审判人员、检察人员、侦查人员违反前款规定的,应当依法追究法律责任。当事人及其法定代理人有权要求他们回避";第190条规定:"开庭的时候,审判长查明当事人是否到庭,宣布案由;宣布合议庭的组成人员、书记员、公诉人、辩护人、诉讼代理人、鉴定人和翻译人员的名单;告知当事人有权对合议庭组成人员、书记员、公诉人、鉴定人和翻译人员申请回避;告知被告人享有辩护权利"。犯罪嫌疑人、被告人申请审判人员、检察人员、侦查人员回避的,被申请人所在的法院院长、检察院检察长、公安机关负责人应当及时作出是否同意的决定。申请法院院长回避的,由本院审判委员会决定;申请检察院检察长和公安机关负责人回避的,由同级人民检察院检察委员会决定。回避的申请被驳回的,当事人及其法定代理人还可以申请复议一次。

(五) 不受强迫自证其罪权

不受强迫自证其罪权是犯罪嫌疑人、被告人一项重要的诉讼权利。在相对强大的公权力面前,不受强迫自证其罪权是犯罪嫌疑人、被告人用以对付侦查机关和侦查人员刑讯逼供的法律武器。新的刑事诉讼法第52条专门增加了"不得强迫任何人证实自己有罪"的规定。这个规定,实际上是赋予犯罪嫌疑人、被告人以沉默权。"不得强迫任何人证实自己有罪",意味着侦查人员在讯问犯罪嫌疑人、被告人的时候,不得使用强迫的手段逼迫犯罪嫌疑人、被告人作出自己有罪的供述。这本身就意味着犯罪嫌疑人、被告人在被讯问的时候,有权保持沉默,不回答侦查人员的提问。新的刑事诉讼法在规定"不得强迫任何人证实自己有罪"的同时,确立了非法证据排除规则。这两个规定一起,为进一步禁止以刑讯逼供、威胁、引诱等非法方法获取供述,保障犯罪嫌疑人、被告人不被强迫的供述的权利,提供了法律上的保障。当然,按照刑事诉讼法第120条的规定,犯罪嫌疑人对于侦查人员的提问,应当如实回答①。这种回答,应当是在自愿的基础上予以回答。如果犯罪嫌疑人不愿意回答,任何人不得强迫他回答。这就意味着犯罪嫌疑人有保持沉默即选择不回答的权利。

---

① "应当如实回答"强调的是犯罪嫌疑人在回答侦查人员的提问时不得讲假话,而不是必须回答。否则,在犯罪嫌疑人不愿意回答的时候要求他必须回答,那就是强迫他回答,这与"不得强迫任何人证实自己有罪"的重大修改,就形成明显的冲突。

（六）与人身有关的权利

在刑事诉讼中，犯罪嫌疑人、被告人其人身自由可能被依法限制，但是与人身有关的其他权利仍然应当受到保障。这些权利包括：

1. 人身权

犯罪嫌疑人、被告人无论人身自由是否受到限制，都具有人身不受残害、意志不受强迫的权利。《刑事诉讼法》第52条规定："严禁刑讯逼供和以威胁、引诱、欺骗以及其他非法方法收集证据，不得强迫任何人证实自己有罪"。为了保证这个规定的贯彻，《刑事诉讼法》第56条规定："采用刑讯逼供等非法方法收集的犯罪嫌疑人、被告人供述和采用暴力、威胁等非法方法收集的证人证言、被害人陈述，应当予以排除"；第57条进一步规定："人民检察院接到报案、控告、举报或者发现侦查人员以非法方法收集证据的，应当进行调查核实。对于确有以非法方法收集证据情形的，应当提出纠正意见；构成犯罪的，依法追究刑事责任"。这些规定，都是为了保障犯罪嫌疑人在侦查过程中，人身不受刑讯逼供等非法取证方式的残害。

2. 健康权

健康权是公民的一项重要权利。在刑事诉讼中，司法机关及其工作人员应当保护犯罪嫌疑人、被告人的健康，犯罪嫌疑人、被告人的健康出现问题时，有权及时获得治疗。《刑事诉讼法》第119条规定："不得以连续传唤、拘传的形式变相拘禁犯罪嫌疑人。传唤、拘传犯罪嫌疑人，应当保证犯罪嫌疑人的饮食和必要的休息时间"；第74条规定："人民法院、人民检察院和公安机关对符合逮捕条件，有下列情形之一的犯罪嫌疑人、被告人，可以监视居住：（一）患有严重疾病、生活不能自理的……"。这些规定，都是为了保证犯罪嫌疑人、被告人的健康。

3. 人格尊严

《刑事诉讼法》第 132 条规定:"为了确定被害人、犯罪嫌疑人的某些特征、伤害情况或者生理状态,可以对人身进行检查,可以提取指纹信息,采集血液、尿液等生物样本。犯罪嫌疑人如果拒绝检查,侦查人员认为必要的时候,可以强制检查。检查妇女的身体,应当由女工作人员或者医师进行";第 135 条规定:"为了查明案情,在必要的时候,经公安机关负责人批准,可以进行侦查实验。侦查实验的情况应当写成笔录,由参加实验的人签名或者盖章。侦查实验,禁止一切足以造成危险、侮辱人格或者有伤风化的行为";第 139 条规定:"搜查妇女的身体,应当由女工作人员进行"。这些规定,都是为了保护犯罪嫌疑人的人格尊严,特别是女性犯罪嫌疑人的人格尊严不受男性的侵犯。

(七) 财产权

在刑事诉讼过程中,犯罪嫌疑人、被告人与犯罪有关的财产可能被查封、扣押或冻结。但是,与犯罪无关的财产,依然受到法律的保护,一旦被违法查封、扣押或冻结,犯罪嫌疑人、被告人有权要求解除。

《刑事诉讼法》第 141 条规定:"在侦查活动中发现的可用以证明犯罪嫌疑人有罪或者无罪的各种财物、文件,应当查封、扣押;与案件无关的财物、文件,不得查封、扣押。对查封、扣押的财物、文件,要妥善保管或者封存,不得使用、调换或者损毁";第 142 条规定:"对查封、扣押的财物、文件,应当会同在场见证人和被查封、扣押财物、文件持有人查点清楚,当场开列清单一式二份,由侦查人员、见证人和持有人签名或者盖章,一份交给持有人,另一份附卷备查";第 145 条规定:"对查封、扣押的财物、文件、邮件、电报或者冻结的存款、汇款、债券、股票、基金份额等财产,经查明确实与案件无关的,应当在三日以内解除查封、扣押、冻结,予以退还"。这些规定都意味着,犯罪嫌疑人、被告人所拥有的、与犯罪无关的财产,不得查封、扣押、冻结;已经被查封、扣押、冻结了的,一经查明与案件无关,就应当退还。司法机关及其工作人员如果违反这些规定,犯罪嫌疑人、被告人就有权要求解除或者返还被查封、扣押或冻结的财产。

此外,《刑事诉讼法》第 300 条还规定:"人民法院经审理,对经查证属于违法所得及其他涉案财产,除依法返还被害人的以外,应当裁定予以没收;对不属于应当追缴的财产的,应当裁定驳回申请,解除查封、扣押、冻结措施。对于人民法院依照前款规定作出的裁定,犯罪嫌疑人、被告人的近亲属和其他利害关系人或者人民检察院可以提出上诉、抗诉"。第 301 条规定:"……没收犯罪嫌疑人、被告人财产确有错误的,应当予以返还、赔偿"。这些规定表明,在没收财产的特别程序中,不属于应当追缴范围的财产依然受到法律的保护。对于不属于应当追缴的财产,人民检察院提出没收申请的,人民法院应当裁定驳回,已经查封、扣押、冻结的,应当予以解除;人民法院裁定没收的,犯罪嫌疑人、被告人的近亲属和其他利害关系人有权提出上诉;已经被没收的,犯罪嫌疑人、被告人的近亲属和其他利害关系人有权要求返还,财产受到损失的,有权要求赔偿。

(八)解除或者变更强制措施的申请权。

在刑事诉讼中,司法机关有权对犯罪嫌疑人、被告人采取强制措施,但是犯罪嫌疑人、被告人具有申请解除或者变更强制措施的权利。

《刑事诉讼法》第 97 条规定:"犯罪嫌疑人、被告人及其法定代理人、近亲属或者辩护人有权申请变更强制措施。人民法院、人民检察院和公安机关收到申请后,应当在三日以内作出决定;不同意变更强制措施的,应当告知申请人,并说明不同意的理由";第 98 条规定:"犯罪嫌疑人、被告人被羁押的案件,不能在本法规定的侦查羁押、审查起诉、一审、二审期限内办结的，对犯罪嫌疑人、被告人应当予以释放；需要继续查证、审理的，对犯罪嫌疑人、被告人可以取保候审或者监视居住"；第99条规定："人民法院、人民检察院或者公安机关对被采取强制措施法定期限届满的犯罪嫌疑人、被告人，应当予以释放、解除取保候审、监视居住或者依法变更强制措施。犯罪嫌疑人、被告人及其法定代理人、近亲属或者辩护人对于人民法院、人民检察院或者公安机关采取强制措施法定期限届满的，有权要求解除强制措施"。

为了保障这项权利的行使，《刑事诉讼法》第117条特别规定：当事人和辩护人、诉讼代理人、利害关系人对于司法机关及其工作人员有下列行为之一的，有权向该机关申诉或者控告：（一）采取强制措施法定期限届满，不予以释放、解除或者变更的；……受理申诉或者控告的机关应当及时处理。对处理不服的，可以向同级人民检察院申诉；人民检察院直接受理的案件，可以向上一级人民检察院申诉。人民检察院对申诉应当及时进行审查，情况属实的，通知有关机关予以纠正"。

（九）不公开审理的申请权。

《刑事诉讼法》第188条规定："人民法院审判第一审案件应当公开进行。但是有关国家秘密或者个人隐私的案件，不公开审理；涉及商业秘密的案件，当事人申请不公开审理的，可以不公开审理。不公开审理的案件，应当当庭宣布不公开审理的理由。"根据这个规定，被告人对于涉及到其商业秘密的案件，有权申请不公开审理。

（十）排除非法证据的申请权

《刑事诉讼法》第56条规定："采用刑讯逼供等非法方法收集的犯罪嫌疑人、被告人供述和采用暴力、威胁等非法方法收集的证人证言、被害人陈述，应当予以排除。收集物证、书证不符合法定程序，可能严重影响司法公正的，应当予以补正或者作出合理解释；不能补正或者作出合理解释的,对该证据应当予以排除";第 58 条规定:"当事人及其辩护人、诉讼代理人有权申请人民法院对以非法方法收集的证据依法予以排除。申请排除以非法方法收集的证据的,应当提供相关线索或者材料"。根据这个规定,犯罪嫌疑人、被告人,如果在侦查期间受到刑讯逼供的,有权申请人民法院对以非法方法收集的证据予以排除。

(十一) 重新鉴定的申请权

犯罪嫌疑人、被告人在诉讼过程中对用作证据的鉴定意见,有权申请补充鉴定或者重新鉴定。《刑事诉讼法》第 148 条规定:"侦查机关应当将用作证据的鉴定意见告知犯罪嫌疑人、被害人。如果犯罪嫌疑人、被害人提出申请,可以补充鉴定或者重新鉴定";第 197 条规定:"法庭审理过程中,当事人和辩护人、诉讼代理人有权申请通知新的证人到庭,调取新的物证,申请重新鉴定或者勘验。公诉人、当事人和辩护人、诉讼代理人可以申请法庭通知有专门知识的人出庭,就鉴定人作出的鉴定意见提出意见"。按照这些规定,不仅在侦查阶段,侦查机关应当将用作证据的鉴定意见告知犯罪嫌疑人,犯罪嫌疑人认为鉴定意见有问题或者不完整的,有权申请补充鉴定或者重新鉴定,而且在庭审阶段,被告人也有权申请重新鉴定。

(十二) 质证权

1. 申请获取新的证据

《刑事诉讼法》第 197 条规定:"法庭审理过程中,当事人和辩护人、诉讼代理人有权申请通知新的证人到庭,调取新的物证,申请重新鉴定或者勘验。公诉人、当事人和辩护人、诉讼代理人可以申请法庭通知有专门知识的人出庭,就鉴定人作出的鉴定意见提出意见"。根据这个规定,被告人在法庭审理过程中,有权申请通知新的证人到庭、调取新的物证,有权申请法庭通知有专门知识的人出庭,就鉴定人作出的鉴定意见提出意见。这些权利的行使，就被告人而言，就是为了对检察机关提供的证据进行质疑。

2. 辨认

《刑事诉讼法》第 195 条规定："公诉人、辩护人应当向法庭出示物证，让当事人辨认，对未到庭的证人的证言笔录、鉴定人的鉴定意见、勘验笔录和其他作为证据的文书，应当当庭宣读。审判人员应当听取公诉人、当事人和辩护人、诉讼代理人的意见"。这个规定，意味着被告人对于提交法庭的证据具有进行辨认的权利，可以就证据的真实性发表自己的意见。

3. 发问

《刑事诉讼法》第 194 条规定："证人作证，审判人员应当告知他要如实地提供证言和有意作伪证或者隐匿罪证要负的法律责任。公诉人、当事人和辩护人、诉讼代理人经审判长许可，可以对证人、鉴定人发问"。根据这个规定，被告人在法庭上，有权向证人发问。

4. 对质

《刑事诉讼法》第 61 条规定："证人证言必须在法庭上经过公诉人、被害人和被告人、辩护人双方质证并且查实以后，才能作为定案的根据"。根据这个规定，证人所做的证言，被告人有权在法庭上提出质疑；证人出庭的，有权与证人对质。为了保证这项权利的行使，《刑事诉讼法》第 192 条专门规定："公诉人、当事人或者辩护人、诉讼代理人对证人证言有异议，且该证人证言对案件定罪量刑有重大影响，人民法院认为证人有必要出庭作证的，证人应当出庭作证"。这个规定，从某种意义上讲，就是为了保证质证权的行使。

（十三）最后陈述权

《刑事诉讼法》第 198 条第 3 款特别规定："审判长在宣布辩论终结

后，被告人有最后陈述的权利"。这是法律赋予被告人的一项重要权利，即最后陈述权。在法庭调查和法庭辩论结束后，被告人有权就针对自己所展开的法庭审理情况发表总结性的意见，并且这种意见，不容其他诉讼参与人包括公诉人的反驳（当然，法庭是否采纳被告人的最后陈述意见，取决于审判人员的认识）。

（十四）反诉权

在自诉案件中，被告人具有反诉的权利。所谓自诉案件是指被害人直接向人民法院提起控诉的案件。自诉案件包括下列案件：（1）告诉才处理的案件；（2）被害人有证据证明的轻微刑事案件；（3）被害人有证据证明对被告人侵犯自己人身、财产权利的行为应当依法追究刑事责任，而公安机关或者人民检察院不予追究被告人刑事责任的案件。在这些案件中，由于原告人是作为独立的个人向法庭提起刑事诉讼的，被告人就可以反过来把原告人作为被告人向法院提出刑事诉讼，指控自诉案件的原告人犯罪。

《刑事诉讼法》第213条规定："自诉案件的被告人在诉讼过程中，可以对自诉人提起反诉。反诉适用自诉的规定"。在自诉案件中，被告人作为被指控犯罪的人，有权对原告人提出犯罪的指控。当然，这种反诉必须有一定的事实根据。

（十五）上诉权

上诉权是被告人的一项重要权利。被告人行使上诉权，可以直接引起刑事案件二审程序的启动。

《刑事诉讼法》第227条规定："被告人、自诉人和他们的法定代理人，不服地方各级人民法院第一审的判决、裁定，有权用书状或者口头向上一级人民法院上诉。被告人的辩护人和近亲属，经被告人同意，可以提出上诉。附带民事诉讼的当事人和他们的法定代理人，可以对地方各级人民法院第一审的判决、裁定中的附带民事诉讼部分，提出上诉。对被告人的上诉权，不得以任何借口加以剥夺"。为了保障被告人上诉权的行使，《刑事诉讼法》第237条特别规定："第二审人民法院审理被告人或者他的法定代理人、辩护人、近亲属上诉的案件，不得加重被告人的刑罚。第二审人民法院发回原审人民法院重新审判的案件，除有新的犯罪事实，人民检察院补充起诉的以外，原审人民法院也不得加重被告人的刑罚。人民检察院提出抗诉或者自诉人提出上诉的，不受前款规定的限制"。"上诉不加刑"原则的确立，就是为了防止被告人因担心被加重刑罚而不敢上诉，以保障其上诉权的行使。

（十六）控告权

在刑事诉讼过程中，犯罪嫌疑人、被告人的权利如果受到不应有的侵害，有权向有关机关提出控告。

《刑事诉讼法》第14条规定："人民法院、人民检察院和公安机关应当保障犯罪嫌疑人、被告人和其他诉讼参与人依法享有的辩护权和其他诉讼权利。诉讼参与人对于审判人员、检察人员和侦查人员侵犯公民诉讼权利和人身侮辱的行为，有权提出控告。"这里所指的诉讼参与人，首先就是犯罪嫌疑人、被告人，因为犯罪嫌疑人、被告人作为刑事诉讼的对象，是始终参与刑事诉讼的人，也是权利最容易受到公权力侵犯的人。

此外，《刑事诉讼法》第117条还规定："当事人和辩护人、诉讼代理人、利害关系人对于司法机关及其工作人员有下列行为之一的，有权向该机关申诉或者控告：（一）采取强制措施法定期限届满，不予以释放、解除或者变更的；（二）应当退还取保候审保证金不退还的；（三）对与案件无关的财物采取查封、扣押、冻结措施的；（四）应当解除查封、扣押、冻结不解除的；（五）贪污、挪用、私分、调换、违反规定使用查封、扣押、冻结的财物的。受理申诉或者控告的机关应当及时处理。对处理不服的,可以向同级人民检察院申诉;人民检察院直接受理的案件,可以向上一级人民检察院申诉。人民检察院对申诉应当及时进行审查,情况属实的,通知有关机关予以纠正。"这个规定,不仅意味着犯罪嫌疑人、被告人有权就司法机关及其工作人员的不当行为向有关机关提出控告,而且意味着在有关机关不处理或者被告人对处理结果不服时,有权向检察机关提出申诉。

(十七) 申诉权

被告人对人民法院的生效判决、裁定不服时,有提出申诉的权利。《刑事诉讼法》第252条规定:"当事人及其法定代理人、近亲属,对已经发生法律效力的判决、裁定,可以向人民法院或者人民检察院提出申诉,但是不能停止判决、裁定的执行";第253条规定:"当事人及其法定代理人、近亲属的申诉符合下列情形之一的,人民法院应当重新审判:(一)有新的证据证明原判决、裁定认定的事实确有错误,可能影响定罪量刑的;(二)据以定罪量刑的证据不确实、不充分、依法应当予以排除,或者证明案件事实的主要证据之间存在矛盾的;(三)原判决、裁定适用法律确有错误的;(四)违反法律规定的诉讼程序,可能影响公正审判的;(五)审判人员在审理该案件的时候,有贪污受贿,徇私舞弊,枉法裁判行为的"。

(十八) 索赔权

根据国家赔偿法的规定,被告人在刑事诉讼中因被追诉而遭受到不应有的损害时,有权申请国家赔偿。

《国家赔偿法》第17条规定:"行使侦查、检察、审判职权的机关以及看守所、监狱管理机关及其工作人员在行使职权时有下列侵犯人身权情形之一的,受害人有取得赔偿的权利:(一)违反刑事诉讼法的规定对公民采取拘留措施的,或者依照刑事诉讼法规定的条件和程序对公民采取拘留措施,但是拘留时间超过刑事诉讼法规定的时限,其后决定撤销案件、不起诉或者判决宣告无罪终止追究刑事责任的；（二）对公民采取逮捕措施后，决定撤销案件、不起诉或者判决宣告无罪终止追究刑事责任的；（三）依照审判监督程序再审改判无罪，原判刑罚已经执行的；（四）刑讯逼供或者以殴打、虐待等行为或者唆使、放纵他人以殴打、虐待等行为造成公民身体伤害或者死亡的；（五）违法使用武器、警械造成公民身体伤害或者死亡的。"根据这个规定，犯罪嫌疑人、被告人一旦被人民法院的生效判决（包括一审生效判决、二审终审判决、再审判决）宣告无罪，或者人民检察院对案件作出了不起诉决定，或者案件被撤销，在诉讼过程中被拘留或者逮捕的，都有权申请国家赔偿。犯罪嫌疑人、被告人，因被刑讯逼供或殴打、虐待等行为，或者因司法工作人员违法使用武器、警械等行为，造成身体伤害的，有权申请国家赔偿；因上述行为造成死亡的，其亲属可以代为申请国家赔偿。

此外，《国家赔偿法》第18条还规定："行使侦查、检察、审判职权的机关以及看守所、监狱管理机关及其工作人员在行使职权时有下列侵犯财产权情形之一的，受害人有取得赔偿的权利：（一）违法对财产采取查封、扣押、冻结、追缴等措施的；（二）依照审判监督程序再审改判无罪，原判罚金、没收财产已经执行的。"根据这个规定，犯罪嫌疑人、被告人，对于司法机关及其工作人员违法采取查封、扣押、冻结、追缴等措施的，有权申请国家赔偿；犯罪嫌疑人、被告人经再审程序被改判无罪的，如果原判罚金、没收财产已经执行，就有权申请国家赔偿，以弥补其受到的财产损失。

第三节 刑事诉讼法关于被害人权利的规定

在一般意义上，被害人是直接受到犯罪行为侵害的人。被害人不仅与案件有着直接的利害关系，刑事诉讼的结果将会直接影响到被害人的利益，而且在很多案件中被害人对整个案件的经过、犯罪人的样貌、犯罪人的作案手段等情况有所了解，也是案件的关键证人。因此，刑事诉讼法在保障被告人权利的同时，对被害人的权利也进行充分的保护。

在公诉案件中，检察机关代表被害人的利益追诉犯罪，但被害人依然具有法定的独立的权利。在自诉案件中，被害人作为原告自己请求法院追诉被告人的刑事责任并主张自己的权利。被害人在公诉案件中的法律地位，与在自诉案件中的法律地位，并不完全相同，但具有许多共同的权利。

刑事诉讼法关于被害人在刑事诉讼中的权利的规定，主要有18个方面：

一、控告权

《刑事诉讼法》第110条规定："……被害人对侵犯其人身、财产权利的犯罪事实或者犯罪嫌疑人，有权向公安机关、人民检察院或者人民法院报案或者控告"；第111条规定："报案、控告、举报可以用书面或者口头提出。接受口头报案、控告、举报的工作人员，应当写成笔录，经宣读无误后，由报案人、控告人、举报人签名或者盖章。接受控告、举报的工作人员，应当向控告人、举报人说明诬告应负的法律责任。但是，只要不是捏造事实，伪造证据，即使控告、举报的事实有出入，甚至是错告的，也要和诬告严格加以区别。公安机关、人民检察院或者人民法院应当保障报案人、控告人、举报人及其近亲属的安全。报案人、控告人、举报人如果不愿公开自己的姓名和报案、控告、举报的行为，应当为他保守秘密。"这些规定表明，被害人不但具有报案、控告的权利，而且公安机关、人民检察院、人民法院都有义务保障被害人及其近亲属的安全不因报案或者控告而受到威胁或者损伤。被害人报案或者控告的犯罪事实即使与实际情况有出入，只要不是诬告，就不承担法律责任。

二、提起附带民事诉讼的权利

被害人由于被告人的犯罪行为而遭受物质损失的,在刑事诉讼过程中,有权要求被告人予以补偿。

(一)提起附带民事诉讼

《刑事诉讼法》第101条规定:"被害人由于被告人的犯罪行为而遭受物质损失的,在刑事诉讼过程中,有权提起附带民事诉讼。被害人死亡或者丧失行为能力的,被害人的法定代理人、近亲属有权提起附带民事诉讼"。这个规定意味着,被害人因被告人的犯罪行为而遭受物质损失时,在整个刑事诉讼过程(通常应当是在法庭审理前)中,都有权提起附带民事诉讼。如果被害人因为死亡或者丧失行为能力而不能自己提起,他的法定代理人或者近亲属有权提起附带民事诉讼。

(二)申请财产保全

在附带民事诉讼案件中,如果被害人及其法定代理人、近亲属发现被告人及其近亲属有转移财产的可能时,有权向人民法院申请保全措施。《刑事诉讼法》第102条规定:"人民法院在必要的时候,可以采取保全措施,查封、扣押或者冻结被告人的财产。附带民事诉讼原告人或者人民检察院可以申请人民法院采取保全措施。人民法院采取保全措施,适用民事诉讼法的有关规定。"根据这个规定,被害人及其法定代理人、近亲属作为附带民事诉讼的原告人,有权申请人民法院采取保全措施,查封、扣押、冻结被告人的财产。

(三)撤回附带民事诉讼

《刑事诉讼法》第103条规定:"人民法院审理附带民事诉讼案件,可以进行调解,或者根据物质损失情况作出判决、裁定。"这个规定意味着,在人民法院审理附带民事诉讼案件的过程中,被害人及其法定代理人、近亲属有权接受人民法院的调解，撤回民事诉讼，也有权坚持自己的诉讼请求，继续民事诉讼。

三、自诉权

被害人在受到犯罪行为的侵害后，除了有权向司法机关报案或者控告之外，对于符合自诉条件的案件，有权直接向人民法院提起自诉。《刑事诉讼法》第210条规定："自诉案件包括下列案件：（一）告诉才处理的案件；（二）被害人有证据证明的轻微刑事案件；（三）被害人有证据证明对被告人侵犯自己人身、财产权利的行为应当依法追究刑事责任，而公安机关或者人民检察院不予追究被告人刑事责任的案件。"按照这个规定，被害人不仅对刑法中规定的告诉才处理的案件，有权提起自诉，而且对于有证据证明的轻微刑事案件也有权提起自诉，特别是对于有证据证明被告人实施了侵犯自己的人身权利或财产权利的行为应当追究刑事责任，而公安机关或者人民检察院不予追究被告人刑事责任的，有权向人民法院提起自诉。

为了保障被害人提起自诉的权利，《刑事诉讼法》第114条特别规定："对于自诉案件，被害人有权向人民法院直接起诉。被害人死亡或者丧失行为能力的，被害人的法定代理人、近亲属有权向人民法院起诉。人民法院应当依法受理。"这个规定，意味着当被害人不能亲自向人民法院提起自诉时，他的法定代理人、近亲属有权代替被害人向人民法院提起自诉。对代为起诉的自诉案件，人民法院有义务受理。

《刑事诉讼法》第212条规定："人民法院对自诉案件，可以进行调解；自诉人在宣告判决前，可以同被告人自行和解或者撤回自诉。本法第二百一十条第三项规定的案件不适用调解"。这个规定意味着，在自诉案件中，被害人作为原告人，有接受人民法院的调解，与被告人达成和解的权利，也有不接受调解、拒绝与被告人和解的权利；有撤回自诉、放弃诉讼的权利,也有坚持自己的诉讼主张,要求法院裁判的权利。

四、代理诉讼的委托权

《刑事诉讼法》第 46 条规定:"公诉案件的被害人及其法定代理人或者近亲属,附带民事诉讼的当事人及其法定代理人,自案件移送审查起诉之日起,有权委托诉讼代理人。自诉案件的自诉人及其法定代理人,附带民事诉讼的当事人及其法定代理人,有权随时委托诉讼代理人。人民检察院自收到移送审查起诉的案件材料之日起三日以内,应当告知被害人及其法定代理人或者其近亲属、附带民事诉讼的当事人及其法定代理人有权委托诉讼代理人。人民法院自受理自诉案件之日起三日以内,应当告知自诉人及其法定代理人、附带民事诉讼的当事人及其法定代理人有权委托诉讼代理人。"按照这个规定,被害人委托诉讼代理人的权利包括三种情况:一是在公诉案件中委托诉讼代理人参与诉讼;二是在刑事附带民事诉讼案件中作为原告人委托诉讼代理人参与诉讼;三是在自诉案件中作为原告人委托诉讼代理人参与诉讼。人民检察院在受理审查起诉案件之后、人民法院在受理案件之后,有义务及时告知被害人要求委托诉讼代理人,以提示被害人行使自己的权利。

五、申请回避的权利

由于案件的诉讼结果对被害人也有重大的利害关系,所以被害人也有权申请审判人员、检察人员、侦查人员、书记员、翻译人员和鉴定人回避。刑事诉讼法关于犯罪嫌疑人、被告人申请回避的权利,完全适用于被害人,也就是说,被害人与被告人具有同等的申请回避权。

六、申请监督立案的权利

被害人认为公安机关对应当立案侦查的案件而不立案侦查的,有权向人民检察院提出。人民检察院经审查，认为被害人要求立案的理由成立的，应当要求公安机关说明不立案的理由。对此，《刑事诉讼法》第113条规定："人民检察院认为公安机关对应当立案侦查的案件而不立案侦查的，或者被害人认为公安机关对应当立案侦查的案件而不立案侦查，向人民检察院提出的，人民检察院应当要求公安机关说明不立案的理由。人民检察院认为公安机关不立案理由不能成立的，应当通知公安机关立案，公安机关接到通知后应当立案。"

七、同意取证权

在刑事诉讼过程中，辩护律师具有一定的调查权，但是如果要向被害人取证，不仅必须经过人民检察院或者人民法院的许可，而且必须经过被害人的同意。《刑事诉讼法》第43条第2款规定："辩护律师经人民检察院或者人民法院许可，并且经被害人或者其近亲属、被害人提供的证人同意，可以向他们收集与本案有关的材料。"这个规定本身意味着，被害人有权拒绝向辩护律师提供有关证据材料。辩护律师向被害人取证，或者向被害人或者其近亲属提供的证人取证，必须经过被害人的同意。如果被害人不同意，辩护律师就不得强求被害人或者其提供的证人提供与本案有关的材料。也就是说，辩护律师向被害人方面取证，不仅要经过司法机关的许可，而且要经过被害人方面的同意。这种同意本身也是一种许可。

八、申请排除非法证据的权利

刑事诉讼法有关申请排除非法证据的权利，不仅适用于被告人，而且适用于被害人。《刑事诉讼法》第58条规定："……当事人及其辩护人、诉讼代理人有权申请人民法院对以非法方法收集的证据依法予以排除。申请排除以非法方法收集的证据的，应当提供相关线索或者材料。"

九、申请重新鉴定的权利

《刑事诉讼法》第148条规定:"侦查机关应当将用作证据的鉴定意见告知犯罪嫌疑人、被害人。如果犯罪嫌疑人、被害人提出申请,可以补充鉴定或者重新鉴定";第197条规定:"法庭审理过程中,当事人和辩护人、诉讼代理人有权申请通知新的证人到庭,调取新的物证,申请重新鉴定或者勘验。公诉人、当事人和辩护人、诉讼代理人可以申请法庭通知有专门知识的人出庭,就鉴定人作出的鉴定意见提出意见"。按照这些规定,不仅在侦查阶段,侦查机关应当将用作证据的鉴定意见告知被害人,被害人认为鉴定意见由问题或者不完整的,有权申请补充鉴定或者重新鉴定,而且在庭审阶段,被害人作为当事人也有权申请通知新的证人到庭,调取新的物证,申请重新鉴定或者勘验。

十、申请不公开审理的权利

《刑事诉讼法》第188条规定:"人民法院审判第一审案件应当公开进行。但是有关国家秘密或者个人隐私的案件,不公开审理;涉及商业秘密的案件,当事人申请不公开审理的,可以不公开审理"。这个规定同样适用于被害人。被害人作为刑事诉讼的当事人,如果认为案件涉及到自己的商业秘密或个人隐私时,就有权申请人民法院不公开审理该案件。

十一、人格尊严不受侵犯的权利

《刑事诉讼法》第132条规定:"为了确定被害人、犯罪嫌疑人的某些特征、伤害情况或者生理状态,可以对人身进行检查,可以提取指纹信息,采集血液、尿液等生物样本。……检查妇女的身体,应当由女工作人员或者医师进行"。这个规定意味着,被害人的人格尊严受到保护,在检查女性被害人的时候,必须由女工作人员进行。

十二、受保护的权利

《刑事诉讼法》第64条规定:"对于危害国家安全犯罪、恐怖活动犯罪、黑社会性质的组织犯罪、毒品犯罪等案件,证人、鉴定人、被害人因在诉讼中作证,本人或者其近亲属的人身安全面临危险的,人民法院、人民检察院和公安机关应当采取以下一项或者多项保护措施:(一)不公开真实姓名、住址和工作单位等个人信息;(二)采取不暴露外貌、真实声音等出庭作证措施;(三)禁止特定的人员接触证人、鉴定人、被害人及其近亲属;(四)对人身和住宅采取专门性保护措施;(五)其他必要的保护措施。证人、鉴定人、被害人认为因在诉讼中作证,本人或者其近亲属的人身安全面临危险的,可以向人民法院、人民检察院、公安机关请求予以保护。"这个规定表明,被害人因在刑事诉讼中作证,本人或者其近亲属的人身安全面临危险时,有权请求司法机关予以保护。

十三、发表意见的权利

在刑事诉讼过程中,被害人对案件的处理始终具有发表意见的权利。这种权利包括:

(一)在审查起诉阶段发表意见

《刑事诉讼法》第173条规定:"人民检察院审查案件,应当讯问犯罪嫌疑人,听取辩护人、被害人及其诉讼代理人的意见,并记录在案。辩护人、被害人及其诉讼代理人提出书面意见的,应当附卷。犯罪嫌疑人认罪认罚的,人民检察院应当告知其享有的诉讼权利和认罪认罚的法律规定,听取犯罪嫌疑人、辩护人或者值班律师、被害人及其诉讼代理人对下列事项的意见,并记录在案:(一)涉嫌的犯罪事实、罪名及适用的法律规定;

(二）从轻、减轻或者免除处罚等从宽处罚的建议；（三）认罪认罚后案件审理适用的程序；（四）其他需要听取意见的事项。"这个规定意味着，被害人及其诉讼代理人，在人民检察院审查案件的过程中有权发表意见，人民检察院必须听取被害人及其诉讼代理人的意见。

（二）在庭审阶段发表意见

在法庭审理阶段，被害人作为当事人，有出席法庭的权利，也有在法庭审理过程中发表意见的权利。并且，这种权利是多方面的。《刑事诉讼法》第191条规定："公诉人在法庭上宣读起诉书后，被告人、被害人可以就起诉书指控的犯罪进行陈述，公诉人可以讯问被告人。被害人、附带民事诉讼的原告人和辩护人、诉讼代理人，经审判长许可，可以向被告人发问"；第192条规定："公诉人、当事人或者辩护人、诉讼代理人对证人证言有异议，且该证人证言对案件定罪量刑有重大影响，人民法院认为证人有必要出庭作证的，证人应当出庭作证。……公诉人、当事人或者辩护人、诉讼代理人对鉴定意见有异议，人民法院认为鉴定人有必要出庭的，鉴定人应当出庭作证"；第194条规定："……公诉人、当事人和辩护人、诉讼代理人经审判长许可，可以对证人、鉴定人发问"；第195条规定："公诉人、辩护人应当向法庭出示物证，让当事人辨认，对未到庭的证人的证言笔录、鉴定人的鉴定意见、勘验笔录和其他作为证据的文书，应当当庭宣读。审判人员应当听取公诉人、当事人和辩护人、诉讼代理人的意见"；第197条规定："法庭审理过程中，当事人和辩护人、诉讼代理人有权申请通知新的证人到庭，调取新的物证，申请重新鉴定或者勘验。公诉人、当事人和辩护人、诉讼代理人可以申请法庭通知有专门知识的人出庭，就鉴定人作出的鉴定意见提出意见"；第198条规定："……经审判长许可，公诉人、当事人和辩护人、诉讼代理人可以对证据和案件情况发表意见并且可以互相辩论"。

这些规定表明，在法庭审理阶段，被害人作为当事人出席法庭时，有权向被告人发问，有权向证人发问，有权对鉴定意见提出异议，有权对未到庭的证人证言笔录、鉴定意见、勘验笔录和其他作为证据的文书发表意见，有权对专家证人作出的鉴定意见提出意见，有权对证据和案件情况发表意见并且可以互相辩论。

此外，被害人也有审核庭审笔录的权利。《刑事诉讼法》第207条规定："法庭审判的全部活动，应当由书记员写成笔录，经审判长审阅后，由审判长和书记员签名。……法庭笔录应当交给当事人阅读或者向他宣读。当事人认为记载有遗漏或者差错的，可以请求补充或者改正。当事人承认没有错误后，应当签名或者盖章"。这个规定表明，被害人出席法庭审理的，有权对法庭笔录进行审核。

十四、对不起诉决定提出异议的权利

被害人对人民检察院的不起诉决定不服的，有权提出异议。这种提出异议的权利，既包括向上一级人民检察院申诉，请求提起公诉，也包括直接向人民法院起诉。对此，《刑事诉讼法》第180条规定："对于有被害人的案件，决定不起诉的，人民检察院应当将不起诉决定书送达被害人。被害人如果不服，可以自收到决定书后七日以内向上一级人民检察院申诉，请求提起公诉。人民检察院应当将复查决定告知被害人。对人民检察院维持不起诉决定的，被害人可以向人民法院起诉。被害人也可以不经申诉，直接向人民法院起诉。人民法院受理案件后，人民检察院应当将有关案件材料移送人民法院"。

此外，《刑事诉讼法》第282条规定："……人民检察院在作出附条件不起诉的决定以前，应当听取公安机关、被害人的意见。对附条件不起诉的决定，公安机关要求复议、提请复核或者被害人申诉的，适用本法第一百七十九条、第一百八十条的规定"。这个规定意味着，人民检察院对未成年犯罪嫌疑人作出附条件不起诉决定的，被害人不但有权在作出决定前提出意见，而且在人民检察院作出附条件不起诉决定之后，如果对该决定不服，有权向上一级人民检察院提出申诉。

十五、对裁判结果提出异议的权利

（一）获得判决书的权利

被害人作为刑事诉讼的当事人，有权获知人民法院对案件的裁判结果。《刑事诉讼法》第 202 条规定："宣告判决，一律公开进行。当庭宣告判决的，应当在五日以内将判决书送达当事人和提起公诉的人民检察院；定期宣告判决的，应当在宣告后立即将判决书送达当事人和提起公诉的人民检察院。判决书应当同时送达辩护人、诉讼代理人。"

（二）请求抗诉的权利

被害人及其法定代理人不服各级人民法院的第一审判决的，有权请求人民检察院提起抗诉。《刑事诉讼法》第 229 条规定："被害人及其法定代理人不服地方各级人民法院第一审的判决的，自收到判决书后五日以内，有权请求人民检察院提出抗诉。人民检察院自收到被害人及其法定代理人的请求后五日以内，应当作出是否抗诉的决定并且答复请求人。"

（三）提起上诉的权利

在自诉案件中，被害人作为自诉人，有权对地方各级人民法院的第一审判决提起上诉；在附带民事诉讼案件中，被害人作为原告人，有权对地方各级人民法院的第一审判决、裁定的附带民事诉讼部分提出上诉。对此，《刑事诉讼法》第 227 条规定："被告人、自诉人和他们的法定代理人，不服地方各级人民法院第一审的判决、裁定，有权用书状或者口头向上一级人民法院上诉。……附带民事诉讼的当事人和他们的法定代理人，可以对地方各级人民法院第一审的判决、裁定中的附带民事诉讼部分，提出上诉"。

（四）申诉的权利

被害人及其法定代理人对已经发生法律效力的判决、裁定有权向人民法院或人民检察院提出申诉。《刑事诉讼法》第252条规定："当事人及其法定代理人、近亲属，对已经发生法律效力的判决、裁定，可以向人民法院或者人民检察院提出申诉，但是不能停止判决、裁定的执行"；第253条规定："当事人及其法定代理人、近亲属的申诉符合下列情形之一的，人民法院应当重新审判：（一）有新的证据证明原判决、裁定认定的事实确有错误，可能影响定罪量刑的；（二）据以定罪量刑的证据不确实、不充分、依法应当予以排除，或者证明案件事实的主要证据之间存在矛盾的；（三）原判决、裁定适用法律确有错误的；（四）违反法律规定的诉讼程序，可能影响公正审判的；（五）审判人员在审理该案件的时候，有贪污受贿，徇私舞弊，枉法裁判行为的"。

（五）申请复议的权利

《刑事诉讼法》第305条规定："……被决定强制医疗的人、被害人及其法定代理人、近亲属对强制医疗决定不服的，可以向上一级人民法院申请复议"。根据这个规定，人民法院决定对被告人采取强制医疗的，如果被害人不服该决定，就有权向上一级人民法院申请复议。

十六、与被告人和解的权利

新的刑事诉讼法在特别程序中专门规定了刑事和解程序。刑事和解程序的进行，在很大程度上取决于被害人是否愿意行使与被告人和解的权利。

《刑事诉讼法》第288条规定："下列公诉案件，犯罪嫌疑人、被告人真诚悔罪，通过向被害人赔偿损失、赔礼道歉等方式获得被害人谅解，被害人自愿和解的，双方当事人可以和解：（一）因民间纠纷引起，涉嫌刑法分则第四章、第五章规定的犯罪案件，可能判处三年有期徒刑以下刑罚的;(二)除渎职犯罪以外的可能判处七年有期徒刑以下刑罚的过失犯罪案件";第289条规定:"双方当事人和解的,公安机关、人民检察院、人民法院应当听取当事人和其他有关人员的意见,对和解的自愿性、合法性进行审查,并主持制作和解协议书。"这些规定表明,刑事和解的基本条件是犯罪嫌疑人、被告人真诚悔罪,通过向被害人赔偿损失、赔礼道歉等方式获得被害人谅解,被害人自愿和解的。如果犯罪嫌疑人、被告人没有获得被害人的谅解,被害人不愿意和解,刑事和解就不可能进行。因此,是否愿意与犯罪嫌疑人、被告人和解,是被害人的一项重要权利。

十七、要求返还财产的权利

公安机关、人民检察院、人民法院扣押、冻结的犯罪嫌疑人、被告人的财物及其孳息,属于被害人合法财产的,被害人有权要求及时返还。《刑事诉讼法》第245条规定:"公安机关、人民检察院和人民法院对查封、扣押、冻结的犯罪嫌疑人、被告人的财物及其孳息,应当妥善保管,以供核查,并制作清单,随案移送。任何单位和个人不得挪用或者自行处理。对被害人的合法财产,应当及时返还。"

十八、要求法定代理人或者其他合适成年人在场的权利

刑事诉讼法在未成年人刑事案件的特别程序中,专门规定了讯问犯罪嫌疑人、被告人时法定代理人或者其他合适成年人到场的制度。其第281条第5款特别规定该制度适用于询问未成年被害人。

第四节 诉讼权利的保障与行使

权利的基本特征在于享有权利的人可以在法律规定的范围内根据自己

的意志选择行为，而权利所相对的人则必须尊重权力主体的选择，并为之承担一定的义务。"可以把权利理解为法律规范规定的有权人作出一定行为的可能性，要求他人作出一定行为的可能性以及请求国家强制力量给予协助的可能性。"① 如上所述，刑事诉讼法对诉讼当事人特别是被告人、被害人的权利作出了详细的规定，作为权利主体，诉讼当事人都可以依照法律的规定自主地行使自己的权利，而公检法三机关则作为刑事诉讼中诉讼当事人权利的相对人，有义务保障他们行使自己的权利。

一、诉讼权利的保障

在刑事诉讼中，公检法三机关作为公权力机关，都是权利保障的义务主体，都有义务保障刑事诉讼法赋予刑事诉讼中的当事人的权利。这种义务集中体现在以下三个方面：

第一，告知当事人依法享有的权利。

刑事诉讼法虽然对当事人的权利作出了明确的规定，但是这些规定往往是根据诉讼的不同环节分别规定的，诉讼当事人未必完全了解法律赋予自己的权利。特别是在我们国家，绝大多数诉讼当事人尤其是被告人并不熟悉法律的规定，有的甚至不懂法律，对于法律赋予自己作为诉讼当事人的权利更是知之甚少。在这种情况下，作为刑事诉讼中的专门机关，公检法都有义务告诉诉讼当事人在刑事诉讼中享有的权利。特别是在诉讼的每一个阶段，承办案件的机关有义务告知当事人在本阶段的权利。例如，公检法三机关在办理刑事案件的时候，都有义务告知当事人及其法定代理人有依法申请回避的权利，并告知办理相关案件检察人员、书记员等的姓名、职务等有关情况；在第一次开始讯问犯罪嫌疑人或者对其采取强制措施的时候，有义务告知犯罪嫌疑人有委托辩护人的权利，并告知其如果经

---

① 张文显：《法理学》，高等教育出版社、北京大学出版社1999年版，第85页。

济困难或者其他原因没有聘请辩护人的,有申请法律援助的权利,告知其在刑事诉讼中享有的权利和义务;人民检察院在审查起诉阶段,讯问犯罪嫌疑人或者询问被害人、证人、鉴定人时,有义务分别告知其在审查起诉阶段所享有的诉讼权利,有义务告知被害人及其法定代理人或者其近亲属、附带民事诉讼的当事人及其法定代理人有委托诉讼代理人的权利;等等。告知,既是公检法三机关办理刑事案件时必须遵守的义务,也是刑事诉讼中的当事人获得有关自身权利的知识的一个途径。从某种意义上说,诉讼当事人要求办案的公权力机关明确告诉自己依法享有的权利,本身就是一项权利,同时也是一种宣示。

第二,尊重当事人的权利选择。

权利本身意味着自主性,即享有权利的人可以根据自己的意志在法律规定的范围内选择自己的行为。享有权利的人可以按照法律的规定行使自己的权利,实施相应的行为,也可以放弃自己的权利,不采取任何行动;在法律规定的范围内可以选择如何行使自己的权利。对于当事人行使或者不行使权利的选择,公权力机关都应当予以尊重。一方面,公检法三机关在办理刑事案件的过程中,只能告知当事人依法享有的权利并向当事人解释这种权利的法律后果,不能要求或者强迫当事人必须行使或者必须放弃某种权利,不能代替当事人选择是否行使权利或者如何行使权利。另一方面,当事人选择行使某种权利时,公检法三机关不能给其行使权利设置障碍,阻扰当事人行使权利;当事人选择放弃某种权利时,只要不违反法律的明文规定,公检法三机关就不能因为当事人放弃权利而故意刁难当事人。

第三,为当事人行使权利提供帮助。

在刑事诉讼中,法律赋予诉讼当事人的权利,往往与公权力机关负有相应的义务联系在一起。当事人依法享有的权利,往往是公权力机关应当承担的义务。比如,刑事诉讼法赋予当事人及其法定代理人享有申请回避的权利，如果当事人及其诉讼代理人提出申请，人民法院、人民检察院、公安机关就有义务审查被申请回避的审判人员、检察人员、侦查人员是否具有应当回避的情况，并作出决定、告知申请回避的当事人及其法定代理人。又如，按照刑事诉讼法的规定，犯罪嫌疑人、被告人及其法定代理人、近亲属或者辩护人有申请变更强制措施的权利，如果这些主体中的任何一个提出要求变更强制措施的申请，有关的公安机关、人民检察院、人民法院都应当受理，并有义务在规定的时间内作出同意还是不同意的决定，如果不同意，还有义务申请人不同意的理由。再如，刑事诉讼法规定了犯罪嫌疑人、被告人有获得法律援助的权利。如果在具体案件中，犯罪嫌疑人或被告人具备法律援助的条件并且本人有要求提供法律援助，无论是公安机关还是人民检察院、人民法院（根据案件所处的诉讼阶段）就应当及时与法律援助机构联系，为其提供法律帮助。

总之，对于与公权力机关的义务相对应的权利，当事人一旦决定行使法律赋予自己的权利，公权力机关就应当实施相应的行为，以保障当事人权利的实现。至于那些不涉及公权力机关义务的权利，当事人如果决定行使，公权力机关也应当提供必要的帮助，以保障当事人权利的实现。

二、诉讼权利的行使

在刑事诉讼中，公检法三机关都有义务告知诉讼当事人依法享有的诉讼权利，让当事人全面了解自己依法享有的诉讼权利及其法律效果。当事人在全面了解自己的诉讼权利的基础上，可以自主地选择是否行使权利以及如何行使权利。在实践中，当事人对自己权利的处分主要有三种方式：

（一）放弃权利

当事人在充分了解诉讼权利的基本含义和法律效果的基础上，可能放弃某种诉讼权利。一方面，可能因为没有行使权利的法定条件而放弃。比如，申请回避的权利，当事人及其法定代理人如果明知审判人员、检察人员、侦查人员没有刑事诉讼法第 29 条、第 30 条规定的情况，认为申请回避没有意义时，就可能放权这种权利。另一方面，可能因为不需要行使某种权利而放权。比如，不受强迫自证其罪的权利，当事人如果认为需要向侦查机关说明情况，就会放弃这种权利而主动回答侦查人员的提问。又如，上诉的权利，如果当事人认可审判机关的判决，认为没有上诉的必要，就可能放权上诉的权利。此外，当事人还可能因为不愿主张某种权利而放弃。如损害赔偿的权利，被害人及其法定代理人虽然具有提起附带民事诉讼的权利，但如果他只希望追究被告人的刑事责任而不在乎民事赔偿，也可能放弃提起附带民事诉讼的权利。只要是当事人在充分了解自己依法享有的权利的内容并在自愿的基础上放弃的，公权力机关就应当尊重当事人的选择。

（二）自己行使权利

刑事诉讼法规定的诉讼权利首先是赋予当事人的。当事人自然有资格自行行使法律赋予自己的权利。在实践中，许多诉讼权利也都是当事人自行行使的。例如，辩护的权利、刑事和解的权利、上诉的权利、申诉的权利等，诉讼当事人往往会自愿地主动地行使这些权利，以争取自己的利益。甚至有些权利只能由当事人来行使。比如，接受告知的权利，公检法三机关在办理刑事案件的过程中，对于应当告知的事项，必须是向当事人告知。又如，在法庭审理过程中，最后陈述的权利，也只能由被告人自己来行使。当事人在自行行使权利的时候，只要不超越法律的规定，就可以按照自己的意愿自由地选择自己的行为，提出自己的主张或要求，其他主体包括公权力机关就无权阻止。如犯罪嫌疑人、被告人享有的辩护权，当事人自行行使时，究竟是提出无罪的辩护还是提出罪轻的辩护，是在侦查阶段就提出还是在审查起诉阶段提出，抑或在法庭审理阶段提出，是书面提出还是口头提出，都是他的权利。其他主体包括公权力机关应当尊重他的选择。当事人行使权利的方式只要不违反法律的规定，其他主体就不得干涉阻扰。并且，权利的相对方有义务满足权利主体的要求。

(三) 委托他人行使权利

当事人享有的权利，有些是可以委托他人代为行使的。对于这些权利，当事人可以自行行使，也可以委托他人行使。如果当事人选择了委托他人来行使，只要被委托的人符合法定条件，公权力机关就应当尊重当事人的选择，而被委托的人就享有法律赋予当事人的诉讼权利，以授权的当事人的名义并为当事人的利益行使这种权利。在实践中，委托他人行使权利主要有三种类型：第一，亲自委托，即依法享有权利的当事人自己委托他人代替自己行使某种诉讼权利。第二，代为委托，即在当事人委托他人行使权利有困难的情况下，可以通过自己的法定代理人、监护人或者近亲属代为委托。当事人的法定代理人、监护人或者近亲属根据当事人的意愿，可以替当事人委托他人来代替当事人行使某种诉讼权利。第三，法律援助，即通过法律援助机构申请他人为自己行使权利提供法律援助。如辩护的权利，犯罪嫌疑人、被告人依法享有的辩护权，除了自行行使之外，可以在侦查机关第一次讯问或者被采取强制措施之日起，委托律师作为自己的辩护人，来行使辩护的权利；犯罪嫌疑人、被告人在押的，可以通过自己的监护人、近亲属代为委托辩护人为自己辩护；犯罪嫌疑人、被告人因经济困难或者其他原因没有委托辩护人的，本人及其近亲属可以向法律援助机构提出申请，有法律援助机构指派律师为其提供辩护。犯罪嫌疑人被拘留或者逮捕的，还可以要求值班律师即时为自己提供法律帮助。在通常情况下，当事人作为权利主体，委托他人代为行使自己的权利，具有自主性，即：一方面必须是他自愿委托的，别人不能强迫他委托他人行使自己的权利；另一方面被委托的人是他信任的人，委托谁不委托谁，当事人作为权利主体具有选择的权利（当然，在实践中，这种选择的范围可能会受到一定的限制，如被委托的人必须是有资格行使这种权利的人，委托的人必须是本人愿意接受委托的人）。但是，在法律援助的情况下，当事人的这种选择权会受到较多的限制，必须是法律援助机构指派的人。

任何权利都是有限的。无论是当事人自行行使诉讼权利，还是委托他人行使诉讼权利，都要受到法律规则的限制。一方面要受到法律设定的条件的限制，另一方面要按照法律规定的方式行使权利。只有在法律规定的范围内，当事人行使权利才是自由的，才具有自主性。一旦超越法律的规定，权利的行使就会受到限制。

第五节　检察机关在保障人权中的责任

对于刑事诉讼中的人权保障，公安机关、检察机关、审判机关和刑罚执行机关都负有责任，但是检察机关的责任更大。因为，第一，虽然公、检、法和刑罚执行机关都是刑事诉讼的主体，但是其他机关都是只参与刑事诉讼的一个阶段，执行特定的诉讼任务，唯有检察机关参与刑事诉讼的全过程，对每一个诉讼阶段中的人权保障都负有责任；第二，虽然公、检、法和刑罚执行机关都参与刑事诉讼，但是其他机关都是单方面执行刑事诉讼法规定的任务的，唯有检察机关是在控辩双方的对抗中执行刑事诉讼法的任务的，需要更加尊重当事人的权利；第三，检察机关不仅作为诉讼主体参与刑事诉讼，而且作为国家的法律监督机关监督其他机关遵守和执行刑事诉讼法，对于其他机关在刑事诉讼中保障人权的情况实行法律监督，对于违反法律规定侵犯当事人诉讼权利的行为，有权提出纠正意见。因此，刑事诉讼中人权保障的程度，在很大程度上取决于检察机关履行职责的情况。

新刑事诉讼法实施以来，全国各级检察机关把尊重和保障人权作为规范司法行为的一个重要方面，认真贯彻执行刑事诉讼法中有关保障人权的规定，严格遵守刑事诉讼规则，大大改善了我们国家在刑事诉讼中保障人权的状况。但是也要看到，在刑事诉讼中，公权力面对私权利时总有一种优越感，特别是长期以来形成的"重打击、轻保护"，片面强调追诉犯罪的执法理念，依然影响着刑事诉讼中的人权保障，检察机关在刑事诉讼中保障人权的任务依然艰巨，责任十分重大。切实担负起这种责任，需要付出更多的努力。在这方面，需要正确处理三个关系：

一、完成诉讼任务与保障人权的关系

检察机关在刑事诉讼中担负着繁重的任务，受到三个方面的压力。一是来自公安机关的压力。公安机关担负着维护社会治安的重大责任。一旦发生重大犯罪，公安机关迫于社会各个方面的压力，必须尽快破案，锁定犯罪嫌疑人，并尽可能快地收集犯罪嫌疑人犯罪的证据，以便移交检察机关审查起诉。公安机关由于时间紧迫，警力有限，以及技术装备、侦查能力等方面的限制，所能收集到的证据往往是有限的。而案件一旦移送到检察机关，就希望检察机关能够依法提起公诉，追究犯罪嫌疑人、被告人的刑事责任。但是，对于证据有瑕疵或者不够确实充分的案件，检察机关面临着起诉不能、退回补充侦查不力、自行侦查困难的窘境。二是来自被害人的压力。被害人因为受到犯罪行为的侵害，对犯罪嫌疑人、被告人自然具有切齿之恨，案件一旦移送到检察机关，无论犯罪嫌疑人、被告人是否真正的罪犯，无论证据是否确实充分，是否符合起诉的条件，都要求检察机关尽快将犯罪嫌疑人、被告人送上法庭。三是来自法庭审判的压力。检察机关提起公诉的案件必然要接受法庭审判的检验。只有案件的事实和证据完全符合法院定罪的要求，犯罪嫌疑人、被告人才能被依法追究刑事责任。如果案件的证据不够充分，程序出现瑕疵，被告人就可能被宣告无罪，检察机关提起公诉的案件就面临质量问题的诘问和国家赔偿的压力。特别是在以审判为中心的诉讼制度背景下，法院的实质化审理进一步落实,法庭的对抗性进一步增加。检察机关提起公诉的案件面临着前所未有的挑战。

面对这些压力,检察机关自然而然地普遍重视诉讼任务的完成,容易忽视对犯罪嫌疑人、被告人权利的保障。在刑事诉讼中,一些检察人员为了完成刑事诉讼的任务,更多的关注犯罪嫌疑人、被告人有罪证据的审查判断,忽视犯罪嫌疑人、被告人的权利是否得到应有的保障,以致长期以来形成了根深蒂固的追诉理念。

即使是在新的刑事诉讼法实施以后,一些检察人员"重打击、轻保护"的观念和做法依然存在。

(一)受公安机关、被害人甚至是审判机关的压力,批准逮捕把关不严

对一些本来不需要逮捕的犯罪嫌疑人,公安机关提请批准逮捕的,有的检察人员往往予以批准,有的甚至受当地法院关于外地户籍的被告人不逮捕就不受理案件规定的压力,对一些罪行较轻、可能判处拘役或者缓刑的被告人也批准逮捕。刑事诉讼法虽然赋予了犯罪嫌疑人、被告人申请变更强制措施的权利,并且赋予检察机关对犯罪嫌疑人、被告人被逮捕的案件进行羁押必要性审查的权力,但是一些检察机关很少行使这种权力,犯罪嫌疑人、被告人被逮捕后一直关押到法庭审理结束的现象依然普遍存在。

(二)受检察资源紧缺的压力,很少适用不起诉决定

尽管刑事诉讼法规定,检察机关可以在三种情况下作出不起诉决定,特别是新刑事诉讼法专门规定了对未成年犯罪嫌疑人的附条件不起诉制度,但是在实践中,一些检察机关很少适用不起诉。1996年刑事诉讼法修改以后,最高人民检察院曾要求各级检察机关作出不起诉的决定要提交检察委员会讨论决定,以便严格控制不起诉的适用。2012年刑事诉讼法实施

以来，许多检察院几乎没有适用过附条件不起诉。其原因：一是担心不起诉被滥用。由于相对不起诉和存疑不起诉的适用缺乏明确严格的标准，容易被用于与当事人进行私下交易或者放纵罪犯，为了防止出现"关系案""人情案""金钱案"，作出不起诉决定的权力始终由检察长或检察委员会行使。二是因为人力有限。全国检察机关的公诉部门普遍存在着"案多人少"的矛盾，而办理不起诉的案件，与办理提起公诉的案件相比，需要做更多的工作，如征求公安机关的意见，做被害人的思想工作，向检察委员会说明不起诉的理由、制作不起诉的法律文书等，所以办案的检察人员对于罪行较轻的刑事案件，宁肯按程序提起公诉，不愿提出作不起诉处理的意见。三是配套措施不足。按照刑事诉讼法的规定，附条件不起诉的案件必须设定6个月以上1年以下的考验期，并且在考验期内，由作出附条件不起诉决定的人民检察院对被附条件不起诉的未成年犯罪嫌疑人进行监督考察。而检察机关内部并没有专门从事这项工作的机构或人员，一旦作出附条件不起诉的决定，承办案件的检察官就要花费很长的时间来监督考察被附条件不起诉的未成年犯罪嫌疑人，在没有专门设立未成年人检察部门的地方，更没有这么多的精力从事这项工作，以至于附条件不起诉的制度形同虚设。一些办案人员认为，一个附条件不起诉案件，需要听取公安机关、被害人的意见，公安机关与被害人意见不一致时，还要进行协调和汇报；需要对涉案未成年人进行不低于半年的监督考察、跟踪帮教；需要在考察前、考察后多次汇报，出具多份法律文书；需要作出两次不起诉决定，即先作出附条件不起诉决定，之后或者撤销附条件不起诉而直接起诉，或者对考察期满符合条件的再次作出不起诉决定，觉得这项工作程序复杂，工作量大，不愿适用这项制度，而宁愿选择适用程序相对简便的相对不起诉或者起诉。

在上述情况下，检察机关都不存在违反刑事诉讼法规定的行为，但是从保障人权的角度看，却不当地限制了犯罪嫌疑人、被告人的权利。对应该作出不起诉决定的犯罪嫌疑人提起公诉，客观上就延长了其刑事追诉的时间，使其不能及时从刑事追诉中解脱出来。如果犯罪嫌疑人被羁押，自然会延长其被羁押的时间。而对没有必要羁押的犯罪嫌疑人予以羁押，或者对应当解除羁押的没有及时解除，应该说，都属于过度限制了犯罪嫌疑人的人身自由。这些强制措施的过度适用或者不必要的适用，都不符合刑事诉讼中保障人权的要求。

有鉴于此，笔者认为，检察机关在刑事诉讼中，应当注意正确处理完成刑事诉讼任务与保障人权的关系。

第一，要全面理解刑事诉讼的任务。

《刑事诉讼法》第2条明确规定："中华人民共和国刑事诉讼法的任务，是保证准确、及时地查明犯罪事实，正确应用法律，惩罚犯罪分子，保障无罪的人不受刑事追究，教育公民自觉遵守法律，积极同犯罪行为作斗争，维护社会主义法制，尊重和保障人权，保护公民的人身权利、财产权利、民主权利和其他权利，保障社会主义建设事业的顺利进行。"这个规定表明，检察机关在刑事诉讼中的任务，决不仅仅是有效地追诉犯罪，惩罚犯罪分子。通过准确、及时地查明犯罪事实，惩罚犯罪分子，来教育公民自觉遵守法律，积极同犯罪行为作斗争，维护社会主义法制，保护公民的人身权利、财产权利、民主权利和其他权利，保障社会主义建设事业的顺利进行，是检察机关在刑事诉讼中的任务，也是公、检、法三机关的共同任务。

但是也要看到，除了这个任务之外，尊重和保障人权、保障无罪的人不受刑事追究、保障法律的正确实施，同样是检察机关在刑事诉讼中的任务。

因此，检察机关要从客观公正的立场出发来完成刑事诉讼的任务，不能仅仅从追诉犯罪的立场出发去履行自己的诉讼职能。要把追诉犯罪和保障人权都作为刑事诉讼的任务来完成，在二者之间保持必要的平衡。一方面，在追诉犯罪的过程中要考虑保障犯罪嫌疑人、被告人及其他诉讼参与人的权利，让他们有充分地行使权利、发表意见的机会，尊重和重视他们行使权利的行为；另一方面要积极主动地收集和审查证据，尽可能地去发现案件的事实真相，使真正的犯罪分子受到法律的制裁，使无罪的人及时从刑事诉讼中解脱出来。不能一味地强调打击犯罪，一味地考虑如何使有罪的人受到应有的惩罚，而忽视了犯罪嫌疑人、被告人的权利，更不能忽视对被害人、证人、辩护人及其他诉讼参与人的权利保障。这是现代刑事诉讼的基本要求，也是全面推进依法治国的本质要求。

第二，严格掌握强制措施的条件。

强制措施是为了保证刑事诉讼的顺利进行不得已时采取的限制犯罪嫌疑人、被告人一定权利的临时措施。特别是逮捕和指定居所监视居住，都在一定程度上限制了犯罪嫌疑人、被告人人身自由，因此应当极为慎重的使用。对于没有逮捕必要的犯罪嫌疑人、被告人，就不应该适用逮捕的强制措施。对此，新刑事诉讼法进一步明确规定了逮捕的条件。在实践中，检察机关审查批准逮捕或者决定逮捕，应当按照刑事诉讼法的规定严格掌握逮捕的适用条件。对于确实具有刑事诉讼法第81条规定的社会危险性，并且有证据证明采取取保候审、监视居住不足以防止发生这种社会危险性的犯罪嫌疑人、被告人，应当及时批准或者决定逮捕，但是对于没有法律规定的社会危险性的犯罪嫌疑人、被告人，不能仅仅因为其涉嫌犯罪的行为可能判处徒刑以上刑罚，就予以批准或者决定逮捕，更不能因为犯罪嫌疑人、被告人在本地没有户籍就批准或者决定逮捕。指定居所监视居住作为逮捕的替代措施，更应当慎重使用。这不仅是因为刑事诉讼法对指定居所监视居住规定了严格的适用条件，而且这个措施的使用需要投入更多的人力物力，具有更大的办案风险。最大限度地减少指定居所监视居住的适用，不仅是保障人权的需要，也是保证办案安全的需要。

此外，刑事诉讼法第96条、第97条明确规定，采取强制措施不当的,应当及时撤销或者变更;犯罪嫌疑人、被告人及其法定代理人、近亲属或者辩护人有权申请变更强制措施。第117条特别规定了对强制措施和强制性侦查措施使用不当的申诉权,并且赋予检察机关对这种申诉进行监督的职责①。检察机关应当认真履行这种职责,及时审查有关申诉,负责任地纠正有关机关的不当行为,保障犯罪嫌疑人、被告人的权利。

第三,及时启动羁押必要性审查。

新刑事诉讼法赋予了检察机关对羁押必要性进行审查的权力。《刑事诉讼法》第95条规定:"犯罪嫌疑人、被告人被逮捕后,人民检察院仍应当对羁押的必要性进行审查。对不需要继续羁押的,应当建议予以释放或者变更强制措施。有关机关应当在十日以内将处理情况通知人民检察院。"检察机关应当重视这个权力的行使,以保障犯罪嫌疑人、被告人的权利。在实践中,尽管拘留或者逮捕犯罪嫌疑人、被告人是完全正确的,但是,在犯罪嫌疑人、被告人被羁押之后,如果由于某些情况的变化,出现了没有继续羁押的必要性的情况,是完全可能的。如,案件证据发生重大变化,不足以证明有犯罪事实或者犯罪行为系犯罪嫌疑人、被告人所为;案件事实或者情节发生变化,犯罪嫌疑人、被告人可能被判处管制、拘役、独立适用附加刑、免予刑事处罚或者判决无罪的;犯罪嫌疑人、被告人实施社会危险性行为的可能性已被排除的;案件事实基本查清,证据已经收集固定,符合取保候审或者监视居住条件;继续羁押犯罪嫌疑人、被告

---

① 《刑事诉讼法》第117条规定:"当事人和辩护人、诉讼代理人、利害关系人对于司法机关及其工作人员有下列行为之一的,有权向该机关申诉或者控告:(一)采取强制措施法定期限届满,不予以释放、解除或者变更的;(二)应当退还取保候审保证金不退还的;(三)对与案件无关的财物采取查封、扣押、冻结措施的;(四)应当解除查封、扣押、冻结不解除的;(五)贪污、挪用、私分、调换、违反规定使用查封、扣押、冻结的财物的。受理申诉或者控告的机关应当及时处理。对处理不服的,可以向同级人民检察院申诉;人民检察院直接受理的案件,可以向上一级人民检察院申诉。人民检察院对申诉应当及时进行审查,情况属实的,通知有关机关予以纠正。"

人，羁押期限将超过依法可能判处的刑期的；羁押期限届满；因为案件的特殊情况或者办理案件的需要，变更强制措施更为适宜等。在这种情况下，检察机关就应当及时启动羁押必要性审查程序，监督有关机关变更强制措施，以便保障在没有必要性的情况下犯罪嫌疑人、被告人不被羁押，恢复人身自由。

第四，大胆适用不起诉决定。

刑事诉讼法规定的不起诉制度赋予了检察机关在法定条件下终结刑事诉讼的权力，而刑事诉讼的终结可以使犯罪嫌疑人、被告人从刑事追诉中解脱出来。因此，检察机关对于符合不起诉条件的案件应当及时作出不起诉的决定。实践中，有的检察机关对于证据有疑点达不到起诉标准的案件，为了转移压力，或者为了躲避被害人的诘问，勉强起诉；有的办案人员因为怕麻烦，对可以做相对不起诉的案件，也起诉了事。这样做，无疑增加了犯罪嫌疑人、被告人的诉讼成本，使其将更多的时间和精力消耗在刑事诉讼中。如果从保障人权的责任上看，检察机关对于符合不起诉条件的案件，无论是符合绝对不起诉、存疑不起诉的案件，还是对符合相对不起诉、附条件不起诉的案件，都应该及时作出不起诉的决定，并做好说服被害人的工作，使案件及时终结在检察环节。特别是对于不需要判处刑罚的轻微刑事案件，检察机关应当切实贯彻宽严相济刑事政策，及时作出不起诉的决定。这不仅可以使犯罪嫌疑人、被告人尽可能早地从刑事追诉中解脱出来，而且可以节省司法资源。

随着以审判为中心的诉讼制度改革的推进，法庭审理对证据的要求将会更加严格；法庭审理中的实质性质证将会给公诉案件带来更大的变数。检察机关应当预见诉讼制度的这种变化，及时转变观念，调整工作思路，严格对证据的审查判断，严格排除非法证据，对于关键证据有疑点的案件，敢于作出存疑不起诉的决定，杜绝这类案件进入法庭审理。

二、保障被告人权利与保障被害人权利的关系

在刑事诉讼中，检察机关始终面临着犯罪嫌疑人、被告人与被害人权利之间的对抗与冲突。在现代刑事诉讼中，检察机关是作为公共利益的代表者参与诉讼的，公共利益不仅包括国家利益，而且包括社会公众的利益。而社会公众的利益既包括大多数公民的利益，也包括具体的被害人的利益。因此，检察机关维护具体被害人的利益和权利，是自己的职责所在。但是，从另一方面看，检察机关作为公共利益的代表者，为了保证刑事诉讼客观公正地进行，也要维护法律赋予犯罪嫌疑人、被告人的权利。而被害人的利益和权利，与犯罪嫌疑人、被告人的权利往往是直接对立的，有时甚至是冲突的。在这二者之间，检察机关既要保障被害人的权利，又要保障犯罪嫌疑人、被告人的权利，就必须善于平衡二者之间的关系。

从一般原则上讲，正确处理保障被害人权利与保障犯罪嫌疑人、被告人权利的关系，应当做到以下几点：

第一，理解。

检察机关及其办案人员应当充分理解被害人在犯罪行为中遭受的痛苦和损失，对他们行使权利的行为尽可能地提供方便，给予支持，保障他们能够充分行使法律赋予的权利。但同时，也要理解犯罪嫌疑人、被告人行使权利的行为。他们毕竟是刑事追诉的对象，刑事诉讼的结果与他们的命运和利益密切相关。在选择诉讼行为或者作出决定的时候，应当考虑到该行为或决定对犯罪嫌疑人、被告人权利的影响，尽可能不妨碍犯罪嫌疑人、被告人行使他们的权利。

第二，尊重。

无论是对待被害人的权利还是对待犯罪嫌疑人、被告人的权利，检察机关都要尊重他们的选择。既然是权利，权利主体就有根据自己的意愿行

使或者不行使这种权利的选择权。当事人自己不愿意行使其权利的时候，检察机关不能强迫其行使权利；当事人决定行使权利的时候，检察机关不能阻止其行使权利。对待被害人的权利，要尊重他的选择，如是否与被告人和解，要求赔偿的数额是多是少，包括是否提起附带民事诉讼，是否出席法庭，是否提起申诉等，检察机关及其办案人员应当告知被害人法律赋予他的权利，但不能强求他们怎么做，不能代替他们行使权利。对待犯罪嫌疑人、被告人的权利，检察机关同样要尊重当事人的选择。在告知其法律赋予的权利之后，如果当事人要求行使这种权利，检察机关就不能阻止，不能人为地给当事人行使权利设置障碍；如果当事人不愿意行使这种权利，检察机关同样不能强迫其行使这种权利。

第三，协调。

当被害人要求行使的权利与犯罪嫌疑人、被告人要求行使的权利发生冲突时，检察机关应当站在客观公正的立场上进行协调，给他们讲清楚行使权利可能带来的结果以及对方的权利，尽可能地保障双方都能行使权利，或者双方都做一些必要的让步以便都能行使自认为更重要的权利。如在损害赔偿、被害人出庭等问题上，被害人与犯罪嫌疑人、被告人的意愿发生冲突时，检察机关应当查明情况，客观公正地处理，不能片面地满足一方行使权利的要求而忽视另一方行使权利的要求。

从具体案件上讲，正确处理保障被害人权利与保障犯罪嫌疑人、被告人权利的关系，要考虑双方关系的具体情况。在实践中，被害人与犯罪嫌疑人、被告人的关系，有两种类型：

一是认知型。在这种类型中，被害人与加害人有过直接正面的接触，彼此能够认出对方，有的甚至彼此熟悉，能够叫出对方的名号。被害人确信犯罪嫌疑人、被告人就是加害于他的人，因此，对犯罪嫌疑人、被告人有着愤怒的情绪和具体的要求。在这种类型中，就案件发生的原因来看，可能有三种情况：第一种情况：加害事实的发生完全是由犯罪嫌疑人、被告人的加害行为引起的，如抢劫、盗窃、强奸、绑架等案件。在这种情况下，犯罪行为发生的原因完全在犯罪嫌疑人、被告人一方，被害人作为无辜的受害者，其权利应当得到充分的保障，包括其提出的诉讼请求，只要是合理的，检察机关就应当尽可能地予以满足，或者帮助其实现。第二种情况：双方共同的不当行为导致了加害事实的发生。如邻里纠纷、家庭纠纷、公共场合中的摩擦等引起的故意伤害案件。在这种情况下，双方对犯罪行为的发生都有一定的过错。检察机关既要考虑被害人的利益诉求和权利，也要考虑犯罪嫌疑人、被告人的权利。第三种情况：加害行为的发生是直接由被害人的不当行为引起的。如正当防卫中的防卫过当，加害别人时被对方反制等。在这种情况下，被害人本身具有重大过错，其诉讼权利与被告人的诉讼权利都应当得到保障，而他的实体性权利即利益诉求是否要满足则应根据案件的具体情况和利益诉求的合理程度来考虑。

二是怀疑型。在这种类型中，被害人并没有与犯罪嫌疑人、被告人正面接触过，不能确定其所受之害是不是犯罪嫌疑人、被告人所为。如在网络诈骗犯罪案件中，被害人从来没有见过犯罪人的庐山真面目，案件侦破后抓获的犯罪嫌疑人、被告人是不是骗取被害人钱财的人，被害人不能确定。又如在故意杀人案件中，被害人已经死亡，其法定代理人、近亲属在提起附带民事诉讼中享有当事人的权利。甚至在一些强奸案件中，被害人由于被强奸时受到惊吓，并没有看清楚犯罪人的真实面目，难以确认犯罪嫌疑人、被告人就是加害人。在诸如此类的案件，犯罪嫌疑人、被告人是不是真正实施犯罪行为的人本身有待证实，被害人与犯罪嫌疑人、被告人的对抗关系在一定程度上可以说是虚拟关系。在这种情况下，检察机关应当平等地对待被害人与犯罪嫌疑人、被告人的权利。无论是被害人还是犯罪嫌疑人、被告人，在他们要求行使法律赋予的诉讼权利时，检察机关都要予以保障，允许他们按照自己的意愿行使权利。对于实体性权利，则应予以保留，等待法院的裁判。

三、监督他人与约束自己的关系

《刑事诉讼法》第 8 条明确规定:"人民检察院依法对刑事诉讼实行法律监督。"新刑事诉讼法在许多方面明确赋予检察机关对刑事诉讼活动实行法律监督的职权,特别是在审前程序的监督中,检察机关享有许多法定的带有纠错性质的监督权。如:根据被害人控告,对公安机关应当立案侦查的案件而不立案侦查的监督权;根据犯罪嫌疑人的投诉,对侦查人员非法收集证据的调查核实权,对违法侦查活动的监督权;根据辩护人、诉讼代理人申诉或者控告,对公安机关及其工作人员阻碍其依法行使诉讼权利的行为进行审查监督的权力等。根据当事人和辩护人、诉讼代理人、利害关系人的申诉,对于司法机关及其工作人员实施的采取强制措施法定期限届满,不予以释放、解除或者变更的;应当退还取保候审保证金不退还;对与案件无关的财物采取查封、扣押、冻结措施;应当解除查封、扣押、冻结不解除;贪污、挪用、私分、调换、违反规定使用查封、扣押、冻结的财物等行为进行审查纠正的权力等。

这些权力的有效行使,对于保障人权具有重要的意义,特别是对侦查活动的监督,对于防止刑讯逼供、暴力取证等违法行为,保障犯罪嫌疑人以及其他诉讼参与人的权利,十分重要。认真履行这些职权,充分发挥检察机关的监督职能,既是检察机关的职责所在,也是保障人权的客观需要。检察机关应当切实履行这些职责,担负起在刑事诉讼中保障人权的责任。

根据刑事诉讼法的规定和司法实践,《人民检察院刑事诉讼规则(试行)》提出了侦查监督的重点,即:(一)采用刑讯逼供以及其他非法方法收集犯罪嫌疑人供述的;(二)采用暴力、威胁等非法方法收集证人证言、被害人陈述,或者以暴力、威胁等方法阻止证人作证或者指使他人作伪证的;(三)伪造、隐匿、销毁、调换、私自涂改证据,或者帮助当事人毁灭、伪造证据的；（四）徇私舞弊，放纵、包庇犯罪分子的；（五）故意制造冤、假、错案的；（六）在侦查活动中利用职务之便谋取非法利益的；（七）非法拘禁他人或者以其他方法非法剥夺他人人身自由的；（八）非法搜查他人身体、住宅，或者非法侵入他人住宅的；（九）非法采取技术侦查措施的；（十）在侦查过程中不应当撤案而撤案的；（十一）对与案件无关的财物采取查封、扣押、冻结措施，或者应当解除查封、扣押、冻结不解除的；（十二）贪污、挪用、私分、调换、违反规定使用查封、扣押、冻结的财物及其孳息的；（十三）应当退还取保候审保证金不退还的；（十四）违反刑事诉讼法关于决定、执行、变更、撤销强制措施规定的；（十五）侦查人员应当回避而不回避的；（十六）应当依法告知犯罪嫌疑人诉讼权利而不告知，影响犯罪嫌疑人行使诉讼权利的；（十七）阻碍当事人、辩护人、诉讼代理人依法行使诉讼权利的；（十八）讯问犯罪嫌疑人依法应当录音或者录像而没有录音或者录像的；（十九）对犯罪嫌疑人拘留、逮捕、指定居所监视居住后依法应当通知家属而未通知的。这些都是侦查活动可能发生的违法行为，检察机关应当加强对这些侵犯诉讼当事人权利行为的监督，切实担负起刑事诉讼中保障人权的监督之责。

此外，刑事诉讼法明确赋予了检察机关保障律师执业的权利。按照刑事诉讼法第49条的规定，辩护人、诉讼代理人认为公安机关、人民检察院、人民法院及其工作人员阻碍其依法行使诉讼权利时，有权向同级或者上一级人民检察院申诉或者控告。最高人民法院、最高人民检察院、公安部、国家安全部、司法部联合印发的《关于依法保障律师执业权利的规定》第42条对此作了具体的规定："在刑事诉讼中，律师认为办案机关及其工作人员的下列行为阻碍律师依法行使诉讼权利的，可以向同级或者上一级人民检察院申诉、控告：（一）未依法向律师履行告知、转达、通知和送达义务的；（二）办案机关认定律师不得担任辩护人、代理人的情形有误的；（三）对律师依法提出的申请，不接收、不答复的；（四）依法应当许可律师提出的申请未许可的；（五）依法应当听取律师的意见未听取的；（六）其他阻碍律师依法行使诉讼权利的行为。律师依照前款规定提出申诉、控告的，人民检察院应当在受理后十日以内进行审查，并将处理情况书面答复律师。情况属实的，通知有关机关予以纠正。情况不属实的，做好说明解释工作。"律师的执业活动对于保障诉讼当事人的权利十分重要。能否有效地保障律师的执业活动，直接关系到能否切实保障诉讼当事人的权利。检察机关应当认真对待律师及其他辩护人、诉讼代理人的投诉，切实履行审查纠正职责，保障律师及其他辩护人、诉讼代理人的权利。

另一方面，检察机关作为诉讼主体从事司法人员职务犯罪部分案件的侦查和所有公诉案件的审查起诉工作，而这些工作中都可能涉及到诉讼参与人的权利保障问题。因此检察机关在监督其他公权力机关的同时，应当更加自觉地遵守刑事诉讼法的规定，有意识的避免对诉讼参与人权利造成侵害。

首先，要转变司法观念，增强人权保护意识。

检察机关在履行诉讼职能的过程中，要树立保障当事人的权利就是保障所有人的权利的观念，把是否充分保障当事人的诉讼权利作为贯彻执行刑诉法的重要任务来完成。凡是涉及到当事人权利的，要设身处地地考虑当事人的权利，不能为了完成追诉任务甚至办案指标而对当事人的权利置若罔闻，更不能有意识地钻法律的漏洞，把侵犯人权的行为"合法化"。

其次，要严格遵守刑事诉讼法和人民检察院刑事诉讼规则的具体规定。

最高人民检察院根据刑事诉讼法的立法精神和检察工作的实际，修改了《人民检察院刑事诉讼规则（试行）》，进一步细化了刑事诉讼法的规定。各级检察机关在刑事诉讼过程中，应当善意地理解和执行其所规定的内容，严格遵守规则的要求，保证刑事诉讼法的正确实施，保证诉讼当事人特别是犯罪嫌疑人、被告人的权利得到应有的保障。刑事诉讼规则中的任何规定都不能理解为可以突破刑诉法的规定而给当事人的权利造成侵害。例如，关于逮捕必要性的规定、指定居所监视居住的规定、关于不允许律师会见的规定、关于不通知家属的规定等，不能仅仅考虑是否符合条件，还应当考虑是否有必要限制当事人权利。

严格依法依规办案的关键是提高办案能力和水平。实践证明，办案手段匮乏，就只能靠获取口供；讯问水平不高，无法突破案件，就只能靠刑讯逼供。随着司法文明和人权保障的呼声越来越高，随着侦查手段和侦查技术的广泛应用，检察机关转变传统的执法观念和办案模式，势在必行。检察机关应当不断拓展侦查手段，提高法律政策水平和讯问技巧，学会在宽松的讯问环境中突破案件，善于运用多种证据证明案件事实，从而减少对口供的依赖。如是，刑事诉讼中侵犯当事人诉讼权利的现象就会大大减少。

最后，要严肃查处和纠正自身的违法违规行为。

对于检察机关及其工作人员违反刑事诉讼法或者违反人民检察院刑事诉讼规则的行为，检察机关应当像对待其他机关及其工作人员的违法违规行为一样，严肃处理，认真纠正，表现出执法的公正性，不能对内部的违法违规行为睁只眼闭只眼，不闻不问，甚至姑息迁就。检察机关要做严格执法的模范，同时也要做勇于纠错的模范，发挥自己在刑事诉讼中独有的作用。

第三章 证据的审查判断

证据的审查判断，是指司法人员在办案过程中，对现有证据材料进行分析、研究和判断，以鉴别其真伪，审查其是否具有合法性，确定其有无证明力以及证明力大小，并据此认定案件事实，作出处理决定的一种诉讼活动。证据的审查判断不仅是检验收集证据成效、审查证据是否合法、确定证据证明力的根本手段，也是对案件作出处理决定的重要基础，因此，证据的审查判断在诉讼活动中具有重要的地位。在司法活动中，证据的审查判断主要包括庭前证据的审查判断和庭中证据的审查判断，前者为检察官对证据的审查判断，后者为法官对证据的审查判断。本章主要研究庭前证据的审查判断。

庭前证据的审查判断，是指检察官在审查批捕、审查起诉活动中，对有关证据进行审查和判断，以确定其是否合法以及据现有证据是否能够批捕和起诉的一种诉讼活动。庭前证据的审查判断，不仅对检察官正确作出是否批捕、起诉具有重要作用，而且对于保证法院的审判质量也具有重要意义。

第一节 证据审查判断的一般理论

证据审查判断是诉讼程序的核心和灵魂，整个诉讼程序就是司法人员运用证据证明案件事实的过程。由于案件证据的多样性和复杂性，产生了许多证据理论，这就决定了证据审查判断应当遵循证据的一般理论，包括证据的概念及其分类、证据审查判断的任务、证据审查判断的基本原则、证据审查判断的基本方法等一般理论。

关于证据审查判断的一般理论，我国法学界多有研究。例如，关于证据审查判断的基本原则，我国有学者认为："侦查人员、检察人员、审判人员应当依照法定程序，全面、客观、公正地逐一审查和综合审查全案证据。"① 由此可见，该学者指出了证据审查判断的基本原则，即检察官进行证据审查判断时，应当遵循全面、客观、公正的基本原则。又如，关于证据审查判断的基本方法和步骤，我国台湾著名学者蔡墩铭先生指出："检察官在侦查程序所搜集之各项证据资料，皆可视为情报。……对于情报之评价，其所经过之步骤，通常有三个阶段：（一）情报之分类。检察官必须站在公益之立场而执行其国家所赋予之职权，是以检察官不但对于被告不利之情报，应注意搜集，即对于被告有利之情报，犹不能不注意搜集，此与被告或其辩护人只搜集对其有利之情报，不无区别。由于检察官所搜集之证据出现不同之性质，是以在对于情报予以评价之前，不能不先依其各种特性而为分类。（二）情报之排列。情报经分类之后，为检讨之方便，犹须一一予以排列。情报经排列之后，不但可获知情报之数目，犹可了解各种情报彼此间之关联。（三）情报之选择。检察官所搜集之情报，有有利于被告之情报，犹有不利于被告之情报，在此二种不同性质之情报中，检察官不能不有所选择。一般而言，检察官多选择数量较多集团之情报，而舍弃数量较少集团之情报。唯情报之量固属重要，但情报之质犹不可忽视，是以情报量虽少，惟如其质极佳时，检察官无妨选择此种情报，

---

① 刘金友：《试论我国审查判断证据的原则及其理论根据》，载《政法论坛》2004年第2期。

放弃情报量多但质劣之情报。"① 蔡先生就证据的审查，主张证据依其性质分类，排列及选择的审查方式，以及客观全面的审查态度和既注意量又注意质的要求，对证据审查具有指导意义。

一、证据的概念及其分类

关于证据的概念，历来是学术界争论的一个重要理论问题。我国学者对证据的概念虽经数次讨论，但依旧存在不同观点。归纳起来，主要有事实说、根据说和材料说。所谓"事实说"，即认为"诉讼证据就是司法人员在诉讼过程中可用以证明案件真实情况的各种事实。"② 或者"诉讼证据是事实内容与法律形式的统一，即以法律规定的形式表现出来的能够证明案件真实情况的一切事实。"③ 所谓"根据说"，即认为"证据就是证明案件事实或者与法律事实有关之事实存在与否的根据。"④ 或者"诉讼证据，是审判人员、检察人员、侦查人员等依照法定的程序收集并审查核实，能够证明案件真实情况的根据。"⑤ 所谓"材料说"，即认为证据就是能够证明案件事实的材料。⑥ 或者认为证据是指法定人员依法收集的用以证明案件事实的合法性材料。⑦ 由于"事实说"存在证据不一定都是事实（如假证据）、"根据说"过于抽象难以把握等缺陷，我国法律没有采纳该学说，而采纳了"材料说"，即我国《刑事诉讼法》第50条规定："可以用于证明案件事实的材料，都是证据"。因此，我们认为，证据就是可以用来证明案件事实的合法材料。

---

① 蔡墩铭：《审判心理学》，水牛出版社1981年版，第593—594页。
② 陈一云：《证据学》，中国人民大学出版社2000年版，第99页。
③ 卞建林：《证据法学》，中国政法大学出版社2002年版，第51页。
④ 何家弘：《新编证据法学》，法律出版社2000年版，第99页。
⑤ 樊崇义：《证据法学》，法律出版社2001年版，第45页。
⑥ 参见杨连峰：《中国刑事诉讼法学》，武汉大学出版社1995年版，第281页。
⑦ 参见闵春雷：《证据概念的反思与重构》，载《法制与社会发展》2003年第1期。

关于证据的分类，也是学术界研究的一个重点理论问题。为了更好地了解证据的内容、形式和特点，以便司法人员正确地收集、审查判断证据，学术界对证据分类进行了深入研究。所谓"证据分类"，是指按照证据的不同特点，从不同的角度在理论上对证据所作的划分。由于具体分类标准和方法的不同，对证据分类并没有形成统一的认识。英美法系国家的法学家对证据的分类较为复杂，如英国的法学家边沁将证据分为九类，即实物证据和人的证据；自愿证据和强制证据；言词证据、宣誓证据和书证；直接证据和情况证据；原始证据和传来证据等。美国对证据进行如下分类：直接证据与间接证据或旁证；第一手证据与第二手证据；言词证据、实物证据与司法认知等。① 大陆法系国家的法学家对证据的分类较为简单，如法国在学理上将证据分为事前制定的证据与事后制定的证据。② 德国理论上通行的证据分类有两种，即主证和反证、直接证据与间接证据。③ 我国台湾法学家陈朴生将证据分为六类：本证与反证；原始证据和传闻证据；通常证据和补助证据；直接证据和间接证据；主证据和补强证据。④

我国大陆地区也对证据的分类进行长期深入地研究，认为证据分类就是从学理上依据多个标准对证据所作的分类，而证据的种类是根据证据的存在和表现形式在法律上所作的划分，是法律对证据的分类。我国刑事诉讼法将证据分为八种：物证；书证；证人证言；被害人陈述；犯罪嫌疑人、被告人供述和辩解；鉴定意见；勘验、检查、辨认、侦查实验等笔录；视听资料、电子证据。证据分类与证据种类之间既有联系又有区别，

---

① 参见［美］乔恩·R. 华尔兹：《刑事证据大全》，何家弘等译，中国人民公安大学出版社1993年版，第13—14页；何家弘：《外国证据法》，法律出版社2003年版，第190页。

② 参见沈达明：《比较民事诉讼法初论》，中信出版社1991年版，第307页。

③ 参见何家弘：《外国证据法》，法律出版社2003年版，第402—403页。

④ 参见陈朴生：《刑事证据法》，三民书局1979年版，第129—147页。

证据种类是证据分类的基础,没有证据种类就谈不到证据分类,而证据分类又是为了更有效地运用各种证据,认定案件事实。证据分类与证据种类在划分标准和数量、法律约束力、反映证据特点等方面,都存在不同。我国学者在总结司法实践经验的基础上,并参考外国的诉讼证据理论,通常将证据进行以下分类:言词证据与实物证据;有罪证据与无罪证据;原始证据与传来证据;直接证据与间接证据等。

(一)言词证据与实物证据

根据证据材料形成的方法、表现形式、存在状况、提供方式,以及运用程序上的不同,可以把证据分为言词证据与实物证据,或者称为人证和物证。将证据分为言词证据与实物证据的意义在于,它反映了证据的材料属性及不同特点,有利于司法人员采取不同的方法审查判断证据。

言词证据,就是通过人的陈述或者以语言的形式表现的证据。我国法律规定的八种证据中,证人证言,被害人陈述,犯罪嫌疑人、被告人供述和辩解,鉴定意见属于言词证据,司法人员进行勘验、检查、辨认、侦查实验等所作的笔录,也属于言词证据的范围。言词证据的特点是:言词证据是有关人员对客观存在的案件事实的主观反映,因为案件事实在被害人、证人和犯罪嫌疑人或被告人自己的头脑中造成印记,留下记忆,然后通过口头叙述或书面的形式反映出来,并且固定在笔录当中。由于每个人感受、判断、记忆和陈述的能力不同,每个人反映出来的客观案件事实的本来面目也有所不同。由于人是有思维的动物,有自己的思想和认识,因而言词证据不可避免地受到人的主观因素的影响。这是言词证据的缺陷。言词证据的优点是能够比较形象、直接、生动地反映案件的事实情况。

实物证据,就是以各种事物的特性、存在的状态和变化,以及各种事物之间的联系形成的证据,即实物证据是以物理状态、自然现象表现出来的证据。凡是以实物形态、特性,以及其记载的内容表现的证据,都是实物证据。这里所说的实物证据是广义上的物证。既包括犯罪的工具、赃物和有犯罪痕迹的物品,也包括对案情有证明意义的书面文件。物证是在勘验、搜查中发现和收集的,或者以扣押的方法加以妥善保管或者封存在一定处所的实物证据。与言词证据相比,实物证据的特点为客观、固定和可靠,不受主观影响。但是实物证据一般来说所反映的案件事实远不如言词证据形象、直接、生动和具体。

(二)有罪证据与无罪证据

根据证据的证明作用是肯定犯罪嫌疑人、被告人实施了犯罪,还是否定犯罪嫌疑人、被告人实施了犯罪,可以把证据分为有罪证据与无罪证据,也可称为控诉证据与辩护证据。将证据分为有罪证据和无罪证据的意义是,便于司法人员全面客观地收集和审查判断证据,防止主观片面性。

有罪证据,就是指能够证明犯罪事实存在,犯罪嫌疑人、被告人有罪,或者是加重犯罪嫌疑人、被告人刑事责任的证据。由于它是肯定犯罪嫌疑人、被告人犯罪的证据,所以叫做有罪证据。有罪证据一般是由控诉人对犯罪嫌疑人、被告人进行指控时提出的,也是人民法院对被告人作出有罪判决和加重处罚的根据,所以也叫控诉证据。

无罪证据,是指反驳控诉,能够证明犯罪事实不存在,或者是证明犯罪嫌疑人、被告人无罪的证据,有时也包括能够证明罪行较轻的证据。由于该类证据是否定犯罪存在或者是减轻犯罪嫌疑人、被告人刑事责任的证据,所以叫做无罪证据。无罪证据一般是由犯罪嫌疑人、被告人及其辩护人进行辩护时提出的,也是人民法院对被告人作出无罪判决或者减轻处罚的根据,所以又叫辩护证据。

应当指出的是,有罪证据和无罪证据的分类,是根据证据的内容和作用来划分的,而不是根据证据是由诉讼的哪一方提供来划分的。例如,犯罪嫌疑人、被告人自首和供述,经过查证属实的,就属于有罪证据,而不是无罪证据。同时，有罪证据和无罪证据在认识上有可能发生变化，在司法实践中，同一个证据，在案件发生时被看作有罪证据，结案时可能成为无罪证据，这种变化只是人们对证据证明作用在认识上发生了变化，并不是证据本身作用的变化。有些证据证明犯罪嫌疑人、被告人是否有罪的属性很明显，如证人目睹犯罪的证言。有些证据证明的属性则不明显，如在犯罪现场发现的物品，该物品在案件侦查初期，通常被认为是证明作案嫌疑的有罪证据，但随着诉讼的进行，该物品可能被认为与案件无关，而成为无罪证据。

(三) 原始证据与传来证据

根据证据的来源出处、形成时间的先后的不同，可以将证据分为原始证据和传来证据，也可称为原生证据与再生证据（派生证据）。

原始证据，是指直接来源于案件事实的证据，或者是来自原始出处的证据，或者最先产生的证据，即通常所说的第一手材料。例如证人根据他亲自看到、听到的事实所提供的证言，被害人对自己受害经过的陈述，犯罪嫌疑人、被告人对自己罪行的供认，物证的原物，书证的原件等，都是原始证据。

传来证据，就是间接来源于案件事实，通过原始证据派生出来的证据。也就是从第二手来源收取来的证据，或者从原始出处以外的其他来源传来的证据。例如证人没有亲自看到、听到案件的事实情况，而是从犯罪嫌疑人、被告人或者其他人的谈话中了解的某种事实而提供的证言。这种传来的证言必须是有确切的来源和根据的，如果没有确切来源而是道听途说的，则不是传来证据。文件的副本或者抄件，勘验、检查的笔录，物证的照片等，都是传来证据。

应当指出的是：（1）原始证据和传来证据这种划分仅是以证据是否直接来源于案件事实为标准，而不是取决于是否为办案人员直接获得的。也就是说，即使是办案人员亲自收集的证据仍可能是传来证据。相反，并非办案人员亲自收集的证据，也可能是原始证据。(2) 我国传来证据的概念不同于外国证据分类理论中的传闻证据。传闻证据仅指以言词形式表现出来的并非直接感知的证据，不包括实物证据。

将证据分为原始证据和传来证据的意义是，提醒司法人员在收集证据和审查判断证据时，应当努力寻找原始证据，尽量掌握第一手材料。如果第一手材料实在收集不到，也应当尽量收集最接近原始证据的传来证据。因为社会生活的常识和司法实践告诉我们，原始证据的可靠性强于传来证据，第一手材料比转手的材料可靠，转手的次数越多，失真的可能性就越大，内容就越不可靠。即证据的可靠性一般与它同证明对象的距离远近有关，直接来源于案件事实的原始证据比传来证据可靠，同是传来证据，转手次数越少、距离原始证据越近的证据，其可靠性就越强。这是信息传递的一般规律。因为传递的中间环节愈多，就有可能被转述的人有意无意地把事实情况夸大、缩小或传错。但是，这并不是说传来证据就完全不可靠、是"第二等"证据，认为传来证据不重要而不注意去收集传来证据。实际上，传来证据具有重要的作用，即通过传来证据可以追根溯源、顺藤摸瓜去发现和收集原始证据；可以审查原始证据是否完整和确实，判断原始证据的可靠程度，以佐证案件事实。特别是在没有原始证据的情况下，传来证据就具有不可替代的证明作用，所以对传来证据不应当忽视，而应当全面收集和审查判断。

(四) 直接证据与间接证据

根据证据与案件主要事实的关系，即能不能独立地证明案件的主要事实，可以将证据分为直接证据和间接证据。所谓案件的主要事实，是指犯罪事实是否存在，犯罪嫌疑人、被告人是否实施了犯罪行为这两方面的内容。

直接证据，是指能够独立地直接证明案件主要事实的证据。凡是直接证明犯罪事实是否存在，以及犯罪嫌疑人、被告人是否实施犯罪行为的证据，都是直接证据。实践中最常见的直接证据有：犯罪嫌疑人、被告人所作的有罪供述；被害人所作的既能证明犯罪已经发生又能证明系何人所为的陈述；证人亲眼目睹犯罪分子实施犯罪的证人证言；共同犯罪案件中，共犯之间对彼此的犯罪行为的供述和揭发；能够直接证明犯罪嫌疑人、被告人如何实施犯罪行为的视听资料、书证等。直接证据是案件主要事实的直接反映。只要有一个直接证据经过查证属实后，就可以对案件主要事实作出肯定或者否定的结论。例如犯罪嫌疑人、被告人承认自己实施了犯罪行为，并供述自己出于什么动机，在什么时间、地点、条件下实施了犯罪行为，经过查证属实后，就可以对案件主要事实作出肯定的结论。但是，直接证据多为人证，因而具有多变性、不稳定性，审查判断时应当审查是否依法收集，是否存在刑讯逼供等违法行为。

间接证据，是指不能独立直接地证明案件主要事实，而需要与其他证据相结合才能证据案件主要事实的证据。即间接证据只能证明与案件主要事实有关联的一些事实情节，它必须与案内的其他证据结合起来，构成一个证据体系，才能共同证明案件的主要事实，对案件的主要事实作出肯定或否定的结论。也就是说，间接证据和案件的主要事实之间没有直接的联系，只有间接的联系，只能间接地证明案件的主要事实。实践中，间接证据是广泛的，例如证明作案的动机，目的，准备，手段，条件，机会，持有赃证物品，被害人和犯罪嫌疑人、被告人的人身情况，以及他们之间的关系等方面的证据。只有把证明这些情况的间接证据结合起来，构成一个具有内在联系的证据体系，才能对案件的主要事实作出结论。

将证据分为直接证据和间接证据的意义在于：使司法人员全面掌握证据本身的不同特点，正确认识证据在证明案件主要事实方面的不同作用，防止将一些只能证明案件事实的一个情节或一个片断的证据误认为可以证明案件主要事实的证据,从而帮助司法人员采用正确的方法去审查判断和运用证据,查明案件事实。

上述各种证据分类,都是依据一定的标准对证据所作的划分,对证据的收集、审查判断具有重要的指导意义,因而都具有合理性。但是,这些证据分类的标准各不相同,各有其特点和优势。言词证据与实物证据的分类,反映了证据本身固有的特点,便于司法人员采取不同的方法予以审查判断;有罪证据与无罪证据、直接证据与间接证据的分类,主要是以证据的作用来划分的,往往会带有一定的主观判断性;原始证据与传来证据的分类,是以证据的来源作为分类标准,没有反映证据的本质属性。由此可见,言词证据与实物证据的分类,能够反映证据的材料属性,符合我国法律将证据概念确定为"材料"的规定,因而更有利于司法人员对证据进行审查判断。

二、证据审查判断的任务

证据审查判断的任务,是指司法人员在证据审查判断过程中,应当完成的工作或者实现的目标。司法人员审查判断证据的目的在于审查证据是否具有客观性、关联性和合法性,为查清案件的事实真相打下坚实的基础,从而对案件作出公正处理。而要查清案件的事实真相,就需要查清和判明证据的基本特性。因此,证据的基本特性就成为司法人员审查判断证据应当解决的问题,或者说应当完成的任务。根据我国证据法学理论,证据要作为认定案件事实的根据,应当具备三个基本特性,即客观真实性、关联性和合法性。证据只有同时具备这三个特性,才具有证明力,检察官才能据此查清案件的事实真相,对案件作出正确处理。由此可见,证据的三大基本特性及其证明力大小,都是检察官审查判断证据应当解决的问题和完成的任务。

(一) 证据的客观性

证据的客观性，又称证据的真实性或客观真实性，是指作为案件证据的客观物质痕迹和主观知觉痕迹，都是已经发生的案件事实的客观反映，不是主观想象、猜测和捏造的材料。也就是说，证据必须是真实可靠的，是对客观事实的反映，是确定无疑的。任何刑事案件，都是在一定时间、地点、空间发生的，必然会留下各种痕迹，或者在进行犯罪活动时为人们所目睹、感受。所有的痕迹、物品、文件等实物证据都是客观存在的材料。言词证据也是如此，案件事实为当事人亲自实施或经历，为在场的人所感知，形成反映记忆并用言词表述出来的当事人陈述和证人证言，同样是对案件事实的反映。这些可以作为证据的材料，是不依赖于办案人员的意识而客观存在的。办案人员只可能收集、审查判断和运用这些材料作为证据，而不能改变、歪曲这些材料。由此可见，证据的客观性是证据的根本特性。

在司法实践中，检察官审查判断证据时，首先应当查清和判明案件中的所有实物证据和言词证据是否具有客观真实性，即是否为客观真实存在物或者是对客观事实的真实反映。由于实物证据会存在伪造、篡改、破坏、发生变化等情况，使得实物证据没有真实性或失去其真实性。而言词证据，如证人证言、被害人陈述等，由于受到人的感知、记忆和表达能力的限制，特别是容易受到外界的干预和影响，往往具有人的主观因素，存在虚假或者不准确的可能性较大。这就要求检察官在审查判断证据时，应当通过鉴定、辨认、对质、印证等方法，认真研究和分析证据的客观真实性，对于不真实的虚假证据，应当予以排除，不将其作为认定案件事实的根据。

(二) 证据的关联性

证据的关联性，也称证据的相关性，是指证据必须与案件的待证事实有关联，从而具有能够证明案件待证事实的一种属性。也就是说，证据的关联性就是证据对于犯罪构成要件、定罪和量刑事实等证明对象具有证明作用。对于犯罪构成要件及定罪、量刑的事实没有"证成"或者"证否"等证明作用的证据，对于案件而言是不具备关联性的。关联性是证据的一种客观属性，根源于证据事实同案件事实之间的客观联系，而不是办案人员的主观想象或者强加的联系，它是案件事实作用于客观事物以及有关人员的主观所产生的。在实际生活中，案件发生以后都会遗留下来的一些蛛丝马迹，这就是证据，就像一个花瓶被打碎以后会留下一些碎片，我们收集证据就是要收集这个花瓶的碎片，而不是其他花瓶的碎片或者其他器物的碎片，更不是其他与该花瓶无关的东西，只有收集该花瓶的碎片，证据才具有关联性。证据与案件事实相关联的形式是多种多样，十分复杂的。其中最常见的是因果联系，即证据是犯罪的原因或结果的事实。不管证据与案件事实之间存在何种联系，其中都表明了证据反映了一定的案件事实情节。如有的能反映犯罪的动机，有的能反映犯罪的手段，有的能反映犯罪的过程和实施犯罪的环境、条件，有的能反映犯罪的后果，有的能反映犯罪事实不存在或犯罪并非为犯罪嫌疑人、被告人所为等。正是由于证据的关联性，才使得证据对查明案件事实，确定犯罪嫌疑人、被告人是否犯罪，犯罪情节轻重具有证明力。证据对案件事实有无证明力以及证明力的大小，取决于证据本身与案件事实有无联系以及联系的紧密、强弱程度。一般说来，如果证据与案件事实之间的联系紧密，则该证据的证明力就较强，其在诉讼中所起的作用也较大，反之亦然。

在检察实践中，检察官审查判断证据，在确定证据具有客观真实性后，还应当审查和判明这些真实的证据是否具有关联性，即是否与案件的待证事实具有实质性的关联或联系。辩证唯物主义认为，世界上的一切事物都不是孤立存在的，而是和其周围其他事物相互联系着的，这种联系具有普遍性、客观性、多样性、条件性、可变性等特征。因此，证据与案件的待证事实之间的联系也具有上述特征，其联系是多种多样的，十分复杂的，有的具有直接联系，如证人指认犯罪的证言，有的具有间接联系，如现场上发现的物证等，有的具有必然联系，如血液 DNA 鉴定，有的具有偶然联系，如现场发现的衣扣等，还有的具有因果联系，如被害人关于犯罪发生的陈述，等等。由此可见，证据与案件待证事实联系的普遍性，为检察官审查判断证据提供了依据，而证据与案件待证事实联系的多样性，又为检察官审查判断证据提供了难度。这就要求检察官在审查判断证据时，应当通过各种方法，查清和判明证据与案件待证事实之间具有何种联系，以便确定其证明力大小。对于联系不紧密的证据，如品格证据（被告人品德不好）、类似事件的证据（被告人曾实施过与此案类似行为）[1] 等，由于其证明力极小，可以不将其作为认定案件事实的根据。

（三）证据的合法性

证据的合法性，又称证据的可采性[2]，是指证明案件真实情况的证据必须符合法律规定的要求，不为法律所禁止。对证据合法性的要求，是为了保障证据的真实性和当事人的合法权利，体现了国家对程序公正和实体公正的双重要求。证据的合法性主要表现在以下三个方面：（1）证据主体合法。即证据必须是法定人员收集的。只有法律规定的有关人员，才能收集证据。对证据主体的法律要求，也是为了保障证据的真实性。（2）证据收集方法合法。即证据必须是依照法律规定的程序和方法收集的。收集证

---

[1] 在英美法系国家，其证据法理论认为，品格证据、类似事件的证据与案件待证事实没有关联性，不能作为证据使用，应当予以排除。

[2] 可采性（admissibility），又称证据能力。在英美法系国家可采性是指一项证据是否具有在法庭上提出的资格。如果一项证据不具有可采性，则不能在法庭上提出，就不能作为证据使用。证据的可采性问题是针对法院而言的，它解决的是证据是否能够被法庭采纳的问题。但是，不可否认的是，法院的证据可采性的判断规则对控方有重大影响。公诉机关在提起公诉之前，应当参照法院确定证据可采性的标准来衡量自己的控诉证据，决定哪些证据在法庭上提出，哪些证据不向法庭提出，以保证起诉的质量。不仅如此，证据的可采性规则还会对侦查机关的侦查行为、取证行为产生重大影响，因为如果违反了证据可采性规定的要求，警察的取证活动就毫无意义。

据必须依法进行。依法收集证据，既是程序正义的重要标志，也是获得真实证据的重要保证。只有合法收集的证据才能作为裁判的依据。采用刑讯逼供等非法方法收集的犯罪嫌疑人、被告人供述和采用暴力、威胁等非法方法收集的证人证言、被害人陈述，应当予以排除，不能作为证据。(3) 证据形式合法。即证据不仅要求其内容是真实的，还要求其形式应当符合法律规定的要求。我国刑事诉讼法将证据规定为八种形式，作为证据必须属于其中的一种形式，否则，不能作为证据。由此可见，证据的合法性是证据的又一重要特征。

在司法实践中，检察官审查判断证据时，还应当审查判断证据的合法性，即证据是否由法定人员通过法定程序收集的符合法定形式的证据材料。如果发现证据收集程序不合法，或者证据不符合法定形式，都属于非法证据。对于非法证据是否予以排除，应当严格按照法律规定进行。[①] 我国法律对非法证据是否排除作出了明确规定，例如，《刑事诉讼法》第56条规定："采用刑讯逼供等非法方法收集的犯罪嫌疑人、被告人供述和采用暴力、威胁等非法方法收集的证人证言、被害人陈述，应当予以排除。收集物证、书证不符合法定程序，可能严重影响司法公正的，应当予以补正或者作出合理解释；不能补正或者作出合理解释的，对该证据应当予以排除。在侦查、审查起诉、审判时发现有应当排除的证据的，应当依法予以排除，不得作为起诉意见、起诉决定和判决的依据。"《人民检察院刑事诉讼规则（试行）》第65条规定："对采用刑讯逼供等非法方法收集的犯罪嫌疑人供述和采用暴力、威胁等非法方法收集的证人证言、被害人陈

[①] 各国都建立了自己的非法证据排除规则，一般来说，在英国、美国、加拿大、澳大利亚等英美法系国家，对非法言词证据都予以排除，对非法实物证据持谨慎态度，即由法官根据违法程度及案件性质等情况自由裁量决定。在德国、法国、日本等大陆法系国家，对非法言词证据也都予以排除，但由于其比较注重发现案件事实真相，因而对非法实物证据也采取灵活排除的原则。参见张智辉：《非法证据排除规则研究》，北京大学出版社2006年版。

述，应当依法排除，不得作为报请逮捕、批准或者决定逮捕、移送审查起诉以及提起公诉的依据。刑讯逼供是指使用肉刑或者变相使用肉刑，使犯罪嫌疑人在肉体或者精神上遭受剧烈疼痛或者痛苦以逼取供述的行为。其他非法方法是指违法程度和对犯罪嫌疑人的强迫程度与刑讯逼供或者暴力、威胁相当而迫使其违背意愿供述的方法。"第 66 条规定："收集物证、书证不符合法定程序，可能严重影响司法公正的，人民检察院应当及时要求侦查机关补正或者作出书面解释；不能补正或者无法作出合理解释的，对该证据应当予以排除。对侦查机关的补正或者解释，人民检察院应当予以审查。经侦查机关补正或者作出合理解释的，可以作为批准或者决定逮捕、提起公诉的依据。"根据上述规定，检察官发现非法证据线索的，应当及时进行调查核实。经调查核实为非法证据的，应当按照上述规定的要求，决定是否予以排除。

（四）证据的证明力

证据的证明力，是指证据所具有的对案件事实的证明作用，包括证明作用的有无以及证明程度的大小。证据的证明力，也就是证据对证明案件事实的价值。证据证明力的有无及大小，取决于证据与案件事实之间的联系，以及这种联系的紧密程度。只有证据具有客观真实性且与案件事实具有关联性，才具有证明力。证据与案件事实之间的联系是多种多样的，有时间上的联系、空间上的联系、必然性联系、偶然性联系等。一般而言，证据与案件事实之间的联系越紧密，其对案件事实的证明力就越强，反之亦反。由此可见，证据的证明力是证据的本质特性。只有具备这一特性，证据才能作为认定案件事实的根据，否则，就不能作为证据使用。

在司法实践中，检察官审查判断证据时，应当通过各种方法和途径，查清和判明证据证明力的有无及大小。对于没有证明力的证据材料，不应当作为证据使用。检察官审查判断证据的证明力，不仅要查清和判明每一个证据的证明力有无及大小,而且还要查清和判明全案证据的证明力大小,并确定全案证据是否达到认定案件事实,作出批准逮捕、提起公诉所要求的法定标准,比如提起公诉的法定标准为"案件事实清楚,证据、确实充分"。根据我国《刑事诉讼法》规定,"案件事实清楚,证据确实、充分"应当符合三个条件,即定罪量刑的事实都有证据证明、据以定案的证据均经法定程序查证属实、综合全案证据,对所认定事实已排除合理怀疑。因此,检察官对证据证明力的审查判断,应当围绕上述三个条件进行。一是要审查判断定罪量刑的事实是否都有证据予以证明。即案件中定罪量刑的各种事实和情节,如作案的动机、目的、时间、地点、手段、经过、后果等,是否都有相应的证据予以证实。只有案件事实和主要情节都有具体的证据予以证明,才能称得上证据充分。检察官在审查起诉时,应当贯彻证据裁判原则。即对案件事实的认定,都要以证据为依据。没有证据证明的事实不能写入起诉书中"经依法审查查明"的事实部分。正如罗马法时代法谚所言:"没有证据证明的事实,应被视为不存在。"[①] 因此,检察官必须依靠证据说话,依靠事实说话,也只有证据达到充分时,才能"站得住脚",才能理直气壮地指控被告人犯罪,确保准确惩治犯罪、保障人权,维护司法公正。二是审查判断据以定案的证据是否均经法定程序查证属实。即证据经过审查后,是否具备客观真实性、关联性和合法性。只有具备证据的三大属性,才能作为定案的证据。三是审查判断全案证据的证明力是否达到排除合理怀疑的程度。这里的"全案证据"是指经过法定程序被查证属实的所有证据,不包括被排除的非法证据;"排除合理怀疑"是指根据查证属实的所有证据,对案件事实得出唯一合理的结论,不存在其他任何合理的结论。这里的"合理"是指符合任何有理性的人的正常判断,"怀疑"是指所认定的事实还存在其他的可能性。"排除合理怀疑"

---

① 转引自陈瑞华:《证据的概念与法定种类》,载《法学杂志》2011年第1期。

就是对据以定罪量刑的案件事实,按照任何有理性的人的正常判断,是确定的、不应怀疑的。只有达到了这个标准,检察官才能决定提起公诉。

此外,在司法实践中,我们还经常听到案件承办人说:"我确信就是犯罪嫌疑人干的,可就是没有充分的证据。"这就是所谓的"疑案或称疑罪"。案件承办人之所以能"确信"是犯罪嫌疑人干的,肯定是存在一些证据,否则这种"确信"也无从产生。因此,"疑案"并不是没有证据,只不过是相关的证据还不够充分。从司法实践看,由于案情复杂或者受主客观条件的限制,有些案件不可能查得水落石出,或者一时难以查清是在所难免的。承认这种现实的存在,才是辩证唯物主义实事求是的态度。对于"疑案"如何处理,不同时期的诉讼制度采取不同的做法。在实行有罪推定的封建专制诉讼制度中,是按照"疑罪从有"来处理的,即尽管不能确定被告人犯罪,但却仍然可以将被告人作为罪犯来处罚。如我国封建实行"罪疑从赎"原则,即对"疑案"按有罪从轻处罚。在实行无罪推定的现代诉讼制度中,法律要求对"疑案"应当从有利于被告人的角度来解释和处理,即被告人有罪无罪难以确定时,应当按照被告人无罪处理;被告人罪重罪轻难以确定时,按照被告人罪轻处理。在我国,原刑事诉讼法回避了"疑案"处理问题,强调以客观事实为依据,在程序的设置上,规定对被告人作出任何最终的法律处理,都必须建立在案件事实清楚,证据确实充分的基础上,因而对于事实不清,证据不足的,要求继续侦查,补充侦查,直至查清才作处理,结果造成实践中"疑案"久拖不决,被告人长期被羁押的状况,出现"疑案从挂"现象,严重侵犯了被告人的人权。针对这种现象,新刑事诉讼法明确了无罪推定原则,并对"疑案"的处理作了明确规定。即人民检察院在审查起诉阶段,经过两次补充侦查,仍然认为证据不足,不符合起诉条件的,应当作出不起诉的决定。人民法院在审判阶段,经过法庭审理,合议庭对证据不足,不能认定被告人有罪的,应当作出证据不足、指控的犯罪不能成立的无罪判决。从而在立法上确立了"疑案从无"的处理原则，检察官在审查全案证据证明力时，如果发现"疑案"，就应当作无罪处理，对案件作不起诉决定。

三、证据审查判断的基本原则

证据审查判断的基本原则，是指司法人员在进行证据审查判断过程中，应当遵循的基本准则。检察官在进行证据审查判断时，不仅要确定证据的真实性，而且要判断证据与案件事实之间的关联性，以及证据本身的合法性。要达到证据审查判断的这一目的，检察官必须遵守证据审查判断的基本原则。关于证据审查判断的基本原则，我国学术界进行了广泛深入地研究，例如有学者认为，证据审查判断，应当遵循以下七项基本原则：证据裁判原则、不自由的审查判断与自由的审查判断相结合的原则、公开及时原则、逻辑规律、经验法则、证据规则和救济原则。① 但是，我们认为，在检察实践中，检察官在审查判断证据时，主要应当遵循三项基本原则，即证据裁判原则、客观公正原则和全面及时原则。

（一）证据裁判原则

证据裁判原则，又称证据裁判主义，是指司法人员对案件事实的认定，必须依据有关的证据作出。没有证据而认定案件事实，或者仅凭司法人员的内心推测而认定案件事实，都是违背证据裁判原则的。证据裁判原则在现代诉讼制度中具有重要地位，是所有证据法和诉讼制度的核心原则。由于证据裁判具有的科学性和正当性，证据裁判作为一项法律原则在现代各国和地区得到了普遍确立。在大陆法系国家，为了保障发现案件事实，同时规范司法职权的行使，法律大都规定了证据裁判原则，如日本《刑事诉讼法》第317条规定："认定事实应当根据证据。"我国台湾地区

---

① 戴泽军：《审查判断证据》，中国人民公安大学出版社2010年版，第67页。

"刑事诉讼法"第154条规定:"犯罪事实,应以证据认定之,无证据不得推定其犯罪事实。"在英美法系国家,虽然法律没有明文规定证据裁判原则,但在其诉讼和证据法律中存在大量关于证据关联性、可采性的规范,这些都体现了证据裁判原则的精神。当然,作为一种认定方法,证据裁判原则并非完美无缺,由于人类认识能力和认识活动的自身规律所限,依据证据所重构的事实与客观事实之间总会存在一定的差异,这是证据裁判原则的不足之处。但尽管如此,在人类理性所及的范围内,证据裁判原则仍是裁判纠纷的一种最佳选择。

在现代诉讼制度下,证据裁判原则主要包含以下三方面内容:(1)对案件事实的认定必须依靠证据,没有证据不得认定案件事实,除非法律另有规定。证据裁判原则强调证据对于裁判的必要性,证据是裁判的必要依据,这是证据裁判的基本含义。也就是说,所有的案件事实,无论什么样的一个细节,都要用证据来证实,在没有证据和证据不足的情况下,就不能对案件事实予以认定,否则就违背了这个原则。这里的"没有证据"既包括没有任何证据,也包括证据不充分的各种情形。证据是认定案件事实之本,并不意味着证据是认定案件事实的唯一途径,也不意味着所有的案件事实都需要证据来证明。在现代诉讼制度中,作为证据裁判原则的例外,推定、司法认知等,往往也作为认定案件事实的依据。出于实现诉讼目的、节约诉讼资源等考虑,法律对于有的事项,如当事人在民事诉讼中自认的案件事实、众所周知的案件事实、预决的案件事实等,由于其真实性已经得到了确认或者当事人双方没有争议,规定无须再以证据予以证明,而直接可以作为裁定的根据。(2)作为认定案件事实的证据必须具有证据能力。即作为案件事实认定或裁判根据的证据必须具备证据要件。证据能力是现代诉讼制度的统一要求。在英美法中,证据能力以证据的可采性理论加以处理。对证据的可采性,法律很少作积极的规定,一般仅消极地就无证据能力或其能力受限制的情形加以规定。不可采的证据通常包括两种情况：一是缺乏关联性的证据；二是应受排除的证据。① 在大陆法中，为了发挥职权主义的作用，对证据能力很少加以限制。大陆法系国家对证据能力主要有两方面要求：一是证据材料不被法律禁止；二是证据应当经过法定的审查程序。我国对证据能力的要求是：证据必须具备真实性、关联性和合法性。(3) 认定案件事实的证据必须是经过法定审查程序确定的证据。由于司法人员对案件事实的认定是其内心活动，无法为外人知晓，因而只能通过强调认识的形成过程来约束司法人员。因此，现代诉讼制度要求，作为认定案件事实的证据必须经过法定的审查程序进行审查，以此来增强证据裁判的说服力和正当性。

我国法律和有关司法解释都确立了证据裁判原则。例如"两高三部"于2010年7月1日颁行实施的《关于办理死刑案件审查判断证据若干问题的规定》第2条规定："认定案件事实，必须以证据为根据。"该条规定首次明确地确立了我国证据法学上的证据裁判原则。又如2012年修订的《刑事诉讼法》第55条对证据裁判原则作了更为细化的规定，即"对一切案件的判处都要重证据，重调查研究，不轻信口供。只有被告人供述，没有其他证据的，不能认定被告人有罪和处以刑罚；没有被告人供述，证据确实、充分的，可以认定被告人有罪和处以刑罚。证据确实、充分，应当符合以下条件：（一）定罪量刑的事实都有证据证明；（二）据以定案的证据均经法定程序查证属实；（三）综合全案证据，对所认定事实已排除合理怀疑。"

在司法实践中，证据裁判原则对检察官审查判断证据提出了以下要求：(1) 应当树立"证据裁判"理念。检察官在认定案件事实时，必须依靠证据，没有证据就不能认定案件事实。在实践中，检察官不要让自己的"正义感"蒙蔽了眼睛，在证据不足时，要做到"宁肯放纵一个犯罪

---

① 肖建国：《证据能力比较研究》，载《中国刑事法杂志》2001年第6期。

分子，也绝不冤枉一个公民"。中国长期以来大一统的历史传统，导致国家机器非常强大，民众对国家机器的信任和依赖也非常高。集体主义、从众心理比较普遍，个人主义、主体意识则非常欠缺。在此种背景下，我们对于犯罪嫌疑人都深恶痛绝，必先惩治而后快，因为没有一个犯罪嫌疑人不与案件有关联，一个完全没有关联的人是不会成为犯罪嫌疑人的，"无风不起浪""八九不离十"的想法不仅在普通公众中普遍存在，在我们的司法职业人中也是很有市场的。在司法实践中的表现是：一些司法机关领导、办案人员正义感过强，容易以"我认为就是他犯的罪""不是他还会是谁"等主观定罪的思维模式取代证据裁判意识。因此，要克服这种主观定罪思维模式，就必须树立"证据裁判"理念。（2）正确理解证据裁判原则与"以事实为根据，以法律为准绳"之间的关系。我国《刑事诉讼法》规定了"以事实为根据，以法律为准绳"的刑事诉讼法基本原则。该原则与证据裁判原则是一致的，都是检察官审查判断证据应当遵循的原则。这是因为"以法律为准绳"是在"以事实为根据"的基础上对案件事实进行法律意义上的评价。事实认定是前提，法律评价是后果。我国《刑事诉讼法》第53条规定，公安机关提请批准逮捕书、人民检察院起诉书、人民法院判决书，必须忠实于事实真相。故意隐瞒事实真相的，应当追究责任。这里的事实也是司法人员根据证据、运用证据规则所认定的事实。如果事实认定出现了问题，那么法律评价必然会有偏差。事实认定准确是正确处理案件的重要基础和前提。依法准确认定事实的重要原则就是证据裁判原则。可见，证据裁判原则与"以事实为根据，以法律为准绳"是一致的。（3）认定案件事实必须达到法定标准。贯彻证据裁判原则就是要求司法工作者认定案件事实应当依据证据，而证据的证明力又必须达到一定的标准才能认定事实，进而"认定被告人有罪和处以刑罚"。对被告人的起诉、定罪处刑的证据标准是"证据确实、充分"，检察官要对被告人进行起诉，就必须达到该法定标准。如果没有达到"证据确实、充分"

的证明标准,出现"疑难"时,就不能认定案件事实和对被告人进行起诉。

(二) 客观公正原则

客观公正原则,实质上是客观性原则和公正原则的结合,其基本内涵是:司法人员在办案过程中,应当客观全面地收集和审查判断证据,实事求是地查明案件事实真相,严格遵守法律程序,公平合理地对案件作出处理决定。客观公正原则作为诉讼活动中的一项基本原则,得到了各国法律的普遍确认,已成为一项国际性法律原则。例如在大陆法系国家,由于实行职权主义,以追求实体的真实为主要基本原理,其检察官被定位为"准司法官",强调检察官客观公正义务,因而客观公正原则就成为大陆法系国家检察官应当遵循的一项基本原则。如《德国刑事诉讼法典》第160条规定,检察官在诉讼过程中,对于有利于与不利于被追诉人的证据均须予以收集和审查判断。在英美法系国家,即使实行"当事人主义",也强调检察官的"寻求正义(to seek justice)"、"实现正义(to do justice)"的责任,客观公正也成为检察官应当遵守的一项基本原则。如在英国,检察官的地位完全不同于民事原告及其律师,因为后者的兴趣在于为获得胜利而战斗,而检察官应当确保罚当其罪,弄清真相,实现正义。[①] 在美国,在1935年的伯格诉合众国一案中,大法官萨瑟兰(Sutherland)指出:"美国检察官代表的不是普通的一方当事人,而是国家政权,他应当公平地行使自己的职责;因此检察官在刑事司法中不能仅仅以追求胜诉作为自己的目标,检察官应当确保实现公正,也就是说,从这个特别的、有限的意义上讲,检察官是法律的奴仆,具有双重目标,既要惩罚犯罪,又要确保无辜者不被错误定罪。检察官可以而且也应当全力以赴地追诉犯罪,但在他重拳出击时,却不能任意地犯规出拳。不允许使用可能产生错误结果的不适

---

① 参见陈瑞华:《刑事审判原理论》,北京大学出版社1997年版,第237页。

当手段追诉犯罪,与用尽全部合法手段寻求公正的结果,二者同样属于检察官的职责。"① 此外,客观公正原则也得到国际文件的确认,如联合国《关于检察官作用的准则》第 12 条规定:"检察官应始终一贯迅速而公平地依法行事,尊重和保护人的尊严、维护人权,从而有助于确保法定诉讼程序和刑事司法系统的职能顺利地运行。"第 13 条还规定:"检察官在履行其职责时应:(1)不偏不倚地履行其职能,并避免任何政治、社会、文化、性别或任何其他形式的歧视;(2)保证公众利益,按照客观标准行事,适当考虑到嫌疑犯和受害者的立场,并注意到一切有关的情况,无论是否对嫌疑犯有利或不利;……"由此可见,客观公正原则已成为一项国际性法律原则。

在现代诉讼制度中,客观公正原则作为司法人员进行诉讼活动的一项基本原则,其包含以下三项基本内涵:(1)在诉讼中坚持客观立场。即司法人员在诉讼中必须站在客观的立场上,而不应站在当事人的立场上进行诉讼活动。坚持客观立场是客观公正原则的基本内容,司法人员只有坚持客观立场,才能客观全面地审查判断证据,准确地认定案件事实,不偏不倚地处理案件,实现诉讼的实体正义和程序正义;只有坚持客观立场,才能做到打击犯罪与保障人权的统一,准确地执行法律,做到不枉不纵。(2)忠实于事实真相②。即司法人员在诉讼中必须努力发现并尊重案件事实真相,通过准确地审查判断证据,还案件的本来面目,并严格依据案件的事实真相,对案件作出正确的处理决定。忠实于事实真相对于实现司法公正具有重要保障作用,司法人员"忠实于事实真相"是客观公正原则的核心,它既是"坚持客观立场"的直接目的,又是"实现司法公正"的

---

① [美]爱伦·豪切斯泰勒·斯黛丽、南希·弗兰克:《美国刑事法院诉讼程序》,陈卫东、徐美君译,中国人民大学出版社 2002 年版,第 230 页。
② 之所以提"忠实于事实真相"而不提"发现事实真相",是因为有些国家的检察官不负责侦查,不负有"发现事实真相"的义务,而是根据事实真相对案件为诉讼行为。

必经途径和必要前提，司法人员只有忠实于事实真相，才能还案件的本来面目，尊重并严格按照案件的事实真相为诉讼行为，才能保证案件得到公正处理。(3) 实现司法公正。即司法人员必须通过自己的诉讼活动使案件的办理达到公平正义的目标。这里的"公正"，既包括实体公正，又包括程序公正；既包括司法人员自身的诉讼活动公正，又包括通过自身的诉讼活动去促进其他司法人员对案件作出公正处理。实现司法公正是客观公正原则的一项基本内容，也是客观公正原则要达到的目标。公正是司法活动的最高价值目标，也是司法人员的最高价值追求。法律规定客观公正原则，就是要求司法人员"坚持客观立场""忠实于事实真相"，其目的都是为了"实现司法公正"。

客观公正也是我国司法人员应当遵守的一项基本原则，我国法律及司法解释对客观公正原则作出了明确规定，例如我国《刑事诉讼法》第6条规定："人民法院、人民检察院和公安机关进行刑事诉讼，必须依靠群众，必须以事实为根据，以法律为准绳。对于一切公民，在适用法律上一律平等，在法律面前，不允许有任何特权。"第29条、第30条规定，为了维护程序公正，保证案件公正处理，检察人员负有回避的义务。第171条规定，人民检察院审查起诉案件，必须查明犯罪事实、情节是否清楚，证据是否确实、充分，犯罪性质和罪名的认定是否正确，是否属于不应当追究刑事责任等5个方面的情形。第87条规定："公安机关要求逮捕犯罪嫌疑人的时候，应当写出提请批准逮捕书，连同案卷材料、证据，一并移送同级人民检察院审查批准"。第88条规定，检察机关在审查批准逮捕时，除审查有关证据外，必要时还应当讯问犯罪嫌疑人，也可以询问证人等诉讼参与人，听取辩护律师的意见；辩护律师提出要求的，应当听取辩护律师的意见。第53条规定，人民检察院的起诉书必须忠实于事实真相。故意隐瞒事实真相的，应当追究法律责任。《人民检察院刑事诉讼规则（试行）》第61条第3款明确规定："人民检察院提起公诉，应当遵循客观公正原则，对被告人有罪、罪重、罪轻的证据都应当向人民法院提出。"

客观公正作为一项原则，对司法人员提出了多方面的要求，但就检察官审查判断证据来说，其要求如下：（1）正确理解自己在诉讼中的角色定位。我国《宪法》第129条规定："中华人民共和国人民检察院是国家的法律监督机关。"根据该条规定，检察官应当明确自己是法律监督者，在诉讼活动中，应当站在法律监督者的立场而不是当事人的立场，以保障国家法律的正确统一实施为目标，而不是以胜诉为目标，客观公正地履行各项检察职能，包括证据审查判断职能。如果发现侦查机关在收集证据方面存在违法行为，或者有非法证据的，检察官应当及时提出纠正意见，坚决排除非法证据，以维护司法公正。我国宪法和法律把检察机关定位于法律监督机关，为检察官贯彻和实现客观公正原则提供了法律基础。或者说，检察官肩负的客观公正义务与其法律监督地位具有内在的一致性。那些将检察官当事人化，进而否定其法律监督地位的主张和做法，都是违反客观公正原则的。（2）正确处理实体公正与程序公正的关系。实体公正与程序公正是辩证统一的关系，检察官应当同等重视实体公正和程序公正，在证据审查判断过程中应当做到以下几点：首先，检察官在证据审查判断过程中，必须以事实为根据，以法律为准绳，努力做到实体公正与程序公正并重。客观公正原则是实体公正与程序公正的辩证统一和集中反映。通过证据审查判断，对于符合法定逮捕条件、起诉标准的案件，检察官必须履行批准逮捕、起诉的义务。对于不需要羁押的犯罪嫌疑人，应当作出不批准逮捕决定，对于犯罪情节轻微、依照刑法规定不需要判处刑罚或者免除刑罚的案件，检察官可以作出酌定不起诉决定。其次，检察官既要承担追诉的责任，也要承担保护被追诉人的责任。尊重和保障犯罪嫌疑人、受害人的人权，不偏不倚地履行证据审查判断职能，避免任何形式上的歧视和不公正待遇。最后，检察官不仅要审查判断证明犯罪嫌疑人或被告人有罪、罪重的证据，查明案件事实真相，而且要审查判断证明犯罪嫌疑人或被告人无罪、罪轻的证据，为辩护权的行使提供便利，为审判机关作出公正裁判提供充分的条件，以保证司法公正的实现。（3）正确处理各种利益关系，做到客观公正，实现法律效果、政治效果和社会效果的统一。《检察官法》第8条规定："检察官应当履行下列义务：（一）严格遵守宪法和法律；（二）履行职责必须以事实为根据，以法律为准绳，秉公执法，不得徇私枉法；（三）维护国家利益、公共利益，维护自然人、法人和其他组织的合法权益；……。"根据上述法律规定，检察官办理案件，既要保障国家利益和社会公共利益，也要保护个人利益，要综合各方面因素，全面衡量，尽可能地做到客观公正。检察官办理案件，不仅要执行法律，也要考虑刑事政策、国家有关政策和当地的形势，既要保证办案的法律效果，也要兼顾办案的政治效果和社会效果，尽可能地做到"三个效果"的统一。

（三）全面及时原则

全面及时原则，实际上是全面性原则和及时性原则的结合，其基本内涵是：司法人员在办案过程中，应当全面、及时地收集和审查判断证据，严格依照法律程序认定证据，查明案件事实，并对案件作出正确处理决定。全面及时原则作为诉讼活动中的一项基本原则，得到了各国法律的普遍确认，已成为一项国际性法律原则。例如在大陆法系国家，其刑事诉讼法都要求对证据要进行全面及时收集和审查判断，如《德国刑事诉讼法典》第160条规定，检察官对于有利于与不利于被追诉人的证据均须予以收集和审查，同时要负责收集有丧失之虞的证据。同时，全面及时原则也得到学者和司法界的认可，如德国法学家 Roxin 指出："因刑事诉讼程序很容易就会不当地侵犯了被告的权利范围，也因为证据的品质会因时间一长而衰弱（例如尤其是证人的证明力），因此需要有一迅速的刑事司法程序。"德国最高法院也认为，没有合理的理由听任案件长期不加处理，或者仅仅因为侦控或司法机关希望能将尚未找到的证据找出来便长期搁置案件,是违反法治国家原则的。① 在英美法系的英国,其有关法律对检察官全面及时原则也作出了规定,如《1996年英格兰刑事程序与侦查法》对检察官全面获得和审查警察所掌握的证据信息作了如下规定:(1)警察必须将所有已有的证据条目和它们的位置列入清单,包括无罪证据;(2)警察必须向检察官提供清单复印件;(3)警察必须允许检察官查阅所有他们掌握的侦查案卷;(4)必须向特定的警官或雇员分配记录义务,他们必须保证向检察官提供记录;(5)检察官可以对有关证据信息进行审查;(6)辩护律师有权敦促检察官审查材料,如果必要的话,可以要求法院帮助。因此,英格兰的法律制度赋予了检察官全面掌握和审查警方调查的全部记录。② 由此可见,全面及时原则不仅是人权保障的要求,也是诉讼公正、司法效率等价值的必然要求。

在现代刑事诉讼中,全面及时原则作为司法人员进行诉讼活动的一项基本原则,其包含以下三项基本内涵:(1)严格坚持全面性原则。即司法人员在诉讼中必须站在客观中立的立场上,在全面考虑和分析问题的基础上,对案件作出公正处理。在司法实践中,司法人员要对案件作出公正处理,必须对有利于和不利于犯罪嫌疑人或被告人的所有证据,进行全面地审查判断,既要审查案件的实体问题,也要审查案件的程序问题;既要考虑分析案件的事实问题,也要考虑分析有关法律问题;既要考虑法律的适用问题,也要考虑有关刑事政策的适用问题等。司法人员只有做到了全面性思维,才能全面查清案件的事实真相,才能保证对案件作出公正处理,实现法律效果、社会效果和政治效果的有机统一。(2)严格坚持及时性原

---

① 参见[德]Claus Roxin:《德国刑事诉讼法》,吴丽琪译,三民书局1998年版,第148页、第150页。

② Stanley Z. Fisher, The Prosecutor's Ethical Duty to see Exculpatory Evidence in Police Hands: Lessons from England, 68 Fordham L. Rev. 1379, 1385—1387 (2000).

则。即司法人员在诉讼活动中,要有力追究犯罪,切实保障人权,查明案件事实真相,应当尽可能避免一切不必要的延误,及时完成诉讼任务,从而保证刑事案件能够得到及时处理。由于刑事案件的特殊性,如果诉讼延误,有的证据将无法收集和审查判断,使案件无法查清,成为死案悬案,影响对犯罪的有效打击;更为重要的是,由于刑事诉讼活动往往伴随着强制性措施的适用,如果诉讼时间拖得太长,使犯罪嫌疑人或被告人长期处于被追究的状态,甚至受到长期羁押,会严重侵犯公民的合法权益。因此,司法人员只有严格坚持及时性原则,才能有效打击犯罪和保障人权。

(3) 严格遵守法定程序原则。即司法人员进行各种诉讼活动时,必须严格按照法律规定的标准要求、程序步骤、方式方法进行,在法律所规定的期限内完成一定的诉讼行为,不得违反。从司法实践看,司法人员只有严格遵守法定程序,全面准确地理解和把握各种诉讼活动(比如批准逮捕、提起公诉)的法定标准和条件要求,按照法律规定的程序步骤,在法律规定的期限内对有关证据进行审查判断,查清案件事实真相,才能保证对案件作出正确的处理决定,实现司法公正。

在我国,法律和有关司法解释对全面及时原则也作出了明确的规定,使得该原则成为我国司法人员应当遵守的一项基本原则。例如我国《刑事诉讼法》第87条规定:"公安机关要求逮捕犯罪嫌疑人的时候,应当写出提请批准逮捕书,连同案卷材料、证据,一并移送同级人民检察院审查批准。"第115条规定:"公安机关对已经立案的刑事案件,应当进行侦查,收集、调取犯罪嫌疑人有罪或者无罪、罪轻或者罪重的证据材料。"《人民检察院刑事诉讼规则(试行)》第186条规定:"人民检察院办理直接受理立案侦查的案件,应当全面、客观地收集、调取犯罪嫌疑人有罪或者无罪、罪轻或者罪重的证据材料,并依法进行审查、核实。"第360条规定:"人民检察院受理移送审查起诉案件,应当指定检察员或者经检察长批准代行检察员职务的助理检察员办理,也可以由检察长办理。办案人员应当全面审阅案卷材料，必要时制作阅卷笔录。"这些规定确立了全面性原则。我国《刑事诉讼法》第 2 条规定："中华人民共和国刑事诉讼法的任务，是保证准确、及时地查明犯罪事实，正确应用法律，……。"第 49 条规定："辩护人、诉讼代理人认为公安机关、人民检察院、人民法院及其工作人员阻碍其依法行使诉讼权利的，有权向同级或者上一级人民检察院申诉或者控告。人民检察院对申诉或者控告应当及时进行审查，情况属实的，通知有关机关予以纠正。"上述法律规定确立了我国的及时性原则。我国刑事诉讼法第 3 条第 2 款规定："人民法院、人民检察院和公安机关进行刑事诉讼，必须严格遵守本法和其他法律的有关规定。"《人民检察院刑事诉讼规则（试行）》第 3 条规定："人民检察院办理刑事案件，应当严格遵守《中华人民共和国刑事诉讼法》规定的各项基本原则和程序以及其他法律的有关规定。"这些规定确立了严格遵守法定程序原则。

在司法实践中，全面及时原则对司法人员提出了多方面的要求，但就检察官审查判断证据来说，其要求如下：（1）全面及时地审查判断有利于和不利于犯罪嫌疑人和被告人的证据。检察官在审查判断证据时，既要注重并及时审查判断证明犯罪嫌疑人、被告人有罪、罪重的证据，也要注重并及时审查判断证明犯罪嫌疑人、被告人无罪、罪轻的证据，特别是有利于犯罪嫌疑人、被告人的证据。如果发现这两类证据之间存在矛盾或者冲突时，检察官应当通过其他证据，及时化解矛盾或冲突，从而保证全面正确的认定案件事实，对案件作出正确的处理决定。（2）全面及时地审查判断每一个证据的客观性、关联性和合法性。根据证据理论，任何证据要作为认定案件事实的根据，都应当具有客观性、关联性和合法性。因而检察官在审查判断证据时，要全面查清案件事实，及时对案件作出正确处理，就应当对每一个证据是否具有真实客观性、是否与案件事实具有关联性、是否由合法主体并通过合法的程序收集的，进行全面及时的审查判断，以便确定该证据是否具有可采性以及其证明力大小。因此，检察官对每一个证据的情况进行全面及时审查判断,是其对全案证据进行全面及时审查证据的基础和前提,也是正确贯彻全面及时原则的必然要求。(3)严格按照法定程序和要求全面及时地审查判断各种证据。检察官在审查判断证据时要贯彻执行全面及时原则,不仅要严格按照法律规定的程序和要求,在法定的期限内完成对证据的全面审查判断工作,而且要在法定期限内范围内,针对每个具体案件的情况尽可能快地完成对证据的全面审查判断工作,做到既合法也合理,以保证检察官对证据审查判断工作达到最佳状态。具体来说,检察官审查判断证据,合法是前提,合理是目标,只有在合法的基础上才能要求其合理,也只有达到合理的要求,才能实现审查判断证据的最佳效果,这也是全面及时原则对检察官审查判断证据的最高要求。

四、证据审查判断的基本方法

证据审查判断的基本方法,是指司法人员在对证据进行审查判断时,可以采取的基本方式、形式、手段与措施。检察官在进行证据审查判断时,要确定证据的真实性、关联性和合法性,就必须掌握证据审查判断的基本方法。关于证据审查判断的基本方法,我国学者进行了深入研究。一般认为,对证据的审查判断主要可以采取鉴别法、对比法、印证法、验证法、鉴定法、质证法、推理法等。① 但是,根据司法实践的经验和做法,我们认为,要保证证据审查判断的质量,一般可以采取以下几种基本的审查方法:

(一) 要件事实分析方法

要件事实分析方法,就是司法人员进行证据审查判断时,应当围绕法

---

① 参见何家弘:《新编证据法学》,法律出版社 2000 年版,第 91 页。樊崇义:《证据法学》,法律出版社 2001 年版,第 57 页。戴泽军:《审查判断证据》,中国人民公安大学出版社 2010 年版,第 98 页。

律构成要件或条件事实进行分析判断的一种方法。对检察官来说，其审查判断证据，应当围绕逮捕或者起诉的法律构成要件或条件事实进行；对法官来说，其审查判断证据，应当围绕犯罪的构成要件或条件事实进行。要件事实分析方法的价值在于规范与事实的结合，保证证据审查判断活动围绕核心问题展开。要件事实的分析方法，源于日本司法研修所的训练方法。所谓"要件事实"，是与法律要件相对应，同时产生法律后果的案件事实。

要件事实分析方法类似于西方国家的犯罪现场重构理论。该理论是20世纪80年代提出，目前在西方国家广泛运用于刑事案件侦查领域的一门侦查学说。对普通刑事犯罪而言，犯罪现场重构不仅是还原事实真相的重要途径，也是检察官检验证据是否确实充分的重要方法。该理论要求司法人员根据证据来重新构筑、再现犯罪事实，即要件事实。它要求司法人员将全案证据纳入自己的脑海，通过细致的审查和分析，看这些证据是否能够在脑海里呈现出一个清晰的犯罪现场图景和犯罪事实的经过。司法人员在运用证据重构犯罪事实时，就像在玩拼图游戏一样，要通过对在案证据的综合分析和判断，利用证据所提供的信息、显现的事实片段来拼凑出一个完整的犯罪事实的图景。如果整个犯罪事实的经过，各个犯罪情节能够用现有证据予以支撑、重构，整个事实的脉络清晰了，司法人员对事实处于一种确信无疑的状态时，犯罪现场就重构成功，犯罪事实也就查清了。

在司法实践中，检察官在运用要件事实分析方法时，应当把握以下三个要点：一是强调法律要件与客观事实的结合，要求检察官"用右眼看事实，用左眼注释法律的立场"。形成一种"一体化""统一性"的思维方式。二是在纷繁复杂的案件相关事实中，关心"有意义的"案件事实，即与法律构成要件相关的事实。因此，检察官应当注意区分案件中的主要事实、次要（间接）事实，以及辅助事实。三是选择最佳法构成（要件事实）的思想。在一个复杂的案件事实中，可能形成几个犯罪构成要件事实的情况,检察官应当选择最能体现立法意图、刑事政策和最佳执法社会效果的犯罪构成要件事实的一种构成,并将其作为逮捕或公诉的基础。

(二)印证证明方法

印证证明方法,就是两个以上的证据所反映的信息具有同一性,能够相互支持,从而获得稳定的、有支撑的证明结构的一种方法。所谓的"印证",是指两个以上的证据在所包含的事实信息方面发生了完全重合或者部分交叉,使得一个证据的真实性得到了其他证据的验证。[①] 刑事诉讼中的印证证明,就是某一案件事实得到两个或者两个以上的证据相互证明或共同证明。印证证明方法是司法实践中通行的认定案件事实的重要证明方法,该证明方法具有相当的合理性。因为一个孤立的证据的真实性只能通过它与其他证据、事实之间的关系来判断,只有得到其他证据的支持和佐证、印证的证据,其可靠性和真实性才较强,单凭一个孤立的证据是无法证实其自身的真实性的。当然,我们说的证据之间的相互印证,只是指证据之间在"链接点"上是相互一致、吻合、重叠的,而不是两个证据的内容一样。因为每个证据包含的信息和内容是不相同的,不可能完全一致,因而两个证据有可能有重叠吻合的地方,也有不相同的地方。而印证的关键就是在两个证据之间建立"链接点",即通过"链接点"将两个证据"扣合"在一起,形成证据锁链,从而构筑起案件的事实。没有得到印证的部分是不能被认定为案件事实的。因此,司法实践中"孤证不能定案"。

我国法律和司法解释肯定了印证证明方法,并在许多条款中规定了印证证明的要求。例如,《刑事诉讼法》第55条明确规定,"只有被告人供述,没有其他证据的,不能认定被告人有罪和处以刑罚"。《关于办理死刑案件审查判断证据若干问题的规定》规定,对于证人证言的审查判断,应当着重审查证人证言之间以及与其他证据之间能否相互印证,有无矛盾;

---

① 参见陈瑞华:《刑事证据法》,北京大学出版社2012年版,第334页。

证人在法庭上的证言与其庭前证言相互矛盾，如果证人当庭能够对其翻证作出合理解释，并有相关证据印证的，应当采信庭审证言；未出庭作证人的书面证言出现矛盾，不能排除矛盾且无证据印证的，不能作为定案的根据。对于被告人供述和辩解应当着重审查其供述和辩解与同案犯的供述和辩解以及其他证据能否相互印证，有无矛盾；被告人庭前供述一致，庭审中翻供，但被告人不能合理说明翻供理由或者其辩解与全案证据相矛盾，而庭前供述与其他证据能够相互印证的，可以采信被告人庭前供述。被告人庭前供述和辩解出现反复，但庭审中供认的，且庭审中的供述与其他证据能够印证的，可以采信庭审中的供述；被告人庭前供述和辩解出现反复，庭审中不供认，且无其他证据与庭前供述印证的，不能采信庭前供述等。对于证明力较弱的言词证据的采信问题，《关于办理死刑案件审查判断证据若干问题的规定》也提出了印证的要求，即对于有下列情形的证据应当慎重使用，有其他证据印证的，可以采信：（1）生理上、精神上有缺陷的被害人、证人和被告人，在对案件事实的认知和表达上存在一定困难，但尚未丧失正确认知、正确表达能力而作的陈述、证言和供述；（2）与被告人有亲属关系或者其他密切关系的证人所作的对该被告人有利的证言，或者与被告人有利害冲突的证人所作的对该被告人不利的证言。

在我国，逮捕必须达到有证据证明犯罪，且有逮捕的必要；有罪指控，必须达到"案件事实清楚，证据确实、充分"的标准。而要实现证据确实、充分的主要路径是证据的相互印证。在直接证据不足而间接证据较多的情况下，印证方法是保证事实认定质量的主要方法。一般来说，只有两个以上证据的链接点相互链接，共同证明某一案件事实时，才能对该部分案件事实形成有效印证。只有当与定罪、量刑有关的案件事实都能在证据之间环环相扣、相互印证证明时，全案的证据锁链才得以形成，才可称为"犯罪事实清楚，证据确实、充分"。因此，我国的刑事诉讼证明模式，可以称为"印证证明模式"。① 印证证明方法既可用于审查判断个别证据的真实性,也可用于全案证据的综合判断,确定证据是否充分。在司法实践中,检察官在具有运用该方法时,应当做到以下几点:(1)犯罪构成要件事实以及从重处罚事实要求直接印证;其他事实,如从轻量刑事实和程序事实,可以间接印证。(2)客观事实要求高度印证,主观事实要求达到排除合理怀疑。(3)印证的事实必须协调地镶嵌于证据构造,且不与其他确凿事实矛盾,符合情理。

（三）证据构成分析方法

证据构造分析方法,就是在分析支持犯罪事实的证据群中,各种证据之间是否存在一定关联性的一种方法。证据构造分析方法,产生于日本刑事诉讼的实践,该方法也可看作前述印证证明方法的具体应用方式。

在司法实践中,检察官要有效地运用证据构成分析方法,应当注意以下几点:(1)将证据审查判断作为一个建立证据构造的过程,避免平面式的、模糊的证据分析,代之以立体式的证据分析,即确定支撑指控犯罪事实的主要证据,印证、支持主要证据的间接证据与辅助证据,同时注意证据的来源。从而自觉地在主观上形成"立体的""可视的""有机关联的",能够合理分析的证据构造。证据构造论最突出的意义是将证据判断过程客观化、可视化,从而有效地抑制司法官打着自由心证主义的旗号恣意妄为地进行事实认定,避免事实认定过程成为"看不见的黑匣子"。(2)对"证据群"的划分与评价。检察官在审查判断事实与证据时,应当围绕犯罪构成要件,分析整个证据群,明确其积极建构或消极否定的意义。对于积极构建的证据群和消极否定的证据群,应当分别地考查其证明力,然后将证据群有机地联系在一起,形成支持其诉讼主张的"证据鸟瞰

---

① 参见龙宗智:《印证与自由心证——我国刑事诉讼证明模式》,载《法学研究》2004年第2期。

图",即证据构造。(3)采取两步分析法。即第一步是主要依据侦查卷宗,对侦查机关提供的证据事实进行分析;第二步是在经辩护方提出质疑以及提供某些新证据后,再对证据进行分析,看其是否可能动摇侦查方面的证据体系,从而得出证据事实的审查结论。(4)证据构造论强调以物证为基础的科学事实认定论,并对主观性较强的人证类证据保持警惕。此外,证据构造论在一审审判中还有一种作用,即要求检察官明示支持有罪控诉的证据构造,以便辩护方能够进行有效的防御,同时能够使法官的心证形成受此约束,并且便于检验其心证是否正确。

(四) 证据矛盾分析方法

证据矛盾分析方法,就是司法人员在对证据进行审查判断时,应当遵守矛盾法则的一种分析方法。矛盾法则,是最重要的一种逻辑法则,它要求司法人员在证据分析判断过程中,要善于发现证据矛盾,并能够分析和解决该矛盾。证据矛盾包括证据自身的矛盾、证据之间的矛盾、证据与确凿事实之间的矛盾,以及证据与情理之间的矛盾等。证据矛盾分析,就是发现证据矛盾而质疑事实认定,防止冤错案件。解决证据矛盾,就是在排除证据矛盾的过程中,查明并证实案件事实。证据矛盾最突出的意义就是形成"疑点"。因为同一指向的相互否定判断的证据,至少其中之一是假的,也可能均为虚假,但不可能同时都是真的。这里应注意的是,案件信息高度一致和统一,缺乏常见的信息差异与冲突,不符合证据的生成规律,也蕴含着人为制造证据的极大可能性。

在司法实践中,检察官要有效地解决证据矛盾,应当注意采取以下基本方式:(1)有效排除矛盾。即通过其他证据或者新发现的证据,有效排除原有证据之间的矛盾。例如当发现犯罪嫌疑人不在犯罪现场的证据后,即可以有效地排除证据之间有关犯罪嫌疑人有罪无罪之间的矛盾。(2)合理解释矛盾。即通过其他证据对证据之间的矛盾予以合理解释。例如某一证人作证时提供了对被告人有利的证言,但已查明该证人与被告人有利害关系,这一与指控证据相矛盾的证言产生的原因得到了合理解释。(3) 充分证明事实。即以证据补强的方法抑制矛盾,证明案件事实。例如对于"一对一"的证据矛盾,可以通过证据补强,用其他证据印证指控事实。(4) 适度容忍矛盾。即在案件基本事实能够被证据证实的情况下,容许在某些非基本事实上存在一些矛盾,或者虽然在案件基本事实上存在某些矛盾,但通过证据印证可以确证案件基本事实。这主要包括证据能够相互印证证明案件基本事实,但在具体情节的证明上,证据之间存在一定的差异,这种差异不至于损害主要证据的证明力;证据能够相互印证证明案件基本事实,虽有相反证据,但其形成原因能够获得合理解释,不至于冲击或否定基本事实构造;有相反证据,而且其形成原因可能有多种解释,但能够证明案件基本事实的证据确实充分,且达到很高的证明程度,无可辩驳,使人确信无疑。

(五) 经验方法

经验方法,又称经验法则,是指根据一个人的社会经验,能够对证据和事实作出判断的一种方法。美国霍姆斯大法官有一句至理名言:"法律的生命不在于逻辑,而在于经验。"因而运用经验法则就成为司法人员审查判断证据的一种最基本方法,也是防止冤假错案的有效方法。在审查判断证据过程中,经验法则主要有以下三方面的功能:(1) 验证功能。即通过经验方法可以审查判断个别证据的客观性、相关性和合法性。(2) 免证功能。即对于众所周知的事实,通过经验法则可以起到免证的功能。(3) 综合判断功能。即通过该法则可以判断案件事实是否清楚、证据是否确实充分。日本学者伊藤滋夫先生将经验法则分为三类:一是在自然现象中所共通的因果法则;二是一般人的行为法则;三是个别人的行为法则。可见,经验法则包括自然法则和社会法则,而社会性经验法则又可区分为一般行为法则和个别人的行为法则。

在司法实践中,检察官应当合理地运用经验法则,在具体运用该法则时应当注意以下两点:一是既要注意运用经验法则对个别证据进行审查判断,也要注意运用经验法则对主张事实进行符合情理性的判断。即检察官在对一个主张事实进行审查判断时,不妨自问:"该主张的事实符合情理吗?"如果不符合情理,就不能采信。二是对于翻供、翻证案件要注意运用经验法则进行审查判断。对于翻供、翻证的审查判断,最高人民法院《关于适用〈中华人民共和国刑事诉讼法〉的解释》第83条规定:"审查被告人供述和辩解,应当结合控辩双方提供的所有证据以及被告人的全部供述和辩解进行。被告人庭审中翻供,但不能合理说明翻供原因或者其辩解与全案证据矛盾,而其庭前供述与其他证据相互印证的,可以采信其庭前供述。被告人庭前供述和辩解存在反复,但庭审中供认,且与其他证据相互印证的,可以采信其庭审供述;被告人庭前供述和辩解存在反复,庭审中不供认,且无其他证据与庭前供述印证的,不得采信其庭前供述。"对于证人翻证,司法解释也作了类似规定。可见,对于翻供、翻证的审查判断,司法解释要求一看证据间的相互印证,二看供、证的稳定性,三看翻供、翻证的理由。尤其强调证据间的相互印证。这一要求基本符合司法实践,但存在的问题是:被告人翻供、证人翻证,由于辩护条件限制,寻找印证证据通常比较困难,这往往导致没有证据印证,使得翻供、翻证无用。然而,翻供、翻证往往是发现冤假错案的契机,而且证人翻证后,如果证人与被告人之间没有利害关系,其翻证证言的真实性较大。因此,为了防止冤假错案,检察官在审查判断证据时应当增加一种方法,即运用经验法则进行事实检验,看两种事实哪一种符合情理,哪一种不能消除"合理怀疑",并将其作为认定案件事实的重要依据。

第二节　实物证据的审查判断

实物证据的审查判断，是指司法人员对于已经收集到的实物证据材料，进行分析研究，鉴别真伪，以确定各个实物证据有无证明力和证明力大小，并据此认定案件事实的一种诉讼活动。所谓"实物证据"，就是以一定的实物形态、物理特性、实物存在的状态和变化情况，以及以一定的实物为载体所记载的声音、图像、内容来证明案件事实的一类证据材料。实物证据主要包括以下四种证据：一是物证。即能够证明案件事实的一切物品和痕迹。最常见的物证主要包括犯罪使用的工具（凶器、毒药等）、犯罪遗留下来的物质痕迹（指纹、脚印、血迹、精斑等）、犯罪行为侵犯的客体物（尸体、抢劫的财物、盗窃的赃款、赃物等）、犯罪现场留下的物品（衣服、帽子、手绢、纽扣、烟头、票证、纸屑等）、其他可以用来发现犯罪行为和查获犯罪嫌疑人的存在物（人体气味等特征）。二是书证。即用文字、符号、图画等所表达的思想内容来证明案件事实的书面材料。最常见的书证包括犯罪人伪造的各种证件、印章和证明材料，记载有犯罪内容的标语、传单、信件、图画等。书证是以一定的物质材料作为载体的书面材料，由于书证所具有的这种物质属性，与物证具有一定的相同之处，因而将其归为实物证据。三是视听资料、电子证据。即以录音、录像、电子计算机以及其他科技设备所储存的信息资料来证明案件事实情况的一种证据。由于视听资料、电子证据是通过储存在电子设备中的声音、影像、信息来证明案件事实情况的一类证据，具有物质载体的特性，因而将其归为实物证据。四是勘验、检查、辨认、侦查实验等笔录。即司法人员对于同案件有关的场所、物品、有关人员、人身、尸体，或者为了验证在某种情况下某一事件或现象是否能够发生或发生的情况，所进行勘验、检查、辨认、侦查实验时所作的书面记录。勘验、检查、辨认、侦查实验笔录不仅包括勘验、检查、辨认、侦查实验过程中发现的与案件有关的一切事实情况的文字记录，如现场勘验笔录、尸体检验笔录、物体检验笔录、人身检查笔录、辨认笔录和侦查实验笔录，而且包括绘图、照片等附件。由于该种证据是对勘验、检查、辨认、侦查实验情况所作的客观记载，具有物证材料和书证的特性，因而将其归为实物证据。

与言词证据相比，实物证据主要具有以下特征：（1）以一定的物质形态而存在。即实物证据都有一定的物质形态，有的直接以其物质形态来证明案件事实，如物证；有的以物质形态作为载体，以其所记载的内容来证明案件事实，如书证、视听资料、电子证据。（2）其证明力具有较强的客观性。即实物证据的证明力较为客观、固定和可靠，不以人的意志为转移，也不受人的主观意识的影响。因此，只要有足够的实物证据，经过查证属实，就可以认定案件事实。（3）其证明力有的具有间接性和内藏性，有的则具有直观性。即实物证据中的物证的证明力具有间接性和内藏性，需要通过技术鉴定、辨认等方式，才能确定和发现其证明力；而书证、视听资料和电子证据的证明力则具有直观性，其记载的声音、影像、活动内容等，就可以直接证明案件有关事实。

一、实物证据的价值

实物证据是刑事诉讼中广泛使用的一种证据，其对证明案件事实具有重要价值。由于实物证据都是客观存在的实在物，是物质性的东西，具有自然性和客观性的特点。它不像言词证据那样受人的认识、记忆、陈述等主观因素的影响。因此，它的真实性较大，证明力较为稳固和强大。一般来说，只要掌握了确实、充分的实物证据，即使犯罪分子狡辩抵赖，仍然可以定案处理。所以，实物证据在刑事诉讼中具有重要意义。

首先，通过实物证据，可以及时有效地发现、证实犯罪事实，查获犯罪嫌疑人。许多刑事案件都是首先获得实物证据，然后根据实物证据所反映的线索，及时查获犯罪嫌疑人而破案的。比如犯罪现场所留下的血迹、犯罪工具、物品、书面文字材料等物证和书证，或者被害人最后的通话记录、网络聊天记录、微信记录等电子证据，或者犯罪现场或附近的监控录像等视听资料，侦查人员通过及时全面地收集这些实物证据，就可以及时有效地发现、证实犯罪事实，查获犯罪嫌疑人。

其次，通过实物证据，可以确定犯罪案件的性质和犯罪嫌疑人的身份，为查获犯罪嫌疑人指明方向和确定侦查范围。在实践中，侦查人员通过对实物证据进行审查判断，可以发现或确定行为人的作案动机、目的、时间、地点、手段、经过、后果等情况，从而可以确定刑事案件的性质和犯罪嫌疑人的身份，明确进一步侦查收集证据的范围，或者查找犯罪嫌疑人的方向和途径。

再次，通过实物证据，可以审查判断证人证言、被害人陈述、犯罪嫌疑人和被告人供述和辩解是否真实可靠。由于实物证据是客观存在的实在物，在一定条件下更能够反映案件的事实真相。司法人员运用鉴定、辨认等方法，易于核实实物证据的真伪。因此，实物证据的客观真实性较大、证明力较强，只要掌握了确实、充分的物证和书证，就可以有效地审查判断证人证言、被害人陈述、犯罪嫌疑人和被告人供述和辩解的真实性。

又次，通过实物证据，可以促使犯罪嫌疑人、被告人认罪服法。在许多刑事案件中，犯罪嫌疑人、被告人为了对抗侦查、审查起诉和审判，逃避惩罚，经常百般狡辩抵赖，拒不认罪。如果司法人员掌握了有力的实物证据，犯罪嫌疑人、被告人在不可辩驳的客观事实面前，往往不得不打消侥幸心理，坦白交代自己的罪行，认罪服法。

最后，通过实物证据，可以对广大人民群众起到法制宣传教育的作用。在刑事诉讼中，司法人员通过正确地审查判断实物证据，确定其与案件事实的关联性和证明力，并有效适时地运用实物证据，认定案件事实，对案件作出处理，不但可以制服犯罪嫌疑人、被告人，而且会使广大人民群众认识到任何人只要实施了犯罪行为，就会留下某些实物证据，就会被查获，就一定会受到法律制裁，从而可以起到增强广大人民群众法治意识的宣传教育作用。

二、实物证据的审查判断

从司法实践来看，虽然实物证据具有较强的真实性，但也存在不真实的可能性。所以，对实物证据必须经过认真审查、仔细鉴别，确定其真实可靠以后，才能作为认定案件事实的根据。在实践中，实物证据发生差错的原因是多种多样的，有的实物证据可能是伪造的，犯罪人可能伪造现场，制造伪证，甚至使用"栽赃"的手段制造种种假证。例如犯罪人利用某机关、团体、单位的名义，盗用公章或者私刻公章，开假证明；或者是利用空白介绍信，伪造填写介绍信内容；或者是故意穿着别人的鞋去作案，在现场上留下别人的鞋印；或者用别人的工具去实施犯罪，故意把别人的工具留在犯罪现场；等等。同时，由于受时间、天气等自然因素的影响，或者收集方法不当，书写、打印上出现差错等原因，也可能使物证、书证发生变化，失去它原来的真相。有的由于保存、复制等原因，也可能使物证、书证、视听资料、电子证据失真。因此，对于实物证据必须进行审查判断，确定其是否真实可靠，只有经过严格的审查判断，确认其真实可靠后，才能作为证据使用。从司法实践来看，司法人员在审查判断实物证据方面积累了丰富的经验，概括起来，司法人员主要应当从以下四个方面对实物证据进行审查判断：

（一）审查判断实物证据的来源是否可靠

司法人员要查明实物证据本身是真是假，是否与案件事实有关，首先应当审查判断实物证据的来源是否可靠，为此司法人员需要查明实物证据的确切来源，弄清它们是在什么时间、地点、情况下被发现和收取的；是在犯罪现场收取的，还是在别处找到的；是犯罪嫌疑人、被害人或其他人主动提供的，还是侦查人员自己收集的等。通过审查实物证据的来源，不仅可以判断其与案件事实是否存在关联性，而且可以判断实物证据有无伪造、调换，或者发生差错的可能性，从而可以达到鉴别其真假的目的。如果司法人员对实物证据的来源有怀疑，就应当进行调查予以查证清楚。来源不明或者无法查清的文件或者匿名的信件等实物证据，不能作为证据使用。此外，司法人员还要审查实物证据的收集程序司法合法，是否存在违反法律规定收集证据的情况，如果存在，就应当确定是否属于非法证据，是否应当予以排除。

从司法实践看，司法人员审查判断实物证据的来源，主要看侦查机关提取物证、书证等实物证据是否有清楚的记载笔录。例如2010年，最高人民法院、最高人民检察院、公安部、国家安全部、司法部联合制定的《关于办理死刑案件审查判断证据若干问题的规定》第9条第1款规定："经勘验、检查、搜查提取、扣押的物证、书证，未附有勘验、检查笔录，搜查笔录、提取笔录、扣押清单，不能证明物证、书证来源的，不能作为定案的根据。"如果实物证据的来源有笔录记载的，还要看侦查机关是如何记载的，是在什么时候提取的？在什么地方提取的？当时它是一个什么样的状态？当时在场的都有谁？如果这些都有很清楚的记载，就可以建立它与案件的关联性。如果没有记载，就应当要求侦查机关予以说明，如果侦查机关的说明不能合理地解释实物证据的来源，通常就要排除该实物证据。例如在一个抢劫杀人案件中，有一件血衣，其血迹DNA鉴定确定是被害人的血迹，对此应当审查该血衣的来源，是在犯罪现场提取的，还是在垃圾桶或别的地方提取的，如果没有明确的记载，就应当让侦查机关进行说明，如果侦查机关不能作出合理的解释或说明，这件血衣就不能作为证据使用。同时，司法人员还应当审查实物证据收集的程序是否合法，对于违反法定程序的，应当审查是否属于非法证据。例如2016年，最高人民法院、最高人民检察院、公安部联合制定的《关于办理刑事案件收集提取和审查判断电子证据若干问题的规定》第24条规定："对收集、提取电子数据是否合法，应当着重审查以下内容：（一）收集、提取电子数据是否由二名以上侦查人员进行，取证方法是否符合相关技术标准；（二）收集、提取电子数据，是否附有笔录、清单，并经侦查人员、电子数据持有人（提供人）、见证人签名或者盖章；没有持有人（提供人）签名或者盖章的，是否注明原因；对电子数据的类别、文件格式等是否注明清楚；（三）是否依照有关规定由符合条件的人员担任见证人，是否对相关活动进行录像；（四）电子数据检查是否将电子数据存储介质通过写保护设备接入到检查设备；有条件的，是否制作电子数据备份，并对备份进行检查；无法制作备份且无法使用写保护设备的，是否附有录像。"此外，司法人员还要审查当事人和律师对实物证据的意见，如果认为是违反法定程序提取的证据，就应当让侦查机关作出说明或者解释，如果侦查机关不能作出合理的说明或解释，或者其说明或解释不能排除其提取实物证据存在违法的可能性，该实物证据就不能作为证据使用。

（二）审查判断实物证据是否为原物

司法人员在确定实物证据的来源后，还应当审查判断实物证据是否为原始实物。一般来说，原物的证明力要大于复制物的证明力，因而司法人员应当审查判断实物证据是原始的，还是传来的，即司法人员应当审查是原件还是抄件、复制件。如果是抄件、复制件，还要审查在传抄、复制的过程中有无抄错或断章取义、被篡改、剪辑等，制作者的技术高低、设备是否先进完善、制作的时间、地点等。还要审查实物证据的副本、复制件及照片是否附有制作说明。物证、书证的副本、复制件及照片，应当附有关于制作过程的文字说明及原件原物存放何处的说明，制作人不得少于两人，并且制作人应当签名或盖章，否则物证、书证的副本、复制件及照片就不能作为证据使用。

从司法实践看，司法人员在审查判断实物证据时，一般要求必须是原物。例如最高人民法院、最高人民检察院、公安部联合制定的《关于办理刑事案件收集提取和审查判断电子证据若干问题的规定》第 22 条规定，审查电子证据的真实性，应当审查"是否移送原始存储介质；在原始存储介质无法封存、不便移动时，有无说明原因，并注明收集、提取过程及原始存储介质的存放地点或者电子数据的来源等情况"。只有在原物、原件不便搬运，或者不能够保存或者依法应当由有关部门保管、处理或者依法应当返还被害人的时候，才可以拍摄或者制作足以反映原物、原件外形特征或者内容的照片、录像或者复制品、复制件。在这种情况下，司法人员还要审查现在的照片、录像或者复制品、复制件与原物、原件是不是一致，经与原物、原件核实无误或者经鉴定证明为真实的，或者以其他方式确能证明其真实的，可以作为定案的根据。如果照片、录像或者复制品、复制件不能够反映出原物、原件的外形和特征或者存在修改而不能作出合理解释的，就不能作为定案的根据。例如最高人民法院、最高人民检察院、公安部、国家安全部、司法部联合制定的《关于办理死刑案件审查判断证据若干问题的规定》第 6 条规定，对物证、书证应当着重审查"物证、书证是否为原物、原件，物证的照片、录像或者复制品及书证的副本、复制件与原物、原件是否相符；物证、书证是否经过辨认、鉴定；物证的照片、录像或者复制品和书证的副本、复制件是否由二人以上制作，有无制作人关于制作过程及原件、原物存放于何处的文字说明及签名。"如果司法人员在审查判断实物证据时，发现只有复制品、复印件而没有原物或者原件的，就应当要求侦查机关提供原物或者原件，如果侦查机关找不到原物或者原件，又不能作出合理解释的，那么这个复制品、复印件就不能作为证据使用。

(三) 审查判断实物证据与案件事实有无关联

司法人员审查判断实物证据与案件事实有无关联性,以确定实物证据能够证明案件事实中的什么问题。司法人员在审查判断实物证据时,只有确定其与案件事实有无必然的联系,才能确定实物证据有无证明力。实物证据是由案件事实造成的特定的物品、痕迹、书面材料以及视听资料、电子信息等,即使其本身真实可靠,但是如果它与案件没有必然的联系,就不能证明案件中的任何问题,就不具有任何证据力。因此,司法人员在审查判断实物证据时,审查判断其与案件的关系是确定其证据价值的关键问题。要审查判断实物证据与案件事实有无关联,实践中可以采取多种审查判断方法。例如可以通过直接观察、辨认予以确定;可以通过技术检验、鉴定进行确定;也可以通过其他旁证互相鉴别,互相印证。司法人员通过审查判断,如果发现实物证据与案件事实没有关联,就不能将其作为证据来使用。

从司法实践来看,司法人员要审查判断实物证据与案件事实是否存在关联性,首先可以采取辨认的方法。即将实物证据交当事人或者证人辨认,这是一种简便易行且非常重要的方法。即使案卷中记载当事人或证人已经进行过辨认,说这个实物证据是自己用过的物品,司法人员在审查时,也要再让他进行辨认,是不是他当时作案用的工具或者说他当时用过的东西,如果没有辨认,就无法建立实物证据与案件事实之间的关联性。其次可以审查有无鉴定。即审查案卷中的实物证据是否进行过鉴定,有无鉴定意见。例如对现场遗留的与犯罪有关的血迹、精斑、毛发、指纹这样一些生物的物证痕迹,审查有没有通过 DNA 的鉴定或者指纹鉴定。对于现场发现的手机或者在犯罪嫌疑人住处收集的手机,审查是否进行了手机串号鉴定等。如果没有鉴定,就难以认定其与案件事实存在关联性,就不能作为证据使用。最后可以采用相互印证的方法。即将实物证据与其他证据进行对比,看起证明的内容是否能够互相印证。例如最高人民法院、最高人民检察院、公安部、国家安全部、司法部联合制定的《关于办理死刑案件审查判断证据若干问题的规定》第6条规定,对物证、书证应当着重审查"物证、书证与案件事实有无关联。对现场遗留与犯罪有关的具备检验鉴定条件的血迹、指纹、毛发、体液等生物物证、痕迹、物品,是否通过DNA鉴定、指纹鉴定等鉴定方式与被告人或者被害人的相应生物检材、生物特征、物品等作同一认定"。只有证据之间能够互相印证,才能证明其与案件事实具有关联性,才能作为证据使用,否则,证据就与案件事实无关联性,就不能作为证据使用。

(四) 审查判断实物证据与其他证据是否协调一致

实物证据只有与案内的其他证据相互一致、其证明具有同一性,才能起到证明案件事实的作用。如果发现疑问或者互相矛盾,就应当进一步调查研究,找出原因,加以解决,才能确定其证明效力。由于案件事实是复杂的,是由多种情节构成的,犯罪人在实施犯罪过程中所留下的有关物品、痕迹、书面材料和视听资料、电子证据,只能在一定范围内对案件事实作出片断的、部分的反映,或者只能为查明案件事实提供一些线索,不可能反映整个案件事实的全貌。因此,只有把实物证据与案内的其他证据结合起来,进行综合审查判断,相互对照、鉴别、印证,才能确定实物证据的真实性和关联性,从而判明实物证据对案件事实的证明力,并最终确定是否将该实物证据作为认定案件事实的根据。

从司法实践看,司法人员审查判断实物证据与其他证据是否协调一致,是否具有同一性时,不仅要审查判断实物证据之间是否协调一致、是否具有同一性,如物证与书证记载的内容是否一致、具有同一性等,而且还要审查实物证据与言词证据是否协调一致、具有同一性,如实物证据与犯罪嫌疑人的供述、证人证言是否协调一致、具有同一性,是否能够互相印证。例如最高人民法院、最高人民检察院、公安部联合制定的《关于办理刑事案件收集提取和审查判断电子证据若干问题的规定》第 25 条第 1 款规定："认定犯罪嫌疑人、被告人的网络身份与现实身份的同一性，可以通过核查相关 IP 地址、网络活动记录、上网终端归属、相关证人证言以及犯罪嫌疑人、被告人供述和辩解等进行综合判断。"同时，司法人员还应当审查实物证据的收集、移送是否全面，如犯罪现场收集的物品是否全面、是否都随卷移送到司法机关等。司法人员通过审查判断，只有当实物证据与其他证据的证明内容保存一致、具有同一性，能够互相印证，且实物证据收集和移送全面，能够证明案件的各个环节，形成完整的证据锁链时，才能认定案件事实。

三、实物证据审查判断中的特殊问题

由于实物证据是客观存在物，其客观真实性较高，因而是证据体系中的一种重要证据。但同时，由于实物证据证明力的隐藏性、间接性，需要主观认识和发掘，有时也有栽赃的现象，使得其也可能存在虚假，因而司法人员在审查判断实物证据时，应当认真仔细，以判明其真伪。在司法实践中，司法人员除了需要查清和判明实物证据的普遍性问题外，还应当注意实践中遇到的以下特殊问题：

（一）如何审查作案工具的照片

在司法实践中，如果作案工具体积较大、数量较多且难以搬运时，或者无法扣押原始存储介质的，侦查机关通常对其进行拍照，以照片的形式予以固定，并将这些物证照片打印，装订进案卷卷宗。在案件移送时，为了避免关键物证的遗失，侦查机关一般不会将这些物证随案移送，只随案移送物证照片，而将这些物证保存在侦查机关或者查封在原处。因此，有的检察人员认为这些照片是书证，并在案件审查报告和起诉书中列举证据

时，将这些照片错误地归入书证的范畴。

这些物证的照片其实应当属于物证范畴，因为在我国刑事诉讼法上，对证据的分类主要是以证据内容所发挥的证明作用来进行区分的。例如物证，就是以其外部特征、物理属性发挥证明作用的物品或痕迹。而书证则是以其所记载的内容和思想来发挥证明作用的文件或者其他物品。书证主要以其记录的文字、图形和符号等作为载体来表达与案件有关的事实。毫无疑问，作案工具是犯罪嫌疑人、被告人实施犯罪行为时所使用的器具，是物证。作案工具的照片虽然是以书面形式展现作案工具的特征，但它主要反映的是作案工具的外部特征，而并非以作案工具上所记载的内容和思想来发挥证明作用的，因而不是书证，而是以照片形式反映物品特征的物证。因此，检察官在对案件证据进行审查归类时，应当将作案工具等物证的照片归入物证的范畴，并在物证这一项中进行罗列。

由于作案工具等的照片等是作案工具等的复制品，并非是原物，因而检察官在审查这些物证照片时，首先应当审查笔录中是否有相关的说明。根据有关法律规定，侦查人员在难以移送或无法扣押实物证据，需要拍照时，应当在笔录中注明难以移送或无法扣押原始实物证据的原因、原始实物证据存放地点或者原始实物证据的来源等情况。司法人员在审查原始实物证据的照片时，应当审查有无相关的说明，如果没有，应当要求侦查人员补充或者说明情况。其次应当注意审查判断这些物证照片是否能够充分反映相关物证的特征，是否存在不清晰和模糊之处。不能反映物证特征的照片，或者照片模糊不清的，都不能作为认定案件事实的根据。再次，应当审查判断原始物证的真实性。即应当对物证进行"鉴真"。鉴真的方式主要是通过审查勘验、检查、提取、搜查、扣押笔录，来判断这些笔录对作案工具等物证来源、特征等情况的说明，是否与照片显示的特征一致，从而确定照片上的物证是否是来源于犯罪现场的物证。最后，应当审查判断照片中的物证是否与案件具有关联性。对于作案工具等物品，侦查人员通常会有相关的辨认笔录,由犯罪嫌疑人、被害人、证人等通过辨认对作案工具进行确认;如果作案工具是凶器,还会有对凶器上的血迹等痕迹的鉴定意见。检察官应当对相关的辨认笔录、鉴定意见进行审查,以判明照片中的物证是否与案件事实有关,从而决定是否将其作为认定案件事实的根据。

(二)搜查、提取、扣押笔录如何归类和审查判断

在我国,刑事诉讼法规定了勘验、检查、辨认及侦查实验笔录为一种法定证据,没有规定搜查、提取、扣押笔录为法定证据,但规定了搜查、查封、扣押等侦查活动。在司法实践中,侦查人员在进行搜查、提取、扣押这些侦查活动时,通常会形成搜查笔录、提取笔录及扣押笔录等笔录证据。由于法律没有规定这种证据,因而如何对这些笔录证据进行归类和审查判断,就成为实践中的一个问题。

从司法实践来看,搜查笔录、提取笔录和扣押笔录,这三种笔录证据经常在证据材料中出现,司法人员要审查判断这些证据,首先应当正确认识这三类笔录证据的证据属性。搜查、提取、扣押笔录是侦查人员在进行搜查、提取相关物证、书证等实物证据、扣押相关的赃款、赃物、作案工具、文书等侦查活动中,对这些侦查活动、经过情况的记录,它通常可以反映侦查人员发现和提取证据的时间、地点、处所和过程。而这些笔录通常也是以书面形式展现的,司法人员也主要是从这些笔录文字所记载的内容来了解相关的案件信息,因而许多人会误以为这三种笔录属于书证。其实,这三种笔录应当属于勘验、检查笔录。因为书证虽然主要以其记录的文字、图形和符号等来表达与案件有关的事实,但它是以其所记载的内容和思想来发挥证明作用的文件或者其他物品。勘验、检查笔录是司法人员对可能与犯罪有关的场所、物品、人身、尸体进行勘验、检查时所作的记录。勘验、检查笔录一般记录的是勘查人员进行勘验、检查等侦查活动的

过程，它是对侦查过程的书面记录，其目的是为了日后司法人员能够像勘查人员亲临现场一样感知现场的情况，再现犯罪现场，为司法人员准确认定犯罪事实服务。

搜查、提取、扣押笔录一般是为了提取赃物、作案工具、凶器、文件等实物证据所制作的，其主要目的是获取相关的实物证据，但也包含了对有关场所的查看，并记录发现和提取证据的时间、地点、处所和过程。从这一意义上来说，这些笔录的工作过程和记录的内容与勘验、检查笔录类似，都是对于这些侦查活动情况的记录，其制作的要求也是类似的，即都要求由侦查人员制作并由被搜查人、被提取人、物品或文件的持有人及见证人在场并签名确认。此外，书证、物证等实物证据一般都是随着案件事实的发生而产生的，与案件事实具有同步性，而搜查、提取、扣押笔录一般产生于案发后，是为了提取实物证据，说明实物证据的来源、处所和特征而由侦查人员随着侦查活动的进行而制作的，与案件事实不具有同步性。因此，从侦查人员获取证据的时间和过程来看，这三种笔录也与书证等实物证据不同，不应当将其归为书证，而应当将其归为勘验、检查笔录的范畴。

在司法实践中，司法人员要审查判断搜查、提取、扣押笔录，除了应当按照审查判断实物证据的一般要求进行审查判断外，还应当注意审查判断以下两方面的内容：一方面，这三种笔录的形式要件是否合法。根据法律规定，侦查人员在进行这三种侦查活动时，应当由两名侦查人员进行，同时应当有见证人等人员在场等，检察官应当审查这三种笔录上是否有侦查人员、见证人等这些人员的签名。另一方面，这三种笔录记载的物品是否在案。侦查人员进行搜查、提取、扣押这三种侦查活动的目的，都是为了收集物证、书证等实物证据，检察官在审查这三种笔录时，应当注意其记载的物品是否在案。如果案件证据中没有这些物品，就应当进一步调查核实，以判明这三种笔录是否真实可靠。

（三）对违反法定程序收集的物证、书证应当如何补正和解释

我国2012年修订的《刑事诉讼法》确立了非法证据排除规则，即对非法言词证据绝对排除、对非法实物证据相对排除。即现行《刑事诉讼法》第56条规定："采用刑讯逼供等非法方法收集的犯罪嫌疑人、被告人供述和采用暴力、威胁等非法方法收集的证人证言、被害人陈述，应当予以排除。收集物证、书证不符合法定程序，可能严重影响司法公正的，应当予以补正或者作出合理解释；不能补正或者作出合理解释的，对该证据应当予以排除。在侦查、审查起诉、审判时发现有应当排除的证据的，应当依法予以排除，不得作为起诉意见、起诉决定和判决的依据。"因此，在司法实践中，司法人员在审查判断证据时，往往会发现违反法定程序收集的物证、书证，对这种"瑕疵证据"应当如何补正和作出合理解释，就成为是否应当排除该证据的关键问题。

从司法实践来看，侦查人员收集物证、书证等实物证据不符合法定程序，主要表现为以下几种情形：（1）实物证据未以封存状态移送的；（2）提取的物证、书证等实物证据没有经过有关人员的辨认；（3）物证的照片、录像、复制品或者书证的副本、复制件由一人制作，或者没有制作人关于制作过程以及原物、原件存放于何处的文字说明和签名；（4）经勘验、检查、搜查提取、扣押的物证、书证等实物证据，未附有相关笔录、清单；或者相关笔录、清单未经侦查人员、物品持有人、见证人签名；或者在没有物品持有人签名时，没有注明其原因；或者对物品的名称、特征、数量、质量等，未注明清楚等；（5）实物证据的照片、录像、复制品不能反映原物的外形和特征；（6）书证等实物证据有更改或者更改迹象，没有盖章或者说明；书证的副本、复制件不能反映原件及其内容。

对于上述瑕疵的物证、书证等实物证据，司法人员在审查时应当要求侦查人员进行补正或作出解释，以增强或确保这些实物证据的真实性。具

体来说，司法人员发现瑕疵的物证、书证等实物证据后，应当听取侦查人员的意见并提出补救和完善办法，及时通知公安机关补充证据或者作出相关说明或者解释。具体的补正和解释的途径如下：（1）要求侦查人员对未封存状态作出说明或者解释。（2）由犯罪嫌疑人或者被害人、证人对提取的物证、书证进行辨认，确定这些实物证据系原物、原件，与案件具有关联性。（3）由侦查人员2人以上对物证进行重新拍照、录像、复制；对书证重新进行复制，由制作人说明制作的过程以及原物、原件存放于何处，并签名确认。（4）提取相关物证、书证未附笔录、清单的，应当重新提供相应的笔录和清单，未由相关人员签名的，应当补签姓名，物品持有人未签名的，也应当补充签名并注明原因，并补充注明清单上未详细注明的物品名称、特征、数量、质量等情况，同时出具情况说明，对出现上述情形的原因进行解释。（5）对于不能反映原物外形和特征的物证照片、录像、复制品，应当对原物重新进行拍照、录像和复制，保证物证不"失真"。（6）对书证有更改或者更改迹象的，应当找到原件，查实其是案发后他人更改的还是案发前就已经更改的，更改的内容与案件事实是否具有关联性等。如果无法确定书证的更改是案发前还是案发后，且更改的内容影响定罪量刑的，则不能作为定案的根据。书证的副本、复制件不清晰，不能反映原件及其内容的，应当重新复制或者调取原件。

（四）如何审查认定证明未成年人年龄的实物证据

在我国，犯罪嫌疑人、被告人年龄的大小，直接关系到能否追究其刑事责任以及量刑幅度的问题。一旦年龄认定出现错误，可能导致无罪的人被追究刑事责任，也可能导致已经达到刑事责任年龄的人逃脱法律的制裁，影响案件的正确处理。因此，查清未成年犯罪嫌疑人、被告人的年龄，是司法人员在办理未成年人刑事案件首先必须解决的问题。

从司法实践来看，司法人员在审查判断未成年犯罪嫌疑人、被告人的年龄时,通常会遇到以下几方面的问题:(1)有的未成年人的身份难以核实。检察官在审查起诉阶段,有时会遇到犯罪嫌疑人冒充其熟悉的未成年人的情况。虽然案卷材料中有户籍证明和公安机关人口信息网的个人信息表等书证,但该书证中都没有犯罪嫌疑人的照片,这样就难以排除犯罪嫌疑人为了减轻处罚而冒充其熟悉的未成年人的情况。产生这种情况的根本原因在于:我国的户籍登记制度存在漏洞,即在某些地区的公安机关信息系统中,在公民办理身份证件之前并未录入照片,如果犯罪嫌疑人没有办理身份证,那么公安机关人口信息网中就没有其照片。这样,当犯罪嫌疑人冒充未成年人的身份时,检察官就难以对其身份进行核实。(2)公历和农历混淆导致年龄认定出现偏差。在我国的广大农村地区,目前还广泛采用农历来记录事件的习惯,孩子出生也通常按照农历年月日计,并以此日期为新生儿报户口。农历日期与公历日期是有较大差异的,而在侦查机关移送的案卷中,对于犯罪嫌疑人的出生日期,往往没有写明是公历还是农历,这就给检察官的审查证据带来了困难。如果检察官在审查犯罪嫌疑人出生年月日时,不细致审查是公历还是农历,就会出现年龄认定上的偏差。(3)户籍证明与言词证据不一致导致年龄认定上的困难。在司法实践中,有时会出现户籍证明与言词证据不一致的情况,如户籍证明证明犯罪嫌疑人、被告人已达刑事责任年龄,而犯罪嫌疑人、被告人或者其父母、证人则证明犯罪嫌疑人、被告人没有达到刑事责任年龄。在这种情况下,司法人员也难以认定犯罪嫌疑人、被告人的年龄。因为户籍证明也可能出现错误,如有的派出所民警在将纸质户口档案录入人口管理信息系统时,由于疏忽而出现差错;有的犯罪嫌疑人、被告人并非在医院出生,父母对孩子的出生日期没有记录,只是按照大概的记忆申报户口;有的父母为了孩子早点上学、早点结婚等,在户口登记时故意虚报年龄等。(4)骨龄鉴定难以对年龄作出确切的判断。骨龄鉴定具有科学性、可靠性的特点,但是骨龄鉴定也存在一定的局限性。即骨龄鉴定只能给出年龄的一个幅度,如 13—15 周岁或者 15—17 周岁等，而无法给出确切的年龄结论。这样，司法人员也难以据此认定犯罪嫌疑人的年龄。

在司法实践中，司法人员要及时有效地查清和判明犯罪嫌疑人、被告人的具体年龄，通常采取以下几种方法：（1）综合审查全案的有关证据。司法人员遇到犯罪嫌疑人、被告人的年龄不清问题时，首先应当审查公安机关移送的案卷中是否有犯罪嫌疑人、被告人的户籍证明（是否附有照片）、居民身份证、户口簿复印件等相关证据。如果有这些证明犯罪嫌疑人、被告人的身份材料，司法人员应当进行综合审查，看是否能够确定犯罪嫌疑人、被告人的具体年龄。（2）通过讯问认真听取犯罪嫌疑人、被告人的供述和辩解。对于侦查机关认定犯罪嫌疑人年龄在 14 周岁至 20 周岁左右的案件，检察官应当通过讯问犯罪嫌疑人予以核实。在进行讯问之前，检察官要审查犯罪嫌疑人在侦查阶段关于年龄的供述是否一致，相互之间是否存在矛盾。在对犯罪嫌疑人进行讯问时，要通知其法定代理人到场，核实其法定代理人的身份证件及户口簿，审查其身份证的户籍地址与犯罪嫌疑人的户籍地址是否相同。要详细询问犯罪嫌疑人的出生时间，问明其供述的出生日期是否是身份证明上的日期，是农历还是公历、犯罪嫌疑人的生肖属相以及生活、学习经历，还要问明犯罪嫌疑人的父母、兄弟姐妹的年龄。如果犯罪嫌疑人辩解自己未满 16 周岁或者 18 周岁的，检察官不能疏忽大意，要给其充分辩解的机会，让其讲清提出自己年龄异议的理由或者根据。（3）及时查证犯罪嫌疑人、被告人提出年龄异议的有关线索。如果犯罪嫌疑人、被告人或者其家属对户籍年龄提出异议，并提供相应线索，可能影响定罪量刑的，检察官应当及时通知公安机关到犯罪嫌疑人原户籍地进行补充查证，补查需要从以下几个方面着手：一是从书证入手。即要求公安机关到犯罪嫌疑人原户籍地的村、镇、县三级计生部门，调取犯罪嫌疑人父母的计生档案；到犯罪嫌疑人户籍地居委会、村委会、派出所，调取犯罪嫌疑人所在家庭的全部家庭成员的户籍信息列表；到犯罪嫌疑人就读的小学、初中以及当地教育局，调取学籍档案及学籍表上的照片，根据需要可以调取全班同学出生日期简表；到犯罪嫌疑人原户籍地村、镇、县三级防疫部门，调取新生儿接种记录。如果犯罪嫌疑人的父母有多个子女的，还需要查明各个子女的出生间隔时间是否符合自然出生规律。二是从人证入手。即要求公安机关调取犯罪嫌疑人的父母、医生、接生员、老师、邻居、同龄人的证言。在向上述证人进行核查时，要特别注意与犯罪嫌疑人辩解中的细节问题进行对照，如犯罪嫌疑人的生肖属相，犯罪嫌疑人出生时的节气、农时、冷暖、与同龄人出生的先后顺序以及出生前后的重大事件等。在充分调查取证之后，检察官应当对这些证据进行综合审查判断。如果证明犯罪嫌疑人真实年龄的这些证据形成完整的证据链条，足以推翻户籍证明时，应当予以采信；如果不能形成完整的证据链条，就应当采信户籍证明。（4）对于不讲真实姓名或无书面身份证明材料的犯罪嫌疑人、被告人，应当进行骨龄鉴定。如果犯罪嫌疑人、被告人不讲真实姓名，或者年龄证据仅有犯罪嫌疑人、被告人供述、证人证言的，应当委托具有鉴定资质的单位对犯罪嫌疑人、被告人进行骨龄鉴定。骨龄鉴定并不能准确确定犯罪嫌疑人、被告人的年龄，应当结合其他证据综合判断。如果骨龄鉴定与犯罪嫌疑人、被告人自报年龄和证人证言基本吻合的，可以作为认定刑事责任年龄的依据。

总之，综合上述司法实践的经验，我国司法解释对审查犯罪嫌疑人、被告人是否年满18岁作出了明确的规定，即最高人民法院、最高人民检察院、公安部、国家安全部、司法部联合制定的《关于办理死刑案件审查判断证据若干问题的规定》第40条明确规定："审查被告人实施犯罪时是否已满十八周岁，一般应当以户籍证明为依据；对户籍证明有异议，并有经查证属实的出生证明文件、无利害关系人的证言等证据证明被告人不满十八周岁的，应认定被告人不满十八周岁；没有户籍证明以及出生证明文件的，应当根据人口普查登记、无利害关系人的证言等证据综合进行判断，必要时，可以进行骨龄鉴定，并将结果作为判断被告人年龄的参考。未排除证据之间的矛盾，无充分证据证明被告人实施被指控的犯罪时已满十八周岁且确实无法查明的，不能认定其已满十八周岁。"

第三节　言词证据的审查判断

言词证据的审查判断，是指司法人员对于已经收集到的言词证据材料，进行分析研究，鉴别真伪，以确定各个言词证据有无证明力和证明力大小，并据此认定案件事实的一种诉讼活动。所谓"言词证据"，就是通过人的陈述或者以语言的形式表现的一类证据材料。言词证据主要包括以下几种证据：一是证人证言。即证人将自己所知道的有关案件事实情况，向公安机关、司法机关所作的陈述。证人证言的内容是十分广泛的，凡是证人通过直接或者间接所知道的与案件有关的一切情况，包括案件事实情况和当事人的情况，只要是对查明案件事实有意义的所有情况，都属于证人证言的范围。但是，匿名举报、揭发的材料，证人不能说明所知情况的确切来源，而只是证人的估计、猜测或者道听途说的消息，都不能作为证人证言，而只能作为司法机关调查案件的线索。同时，证人证言只限于证人所了解的案件情况，不包括证人对案件事实、情节的分析、判断和发表的意见。二是被害人陈述。即受到犯罪行为直接侵害的人向公安机关、司法机关就其遭受犯罪行为侵害的事实和有关犯罪嫌疑人、被告人的情况所作的陈述。被害人陈述主要包括对其遭受犯罪行为侵害情况的陈述和对犯罪人的控告、举报、揭发等。三是犯罪嫌疑人、被告人供述和辩解。即犯罪嫌疑人、被告人就有关案件情况，向公安机关、司法机关所作的陈述。犯罪嫌疑人、被告人供述和辩解主要包括其对犯罪行为的供认和否定自己实施犯罪行为或者犯罪行为较轻的辩解。四是鉴定意见。即鉴定人根据公安机关、司法机关的要求，运用自己的专门知识，对案件中的某种专门性问题进行鉴定以后所作出的书面意见。由于鉴定意见是鉴定人运用其专门知识，对某种专门性问题所作的一种主观认识或判断，因而将其归为言词证据。

与实物证据相比，言词证据具有以下特征：（1）都是一种主观陈述或意见。即言词证据都是有关人员对客观存在的案件事实的一种主观反映，并以言词的形式表现出来。由于人是有思维的动物，有自己的思想和认识，因而言词证据不可避免地受到人的主观因素的影响。例如证人证言、被害人陈述、犯罪嫌疑人或被告人供述和辩解，都是案件事实在证人、被害人、犯罪嫌疑人或被告人头脑中造成印记，留下记忆，然后通过口头叙述或书面的形式反映出来的，因而具有一定的主观性。由于每个人感受、判断、记忆和陈述的能力不同，每个人反映出来的客观案件的本来面目也有所不同。（2）其证明力具有直接性。即言词证据证明案件事实的情况比较直接，有的直接证明犯罪事实存在和犯罪的具体情况，比如被害人对犯罪的陈述、犯罪嫌疑人或被告人的供述等；有的直接否定犯罪事实，比如证人的无罪证言、犯罪嫌疑人或被告人的无罪辩解等。（3）其证明力具有反复性。即言词证据具有不稳定性，往往出现反复的情况。由于证人往往与犯罪嫌疑人或被告人具有一定的关系；被害人不仅与犯罪嫌疑人或被告人具有利害关系，而且与案件处理结果具有直接关系；犯罪嫌疑人或被告人更是与案件处理结果具有密切关系。同时，这些人还会受到外界的压力、干扰和影响，因而在司法实践中容易出现证人证言、被害人陈述、犯罪嫌疑人或被告人供述和辩解经常变化、翻证翻供，反复不定的情况。

一、言词证据的价值

言词证据也是刑事诉讼中广泛使用的一种证据，其对证明案件事实具有重要的价值。由于言词证据对案件事实的证明具有直接性、明确性的特点，是一种"会说话"的证据，它不像实物证据为一种"哑巴"证据，只要查证属实，就可以直接证明案件事实。因此，言词证据在刑事诉讼中具有重要意义。

第一，通过言词证据可以全面了解案件情况，及时查获犯罪嫌疑人。由于言词证据可以直接证明犯罪事实是否发生，犯罪行为人是谁，犯罪行为人的作案动机、目的、时间、地点、手段、经过、后果等情况，以及犯罪嫌疑人的身份、住址、单位、个人外貌特征等情况，因而有助于司法人员全面了解案件情况，及时查获犯罪嫌疑人。例如被害人的陈述，可以直接证明犯罪事实已经发生，并且可以证明犯罪嫌疑人的个人情况，从而可以帮助司法人员及时查获犯罪嫌疑人。

第二，言词证据可以为公安机关、司法机关及时发现和进一步收集实物证据提供线索。从司法实践来看，由于证人、被害人、犯罪嫌疑人或被告人都是了解案件情况的人，甚至是经历过犯罪过程的人，因而他们知道犯罪发生的时间、目的、地点、手段、场所、经过等，并且知道犯罪行为人犯罪时所使用的工具、犯罪所造成的后果等情况，只要公安机关、司法机关及时收集这些言词证据，就可以及时发现和收集有关的实物证据或者发现进一步收集实物证据的有关线索。

第三，通过言词证据可以审查判断实物证据是否真实可靠。由于言词证据是实物证据以外的另一种证据，有的言词证据与案件没有直接的利害关系，比如证人证言、鉴定意见等，其真实性较大、证明力较强。有些物品、痕迹和书证只有经过鉴定以后，才能起到物证和书证的证明作用。如果不经过鉴定作出鉴定意见，就不能起到证明作用。例如从现场收取的指纹、脚印、血迹、毒物、凶器、信件等。这些实在物是否与案件具有相关性，是否能成为认定案情的根据，主要依靠鉴定意见来判明和鉴别。因此，只要掌握了确实、充分的言词证据，就可以有效地审查判断物证、书证等实物证据是否真实可靠。

第四，通过言词证据可以促使犯罪嫌疑人、被告人认罪服法。从司法实践来看，许多犯罪嫌疑人、被告人为了逃避法律惩罚，经常百般狡辩抵赖，拒不认罪。如果司法人员掌握了有力的言词证据，比如多个证人证言、被害人陈述等，直接指认犯罪嫌疑人、被告人实施了犯罪行为，并具体描述其实施犯罪的具体细节，就可以有力反驳犯罪嫌疑人、被告人的辩解，从而使其打消侥幸心理，坦白交代自己的罪行，认罪服法。

第五，通过言词证据可以对广大人民群众起到法制宣传教育的作用。在司法实践中，司法人员通过正确地审查判断言词证据，确定其与案件事实的关联性和证明力，并有效适时地运用言词证据，认定案件事实，对案件作出处理，不但可以使犯罪嫌疑人、被告人认罪服法，而且会可以使广大人民群众认识到任何人只要实施了犯罪行为，就可能被人发现，形成言词证据，就会被查获，受到法律制裁。"若要人不知，除非己莫为"，这样就可以宣传我国的法制，教育广大人民群众遵纪守法，提高自己的法治意识，从而可以起到预防和减少犯罪的作用。

二、言词证据的审查判断

从司法实践来看，虽然言词证据具有证明案件事实的直接性、明确性，但其受主客观条件的影响较大，具有不确定性和反复性。所以，对言词证据必须经过认真审查、仔细鉴别，确定其真实可靠以后，才能作为认定案件事实的根据。言词证据发生差错的原因是多种多样的，有的言词证据可能是受外界压力影响而作出的，是一种非自愿的陈述或者供述。例如犯罪嫌疑人在受到刑讯逼供或威胁、利诱、欺骗等情况下所作的供述；证人、被害人是在暴力、威胁、引诱、欺骗等情况下所作的证言、陈述等。有的言词证据可能是由于个人观察、记忆、表述等能力的限制，或者与犯罪嫌疑人、被告人有特殊的关系，从而影响其言词证据的真实性或准确性。例如证人由于年幼、视力较差、或者记忆力不好或表述能力不强等，或者由于存在思想上的顾虑，不敢或者不愿意如实说出案件的事实真相，或者由于其与犯罪嫌疑人、被告人具有亲属或者利害关系等，使得证人证言出现失真；被害人由于受犯罪行为侵害时精神过于紧张、受伤害后记忆力下降、对犯罪行为人愤恨或者存在思想顾虑等原因，导致陈述出现不准确等问题。因此，司法人员对于言词证据必须进行认真审查判断，以排除虚假的言词证据，只有确定言词证据真实可靠后，才能将其作为证据使用。在司法实践中，司法人员在审查判断言词证据方面积累了丰富的经验，概括起来，司法人员主要应当从以下三个方面对言词证据进行审查判断：

（一）审查判断言词证据的来源是否真实可靠

由于言词证据材料的来源是很广泛、很复杂的，每个言词证据材料都经历了收集、固定和保全的过程。因此，司法人员要审查判断每个言词证据是怎样形成的，弄清每个言词证据是在什么时间，从什么地方，用什么方法收取来的，查明每个言词证据的确切来源，是来自第一手材料，还是来自第二手、第三手的材料，言词证据材料在抄写、复制、转述过程中有无出现问题，收取、固定和保全的方法是否正确、科学合理，仔细研究言词证据材料的来龙去脉，才能从来源上审查发现问题，辨别真伪，判断其来源是否真实可靠。司法人员在审查判断时，如果发现言词证据的来源可疑，就要进一步去调查核实，确定它能够作为证据使用。同时，司法人员还要审查言词证据的收集程序、方式、方法是否符合法律规定，是否存在刑讯逼供、威胁、引诱、欺骗以及其他非法手段取证的情形，是否存在违反讯问（询问）活动应当个别进行、讯问（询问）人员不得少于二人、讯问（询问）时告知相应的权利义务、讯问（询问）的时间、讯问（询问）期间给予被讯问（询问）者合理休息、讯问（询问）笔录应当经由被讯问（询问）人核对确认并签名（盖章）或者捺指印、讯问（询问）未成年人时应当有其法定代理人在场等规定，一切违反法律规定所获得的言词证据都不能保证其真实性,因而司法人员审查判断收集言词证据的程序和方法是否合法,有利于判明言词证据的真伪。

从司法实践来看,司法人员在审查判断言词证据的真实性时,应当审查言词证据的内容是如何获得的,是直接感知的还是间接得知的,是合法获得的还是违法获得的。例如对于证人证言,要审查是否是其本人亲自看到的、听到的,还是听别人说的。如果是证人亲自耳闻目睹的,这属于原始证据,相对来说,其真实性就大一些,但也要进一步审查证人感知时的客观环境条件和证人的年龄、认知水平、记忆能力和表达能力,生理上和精神上的状态,如果是证人处于明显的醉酒、麻醉品中毒或者精神药物麻醉状态下所提供的证言,就不能将其作为证据使用;如果是证人听别人讲的,这就属于传来证据,就应当按照证人所提供的线索,去寻找直接证人,收取原始证据;如果是证人的猜测、怀疑、评论、推断或者道听途说的,就不能将其作为证据使用,但根据一般生活经验判断符合事实的除外。如果侦查人员询问证人没有个别进行、没有经证人核对确认并签名(盖章)、捺指印的书面证言,或者询问聋哑人或者不通晓当地通用语言、文字的少数民族人员、外国人,应当提供翻译而未提供翻译所获得的证人证言,不能作为定案的根据。

(二)审查判断言词证据的具体内容是否合情合理,其与案件事实有无内在联系

由于各个言词证据的具体内容都是不相同的,因而要审查判断每个言词证据所反映的具体内容是否完整和真实,其中有无矛盾,是否合情合理,是否符合案件的实际情况,与案件事实有无联系,就成为司法人员审查判断言词证据的重要方面。例如,对证人证言、被害人陈述、犯罪嫌疑人或被告人供述和辩解,司法人员就要审查判断其内容是否能够证明案情,证明哪些案情;同时还要审查判断其内容是否合乎情理,前后是否一

致,有无矛盾。真实的证人证言、被害人陈述、犯罪嫌疑人或被告人供述和辩解应当是合情合理,没有矛盾,符合客观实际的。虚假的证人证言等言词证据本身是编造的,就会漏洞百出,存在矛盾,经不起查证。司法人员只有认真研究言词证据所反映的具体内容是否符合情理、逻辑和客观实际,才能确定言词证据是否具有真实性。此外,司法人员还要审查判断言词证据的内容是否具体,分析其肯定什么,否定什么,其与案件事实之间有无必然的内在联系,只有这样深入细致地进行审查,才能正确判明言词证据在证明案件事实方面有无证明作用以及证明作用的大小,从而确定其证明力。因此,司法人员通过对言词证据进行全方位的审查判断后,如果发现言词证据的内容不具有合理性,或者发现其与案件事实没有内在的联系,就不能将其作为认定案件事实的根据。

从司法实践来看,司法人员在审查判断言词证据,确定其是否真实时,应当审查言词证据的内容是否符合逻辑和生活常理,其内容与案件事实有无联系。只有言词证据的内容符合逻辑、合情合理,且与案件事实具有内在联系,才能作为证据使用。否则,就不能作为证据使用。例如最高人民法院、最高人民检察院、公安部、国家安全部、司法部联合制定的《关于办理死刑案件审查判断证据若干问题的规定》第18条规定,对被告人供述和辩解应当着重审查"被告人的辩解内容是否符合案情和常理,有无矛盾。"第23条规定,对鉴定意见应当着重审查"鉴定意见与案件待证事实有无关联。"对于不符合案情和常理、前后矛盾的被告人的辩解,如果不能作出合理解释的,不能作为证据使用;对于与案件待证事实无关的鉴定意见,也不能作为证据使用。

(三)审查判断各个言词证据之间是否相互协调一致,是否存在矛盾或冲突

对于一个言词证据来说,如果司法人员只是从它本身来审查,有时是

难以判明其真伪和确定其证明作用的。因为没有比较,就没有鉴别。只有把案内的各种言词证据联系起来,进行对比研究分析,互相对照,互相鉴别,才能判明真伪,作出正确的审查判断结论。对于每种言词证据,往往有多份言词证据,司法人员应当审查多份言词证据是否相互协调一致,是否存在矛盾或者冲突的问题。如果发现多份言词证据前后不一致或者有矛盾时,就应当要求该人员作出解释,如果不能作出解释或者其解释不符合情理的,就应当运用其他证据予以审查判断。同时,在司法实践中,由于各种言词证据的内容较为广泛,往往针对某一案件事实有多个言词证据,即各种言词证据证明的内容具有一定的交叉性。针对这种情况,司法人员在审查判断言词证据时,还应当审查各种言词证据对同一案件情节的描述是否协调一致,是否存在矛盾或者冲突。如果各种言词证据之间互相基本一致,没有明确的矛盾和冲突,就可以基本认定其真实性;如果各种言词证据之间高度一致的,也应当警惕和防止他们之间存在串供、事前通气,或者伪造证据的可能性;如果各种言词证据之间互相矛盾,就要找出产生矛盾的原因,通过调查核实等解决矛盾。在矛盾尚未解决之前,不能将其作为认定案件事实的根据。

从司法实践看,由于言词证据往往对案件事实具有直接、明确的证明作用,因而侦查人员往往对每种言词证据都经过多次收集,案件中通常有多份言词证据,如案件中通常有多份犯罪嫌疑人的供述和辩解、同一证人有多份证人证言、同一被害人有多份被害人陈述等。因此,司法人员在审查判断言词证据时,应当审查多份言词证据、各种言词证据之间是否协调一致,有无矛盾或者冲突,如果言词证据之间存在不一致或者矛盾,有关人员又不能作出合理解释的,就不能作为证据使用。例如最高人民法院、最高人民检察院、公安部、国家安全部、司法部联合制定的《关于办理死刑案件审查判断证据若干问题的规定》第 22 条规定:"对被告人供述和辩解的审查,应当结合控辩双方提供的所有证据以及被告人本人的全部供述和辩解进行。被告人庭前供述一致，庭审中翻供，但被告人不能合理说明翻供理由或者其辩解与全案证据相矛盾，而庭前供述与其他证据能够相互印证的，可以采信被告人庭前供述。被告人庭前供述和辩解出现反复，但庭审中供认的，且庭审中的供述与其他证据能够印证的，可以采信庭审中的供述；被告人庭前供述和辩解出现反复，庭审中不供认，且无其他证据与庭前供述印证的，不能采信庭前供述。"

三、言词证据审查判断中的特殊问题

在司法实践中，由于言词证据对案件事实具有直接、明确的证明作用，因而是一种十分重要的证据。但同时，言词证据又具有不稳定性、多变性等特征，使得其虚假的可能性较大，因而司法人员在审查判断言词证据时，应当特别认真和细心，以判明其真伪。根据实践经验，司法人员在审查判断言词证据时，除了查清和判明言词证据的普遍性问题外，还应当注意实践中遇到的以下特殊问题：

（一）如何发现非法收取言词证据的线索

在我国，由于对非法言词证据采取绝对排除的原则，因而司法人员在审查判断言词证据时，如何发现非法收取言词证据的线索就显得十分重要。从司法实践看，对犯罪嫌疑人、被告人进行刑讯逼供，对证人、被害人采取暴力、威胁等非法手段，是最常见的收取言词证据的非法方法，因而如何发现刑讯逼供、采取暴力、威胁等非法行为的线索，就成为发现非法收取言词证据线索的重要内容。根据司法实践经验，司法人员要发现非法收取言词证据的线索，可以审查判断以下几方面的内容：

一是审查判断侦查机关（部门）破获案件的经过以及确定犯罪嫌疑人的过程是否合理。侦查机关（部门）侦破案件的思路如果从一开始就错了，很可能就会抓错人。如果抓错犯罪嫌疑人，侦查人员为了"突破口供"，尽早破案，或者立功，后续的刑讯逼供等违法取证行为就可能难以避免。因此，司法人员首先应当审查的是案件的破获经过、侦查机关锁定犯罪嫌疑人的理由和过程是否合理。

二是审查判断犯罪嫌疑人是否在决定羁押后二十四小时内已送看守所。我国刑事诉讼法明确规定，被拘留、逮捕的犯罪嫌疑人和被告人，二十四小时之内必须送看守所羁押。侦查人员讯问在押的犯罪嫌疑人、被告人，应当在看守所进行。通常而言，在看守所讯问犯罪嫌疑人时，基本上很难有刑讯逼供的机会和可能，且提讯的起止时间在提讯证上都会有相应的记录。如果在此时间内刑讯逼供，看守所管教在犯罪嫌疑人提押、还押检查时就会发现。而如果在拘留、逮捕之后二十四小时之内没有送看守所羁押，那么在决定羁押二十四小时之后的时间里获取口供就属于违法取证。

三是审查判断外地抓获的犯罪嫌疑人押送时间是否合理。从司法实践来看，从外地抓获的犯罪嫌疑人在带至本地看守所的路途中，侦查人员往往有刑讯逼供的时机。如果路途押送时间过较长，又不能作出合理的解释，就不能排除在此期间内侦查人员存在对犯罪嫌疑人进行刑讯逼供的可能性。

四是审查判断犯罪嫌疑人被带出看守所进行辨认、指认的程序是否合法，时间是否合理。如果犯罪嫌疑人被多次带出看守所进行辨认、或者去指认犯罪现场。但是，只有最后一次辨认时才准确地辨认出作案现场，这里可能存在前几次辨认均为侦查人员指引犯罪嫌疑人到达现场的可能性。因此，司法人员可以从反常的辨认程序、多次辨认不一致的现象中，发现侦查人员违法制作辨认笔录的线索。

五是审查判断讯问（询问）笔录是否全部移送。一般而言，侦查过程中制作的讯问（询问）笔录都需要全部移送。讯问笔录如果是在看守所进行的，提押证上会记明提押、还押的时间。如果提讯证上显示有提讯的记录,但却没有制作讯问笔录,就需要了解在此次讯问时是没有制作讯问笔录,还是制作了讯问笔录,但由于犯罪嫌疑人不认罪、提出了无罪辩解而未移送。

六是审查判断讯问的同步录音录像资料是否完整。如果侦查机关(部门)移送、提交了经过剪辑、删除、只有部分时间的、不完整的讯问同步录音录像,但犯罪嫌疑人、被告人又恰恰提出在该未同步录音录像的时段内侦查人员有刑讯逼供的行为时,侦查机关(部门)应对此作出合理的解释。如果没有作出合理解释,就可能存在非法取证行为。

七是审查判断讯问笔录形式是否合法。讯问笔录应当经犯罪嫌疑人、被告人核对无误,再签字(盖章)或捺手印予以确认。有时犯罪嫌疑人的讯问笔录中核对的意见会写"基本属实""同意"等,这时讯问笔录所记载的内容是否系犯罪嫌疑人供述的真实反映,就存在疑问,讯问笔录的合法性也就存在疑问。如果犯罪嫌疑人提出异议或者辩解,讯问笔录就会因欠缺合法性而难以采信。实践中还发现有的侦查人员在讯问笔录上伪造犯罪嫌疑人签名的拙劣行为。因此,司法人员对讯问笔录形式合法性的审查也要予以高度重视,必要时应当向犯罪嫌疑人核实讯问笔录是否是其真实意思的表示,相关的签名是否是其所签等。

八是审查判断犯罪嫌疑人供述、被害人陈述以及证人证言的内容是否与其智力、心理、文化水平等相符。如果发现相关的言词证据明显与当事人的智力、心理和文化水平不相符合的,则可能存在指供、诱供或者指证的嫌疑,司法人员就应当认真审查甄别,必要时应当重新向有关当事人进行核实。

(二) 如何发现造成冤假错案的非法言词证据

从司法实践来看,绝大多数的冤假错案都是由人为因素造成的,其中违法收集言词证据是造成冤假错案的最重要原因。因此,司法人员在审查判断证据时,是否能够及时有效地发现侦查人员通过违法行为所收集的非法言词证据,就成为预防冤假错案发生的有效措施。从近年来曝光的典型案例来看,造成冤假错案的侦查违法行为主要有以下两种:一是刑讯逼供。这是造成冤假错案的最大原因。长期以来,刑讯逼供问题一直困扰着我国的刑事司法,成为一个屡禁不止的难题,几乎每一起冤假错案的发生,都不同程度地存在着刑讯逼供的潜在影响。① 如杜培武杀妻案、佘祥林杀妻案、赵作海杀人案、聂树斌强奸杀人案、呼格吉勒图奸杀案等。刑讯逼供的存在与我国的刑事破案机制有着密切的联系。通常情况下,一个案件是否被破获,关键的就是犯罪嫌疑人是否被抓获,口供是否被突破。一旦犯罪嫌疑人交代了,就认为案件成功告破。如果犯罪嫌疑人没有交代,案件一般就很难被认为已经告破。这是由我国侦查偏重口供、"以口供为中心"的侦查模式决定的。在该模式下,"突破"口供就成为了刑事侦查的中心环节,为了及时突破口供,拿下案子,刑讯逼供就在所难免。在侦查机关看来,只要"命案"能破,这些都是必要的代价,因而侦查人员的违法行为往往被侦查机关所默许,这就成为刑讯逼供屡禁不绝的重要原因。二是人为隐匿、伪造、篡改证据。在司法实践中,一旦发生命案,就要求"命案必破",侦查机关就面临着巨大的破案压力。这就容易导致个别侦查人员为了成功破获案件,而出现"造"证据、"做"证据的现象,将案卷中的证据材料"做成"相互印证的证据,不能相互印证的,就隐匿证据,人为地篡改证据甚至伪造证据,"净化"案卷的证据体系,让案卷看上去很干净,证据之间不存在矛盾。

司法实践证明,只要是违法收集的证据,都会存在蛛丝马迹,司法人员只要认真仔细地审查,都会发现问题或者线索。从司法实践来看,通过非法手段收集的证据往往存在以下特征:

---

① 参见张军主编:《刑事证据规则理解与适用》,法律出版社2010年版,第355页。

1. 犯罪嫌疑人、被告人的有罪供述与其他在案证据仅"简单印证",甚至相互矛盾并无法合理解释

因为犯罪事实并非犯罪嫌疑人、被告人所为,其有罪供述均为"伪供",这些口供要么是侦查人员通过刑讯逼供获取的,要么是由侦查人员指供、诱供得到的。在这种情况下,犯罪嫌疑人要么"胡编乱造",要么根据侦查人员的"意愿"进行供述。这样的口供必然与客观真实的其他证据之间会产生矛盾,并且无法进行合理的解释。

2. 犯罪嫌疑人、被告人频繁翻供

因为犯罪事实并非犯罪嫌疑人、被告人所为,其不承认是正常现象,而承认了反而是不正常的,如果有机会,其就会向侦查人员、司法人员"喊冤",因而翻供就成为一种普遍的现象。

3. 犯罪嫌疑人的多次有罪供述之间相互矛盾

一般而言,如果犯罪嫌疑人心理防线被突破,愿意痛快地交代犯罪事实,其有罪供述就应该是稳定一致的,而没有必要编造或者故意说出多种不同的事实经过。当犯罪嫌疑人、被告人的多次有罪供述前后矛盾,出现多种对作案经过、手段、方式等犯罪事实的不同供述时,犯罪嫌疑人被刑讯逼供或者指供、诱供的可能性极大,出现冤假错案的可能性也极大。

4. 凶器未找到

真正作案的犯罪嫌疑人一般都能说出其作案后丢弃凶器的地点,作案的工具一般也较为容易找到。但在错案中,因为犯罪嫌疑人并未作案,因此很难说出凶器在哪里,在案的证据中往往就没有凶器。如在杜培武杀妻案中,作案工具枪支在案件审理时未查获。[①] 在佘祥林杀妻案中,法医鉴定书认定张在玉系被人用钝器打击头部至昏迷后又抛入水中溺水死亡,但

---

① 郭国松、曾民:《世上还有包青天吗——杜培武的"死囚遗书"催人泪下》,载《南方周末》2001 年 8 月 24 日。

凶器没有找到。在赵作海杀人案中，被告人杀人碎尸，但凶器也一直没有找到。①

根据非法证据的上述特征，司法人员在审查判断证据时，只要认真仔细地审查辨别，就可以发现侦查违法行为的线索。具体来说，司法人员可以从以下几方面入手进行审查核实：一是发现在案证据中一些本应该有的证据缺失时要提起高度警惕，审查是否存在被侦查人员故意隐匿的可能性。必要时应当调阅侦查机关的侦查内卷进行审查，以审查是否存在应移送而未移送的证据材料。二是认真仔细审查在案证据的细节，以查明证据中是否存在矛盾或反常的情况。如在孙万刚故意杀人案中，经过仔细审查，就会发现笔录签名与其真实签名不一致的情况，从而可以判断笔录签名是伪造的。三是通过向证人、被害人进行补充询问、复勘现场等方式进行审查核实。从司法实践来看，侦查人员在违法取证的情况下，往往对证人、被害人的询问会敷衍了事，这就需要司法人员进行补充询问，以核实证人证言、被害人陈述、犯罪嫌疑人辩解的真实性。司法人员还要针对证据之间的矛盾、疑点及反常之处，进行有针对性的详细询问，对于证人证言、被害人陈述中的不合理之处要进行追问，让其进行解释，还要善于观察证人、被害人在作证时的具体神态和表情，深入分析证人证言和被害人陈述是否真实可信。此外，司法人员还要善于从现有的证据材料中发现派生证据线索，进行补充调查取证。必要时，司法人员还应当亲自到现场进行复勘、亲身体验、感知现场情况，推演犯罪的过程，重建犯罪现场，以核实犯罪嫌疑人的供述和辩解的真实性。

（三）如何区分侦查谋略与威胁、引诱、欺骗

为了有效保障人权，我国《刑事诉讼法》第52条规定"严禁刑讯逼

---

① 参见张军主编：《刑事证据规则理解与适用》，法律出版社2010年版，第361、366页。

供和以威胁、引诱、欺骗以及其他方法收集证据,不得强迫任何人证实自己有罪"。但是,从司法实践来看,犯罪嫌疑人在轻松、毫无压力的环境下供述犯罪,一般不太可能。犯罪嫌疑人总是在面临一定的心理压力,甚至是在不同程度的威胁、引诱甚至是欺骗的情况下,才"被迫"供述犯罪的。而这些又常常被视为是侦查讯问中的谋略和技巧。我国刑事诉讼法第56条也没有将以威胁、引诱、欺骗的方式获取的证据明确列为非法证据。因此,司法人员在审查判断证据中,如何区分侦查谋略与威胁、引诱、欺骗,不仅对于正确理解和贯彻刑事诉讼法的规定,而且对于准确确定非法证据,都具有现实意义。

从司法实践来看,司法人员应当把握二者区分的标准。法律之所以宣示以威胁、引诱、欺骗的方式获取证据是一种"非法"的取证方法,主要基于两个考虑:一是这些取证行为违背了基本的道德准则或者侵犯了犯罪嫌疑人的基本权利,因而为法治国家所不允许;二是通过这些方法获取的证据特别是犯罪嫌疑人口供、证人证言等言词证据,出现虚假的可能性极大。从上述两点出发,我们可以确立区分侦查谋略与威胁、引诱、欺骗方式的基本标准。即在采用侦查谋略获取证据时,一是不能突破人们可以接受的道德底线,不能侵犯当事人的基本权利,即道德标准或者基本人权标准;二是不能导致无辜者作出虚假的有罪供述,即伤及无辜标准。如果突破了这两个标准,就是非法的威胁、引诱和欺骗。

同时,司法人员还应当明确司法承诺的限度。在司法实践中,比较常见的侦查人员讯问策略或技巧就是司法承诺。所谓"司法承诺",是指侦查人员承诺当犯罪嫌疑人作有罪供述的,将给予其某种回报、利益等司法上的从宽处遇。例如承诺给其取保候审,承诺安排其与家属见面,承诺不起诉或者判缓刑,承诺从轻、减轻或免除刑罚,承诺免除死刑,承诺对其涉案家属取保候审或者不起诉等。对于司法承诺的合法性,主要的区分标准是:侦查人员在使用司法承诺时,是否以法律规定的利益相许诺。合法有效的司法承诺，不能超出侦查机关（部门）自身的职权，且属于法律规定的利益。例如在行贿案件中，侦查人员可以向行贿人承诺在刑事立案之前主动交代行贿事实的，可以减轻或者免除处罚。对于受贿人则可以向其承诺，如实交代犯罪事实的，可以从轻处罚。对于犯罪情节较轻，取保候审不致危害社会的，也可以承诺对其取保候审等，这些承诺都是侦查机关的职权范围，且都在法律允许的范围之内，因而不属于应当禁止的"引诱"行为。

此外，司法人员还应当明确可允许的讯问技巧。刑事侦查是同犯罪作斗争的一种过程，必须允许使用一定的讯问技巧。美国著名法官理查德·波斯纳曾经指出："法律并不绝对地防止以欺骗手段获得口供，因为它将造成高昂的成本。在审讯中是允许耍一定的小诡计的。特别是夸大警察已经获得的、对嫌疑人不利的其他证据，让嫌疑人觉得招供也不会失去什么的预先战术设计，都是许可的。其主要理由是，这些获得许可的小诡计都不大可能引出假的口供。"① 美国刑事审讯专家弗雷德·英博也认为："侦查人员必须合法地取得犯罪嫌疑人的有罪供述，同时侦查人员也应当了解法律所允许的审讯谋略和技巧，这些谋略和技巧建立在这样的事实基础之上：即绝大多数罪犯不愿意承认有罪，从而必须从心理的角度促使他们认罪服法，并且无可避免地要通过使用包括哄骗等因素在内的审讯方法来实现。"② 因此，在刑事侦查中，侦查人员经常利用共同犯罪讯问时的"囚

---

① [美] 理查德·波斯纳：《法理学问题》，苏力译，中国政法大学出版社 2002 年版，第 228 页。
② [美] 弗雷德·英博等：《审讯与供述》，何家弘等译，群众出版社 1992 年版，第 275 页。

徒困境"① 讯问方法，这不能认为是一种"欺骗"的违法方法。又如在讯问犯罪嫌疑人时，向其称"我们已经调取了你在作案时的监控录像""我们已经提取到了你在现场留下的指纹""你的同案犯已经到案，且指认你指使他运送毒品"，等等，都是可以被接受的侦查讯问技巧和谋略。

（四）如何对待和审查犯罪嫌疑人翻供

从司法实践来看，司法人员在审查判断证据过程中，往往会遇到犯罪嫌疑人翻供的情况，对此应当认真对待，仔细审查判断。一般来说，犯罪嫌疑人的供述细节十分重要，一方面这些犯罪的细节可以提供最真实的案件事实，是证据的重要链接点。另一方面，可以通过口供中提到的线索找到其他证据，可以堵死犯罪嫌疑人的辩解，从而避免翻供。然而在实践中，由于侦查人员讯问不到位，笔录中未将一些漏洞"堵死"，才会给犯罪嫌疑人留下翻供的空间。如果翻供是虚假的，犯罪嫌疑人要编造一个虚假的案件事实情况，而且要编造得天衣无缝，这也是十分困难的。如果翻供是真实的，其先前的供述就会存在漏洞。因此，翻供的案件不可怕，可怕的是"零口供"的案件。因为既然犯罪嫌疑人已经作出有罪供述，我们可以将原供与翻供进行质疑，就可以发现翻供是否真实。在司法实践中，司法人员遇到犯罪嫌疑人翻供的，应当从以下几方面进行审查判断：

首先，要审查分析其翻供的原因。犯罪嫌疑人翻供往往存在多种原因，有的犯罪嫌疑人是由于供述后又了解到其犯罪后果的严重性和刑罚处罚的严厉性，怕被判刑的痛苦而翻供；有的犯罪嫌疑人是在羁押中受到"交叉感染"，认可"坦白从宽，牢底坐穿，抗拒从严，回家过年"，因而

---

① 囚徒困境（prisoner's dilemma），是 1950 年美国兰德公司提出的博弈论模型。即两个共谋犯罪的人被关入监狱，不能互相沟通的情况。如果两个人都不揭发对方，则由于证据不确定，每个人都坐牢一年；若一人揭发，而另一人沉默，则揭发者因为立功而立即获释，沉默者因不合作而入狱五年；若互相揭发，则因证据确实，二者都判刑两年。由于囚徒无法信任对方，因此倾向于互相揭发，而不是同守沉默。

懊悔以前的供述而翻供；有的犯罪嫌疑人是在侦查人员刑讯逼供下所作的供述，当司法人员再次讯问时，就借机翻供；等等。司法人员应当仔细分析犯罪嫌疑人是在什么情况下翻供的，以查明其翻供的具体原因，从而判断翻供是否真实合理。

其次，要审查原供述是否真实。从司法实践来看，如果侦查人员存在刑讯逼供、指供、诱供等情况，犯罪嫌疑人翻供的概率比较大。很多冤假错案是和翻供联系在一起的，因而翻供可以为我们发现冤假错案提供重要的线索。因此，在犯罪嫌疑人翻供时，司法人员应当通过以下方法审查其原供述是否真实：（1）审查讯问的地点。如果犯罪嫌疑人是在看守所之外进行讯问的，其受到刑讯逼供的可能性较大，如果是在看守所内讯问的，刑讯逼供几乎不可能存在。（2）审查原供述的笔录形式是否合法。司法人员应当审查原供述笔录上是否有犯罪嫌疑人的签字（盖章）和手印；讯问笔录上是否有涂改，如果有涂改，涂改之处是否有犯罪嫌疑人捺的手印等。（3）审查原供述笔录的内容是否详尽细致。一般来说，供述笔录越详尽越细致，其真实性就越大。反之，其真实性就越小。

最后，要审查翻供的内容是否真实。在司法实践中，当犯罪嫌疑人翻供有一定的道理时，如果不影响定罪量刑的，司法人员此时需要对其作政策教育，说明理由，也促其不再作无谓的辩解，以免影响诉讼的进程，浪费司法资源。当其翻供有一定的道理，且影响定罪量刑的，司法人员此时要仔细地记录和审查其翻供的具体内容，就案件的细节详细讯问，对其提到的应该继续查证的问题作好记录，并进行查证核实。如果查证的结果是与翻供的内容相矛盾的，就可以证实其翻供的虚假性。如果查证的内容能够证实翻供的内容，就可以证实其翻供的真实性。

（五）如何审查"零口供"案件

"零口供"案件，是指犯罪嫌疑人在侦查阶段始终保持沉默或者辩称自己没有实施过犯罪行为的案件。我国新刑事诉讼法强化了对犯罪嫌疑人权益的保护，律师可以在第一时间介入刑事审讯。同时，犯罪嫌疑人的人权意识和反侦查能力不断增强，对抗审讯的能力也不断增强，通过审讯获得犯罪嫌疑人的口供也变得越来越困难，因而"零口供"案件也不断增多。在司法实践中，侦查机关对"零口供"案件移送审查起诉，说明侦查机关认为即使犯罪嫌疑人不承认自己的犯罪行为，仅凭其他证据依然能够对其定罪处罚。一般情况下，"零口供"案件要么有其他同案犯或者证人指认犯罪嫌疑人犯罪，又辅之以其他客观性证据予以印证。要么有客观性极强的具有同一性识别功能的实物证据，再结合其他证据能够形成完整的证据锁链，并具有排他性和结论的唯一性。这些只是侦查机关的认识和判断，司法人员在拿到"零口供"案件时，仍然应当注意对其进行审查和讯问，以避免导致案件事实存疑，无法定案而放纵犯罪。

根据司法实践经验，司法人员在接到"零口供"案件后，应当特别注意，通常可以采取以下讯问和审查活动：

首先，应当讯问犯罪嫌疑人，以查明"零口供"的具体情况。在司法实践中，虽然犯罪嫌疑人在侦查阶段没有供述，但是可能有一些辩解，司法人员要了解其中的具体情况，仍然应当对犯罪嫌疑人进行讯问。通过讯问犯罪嫌疑人，司法人员不仅可以掌握其辩解的内容和理由，而且也可能获取其供述。因此，在这种情况下讯问犯罪嫌疑人，对司法人员来说是一种挑战性工作。为此司法人员应当注意讲究讯问策略和技巧，以避免弄巧成拙。一般来说，司法人员可以对犯罪嫌疑人进行多次讯问，但要间隔一定的时间。因为人的记忆会因时间的间隔而产生偏差，如果犯罪嫌疑人故意编造案件事实和情节，在不同时间的讯问中，其对问题的回答会不一致，甚至迥然不同或出现矛盾和冲突，这就表明其辩解是不可信的，犯罪嫌疑人的辩解就难以成立。

其次，应当进行必要的补证，以增强案件的排他性。在"零口供"案件中，犯罪嫌疑人辩解作为一种证据，其证明的是犯罪嫌疑人没有实施犯罪行为。而其他证据包括证人证言、同案犯的供述、物证、书证等，则证明犯罪嫌疑人实施了犯罪行为。综合全案证据是否能够达到证明标准，形成完整的证据锁链，能否排除合理怀疑，司法人员应当进行审查判断。如果发现有薄弱环节或者漏洞，司法人员应当进行必要的补证。从司法实践看，司法人员进行补证的具体思路是：根据案件中言词证据提供的有关线索，寻找其他客观性证据，或者根据已经收集的客观性证据，深挖寻找到其他客观性证据或者证人证言等，最终形成直接证据和间接证据相互印证的完整证据锁链，从而锁定犯罪嫌疑人的犯罪事实。

最后，应当对案件证据进行审查，以查明其真实性。从司法实践来看，司法人员对"零口供"案件，主要应当审查以下内容：（1）审查破案经过是否客观、自然。破案经过主要体现刑事案件发生后侦查机关寻找、确定并抓获犯罪嫌疑人的过程。在"零口供"案件中，司法人员要重点审查破案经过是否客观、自然、合理，审查侦查机关锁定犯罪嫌疑人的过程是否符合逻辑推理规则和经验法则。不合理、不客观、简单粗略的破案经过，往往隐含着侦查人员先入为主、违法取证的可能，因而成为发现问题的重要突破口。（2）审查犯罪嫌疑人是否具有合理的作案动机。作案动机是犯罪嫌疑人实施犯罪行为的内心起因，分析和推断作案动机，不仅对于确认侦查方向和确定案件性质具有重要作用，而且对于审查证据，判断犯罪嫌疑人是否具有作案的合理性，也具有重要意义。不具有合理的作案动机，很难将犯罪嫌疑人与特定的犯罪行为联系起来，因此而认定案件会存在很大的风险。（3）审查犯罪嫌疑人的辩解是否合理、能否成立。一般来说，如果犯罪嫌疑人的辩解具有合理的根据，能够对现有的证据提出反证，就说明现有的证据体系存在一定的漏洞，没有达到排除合理怀疑的程度，也没有形成唯一排他性的证明结论，因而就无法认定案件事实。如果犯罪嫌疑人的辩解不符合常理，前后多次辩解出现反复，自相矛盾，或者明显与其他证据证明的客观事实和经查证属实的证据相矛盾，就说明其辩解难以成立。（4）审查案件其他证据是否能够相互印证。在"零口供"案件中，检察官要指控犯罪或者法官要判定犯罪，就必须有其他证据相互印证，并达到"证成犯罪"的程度或者标准。具体来说，司法人员应当审查相关的言词证据，如证人证言、同案犯的供述或者指认、被害人陈述等，以判明其是否合理、是否一致，能否相互印证，这些言词证据是否能够得到其他证据的印证，据此能否认定犯罪嫌疑人、被告人的犯罪事实。司法人员还应当特别审查判断案件中的客观性证据，如物证、书证、DNA鉴定等客观性证据，以查明其真实性，是否能够相互印证，是否能够得到相关言词证据的印证等，从而判断是否能够认定案件事实。

（六）如何审查疑似非法证据

由于我国确立了非法证据排除规则，实践中司法人员特别注意审查证据的合法性，往往会发现一些疑似非法证据的问题，对此应当高度重视。所谓疑似非法证据，就是司法人员在审查判断证据中，发现有的证据形式不符合法律要求，或者犯罪嫌疑人、被告人或其辩护人提出有的证据是非法收集的，从而使司法人员对收集证据的程序是否合法产生怀疑的有关证据。如果疑似非法证据的线索是由犯罪嫌疑人、被告人及其辩护人提出的，司法人员要启动非法证据排除程序。在这种情况下，犯罪嫌疑人、被告人及其辩护人就应当承担初步的证明责任，即犯罪嫌疑人、被告人及其辩护人就有义务向检察机关、法院提出相关的证据或者线索，以证明涉嫌非法取证的人员、时间、地点、方式、内容等相关事实和信息，并且这些证据和线索要达到使司法人员对相关证据的合法性产生怀疑的程度，否则，非法证据的调查和排除程序是无法启动的。对于犯罪嫌疑人、被告人及其辩护人、诉讼代理人提出具体的非法证据线索或者材料的，司法人员应当仔细地审查核实，综合案件的其他证据进行审查判断，以确定其真实性。

在司法实践中,如果犯罪嫌疑人、被告人及其律师向司法人员提出了刑讯逼供等非法取证情形的,司法人员应当将相关的事实和信息进行详细记录,确定调查取证的方向。具体可采取下列措施予以调查核实:(1)核查侦查过程、侦查措施以及获取证据的程序是否合法。(2)向侦查机关(部门)了解取证的人员、时间、地点、方式、内容等基本情况。(3)调取侦查机关取证时制作的同步录音录像资料,司法人员要对全程同步录音录像进行仔细查看,不放过任何的蛛丝马迹,如犯罪嫌疑人、被告人脸上、手上等部位是否乌青,有无伤痕,其回答问题的声音是否正常等。如果犯罪嫌疑人、被告人声称,当天的讯问同步录音录像中断过,且就在中断的期间对其进行了刑讯逼供,司法人员就要详细调查了解录音录像中断的原因,是人为的原因还是其他原因。(4)提取犯罪嫌疑人或被告人、证人、被害人因刑讯逼供或者暴力取证致伤的体检证明,收集犯罪嫌疑人、被告人羁押期间同监室在押人员的证人证言等证据。如果犯罪嫌疑人、被告人身体上有伤痕,就要查明其伤痕是在送看守所之前还是在看守所内形成的,通过调取犯罪嫌疑人、被告人出入监所的"时间证明"和"体表检查表"及照片来进行审查判断。必要时,还可以进行伤情、病情检查或者鉴定。(5)对于疑似违法取得的实物证据,司法人员应当要求侦查人员详细说明取证的程序和过程,如果取证过程中有证人的,还应当向证人核实具体情况。(6)审查是否及时将犯罪嫌疑人送看守所羁押。我国刑事诉讼法明确规定,拘留犯罪嫌疑人后,应当立即将其送看守所羁押,至迟不得超过 24 小时。如果拘留犯罪嫌疑人之后 24 小时内未送看守所羁押,那么在这段期间内所获取的犯罪嫌疑人口供,就属于非法证据。

第四章　非法证据排除规则的具体应用

非法证据排除规则最早诞生于西方国家，2012年我国第二次刑事诉讼法大修时将该规则纳入法律层面加以规定。至此，非法证据排除规则正式在我国立法上得以确立。从现行刑事诉讼法的条文规定看，非法证据排除规则可以分为"实体构成性规则"和"程序实施性规则"两部分。[①] 前者规定非法证据的含义、种类和范围等内容，后者则包括非法证据排除程序的启动、举证责任、证明标准、裁决方式等。[②] 本章将集中从我国非法证据排除规则的"实体构成性规则"和"程序实施性规则"两个大的方面，辅之以实证研究的视角对于审前阶段非法证据的排除问题进行理论上的研究。

第一节　实体构成性规则

所谓非法证据的"实体构成性规则"是指非法证据的含义、种类和范围等。本节将首先从非法证据之"非法性"的内涵入手，结合立法和相关

[①] 参见陈瑞华：《非法证据排除规则的中国模式》，载《中国法学》2010年第6期。
[②] 参见樊崇义、吴光升：《审前非法证据排除程序：文本解读与制度展望》，载《中国刑事法杂志》2012年第11期。

的规范性文件探讨非法证据的范围边界。

一、理论层面非法证据之"非法性"认识

我国传统的证据法学理论谈及证据的基本范畴无不会涉及证据客观性、关联性和合法性的三大属性。这其中,客观性和关联性属于证据的自然属性,为事实层面上的判断,而合法性则是证据的法律属性,具有规范意义。按照经典的证据法学教科书所言,"证据的合法性,是指证据的形式以及证据收集的主体、方法和程序应当符合法律的规定,并且证据必须经过法定的审查程序……"。① 依照该论述,证据的合法性应当具备如下要素:取证主体合法、证据的表现形式合法、取证的手段和步骤合法、法庭调查的程序合法。"由于受传统证据学理论的影响,我国司法实务中长期以来习惯于从证据合法性角度去反向推导'非法证据'的外延,即将不符合前述证据合法性四项要求的证据统统视为非法证据而予以排除。"② 然而,根据现行《刑事诉讼法》第56条的规定,"采用刑讯逼供等非法方法收集的犯罪嫌疑人、被告人供述和采用暴力、威胁等非法方法收集的证人证言、被害人陈述,应当予以排除。收集物证、书证不符合法定程序,可能严重影响司法公正的,应当予以补正或者作出合理解释;不能补正或者作出合理解释的,对该证据应当予以排除。"据此,非法证据的排除范围仅限于"采用刑讯逼供、暴力、威胁等非法方法"收集的言词证据和"不符合法定程序,可能严重影响司法公正,不能补正或者作出合理解释的"的实物证据。从立法层面看,我国对非法证据"非法性"的认识较之传统学说似乎有了新的变化和发展。

---

① 陈光中:《刑事诉讼法》(第四版),北京大学出版社、高等教育出版社2012年版,第153页。
② 万毅:《论无证据能力的证据——兼论我国的证据能力规则》,载《现代法学》2014年第4期。

众所周知，非法证据排除规则起源于英美法系的美国，施行已百年有余。美国最高法院在总结该规则创设的理论依据时曾提出过三种较有代表性的学说：司法廉洁说、违法行为阻却说、宪法性权利保障说。① 虽然三种学说至今仍未达成统一，但它们都可导源于外部的"政策性因素"。"政策性因素是指，基于某些与正确认定案件事实或确保特定审判模式得以正常、高效运转无关的，其他方面的政策性目的，而对刑事证据能力提出的要求。"② 威格摩尔将此类证据能力的规范称为基于"外部政策"而设的规范。之所以称为"外部"政策，是因为这些政策并非服务于以证据"求真"的内在要求，而是用来彰显探求事实真相之外的一系列重要理念或价值。维护司法廉洁，震慑违法取证，保障公民的宪法性权利均可导源于此。

2012年我国刑事诉讼法修订后也确立了非法证据排除规则。按照立法者的说法，法律对非法证据的排除作出规定，目的是"为从制度上进一步遏制刑讯逼供和其他非法收集证据的行为，维护司法公正和刑事诉讼参与人的合法权利。"③ 虽然与美国确立非法证据排除规则的理论基础有所差别，但我国非法证据排除规则的立法目的也是执行某些外部政策，如保障诉讼参与人的合法权利，遏制刑讯逼供等非法取证行为。至于"为了更加准确和便捷地查明案件事实而对证据能力提出的要求，如排除是为了涤除某些虚伪不实的证据，"并未在非法证据排除规则的立法目的中言说。当然需要指出的是，由于现行刑事诉讼法第56条中既规定了非法言词证据，还规定了以物证、书证为代表的非法实物证据，在排除不同类型的非

---

① 参见董坤：《我国检察机关排除非法证据主体地位之理论证成》，载《上海交通大学学报（哲学社会科学版）》2013年第6期。孙远：《对三种排除非法证据之理由的追问》，载《中南大学学报（社会科学版）》2007年第3期。郭烁：《从个别到全面：完善非法证据排除规则的本土道路》，载《中国社会科学院研究生院学报》2013年第3期。
② 孙远：《证据能力导论》，人民法院出版社2007年版，第90页。
③ 参见关于《中华人民共和国刑事诉讼法修正案（草案）》的说明。

法证据时，各自的目的导向略有不同。例如非法言词证据的排除更专注于对刑讯逼供等非法取证行为的抑制，而对非法物证、书证的排除则更倾向于对司法公正的维护，但我们认为上述立法的规范目的似乎均可以统合为保障公民的基本权利，原因有二：

其一，非法证据排除规则的逻辑起点是对公民基本权利的保障。在美国，非法证据排除规则自创设之初便与公民的基本权利紧密相关。无论是狭义的，还是广义的非法证据，都是以一系列的宪法性基本权利为根据，主要涉及两类，即刑事被告受警方胁迫而做的自认和警方以非法手段获取的不利于被告的证据。这些证据之所以被排除，都因为其违反了美国的宪法性基本权利。具体而言，前者违反了《美国宪法》第五修正案规定，在刑事诉讼中，被告"不得被强迫……自证其罪的权利。"而后者则违反了《美国宪法》第四修正案规定人民拥有其"人身、住宅、文件和物品"不受"不合理搜查与扣押"之权利。"① 在德国，法律中许多排除规则设立的主要目的也是保障公民个人的权利，特别是隐私权。该权利可以从保护人格尊严和个人自由发展的宪法规定中推导出来。② 在法国，若某一诉讼行为被宣告无效，原则上，依据该项无效诉讼行为制作的诉讼文书应从预审案卷中撤除，被视为"不曾制作"，由该行为收集的有关证据材料也可能被排除。这种与英美非法证据排除规则发挥相似作用的制度被称为诉讼

---

① 满运龙：《美国证据法的宪法维度》，载《人大法律评论》2016年卷第2辑（总第二十一辑），法律出版社2016年版，第163、164页。

② [美]弗洛伊德·菲尼、[德]约阿希姆·赫尔曼、岳礼玲：《一个案例，两种制度：美德刑事司法比较》，郭志媛译，中国法制出版社2006年版，第221页。

行为无效制度,其一般也必须以程序性违法行为侵害了当事人的利益为前提。① 可见,虽然各国刑事诉讼中的非法证据排除规则不尽相同,但设立这一规则的目的或初衷是相同的——都是从人权保障的价值出发,② 我国也不例外。众所周知,尊重和保障人权是我国宪法确立的一项重要原则。2012 年,我国在修订刑事诉讼法时将"尊重和保障人权"明确入法。由于刑事诉讼制度关系公民的人身自由等基本权利,"尊重和保障人权"写入刑事诉讼法绝不仅仅是一个宣示性口号,而是要在各种程序设置和具体制度上加以贯彻,这其中就包括非法证据排除规则的建立。通过对那些违法的、侵犯基本人权的取证行为所获证据的排除来形塑合法取证,保障公民的基本权利。可以说,"非法证据排除规则的设置就是为了保障人权,这是其主要价值之所在"。③

其二,遏制刑讯逼供、维护司法公正以及保障公民基本权利仅仅是理论上的划分,在具体的制度运行过程中,它们往往相互交织,互为体现,很难截然分开。例如,立法设置非法言词证据排除规则的主要目的在于从

---

① 法国的诉讼行为无效制度主要是针对预审程序中的违法行为而建立的,基本可分为法定无效与实质无效。根据法国刑事诉讼法典第 802 条的规定,"法定无效"一般是以损害当事人利益为前提,又被称为"附条件的无效"。但仍有一些尽管未损害当事人利益,却使司法权威和公共利益受到侵犯的违法行为也可能带来诉讼行为的无效,称之为"公益性无效"。当然,"法定无效"中附条件的无效——也就是以损害当事人利益为前提的无效——仍然是最主要的无效形态,也代表了法国诉讼行为无效制度的未来发展方向。所谓"实质无效"是指警察、检察官或者预审法官的行为违反了刑事诉讼法所规定的程序,尽管法典没有针对这一违法确立法定的无效后果,但由于该违法侵犯了当事人的权利或者损害了当事人的利益,上诉法院预审庭也可以宣告其无效。可见,法国的诉讼行为无效制度,其适用的基本前提是某一程序性违法行为损害了当事人的权益。相关内容可参见陈瑞华:《大陆法中的诉讼行为无效制度——三个法律文本的考察》,载《政法论坛》2003 年第 5 期,第 105 - 109 页。施鹏鹏:《法国刑事程序无效理论研究——兼谈中国如何建立"刚性"的程序》,载《中国法学》2010 年第 3 期。

② 汪建成:《中国需要什么样的非法证据排除规则》,载《环球法律评论》2006 年第 5 期。

③ 杨宇冠:《非法证据排除规则研究》,中国人民公安大学出版社 2002 年版,第 141 页。

证据制度上限制国家公权力的恣意妄为，进一步遏制刑讯逼供和其他非法收集证据的行为。但与此同时，排除刑讯逼供等非法取证手段所收集的言词证据本身也是对当事人合法权利遭受侵犯的程序性救济，本质上是对当事人基本权利，尤其是人身权以及不得强迫任何人证实自己有罪的维护。立法设置非法言词证据排除规则对公权力机关而言是震慑、抑制违法取证；对个人而言则是保障公民的各项基本权利。这反映了"法政策"的一体两面。至于非法实物证据排除规则中维护司法公正的目的，则更多地体现或包含在了违法取证行为以及违法行为对合法权利侵害后果的程度上，即越是能有效遏制和规范刑讯逼供等非法的取证行为，以及最大限度地保障诉讼参与人的各项合法权益，司法公正就越容易实现，反之将会严重影响司法公正。对此，最高人民法院在修订《关于适用〈中华人民共和国刑事诉讼法〉的解释》（以下简称《高法解释》）时，针对如何理解刑事诉讼法第 56 条"严重影响司法公正"时就表达了类似的观点，"一般认为，非法证据排除规则所关注的对象是基本人权，如果收集实物证据的行为故意违反法定程序，并且侵犯了宪法规定的公民隐私权、财产权、通信自由权和通信秘密权等基本人权，就可以被视为严重影响司法公正。"[①]

综上，刑事诉讼法第 56 条非法证据排除条款的立法目的在于实现外部政策，包括遏制刑讯逼供等非法取证行为，维护司法公正，保障基本权利等多重因素，但可归结为主要是对公民宪法性基本权利的保障。只有那些违反法定程序、以侵犯公民基本权利的方法收集的证据才属于"非法证据"，适用非法证据排除规则。据此，非法证据之"非法性"主要指的是取证手段方法对公民合法的基本权利的不法侵害。

[①] 戴长林：《非法证据排除规则司法适用疑难问题研究》，载《人民司法》2013 年第 9 期。

二、规范层面非法证据的范围与边界

2012年我国刑事诉讼法将非法证据排除规则引入后,有关非法证据的相关司法解释和规范性文件陆续出台,尤其是2017年6月27日最高人民法院、最高人民检察院、公安部、国家安全部、司法部(简称"两高三部")联合出台的《关于办理刑事案件严格排除非法证据若干问题的规定》(以下简称《规定》)对非法证据的范围边界进行了细化完善,将非法证据排除规则进行了新的发展。结合《规定》有必要将非法证据的"实体构成性规则"做出新的梳理和归纳。

(一)对非法证据种类的认定

按照刑事诉讼法第56条的规定,非法证据的范围包括犯罪嫌疑人、被告人的供述,证人证言,被害人陈述,物证,书证5种法定证据。然而,根据刑事诉讼法第50条的规定,法定的证据种类一共包括8种。经过比对可以发现,犯罪嫌疑人、被告人的辩解,鉴定意见,视听资料、电子数据,勘验、检查、辨认、侦查实验等笔录并未被划入非法证据的范围。鉴于刑事诉讼法对非法证据的种类做了明确的封闭性规定,《规定》在第一部分"一般规定"中将需要排除的非法证据严格限定在5种类型上,至于其他的证据种类,如采用暴力方法截取获得的电子数据、视听资料等并不能称为非法证据,自然没有纳入《规定》规范的内容。在一些学术研讨会中,有同志就曾提出意见,认为《规定》没有将其它的非法证据,如程序违法的鉴定意见,勘验、检查、辨认、侦查实验等笔录,视听资料、电子证据进行规定,有所偏失。① 这种观点显然是没有注意到《规

---

① 邓楚开:《运用好法律解释技术,通过非法证据排除推动刑事诉讼制度进步》,"尚权刑辩"微信公众号,https://mp.weixin.qq.com/s/NM4w7SDbSPYrVrVrj33IEg,最后访问日期,2018年9月19日。

定》与刑事诉讼法之间位阶效力的关系，即《规定》是规范性文件，既不是法律也不是司法解释，位阶效力低，只能围绕刑事诉讼法中涉及非法证据排除规则的相关法条来展开进行细化解释，不能僭越现行刑事诉讼法的条文规定。因而，我国的非法证据的法定种类仅有五种，即物证、书证、证人证言、被害人陈述以及犯罪嫌疑人与被告人的供述。

（二）有关非法证据中非法供述方法的认定

我国刑事诉讼法第 56 条规定采用刑讯逼供等非法方法收集的供述应当作为非法证据予以排除，这其中如何认定刑讯逼供，如何认识"等非法方法"需要进一步研究。

1. 刑讯逼供包括肉刑和变相肉刑两种方法

对于刑讯逼供收集的供述予以强制排除目前在理论界和实务部门都已是普遍共识。然而，对于刑讯的范围界定仍有一定的分歧，这主要体现在除传统的殴打、电击等暴力方法外，对于"冻、饿、晒、烤、疲劳审讯等方法"是否也应归入刑讯范畴？

2013 年最高人民法院颁布的《关于建立健全防范刑事冤假错案工作机制的意见》（以下简称《意见》）第 8 条第 1 款明确规定，"采用刑讯逼供或者冻、饿、晒、烤、疲劳审讯等非法方法收集的被告人供述，应当排除。"然而，2017 年"两高三部"联合发布的《规定》中却没有明确对冻、饿、晒、烤、疲劳审讯等非法方法收集的犯罪嫌疑人、被告人供述排除的规定。有研究者以其中的"疲劳审讯"为例发现，"最高人民法院在最初牵头起草的《规定》（征求意见稿）中曾有专门条款规定：'讯问犯罪嫌疑人、被告人，应当保证每日不少于 8 小时的连续休息时间。采用违反上述规定的疲劳讯问方法收集的犯罪嫌疑人、被告人供述，应当予以排除。'但遗憾的是，该条最终被删除了。"[①] 通过对《规定》制定过程的梳

---

① 毛立新：《严格排除非法证据规定的九大缺憾》，载《中国律师》2017 年第 8 期。

理，以及《规定》与《意见》的前后比较，该研究者认为如果对以疲劳审讯为代表的冻、饿、晒、烤等方法收集的供述缺乏非法证据排除规则的制约，会导致实践中此类非法取证行为的愈演愈烈。

我们认为上述论断有失偏颇，究其原因是对冻、饿、晒、烤、疲劳审讯等非法取证方法在《规定》和《意见》中的定位理解不同。从《意见》第8条第1款中的法条表述看，其将"刑讯逼供"与"冻、饿、晒、烤、疲劳审讯等非法取证方法"之间用"或者"进行了连接，意味着两者并不存在交叉或隶属关系。因而，在《规定》第2条中仅有对刑讯逼供规定的情形下，冻、饿、晒、烤、疲劳审讯等非法取证方法自然被认为是排除于《规定》之外的。然而，2005年《最高人民检察院关于渎职侵权犯罪案件立案标准的规定》则认为，"刑讯逼供罪是指司法工作人员对犯罪嫌疑人、被告人使用肉刑或者变相肉刑逼取口供的行为。"这其中的肉刑主要是指以殴打、捆绑、违法使用械具等恶劣手段逼取口供的行为；变相肉刑则包括以较长时间冻、饿、晒、烤等手段逼取口供，严重损害犯罪嫌疑人、被告人身体健康的情形。显然在《最高人民检察院关于渎职侵权犯罪案件立案标准的规定》这个司法解释中，冻、饿、晒、烤、疲劳审讯等非法方法属于刑讯逼供中变相肉刑的表现形式。审视2017年新出台的《规定》第2条会发现，《规定》的制定者坚持了最高人民检察院司法解释的规定，摒弃了《意见》中将冻、饿、晒、烤、疲劳审讯等非法方法独立于刑讯逼供范围之外的认识，将它们直接纳入刑讯逼供的范畴，置于变相肉刑的内涵中。如果讯问过程中采用了冻、饿、晒、烤、疲劳审讯等变相肉刑的非法方法，只要其达到了"使犯罪嫌疑人、被告人遭受难以忍受的痛苦而违背意愿作出的供述，应当予以排除。"可见，《规定》未明确限制冻、饿、晒、烤、疲劳审讯等取证方法不能视为是《规定》制定上的缺失，更不能误读为承认这些取证手段的合法化。

之所以《规定》没有明确规定冻、饿、晒、烤、疲劳审讯等非法取证方法，可能基于如下两个原因：一是以罗列的方式难以周延变相肉刑的所有形式，难免出现挂一漏万的情形。实践中，讯问时不给水喝、不让上厕所、强噪音播放、强光照射、使用药物等都可以划归到变相肉刑的范围内，全部罗列在立法技术上略显繁冗，部分罗列则会使人误以为未罗列的情形可在限制手段的范围之内；二是若将冻、饿、晒、烤、疲劳审讯等设置成《意见》第8条的表述方式，单成一条或一款，则会模糊该类非法取证方法的程度要求，使人误以为只要出现这些方法，无论程度和结果如何，取得的供述一律排除。这种认识虽然操作易行，但却过于极端。以"疲劳审讯"为例，由于每个人的体质不同，有的年老、体弱多病的人连续讯问3个小时已经身心疲惫，但对于年轻、身强体壮、心理素质好的人则没有任何感觉。① 除了时间上的判断外，讯问场所的环境、是否使用戒具等因素也会使每个人的疲累程度产生差异。基于以上两种原因的分析，我们认为《规定》中的条文设置最为合理，通过变相肉刑的表述可以囊括与冻、饿、晒、烤、疲劳审讯等相当的所有非法取证方法，同时又以"使犯罪嫌疑人、被告人遭受难以忍受的痛苦"设定程度标准，原则与灵活性兼具，这样可以确保非法证据的排除不错不漏。实践中应当对《规定》背后的意思全面理解，准确执行。

2. 威胁取供方法的认定

有关威胁获取的犯罪嫌疑人、被告人供述是否要排除，早在2012年刑事诉讼法刚修改后，理论界和实务部门就有过一定的争议和分歧。有研究者从现行刑事诉讼法第52条和56条的规定出发认为，刑事诉讼法第52条规定严禁刑讯逼供、威胁、引诱、欺骗等非法方法收集证据，但是第56条在划定非法供述时，却仅规定了采用刑讯逼供等非法方法收集的犯罪嫌

---

① 万春、吴孟栓、高翼飞：《〈关于办理刑事案件严格排除非法证据若干问题的规定〉理解与适用》，载《人民检察》2017年第14期，第50页。

疑人、被告人供述应当予以排除，立法在此对于威胁、引诱、欺骗等非法方法获取的犯罪嫌疑人、被告人供述是否排除做了模糊性处理。原因可能是实践中威胁与侦查讯问策略有时难以区分，故不应将威胁获得的供述直接排除，至少不应该全部排除。还有研究者从刑事诉讼法第 56 条中对非法取供，即犯罪嫌疑人、被告人供述，以及非法取证，即证人证言被害人陈述的手段比较出发认为，对于证人证言、被害人陈述如果是暴力、威胁方法取得的应予排除，但是对于供述的排除却仅明确了刑讯逼供这一种手段，没有将威胁手段明确列举，在此，立法者似乎有意区分了"威胁取供"和"威胁取证"两种情形，这是否也意味着对于"威胁取证"要直接排除，但对于"威胁取供"就不是必然排除。换句话说，立法允许在司法实践的侦查讯问活动中有适度的威胁存在。①

对于上述的观点，我们认为对于威胁不存在可允许的适度威胁和禁止的过度威胁。既然刑事诉讼法第 52 条明确规定了严禁威胁取证，就意味着只要是威胁的方法取证都是绝对禁止的。至于为什么刑事诉讼法第 56 条对于证人证言被害人陈述规定了威胁取证要排除，但对于非法取供却仅仅明确了刑讯逼供这种行为，这并不是立法者在有意回避什么，全国人大法律工作委员会原刑法室主任黄太云就认为，这主要是从实践中非法取证最为明显和突出的手段行为入手作出的最具代表性的列举，② 但刑讯逼供、暴力、威胁并非代表了所有导致证据被排除的取证手段。这其中威胁就可以归入到刑事诉讼法第 56 条刑讯逼供后"等非法方法"中。至于威胁所获取的供述是否一定要排除，我们认为只要威胁手段与刑讯逼供具有

---

① 中国人民大学法学院的何家弘教授就认为，在"威胁"的问题上应区别对待犯罪嫌疑人、被告人和证人、被害人。即询问证人、被害人时不能采用威胁的方法，但是讯问犯罪嫌疑人、被告人时可以适度采用威胁的方法，由此所获得的犯罪嫌疑人被告人供述不需排除。参见何家弘：《论"欺骗取证"的正当性及限制适用》，载《政治与法律》2012 年第 1 期。

② 黄太云：《刑事诉讼法修改释义》，载《人民检察》2012 年第 8 期。

等质性或等效性,那么所获取的供述就应当排除。在此,有必要区分一般意义上的威胁和排除规则意义上的威胁。在日常生活中,只要以不利的后果作为要挟都属于威胁。但排除规则意义上的威胁与供述的自愿性紧密相关,主要是指对犯罪嫌疑人采用威逼胁迫的手段迫使其违背意愿作出供述。对于讯问过程中一般性的威吓、呵斥,由于程度轻微,不足以迫使犯罪嫌疑人、被告人遭受难以忍受的痛苦违背意愿供述,虽然属于不规范的讯问,但并不构成排除规则意义上的威胁。另外,有关威胁方法的认定,按照《规定》的要求,主要包括三种情况,以暴力相威胁,以严重损害本人合法权益相威胁,以损害犯罪嫌疑人、被告人的近亲属合法权益相威胁。除此以外,《规定》用"等"字结尾,表示威胁的方法还有其他未予列举,司法实践中,常见的威胁方式还有揭露个人隐私等也应引起注意。

3. 非法拘禁等非法限制人身自由的方法的认定

司法实践中,有的办案单位违反法定程序非法拘禁犯罪嫌疑人,或者在强制措施超过法定期限后仍非法羁押犯罪嫌疑人,这也应视为刑事诉讼法规定的"其他非法方法"。对于非法拘禁等非法限制人身自由的方法获取供述的排除应当注意以下几个方面的问题:其一,司法实践中典型的非法限制人身自由的方法包括非法拘禁和超期羁押;其二,在非法拘禁和超期羁押期间获得的供述一律排除,不要求有让人产生难以忍受的痛苦的程度要求,也不需要有违背意愿作出供述的结果要求;其三,对于非法拘禁和超期羁押期间获得的供述如果要加以排除,原则上还是以"故意"实施非法限制人身自由为原则,重大过失的情形应当视情况酌情考虑。

4. 重复性供述的认定与排除

重复性供述也称为"重复性自白""反复自白",是指采用刑讯逼供方式使犯罪嫌疑人、被告人作出供述,之后犯罪嫌疑人、被告人受该刑讯逼供行为影响而作出的与该供述相同的重复性供述。按照《规定》第5条的内容,我国对于重复性供述采用了"严格加例外"的排除模式,即原则上排除重复性供述，但是在两种例外情形下认定重复性供述的证据能力。对于两种例外情形应做如下理解：

（1）更换讯问人员及转换讯问情境。侦查阶段，封闭密室内的刑讯行为不仅会使犯罪嫌疑人在肉体或精神上产生剧烈疼痛或痛苦，也会使其对刑讯人员产生内心恐惧。在相同地点和环境下的讯问还会使被讯问人产生心理压力，出现供述障碍。为了使犯罪嫌疑人、被告人在刑讯后能够自愿供述，吐露真情，更换讯问人员和转换诉讼阶段成为消除刑讯影响，保障供述自愿性的有效方式之一。《规定》第5条对此予以明确规定：对于侦查阶段发生的刑讯逼供，侦查期间，侦查机关更换侦查人员；或者在审查逮捕、审查起诉和审判期间，转换讯问情境后，改由检察人员、审判人员讯问犯罪嫌疑人、被告人时，若履行了相应的告知义务，则重复性供述获得自愿性保障，不被排除。

通过对《规定》第5条第1项和第2项的比较发现，该条第1项仅仅是侦查阶段内的侦查人员的更换；第2项则包括了同时转换讯问人员和讯问情境，即由侦查人员转换为检察人员或审判人员，讯问也由侦查阶期间换为审查逮捕环节、审查起诉或审判阶段。对于第2项的规定，不少研究者都曾撰文表示赞同。有学者就指出，"被告人的供述如被证明系刑讯逼供所得，法官对被告此前的有罪供述应全部予以排除，但在排除此前形成的有罪供述后，法官可以依法重新对被告进行讯问，若被告仍作出有罪供述，该有罪供述可作为定案根据。"① "因为公开的庭审具有基本的程序保障，即控辩审组合形成的庭审结构、对辩护权的确认与保障、质证与辩论程序，以及公开审判等。……在庭审这种特殊空间中为波及效中断设置一

---

① 万毅：《论"反复自白"的效力》，载《四川大学学报（哲学社会科学版）》2011年第5期，第144页。

种例外，可谓相对合理。"①

另外，基于我国宪法中对检察机关的特有规定，检察环节检察人员对犯罪嫌疑人的重新讯问亦能产生与审判阶段相同的效果——阻断刑讯的波及效力和负面影响。我国《宪法》第131条规定，"人民检察院依照法律规定独立行使检察权，不受行政机关、社会团体和个人的干涉。"第135条规定，"人民法院、人民检察院和公安机关办理刑事案件，应当分工负责，互相配合，互相制约，以保证准确有效地执行法律。"细究下来，我国宪法第131条的规定在英美法系国家法律中并无规定。依照三权分立的传统学说，英美法系国家中检察机关是行政机关的下设机构，受行政权领导，本身就不是司法机关，没有独立性。而我国宪法第135条对检警分离的规定在其他大陆法系国家宪法中也未列明，因为在它们那里奉行的是检警一体化的侦查模式，检察官是侦查主体，领导指挥警察办案，由于检警一体侦查办案的"捆绑模式"，诉讼一开始，检察官的控诉职能即已凸显。而在我国，由公安主导的侦查活动，检察机关并未参与介入期间的侦辩对抗，属于局外的第三方。②当进入审查逮捕环节，我国的检察官与他国的羁押法官一样均是行使司法审批权，所处的地位是超然中立的，并未受到其他机关的干涉和影响，加之客观性义务的制约，检察官总体上并未彰显出强烈的控诉倾向。作为中国特有的司法环境，审查逮捕的第三方，检察官能够客观中立且独立自主地纠正侦查机关的刑讯逼供行为，积极排除刑讯供述，并履行权利告知义务，消除刑讯的不良影响，为犯罪嫌疑人的再次供述提供自愿性保障。实践中也有这方面的典型例证，在王玉雷故意杀

---

① 龙宗智：《我国非法口供排除的"痛苦规则"及相关问题》，载《政法论坛》2013年第5期，第24页。

② 由于当下检察机关职务犯罪侦查办案人员的转隶工作已经在北京、浙江、山西三省试点，职务犯罪权从检察机关拿走似乎已是箭在弦上，因此，当下再探讨职务犯罪侦查和检察机关批捕权与审查起诉权的一体的不足似乎意义不大。

人案中，检察机关在审查逮捕阶段讯问王玉雷，就发现了其可能遭受刑讯逼供的情形，经过积极安抚，在履行了相关权利告知义务后，王玉雷重新作出的无罪供述被采纳，一起错案就此得到纠正。① 同样的法理推演也适用于检察机关的审查起诉阶段，虽然此时检察人员的公诉职能似乎会阻碍其对有罪供述的排除动力，降低重复性供述自愿性的担保力度。但实际上，国家法律监督机关的宪法定位决定了检察机关必须要对侦查活动进行强有力的制约才会产生监督效果。随着非法证据排除规则在立法中的确立，实践中检察机关公诉部门绩效考核的一个重要指标就是排除非法证据的数量和效果。一些一线办案部门的同志对此曾坦言，"既然在日常办案中发现了涉及考核中的这块'肥肉'，为什么我们不吃呢？"综上，在审查逮捕、审查起诉和审判期间，检察人员、审判人员讯问时告知诉讼权利和认罪的法律后果，犯罪嫌疑人、被告人自愿供述的，该类重复性供述作为排除规则的例外符合中国的司法实际，也能够激励一线的办案人员发现和纠正刑讯逼供，规范讯问活动。

当然，对于《规定》第5条第1项的例外规定，无论是理论界还是实务部门都有一定分歧和争论。争论焦点即为，同是在侦查阶段，仅仅更换了侦查人员，履行了权利告知义务，能否扭转犯罪嫌疑人对侦讯人员"都是一伙的"刻板印象，有效阻隔或消除刑讯余威的负面影响。如果这种例外的设定不当，不仅不能遏制刑讯，还会导致非自愿的重复性供述进入法庭，影响法官的正确裁判。经过多方考虑，《规定》最终仍然设置了第一项的例外规定，即"侦查期间，根据控告、举报或者自己发现等，侦查机关确认或者不能排除以非法方法收集证据而更换侦查人员，其他侦查人员再次讯问时告知诉讼权利和认罪的法律后果，犯罪嫌疑人自愿供述的，"

---

① 徐盈雁：《纠正王玉雷冤错案：排除非法证据引导抓获真凶》，载《检察日报》2015年2月13日，第2版。

该重复性供述可不被排除。之所以最终如此规定，主要基于两方面的考虑：其一，我国刑事诉讼法第 56 条第 2 款赋予了侦查机关、检察机关和审判机关的办案人员在诉讼中都有排除非法证据的职责。在侦查阶段，犯罪嫌疑人遭受刑讯逼供主动向侦查机关提出，"侦查机关更换侦查人员重新进行讯问并告知诉讼权利和认罪的法律后果，是对刑讯逼供的一种预防和纠正，如果对重新讯问取得的重复性供述也予以排除，势必会影响侦查机关自我纠错，主动排除非法证据的积极性，"① 不利于纠正刑讯逼供和排除非法证据的尽早启动。其二，侦查阶段由不同的办案人员进行讯问的动因除了由侦查机关自行发起外，还有来自检察机关的纠违意见。根据《人民检察院刑事诉讼规则（试行）》（以下简称《高检规则》）第 379 条的规定，"人民检察院公诉部门在审查中发现侦查人员以非法方法收集犯罪嫌疑人供述、被害人陈述、证人证言等证据材料的，应当依法排除非法证据并提出纠正意见，同时可以要求侦查机关另行指派侦查人员重新调查取证，必要时人民检察院也可以自行调查取证。"如果另行指派的侦查人员补充侦查中再次讯问获取的重复性供述不能作为证据使用，则检察机关要求侦查机关另行指派侦查人员重新取证也就失去意义。并且，检察机关提出纠正意见后，侦查机关再次刑讯逼供的可能性不大。② 有鉴于此，侦查期间（包括补充侦查期间）讯问人员的变更，一般可以认为是阻断了之前刑讯逼供的影响，应当承认侦查期间存在排除重复性供述的例外情形。

（2）告知诉讼权利和认罪的法律后果的范围。遵循刑事诉讼法的规定，无论是侦查期间，还是审查逮捕、审查起诉和审判期间，侦查人员、检察人员、审判人员讯问犯罪嫌疑人、被告人时都应当告知的诉讼权利主

---

① 万春、高翼飞：《刑事案件非法证据排除规则的发展——〈关于办理刑事案件严格排除非法证据若干问题的规定〉新亮点》，载《中国刑事法杂志》2017 年第 4 期。
② 高翼飞、高爽：《重复性供述的排除规则和对翻供的审查》，载《人民司法（案例版）》2016 年第 35 期，第 26 页。

要包括：犯罪嫌疑人、被告人在讯问中有自行辩护的权利；犯罪嫌疑人、被告人有聘请辩护律师或其他辩护人、申请法律援助的权利；犯罪嫌疑人、被告人针对侦查人员侵犯其诉讼权利和人身侮辱的行为，有申诉和提出控告的权利；犯罪嫌疑人、被告人有要求侦查讯问人员、检察讯问人员和审判讯问人员回避的权利；讯问中，犯罪嫌疑人、被告人有使用本民族语言文字的权利；犯罪嫌疑人有权拒绝回答与本案无关的问题的权利；犯罪嫌疑人、被告人有核对讯问笔录、对讯问笔录提出补充、改正或请求自行书写供述的权利。

除此以外，《规定》第 16 条还规定，审查逮捕、审查起诉期间讯问犯罪嫌疑人，应当告知其有申请排除非法证据权利。该项权利的告知，主要目的是赋予犯罪嫌疑人、被告人针对自己遭受的刑讯行为寻求救济的机会；同时，也能使犯罪嫌疑人、被告人摆脱刑讯阴影，自愿如实地陈述案情。在此需要进一步思考的问题是：发现了刑讯逼供行为，除了及早纠正，并在再次讯问时告知犯罪嫌疑人、被告人诉讼权利和法律后果外，讯问人员是否也要告知之前刑讯直获取的供述被排除？在此，存在一种称为"飞语难收"或"出袋之猫"的理论（cat out of the bag theory）："在被告第二次自白前，警察虽曾为权利告知，但前一个自白已影响被告心理上保持缄默的意愿。因为一般人都会觉得先前都已经承认了，再维持缄默已无意义，往往会继续作出有罪供述。"① 因此，有必要在重新讯问前告知先前供述被排除的情况。我们认为，在《规定》第 5 条第 1 项的例外规定中，履行刑讯供述排除的告知义务尤为重要。在该规定中，侦查讯问人员的更换正是由于已经确认或不能排除刑讯逼供行为的存在，如果此时不告知先前刑讯的纠正以及相关供述的排除，打消其有关顾虑，将难以确保被讯问人后续供述的自愿性。

---

① 王兆鹏：《刑事诉讼讲义》，元照出版有限公司 2010 年版，第 399、340 页。

然而，这种供述被排除的情况通报是否也要在审查起诉或审判环节讯问时一并履行？其实并不尽然。实践中很可能会出现下述情况：虽然犯罪嫌疑人在侦查期间遭受了刑讯逼供，但在审查逮捕、审查起诉期间，检察人员在讯问时告知了犯罪嫌疑人诉讼权利和认罪的法律后果后，嫌疑人没有提出遭受刑讯逼供的情况，仍然作出了重复性的有罪供述。后来该刑讯逼供行为在审判阶段被发现，按照《规定》第5条的规定，审查起诉阶段的重复性供述可否采用呢？对此，我们持肯定态度。首先，按照前文分析，审查逮捕、审查起诉和审判阶段讯问语境和讯问人员的转换已经能够在客观上对刑讯逼供起到影响阻隔的效果；其二，要承认犯罪嫌疑人、被告人在不同语境下有心理上的起伏以及权衡利弊自由抉择的可能。面对已经知晓的诉讼权利和认罪的法律后果，犯罪嫌疑人有可能受到道德感召以及认罪认罚从宽利益的吸引，在认罪与申请"排非"的选择中作出利益最大化的决定。故，按照《规定》第5条第2项的规定，在案件从侦查期间进入后续的检察环节和审判阶段时，如果犯罪嫌疑人、被告人没有提出遭受刑讯的控告或申诉，而是在充分了解了诉讼权利和认罪后果后，仍然作出重复性供述。即使后续发现了在侦查阶段的刑讯逼供行为，此时也可按照《规定》的要求，将重复性供述作为证据排除的例外。但对已经发现的刑讯逼供行为要及时纠正，对其直接获取的有罪供述也要严格排除。

（三）有关非法证据中其他非法言词证据和非法实物证据的认定

我国非法证据排除规则设立的一个重要目的是遏制刑讯逼供等非法取证手段，由于我国长期以来对于口供的依赖，导致众多非法手段的认定都是围绕口供展开。从立法和实践来看，对于非法手段获取的证人证言、被害人陈述以及物证和书证的获取如何排除，相关的司法解释和2017年的《规定》都是对法条的简单重述，并未有进一步的细化规范。

1. 对于非法的证人证言、被害人陈述的认定

对于证人证言、被害人陈述的认定立法仅仅是从手段方法上进行了限定，按照刑事诉讼法第 56 条的规定，采用暴力、威胁等非法方法收集的证人证言、被害人陈述应当作为非法证据予以排除。对于暴力方法可以比照刑讯行为，而对于威胁的认定，也可以比照 2017 年的《规定》第 3 条的规定对威胁的方法加以明确。值得注意的是，《规定》第 6 条对于收集证人证言、被害人陈述的非法方法的认定范围进行了扩容，增加了"非法限制人身自由"的方法，对此类方法的认定也可以比照《规定》第 4 条加以适用。

2. 非法物证、书证"三条件"的认定

按照刑事诉讼法第 56 条对非法物证、书证排除的认定标准，应当同时达到"不符合法定程序，可能严重影响司法公正，不能补正或者作出合理解释"三个方面的要求。2017 年"两高三部"出台的《规定》对非法物证、书证的认定仍然重复了刑事诉讼法的规定。对于这三个方面的要求应作如下理解：

（1）不符合法定程序。从文意表述来看，法定程序可以衍生出"法律规定的程序"和"法律法规规定的程序"两种解释，前者对"法定程序"中的"法"做狭义解释，仅指全国人大及其常委会制定的规范性文件，即法律；而后者则为"法"做广义解释，是指我国现行有效的法律、行政法规、司法解释、地方法规、地方规章、部门规章及其他规范性文件以及对于该等法律法规的不时修改和补充，即法律法规。对于刑事诉讼法第 56 条"法定程序"中"法"的判断决定了法的位阶与效力层级，也进一步决定了非法获取物证、书证等实物证据中对"法"违反的程度大小。有研究者认为这里的"法"除了特指与刑事取证（物证、书证等实物证

据）程序有关的法律外，还包括与其相对应的司法解释①和"准司法解释"。因为，在我国现实法治语境下，由于长期以来坚持"宜粗不宜细"的立法指导方针，刑事诉讼法"大框架""粗线条"的特征比较突出，诸多法律上和制度上的漏洞需要靠司法解释来予以填补，因此，司法解释虽名为"解释"，实为"二次立法"，事实上已经具备了"法律"的属性和地位。②另外，由于在我国长期以来公检法三机关"分工负责、互相配合、互相制约"的宪法规定，导致在我国现行法制框架下，检、法两机关所作的司法解释仅仅只能就本部门职权范围内的事项作出规定，并不涉及公安机关职权范围内的事项。长期以来，司法实践中判断一般刑事案件侦查程序的合法性，都是以公安部的《公安机关办理刑事案件程序规定》（简称《公安规定》）为基准的。因此，从实务的角度讲，应当承认公安部《公安规定》的"准司法解释"地位，对于违反公安部《公安规定》之程序而取证的，也应当认定为是新刑事诉讼法第56条规定的"不符合法定程序"之情形。如侦查活动中，为了收集犯罪证据、查获犯罪人，侦查人员可以进行搜查。现行刑事诉讼法并没有规定实施搜查的侦查人员的人数，但《公安规定》第218条则明定："进行搜查，必须向被搜查人出示搜查证，执行搜查的侦查人员不得少于二人。"如果违反该公安规定中的程序条款，应当认定为违反了法定程序。

（2）严重影响司法公正。对于非法物证、书证，除了要求对其在收集过程中违反法定程序外，对于取证后果也有程度上的限定，即必须"严重影响到司法的公正性，不能补正或作出合理的解释"。从法条文意来看，

---

① 如立法解释、"两高"的司法解释，包括《人民检察院刑事诉讼规则（试行）》、《最高人民法院关于适用〈中华人民共和国刑事诉讼法〉的解释》等，以及"两高"和其他部委联合发布的司法解释，如《最高人民法院最高人民检察院 公安部 国家安全部 司法部 全国人大常委会法制工作委员会 关于实施刑事诉讼法若干问题的规定》等。

② 万毅：《关键词解读：非法实物证据排除规则的解释与适用》，载《四川大学学报（哲学社会科学版）》2014年第3期，第132页。

对司法公正性的影响必须达到"严重性"的程度,对此,《高检规则》做了进一步的解释,指出"可能严重影响司法公正"是指收集物证、书证不符合法定程序的行为明显违法或者情节严重,可能对司法机关办理案件的公正性造成严重损害。然而,此解释仍然过于抽象,似乎有同义反复之嫌,且操作性不大,到底什么是严重损害,或者什么是严重影响,仍然不得而知。我们认为,此处的"严重"应当从以下几个层面来考虑:

其一,侵犯法益的重要程度和法益的现实受损程度。在收集物证、书证等实物证据的过程中,取证人员违反法定程序后往往会对法益造成损害。如果取证程序的违反所侵害的法益已经触碰到了公民最基本的权利底线——公民的宪法性权利,如非法监听获得的视听资料、电子数据侵犯了我国《宪法》第40条规定的公民的通信自由权——"中华人民共和国公民的人身自由不受侵犯";非法进入公民住宅进行搜查侵犯了《宪法》第39条规定的公民住宅不受非法侵入权——"中华人民共和国公民的住宅不受侵犯"。此时,所侵害法益的重要程度以及受损程度将会影响到司法的权威性,动摇司法的公正性。

其二,违反法定程序取证所造成的各项恶劣情节。就取证行为的情节而言,其包含多个方面,如取证的主观意思(故意或过失),取证时的环境要素,违法取证的频度和次数,等等。其综合的判断标准在于违法的取证行为其情节必须十分恶劣,已经挑战了公众基本的道德良知底线,或者引发民众普遍对于司法机关能否中立、客观、公正办案的不信任感,玷污了司法的正洁性(Integrity)。如侦查机关派遣有关人员隐匿其身份实施诱使他人犯罪的活动,期间开展了相关的"取证行为"。对于此种侦查活动现行刑事诉讼法首先是明令禁止的，因为其无异于国家教唆①，诱使他人入罪。如果诉讼中对此侦查活动所收集的实物证据予以认可，相当于在诉讼活动中"确认"了该类行为，无疑玷污了司法的正洁性。毕竟公众对于整个刑事司法系统具有道德正当性的期待，他们期待国家以正当的手段去实现正义。然而，在上述行为中，国家一面要求大家遵守法律，另一面又去唆使个人犯罪，执行法律的人自己却不遵守法律，这便构成对司法正洁性原则的根本违反，②该取证行为当属情节十分恶劣。

（3）不能补正或者合理解释的理解。对于不能补正或者合理解释的认定应当从反面理解，即将如何算作是履行了补正或合理解释的义务搞清楚。鉴于"非法证据排除规则"立法的规范目的在于保护被违法取证所侵犯的公民的基本权益，而严重影响司法公正的体现也主要在于行为对"基本权益"的侵犯程度和由此产生的影响后果。我们认为对刑事诉讼法56条中非法物证、书证的补正与合理解释的进路可以从以下两个层面展开：

其一，将"违反法定程序"与"可能严重影响司法公正"两个条件理解为形式上的客观要件，即从外在的表面上观察，取证违反了法定程序，同时对当事人的基本权益造成了现实损害。此时补正与合理解释的方向在于对上述客观性行为进行实质性补正或解释，以达到阻却程序违法，或阻却基本权益侵害的效果。以调研中所收集的一个案例为例：

2012年11月3日晚21时，在参加全市打击制售假药劣药集中行动中，侦查人员甲乙丙丁根据情报冲入关某家中进行搜查，在一个房间查获

---

① 国家教唆是诱惑侦查的下位概念，指侦查人员向对方隐瞒自己的身份和意图，诱使其产生犯意并实施犯罪，并在对方实施犯罪时将其抓获的侦查行为。简言之，若不是国家教唆，犯罪根本不会发生。其在德国法上称为"犯罪挑唆"（Tatprovokation），英美法上的对应概念为"警察圈套"（Entrapment）。参见王一超：《论国家教唆之下被教唆人的诉讼救济——以刑事诉讼条件理论为视角》，载《中国刑事法杂志》2014年第3期，第96页。

② A. Ashworth, "Testing Fidelity to Legal Values: Official Involvement and Criminal Justice", 63 *The Modern Law Review* (2000), p. 658.

了大批假冒伪劣药品。由于搜查人员身着便衣，虽然出示了警官证，表明了身份，但还是遭到了被搜查方对执法的阻挠，双方发生了一定的肢体冲突，惊扰了邻居，引起了一定程度的民众聚集，后该行动在网上曝光，还引发了较大的网络舆论。后查明，甲乙丙丁冲入关某家中时未带搜查证，那么该搜查行动中所收集的假冒伪劣药品是否应当排除？

该案中，表面上看侦查人员夜晚未带搜查证侵入他人住宅进行搜查，侵犯了住宅不受他人随意侵入的权利；同时，还引发了一定的群众聚集和网络舆论，已经造成了较大的影响。但如果能够通过补正或解释的方式证明，之所以没有拿搜查证是由于情况紧急，不立即搜查，可能导致犯罪嫌疑人逃跑，现场证据被毁灭或转移，而大量的民众聚集则在于不明真相的群众受到犯罪嫌疑人家属的煽动，以为是入室抢劫。如此，搜查所获得的物证便得到了补正或合理解释，不应被排除。

其二，如果将"违反法定程序"与"可能严重影响司法公正"两个条件理解为实质性的客观要件。换言之，收集物证、书证的行为确实在客观上违反了法定程序，且对当事人的权益产生了严重侵害，造成了不当后果。此时是否还有补正或作出合理解释的空间？比照国外非法证据排除规则就会发现，即使在美国，进入 20 世纪 80 年代以来，面对不断高涨的犯罪浪潮的冲击，美国联邦最高法院也不再要求对"非法证据"一概排除，而是设置了诸如"最终或者必然发现的例外""善意的例外""在国外取得证据之例外"等"原则加例外"的排除模式。① 在日本，非法证据排除规则也具有如下两种例外情形：（1）不可避免发现的例外；（2）善意的例外。② 德国在证据禁止规定中也指出，证据的排除必须是为曾经被破坏的程序性规则服务的，如果排除证据并不会促进被违反的规则的目的的实

---

① 陈光中：《刑事诉讼法》，北京大学出版社、高等教育出版社 2016 年版，第 192 页。
② ［日］田口守一：《刑事诉讼法》，张凌、于秀峰译，法律出版社 2010 年版，第 295 页。

现，法庭就会采纳该证据，因为这样做就会在没有达到任何积极效果的情况下干扰了对事实真相的查明。① 基于此，可以考虑一种新的思路，将刑事诉讼法第56条中涉及的"补正或作出合理解释"转换成非法物证、书证排除规则的"例外性规定"。即客观上已经"违反法定程序，可能严重影响司法公正"的物证、书证，若能通过补正或作出合理解释的方式说明在具体案件中确实有一些特殊的情形，以致为了维护一种更高的价值，保护更为重大的利益，法律不得不考虑将该案中的非法物证、书证不再排除。而这其中的特殊情形即可以参照当前国外已经普遍认同的例外性规定，如"紧急情况的例外""无害错误的例外""善意的例外""恐怖犯罪中的例外"等，② 并规定只有证明具体的违反行为符合这些例外情形的条件，才算达到了补正或作出合理解释的要求。具体到上述案例中，可能的操作思路为：即使所获的物证是非法取得，且已侵犯了当事人的基本权利，造成了一定的影响，"但如果检控方证明了它将被以一种合法的方式'必然发现'，或者通过另一个独立的非法来源获得这些证据，那么，这些证据仍可为检控方所用。"③ 这一补正或解释的进路虽然是在借鉴国外立法经验的基础上将我国法律规定中的不妥之处进行了解释性转换，但其出发点仍然符合我国在创设非法证据排除规则时从权利或法益保护角度出发的深层目的。毕竟，权利或权益有多种，在不同案件中多个权利或法益相互交织。"非法证据排除规则"大多是为了保护个人利益，保障人权而设定的；非法证据排除规则的例外性规定则更多的是为了打击犯罪，维护公共利益。有时，某一行为客观上已经侵犯了个人的法益，甚至是重大法

---

① ［德］托马斯·魏根特：《德国刑事诉讼程序》，岳礼玲、温小洁译，中国政法大学出版社2004年版，第197页。

② 李富成：《刑事证据规则的一般性规定与例外形规定》，载《中国刑事法杂志》2016年第5期，第65页。

③ ［美］罗纳德·J.艾伦：《排除规则的困难》，郑飞、强卉译，张保生校，载《证据科学》2012年第6期，第755页。

益,但为了维护一个更大的或者是更多人的法益,立法不得不对某些"非法证据"持"容忍"态度。这就是例外规定产生的原因,也应当成为我国刑事诉讼法第 56 条非法物证、书证今后补正或做出合理解释的努力方向。

第二节　程序实施性规则

在我国的证据体系建构中非法证据排除规则占有非常重要的地位,作为舶来之品,该规则主要解决的是证据能力(或者证据资格)问题。由于不同法系、不同国家自身的历史、文化以及价值观念的差异,在解决"问题证据"上英美法系和大陆法系等国家形成了各具特色的证据能力处理规则。2012 年我国新刑事诉讼法的修改更多的吸收了英美法系非法证据排除规则的合理内核,同时结合本土性法律资源和已有的法律智识,形成了中国特色的非法证据排除制度。其中最具代表性的就是对于非法证据的排除构建了一种多阶段、递进式的非法证据排除体系。相较而言,无论是英美法系还是大陆法系,其对非法证据的排除都限定为审判阶段法官的职责。而根据我国现行刑事诉讼法第 56 条第 2 款的规定,"在侦查、审查起诉、审判时发现有应当排除的证据的,应当依法予以排除,不得作为起诉意见、起诉决定和判决的依据"。透过该法条可以发现,在我国不仅法官在审判阶段有排除非法证据的职责,审前程序中的侦查人员与检察人员在侦查和检察环节也都有排除非法证据的义务。具体到检察环节,依据"两高三部"2017 年新出台的《规定》,审查逮捕和审查起诉两个环节检察机关都负有排除非法证据的义务。

一、审查逮捕环节非法证据的排除程序

检察机关审查逮捕环节排除非法证据的程序性内容主要包括非法证据

排除程序的启动、非法证据排除的裁决方式、非法证据排除的证明责任、不服非法证据排除裁决的救济等。但在此问题阐释之前有必要从理论上再探讨审查逮捕环节排除非法证据的合理性。

（一）赋予检察机关审查逮捕环节排除非法证据职责的必要性与合理性

按照刑事诉讼法第 56 条第 2 款的规定，检察机关在审查起诉阶段负有排除非法证据之职责应无异议，但是在审查批准逮捕阶段检察机关能否排除非法证据，现行刑事诉讼法未置可否。

1. 新旧条文下的质疑

有学者将"两高三部"在 2010 年联合出台的《关于办理刑事案件排除非法证据若干问题的规定》第 3 条"人民检察院在审查批准逮捕、审查起诉中，对于非法言词证据应当依法予以排除，不能作为批准逮捕、提起公诉的根据"与现行刑事诉讼法第 56 条第 2 款的规定相比较，认为现行刑事诉讼法限缩了检察机关排除非法证据的时段。从《关于办理刑事案件排除非法证据若干问题的规定》看，检察机关在审查起诉和批准逮捕过程中都负有排除非法证据之职责，但现行刑事诉讼法只明确了检察机关在审查起诉过程中负有排除非法证据的职责，并未规定在批准逮捕过程中检察机关负有排除非法证据的义务。根据法律位阶以及新法优于旧法的原理，在此应当采纳修订后的现行刑事诉讼法的观点，即在批捕过程中检察机关不再对非法证据有排除权，侦查终结前证据是否涉嫌非法以及是否需要排除的决定权专属侦查机关。但是这一学理解释随后即被新出台的《高检规则》所否定，其明确指出检察机关在审查批捕阶段仍然具有排除非法证据的职权。在此，《高检规则》的解释是否出于立法原意，还是对法律的"过度解读"，需要进一步在规范意义上解析或做"解释上的解释"。

2. 规范分析下的逮捕阶段的证据排除

对于这一问题的深入探讨有必要将其放到更为宏大的体制架构以及整个诉讼流程中。

首先，我国司法制度与西方国家相比有很大差异，从宪法、刑事诉讼法和法院组织法来看，只是规定审判由法院负责，法院是国家审判机关。在分工负责的现行司法体制下，法院很难对审前诉讼活动特别是侦查活动进行审查和制约。而宪法架构下检察机关是国家的法律监督机关，依照法律规定对刑事诉讼实行法律监督。"为了保证刑事诉讼法的准确实施，规范办案机关特别是侦查机关的权力行使，尊重和保障人权，切实加强检察机关对刑事诉讼活动的法律监督，既是制度的必然选择，又是顺理成章的考虑。"① 正是基于对权力的控制和规范，对于侦查阶段最具强制性的措施——逮捕，我国通过报请与审批相分离的权力设计，赋予检察机关逮捕的批准决定权，使检察机关得以通过"司法审查"的形式介入侦查逮捕环节，形塑逮捕羁押行使的合法性和规范性。因此，检察机关在逮捕环节介入侦查程序是法律的明确规定，并未对侦查权的专门行使产生冲击

同时，在侦查环节，检察机关对于批捕中的非法证据排除与侦查机关在侦查阶段对非法证据的排除并不会出现"职责重叠"的现象。侦查阶段，检察机关介入批捕环节的审查，无论是一般性逮捕还是径行逮捕，② 都必须要审查批捕的案件是否具备证据要件，即"有证据证明有犯罪事

---

① 卞建林：《贯彻落实刑事诉讼法情况总体向好》，载《检察日报》2013年10月29日第3版。

② 根据刑事诉讼法的规定，所谓一般性逮捕必须具备证据要件、刑罚要件以及人身危险性要件，即新刑事诉讼法第81条"对有证据证明有犯罪事实，可能判处徒刑以上刑罚的犯罪嫌疑人、被告人，采取取保候审尚不足以防止发生下列社会危险性的，应当予以逮捕"。而径行逮捕则不限于上述三个要件，是指"对有证据证明有犯罪事实，可能判处十年有期徒刑以上刑罚的，或者有证据证明有犯罪事实，可能判处徒刑以上刑罚，曾经故意犯罪或者身份不明的，应当予以逮捕。"

实"，按照《高检规则》第139条的相关司法解释，有证据证明有犯罪事实包括三个方面的内容，"有证据证明有犯罪事实是指同时具备下列情形：（一）有证据证明发生了犯罪事实；（二）有证据证明该犯罪事实是犯罪嫌疑人实施的；（三）证明犯罪嫌疑人实施犯罪行为的证据已经查证属实的。"从该司法解释出发，如果审查批捕过程中没有证据证明有犯罪事实发生，或证明犯罪事实发生的证据属于非法证据，检察机关当然不能将此作为认定有犯罪事实并做出逮捕的依据，而应当径行舍弃，排除出证据体系，这是检察机关审查批捕环节的必经步骤，也是保证逮捕羁押正确适用所应尽的义务。检察机关在逮捕环节对侦查证据的触及和筛选主要是为逮捕的证据要件服务，而侦查机关围绕证据的主要工作在于办案部门对证据的发现和收集，以及法制部门为了将证据作为起诉意见的重要组成部分而对证据的审查、判断和取舍。两相比较，检察机关主要是为了逮捕羁押的程序性争点而做的证据判断和排除，而侦查机关则是以犯罪事实的构建为目标，对合法证据保留、非法证据排除。两机关的职责目的一个是为了保证逮捕的正确适用，一个是为了确保案件能顺利移送审查起诉，职责并未有重叠和交叉。

此外，赋予检察机关在审查批捕环节非法证据排除的职责还可以对侦查活动起到威慑作用，既能"倒逼"公安机关从侦查环节提高办案质量，又能从另一个方面保障犯罪嫌疑人的合法权益。而且，对逮捕环节司法属性的强化，客观公正角色的重塑也具有重要的推进效果。综上而言，我们认为检察机关在审查批准逮捕程序中仍然有排除非法证据的权力和义务。法条之所以如此规定，从字面意思去推导，其实是从我国大的诉讼阶段来进行的划分，宣示侦查机关、检察机关和审判机关都负有排除非法证据的义务。而审查批捕由于是诉讼进程中侦查阶段的一个环节，单独列出与整个法条中所列举的"侦查、审查起诉、审判"并不在一个层次，所以并未明确说明，这属于立法技术的问题。而且从立法原意来看，既然我国法律明确规定了侦查机关、检察机关和审判机关都负有排除非法证据的义务，那么当其在法律规定下可以接触到证据，并同时拥有对证据取舍裁断的权力和职责时，当然可以行使排除非法证据的权力。按照这一逻辑，对于检察院退回公安机关补充侦查的案件，侦查机关也当然可以对新发现的非法证据进行排除，对瑕疵证据进行补正或作出合理解释；对于从法院退回检察机关补充侦查的案件，检察机关对新发现的非法证据和瑕疵证据也可作同样处理。值得注意的，2017年"两高三部"出台的《规定》第16、17、18条都承认了检察机关在审查逮捕环节具有调查核实和排除非法证据的权力。

（二）非法证据排除的启动

对于审查逮捕环节检察机关如何启动非法证据排除程序，现行刑事诉讼法并未有明确的规定。从《高检规则》和2017年新出台的《规定》来看，该程序的启动主要来自于两个方面，一个是依职权启动；一个是依申请启动。

首先，依照职权启动是指检察机关在审查逮捕过程中发现涉案证据可能为非法证据，主动启动非法证据排除程序，对证据的合法性进行调查核实。至于发现涉嫌非法证据的渠道，根据《高检规则》第70条的规定，"可以讯问犯罪嫌疑人；询问办案人员；询问在场人员及证人；听取辩护律师意见；调取讯问笔录、讯问录音、录像；调取、查询犯罪嫌疑人出入看守所的身体检查记录及相关材料；进行伤情、病情检查或者鉴定；其他调查核实方式"。检察机关通过阅卷，与当事人会面等上述方式可以了解、调查核实在侦查过程中的取证情况是否涉嫌违法。如果发现有非法证据存在的可能，便可以启动非法证据的排除程序，此为检察机关依职权启动。

其次，依申请启动是指检察机关根据犯罪嫌疑人及其辩护律师等人的申请被动地启动非法证据排除程序。在世界上的不少国家，审前程序，特别是侦查阶段其诉讼构造呈现的是一种"追求实体真实和诉讼效率"的设计理念，侦查进程中的封闭性、不公开性、单向度追诉犯罪的职权主义办案模式降低了当事人提出证据非法动议的可能性，但是仍不能排除犯罪嫌疑人等启动审查批捕阶段非法证据排除程序的可能。对此，我国现行刑事诉讼法第57条，《高检规则》第68条第2款已有了明确的规定："当事人及其辩护人、诉讼代理人报案、控告、举报侦查人员采用刑讯逼供等非法方法收集证据并提供涉嫌非法取证的人员、时间、地点、方式和内容等材料或者线索的，人民检察院应当受理并进行审查，对于根据现有材料无法证明证据收集合法性的，应当报经检察长批准，及时进行调查核实。"2017年《规定》第16条和第17条也指出，检察机关在审查逮捕期间讯问犯罪嫌疑人时，应当告知其有权申请排除非法证据，并告知诉讼权利和认罪的法律后果。审查逮捕期间，犯罪嫌疑人及其辩护人申请排除非法证据，并提供相关线索或者材料的，人民检察院应当调查核实。调查结论应当书面告知犯罪嫌疑人及其辩护人。根据经典刑事诉讼法教科书的解释，由于报案、控告和举报的主体不同，审查逮捕环节申请启动非法证据排除动议的主体不仅包括遭受非法取证侵害的"被害人"——犯罪嫌疑人，还包括犯罪嫌疑人以外的其他知晓案件情况的人，如犯罪嫌疑人聘请或被指派的辩护律师等。随着我国对于被追诉人辩护权的日益重视和保障完善，犯罪嫌疑人自被侦查机关第一次讯问或者采取强制措施之日起，就有权委托辩护律师。根据现行刑事诉讼法第38、39条的规定，辩护律师在侦查和审查起诉阶段可以与犯罪嫌疑人会见和通信。辩护律师通过与犯罪嫌疑人的沟通和交流，有了了解犯罪嫌疑人有无遭受刑讯逼供，有关证据是否涉嫌非法取得的管道。同时，现行刑事诉讼法第88条第2款规定，人民检察院在审查批准逮捕环节，可以听取辩护律师的意见；对于辩护律师提出要求的，检察院应当听取辩护律师的意见。上述规定表明，不仅是犯罪嫌疑人，作为犯罪嫌疑人的辩护律师也有机会将自行获知的涉嫌以非法手段取得的证据情形向检察机关提出排除申请。

(三) 证据合法性的审查方式

审查逮捕环节的非法证据排除程序一旦启动，检察机关将采取何种方式进行调查认定，涉及证据的合法与非法由谁来承担证明责任，这些问题现行刑事诉讼法以及相关司法解释并未做出明确具体的规定，只能结合理论研究的成果做规范性的解释。就调查认定方式而言，理想的模式当然是听证，对此不少学者曾撰文指出听证可以最大限度地保障犯罪嫌疑人的参与权、申辩权等一系列的程序性权利，提高审查逮捕的公开透明，强化逮捕的司法属性，彰显程序公正和权益保障的司法价值。[①] 但也有学者对此提出质疑，认为受司法资源有限性和诉讼经济原则的制约，听证式审查在审查逮捕环节适用并不现实。[②] 我们认为，在目前的立法框架下，相对合理的审查方式为书面调查，即一旦启动非法证据的排除程序，检察机关可以通过进一步的书面阅卷、讯问犯罪嫌疑人、询问办案人员、询问在场人员及证人，听取辩护律师意见，调取讯问笔录、讯问录音、录像，调取、查询犯罪嫌疑人出入看守所的身体检查记录及相关材料，进行伤情、病情检查或者鉴定等其他调查核实方式来查明涉嫌的非法证据。

(四) 证明责任的负担

关于举证责任的分配，按照现行刑事诉讼法第58条第2款的规定，"当事人及其辩护人、诉讼代理人有权申请人民法院对以非法方法收集的证据依法予以排除。申请排除以非法方法收集的证据的，应当提供相关线索或者材料"。《高检规则》第68条在重述现行刑事诉讼法的前提下对于线索和材料还做了进一步的明确，指出"当事人及其辩护人、诉讼代理人

[①] 刘林呐:《对审查逮捕听证制度的几点思考》，载《晋中学院学报》2007年第2期；夏阳、钱学敏:《建立听证式逮捕必要性审查机制》，载《人民检察》2009年第15期。

[②] 郭松:《中国刑事诉讼运行机制实证研究（四）：审查逮捕制度实证研究》，法律出版社2011年版，第43—88页。

报案、控告、举报侦查人员采用刑讯逼供等非法方法收集证据并提供涉嫌非法取证的人员、时间、地点、方式和内容等材料或者线索的,人民检察院应当受理并进行审查,对于根据现有材料无法证明证据收集合法性的,应当报经检察长批准,及时进行调查核实。"2017年"两高三部"《规定》第17条第1款也指出,审查逮捕间,犯罪嫌疑人及其辩护人申请排除非法证据,并提供相关线索或者材料的,人民检察院应当调查核实。根据法律和解释的规定,对于依申请启动非法证据排除程序的,以犯罪嫌疑人为代表的辩护方和其他当事人、诉讼代理人就自己提出的证据系非法取得的主张负有"应当提供"相关线索或证据的责任,即如果申请方主张证据系非法证据,就必须提供相应的材料或者线索,并达到一定的证明标准,随后检察机关进行职权调查核实,这实际上是遵循"谁主张,谁举证"原则的证明逻辑。而在检察机关自行启动的排除程序中,则免去了申请方提供线索和材料的责任,直接进入非法证据的调查核实程序。随后的调查核实程序则涉及非法证据证明责任分配的核心问题,即接下来的证明环节,是由犯罪嫌疑人为代表的辩护方举证证明证据收集的非法性,还是由侦查机关举证证明收集的合法性?尽管学者们的论证角度不同,但结论趋于一致。在证明取证手段方式合法性的证明责任负担上,证明责任应当分为提出证据责任和说服责任两部分。申请方只承担提供证据的责任(即用证据推进的责任),而不承担说服责任,只要辩护方完成提供证据责任,那么控方就应当对证据的合法性承担说服责任。之所以认为应该赋予侦查机关更多的证明责任,也是从证据"就近"原则考虑的。从侦查活动规律来看,公安等侦查机关认定犯罪嫌疑人应当逮捕,就要证明犯罪嫌疑人已经符合了逮捕的条件,这其中就包括要证明犯罪嫌疑人符合逮捕条件的证据取得具有合法性,由于侦查环节涉嫌犯罪,符合逮捕条件的证据悉数是由公安等侦查机关收集,侦查阶段的犯罪嫌疑人受到强大的国家机关的追诉,人身自由往往受到限制甚至剥夺,欠缺收集证据的条件和机会,由侦查机关来承担证明责任较为便利,也能够实现,自然侦查机关来证明证据收集的合法性也就顺理成章。对此,现行刑事诉讼法第171条做了相应规定:"检察机关审查案件时,认为可能存在现行刑事诉讼法第五十四条规定的以非法方法收集证据情形的,可以要求公安机关对证据收集的合法性作出说明。"根据该条规定,在检察机关非法证据排除程序中,如果是公安机关移送起诉的案件,对证据合法性的证明责任应当在于公安机关,而不是犯罪嫌疑人及其辩护律师。同理,对于检察机关自侦案件,对证据合法性的证明责任虽然总体上应当是检察机关来承担,但具体承担证明责任的机构应当是检察机关自侦部门。

二、审查起诉环节非法证据的排除程序

相较于审查逮捕环节而言,审查起诉环节检察机关排除非法证据的职责在现行刑事诉讼法上有明确规定。但是,就该阶段非法证据排除的启动程序,证明责任的分担以及排除非法证据的范围,审查起诉与审查逮捕环节在规范性分析上并无二致。为了避免重复,审查起诉环节非法证据的排除程序着重就非法证据的审查方式、非法证据排除后的法律效力和相关救济程序做出法理性的分析。

(一) 非法证据的审查方式

检察机关在决定起诉阶段审查证据合法性的方式与审查逮捕环节基本相同,主要有调查核实、要求侦查机关作出合法性说明、讯问犯罪嫌疑人、听取辩护律师意见等。但不同的是,检察机关审查起诉阶段的期间较长,根据现行刑事诉讼法第172条规定,人民检察院对于监察机关、公安机关移送起诉的案件,应当在一个月以内作出决定,重大、复杂的案件,可以延长半个月。同时,在审查起诉期间检察机关还可以退回补充侦查,每次退补后,期间又会从新计算,最长的办案期间可以达到6个半月,较之逮捕环节仅仅7

天的办案期限，审查起诉环节检察机关对于非法证据的调查核实完全可以"精耕细作"。因此，其对于非法证据的审查方式也可以"因时而异"，除了常见的书面调查方式外，还可以考虑采取由侦查人员、犯罪嫌疑人及其辩护人参加的听证程序，对存在质疑的证据的合法性进行判断和决定。①

以听证方式审查证据合法性，对于保证准确作出非法证据排除的决定，不失为一种理想方式。然而，受司法资源有限和诉讼经济原则的制约，听证程序的适用范围不可能在审查起诉环节全面展开，而是要有所限制。我们认为听证程序的适用应当从三个方面考虑：涉及的非法证据其排除程序是依申请启动的；证据的合法性审查较为复杂；控辩双方都同意采用听证程序。之所以从以上三个方面考虑，是因为对于依职权启动的非法证据排除程序，检察机关对于证据的非法性常常已经产生了"先验认识"。由检察机关通过书面审查，再结合要求侦查机关作出合法性说明或讯问犯罪嫌疑人、询问相关人员等调查核实方式，即可作出是否排除的决定，虽然没有采用听证程序但是对于司法资源的节俭和当事人权利的保护都是双赢的。对于依申请启动的非法证据排除程序，如果犯罪嫌疑人、辩护人等提供了比较确实的证据，而侦查人员经要求后仍然不能说明合法性的，就可直接决定是否排除相关证据；如果犯罪嫌疑人、辩护人等只提供了相关线索，检察机关经要求侦查人员说明合法性与调查相关人员以后，仍然就证据是否合法存在疑问的，此时的审查则较为复杂和棘手，在侦辩双方都同意的情况下，检察机关即应当主持一个有侦查人员、犯罪嫌疑人及其辩护人参与的听证程序，通过质证与辩论方式决定是否排除合法性有争议的证据。

（二）非法证据排除后的法律后果

在英美法系国家，非法证据一旦被排除，就被直接阻隔于法庭之外，

---

① 卞建林：《检察机关与非法证据排除》，载《人民检察》2011年第12期。

不被庭审法官所接触知悉。我国现行刑事诉讼法第56条第2款规定，审查起诉环节发现有应当排除的证据的，应当依法予以排除，不得作为起诉决定的依据。那么我国在审查起诉环节非法证据的排除是否也如西方国家那样，将非法证据排除于承办案件检察官的认知范围之外呢？答案是否定的，原因主要是由于审查起诉环节自身的运作规律。根据现行刑事诉讼法第171条的规定，在决定是否提起公诉前，人民检察院都必须要审查案件，查明的内容中最重要的就是犯罪事实、情节是否清楚，证据是否确实、充分等。可见，检察机关在决定某一证据非法，并予以排除前由于审查案件的需要已经部分或者全部接触了所要排除的证据，基于审查证据和决意排除证据的主体同一，所以审查起诉环节对于非法证据的排除所引起的程序性法律后果是检察官在决定是否提起公诉时不得引用已排除的证据作为裁量的依据。

由于审查起诉环节的运作规律，承办检察官通过审查案件已经了解到某一证据所包含的案件信息，该证据已经在检察官的脑海中形成印记，要求他把该证据完全排除在起诉决定的依据之外并不现实，被排除的证据很可能先入为主地影响到承办检察官对案件事实的最终认识，这种潜在的影响常常是危险的，如果影响足够大，甚至会限制非法证据排除规则的功能发挥，降低程序性制裁的价值。因此，有必要对检察官这种可能的预断予以内在的限制。具体的路径包括两个方面：

第一，《高检规则》第71条第2款规定，"办案人员在审查逮捕、审查起诉中经调查核实依法排除非法证据的，应当在调查报告中予以说明。"调查报告中的说明可以从一定程度上强化检察官对证据非法性的认识，并时刻警醒其在决定起诉时要尽可能地降低将该非法证据的潜在影响。为了更大程度的将此影响降到最低，检察官在决定起诉时，还应当在起诉书中以说理的形式详细说明起诉的心证逻辑，通过外化的说理可以最大限度地降低检察官在决定起诉时对非法证据的心证依赖。

第二,《高检规则》第 71 条第 2 款还规定,被排除的非法证据应当随案移送。目的一方面是便于处于下一环节的办案人员能够较为全面地了解案件情况,另一方面可以避免办案人员利用职务之便,假借非法证据排除之名随意截留证据。① 但是,其危害后果也是巨大的,因为此种方式可能无法阻隔非法证据对庭审活动的负面渗透,导致非法证据对后续的终局审判者产生"第二次"不当影响,由此可能带来的裁判偏见不容小视。据此,我们认为该条可考虑在一定程度上进行修改,对于检察机关排除的非法证据以清单的形式单独入卷,不再随案移送,确有必要时,经法庭决定,可以向检察机关调取。

(三) 非法证据排除后的救济程序

审查起诉环节证据一旦被认定非法,检察机关将不再使用该证据作为决定起诉的依据。由此产生的问题是,是否该非法证据从此就不再进入审判法官的视野呢?申言之,对于被排除的证据,不利益一方是否有申请救济的权利呢?我们认为,设定非法证据排除后的救济程序是必要的。基于诉讼认识论的基本原理,任何裁决者的认识能力囿于时间、物力和人力的牵制都是有限的,检察环节认定的非法证据可能会在下一个认识阶段,随着认识能力的提高和案件调查的深入,对该证据的合法性有新的认识,先前的非法证据可能会被认定为瑕疵证据,而瑕疵证据可能转变为合法证据,先前的合法证据还有可能直接被认定为非法证据,因此,赋予被排除非法证据的不利益方一定的救济权利,设定对排除的非法证据一定的"唤醒"程序是很有必要的。

1. 对侦查方有利证据被排除后的救济

对于经过审查后,侦查机关无法证明合法性的争议证据,现行刑事诉

---

① 孙谦主编:《〈人民检察院刑事诉讼规则(试行)〉理解与适用》,中国检察出版社 2012 年版,第 66 页。

讼法明确规定该证据不得作为起诉决定的依据。对此决定，侦查机关不服的，可要求向检察机关申请复议一次，如果意见不被接受，可以向上一级检察机关提请复核；2017年"两高三部"《规定》第18条第2款就规定，"对于人民检察院排除有关证据导致对涉嫌的重要犯罪事实未予认定，从而作出不批准逮捕、不起诉决定，或者对涉嫌的部分重要犯罪事实决定不起诉的，公安机关、国家安全机关可要求复议、提请复核。"

2. 辩方提出的排除动议被驳回的救济

对于经侦查机关证明属于合法证据的，检察机关应当作出驳回申请的决定，并将决定与理由通知犯罪嫌疑人及其辩护人。对于驳回申请的决定，由于犯罪嫌疑人及其辩护人还可在审判阶段进行救济，故可不再赋予其向上一级人民检察院申请复议的权利。

3. 对辩方有利证据被排除后的救济

一般而言，排除的非法证据都是对侦查方有利的证据，该类证据的排除也常常意味着辩护方的阶段性胜利。然而，司法实践中也难免会有一些办案机关为了提高胜诉率利用职务之便，假借非法证据排除之名随意隐匿、克减对辩方有利的证据。如果允许审前程序中检察机关对于所谓的"非法证据"一排了之，反而可能导致对辩方不利的局面。山东单果潍案便有类似情形的体现。

2014年8月27日至9月2日，山东省临沂市河东区法院开庭审理被告人单果潍涉嫌受贿罪，贪污罪，包庇、纵容黑社会性质组织罪案。庭审过程中，辩护人多次向法庭申请，要求调取单果潍和部分证人的同步录音录像、单果潍和证人的全部口供、证言。同时调取公诉人所称的"检察院已经作出非法证据排除的决定"和被排除的证据目录以及排除的理由。

公诉人称，根据《中华人民共和国刑事诉讼法》第56条第2款，在侦查时发现有应当排除的证据应当予以排除，不得作为起诉意见、起诉决定和判决的依据，侦查阶段也是可以进行排除的，未入卷部分和单国潍供述在侦查阶段已予以排除,因此没有必要移送。同时,辩护人要求提交相关的调查报告或者检察长的决定,这些不属于案件的诉讼文书或者法律材料,属于检察院内部的法律文书,因此也没有必要向法庭提供。另外,讯问犯罪嫌疑人的录音录像不是诉讼文书和证据材料,因此本案有关询问单国潍的同步录音录像不作为证据材料移送,这里的同步录音录像,本案也未作为证据提供,所以也不作为证据材料移送。

辩护人认为公诉人隐匿了对己不利的证据。"公诉人不向法庭提交的这些证据,恰恰是对我的当事人有利的证据。"他同时声称,质证阶段不能有效发问,因为没有看完卷宗,部分辩护权被剥夺。辩护人申请法庭对本案作延期审理。被告人单果潍依据《刑事诉讼法》第108条,对公诉人"故意隐匿证据"当庭提出控告。值得注意的是,公诉人向法庭提交的口供等书证主要集中于2013年后。其中,单果潍的57份讯问笔录中的54份从2013年6月3日开始,2012年的3份笔录与涉案内容无关。其他证人的口供同样集中在2013年之后,仅3宗受贿指控笔录在2012年,分别是2012年5月16日、5月19日和8月10日。辩护人说,检方既然称2012年的口供已经在侦查阶段作为非法证据排除了,等于承认自己在长达一年多的时间里非法羁押被告人,"实施典型的押人索证。"①

该案表明,司法实践中很有可能存在侦查机关、检察机关以非法证据排除的名义任意截留对辩方有利的证据。对于此种隐匿的证据如何应对,前文谈到的最高人民检察院《高检规则》第71条第2款规定,被排除的非法证据应当随案移送。同时,2017年"两高三部"出台的《意见》第17条第3款也规定,"人民检察院对审查认定的非法证据,应当予以排除,不得作为批准或者决定逮捕、提起公诉的根据。被排除的非法证据应

---

① 王去愚:《青岛打黑公安局长受审 当庭称被黑老大保护伞报复》,载凤凰资讯 http://news.ifeng.com/a/20140903/41846270_0.shtml. 访问日期:2019年7月21日。

当随案移送,并写明为依法排除的非法证据。"然而,非法证据的随案移送虽然解决了控诉机关截留证据的不法企图,但是如果非法证据与合法证据一样无差别地悉数展示给裁判者,同时会产生另外的负面效果,即给事实裁决者带来偏见性的影响。故而应当在移送时仅移送非法证据目录,以确认该非法证据被排除的这一事实。辩护方可以通过阅卷了解到该非法证据的存在,再通过与犯罪嫌疑人或被告人核实证据后,认为该非法证据的错误排除将导致辩方的不利益,可以依照现行刑事诉讼法第41条的规定申请人民法院调取,法官经过审查认为可能存在错误排除的情形可以调取该证据,并最终在庭审上认定该证据是否非法。当然,需要再进一步深究的是,如果法官最终认定该证据确属非法证据,要予以排除的,由于该证据已然为法官所接触知悉,对法官断案产生的负面影响还是会多少存在。所以,为了进一步降低非法证据对法官心证的影响,一方面,法律应当规定,对于调取非法证据的申请权应仅赋予辩护方,禁止法官自行调取非法证据,这样可以控制法官主动去接触非法证据;同时,辩护方主动申请调取非法证据也预示着其内心知晓一旦调取非法证据会对法官心证产生可能的负面影响,故辩护方的提请,也肯定是其内心在各项利益之间权衡的最优抉择,对其本身的权益伤害已经降到了最低。另一方面,应积极推行以判决书说理的方式着重对证据部分进行阐释,以最大限度地稀释非法证据对裁判者案件事实的最终认定。值得注意的是,2017年"两高三部"联合出台的《规定》第36条已经明确了这一问题,规定"人民法院对证据收集合法性的审查、调查结论,应当在裁判文书中写明,并说明理由"。对此规定,法院应当积极落实,贯彻执行。

第三节　审查批捕环节非法证据排除的实证研究

一、审查批捕环节非法证据排除的实证面向

理论是实践的先导，通过对审查批捕环节非法证据排除程序的文本解读，可以从理论源头和法律规范的视角出发去理解立法者引入证据排除制度的初衷和行动逻辑。那么实践中这一制度化的程序设计的运行状况如何，是否如立法者所期许的那样，在司法实践中一成不变地按照既定轨道运行呢？这需要实证调研和数据整理进行"印证"。

（一）实证调研的数据结果

虽然现行刑事诉讼法没有明确检察机关在审查逮捕阶段能否排除非法证据，但是受制于检察机关内部检察一体的运行机制和科层制管理的影响，2013年施行的《高检规则》对于各级检察机关具有极强的约束力。因此，《高检规则》一出台，检察机关的侦查监督部门已经开始紧锣密鼓地在审查逮捕环节履行非法证据排除的职能，相关的调研数据也由此产生。

由于在我国绝大部分刑事案件的审查批捕都是在基层检察机关完成①，我们于2013年对S省C市20个区县的基层检察机关进行了调研，获得了2012年刑事诉讼法实施一年以来（2013年1月1日至2013年10

---

① 根据新刑事诉讼法以及《高检规则》的规定批捕案件的级别管辖并未有明确规定。根据我们调研了解的情况，北京地区可能判处死刑无期的案件批捕是在分院（北京一分检、二分检和三分检），而在其他诸如山东、河南、青海等大部分的省份，案件的批捕即使是可能判处死刑的案件很多也集中在基层院。因此，基层检察院批捕案件的范围其实是非常广泛的，对基层院批捕环节非法证据排除的调研考察也较为客观和全面。

月末）检察机关在审查逮捕阶段非法证据排除情况的一些数据①。遵守学术研究的规范，我们对每个检察机关的调研情况进行了编辑处理，并用表格的形式（见表1、表2）将各基层检察院审查逮捕阶段排除非法证据的相关数据直观呈现。

表1　C市所辖市、区、县审查逮捕环节批捕以及非法证据排数据统计

基层检察院	公安报捕数（件/人）	批捕数（件/人）	不批捕数（件/人）	非法证据排除数（件）
CH区②	650/885	442/545	207/339	2
CZ区	250/345	217/289	33/56	2
DY县	182/256	159/212	15/34	0
DJY市	370/493	347/456	23/37	1
GX区	304/403	203/265	97/134	0
JN区	1346/1902	1115/1499	231/403	3
JT县	190/254	162/220	28/34	0
JJ区	634/919	544/734	90/185	1
LQY区	230/不清楚	209/不清楚	21/不清楚	1
PZ市	209/282	198/259	11/23	2
P县	352/463	317/418	32/42	1
PJ县	55/73	47/62	8/11	0
QBJ区	153/202	136/175	17/27	0
QY区	617/871	485/601	132/270	1
QL市	282/427	271/402	11/25	0

①　需要说明的是，统计的报捕案件没有包括未成年人检察科的案件，原因是，有些区县还没有完全独立的未成年人检察科室，而有些单位刚刚建立，数据还没有完全和侦查监督科相分离。故我们只选取了侦查监督科统计的相关数据。

②　由于调研过程中检察机关案件的审查批捕工作一直在进行，有些案件公安机关虽然申请了报捕，但是最后处理结果有的还在审查商讨，所以在一些地方的调研数据会出现"批捕案件数＋不批捕案件数≠公安报捕数"的情况。这在CH区、WJ区等检察院出现，但属于正常现象，特此说明。

第四章 非法证据排除规则的具体应用

续表

基层检察院	公安报捕数（件/人）	批捕数（件/人）	不批捕数（件/人）	非法证据排除数（件）
SL县	719/964	不清楚/800	不清楚/164	0
WJ区	324/513	275/429	56/97	1
WH区	800/1184	566/783	234/401	1
XD区	343	266	77	3
XJ县	193/260	155/200	38/60	20

表2 C市所辖市、区、县审查逮捕环节批捕以及非法证据排除情况

基层检察院	非法证据排除数（件）	批捕案件中排除的非法证据（件）	不批捕案件中排除的非法证据（件/人）	非法证据排除的类型
CH区	2	1	1	犯罪嫌疑人供述、书证
CZ区	2	1	1	扣押冻结款物决定和鉴定意见
DY县	0	0	0	
DJY市	1	0	1	物证、书证
GX区	0	0	0	
JN区	3	1	2	证人证言、鉴定意见
JT县	0	0	0	
JJ区	1	1	0	书证
LQY区	1	0	1	称量笔录扣押物品清单
PZ市	2	2	0	现场检测报告书、具有赌博功能的电子游戏设施设备认定书
P县	1	1	0	勘验检查笔录
PJ县	0	0	0	

续表

基层检察院	非法证据排除数（件）	批捕案件中排除的非法证据（件）	不批捕案件中排除的非法证据（件/人）	非法证据排除的类型
QBJ区	0	0	0	
QY区	1	不清楚	不清楚	犯罪嫌疑人供述
QL市	0	0	0	
SL县	0	0	0	
WJ区	1	0	1	犯罪嫌疑人供述
WH区	1	1	0	讯问笔录、询问笔录
XD区	3	3	0	犯罪嫌疑人供述
XJ县	20	20	0	犯罪嫌疑人供述、证人证言、辨认笔录等

（二）审查逮捕中非法证据的排除已初具效果

通过对上述数据的收集和整理，我们发现2012年修订后的刑事诉讼法实施以来，检察机关在审查逮捕环节积极履行对非法证据的排除职责，并主动将该项工作推向深入，效果已初步彰显，主要表现在如下几个方面：

1. 检察机关在审查逮捕环节非常重视对非法证据的审查与核实

调研的每个检察院都有在审查逮捕环节排除非法证据的实例，一些检察机关虽然没有直接排除非法证据的情形，但在审查逮捕中都能主动地发现"瑕疵证据"，并无一例外地要求公安机关进行补正或解释。甚至，有的地方检察院为了"激发"检察人员对非法证据的排除动力还规定了审查逮捕环节对非法证据排除的考核绩效。可以说，审查逮捕环节，检察机关传统的一元化的羁押审查职能已经开始扩展为羁押审查和非法证据排除的二元职能。

2. 审查逮捕环节检察机关排除非法证据的种类多元化

如前所述，根据新出台的《高检规则》，在审查逮捕环节非法证据的排除范围既包括言词证据，还包括实物证据。实践中的审查逮捕环节，检察机关基本遵循了对涉捕证据的全面审查，在所列的调研表格中出现的排除证据的种类中既有犯罪嫌疑人供述、证人证言、鉴定意见等言词性证据，还有物证、书证和勘验、检查笔录等实物类证据。在调研的非法证据排除案件中除了视听资料、电子数据没有被看到外，其他证据都有涉及，这体现了检察机关对证据审查、排除的细致与全面。

3. 非法证据的排除对于逮捕决定产生了一定的影响，强化了检察机关对侦查活动的监督效果

通过对数据的整理分析，我们发现由于非法证据的排除，导致一些报请逮捕的案件由于证据要件的不足——"不能证明犯罪嫌疑人实施犯罪行为的"，检察机关最终做出了不批准逮捕的决定。如在调研的 C 市下辖的 DJY 市发生的一起案件中，"侦查人员在该市彼岸酒吧门口发现犯罪嫌疑人陈某，当场从其身上搜出一袋晶体状可疑物，随后，在其驾驶的一辆别克汽车上查获两袋晶体状可疑物，现场称量三袋共计 16.41 克。犯罪嫌疑人陈某供述三袋可疑物均系其所有，但侦查人员并未制作搜查笔录、扣押清单等笔录类材料，对三袋可疑物也没有分别称量，称量时也未除去包装袋的重量，且公安机关在将扣押的可疑物送交 CD 市公安局物证鉴定所鉴定时，只送检了一袋可疑物，对另两袋可疑物没有送检。送检的一袋可疑物检验出甲基苯丙胺成分，但重量仅为 5 克多，达不到《刑法》第 348 条规定的非法持有毒品罪的追诉标准。由于另外两袋毒品的取证过程违反法定程序，本身的来源无法查明，客观真实性无法保障，已无法再行补检，因此认定未送检的另外两袋可疑物系毒品的证据属于非法证据，DJY 市检察机关予以排除，并最终以事实不清、证据不足不予批准逮捕犯罪嫌疑人陈某。"类似的处理结果媒体也有报道，如"郑州市高新区检察院在审查逮捕张某与王某涉嫌贩卖毒品一案中，两名犯罪嫌疑人在分别接受侦查监督检察官提审时，均称其没有触犯法律。检察机关要求公安机关对证据收

集的合法性进行说明,并要求提供讯问时的同步录音录像资料。但公安机关未能作出合理解释,也没有出示同步录音录像等相关资料。检察机关以此案嫌疑人有罪供述系非法证据而予以排除后,作出不予批准逮捕的决定。"① 上述案例不仅体现了检察机关审查逮捕环节职能的扩展,而且非法证据的排除导致不批准逮捕的联动效应也大大影响了侦查机关的侦查活动,对其取证行为的规范性给予了积极的影响和引导,也从另一个侧面一定程度上强化了检察机关在侦查阶段对公安机关取证行为的监督和制约。

(三)数据和调研背后所暴露出的相关问题

数据和调研结果一方面体现了检察机关积极践行审查逮捕环节非法证据排除的职责,但背后也同样反映了一些问题亟待重视和解决。

1. 审查逮捕阶段非法证据排除的比例仍然较低

就调研的统计数据看,检察机关在审查逮捕环节虽然有非法证据排除的案例,但数量极少,大部分基层院排除的数量都只有1例,有的基层院甚至1例都没有。唯一一个排除数量较多的基层院为20例左右,但遗憾的是这20例非法证据的排除并未对案件的走向产生关键性影响,案件最终都被做出批准逮捕的决定。由此来看,2012年刑事诉讼法实施一年来审查逮捕环节非法证据排除的数量以及其所发挥的能量还非常有限,这其中的缘由既有检察机关对新制度的引入需要适应的时间,也有深层次的其他原因,后文将专门分析。

2. 非法证据的审查与排除依赖于书面调查

通过数据整理和实地访谈,我们发现规范分析中所谈及的非法证据的审查模式之一——听证式的审查逮捕模式在被调研的检察机关中都没有实施,原因主要是限于经费的紧张和办案时间的掣肘等。这恰恰印证了前文

---

① 邓红阳、赵红旗、宋宁:《郑州检察机关力推非法证据排除规则 23 名嫌疑人因"非法证据排除"未被批捕》,载《法制日报》2013 年 10 月 8 日。

中所考虑的权利运行对成本、资源的依赖。即使在对权利保护最为重视的美国，一些学者也指出："如果权利具有成本，那么，权利的强制执行对于纳税人在节约金钱方面的利益而言就将总是敏感的。当可用的资源枯竭的时候，权利就将常规性地被缩减……总之，权利是相对的而不是绝对的。注意成本是简单的另一条与更为繁忙的人们经常到达的那些路线并行的道路，这条道路通向一种对包括宪法权利在内的所有权利的适当性质的更好理解。它应该是对更为类似的那些方法的一种有用的补充，因为传统的无视成本的权利理论已经再次加强了对权利的社会功能或者社会目的的一种广泛的误解。"① 在访谈过程中，某地侦查监督部门的检察官就指出，"听证式的审查逮捕模式目前仅仅可以考虑零星化的'试点'，大面积的铺开必须考虑成本的支出才具有可操作性，而且书面调查式的审查逮捕模式在实践中的效果也并不比听证模式逊色。"

另外，实践中检察机关一旦依职权启动非法证据排除程序，说明其已在心证上很大程度地认定存在非法取证现象，加之有些犯罪嫌疑人、辩护律师并没有提出申请，听证程序在实际运作上也不可能形成实质的对抗。

3. 非法证据的排除范围掌握不清

虽然2012年刑事诉讼法以及相关的司法解释对于非法证据做了一定范围的框定，但是由于司法实践本身的复杂多样，很多"争议证据"常常处于合法与非法的边缘，以致审查逮捕的检察人员常常难以把握。例如，传唤、拘传24小时内未提供犯罪嫌疑人饮食或必要的休息时间，对于可能判处无期徒刑的案件没有录音录像，或者录音录像没有全程同步，讯问笔录是否具有证据效力。引诱、欺骗获得的供述是瑕疵证据、非法证据还是合法证据；威胁、非法拘禁后重复性供述的资格如何认定等依然在实践

---

① Stephen Holmes and Cass R. Sunstein. The Cost of Rights, Why Liberty Depends on Taxes (M). W. W. Norton& Company, 2000. pp. 97-98. 转引自姚建宗：《权利思维的另一面——读〈权利的成本〉》，载《法制与社会发展》2005年第6期。

中存在分歧。对于上述"争议证据"是直接排除还是可补正、解释,调研的实务部门常常没有统一的认识,有的认定过于主观随意,有的则是无所适从。

4. 实物证据补正或解释形式意义居多

侦查工作案多人少的现实困境以及侦查人员程序意识、证据意识的淡薄,不规范的取证行为多有存在,所获得的物证、书证需要补正或作出合理解释的情形在实践中也不少。但调研中发现:检察机关审查逮捕部门退回公安机关的有瑕疵的物证、书证最终被补正或解释而不予排除的比例极高,几乎所有的实物类证据退补后都被认定为合法证据,立法上"可补正的排除"似乎已经演化为"可补正的不排除"。实践调研中还发现,一些补正或解释其实仅仅具有形式上的"装饰作用",实质上并没有达到补正或解释的实质意义,而检察机关对此种行为认可的"背书",无疑有庇护侦查人员不规范或违法取证之嫌。

二、实证表象背后的深层次分析——实践对理论的有限吸纳和"反对"

审查逮捕阶段排除非法证据的立法规定虽然已在检察机关的实践办案中推行,但就实证调研的情况和统计数据来看,排除的非法证据数量少,证据排除对批捕决定、非法取证的影响甚微,实物类证据的补正或合理解释形式化倾向严重,非法证据排除在审查逮捕阶段的实施并不乐观。"程序创新的命运在很大程度上并不取决于那些喜欢欣赏规则之完备性的法律人。改革的成败主要取决于新规则和某一特定国家的司法管理模式所根植于其中的文化和制度背景的兼容性。"[①] 从更深层次来分析调研结果所呈

---

① [美] 米尔伊安·R. 达玛什卡:《司法和国家权力的多重面孔——比较视野中的法律程序》,郑戈译,中国政法大学出版社 2000 年版,序言。

现的纷杂表象，其隐秘的本质我们认为源于三个方面：检察机关"控诉文化"的惯性影响；证据排除规则与既存逮捕制度难以有效兼容；检警之间特殊的"利益纠葛"与"合作关系"。

（一）"控诉文化"的惯性影响

随着我国刑事诉讼法逐渐完善和近年来法治宣传工作广泛开展，包括检察机关在内的司法机关"重实体、轻程序""重打击、轻保护"的理念逐渐被修正，然而由于司法实践的惯性，一些检察人员长期受到"控诉文化"的熏陶渐染，片面追诉犯罪的倾向积重难返、根深蒂固。所谓"控诉文化"是指以发挥检察职能为目的，着重打击犯罪，维护社会安全和秩序稳定的追诉文化。① 这种文化将"抑制犯罪作为刑事诉讼最重要的功能，将刑事诉讼视为社会自由的积极保护者，而为了完成这一崇高的使命，他强调犯罪处理的效率，"② 侧重对犯罪形成强大的追诉攻势，但对于权益保障和程序的正当性关注不足。有学者就指出在美国，"我们总认为检察官是对正义最有兴趣的，司法部的墙上有句格言宣称：当正义实现时，就是对政府的褒奖。但在真实的世界中，许多检察官对这句话持保留的态度，他们相信当官方受到褒奖的时候，才是正义实现的时候。……在这样的案例中，检察官并没有追求正义，他们和想要被释放的被告一样，只追求一件事情，就是打赢官司。"③ 可见，即使在强调程序正义，将权利保障奉为圭臬的英美法系，检察官也常常化身"热情的诉讼斗士"，不遗余力地争取胜诉。④ 而在我国检察机关也常常受到控诉文化的困扰，无法抽

---

① 施业家、罗林：《论我国检察文化的建设与完善》，载《江汉大学学报（社会科学版）》2013年第4期。
② ［美］哈伯特·L.帕克：《刑事制裁的界限》，梁根林等译，法律出版社2008年版，第160页。
③ ［美］亚伦·德萧维奇：《最好的辩护》，李贞莹、郭静美译，南海出版公司2002年版，第7-8页。
④ 龙宗智：《中国法语境中的检察官客观义务》，载《法学研究》2009年第4期。

身其中客观冷静的回归法律守护人、法律监督者的角色。在控诉文化的感染下，检察机关自上而下更执着于打击犯罪的成绩，急功近利于胜诉率的指标性结果。而这一文化影响投射到审查逮捕环节则表现为各级检察机关每年向人大做工作汇报时的批捕人数。① 由于报告中的批捕人数反映着检察机关"依法惩治犯罪，维护社会和谐稳定"的重要使命，是控诉文化集中体现的重要因子，因此，批捕常常被异化为检察机关履行打击犯罪职能的一部分，逮捕蜕变为打击刑事犯罪的重要手段。不少地方长期存在的严卡"不捕率"、尽量限控不捕人数的局面也就不足为奇。由此所衍生的"文化传承"便是检察机关审查逮捕环节对非法证据的处理方式，正如著名刑辩律师、哈佛大学教授亚伦·德萧维奇所言，"虽然检察官立誓维护法律，但是他们仍然常常用违法取得的证据将被告定罪。"②

在控诉文化的影响下，批捕人数是检察机关履行惩治犯罪职能的重要考核指标，因此，审查逮捕环节中面对"问题证据"，检察机关的处理思路不仅仅是从证据规则本身出发，而是会反复斟酌启动排除程序对逮捕质量的影响，以及对打击犯罪功能可能的减损。如果不是关键性证据，对最后的批捕决定没有根本性的动摇，检察机关可以考虑排除或是主动与侦查机关协商，要求其自行撤回。然而，一旦某个证据为批捕所必需，检察机关此时不仅会就证据本身的取证过程与合法性进行调查核实，而且会综合考量全案中存在的其他证据，即使所审查的证据存在问题，如果在案的其他证据能够印证其真实性，最终作出批捕的决定有彰显实质正义的结果，那么，过程对结果的"生成"意义就容许被忽视，过程可以退化成流程。这就可以理解为什么检察机关在审查逮捕环节排除的非法证据不多，有的

---

① 万毅：《逮捕并非"打击刑事犯罪"的手段——检察机关不宜向人大汇报批捕人数》，载《法学》2009年第2期。

② [美] 亚伦·德萧维奇：《最好的辩护》，李贞莹、郭静美译，南海出版公司2002年版，第7页。

基层院甚至一例也没有，而有的案件中即使排除了一个或多个非法证据，检察机关最终仍能作出批捕的决定。

（二）证据排除制度与既存逮捕制度难以有效兼容

作为"舶来品"，证据排除规则引入我国必然要有适合生存、滋养的土壤，缺乏相关配套机制的有序衔接，或是新旧制度的安排互不兼容都可能阻碍规则的生长和发展，甚至规则或制度还可能反过来打破既有司法体系的正常运转，引发新的风险，导致内在的机理不协。就当前来看，批捕环节既有的相关制度已与证据排除规则产生了不同的冲突，这也是调研中暴露出一系列问题的根源之一。

1. 批捕阶段检察职能的拓展与批捕期间紧张的冲突

如前所述，审查逮捕环节，检察机关传统的一元化的羁押审查职能扩展为羁押审查和非法证据排除的二元职能。职能的增加必然导致工作量的负荷，如果没有相应物质、人力和时间的有效跟进和配套支撑，职能履行的质量便无法保证，工作重心的偏废就在所难免。

根据现行刑事诉讼法第91条第3款的规定，"人民检察院应当自接到公安机关提请批准逮捕书后的七日以内，作出批准逮捕或者不批准逮捕的决定。"一般而言，对于公安机关报捕的案件检察机关不仅要查阅案卷，在法定情况下还应当讯问犯罪嫌疑人、①询问证人、被害人等诉讼参与人以及听取辩护律师的意见②。而随着非法证据排除制度引入我国，一系列的排除规则、程序性制裁理论也纷纷融入到我国的刑事诉讼程序中，较之

---

① 《高检规则》第305条规定："侦查监督部门办理审查逮捕案件，可以讯问犯罪嫌疑人；有下列情形之一的，应当讯问犯罪嫌疑人：（一）对是否符合逮捕条件有疑问的；（二）犯罪嫌疑人要求向检察人员当面陈述的；（三）侦查活动可能有重大违法行为的；（四）案情重大疑难复杂的；（五）犯罪嫌疑人系未成年人的；（六）犯罪嫌疑人是盲、聋、哑人或者是尚未完全丧失辨认或者控制自己行为能力的精神病人的。"

② 《高检规则》第490条第1款规定："在审查逮捕、审查起诉中，人民检察院应当讯问未成年犯罪嫌疑人，听取辩护人的意见，并制作笔录附卷。"

以往我国检察机关在审查逮捕环节对"问题证据"简单、粗糙的处理方式，如今在审查逮捕阶段如果发现"问题证据"，首先要判断证据类型，是合法证据、瑕疵证据、还是非法证据；其次就是对瑕疵证据退回公安机关进行补正或解释；对涉嫌的"非法证据"进行调查与核实，要求公安机关承担其取证合法的举证责任。在刑事案件量激增，案件愈发复杂的情况下，① 检察机关在审查逮捕中不仅要完成是否批准逮捕、决定羁押的工作，还要对发现的可能涉嫌非法证据的情形履行一系列的调查核实以及必要排除的工作。这些工作除了要有兄弟（如公安机关）单位的积极配合，必要的规模化培训外，调研中被访谈者曾多次提出的问题还有：上述制度创设的美好期许、先进理念的引入、精细化的程序设计能否在短短 7 天的审查逮捕环节完全"消化"。访谈中，就有检察人员提出对于一些复杂的共同犯罪案件，仅阅卷就要耗上几天时间，再加上证据材料的录入、提审以及后续发现涉嫌的非法证据再去深入调查，时间上确实有困难。调研组也曾提出过两个问题：第一，如果在审查逮捕环节的最后一两天，辩护律师对某一证据提出重要意见，而此时批捕时限已经非常紧张，如何解决？进一步引申下去，第二，即使经过最快速的审查，发现该证据需要公安机关补正或作出合理解释，此时退回公安机关进行补正，时间上是否来得及？受访的检察人员中有些认为现实中不会或没有碰到这种情况，而有些检察人员则表示如果出现可以"附条件逮捕"②，然后通过后续的其他检察职能，如羁押必要性审查或审查起诉环节的非法证据排除程序予以解

---

① 对于共同犯罪的复杂案件，一些被访谈的检察人员坦言，仅仅看卷的时间就至少需要两天的时间，在加上部门负责人和分管副检察长的批示和讨论，时间上较为紧张。

② 附条件逮捕是指人民检察院对于证据尚未达到"确实充分"的程度但所证明的事实已经基本构成犯罪、认为经过进一步侦查能够取得定罪所必需的充足证据、确有逮捕必要的重大案件的犯罪嫌疑人，应当予以批准（含决定）逮捕，但应当建议并跟踪督促侦查机关继续侦查取证，如在侦查羁押期限届满前仍不能取得定罪所必需的充足证据，则予撤销逮捕的一项制度。参见朱孝清：《论附条件逮捕》，载《中国刑事法杂志》2010 年第 9 期。

决。由此可以推断，批捕时限的紧张确实是挤压审查逮捕环节证据排除规则"伸展"的重要原因。如果简单的扩大时限，必然会遭致倡导人权保障特别是犯罪嫌疑人权益维护的学者的猛烈抨击，所以，短期内 7 天的逮捕审查时限并不会调整，而此环节非法证据排除的质量自然也是参差不齐、差强人意。如果这一冲突长期存在、无法弥合，某些研究者所谈到的在审查逮捕环节搞听证式的审查模式的确就有些"异想天开"了。

2. 排除程序启动方式的设计缺乏相关机制的联动

从法律文本的规范性分析出发，审查逮捕环节既有检察机关依职权发现非法证据的途径，还有根据犯罪嫌疑人及其辩护律师等人的申请启动排除程序的渠道。然而，调研中发现依申请启动非法证据排除的情形凤毛麟角，主要源于两个方面：

一方面，不少犯罪嫌疑人多为侦查机关的初次造访者，对侦查取证和相关法律极为陌生，对繁冗的司法程序常会惊惶恐惧，对自己享有何种权益以及权益遭受侵害后通过何种渠道进行救济也往往一无所知，加之侦查机关本身也缺乏积极的权利告知动机，不注重对犯罪嫌疑人的"诉讼关照义务"[①]，以致一些犯罪嫌疑人或是不知道自己有提出排除非法证据的权利，或是不知道何为非法证据，又或是忌惮于侦查机关的威吓，在审查逮捕环节不敢提出非法证据排除的动议。

另一个方面，作为犯罪嫌疑人的辩护律师，其对犯罪嫌疑人排除非法证据的帮助以及自身在证据排除上所发挥的能量也非常有限。究其原因，是侦查阶段辩护律师的权利有限，所能获得的案件信息非常稀缺。首先，在侦查阶段辩护律师没有阅卷权，所以其自然无法从案件中了解相关的诉讼文书或证据材料。其次，除危害国家安全犯罪、恐怖活动犯罪、特别重

---

① 陈永生：《论客观与诉讼关照义务原则》，载《国家检察官学院学报》2005 年第 4 期。

大贿赂犯罪三类案件外,目前辩护律师持"三证"(律师执业证书、律师事务所证明和委托书或者法律援助公函)已可以同犯罪嫌疑人会见,了解涉嫌罪名和犯罪嫌疑人自身的情况。辩护律师如果能了解到有关侦查机关非法取证的情形也主要集中在与犯罪嫌疑人会见这一环节,获得的信息内容也基本上是围绕"自白"等非法刑讯的情形。然而,依据现行刑事诉讼法,即使了解到可能涉嫌刑讯逼供的情节,辩护律师因为欠缺调查取证权的支持,很难对涉嫌刑讯逼供的情形进一步调查核实。而且随着审讯技术的"提升",殴打、捆绑、体罚类纯粹肉刑的"硬刑讯"已经很少,取而代之的是引诱或欺骗等心理强制的"软刑讯",但这种审讯是否属于法律规定的刑讯逼供"等"的范畴,目前众说纷纭、莫衷一是,这也阻碍了辩护律师对该类"争议证据"提出排除动议的"信心"。质言之,侦查阶段阅卷权、调查取证权配套机制的缺失极大地压制了辩护律师获取其委托人遭受非法取证的线索或信息,而对于除"刑讯逼供"外的其他可能涉嫌非法取证的"软刑讯",辩护律师又无法给犯罪嫌疑人提供确定的法律意见,结果,辩护律师在批捕阶段对犯罪嫌疑人提出排除非法证据的动议帮助极为有限。另外,调研中还发现一个值得注意的问题,按照现行刑事诉讼法的规定,审查逮捕阶段,检察机关可以听取辩护律师的意见,辩护律师提出要求的还应当听取。表面上看,这给辩护律师提供了申请排除非法证据的机会,但现行制度并未明确侦查机关告知辩护律师案件进展的法律义务,律师不知道刑事案件的进展情况,就无法主动向检察机关提交材料,发表意见;"另一方面,侦查机关在收到委托律师函后,经常不归入卷宗,导致检察机关在审查逮捕环节即使想联系律师,也不能通过审查卷宗确定犯罪嫌疑人是否聘请了律师,只能通过讯问犯罪嫌疑人获取相关情况,这往往贻误了检察机关听取律师意见的时机。"① 上述一系列配套机制的缺位降低了辩护律师介入审查批捕阶段的几率,也压制了其提出非法证据排除动议的热情和动力。

(三) 检警之间特殊的"利益纠葛"与"合作关系"

按照宪法的规定,检察机关和公安机关之间是分工负责、互相配合、互相制约的。然而,由于检警之间在实际办案中相互牵扯的利益关系,或者办案中相互有求于对方,因此两者在诉讼中所呈现的办案模式更倾向于平等主体间的互相配合。例如检察机关对于职务犯罪的自侦案件,常常需要对犯罪嫌疑人拘留、逮捕,然而根据现行刑事诉讼法的规定,拘留、逮捕的决定和执行是相互分离的,即使检察机关作出了拘留、逮捕的决定,还必须由公安机关去执行,对于犯罪嫌疑人的通缉,检察机关也必须交由公安机关去发布通缉令。随着现行刑事诉讼法的适用,对于指定居所监视居住、技术侦查这些重要的强制措施或手段也同样存在着检察机关交付公安机关去执行的问题。可以说,检察机关办理自侦案件的质量以及逮捕、起诉等诉讼流程的推进很大程度上依赖于公安侦查部门的大力协助。而这种"大力协助"所对价的则是检察机关在对公安侦查部门监督环节上的"弹性操作"。例如,对于公安机关的不立案监督,检察机关常常人为限定立案监督的数量,监督的方式也相当灵活地以口头监督替代书面的《纠正违法通知书》。② 而在具体的侦查过程中,侦查机关为了办案常常需要以捕代侦、押人取供,这种有求于检察机关的"配合",也常常需要检察机关在"可捕可不捕的案件上"给予侦查机关一定的倾斜或照顾。检警之间特殊的利益纠葛衍生出两者在诸多诉讼程序上的相互合作。而这种内在的

---

① 张军、陈运红:《审查逮捕听取律师意见工作实证分析——以 A 市检察机关为考察样本》,载《中国刑事法杂志》2012 年第 10 期。

② 谢小剑:《制约模式与配合模式:立案监督的模式转换》,载《犯罪研究》2006 年第 5 期。

默契也影响到了审查逮捕环节非法证据排除制度的运行。

三、实践对理论的反哺：基于实证调研和理论分析的改良进路

任何一种新的法律制度的引入或创设如果要在既有的司法土地上实现"软着陆"，必须对该国的法治土壤有着充分的调研和了解。审查逮捕环节非法证据排除规则的推行在实践中碰到的问题以及所尝试的解释进路，都说明了在承认理论对实践有着重要的引导作用的同时，既存的司法实践也会对植入的新理论产生"排异反应"或反作用力。改革者如果能从实践中积极地发掘问题，探索潜在根源和改良进路，就能实现实践对理论的反哺和完善，两者在共生互动中就会达到最佳的契合点。

（一）理念的更新：引入"权利文化"平衡"控诉文化"

"控诉文化"作为检察文化的重要内涵，必不可少。然而，单纯的"控诉文化"将会使检察官同侦查人员一样对犯罪有着同仇敌忾般的天生痛恨感，单向度地只会从控诉角度去考虑问题并操作法律，以致他们很难从追诉犯罪中跳脱出来，客观冷静地审视侦查取证，最终他们对违法取证纠错的主观能动性被降低了。因此，应当倡导检察文化的多元化以及内在的平衡制约。一方面，我们不放弃和排斥检察机关"控诉文化"的生成和发展，但另一方面，我们也应当用多元的检察文化去平衡"控诉文化"中不问是非、不计代价、不择手段追诉犯罪的极端倾向。因此，建议在检察文化中引入"权利文化"。所谓"权利文化"是以个人权利为本位的文化，其意在构筑国家公权力与公民权利之间的关系，强调国家权力要为公民权利而存在。……不是宪法赋予个人权利和自由，而是个人权利产生宪

法。① 作为检察机关运行的主要法律环境——刑事诉讼法被称为"小宪法"、宪法的"测振仪",对于个人权利的尊重和保障理所应当,而且现行刑事诉讼法也将"尊重和保障人权"直接写入了立法。因此,在检察文化中引入"权利文化"顺其自然,也十分必要。

在"权利文化"的感召下,检察机关批准逮捕的目的不再是一味的打击犯罪,而是监督侦查,保障人权。作为国家的法律监督机关——检察机关对于侦查活动负有不可推卸的监督制约义务,赋予检察机关批准逮捕决定权,就是希望通过"中国化的司法审查"来遏制侦查机关滥用强制措施去肆意践踏犯罪嫌疑人的合法权益,通过"程序性控制"避免个人权利被不成比例地去侵扰。在"权利文化"的引导下,逮捕乃是一项旨在保障诉讼程序顺利进行的程序性措施,而非是指控犯罪的追诉性手段,检察机关应当积极向人大汇报不批准逮捕的人数,以达到"强化法律监督、诉讼监督,维护司法公正,全面贯彻宽严相济刑事政策"的目的。也正是在此理论逻辑的延伸下,检察机关在批捕环节,对待"问题证据",应当恪守"维护司法的廉洁公正""阻吓违法取证"和"权利保障"的非法证据排除理论,② 对于认定的非法证据应当坚决排除,决不姑息。

(二)做好配套机制的创立、修订和内在衔接

1. 加大培训和人力资源补充,灵活运用"补侦"制度

从法的安定性和自由保障的角度考虑,检察机关审查批捕的时限短期内并不会调整,如何协调检察机关审查逮捕环节职能的拓展与批捕期间有限的冲突,我们认为眼下可以通过在岗培训提高办案人员对证据规则的理解和操作能力,特别是通过典型案例的说明强化案例指导的实践效果。从

---

① 徐显明:《权利文化和义务文化》,载《新疆师范大学学报(哲学社会科学版)》2004年第1期。

② 董坤:《我国检察机关排除非法证据主体地位之理论证成》,载《上海交通大学学报(哲学社会科学版)》2013年第6期。

长远来看，检察机关可以通过增补人力以及整合业务部门的精干力量，增强各业务部门人员间的灵活流动来缓解新制度所带来的诸多问题。

对于实践中确实由于关键性证据存在争议，短期内无法调查核实做出准确认定的情况，或是关键性证据短期内无法完成"补正或合理解释"的，我们认为应当做好审查批捕职能与非法证据排除职能的"分离"。由于批捕与否的关键性证据真伪不明，检察机关应当做出有利被告的抉择，决定不批准逮捕。但是对于关键性证据的调查检察机关仍然可以继续推进。根据我国现行刑事诉讼法的规定，对于不批准逮捕的，人民检察院说明理由后还可以通知公安机关继续侦查，这就为"问题证据"的补正以及某些重要事实的再行取证提供了法律规范上的支持，另外，我国的报请批准逮捕并没有次数的限制，如果通过继续侦查，"问题证据"被补正，被排除的关键性证据被其他新发现、收集的证据所替代"补位"，那么检察机关仍然可以再次履行批准逮捕的职能。

2. 理顺依申请启动排除程序的渠道

依申请启动排除程序的渠道目前在实践中运行不畅的原因主要是律师对犯罪嫌疑人的帮助以及自身发挥的作用非常有限。因此，应当在现行体制内，通过一系列的机制创新与非法证据排除制度做好有序衔接，解放律师的手脚。

创设听取律师意见的协作配合机制。理顺检察机关侦查监督部门、公安机关侦查办案部门以及当地律协的工作配合关系，三部门可以通过会签工作细则的方式规定：侦查部门应当将收到的律师材料及时归入卷宗，审查逮捕环节的承办检察官在收到案卷材料后[1]应当主动审查卷宗内是否有律师材料，如果没有应当通过与侦查部门的沟通或以讯问犯罪嫌疑人的方

---

[1] 2018年《刑事诉讼法》第87条规定："公安机关要求逮捕犯罪嫌疑人的时候，应当写出提请批准逮捕书，连同案卷材料、证据，一并移送同级人民检察院审查批准。必要的时候，人民检察院可以派人参加公安机关对于重大案件的讨论。"

式了解情况,及时与已委托的律师取得联系,避免审查逮捕环节律师意见提交的延误。

另外,细则中还应当明确律师向检察机关提交意见的基本内容和具体操作程序。由于审查逮捕的时间有限,原则上应当要求律师在检察机关侦查监督部门收案后的3日内提交材料,至于听取的方式可灵活多样,辩护律师可以在电话中向承办检察官口头陈述意见,但意见仍应当记录在案。至于听取意见的内容,逮捕的证据方面的意见应当是辩护律师必须有所反馈的"必答项",而检察机关应当有意提示或关注辩护律师在此方面的意见。对于辩护律师的意见,检察机关也应当建立必要的答复说理机制。按照"两高三部"2017年《规定》第17条第1款的规定,审查逮捕期间,犯罪嫌疑人及其辩护人申请排除非法证据,并提供相关线索或者材料的,人民检察院应当调查核实。调查结论应当书面告知犯罪嫌疑人及其辩护人。检察机关在审查逮捕环节对于辩方的排除非法证据的申请应当落实书面答复机制,并予以必要的说理,以便在听取律师意见机制的创设下将非法证据排除制度的适用推向纵深。

(三)强化检察机关的法律监督地位,检警关系从"过分合作"走向"监督制约"

审查逮捕环节,检察机关对侦查中的违法取证之所以过分迁就,配合大于制约,一个重要的原因就在于权力结构中检察机关的监督地位不高,权力有限;而在诉讼中,如果没有公安机关的支援,很多案件也无法开展。在既有的权力格局下,应当从两个方面进行权宜之计的改良:

一是内部强化非法证据排除制度的推行,将审查逮捕环节非法证据排除作为绩效考核的指标设置与审查起诉环节的非法证据排除形成联动效应。① 如果某一证据在审查起诉环节被排除，但是在审查逮捕环节没有被发现，负责承办案件的检察官必须说明情况，否则将会被扣分。

二是从长远来看，应当进一步强化检察机关在审前程序中的优势地位，强化检察监督的"刚性"，提升对审前诉讼的主导作用。对于公安机关侦查部门不予配合、消极履行职责等不作为、乱作为的情形，根据现行刑事诉讼法第57条的规定，检察机关应当用好调查核实、纠正违法以及追究犯罪的"三板斧"，以此形成法律监督的权威性。只有这样检察机关在批捕阶段发现非法取证后才敢于监督，对待非法证据才勇于排除，不会纠结于检警之间内在的"利益纠葛"而忌惮排除后的"蝴蝶效应"。

伴随着刑事司法改革的纵深推进和刑事诉讼法的修改调整，非法证据排除规则已经从既往的理念介绍、立法呼吁演进为时下权力如何下放配置、程序如何无缝对接等技术性操作层面的探讨。一方面我们应当从非法证据排除的理论源点去深究立法者对制度的设计初衷和创设背景，不断地去挖掘精英意识中潜在的理论智识，滋养既有的排除理论。另一方面，我们还应当秉承实践性话语的意识自觉，考虑制度的具体实施及其现实的保障问题。审查批捕环节的非法证据排除是有中国特色的证据排除规则，它生根于英美，但发展创新在中国。因此，该规则创立后的不断完善必须考虑我国既有的政治、经济与文化所能提供的支撑条件，罔顾国家的现实状况、社会的承受能力则难以取得良好的法律效果和社会效果，甚至可能带来诸如制度无效率、破坏法治秩序等一系列问题。实证调研表明，当前我国审查逮捕环节非法证据排除制度实施效果不彰、运行效率不高，这主要是缘于和该规则对接的内在机制、规范以及外生性的文化、法律环境的影响。然而，任何法律制度都不是完美和一成不变的，我们应当坚持法律制度只有

---

① 绩效考评制度与刑事程序法治化并非格格不入，它们完全可以有机统一。参见郭松：《组织理性、程序理性与刑事司法绩效考评制度》，载《政法论坛》2013年第4期。

在不断变革中才会渐趋合理的信念,同时,将实证中发现的问题用理论解释的进路探究本源,寻找解决之道并将其落实到现有的实践中去。唯有如此,审查批捕环节非法证据的排除制度才能发挥其最大的功效。

第四节 审查起诉环节非法证据排除的实证研究

根据现行刑事诉讼法和相关的司法解释,检察机关在审查逮捕环节和审查起诉阶段都有排除非法证据的责任和义务。但是由于逮捕和起诉所处的诉讼时段不同,相应的程序设计、机制建设也不尽一致,两者对于非法证据排除的情况也有着内在的差异。本节将在比较两者排除非法证据异同性的同时,就审查起诉阶段检察机关排除非法证据的特殊情况进行外在描述和内在分析。

一、审查起诉与审查逮捕中排除非法证据的同与不同

(一) 相同点

就实践来看,审查起诉与审查逮捕中检察机关排除非法证据的情况有几个相同点:

第一,都有排除非法证据的案例出现,且排除的种类也较为丰富。从权威的官方文件看,2013年最高人民检察院检察长曹建明在十二届全国人大常委会第十一次会议上作《关于人民检察院规范司法行为工作情况的报告》时就表示,侦查监督和公诉工作承担着批准逮捕、提起公诉以及对立案、侦查、刑事审判活动进行监督等重要职责。2013年以来,因排除非法证据决定不批捕750人、不起诉257人。[①] 2015年,最高人民检察院曹

---

① 参见《关于人民检察院规范司法行为工作情况的报告》全文,载最高人民检察院官方网站,http://www.spp.gov.cn/zdgz/201410/t20141029_82786.shtml。

建明检察长做《最高人民检察院工作报告》时也指出2014年全年，全国检察机关对不构成犯罪和证据不足的，决定不批捕116553人、不起诉23269人，其中因排除非法证据不批捕406人、不起诉198人。其中，河北省顺平县检察院在审查办理王玉雷涉嫌故意杀人案时，针对多处疑点，坚决排除非法证据，还直接做出了不批捕决定。可见，非法证据的排除在审查逮捕和审查起诉中都有出现。而就调研来看，从2010年"两个证据规定"出台至2013年上半年期间，A直辖市侦查监督部门和公诉部门办理非法证据排除案件共17件20人，排除非法证据9件10人，这其中既有审查逮捕环节排除非法证据的情形，也有审查起诉环节排除非法证据的情况，而且其中也有一起案件因为排除非法证据而直接做了不批捕的决定。同样的情况还发生在H省检察机关，2014年1月至6月，H省检察机关审查逮捕12830件17322人，审查起诉15225件21371人，共适用非法证据14件22人，其中审查逮捕阶段适用非法证据排除8件13人，审查起诉阶段适用非法证据排除6件9人。就排除非法证据的类型来看，种类也较为繁多，这其中既有实物证据的排除，如在抓获犯罪嫌疑人马某某、沈某某时，从沈某某处缴获毒品可疑物，经电子天平称重，净重0.02克，经鉴定检出海洛因成分，但该"海洛因毒品"既无提取笔录，也无计量记录，属于来源不清，故予以排除。还有言词证据，如前文提及的王玉雷案中，2014年3月河北省保定市顺平县人民检察院侦查监督部门就因公安机关可能存在刑讯逼供和以连续传唤的形式变相拘禁嫌疑人等违法取证行为，排除了犯罪嫌疑人的口供，做出了不批捕的决定。[①]

第二，对于非法证据的认定范围都存在模糊性认识，导致排除的标准并不统一。就横向层面而言，非法证据排除是在侦查、逮捕、起诉以及审

---

① 徐盈雁：《河北检察机关排除非法证据纠正一起冤案》，载《检察日报》2014年10月27日，第2版。

判阶段都可能面临的问题。对于非法证据不仅在不同的诉讼环节和阶段存在不同认识，即使在纵向层面，同一个阶段不同的机关在非法证据的认定上也有较大差异。例如，在逮捕环节对于引诱或欺骗所获证据如何认定，违反法定程序如未在规定的讯问地点进行讯问或讯问人员中有协警参加，所收集的供述是否应予排除，这些问题的甄别同样存在于审查起诉环节。就是审查起诉环节的不同地域的检察机关对此也有不同认识。

第三，对待"瑕疵证据"无论是审查逮捕环节还是审查起诉阶段，瑕疵证据在补正、解释后通过的多，被排除的基本为零。这在一定程度上体现了检察机关构筑证据体系过程中对证据质量的严格要求，但从侧面也反映了侦检机关配合的"内在默契"。

（二）不同点

就实践来看，检察机关在审查起诉阶段对于非法证据的排除较之审查逮捕环节有了以下的不同：

第一，审查起诉环节对于非法证据的排除时间较为充裕。相较审查逮捕环节非法证据的排除仅有七天的时间，审查起诉环节一般情况下有一个月的办案期限。[①] 在案件量稳定的情况下，审查起诉中对于非法证据的发现、查证以及排除的认定相对而言时间较为充裕，不会出现审查逮捕环节对于非法证据查证不足，时间紧张的情况。一些地方侦查监督部门在审查逮捕时已经怀疑取证的不法，但由于时间不够，只好暂时做出逮捕决定，等到核实工作完毕之后，再建议公安机关变更强制措施并重新侦查的情况基本没有在审查起诉阶段出现。

第二，对于非法证据的审查由书面向言词性转化。由于审查逮捕时间的充裕，对于非法证据的调查方式也开始多样化，控辩双方以言词交换意

---

① 《刑事诉讼法》第172条第1款规定人民检察院对于公安机关移送起诉的案件，应当在一个月以内作出决定，重大、复杂的案件，可以延长十五日。

见的方式开始增多。

二、审查起诉阶段非法证据排除的新问题

逮捕是侦查以及其他诉讼阶段中可能采用的一种强制措施,审查逮捕也仅仅是侦查阶段可能出现的诉讼环节。虽然犯罪嫌疑人被逮捕预示着将来定罪的高概率,但是捕后侦查机关仍然要继续收集犯罪证据,完善证据体系。另外,逮捕的潜在功能——"押人取供"的情形在实践中还多有出现。这些情况都表明随着诉讼的推进,证据是在不断扩容、筛选,日臻丰富的。故,审查逮捕和审查起诉中所面临的证据材料、证据体系并不相同,两者可能都会面临非法证据、瑕疵证据的出现。但是参考前文谈及的检察机关在审查逮捕环节非法证据的排除,我们发现在审查起诉环节有如下两个较为重要的问题值得实践警惕。

(一) 对于非法证据排除规则与其他证据排除规则的混用

调研中,我们发现审查起诉期间检察人员常常将需要排除的证据都视为非法证据,启动相应的"排非程序"。由此,非法证据的认定出现泛化,非法证据排除扩张为所有的证据排除规则。比较常见的情形就是将前文提及的不可靠证据也视为非法证据,把我国特有的"不可靠证据排除规则"也纳入"非法证据排除规则"之中。例如上文提及的马某某、沈某某毒品案中,从沈某某处缴获毒品可疑物,经电子天平称重,净重0.02克,经鉴定检出海洛因成分,但该"海洛因毒品"既无提取笔录,也无计量记录,来源不清,故视为非法证据予以排除。但实际上,之所以最终排除该海洛因毒品,是依据《高法解释》第73条第1款,"在勘验、检查、搜查过程中提取、扣押的物证、书证,未附笔录或者清单,不能证明物证、书

证来源的，不得作为定案的根据。"① 对于该类证据依据不可靠证据规则而直接绝对排除，其并非适用刑事诉讼法第 56 条第 1 款的规定，自然也不可能有补正或合理解释的机会。

其实从《高法解释》第四章证据的条目设置就会发现，该章共有九节，第二节到第七节分别是物证、书证的审查与认定，证人证言、被害人陈述的审查与认定，被告人供述和辩解的审查与认定，鉴定意见的审查与认定，勘验、检查、辨认、侦查实验等笔录的审查与认定。除此以外，该章还专门在第八节规定了"非法证据排除"。可见，作为该章第二节中"物证、书证的审查与认定"中第 73 条的规定并不属于第八节中非法证据排除规则涉及的内容，由此可以推及，上述案例中不得作为定案根据的海洛因毒品也并非是因被认定为非法证据而被排除。②

从我国当下三种证据排除规则——非法证据排除规则、不可靠证据排除规则以及瑕疵证据排除规则出发，检察实践中，应当严格限制非法证据的认定范围。毕竟三种排除规则的适用程序并不相同，只有非法证据排除规则才会启动排非程序，另外两类规则都是由法官在证据调查环节，在控辩质证的基础上对证据进行审查判断后的取舍，无需启动专门的排非程序，耗费有限的司法资源。同理，检察环节对于不可靠证据排除规则和瑕疵证据排除规则的适用也应由检察人员在兼听侦辩双方意见的基础上自行审查判断，无需动辄即在审查起诉以及审查逮捕期间启动繁杂的"排非程序"。

---

① 我国司法解释中该条的规定类似于英美法系国家解决证据可采行问题时适用的"鉴真规则"，即旨在解决举证一方于法庭上出示的实物证据与其在诉讼主张中所声称的实物证据之间是否具备同一性的证据规则，鉴真规则属于证据可采行或者等同于证据能力的范畴。参见孙锐：《实物证据庭审质证规则研究——以美国鉴真规则的借鉴为视角》，载《安徽大学学报（哲学社会科学版）》2016 年第 4 期。

② 同样的问题也发生在了前文第九章"实证视角下审查逮捕环节检察机关的排非程序"中审查批捕环节的毒品犯罪案例中，其毒品被排除其实是适用的不可靠证据排除规则，并非是非法证据排除规则，道理上文已经阐释，在此不予赘述。

综上，我们认为，有必要重审一下非法证据排除规则中对非法证据范围的识别。随着2017年"两高三部"出台的《严格排除非法证据规定》施行，其第一部分"一般规定"中一至七条的规定是非法证据最明确的范围边界。实践中，检察办案机关应当准确把握这些条款中对"非法证据"类型和范围的划定，严格将其与《高法解释》"证据"一章中第二至第七节内各类证据审查与认定中"不可靠证据""瑕疵证据"作出区分，避免非法证据认定的扩大化。

（二）瑕疵证据排除规则的使用陷入"误区"

如果说审查逮捕环节，检察机关审查的重心是非法证据的筛选；那么为了提高胜诉率，获得庭审主动权，在审查起诉环节的证据审查中，检察机关则应更多关注于瑕疵证据以及其补正或解释的效果，从而摆脱庭审中对于瑕疵证据证据资格的过多纠缠。然而，在调研中，对于瑕疵证据，我们发现检察机关面临着诸多困扰。

1. 瑕疵证据的补正方式是否包括"重做"

所谓瑕疵证据，共识性的说法是"在法定证据要件上存在轻微违法情节（俗称'瑕疵'或'缺陷'）的证据。瑕疵证据属于证据能力待定的证据，其是否具有证据能力，取决于其瑕疵能否得到补正或合理解释：若能得到补正或合理解释，则该证据即具有证据能力，可继续在后续程序中使用；若无法予以补正或合理解释，该证据即不具有证据能力，不得在后续程序中继续使用。"可见，瑕疵证据最本质的特征就是其违法情节的轻微，这种轻微使得瑕疵证据具有法政策的可容忍性，如果能够通过补正或者解释，将这种违法情节补正，瑕疵证据可以得到治愈，最终作为合法证据来使用。一些学者就瑕疵证据的补正方法做了归纳，包括当事人同意、补强证据、补充证据。① 还有一些学者认为,"'办案人员补正',是指办案人员对于存在程序瑕疵的证据进行必要的补充和纠正。具体说来,有两种方式:一是对证据笔录进行必要的修正,包括对笔录内容的增加、删除或者修改;二是重新实施特定的侦查行为,并重新制作笔录。"② 在此,一种特殊的补正方法被提出——重新收集、制作证据,即"重做"。实践中"重做"在一些检察机关办案中也被认为是补正的方式,但也有学者对此提出了异议。那么,瑕疵证据的补正方式中是否包括"重做"呢?我们对此持否定态度,原因如下:

首先,文义解释上的难以自洽。从字面意思上来看,"补正"包括修改和更正两个方面,但无论哪一用词,都是在既有客观存在事物基础上的修补,有些学者将"补正"理解为是对瑕疵的"治愈",而治愈也是对既有病体的一种修复。因此,补正的前提必须是有既存的"问题证据"之本体。而"重做"的字面意思首先是重新制作,相较于之前的"问题证据",其更多的表示是一种"证据再造"。如此一来,原有的"问题证据"其实仍然存在,本身并没有得到修复或治愈,只是经过重新制作出现了另一份证据。此时,瑕疵证据和重新制作的证据究竟是一个证据(即,补正过的证据)还是两个彼此不同的证据,不免让人心生狐疑。

其次,承认瑕疵证据的补正包括重作意味着瑕疵证据与非法证据的混同。按照新修订的刑事诉讼法和相关司法解释的规定,不少学者都将证据在证据资格上划分为合法证据、非法证据和瑕疵证据。对于非法证据,法律规定应予排除,不得作为定案的根据。而瑕疵证据本身并不同于非法证据,由于其取得手段或程序上的轻微违法,对于法益的侵害轻微,因此,瑕疵证据往往有补正和解释的机会,即经过补正或者合理解释后,最终仍

---

① 万毅:《论瑕疵证据——以"两个〈证据规定〉"为分析对象》,载《法商研究》2011年第5期。

② 陈瑞华:《论瑕疵证据补正规则》,载《法学家》2012年第2期。

然可以"转正"成为合法证据。然而,如果承认了瑕疵证据的补正包括"重做",则意味着重新制作的证据已经替代了原有瑕疵证据,此时瑕疵证据的证据价值已经丧失。认为补正包括"重做"的学者也承认,"作为补正方式之一的重新调查取证,是指公诉人亲自或者责令侦查人员重新收集证据,如重新讯问被告人、重新询问证人、被害人或鉴定人、重新进行勘验、检查、搜查、扣押、提取、辨认等行为。通过重新调查取证,将有关证据再次以合法的方式收集起来,并重新提交法庭,要求法庭将其作为定案的根据。至于原来非法收集的证据,就可以弃之不用了。"① 如果照此理解,对于瑕疵证据的"弃之不用"本质上与证据排除已并无二致,这其实就是直接否定了瑕疵证据的证据资格,排除了其诉讼中的证据价值,另起炉灶,去收集新的证据。唯一不同的是,瑕疵证据对于新证据的收集起到了一定的线索指向作用,除此以外,别无它用,如此其与非法证据已混为一谈。

最后,瑕疵证据的补正若包括"重做",不利于对违法取证行为的直接纠正。瑕疵证据不同于合法证据,其处于合法与非法的中间地带,本身并不稳定,只有通过补正或解释才能决定其最终命运。言下之意,瑕疵证据经过补正或合理解释可以转化为合法证据;但是若其经过补正或解释无法达到合法证据所要求的基本构成要件,最终仍然会转向非法证据,面临排除的境遇。可见,不仅是非法证据,瑕疵证据的创设也会对取证行为起到一定的规范和重塑效果,毕竟瑕疵证据的补正过程本身也是侦查机关对既往取证行为的重新审视和反省。然而,"重做"这种补正方式的出现,却使得瑕疵证据不必过多顾忌其本身的瑕疵以及产生瑕疵的不法行为,只要取证机关能够重新合法规范的"再来一次",取得的证据就可能而且是非常可能成为合法证据。这其实难以给取证机关有"回头看"的总结和

---

① 陈瑞华:《非法证据排除规则的中国模式》,载《中国法学》2010 年第 6 期。

"就事论事"的反思机会，无法对不法取证起到良好的阻却效果。

综上而言，我们认为瑕疵证据的补正方式中不能包括"重做"这一方法。如果瑕疵证据无法通过"重做"以外的方式予以补正或合理解释的话，该瑕疵证据最终应认定为非法证据，径直排除。如此，方能对取证机关起到一定的震慑作用和规训效果。当然，无论是瑕疵证据还是非法证据若最终被排除后，法律并不禁止取证机关在条件允许的情况下重新制作、收集证据。但需要明确两点，第一，此种重新制作、收集到的证据是一种新证据，与之前被排除的瑕疵或非法证据并没有内在的直接联系；第二，重新制作、收集到的证据仍然要受到证据排除规则（如重复自白规则）的完整检验，如果其证据资格存有问题，仍然有被排除的风险。

2. 瑕疵证据的分类与补正解释进路

在厘清了瑕疵证据补正方式的基本外延后，紧接着需要讨论的问题便是补正或解释的具体方法。由于取证手段、取证程序的多样，伴随着不规范的取证行为，证据瑕疵产生的原因也是千差万别。当出现了一个瑕疵证据后，如何在短时间内找到最为有效的补正或解释进路是目前实践中最为头疼的问题。我们认为要解决好这一问题，需要从瑕疵证据本身入手，在做好分类的基础上充分理解证据瑕疵产生的深层次原因，由此才能准确掌握补正或解释的进路。

（1）瑕疵证据的分类——实质上的违法还是形式上的违法。如前所述，瑕疵证据往往是取证程序轻微违法所导致的结果。然而，对于轻微违法的具体情形、实践样态如何，并没有一个明确的分类归纳。我们认为按照侦查取证程序在客观上是否确实违反，可以将瑕疵证据分为形式违法的瑕疵证据和实质违法的瑕疵证据。

所谓形式上的违法是指，侦查人员在取证过程中并没有违反相应的取证程序，只是由于工作中的疏忽大意、粗心马虎导致了证据收集、制作规程上的不规范，导致证据在形式要件上差错或不完整。常见的情形是在取证中，相关的记录材料上没有体现出侦查人员取证的真实情况，如笔录制作中的错记或漏记，导致证据审查者或者辩护方对于取证程序的合法性产生了疑问，进而认为取证有轻微违法，所获证据为瑕疵证据。《高法解释》第77条就有此类情形的规定，如"询问笔录反映出在同一时段，同一询问人员询问不同证人的，"询问笔录为瑕疵证据。依照该规定，如果侦查询问过程中，同一询问人员确实是在同一时间段内只询问了一名证人，只是在笔录制作过程中错误地填写了日期或者时间，导致后续的笔录审查者认为一名询问人员在同一时间内询问了不同的证人，怀疑为瑕疵证据。对于此种情形，从本质上看侦查人员并未违法取证，所犯错误在于笔录制作中的疏忽大意、不够细致，此种错误并不是实质上的询问程序违法，其所违反的最多也就是刑事诉讼法第122条有关如实记明笔录的规定，仅仅影响到了笔录外在形式要件的合规范性，可以称作是表面上的形式违法。①

实质违法的瑕疵证据是指，所取得的证据首先从表面上观察已经属于形式上的不合法、不合规，通过进一步的调查还发现表面形式的不合法所反映的实质内容为确实存在客观上违法取证的情形，只是该违法情节较为轻微，对合法权益的侵害不大，属于瑕疵证据。质言之，法律明确规定了侦查人员的取证程序或手段，但是侦查人员直接违反了该规定，导致所获证据产生瑕疵。如《刑事诉讼法》第124条指出，"侦查人员询问证人，可以在现场进行，也可以到证人所在单位、住处或者证人提出的地点进行，在必要的时候，可以通知证人到人民检察院或者公安机关提供证言。"根据该规定，询问证人的地点有现场、证人所在单位、住处、证人提出的地点以及人民检察院或公安机关。只有在上述地点询问证人，才符合法定程序。实践中，如果侦查人员询问证人的地点不符合上述规定，如县公安

---

① 当然对于"询问笔录反映出在同一时段，同一询问人员询问不同证人的"也可能存在实质违法，即询问证人时没有个别进行，而是集体询问，那么由此取得的证言即应当排除，不得作为定案的根据。

局侦查人员指定的地点为该县某宾馆询问证人。按照《高法解释》第77条规定,询问制作的笔录即为瑕疵证据。此处侦查人员确实违反了询问的程序,但由于情节轻微,并不属于绝对排除的非法证据,而是归为实质上违法产生的瑕疵证据。

（2）不同的补正或解释进路。对瑕疵证据的上述分类源于其产生方式的不同,补正或解释自然也有着不同的途径和标准。

对于形式违法的瑕疵证据而言,补正或解释的方向较为明确,只要能够证明表面瑕疵缘于疏忽大意,实际情况并非如此即可。例如,询问笔录记载错误产生的瑕疵证据,作为证明责任的负担方可以通过提供询问时的录音录像,提请通知有关侦查人员或者其他人员到场说明情况等方式来证明笔录所记载的情况并非询问的真实情境,侦查人员是严格按照法庭程序展开询问工作的。那么此时,形式违法的瑕疵证据即已得到补正或解释,可以作为合法证据来使用。

而就实质违法的瑕疵证据而言,该类证据是在违法行为确实存在的前提下所产生的瑕疵,由于违法行为是对法定取证"规范动作"的明显违反,因此对违法行为已经无法弥补。而要治愈瑕疵,主要的补正或解释方向应当是证明该违法行为是轻微的,对法益的侵害还没有发生,即使发生了也是非常轻微的,对证据本身的真实性影响也不大,故证据仍然可以使用,没有排除的必要。以前述侦查人员询问证人没有在法定地点,所获询问笔录为瑕疵证据为例。该询问笔录之所以有瑕疵是因为侦查人员违反了询问证人的相关程序（法定地点的规定）,客观上构成违法。而要治愈瑕疵,此时证明责任的负担方可以以证人事后追认的方式对瑕疵笔录进行补正。如证人表示虽然询问没有在法律规定的地点进行,但是整个询问过程侦查人员都没有暴力、威胁的行为存在,其作证证言都是自愿而为,是真实意思的表示,没有强迫因素的介入。证人事后还是认可在此询问地点接受的询问（此时可以认定是刑事诉讼法规定的证人提出的地点）。如此,该询问笔录即获有效补正转为合法证据。

3. 瑕疵证据的认定及补正解释规程——从一则案例谈起

对于形式违法和实质违法瑕疵证据的区分可以帮助证明责任负担方有效地理清补正或解释的方向和方法。需要说明的是，上述瑕疵证据的区分在实践中还应当认真甄别，有时外观上相同的瑕疵证据，可能有的是形式违法的瑕疵证据，有的是实质违法的瑕疵证据。如《高法解释》第77条和第82条都规定了，如果讯问笔录或询问笔录没有记录告知被讯问人、证人相关权利和法律规定的，讯问笔录或询问笔录为瑕疵证据。此处的瑕疵证据有可能是形式违法产生，如已经告知了相对人有关权利和法律规定，但是忘记在笔录中注明；也有可能是实质违法产生，如侦查人员在讯问或者询问前确实没有告知相对人有关权利和法律规定，也就没有写入笔录。对于上述两种情况，虽然笔录的外观表象是相同的，但是其补正或解释的方向及其方法却可能迥然不同。为此，如何能够有效甄别法律规范中所规定的瑕疵证据的类型，并做好相应的补正或解释工作呢？在此，我们以调研中发现的一起案件——"讯问笔录填写瑕疵案"为例，进一步探讨瑕疵证据的类型甄别。

在某一受贿案中，犯罪嫌疑人C在侦查讯问后作出了一份有罪供述笔录。但是审查该笔录发现，笔录上有侦查人员A和B的签名，但明显看出A侦查员有代签B侦查员签名的情况（笔迹雷同）。犯罪嫌疑人也提出当时只有A侦查员一人对其进行讯问，B侦查员在讯问期间进来过两次，时间不长就离开了。经过调查发现该有罪供述的讯问笔录基本上是在只有A侦查人员讯问的情况下做出的。按照《高法解释》第82条第1项的规定，"讯问笔录填写的讯问时间、讯问人、记录人、法定代理人等有误或者存在矛盾的"，讯问笔录有瑕疵，为瑕疵证据，对此如何处理，办案部门产生了两种不同意见：

观点1：瑕疵补正不能，应予以排除。按照刑事诉讼法以及相关司法解释的规定，讯问时必须有两名或两名以上侦查人员在场，讯问笔录上反映的只有一名侦查人员讯问的情况经调查是客观事实，并不是笔误，而是属于讯问违法。那么，实际上侦查机关已经无法通过补正将只有一人讯问的客观事实改为两人，因此属于补正不能，瑕疵证据据此应当排除，不能作为定案的根据。

观点2：瑕疵可以补正。有不同意见者认为，虽然侦查机关客观上的讯问程序已属违法，但是公诉部门通过观看侦查机关播放的讯问录音录像，可以确定整个讯问过程合法规范，犯罪嫌疑人也承认在单人讯问中没有刑讯逼供等非法手段的使用。因此，该份笔录是犯罪嫌疑人的自愿供述，自白的任意性已经得到了保障和确认，故瑕疵已经补正，瑕疵证据可以转为合法证据。

对于上述情形，我们认为这其实就牵涉到了瑕疵证据类型的准确认定，上述案件涉及的讯问笔录中侦查人员签名的问题反映到《高法解释》第82条第1款的规定，到底司法解释中对于此种情形的瑕疵是形式违法的瑕疵还是实质违法的瑕疵？如果是前者，那就意味着司法解释就认为讯问时必须有两个以上的讯问人员在场，若其中一个因为疏忽忘记签名而由他人代签，这种所谓的"笔误"是可以补正解释的，但如果讯问中实际上就只有一个讯问人员在讯问，则已经违反了司法解释对该种情形"形式瑕疵"的设定本意，属于补正或解释不能，观点一就是合适的。但是，如果此种情形可以解释为实质违法的瑕疵，那么观点二的处理就是妥当的。当然，如果法律对此处规定的瑕疵证据是形式违法与实质违法兼具的，那么观点二的处理方式也是正确的。那么上述的瑕疵证据究竟是哪一种类型呢？如何进行准确的判断？

表 3：瑕疵证据的具体情形和分布（《高法解释》第 61 - 94 条）

证据种类	瑕疵证据的情形
物证、书证	①勘验、检查、搜查、提取笔录或者扣押清单上没有侦查人员、物品持有人、见证人签名，或者对物品的名称、特征、数量、质量等注明不详的； ②物证的照片、录像、复制品，书证的副本、复制件未注明与原件核对无异，无复制时间，或者无被收集、调取人签名、盖章的； ③物证的照片、录像、复制品，书证的副本、复制件没有制作人关于制作过程和原物、原件存放地点的说明，或者说明中无签名的； ④有其他瑕疵的。 《高法解释》第 73 条
证人证言	①询问笔录没有填写询问人、记录人、法定代理人姓名以及询问的起止时间、地点的； ②询问地点不符合规定的； ③询问笔录没有记录告知证人有关作证的权利义务和法律责任的； ④询问笔录反映出在同一时段，同一询问人员询问不同证人的。 《高法解释》第 77 条
被告人供述和辩解	①讯问笔录填写的讯问时间、讯问人、记录人、法定代理人等有误或者存在矛盾的； ②讯问人没有签名的； ③首次讯问笔录没有记录告知被讯问人相关权利和法律规定的。 《高法解释》第 82 条

我们认为要弄清该问题，必须从法律文本和立法本意出发。从法律文本中对于瑕疵证据的分类来看（如上表3），大部分瑕疵证据的规定都是形式违法的瑕疵证据，只有少部分是实质违法的瑕疵证据。而且，法律对于有些实质违法的"证据"还直接认定为非法证据予以排除。如对于"询问笔录反映出在同一时段，同一询问人员询问不同证人的"就可能存在实质违法的情形，即询问证人时没有个别进行，那么由此取得的证人证言按照《高法解释》第 76 条的规定即为不可靠证据，应当排除，不得作为定案的根据。可见，立法的目的更多的是倾向于给予更多的形式违法的瑕疵证据以补正或解释的机会，限制实质违法瑕疵证据进入诉讼程序。在

以"证据制约（取证）行为"的立法导向下，观点1应该更有合理性。然而，在我国犯罪浪潮汹涌，打击犯罪压力持续不减的现实境遇，过于严苛和一刀切的排除规则似乎并不利于侦查工作的渐进式改革和法制化进程。对此，参与立法的同志也提出了比较客观的看法，"是不是所有以非法方法收集的证据都应当予以排除？……司法实践中一些地方曾经出现非法证据排除泛化的问题，只要侦查机关在取证过程中有违反刑事诉讼法规定的情形，比如违反刑事诉讼法第118条关于'二人'讯问的规定，只有一个侦查人员进行讯问的，就予以排除。这种做法显然不符合刑事诉讼法规定的精神。"[1] 即使在英美和大陆法系国家，也是通过法律明确规定了直接排除的证据，而对于其他违反法定程序的证据则由法官裁量处之。如《英国1984年警察与刑事证据法》就规定，对于警察采用"强迫"或其他可能导致证据不可靠的方式所获取的被告人供述，法庭不得将其采纳为不利于被告人的证据。而对于被告人供述以外的证据，该法则采取了"自由裁量的排除"方式。在德国，联邦宪法法院所确立的"自主性证据使用禁止"规则，一般不要求法官对于所有侵犯宪法权利的侦查行为都采取自动排除的态度，而是给予法官在判定某一宪法权利是否受到侵犯以及应否排除该项证据方面拥有较大的自由裁量权。但对于那些违反刑事诉讼法的方式所获取的非法证据，法院则采取了强制排除的做法。[2] 在日本，排除非法证据的标准也是采相对排除说，认为如果违反宪法就绝对排除证据，对于其他情况应当从司法的廉洁性和抑制违法侦查的观点权衡各种因素之后，才能决定是否排除。[3]

考虑中国的实际情况以及比较法的借鉴依据，我们认为在不影响被告

---

[1] 李寿伟：《非法证据排除制度的若干问题》，载《中国刑事法杂志》2014年第2期。
[2] 陈瑞华：《非法证据排除规则的中国模式》，载《中国法学》2010年第6期。
[3] ［日］田口守一：《刑事诉讼法》，张凌、于秀峰译，中国政法大学出版社2010年版，第292页。

人供述真实性的情况下,只要法律没有明确将"问题证据"规定为是非法证据或不可靠证据的,都可考虑先以瑕疵证据对待,但是其补正或解释的方向和方式要予以严格设定。具体而言:

(1) 当司法实践中发现侦查机关的取证活动有违反法定程序的情形,首先查明该情形下的证据是非法证据、不可靠证据还是瑕疵证据,如果是法律明确规定的非法证据、不可靠证据则直接排除,如果法律没有明确规定是非法证据、不可靠证据,则先统一认定为是瑕疵证据。

(2) 进一步判明该瑕疵是形式瑕疵还是实质瑕疵,如果是形式瑕疵,其补正与解释的思路较为简单,秩序补正并简要解释当时的"无心之失"即可。但如果是实质瑕疵,其补正或解释的方向应严格推进。

(3) 对于实质性瑕疵证据,先从法解释学的角度分析导致瑕疵的取证行为其所违反的法定程序在当初设定时的立法目的是什么?

(4) 违反该法定程序的取证行为是否已经实质侵犯到了这一立法目的,如是否已经因为程序违反侵犯到了当事人的合法权益,[①] 或者影响了证据本身的可靠性?

(5) 如果能够通过补正或解释的方式说明取证行为对程序的违反并未对当事人合法权益产生侵害(或即使有所侵害也较为轻微),对证据本身可靠性的影响也不大,则证据瑕疵被"治愈",瑕疵证据转为合法证据。否则,属于瑕疵的补正或解释不能,瑕疵证据将被排除。

上述补救或者解释过程是一种递进式的思考近路,满足前一个步骤后一个步骤才会继续,如果其中有的步骤达不到要求,就可以直接终止下一步的继续推进。如发现瑕疵证据为形式性瑕疵证据,则后续的(3)(4)

[①] 之所以如此考量,"盖证据合法性瑕疵排除的意旨,主要系在担保被搞得权利不受过度的侵犯,倘若被告并不以权利侵犯为意,自无所谓权利侵犯问题发生,从而对于具有证据合法性瑕疵的证据,在被告同意使用的条件下,自然得以为瑕疵之修复。"柯耀程:《法定"证据排除"的意涵与适用》,载《检察新论》2011年总第10期。

（5）则不再会涉及。反之，若判定为实质性瑕疵证据，则要继续进行后续进程的推进。按照这一思路上述案例中对于讯问笔录的证据处理方法如下：

首先，新修订的《刑事诉讼法》第118条的规定："讯问犯罪嫌疑人必须由人民检察院或者公安机关的侦查人员负责进行。讯问的时候，侦查人员不得少于二人。"经过调查本案中的讯问人员实质上只有一人讯问，讯问程序违法。根据刑事诉讼法和相关司法解释的规定，对于讯问过程中讯问人员不足两人而获得的讯问笔录，没有明确被认定为是非法证据或不可靠证据径行排除，故先统一划归为瑕疵证据，[①] 看能否予以补正或合理解释。

其次，进一步区分该瑕疵证据是形式违法的瑕疵证据，还是实质违法的瑕疵证据。在本案中，由于笔迹相同，笔录中明显可以看出有A侦查员代签B侦查员签名的情况。经过调查核实，发现"B侦查员在讯问期间进来过两次，时间不长就离开了，该有罪供述的讯问笔录实质上就是在只有A侦查人员讯问的情况下做出的，并非讯问笔录的记录有误"。因此，该讯问笔录为实质违法的瑕疵证据。

最后，对该讯问笔录的审查应当遵循实质违法的瑕疵证据之补正或解释方式，即探求两人以上讯问之立法本意。根据立法意图，设定讯问期间两名以上的侦查人员参与，目的"一是讯问工作的需要，有利于客观、真实获取和固定证据，二是有利于互相配合、监督，防止个人徇私舞弊或发生刑讯逼供、诱供等非法讯问行为；"[②] 三是有利于防止一些犯罪嫌疑人

[①] 对此，参与新《刑事诉讼法》立法的同志也认为，违反《刑事诉讼法》第118条关于"二人"讯问的规定，只有一个侦查人员进行讯问的，就予以排除。这种做法显然不符合刑事诉讼法规定的精神。有非法证据排除过于泛化的倾向。参见李寿伟：《非法证据排除制度的若干问题》，载《中国刑事法杂志》2014年第2期。

[②] 朗胜主编：《中华人民共和国刑事诉讼法修改与适用》，新华出版社2012年版，第237页。

诬告侦查人员有人身侮辱、刑讯逼供等行为，或是避免出现犯罪嫌疑人为了逃跑等其他原因，发生伤害侦查人员的状况，毕竟两个以上的侦查人员能够较好的控制乃至制服意欲脱逃、行凶的单一犯罪嫌疑人，保护自身安全。那么按照此立法本意，上述讯问过程中，侦查人员违反了讯问程序，但是只有可能发生不法的取证行为才能算是真正侵犯到犯罪嫌疑人的合法权益，影响到证据的真实性。因此，侦查机关的补正或解释路径就应当是证明整个讯问过程都是合法规范的，犯罪嫌疑人的各种权益并未受到实质侵害，口供处于自愿。如果这些情况能够得到证明，那么瑕疵即可得到补正或合理解释。对此，侦查机关可以通知讯问时的其他在场人员出庭作证，申请侦查人员出庭说明情况以及播放同步录音录像等方式来证明整个讯问过程的合法规范。当然如果犯罪嫌疑人本身以追认的方式承认整个讯问过程没有非法取证的行为发生，证据瑕疵当然也可达到补正或合理解释。此讯问笔录最终就可以作为证据使用，反之，则属于补正或解释不能，讯问笔录应认定为非法证据予以排除。

为充分说明该补正或解释的方式方法，再举一例"故意伤害案中的妇女检查案"予以说明：

A（女）涉嫌故意伤害罪，根据受害人B的陈述，其在遭受A侵害时曾与之搏斗，并抓伤了A的左手。侦查人员C（男）于是查看A的左手，在其左手无名指上发现一道抓痕。试问，本案中侦查人员C对A所实施的人身检查行为是否合法？由此发现的抓痕情况所制作的检查笔录可否作为证据使用？①

在本案中，侦查人员C（男）查看犯罪嫌疑人A（女）左手的行为是检查这一具体侦查行为。根据新修订的《刑事诉讼法》第132条第3款的

---

① 孙远：《论"补正"与"合理解释"——从"瑕疵治愈说"到"法规范目的说"》，载《中国刑事法杂志》2015年第1期。

规定："检查妇女的身体，应当由女工作人员或者医师进行。"根据案例，侦查人员 C 既不是女性工作人员也不是医师，故此处的侦查行为和取证程序是违法的，那么所制作的检查笔录不是合法证据，但究竟是瑕疵证据还是非法证据或不可靠证据呢？如果是瑕疵证据，如何补正和解释呢？按照上文我们对证据判断的进路：

首先，侦查人员的取证行为违反了法定程序，但此处程序违法后所获得的证据在新修订的刑事诉讼法和相关的司法解释中并没有做出明确的处理规定，故先统一划归为瑕疵证据。

其次，该瑕疵证据是哪一种类的瑕疵证据呢？依此案的表述，检查笔录中的检查人员确实是男性侦查员，检查程序确实违反了法律的规定，故应当是实质性违法的瑕疵证据。

最后，对实质性违法的瑕疵证据进行补正和解释。具体进路是分析为何法律规定检查妇女的身体是女工作人员和医师。从立法原意出发，这其实体现了"对妇女的特殊保护，有利于保护被害妇女或者女性犯罪嫌疑人的人身权利和人格尊严不受侵犯。"[①] 因为，检查妇女的身体在某些性犯罪案件中，可能会看到、触碰或侵犯到女性的隐私部位（或身体健康），此时如果由男性侦查员实施会侵及女性的性羞耻感，不仅有伤风化还可能涉嫌侮辱人格，故从公序良俗和伦理规范而言，法律规定了必须由女工作人员和医师进行。但是，本案中的检查妇女身体仅仅是观察女性的手指，手并没有触碰，在当今社会，这当然谈不上侵犯女性的隐私部位，伤害到女性的性羞耻感，故此犯罪嫌疑人 A 的权益并没有受到侵犯，由此获得的检查笔录如果有瑕疵也已经得到了补正或合理解释，故该检查笔录可以作为证据使用。

---

① 朗胜主编：《中华人民共和国刑事诉讼法修改与适用》，新华出版社 2012 年版，第 112 页。

第五章 审查批准逮捕实务问题

第一节 逮捕的社会危险性条件的审查与把握

逮捕作为一种强制措施，在刑事强制措施体系中最为严厉。正是基于逮捕措施存有一旦适用不当则公民权利和国家权力两受其害的潜在隐患，慎用、少用逮捕羁押措施成为刑事司法的一项基本准则。

长期以来，我国刑事诉讼中逮捕羁押率高位运行，使得逮捕制度饱受诟病，也成为2012年刑事诉讼法修改对逮捕制度进行重大改造的主要理由，其中对逮捕的社会危险性条件的调整尤为明显。这种对逮捕社会危险性的调整不仅必要，而且重要，体现出立法者意图保障公民人权的坚强决心和试图限控逮捕适用标准的良苦用心。经过2012年刑事诉讼法数年的实施，虽然社会危险性在降低审前羁押、强化人权保障方面作用凸显，但法律条款的模糊、认识理解的分歧和执法理念的痼疾仍导致社会危险性条件适用标准的虚置和混乱，需要在实证研究基础上进行理论反思和分析。

一、逮捕社会危险性条件的价值与实践

一般认为，事实证据条件、刑罚条件和社会危险性条件是逮捕的三个基本条件，因为关乎公民人身自由，必须三者齐备才能批准逮捕。

事实证据条件是指有证据证明有犯罪事实，是从事实和证据两方面对实施逮捕的基本要求，包括：(1) 有证据证明发生了犯罪事实；(2) 有证据证明犯罪事实是犯罪嫌疑人实施的；(3) 证明犯罪嫌疑人实施犯罪行为的证据已经查证属实。

刑罚条件是指可能判处徒刑以上刑罚，是从犯罪嫌疑人可能承担的刑事罪责上对实施逮捕的法律要求。

社会危险性条件是指对犯罪嫌疑人采取取保候审尚不足以防止其发生的五类社会危险性，包括：(1) 可能实施新的犯罪的；(2) 有危害国家安全、公共安全或者社会秩序的现实危险的；(3) 可能毁灭、伪造证据，干扰证人作证或者串供的；(4) 可能对被害人、举报人、控告人实施打击报复的；(5) 企图自杀或者逃跑的。值得肯定的是，社会危险性条件仅限于上述五项，没有设定兜底条款，表明了立法者缩限和规范社会危险性内容的态度。

比照 1996 年刑事诉讼法第 60 条关于逮捕条件的规定，2012 年刑事诉讼法第 81 条第 1 款对逮捕的事实证据条件和刑罚条件未作修改，而是将原有的逮捕必要性条件扩大固化为逮捕的社会危险性条件。这种对社会危险性条件的细化和明确，彰显社会危险性在逮捕制度中具有独立的地位和独特的价值。

(一) 社会危险性的法律含义

1. 社会危险性不是社会危害性

社会危害性是刑法学上的概念，一般认为，社会危害性、刑事违法性和应受刑罚惩罚性是构成犯罪的三大基本特征，是刑事实体法对犯罪否定性判断评价。我国刑法认为社会危害性是指犯罪行为对刑法保护的社会关系的危害。具有社会危害性，即行为人通过作为或者不作为的行为对社会造成一定危害。① 具有社会危害性的行为是主观认知、客观行为和实际后果的统一，是对已经发生的行为的评判，即犯罪行为已经实施完毕，犯罪后果已经形成。而社会危险性是刑事程序法对尚未发生但可能发生的行为的评判，这种评判不是凭空想象，而是基于事实和证据的合理判断。总的来说，社会危害性评价的是行为，社会危险性评价的是人，即犯罪行为具有社会危害性，而犯罪嫌疑人可能具有社会危险性。

2. 社会危险性不是人身危险性

人身危险性原本为犯罪学的一个概念，后被刑法学引入共享为专业术语。刑法学对人身危险性的关注，标志着研究旨趣由犯罪行为向犯罪人的转向。德国刑法学家李斯特指出："刑罚以及责任的对象不是行为，而是由实行行为所证明的行为者的犯罪情操，行为者对于法秩序的态度以及行为者的反社会性及危险性。"人身危险性是根据犯罪嫌疑人的个体差异、过往行为和人身特征，对其是否可能再次犯罪可能性的判断。而社会危险性不仅关注犯罪嫌疑人再犯的可能性，还关注其妨害诉讼程序的可能性。

3. 社会危险性的特征

社会危险性是对犯罪嫌疑人危害社会和妨害诉讼可能性的综合判断。这种综合判断的依据不仅包括已经发生的客观事实，如犯罪前科、职业户籍、犯罪情节和犯罪后果等，而且包括犯罪嫌疑人的主观态度，如悔罪表现等。

社会危险性具有以下特征：（1）社会危险性是一种可能性判断。法律对社会危险性的列明采用了"可能""现实危险""有一定证据证明""企图"等术语，已经明示了社会危险性是尚未发生的或然性可能，这种可能发生的概率较大且具有较高的诉讼危险。（2）社会危险性是一种程序性判断。社会危险性是对犯罪嫌疑人未来行为的判断，这种判断是需要在诉讼

---

① 郎胜：《中华人民共和国刑法释义》，法律出版社 2015 年版，第 12 页。

中进行证明的程序性事实,目的在于保障刑事诉讼程序顺利进行,排除犯罪嫌疑人妨害诉讼的可能。(3)社会危险性是一种客观性判断。社会危险性不是检察官的主观臆想和随意决断,而且基于有理有据的基础事实与危险可能的逻辑关联而作出的客观判断,即判断是主观的,但判断的前提是客观的。(4)社会危险性是一种可变性判断。随着刑事诉讼进程的发展,犯罪嫌疑人的主观认识和个人特征不断变化,事实证据也更趋丰富,因而影响检察官对社会危险性判断的因素也处在反复演变中。例如,审查逮捕、捕后羁押必要性审查、公诉阶段或者审判阶段取保候审等不同环节对同一犯罪嫌疑人社会危险性的审查因判断要素的变化会产生不同的结论。

(二)社会危险性的价值理念

法律规定的五种社会危险性情形中,前两种是对犯罪嫌疑人造成社会危险可能性的规定,体现强制措施的预防功能,后三种是对妨碍诉讼可能性的考虑,体现强制措施的诉讼保障功能。① 社会危险性的两种功能体现了应有的价值理念。

1. 兼顾打击犯罪和保障人权的平衡

逮捕的社会危险性的基本内容有二:一是社会预防,即防止具有较高人身危险性的犯罪嫌疑人再次危害社会;二是保障诉讼,即保障犯罪嫌疑人作为刑事追诉的对象参与诉讼或者其他诉讼参与人免受犯罪嫌疑人干扰。由于逮捕兼具羁押功能,犯罪嫌疑人人身处于被完全控制状态,只能被动地接受刑事诉讼的发动和进展,司法机关可以主动自如地控制刑事诉讼节奏,因此逮捕措施广受司法机关青睐而大量适用,刑事案件逮捕率居高不下。

但是,逮捕在方便刑事追诉的同时,又是以犯罪嫌疑人自由被夺为代

---

① 孙谦:《人民检察院刑事诉讼规则(试行)理解与适用》,中国检察出版社2012年版,第237页。

价的。逮捕一旦适用，则犯罪嫌疑人不仅人身自由丧失，而且逮捕所潜隐的有罪暗示带来的标签效应甚至可能诱发家庭变故、机会丧失和经济损失。因此，必须设置社会危险性这一过滤程序，对即使具备事实证据条件和刑罚条件的犯罪嫌疑人进行再度评估，尽可能降低和减少措施对犯罪嫌疑人的不当干预和伤害。逮捕的本质应当是程序保障而非惩罚手段，在司法机关强势地位尽显和犯罪嫌疑人防御能力有限的诉讼背景下，更应当关注犯罪嫌疑人的社会危险性，慎重决定是否批准逮捕。从逮捕制度承载的平衡打击犯罪和保障诉讼的诉讼目标角度看，社会危险性应当是逮捕的核心条件。

2. 体现比例原则

比例原则源自行政法，意指行政权力的实施不仅要依法依规，而且行政机关还必须采用对人民侵害最小的方式进行。随着法治理念的倡行，比例原则被逐渐认为是遏制国家权力侵害公民权利的重要指导原则而被引入包括刑事法律在内的公法领域。

社会危险性在逮捕制度中的确定，全面体现出比例原则及其各个子原则的基本精神：（1）适当性原则。社会危险性有助于逮捕措施实施目的的实现，即逮捕并非惩罚性手段，而是预防性诉讼保障方式。在刑事诉讼中，不羁押是原则，羁押是例外。通过将无社会危险性的犯罪嫌疑人从羁押状态下解脱出来，既不影响诉讼，也又有利于公民权益保护。（2）最小侵害原则。最小侵害原则是指国家在实现法律目的的过程中，应当选用对公民侵害最小的手段。社会危险性的本意就是犯罪嫌疑人的行为符合事实证据条件和刑罚条件的前提下，仍然需要考量个体的社会危险性，尽量不要适用剥夺人身自由的逮捕措施，慎捕慎押。（3）相称性原则。是指国家机关的执法措施与执法目的必须相称，即手段和结果必须平衡。就逮捕制度而言，相称性要求不仅要考虑追诉犯罪嫌疑人刑事责任的需要，也要考虑犯罪嫌疑人的具体状况和被剥夺人身自由的严重后果。

3. 实现逮捕的谦抑性

为了防止犯罪嫌疑人可能再次危害社会或者干扰诉讼进程,将法律上认为无罪的犯罪嫌疑人先行羁押起来等待和接受刑事追责,并不违背无罪推定原则和程序正义理念。因为逮捕尽管是最严厉的强制措施,但为维护社会正义仍然是国家迫不得已而采用的必要的"恶",也是公民为参与社会治理、维护社会秩序而必须共同付出的权利让渡。逮捕是必要的,但不能乱用和滥用,应当保持谦抑的品格,尽量少用慎用逮捕措施。社会危险性将行为构成犯罪但没有社会危险性的犯罪嫌疑人分离出来,让其正常回归社会,不仅有利于悔罪自新,而且彰显逮捕仅是最后强制措施的谦抑性原则。

(三) 社会危险性的实践运用

社会危险性条件在逮捕措施中的固化和确定,使得逮捕措施的实施标准更加统一,适用目的更加明确,人权保障和诉讼保障两大功能基本实现,对逮捕社会危险性调整和修改的立法效果已经显现。

1. 降低了审前羁押率

社会危险性最重要的作用就是程序分流和羁押过滤,恢复无社会危险性犯罪嫌疑人的人身自由,降低审前羁押率。《公民权利与政治权利国际公约》第9条规定:等候审判的人被置于羁押状态下不应当是一般的原则。联合国人权事务委员会在关于该条规定的一般性评论中也明确认为:审前羁押应是一种例外,并尽可能的短暂。作为刑事诉讼的最低国际准则,犯罪嫌疑人在被依法确定有罪或者无罪之前,有权不被剥夺人身自由,国家应当保护公民获得审前不受非法羁押和长时间羁押的权利。

社会危险性的明确规定显然是试图对接国际准则,从根本上降低犯罪嫌疑人审查羁押率。2016年11月5日上午,最高人民检察院检察长曹建明在十二届全国人大常委会第二十四次会议上作《最高人民检察院关于加强侦查监督维护司法公正情况的报告》时指出，检察机关严格依法办案，正确适用法律。2013年以来，对构成犯罪但无社会危险性的不批准逮捕330529人，占不逮捕总数的40.4%；提起公诉时被告人被羁押比例从2012年的68.7%降至2015年的60.5%。这充分说明社会危险性条件在审查逮捕制度中运用效果显著，初步实现了立法意图。从羁押场所反馈的数据看，新刑事诉讼法实施后的2013—2015年三年的犯罪嫌疑人羁押总量同比2011年均有10%—12%不等的下降，其中因无社会危险性不批准逮捕案件变更强制措施的案件占比较大。

2. 降低了捕后轻刑率

从宏观上看，在数量庞大的犯罪总量中，最终判处三年以下有期徒刑的轻罪案件约占70%。但与之对照鲜明的高逮捕率高羁押率触目惊心，甚至出现法官为防止刑期倒挂而被迫加重被告人量刑的情况。

从深圳市罗湖区人民检察院的办案实践看，以无社会危险性不批准逮捕的犯罪嫌疑人，在后续公诉和审判环节得到了较为公正的相当处遇。以2016年为例，共办理审查批准逮捕案件1991件2960人，批准逮捕1697件2390人，不批准逮捕294件570人，不捕率约为14.7%。其中，在无社会危险性不批准逮捕的166人中，有一小部分在公诉环节作不起诉处理，起诉到法院后，只要没有翻供承认控罪，只有极少数被告人被判处有期徒刑实刑而被收押服刑，绝大多数被告人是被判处有期徒刑缓刑、拘役缓刑、免除刑事处分。这不仅大大降低了捕后轻刑率，而且使刑罚罪刑相当，罚当其罪。

3. 促进了社会和谐

在有被害人的无社会危险性不批捕案件中，以由于民间纠纷引发的故意伤害（轻伤）案件最多，而达成刑事和解又是最主要的不批准逮捕理由，有利于修复因犯罪而受损的社会关系，促使犯罪嫌疑人在悔恨和被尊重谅解的良好氛围下真诚悔罪。

4. 维护了诉讼秩序

无逮捕的社会危险性案件基本属于三年以下的轻罪案件,犯罪嫌疑人一般具有本地户籍、固定工作、达成和解、初犯偶犯等特征,因此违反取保候审规定或者干扰刑事诉讼的情形几乎没有,基本能够随传随到,诉讼秩序有充分保障,庭审效果比较突出。

二、逮捕社会危险性条件的证成与适用

（一）社会危险性适用中显现的问题

1. 法律理解不统一

由于社会危险性的法律用语相对模糊,"可能""有现实危险""企图"等词义的不清晰使得对社会危险性的判断主要是一种假设性推测。尽管这种推测需要客观性证据来支撑,但检察官主观认知能力和依法决断能力的千差万别仍然导致对社会危险性的认识不可能完全统一。例如,对于"可能逃跑"的理解就差异巨大,以属于流动人口犯罪嫌疑人来说,有的检察官认为犯罪嫌疑人户籍在外地,在本地的住所都属于临时住所而非固定住所,因此有强大的逃跑可能性,应当认为有逮捕的社会危险性；而有的检察官则会结合犯罪嫌疑人的具体情况来分析其社会危险性,包括是否有相对固定的工作,有无亲友在本地工作可以进行帮教监管,现有住所是否有产权或者较长租约,等等,重点考量犯罪嫌疑人涉嫌犯罪的轻重、认罪的态度,并据此作出有无社会危险性的决定。

2. 司法适用不统一

审查批准逮捕案件的事实证据条件和刑罚条件一般相对明确,比较容易把握。但社会危险性条件由于没有具体的审查判断标准,对社会危险性的判定存有较大困难,有的就法论法,机械认定,有的尺度较宽,随意性大。

造成社会危险性条件把握差异较大的原因不仅包括检察官对社会危险

性内容的认定有分歧,而且还包括检察官对采取取保候审是否足以防止发生社会危险性的认定有分歧,这使得社会危险性的适用更加宽泛甚至滥用。

3. 执法理念不统一

实践中检察官重证据条件和刑罚条件、轻社会危险性条件的情况屡见不鲜,究其原因在于构罪即捕传统观念以及判决有罪则逮捕正确的落后意识。执法办案实践中,对社会危险性审查还存在一种"犯罪＝危险"的错误认识模式,即把逮捕的社会危险性条件依附于事实证据条件甚至几乎被忽略,认为有罪者特别是罪行较重者当然具有社会危险性,只有无罪者或者是否构罪证据不足者才有讨论社会危险性的可能。这种放弃社会危险性独立审查价值的行为,必然导致逮捕措施过度使用,社会危险性的限控功能被束之高阁。

执法理念的不统一还表现在侦查人员对犯罪嫌疑人社会危险性认识的严重滞后。侦查人员更重视罪与非罪证据的收集,轻视甚至漠视社会危险性证据的收集,直接决定了社会危险性审查的质量。由于社会危险性证据的不全面和不系统,相关证据只能散见于案卷材料的角落,证据信息极为有限,检察机关又没有自行收集证据的权力,因此很难对社会危险性进行综合客观评判。

(二) 社会危险性证明制度的转向

关于社会危险性法律规定的不确定性和司法审查个体的差异化,决定了对社会危险性的判断具有很强的主观性。但这种主观判断不是毫无根据的随意揣测,而是基于证据认识的分析判读。毫无疑问,立法者已经关注到社会危险性判断的不确定性和主观性,试图通过更多固定的证据事实来降低审查决定的不统一和不平衡,社会危险性的证明表现出由主观性向客观化的转向。2015 年 10 月最高人民检察、公安部联合发布的《关于逮捕社会危险性条件若干问题的规定（试行）》就代表了这种转向。

1. 规定了公安机关关于社会危险性的证明责任

按照刑事诉讼法的规定，公安机关在侦查刑事案件的过程中，应当收集、固定犯罪嫌疑人是否具有社会危险性的证据。公安机关提请逮捕犯罪嫌疑人的，应当同时移送证明犯罪嫌疑人具有社会危险性的证据。对于证明犯罪事实的证据能够证明犯罪嫌疑人具有社会危险性的，应当在提请批准逮捕书中专门予以说明。对于证明犯罪事实的证据不能证明犯罪嫌疑人具有社会危险性的，应当收集、固定犯罪嫌疑人具备社会危险性条件的证据，并在提请逮捕时随卷移送。检察机关应当根据事实证据和社会危险性证据，依法作出批准或者不批准逮捕的决定。

2. 规定了检察机关审查社会危险性的方法

人民检察院审查认定犯罪嫌疑人是否具有社会危险性，应当以公安机关移送的社会危险性相关证据为依据，并结合案件具体情况综合认定。必要时可以通过讯问犯罪嫌疑人、询问证人等诉讼参与人、听取辩护律师意见等方式，核实相关证据。依据在案证据不能认定犯罪嫌疑人符合逮捕社会危险性条件的，人民检察院可以要求公安机关补充相关证据，公安机关没有补充移送的，应当作出不批准逮捕的决定。

3. 规定了社会危险性的具体内容

（1）犯罪嫌疑人"可能实施新的犯罪"，应当包括以下情况：案发前或者案发后正在策划、组织或者预备实施新的犯罪的；扬言实施新的犯罪的；多次作案、连续作案、流窜作案的；一年内曾因故意实施同类违法行为受到行政处罚的；以犯罪所得为主要生活来源的；有吸毒、赌博等恶习的；其他可能实施新的犯罪的情形。

（2）犯罪嫌疑人"有危害国家安全、公共安全或者社会秩序的现实危险"，应当包括以下情况：案发前或者案发后正在积极策划、组织或者预备实施危害国家安全、公共安全或者社会秩序的重大违法犯罪行为的；

曾因危害国家安全、公共安全或者社会秩序受到刑事处罚或者行政处罚的；在危害国家安全、黑恶势力、恐怖活动、毒品犯罪中起组织、策划、指挥作用或者积极参加的；其他有危害国家安全、公共安全或者社会秩序的现实危险的情形。

（3）犯罪嫌疑人"可能毁灭、伪造证据，干扰证人作证或者串供"，应当包括以下情况：曾经或者企图毁灭、伪造、隐匿、转移证据的；曾经或者企图威逼、恐吓、利诱、收买证人，干扰证人作证的；有同案犯罪嫌疑人或者与其在事实上存在密切关联犯罪的犯罪嫌疑人在逃，重要证据尚未收集到位的；其他可能毁灭、伪造证据，干扰证人作证或者串供的情形。

（4）犯罪嫌疑人"可能对被害人、举报人、控告人实施打击报复"，应当包括以下情况：扬言或者准备、策划对被害人、举报人、控告人实施打击报复的；曾经对被害人、举报人、控告人实施打击、要挟、迫害等行为的；采取其他方式滋扰被害人、举报人、控告人的正常生活、工作的；其他可能对被害人、举报人、控告人实施打击报复的情形。

（5）犯罪嫌疑人"企图自杀或者逃跑"，应当包括以下情况：着手准备自杀、自残或者逃跑的；曾经自杀、自残或者逃跑的；有自杀、自残或者逃跑的意思表示的；曾经以暴力、威胁手段抗拒抓捕的；其他企图自杀或者逃跑等情形。

4. 规定了社会危险性不捕说理制度

人民检察院对于以无社会危险性不批准逮捕的，应当向公安机关说明理由，必要时可以向被害人说明理由。对于社会关注的重大敏感案件或者可能引发群体性事件的，在作出不捕决定前应当进行风险评估并做好处置预案。

（三）社会危险性证明制度的不足及修正

认定社会危险性的基石是实际发生的案件事实、犯罪嫌疑人个体情况与犯罪嫌疑人将来行为走向之间的因果关系,这种因果关系经由经验法则和逻辑规则检验是可以证明的。但是,司法机关对社会危险性进行客观化的明确虽然增强了判断的可期待性,但固定化的客观界定不仅不能弥合与主观性的司法判断的对立,也没有彻底解决判断标准模糊、可操作性不强等问题,毕竟案件情况和个体情形的差别使得社会危险性审查因案而异、因人而异,社会危险性的证明仍然困难重重。

1. 没有确定自由心证原则的精神

自由心证原则主要是针对经由审判程序所形成之判决而设的,不过在刑事诉讼中,该原则的精神亦适用于整个诉讼程序及所有的司法机关,如检察机关及侦查机关。① 社会危险性是一种可能性,判断可能性的大小以及审查可能性的基础事实,本身就具有很强的个人主观色彩,主要取决于检察官的自由心证。但是,为缩小检察官的裁量权,统一法律适用标准,立法者试图通过创设一个具体明确、可以量化的客观标准来降低社会危险性审查的主观性。这种将主观判断客观化的努力虽然有一定的效果,但检察官力图在客观标准和主观判断中寻觅一条准确无误的社会危险性决定道路注定是前路坎坷,甚至无所适从。例如,在夏某某涉嫌盗窃案中,夏某某具有本地户籍、固定工作、家有房产、自动投案、刑事和解等诸多无社会危险性情节,但其五年因吸毒被强制戒毒,虽然已经戒毒成功,但"吸毒恶习"这一有社会危险性客观标准使得检察官不得不作出批准逮捕决定。

应当确立社会危险性审查决定的自由心证制度,赋予检察官在审查社会危险性的证据事实和作出有无社会危险性决断的充分自由。对社会危险性内容的细化,应当是检察官判断的参考而不是唯一根据,因为每个案件

---

① [德]克劳思·罗科信:《德国刑事诉讼法》,吴丽琪译,法律出版社2003年版,第117页。

都是特殊的，每个犯罪嫌疑人的社会危险性都是个别的，应当根据案件的整体情况进行综合评判，这样才能逮捕措施以非羁押为原则的精神。

2. 没有确定科学的证据审查判断方法

证据审查判断的方法，指的是审查判断证据的方式、形式、手段与措施，即应当采用哪些方式、形式、手段与措施对证据进行审查判断。[①] 对社会危险性证据事实的审查方法不合理主要表现在两方面：一是思维方法落后，没有脱离"构罪即捕""有罪推定"守旧理念的桎梏，没有真正理解社会危险性程序分流功能的价值；二是行为方法落后，对社会危险性的审查仅仅关注有无社会危险性本身，没有关注对采取取保候审是否足以防止社会危险性发生。

应当确立科学的社会危险性审查判断方法，减少逮捕措施适用，既要审查犯罪嫌疑人是否有再次犯罪或者妨害诉讼的风险，又要审查采取取保候审这一非监禁措施是否足以防止发生社会危险，并综合作出合理决定。

3. 没有确定社会危险性的证明标准

社会危险性是检察官基于案件证据信息，根据已经发生的案件事实和犯罪嫌疑人已经发生的行为事实对犯罪嫌疑人将来行为的可能性所作的评估预测，这种评估预测具有较高的风险性和不稳定性，如果没有相对确定的证明标准为尺度，则更难限控对可能性把握的随意和多变。强制措施关乎自由，其证明标准应当高于一般的程序性事实，又要低于提起公诉的标准。在美国，逮捕的定义不同于我国。如果某人被依法羁押，而且，对其实施羁押的目的是保证其接受某项犯罪指控，那么，该人即处于"被逮捕"状态。[②] 逮捕的证明标准是有合理根据。满足"合理根据"的要求，需要满足以下条件：仅仅根据执法官员亲身感受的事实及其相关情形或者

[①] 李浩：《证据法学》，高等教育出版社2014年版，第397页。
[②] [美] 约书亚·德雷斯勒、艾伦·C.迈克尔斯：《美国刑事诉讼法精解》（第一卷·刑事侦查）（第四版），北京大学出版社2009年版，第147页。

根据他所掌握的合理可靠的信息，就足以保证具有合理谨慎的人相信：就逮捕而言，一项犯罪行为已经发生而且是由被逮捕人实施的。① 社会危险性是一种程序性事实，其证明标准应当低于实体性事实的认定。但由于法律没有明确社会危险性的证明标准，导致对社会危险性的把握过于严格或者过于宽松，社会危险性对逮捕的限制作用没有得到充分发挥。

应当确立社会危险性的优势证据证明标准，也就是如果根据犯罪嫌疑人的个人情况和有关事实证据，综合认为犯罪没有社会危险性的可能性明显大于有社会危险性的可能性，或者有社会危险性的可能性明显大于没有社会危险性的可能性，检察官就应当据此作出相应决断。

4. 没有确定完善的证据规则

社会危险性虽然被提升为逮捕措施的重要条件，但在逮捕适用的实践中并没有占据核心地位。侦查人员对有关社会危险性的认识显著低于对有关定罪量刑事实的认识，检察官把更多精力投入犯罪事实的审查也是司法常态。究其原因，社会危险性证据规则体系阙如是一个重要原因。（1）应当确定社会危险性证据的非法排除规则。证明社会危险性的证据一般属于程序性证据，对以严重侵害他人合法权益、违反法律禁止性规定或者侵犯他人合法权益的方法取得的证据，应当予以排除，不得作为认定犯罪嫌疑人有社会危险性的证据使用。（2）应当确立社会危险性的品格证据规则。品格证据是证明犯罪嫌疑人品德好坏的证据，刑事证据法认为，品格证据不能作为定罪证据，应当予以排除。但社会危险性考量的危险又与犯罪嫌疑人品格有很大关系，应当承认犯罪嫌疑人品格（如一贯表现、犯罪前科等）在认定社会危险性中具有重要作用，既要重视事实证据的收集，又要重视社会危险性事实的收集。（3）应当确立侦查机关、检察机关和犯罪嫌

---

① ［美］约书亚·德雷斯勒、艾伦·C. 迈克尔斯：《美国刑事诉讼法精解（第一卷·刑事侦查）》，北京大学出版社2009年版，第120页。

疑人的证明责任。明确侦查机关是犯罪嫌疑人社会危险性证明的主体，侦查机关应当全面收集、整理和固定有关社会危险性的证据，否则要承担因证据不足而认定犯罪嫌疑人无社会危险性的责任；检察机关承担社会危险性的裁决责任，根据案件事实证据和具体情况，认定犯罪嫌疑人有无社会危险性并据此作出批准或者不批准逮捕决定；犯罪嫌疑人及其辩护律师也提供无社会危险性的证据和理由，经查证属实后，可以作为认定社会危险性的根据。

三、社会危险性条件的考察与把握

在此，我们仅以故意伤害案件为例，对审查批准逮捕中社会危险性条件的把握，加以分析。

在实践中，对于故意伤害案件，刑事和解是考察犯罪嫌疑人有无逮捕的社会危险性的最重要条件之一，其中尤以有遭受直接伤害的轻伤害案件最为典型，并成为不批准逮捕轻伤害案件犯罪嫌疑人的最主要理由。刑事和解是指在刑事诉讼程序运行中，被害人和加害人（即被告人或犯罪嫌疑人）以认罪、赔偿、道歉等方式达成谅解后，国家专门机关不再追究加害人的刑事责任或者对其从轻处罚的一种案件处理方式。① 作为"被害人中心主义"刑事政策的产物，刑事和解体现出刑事诉讼从以被追诉人为中心走向以被害人为中心的特征。刑事和解兼顾被害人、被追诉人和社会利益的多元平衡，关注社会关系的平复和公平正义的实现，因而不仅为法律所确认，也被公众所认可。

刑事诉讼法规定犯罪嫌疑人、被告人真诚悔罪，通过向被害人赔偿损失、赔礼道歉等方式获得被害人谅解，被害人自愿和解的，双方当事人可以和解。刑事和解适用得当，能切实保护当事人权益，降低司法投入，优

---

① 陈光中：《刑事和解的理论基础与司法适用》，载《人民检察》2006年第5期。

化司法资源配置,提高司法效率。但刑事和解一旦被误用、滥用,有可能伤及个体正义和社会正义。在以轻伤害案件中,考察刑事和解对犯罪嫌疑人有无社会危险性的作用并予以规范适用,对审查逮捕的社会危险性条件有较强的指引作用。

(一)轻伤害案件刑事和解的适用分析

从达成刑事和解的故意伤害案件看,主要存在以下特点:一是多发生在邻里、同事、朋友等之间,属于熟人犯罪,当事人能即时达成和解,犯罪嫌疑人能够真诚悔罪;二是多因口角、醉酒、财产分割等平常琐事引起打斗,犯罪能够及时终止,没有继续引发更大矛盾纠纷或者造成更大后果;三是随意突发性强,多属于偶发、激情犯罪;四是犯罪嫌疑人多为男性,文化水平偏低,自我约束和控制力较弱。

刑事诉讼法确定了刑事和解适用案件的范围,其中轻伤害案件因为多发生在特定当事人之间,双方真诚和解的可能性和真实性得到较充分保障,因而成为司法实践中刑事和解适用率最高的罪名,并成为检察机关以无逮捕的社会危险性作出不批准逮捕决定的最典型类案。

[案例一]犯罪嫌疑人黄某与被害人刘某系老乡。凌晨1时许,两人在茶餐厅吃宵夜时因喝酒发生冲突,黄某用啤酒瓶砸在刘某头部将刘某打倒,经鉴定,刘某所受损伤为轻伤。黄某逃离现场酒醒后后悔不迭,与刘某达成和解协议后投案自首。

本案属于熟人间犯罪,事后黄某与刘某真诚达成和解,黄某赔礼道歉并赔偿损失,刘某表示谅解,双方签订的和解协议最大程度尊重被害人和犯罪嫌疑人的意愿,被害人得到精神和物质上的双重补偿,表达出当事人双方的诉讼合意,犯罪嫌疑人的社会危险性大幅度降低,应当适用非监禁、轻缓化的强制措施,因此作出不批准逮捕决定完全符合强制措施的本义。同时,轻伤和解案件本身的特点,也符合不批准逮捕的要求,包括:

首先,轻伤害案件属于可公诉也可自诉的轻罪案件。《刑法》第234条第1款规定:"故意伤害他人身体的,处三年以下有期徒刑、拘役或者管制。"根据最高人民法院《人民法院量刑指导意见(试行)》有关故意伤害的量刑指导意见,故意伤害致1人轻伤的,可以在6个月至1年6个月有期徒刑幅度内确定量刑起点。从定罪量刑看,轻伤害案件属于轻罪轻刑案件,社会危害性相对较小,处刑较轻,属于刑事和解的适用范围。

其次,轻伤害案件和解基础较好。较他罪案件相比,轻伤害案件具有其特殊之处,其行为造成的伤害后果较小,大部分轻伤案件中犯罪嫌疑人都是临时起意,有时被害人也有一定过错,且大多数犯罪嫌疑人和被害人都对各自行为感到后悔,认为产生矛盾冲突实无必要,被害人谅解比较诚挚,犯罪嫌疑人也无蓄谋等故意犯罪的主观恶性因素,悔罪意识强,不具有其他暴力犯罪的持续伤害性。

再次,轻伤害案件后果较轻。因被害人所受损伤为轻伤,在现代医疗和护理条件下大部分会在短时间内痊愈,并不会造成不可逆转的身体伤害和心理创伤,其所造成的危害后果远远小于一般暴力犯罪所造成的后果。

最后,犯罪嫌疑人与被害人间刑事和解,有利于及时化解社会矛盾,恢复被犯罪嫌疑人所破坏的社会关系,弥合被害人所受的损害以及恢复犯罪嫌疑人与被害人之间的关系,犯罪嫌疑人也能够在被害人的宽容和饶恕中真正悔罪,无须背负犯罪标签,可以顺利回归社会,平抑社会冲突。

(二)故意伤害(轻伤)刑事和解案件的审查逮捕程序

1. 轻伤害案件和解不捕的条件

轻伤害案件属于频发多见的普通案件,犯罪嫌疑人社会危险性一般较小,大多数案件是对个别被害人身心的伤害,对他人和社会公共利益危害不大,主要是两个个体的矛盾,在量刑上一般处刑较轻,往往是即判即放,刑期与羁押期间等同,刑罚的惩罚效果并不明显。而轻伤害案件的和解，重视被害人利益的人性保护，是被害人的心灵获得慰藉，伤害得到补偿，鼓励犯罪嫌疑人反思悔过，自律地设定自己今后与社会的关系，其社会危险性有效消除，在予以逮捕羁押已显多余，甚至会激化矛盾，与强制措施的初衷背道而驰，因此，应当合法的前提下，充分考虑逮捕的必要性问题，能不捕的尽量不捕，能不羁押的尽量不羁押。

[案例二] 田某与宋某某系上下楼邻居，因房屋装修问题宋某某上门到田某家门口与田某发生口角并互相推搡，后田某往屋内后退时摔倒在地，右腿骨折错位，经鉴定为轻伤二级。事后双方达成和解。

经审查，被害人田某患有小儿麻痹症骨质较常人脆弱，田某所受损伤是宋某某用力推倒所致，还是田某回身到客厅拿工具准备殴打宋某某自己摔倒所致？现有证据双方各执一词，没有查清。虽然双方和解意思真实、赔偿款项已经赔付，但是，由于案件事实没有查清，检察机关只能以事实不清、证据不足不批准逮捕宋某某，退回公安机关补充侦查，而非基于双方达成和解后以宋某某无逮捕的社会危险性不批准逮捕。也就是说，轻伤和解案件的不捕不能降低证明标准。

在审查逮捕阶段，检察机关应当以事实证据为客观依据，考量被害人和犯罪嫌疑人的主观要素，慎重作出批准逮捕或者不批准逮捕决定。一般情况下，以无社会危险性作出不批准逮捕决定的故意伤害（轻伤）和解案件应当符合以下条件：

一是案件事实基本清楚，主要证据基本确实。刑事和解应以案件事实已经基本查明、主要证据基本确实为客观前提，只有在基本查明案件事实的情况下，才能启动刑事和解工作，如案件事实不清、证据不足，即便犯罪嫌疑人罪行再轻，刑事和解亦无从谈起。目前刑事法律对刑事和解的客观条件暂无明确、统一的标准，但在实际操作中大致以基本查明案件事实为最低限度的要求。我国轻罪不起诉的具体要求则是证据确实充分，以区别于证据不足的不起诉疑罪从无原则。但是，在审查逮捕阶段，刑事和解对证据的要求不需要达到起诉的标准，否则就是认为拔高证明标准。因此，刑事和解只要满足"案件事实基本已经查明，主要证据基本确实"这一证明要求就能进行。

二是犯罪嫌疑人自愿真诚悔罪。犯罪嫌疑人的悔罪意识是刑事和解的主观前提，只有犯罪嫌疑人真正认识到自己行为的过错和伤害被害人的严重性，刑事和解才有实施的基础。犯罪嫌疑人真诚认罪意味着犯罪嫌疑人对自己暴力行为的完全否定，无论其认罪是基于愧疚、后悔或者畏惧刑罚，其主观恶性已经大大降低。而刑事和解的目的就是畅通被害人遭受伤害后获得补偿、宣泄感情的通道，双方当事人在对话和宽恕中促成和解合意，刑罚的教育功能已经达到，司法的效率和效果得以实现。

三是双方当事人自愿和解。双方当事人的自愿参与和充分参与是刑事和解的核心。自愿参与原则要求被害人和犯罪嫌疑人达成和解的自主性和任意性，充分参与原则要求和解是被害人和犯罪嫌疑人积极交流、反复讨论、协调一致的结果。和解的方式可以多元化，可以是双方沟通，可以是中间第三人主持，也可以人民调解组织、行政机关或者司法机关组织。刑事和解必须保证双方当事人真实意愿的实现，无论任何强势的一方（可能是犯罪嫌疑人也可能是被害人）使用暴力、威胁、欺骗、引诱等手段迫使另一方让步妥协，则倾覆了和解的自愿性，也就失去了其合法性。只有在自愿自主的基础上，双方当事人才能真挚沟通，主动交流，才能真正和解和谅解。

2. 轻伤害案件和解不捕的范围

被害人作为犯罪后果的直接承受者，其与犯罪嫌疑人达成刑事和解，对犯罪嫌疑人表示谅解，一定程度上反映了犯罪对社会负面干扰的减弱，表明犯罪嫌疑人主观恶性和人身危险性的减弱，对检察官审查逮捕产生积极影响。一般认为，只要双方当事人达成刑事和解，且犯罪嫌疑人主观恶性不大,确有悔罪表现,伤害手段和伤害后果较轻,没有其他重大犯罪嫌疑人在逃,可以无逮捕的社会危险性对犯罪嫌疑人作出不批准逮捕决定。

一般认为,下列故意伤害轻伤类案件和解后可以作出不批准逮捕决定:(1)亲友、邻里或者同事之间因琐事发生纠纷,双方均有过错的;(2)未成年人、在校学生殴打他人或者故意伤害他人身体的;(3)行为人的侵害行为系由被害人事前的过错行为引起的;(4)其他适用和解处理更易化解矛盾的。这些案件一般是因民间纠纷引起的殴打他人或者故意伤害他人致人轻伤,情节轻微,危害不大,犯罪嫌疑人主观恶性相对较小,为促进和会和谐,更适宜对犯罪嫌疑人从宽处罚作出不批准逮捕决定。

3. 故意伤害(轻伤)和解不捕案件的例外

检察机关审查逮捕是一个综合考量的过程,各种犯罪情节,包括从重、从轻的情节,法定、酌定的情节都需要权衡。其中犯罪性质和犯罪行为给社会造成的危害程度是决定犯罪嫌疑人是否具有社会危险性的最基本因素,片面夸大积极赔偿或谅解等罪后情节的作用,忽视犯罪性质和犯罪行为本身的社会危害都是不正确的。因民间纠纷激化引发的犯罪,因为发生在特定当事人之间,其社会危害性与严重危害社会治安的犯罪有区别,在处理时,如果被害人对被告人表示谅解,原则上应从轻处罚,化解当事人之间的矛盾,促成被害方谅解。但是,对于那些严重危害社会治安、严重影响人民群众安全感的案件、犯罪情节恶劣、犯罪后果特别严重的案件以及犯罪分子的主观恶性极深、人身危险性极大的案件,即使被告人积极赔偿,获得被害方谅解,亦应批准逮捕。也就是说,要着重考虑犯罪行为的社会危害性以及因此造成的严重社会影响,对是否批准逮捕的社会效果评价不能仅局限于赔偿和被害方的谅解。

[案例三]犯罪嫌疑人徐某在聚众赌博过程中因怀疑被害人王某作弊双方发生争执,赌博不欢而散,徐某即纠集5名犯罪嫌疑人(具体身份不明、均在逃)尾随王某至偏僻处,持啤酒瓶、钢管等凶器一拥而上将王某

打倒在地，致王某轻伤。在审查逮捕阶段，徐某与王某达成和解，赔偿了医药费，高额补偿了其他损失。

经审查，虽然当事人双方达成和解并履行完毕，被害人得到经济赔偿后确实无意再追究犯罪嫌疑人徐某刑事责任，但是，双方的和解并非法律意义的刑事和解，而是犯罪嫌疑人徐某为逃避刑事处罚而迫不得已选择的脱身之计。本案因非法纠纷而起，犯罪手段残忍，共同实施伤害的犯罪嫌疑人众多，徐某拒不提供其他在逃犯罪嫌疑人身份信息，存在串供、威胁被害人等诸多诉讼风险，且徐某在侦查阶段态度恶劣，百般抵赖，拒不供认且拒绝在案卷笔录上签名捺印，一直到审查逮捕阶段才被迫认罪赔偿。因此，犯罪嫌疑人徐某主观恶性大，社会危险性高，尽管达成和解协议，仍然有逮捕的必要，应当予以批准逮捕。

一般认为，下列轻伤害案件即使达成和解，如果犯罪嫌疑人主观恶性较大，社会危险性没有消除，都应当予以批准逮捕，包括：（1）雇凶伤人、寻衅滋事、聚众斗殴等涉黑涉恶，或抢劫、抢夺等严重影响社会治安的轻伤案件；（2）损害国家利益或严重损害社会公共利益的案件及被害人众多、或者使用杀伤性强的凶器、行凶手段残忍的轻伤案件；（3）犯罪嫌疑人有犯罪前科，或在服刑、缓刑、假释、劳动教养和被采取刑事强制措施期间故意犯罪的轻伤案件；（4）同时犯有数罪的轻伤案件；（5）犯罪嫌疑人拒不认罪的；（6）不讲真实姓名、住址，身份不明的或者有其他重大犯罪嫌疑人在逃，可能影响案件办理的；（7）其他不适宜和解的轻伤案件。

（三）轻伤害案件刑事和解的实践不足与完善

1. 轻伤害案件刑事和解的实践不足

虽然法律确立刑事和解程序，但因刑事和解而认定为无逮捕的社会危险性仍然存在诸多缺憾，主要有：

一是经济和解为主，有以钱赎罪、以钱买刑之嫌。刑事和解的方式包括犯罪嫌疑人具结悔过、赔礼道歉、赔偿损失等，但在实践中，刑事和解的方式一般以经济赔偿为主，赔礼道歉为辅，其他方式付之阙如。故意伤害轻伤类案件以经济赔偿和解结案，在当下贫富差距较大这一社会背景下，公众出于对金钱的忌讳和权力寻租的担忧，常常质疑刑事和解的公平合理性。而客观存在的经济拮据者羁押受审、经济宽裕者从轻或者免于处罚的刑事和解现状，造成了法律适用的差别待遇，因而饱受公众质问和指责，一定程度上损害司法的公正权威。

二是缺乏制度约束，和解标准随意。刑事和解以经济赔偿为主，但赔偿的标准因人因地而异，差别甚大，往往是犯罪嫌疑人与被害人随意协商，没有约束，刑事和解沦为赤裸裸的讨价还价交易，致使和解过程严重异化：有的犯罪嫌疑人及其家属为逃脱法律制裁，不惜采用各种手段甚至通过违法途径"说服"被害人谅解；有的被害人则因一定程度掌握犯罪嫌疑人命运而由弱势转为强势，把刑事和解作为脱贫致富的机遇，要求天价赔偿甚至提出许多无理要求，犯罪嫌疑人和被害人和解的目的和意愿严重背离了刑事和解的本义。

三是缺乏客观监督，和解真实性大打折扣。由于轻伤害案件的和解过程多种多样，有的是双方当事人自主和解，有的有第三人介入，但总体来说，刑事和解缺乏客观公正监督，难以保障和解的真实性，双方当事人的权益难以都受到公正保障。而实践中，侦查机关、检察机关基于办案压力、案外因素等诸多考虑，很少积极主动地组织符合条件的轻伤害案件进行调解，而是要求当事人自行和解，自主协商，对和解协议的条款内容也仅仅进行程序性的形式审查，没有进行实质性把关，和解的真实性和公正性缺乏保障，和解协议的执行也埋下重重隐患。

2. 轻伤害案件刑事和解程序和社会危险性条件认定的衔接

一是要规范刑事和解程序。应当在立法上细化刑事和解的适用标准，确定完整刑事和解程序，使刑事和解制度化、规范化，应当界定刑事和解的启动条件、当事人权利义务、和解结果、和解履行等具体内容，以消除实践中赔偿标准不一、赔付方式多样、调解主体混杂、和解协议格式混乱、和解履行不到位等问题。

二是要确认刑事和解协议的效力。法哲学认为，法律制度的本质就是一种格式化契约，是社会公众一致认可并共同遵守的契约。从这个意义上说，刑事和解协议也是契约的一种，其蕴含着当事人地位平等、权利自主、意思自治、协商解决等含义，当事人拥有不受契约之外因素限制的参与权、表达权和决定权，因此，真实的和解协议应当受到法律的尊重和保护，并将协议实施过程中可能的意外变化因素用协议条款予以完善。例如，对犯罪嫌疑人违反和解协议的不履约行为确定惩罚性条款，被害人可以根据协议条款提起民事诉讼，获取民事赔偿。

三是要构建多元化的赔偿机制。部分犯罪嫌疑人因为经济情况窘迫，无法支付被害人提出的赔偿，但轻伤害案件本身危害性较小，犯罪嫌疑人又有积极的悔罪表现，可以以替代性行为如社区劳动、做义工等方式来代替经济赔偿，让经济条件困难的犯罪嫌疑人也可以享受通过刑事和解出罪或者从轻处罚的可能；同时国家可以设立刑事被害人救助资金，对因遭受犯罪而陷入困境又得不到犯罪嫌疑人赔偿的被害人给予帮助。

四是要强化监督审查。为避免刑事和解沦为富人脱刑或者金钱交易的工具，需要强化刑事和解监督，保证和解的公平公正。检察机关在审查逮捕过程中，要树立侦查监督意识，审查和解的自愿性和真实性，慎重作出批准逮捕或者不批准逮捕决定；必要性可以召开刑事和解案件听证会，听取犯罪嫌疑人所在单位、所在社区群众代表、被害人、犯罪嫌疑人及其家属意见，增强办案的透明度，保证决定的客观正确，并提倡在保障被害人康复费用的前提多采用非物质性和解手段，鼓励犯罪嫌疑人向被害人公开道歉、书面道歉和从事公益劳动等，以使犯罪嫌疑人自新悔罪、真心改过，使被害人以德报怨、真诚谅解，建设和谐社会。

四、逮捕社会危险性条件的完善与发展

社会危险性的适用有利于实现逮捕措施的个别化，即采用逮捕措施要兼顾犯罪嫌疑人的打击和矫治，在全面审查事实证据的前提下考察犯罪嫌疑人的具体情况作出更合理的决定，促进犯罪嫌疑人真诚认罪，自觉悔悟，实现犯罪嫌疑人的个别预防和个体正义。社会危险性的确立和明确，弱化了逮捕措施拘束和控制人身的严峻脸谱，为捕与不捕的选择判断提供了一种更人性化的合理标准，把立法的美好构想实现在具体案件的审查逮捕实践中。逮捕运用中出现的种种不适，可以通过制度完善来进行调和和解决。

（一）推行逮捕案件诉讼式审查制度

要打破逮捕审查程序的封闭性和神秘色彩，创设以社会危险性审查为核心的逮捕案件诉讼式审查制度，全面审查犯罪嫌疑人的社会危险性。诉讼式审查程序应当由检察机关主持，侦查人员、犯罪嫌疑人及其辩护人参与，被害人和群众代表也可以参加。以公开方式对犯罪嫌疑人的社会危险性进行面对面的审查，不仅符合直接言词原则要求，保障诉讼参与人的陈述权和辩护权，而且有利于检察机关兼听则明，充分听取各方意见，对犯罪嫌疑人有无社会危险性作出客观公正的判断。

检察机关应当探索建立逮捕案件诉讼式审查模式，以社会危险性为重点，明确诉讼式审查案件的原则、范围、参与人员、程序、场所等，确保诉讼式审查机制规范化、精细化。诉讼式审查会由侦查机关详细论证犯罪嫌疑人具有社会危险性的证据事实，而犯罪嫌疑人及其辩护人则积极正面辩解和反驳，检察机关则居中引导，提示各方提出有无社会危险性、社会危险性有多大以及采取取保候审是否足以防止社会危险性发生的证据，对

犯罪嫌疑人的社会危险性的查明效果显著，进一步提高了社会危险性的审查认定质量。

上海检察机关逮捕案件的诉讼式审查也主要是关注犯罪嫌疑人的社会危险性，主要还是对事实证据条件和刑罚条件无争议，但对社会危险性存有分歧或者把握不定的案件，紧扣社会危险性开展诉讼式审查。在检察机关主持的社会危险性听证中，公安机关侦查人员以"社会危险性"为重点，阐述提请批准逮捕的事实、理由和依据，犯罪嫌疑人及其法定代理人、辩护律师等阐述不应当逮捕或建议取保候审的理由和依据，被害人方对是否要求逮捕犯罪嫌疑人进行陈述并说明理由，第三方人士发表对案件看法，通过听取多方意见，全面把握逮捕必要性。①

对犯罪嫌疑人社会危险性的诉讼式审查，不能仅仅满足于对书面案卷材料信息的占有，而应当全面听取诉讼各方当事人意见：一是要依法讯问犯罪嫌疑人，听取犯罪嫌疑人供述和辩解，直接掌握犯罪嫌疑人的悔罪态度等直接决定社会危险性的关键因素；二是要听取辩护律师意见，审查辩护律师关于犯罪嫌疑人无社会危险性的理由，并在审查逮捕意见书中说明是否采纳的情况；三是要听取被害人的意见，审查被害人是否真诚谅解，是否得到赔偿，疏解被害人对抗情绪，化解社会矛盾；四是必要时听取犯罪嫌疑人家属、工作单位和居住社区代表意见，查明是否具有帮教条件，取保候审的诉讼保障是否有效等。逮捕案件诉讼式审查，有利于规范侦查行为，降低逮捕风险，提高逮捕权威，从而完善侦查监督格局，提高侦查监督效果。

（二）完善逮捕与取保候审措施的衔接

完善非羁押强制措施，一直被认为是替代逮捕措施的最佳方案。刑事诉讼法的修改也体现了这一思路，监视居住就被改为逮捕的替代性措施，

---

① 张本才：《检察实务前沿问题研究》，法律出版社2016年版，第408页。

但从实际效果看，由于执行成本较高、执行风险较大，监视居住的适用差强人意甚至完全被虚置，反而取保候审替代逮捕措施的作用越来越明显。

从强制措施体系看，逮捕与取保候审的诉讼目的基本一致，都是为了保障刑事诉讼顺利进行。取保候审是司法机关责令犯罪嫌疑人提供保证人或者保证金，保证不逃避或妨碍诉讼，并且能够随叫随到的强制措施，其适用对象主要是犯罪后果较轻、犯罪情节较轻、社会危险性不大的犯罪嫌疑人。虽然取保候审也对犯罪嫌疑人人身施加一定的限制，但显然轻于逮捕措施的羁押看管。

应当强化逮捕与取保候审的衔接。一是要降低取保候审的风险和成本，合理设置保证金的数额和没收程序，明确保证人只要尽到基本的保证义务就可以免责；二是简化取保候审适用条件，减少对犯罪嫌疑人、保证人、保证金额的程序限制，把取保候审改造为较为简洁便捷的强制措施；三是加大犯罪嫌疑人违反取保候审规定的责任，提升取保候审对犯罪嫌疑人的强制作用，特别是对属于外来流动人口的犯罪嫌疑人，只要属于轻微刑事犯罪案件，犯罪嫌疑人有相对固定工作或者住处，能够提供保证人或者保证金，同样适用强制措施；四是探索单位保证人制度，即让犯罪嫌疑人所在工作单位来作保证人，这样既可以使犯罪嫌疑人继续工作和融入社会，能够自食其力，又可以使单位保持用人平稳，并掌握犯罪嫌疑人思想动态和工作表现，防止犯罪嫌疑人违法取保候审规定，维护刑事诉讼秩序；五是修正公安机关行政考核体系，克服用逮捕率来考核工作成绩的落后标准，鼓励使用取保候审措施来完成诉讼程序。

（三）强化与捕后羁押必要性审查制度的衔接

犯罪嫌疑人的社会危险性不仅静止不变的，而是一直处在不断发展演变的过程中，需要一直关注，并据此在后续诉讼阶段进行羁押必要性审查。

刑事诉讼法第 93 条规定，犯罪嫌疑人、被告人被逮捕后，人民检察院仍应当对羁押的必要性进行审查。对于不需要继续羁押的，应当建议予以释放或者变更强制措施。有关机关应当在 10 日以内将处理情况通知人民检察院。被逮捕后的犯罪嫌疑人，在各种内在和外在因素影响下，其社会危险性会发生变化，例如从百般抵赖到承认控罪，与被害人达成刑事和解等，这都可能使犯罪嫌疑人从有社会危险性变为无社会危险性，应当及时变更逮捕为取保候审。

（四）强化社会危险性双向释法说理制度

建立社会危险性双向释法说理制度的基本内容是要求侦查机关提请批准逮捕时应重视社会危险性证据的收集和固定，并同步移送检察机关证明犯罪嫌疑人具有若干社会危险性；检察机关则不仅要关注定罪事实证据，而且要综合全案证据来考评社会危险性，以无社会危险性作出不批准逮捕决定时，要向公安机关反馈对犯罪嫌疑人有无社会危险性审查决定的理由。

因此，检察机关在审查逮捕案件时，要结合案件证据事实、犯罪情节和认罪态度等充分论证犯罪嫌疑人有无社会危险性的理由。对于犯罪嫌疑人及其辩护律师以无社会危险性提出不批准逮捕请求的案件，如果检察机关作出批准逮捕决定，应当向犯罪嫌疑人及其辩护律师说明有社会危险性的理由。对于以没有社会危险性为理由作出不批准逮捕决定的案件，检察机关应当在不批准逮捕理由说明书中，详细载明认为犯罪嫌疑人无社会危险性的理由，消除与侦查机关的认识分歧，引导公安机关全面重视和收集社会危险性证据。

强化社会危险性双向释法说理，目的不仅在于把犯罪嫌疑人有无社会危险性的事实和理由详细阐明，提高逮捕或者不逮捕决定的权威和公信力，而且在于让侦查人员和检察官在论述社会危险性理由的过程中，内心不断自省和追问，保证自由心证的客观和公正。

由于我国捕押同一的制度现状，逮捕措施承载着沉重的诉讼保障功能而改革步履艰难，一度沦为打击犯罪、预支刑罚的工具。在司法机关看来，将犯罪嫌疑人羁押起来等待和参与刑事诉讼是确保追诉效率的最佳手段，这一点没有任何非监禁强制措施可以相提并论。对逮捕社会危险性适用条件的努力完善，固然有利于缓解高逮捕率、高羁押率的诉讼困局，但是，如果逮捕背负的羁押决定和羁押状态双重重荷没有分离开来，逮捕后的人身羁押时间无需接受再次或者多次司法审查，那么意图通过对逮捕措施本身的修正来达致国家权力和公民权利的平衡注定是可望而不可即的理想愿景。在国家监察体制改革背景下，作为检察机关最重要职权之一的职务犯罪侦查权被剥离，逮捕和公诉将是检察机关调整监督格局、提升监督效果的重心，因此，包括社会危险性在内的逮捕制度完善道路虽然任重道远，但目的地一直在前方。

第二节　逮捕案件的诉讼式审查模式

"以审判为中心"的诉讼制度改革，充分体现了刑事诉讼的司法规律和基本原理。最高人民检察院《"十三五"时期检察工作发展规划纲要》中提出"围绕审查逮捕向司法审查转型，探索建立诉讼式机制"，第十四次全国检察工作会议要求"探索建立审查逮捕案件诉讼式审查机制"。逮捕案件诉讼式审查是审查逮捕司法化的重要途径，也是"以审判为中心"的诉讼制度改革和司法体制改革的内在要求。据不完全统计，目前全国范围内广东、重庆、上海、山东、福建、江苏、湖南、山西等省市均正在开展逮捕案件诉讼式审查模式的探索实践。如广西检察机关出台《广西检察机关审查逮捕案件"诉讼式审查"试点工作指导意见》，明确了逮捕案件诉讼式审查适用的内容，即对于案件事实清楚、证据收集到位，在是否构成犯罪、是否具有社会危险性上争议较大；侦查机关（部门）与犯罪嫌疑人及其辩护人对案件事实、证据认识存在严重分歧，犯罪嫌疑人及其辩护人提供了相当的抗辩证据；案件社会影响大、社会各界高度关注；需要做刑事和解工作，有可能达成刑事和解；其他经审查认为可进行"诉讼式审查"等5类审查逮捕案件，适用"诉讼式审查"程序。

从审查逮捕模式的改革方向看，强化人权保障和程序公开的趋势明晰，有必要从理论基础和制度建构层面探寻审查逮捕诉讼化的应有路径，并在探索实践的基础上，构建和完善逮捕案件诉讼式审查工作机制，推动新形势下审查逮捕诉讼化的科学发展。

一、逮捕案件诉讼式审查概述

（一）审查逮捕司法化和诉讼化

司法化是相对于行政化而言的。司法活动主要有两方面的特征：一是在活动方式上，司法主体直接审理案件，确定事实和法律适用，因此具有亲历性、判断性和独立性；二是在行为构造上，采用对抗与判定的"三方组合"结构，司法主体在兼听双方意见的基础上判断和处置，由此产生对审性和中立性。[1]

逮捕是由法律制定的执法机构依照正当的法律程序，针对可能判处一定刑罚的犯罪嫌疑人、被告人采取的有时限羁押、剥夺其人身自由的最严厉的强制措施。[2] 逮捕虽然是一种程序上的处置，但有时甚至比某些轻微刑事案件的实体处理还要严厉得多，因此对待审查逮捕必须慎之又慎。审查逮捕是司法权介入刑事案件的第一道关口，是刑事案件证据定型、完善

---

[1] 龙宗智：《检察机关办案方式的适度司法化改革》，载《法学研究》2013年第1期。
[2] 孙谦：《逮捕论》，法律出版社2001年版，第150页。

的基础性阶段。逮捕的直接目的是保障诉讼，最根本的出发点则是保护人权。① 在我国当前的宪法和法律构架下，审查批准逮捕权专属于检察机关。但这种模式曾引发激烈争论，认为剥夺人身自由的羁押措施应当统一由法院审查决定，方能满足程序正义和控辩平衡原则。随着我国法制建设不断完善，由检察机关履行审查批准逮捕职责已固化为刑事诉讼现实。在目前的法治体制下，由检察机关行使批捕权在很大程度上提现了权力制衡以及权利保障的要求，同时也与中国国情相符。②

以往的审查逮捕具有程序行政化、封闭性的特点。2012年《刑事诉讼法》修改对逮捕制度进行了调整，强化了犯罪嫌疑人的诉讼主体地位，弱化了逮捕对犯罪嫌疑人自由的剥夺和限制功能，初步建构起了诉讼化构造的审查逮捕模式。③

需要说明的是，实践中有将审查逮捕诉讼化与对审开庭等同的趋势，实质上，两者是包含与被包含的关系，审查逮捕诉讼化包括分别听取意见和对审开庭两种。目前开展的逮捕案件诉讼式审查并非审查逮捕诉讼化的全部内容和唯一表现形式。本书仅讨论"对审开庭"，即诉讼式审查这种模式。

（二）"诉讼式审查模式"的不同表达

审查逮捕应当以司法的方式进行，由独立、中立的审查主体，在听取羁押行为的利益方和不利益方双方的意见后公正作出决定。④ 刑事程序的诉讼化要求犯罪嫌疑人在刑事诉讼中获得主体地位，使其能够以主体的身份参与到刑事诉讼中来，而不是作为单纯的客体，这是程序正义的基本要

---

① 孙谦：《逮捕论》，法律出版社2001年版，第133页。
② 陈光中等著：《中国司法制度的基础理论问题研究》，经济科学出版社2010年版，第226-227页。
③ 向泽选：《修改后刑诉法的实施与审查逮捕》，载《人民检察》2012年第12期。
④ 龙宗智：《审查逮捕程序宜坚持适度司法化原则》，载《人民检察》2017年第10期。

求。中立的第三方在充分听取双方意见的基础上，客观分析，做出公正判断，使当事人合法权益得到保障，程序的公正性得到维护。

诉讼式审查是指在侦查机关、犯罪嫌疑人及辩护人或家属、被害人等诉讼参与人的共同参与下，检察机关充分听取各方意见，综合审查是否对犯罪嫌疑人采取逮捕强制措施的一种审查逮捕模式。相较于传统审查逮捕方式，诉讼式审查突出反映了审查逮捕的司法权本质属性。

由于审前程序中缺乏中立法官的参与，难以形成典型的诉讼形态，在审前程序中强化和改进检察官作为法律监督者的中立性特征，淡化检察官的追诉职能，强调并保障辩护律师的参与，在现阶段对于保障被追诉人诉权的实现意义重大。基于此，各地检察机关选择"逮捕案件诉讼式审查""审查逮捕诉讼化改革"或者"逮捕案件诉讼式审查"等不同表达方式，并呈现出分别听取侦辩意见、对审开庭审查等不同实践样态，将当前探索的检察官居中裁判的控辩裁三方构造，与典型的法院充当"裁判官"的控辩审三方构造区分开来。

（三）逮捕案件诉讼式审查体现了逮捕权的司法属性

逮捕案件诉讼式审查具有三个显著特征：一是亲历性。检察官亲身经历案件审查的全过程，直接接触和审查影响审查逮捕的各类证据，直接听取诉讼参与人的言词陈述，而不仅依靠听取汇报或书面阅卷断案。二是中立性。检察官不预设立场，秉持客观中立，在充分评判各方意见的基础上，根据相关证据材料居中裁断。三是兼听性。不再是检察官与侦查机关、辩护律师单方沟通，而是由检察官在同一场合同时听取侦辩双方意见，慎重作出审查逮捕决定。

二、推行逮捕案件诉讼式审查模式的可行性和必要性

（一）强制措施诉讼式审查的域外经验

从世界范围看，多数国家和地区的逮捕和未决羁押相互分离，逮捕仅

是强制犯罪嫌疑人到案的方式,并不附带长期羁押,是否羁押需要经过严格的司法审查,即要求警察实施逮捕以后,必须在尽可能短的时间内将犯罪嫌疑人提交给法官,由法官进行听证或者讯问,听取诉讼各方包括犯罪嫌疑人、辩护人、检察官等的意见,就逮捕的合法性和羁押的理由、必要性进行审查,最终裁决是否批准羁押。在中国刑事诉讼语境中,逮捕是拘捕和羁押合一的强制措施,中国的审查逮捕制度与域外国家的刑事羁押司法审查制度大体相当。

联合国《公民权利和政治权利国际公约》第9条规定了未决羁押司法审查原则,"任何因刑事指控被逮捕或拘禁的人,应被迅速带见审判官或其他经法律授权行使司法权力的官员"。当今无论在英美法系还是在大陆法系,长期羁押审批都被认为是司法机关尤其是法院的基本程序权力,而采用司法审查的方式作出决定。所不同的是,英美法系国家主要采用诉讼化开庭的方式进行,大陆法系国家主要采用单方面讯问犯罪嫌疑人的方式进行。但近来也出现了融合,部分大陆法系国家也采用控辩对抗的诉讼化方式,辩护律师越来越多地参与到羁押司法审查中来。

就域外审前羁押模式而言,在英国、美国诉讼体制下,逮捕与羁押相对分离,审前羁押需要以逮捕为前置程序,采取逮捕措施后只能实行短时间人身控制,需进一步羁押则要由治安法官主持控辩双方参与的听证程序并签发令状。如美国法律规定,司法官在命令羁押之前必须举行听审,在听审过程中,犯罪嫌疑人有权获得律师帮助,应当被给予作证、提供证人、反询问证人或以提交文件等方式提供信息的机会。[①] 在英国,治安法院对是否同意在押犯罪嫌疑人保释举行听审,作为控方的警察和作为辩方的犯罪嫌疑人及其律师均到庭陈述意见并进行辩论,法官由此作出裁

---

① 夏阳、钱学敏:《建立听证式逮捕必要性审查机制》,载《人民检察》2009年第22期。

断。① 而在德国、日本诉讼体制下，除紧急状况下的无证逮捕外，实施逮捕一般由检察官申请法官签发命令，逮捕后法官立即启动对犯罪嫌疑人的讯问、质问程序，通过听取犯罪嫌疑人意见决定是否羁押，羁押复查或告知羁押理由程序以开庭方式进行。② 在我国台湾地区，检察官曾有羁押决定权，但在刑事司法制度改革过程中，基于两造平等的诉讼理念及羁押审批的中立性要求，亦于1997年12月经"刑事诉讼法"修正将该权力转移到法院。③ 各国审前羁押程序由于法律传统和司法体制的差异而有所区别，但都不同程度体现了审查模式的抗辩性、诉讼化。

（二）刑事诉讼法再修改与审查逮捕程序公开化

刑事诉讼法再修改对审查逮捕程序的封闭式行政构造进行了改造，突出程序公开：一是强化了审查逮捕中的辩方参与，细化了审查逮捕中听取律师意见、讯问证人等诉讼参与人，以及会见犯罪嫌疑人的选择性或强制性要求；二是注重对犯罪嫌疑人社会危险性的考察，以减少不必要的羁押；三是确立了捕后羁押必要性审查制度。刑诉法对逮捕审查程序的上述调整，其基本精神是贯彻既要考虑侦查需要，也要注意保护人权的平衡原则。这些规定体现了一个深刻的立法精神，就是减少了批捕权的行政审批色彩，增强了司法属性，为审查逮捕程序的诉讼化改造奠定了可行性基础。如《刑事诉讼法》第88条第1款规定，"人民检察院审查批准逮捕，可以讯问犯罪嫌疑人，有下列情形之一的，应当讯问犯罪嫌疑人：（一）对是否符合逮捕条件有疑问的；（二）犯罪嫌疑人要求向检察人员当面陈述的；（三）侦查活动可能有重大违法行为的。"第88条第2款规定，"人民检察

---

① 蓝向东：《刑罚的"透支"和羁押性强制措施的补救》，载《人民检察》2001 第10期。

② 江涌：《未决羁押制度的研究》，中国人民公安大学出版社2011年版，第97–130页。

③ 梁景明：《检察权的变革与完善》，载《海峡两岸检察实务研究》，中国检察出版社2011年版，第11页。

院审查批准逮捕，可以询问证人等诉讼参与人，听取辩护律师的意见；辩护律师提出要求的，应当听取辩护律师的意见。"但规定并未明确以何种方式、程序讯问犯罪嫌疑人、听取律师意见，逮捕案件诉讼式审查机制以诉讼式审查的方式讯问嫌疑人、听取律师意见正是对现有规定的实践。同时，《刑事诉讼法》《律师法》规定了要保障辩护律师的会见权、调查权，这些都为逮捕案件诉讼式审查提供了法律依据。根据上述法律规定，办理审查逮捕案件时，检察机关既可以采取单独讯问（询问）听取意见的方式，也可以对部分争议较大的案件采用对审开庭的方式。但无论采取哪种方式，都应当依法听取犯罪嫌疑人及其辩护人的意见，重视其辩解和辩护意见，全面审查侦查机关提请逮捕的理由，居中公正裁断。

（三）逮捕案件诉讼审查的正义价值

逮捕案件诉讼式审查具有显著法律效果和社会效果。诉讼式审查以直观的方式将侦辩双方的争议焦点展现在承办检察官的面前，并通过双方的观点对抗厘清焦点问题，有利于承办检察官查明争议事实，也有利于承办检察官增加内心确信，提高办案效率。另一方面，诉讼式审查的过程和结果，可以让公安机关了解检察机关在审查逮捕案件办理中的审查重点，及时发现案件中存在的问题，有利于倒逼公安机关提高案件侦查质量，规范侦查行为。从犯罪嫌疑人的角度来讲，诉讼式审查给犯罪嫌疑人及其辩护律师提供了充分发表自己的辩解和意见的机会，有利于保障其诉讼权利。从检察机关采用诉讼式审查模式作无逮捕的社会危险性不批准逮捕案件的后续处理情况看，办案的法律效果和社会效果突出，绝大多数犯罪嫌疑人被决定不起诉或被法院判处免于刑事处罚、缓刑或徒刑以下轻刑或者单处罚金，诉讼式审查初步实现将"谦抑慎刑"理念内化为执法办案规则，促进"少捕慎捕"原则与办案实践相结合，充分保障犯罪嫌疑人诉讼权益。

此外，在有"第四方"即合适的人大代表、街道工作人员等参与的情况下,对于社会公众了解审查逮捕工作、感受司法公平正义具有正面意义。

三、检察机关逮捕案件诉讼式审查模式的深圳探索

深圳市福田区和罗湖区人民检察院于 2017 年 3 月被确定为广东省检察机关开展审查逮捕诉讼式审查机制试点单位,罗湖区检察院于 2016 年 11 月 2 日组织了深圳市首次逮捕案件诉讼式审查会。深圳检察机关按照以试点单位为重点,全市检察机关整体铺开的工作思路,强化机制保障,完善制度设计,全面探索逮捕案件诉讼式审查工作新机制。

(一)深圳检察机关逮捕案件诉讼式审查的基本做法

1. 坚持依法审查原则

深圳检察机关逮捕案件诉讼式审查工作紧紧围绕程序正义原则,切实保障审查程序的合法规范。具体来说:一是坚持客观中立原则。案件承办人在诉讼式审查中保持中立、客观,不偏听偏信、预设立场。二是坚持直接言词原则。案件承办人亲自参与诉讼式审查,全面听取侦查机关办案人员、犯罪嫌疑人及其辩护人的意见。三是坚持侦查秘密原则。诉讼式审查中特别注意侦查秘密保护,不泄露侦查秘密,不妨碍刑事诉讼流程。四是坚持检察公开原则。邀请被害人、犯罪嫌疑人家属以及人大代表、政协委员、群众代表参加诉讼式审查会,使审查逮捕程序公开、透明,实现法律效果和社会效果双提升。

2. 坚持规范审查原则

深圳市人民检察院于 2016 年 12 月出台了《关于探索建立审查逮捕案件诉讼式审查机制的指导意见》,强调要科学选取诉讼式审查案件范围,深入研究细化程序,积极创新,稳妥推进。罗湖区人民检察院制定了《罗湖区人民检察院逮捕案件诉讼式审查工作办法(试行)》,明确了诉讼式

审查的原则、范围、参与人员、程序、场所等，确保诉讼式审查机制规范化、精细化。此外，罗湖区人民检察院还制作了《提供法律援助通知书》《用警通知书》《逮捕案件诉讼式审查流程说明》等统一的规范性文书，并建立诉讼式审查案件台账，保障诉讼式审查高效、有序开展。福田区人民检察院也制定了详尽的逮捕案件诉讼式审查工作办法和配套制度。

3. 坚持权利保障原则

深圳检察机关在探索逮捕案件诉讼式审查工作中，坚持打击犯罪与保障权利并重理念，把充分保障犯罪嫌疑人和被害人权利放在重要地位，确保诉讼式审查参与各方的合法权益。福田区人民检察院规范告知程序，把申请逮捕诉讼式审查纳入犯罪嫌疑人权利告知范围；福田区人民检察院还在看守所设立逮捕案件诉讼式审查告知及受理申请窗口，律师到看守所会见犯罪嫌疑人时即可被告知相关权利义务，可向检察机关提出审查申请。罗湖区人民检察院对被羁押的犯罪嫌疑人开展诉讼式审查时，均由其本人聘请或者法律援助机关提供的律师进行现场辩护，审查效果突出。如在犯罪嫌疑人龙某某涉嫌组织考试作弊罪一案中，公安机关以犯罪嫌疑人涉嫌组织考试作弊罪移送审查逮捕，犯罪嫌疑人仲某某的辩护律师在诉讼式审查中发表辩护意见，认为犯罪嫌疑人的行为属于为他人介绍替考者、代替他人考试的行为，构成代替考试罪而非组织考试作弊罪，该罪的最高刑罚为拘役，没有人身危险性，且犯罪嫌疑人现实表现好，没有违法犯罪记录，没有逮捕的危险性，辩护律师还当场提供了书面意见和相关已决案例；公安机关侦查人员就案件的定性和犯罪嫌疑人的社会危险性问题充分发表意见，详细阐述理由。双方论辩你来我往，观点交锋激烈碰撞，案件的证据审查重点和法律适用难点展现无遗，为检察机关审查认定案件提供了极大的帮助。最终检察机关采纳了辩护律师意见，改变定性为代替考试罪，并以不符合逮捕的刑罚条件，不批准逮捕犯罪嫌疑人仲某某。又如在李某涉嫌盗窃一案，李某以捡拾垃圾为生，案发当晚将被害公司放置在门口拟更换的广告灯箱盗走,后赃物被缴回,没有给被害人造成损失,李某家庭比较困难,认罪态度也较好,犯罪数额刚刚达到追诉标准;检察机关召开案件诉讼式审查会查明李某社会危险性,公安机关现场提交了李某先后七次顺手牵羊盗走他人财物的证据,有一次被治安处罚,其他因数额较小被训诫,李某承认上述事实并羞愧悔罪,检察机关认为李某有多次盗窃的恶习,有逮捕的社会危险性并批准逮捕李某。

(二) 深圳检察机关逮捕案件诉讼式审查的工作创新

1. 利用远程视频,注重诉讼化审查方式的科学化

诉讼化审查的直接言辞原则要求当面听取犯罪嫌疑人意见。考虑到在押犯罪嫌疑人到场参与诉讼式审查会造成警力、安全、效率等多方面压力,深圳市检察机关探索利用远程视频开展诉讼式审查,即检察官、办案单位警官、律师和其他参与人在检察机关逮捕案件诉讼式审查室参加诉讼式审查,犯罪嫌疑人在看守所专用审查室参加,各方通过视频实现面对面的可视交流。龙岗区人民检察院首次开展诉讼式审查就采用了远程视频方式,罗湖区人民检察院远程视频诉讼式审查的流程已经较为成熟规范。通过远程视频参与方式开展诉讼式审查工作,既防范了犯罪嫌疑人提押过程中的安全风险,同时极大提高了审查逮捕工作效率,具备在诉讼式审查工作中全面复制推广的必要性和可行性。

2. 引入法律援助,注重诉讼式审查的对抗性和犯罪嫌疑人人权保障

福田区人民检察院从 2017 年 7 月起,对审查逮捕阶段有委托辩护律师并提交无社会危险性意见的案件,一般情况下均开展逮捕诉讼式审查,充分听取辩护律师对案件事实、证据和法律适用的意见。罗湖区人民检察院自开展诉讼式审查工作始,为切实保障犯罪嫌疑人合法权益,经与罗湖区法律援助中心协商,认为为参加诉讼式审查的犯罪嫌疑人提供法律援助,是落实程序正义理念、保障犯罪嫌疑人诉讼权利的重要途径,确定检

察机关发出法律援助通知书后,法律援助机关指派法律援助律师会见犯罪嫌疑人并出席诉讼式审查会提供法律援助。

3. 强化内外联动,注重工作协作配合

开展逮捕案件诉讼式审查工作是一项关乎案件实体正义和程序正义的系统工程,绝非检察机关一家独立能为之。深圳检察机关在积极调动法警、技术等检察辅助资源的同时,主动争取公安机关、法律援助机关和犯罪嫌疑人及其辩护律师的支持,全面推动此项工作稳步推进。福田区和罗湖区人民检察院和公安机关会签了逮捕案件诉讼式审查工作文件,罗湖区人民检察院和区司法局法律援助处达成了工作共识,各诉讼参与人主动参与诉讼式审查,提高审查质量,审查逮捕结论更加正确和准确。

四、检察机关探索逮捕案件诉讼式审查工作的困惑

(一)加剧案多人少矛盾,办案压力增大

以深圳罗湖区人民检察院为例,侦查监督部 2016 年人均办案量高达 175 件 259 人。但入额检察官数量有限,辅助人员配备不齐,办案力量严重不足,员额制改革与案多人少矛盾激烈。推行逮捕案件诉讼式审查工作,在原有证据审查、讯问犯罪嫌疑人的基础上,增加了远程审讯、提供法律援助、通知各方人员参与、主持诉讼式审查等工作内容,在当前审查逮捕工作任务重、人手少、时限紧的情况下,导致办案压力的显著增加,程序成本高昂,这也决定了诉讼式审查模式不可能大范围适用于逮捕案件,且侦监部门开展逮捕案件诉讼式审查工作的积极性和主动性不高。

(二)审查程序不完善

逮捕案件诉讼式审查目前尚处在检察机关主要是基层检察机关的试行探索阶段,既没有明确的法律规范文件支撑,又尚未在检察改革层面有清晰的趋势指向。因此各地在探索中对于诉讼式审查案件的范围、审查的场

所、参与的主体、审查的重心、举证责任的分配、程序的启动权和告知程序以及审查的效力等具体环节上百花齐放、做法不一，影响审查程序的效果和权威。例如，在诉讼式审查程序的启动上，目前主要由检察机关依职权启动，依犯罪嫌疑人申请启动的案例较少，实践中未出现侦查机关、被害人及其法定代理人、诉讼代理人提出申请的情形，一定程度上说明刑事诉讼参与人对逮捕案件诉讼式审查机制的不熟知、不重视，深圳两级检察机关程序启动情况基本相似。又如，关于逮捕案件诉讼化审查的案件范围，深圳两级检察机关规定较为笼统粗糙，案件标的选取标准不一。

从全国范围看，各地检察机关逮捕案件诉讼式审查实施机制构建较为混乱，差异较大，亟需进一步规范和整合。如有的地方提出应集中于案件社会危险性的诉讼式审查，也有地方认为应以不构成犯罪和无逮捕必要案件为限，更有主张对审查逮捕的所有事项均可考虑纳入诉讼式审查范围。在参与主体方面，有的地方是检察机关、侦查机关、嫌疑人所聘请的辩护律师三方参与，有的地方是在三方的基础上邀请人大代表或政协委员观摩，有的地方还邀请被害人参与表达诉求。在程序设计上，有的地方区分为简易和普通程序，有的地方不做区分。①

学界对于诉讼式审查的制度建构也提出了许多观点，有学者认为，可按检察机关居中裁判，公安机关和嫌疑人两方控辩对立的主体配置，公开对案件中嫌疑人的社会危险性和公安机关的侦查取证合法性进行审查，审查结论作为逮捕与否的重要依据。② 也有学者从参与主体、案件范围、案件类型、审查内容、启动方式等方面进行了建构。③ 还有学者提出从平衡诉讼效率和保障人权的双重目的出发建构分流式审查逮捕听证机制，但对

---

① 参见邢小兵、张仁杰、李德胜：《逮捕司法化转型的实践困境反思》，载《中国检察官》2017年第6期上。
② 参见叶青：《审查逮捕程序中律师介入权的保障》，载《法学》2014年第2期。
③ 参见肖中华等：《审查逮捕听证制度研究》，载《法学杂志》2013年第12期。

具体如何建构却未能提出详细的论证。① 实际上，学者们对对审开庭式的诉讼化机制运作依然认知不一。理论界的激烈探讨和各地的探索实践已然就逮捕案件诉讼化机制总结出了一定经验，也暴露出了一些问题，亟需上级机关和权威部门出台相关法律意见和政策指导，为逮捕案件诉讼化指明道路。

（三）诉讼对抗性不足

在逮捕案件诉讼式审查中，控辩双方没有形成实质的有效对抗，现实状况明显反映出辩护律师介入不足和介入效果不佳。此中既有立法规制的细化性配套规范不足导致的律师介入方式和介入之后的检律互动缺乏，也有现实办案需要主导下的嫌疑人权利保障不力或嫌疑人权利意识不足。②换言之，检察机关开展的逮捕案件诉讼式审查程序中，并未真正形成检察机关居中听断，侦查机关与犯罪嫌疑人及其辩护律师对立控辩的等腰三角形构造，检察机关与侦查机关并未隔绝天然的联手追诉情感，审查程序的诉讼式改造尚任重而道远。

另外，侦查机关对于社会危险性认识不深，较少提取和固定社会危险性证据，社会危险性证据在整个案件证据体系中处于边缘甚至被忽略地位，在诉讼式审查会上侦查机关多是单纯重复论述经侦查认定的犯罪事实和《刑事诉讼法》关于社会危险性的规定，很难以事实证据为基点来阐明犯罪嫌疑人的悔罪表现、人身危险性进行具体说明。而犯罪嫌疑人的辩护律师尤其是法律援助律师囿于时间和时机的不足，参与诉讼式审查的深度和广度有限，掌握的证据信息不完备，缺乏对法律适用的充分论证，部分律师没有深入调查了解犯罪嫌疑人的社会危险性情况，收集或提供社会危

---

① 参见彭志刚：《论审查逮捕制度的分流听证式改造》，载《中国刑事法杂志》2012 年第 1 期。

② 参见叶青：《审查逮捕程序中律师介入权的保障》，载《法学》2014 年第 2 期。

险性材料较少，发表观点针对性不强、论辩性不高，大多止步于机械引用法条规定，抗辩效果不佳。

（四）犯罪嫌疑人辩护权保护不足

一是参与诉讼式审查的犯罪嫌疑人获得法律援助的依据不足。按照《法律援助条例》规定，法律援助是"为了保障经济困难的公民获得必要的法律服务"，并规定了因经济困难可以申请法律援助的情形，可以看出"经济困难"是除法定特殊情形外申请法律援助的必要条件。基于此项要求，检察机关侦查监督部门通知法律援助部门提供法律援助主要是工作协调，工作配合，没有明确法律支持。二是犯罪嫌疑人及其辩护律师辩护能力不足，包括书面阅卷不能提取关键性事实证据，会见时不能有效沟通信息，审查对抗时不能准确表达己方意见和诉求，难以结合犯罪的构成要件和逮捕的条件进行辩驳，因此很难在诉讼式审查是说服检察官接受律师观点，犯罪嫌疑人诉讼利益的最大化难以实现。

（五）诉讼化审查的质量不高

诉讼化审查的大部分逮捕案件是审查犯罪嫌疑人有无社会危险性问题，在没有专业的社会危险性评估体系支撑的情况下，检察机关在短暂的审查逮捕期限内，对社会危险性这一比较复杂的逮捕条件做一个比较仓促的判断，判断的质量难以保证。社会危险性是检察官基于案件证据信息，根据已经发生的案件事实和犯罪嫌疑人已经发生的行为事实对犯罪嫌疑人将来行为的可能性所作的评估预测。社会危险性的评价具有较高的风险性和不稳定性，需要相对确定的证明标准为尺度。

社会危险性审查是逮捕案件诉讼式审查制度的核心。在诉讼式审查会上，公安机关侦查人员以"社会危险性"为重点，阐述提请批准逮捕的事实、理由和依据；犯罪嫌疑人及其辩护人积极正面辩解和反驳，阐述不应当逮捕或建议取保候审的理由和依据；检察机关居中引导，提示各方提出有无社会危险性、社会危险性有多大以及采取取保候审是否足以防止社会危险性发生的证据，以此查明犯罪嫌疑人的社会危险性。但由于法律没有明确社会危险性的证明标准，社会危险性审查缺乏支撑，实践中承办检察官对社会危险性的把握没有统一认识，过严或过松情形同时存在，社会危险性对逮捕的限制作用没有得到充分发挥，诉讼式审查的质量不高。

五、完善逮捕案件诉讼式审查机制的方向

（一）完善审查程序，实现公正与效率

检察机关应当继续在今后的工作中将继续大力推进诉讼式审查，树立诉讼对抗意识，充分听取各方意见，改变传统审查逮捕工作行政化、封闭化特征，高度重视关于无罪和无社会危险性的意见，审慎做出决定；树立检务公开意识，扩大参与面，在不影响案件侦查的情况下，除侦辩双方外，可适当邀请人大代表、人民监督员等第三方参与，引入第三方参与诉讼式审查。通过完善诉讼式审查程序，引导参与各方实质性主动参与并针对案件事实和证据阐述己方意见，可以为检察机关更加客观公正地作出批准或者不批准逮捕决定提供更充分的案件信息和更全面的参考意见，又强化了审查逮捕流程的透明公开度。

诉讼式审查程序的完善，必须符合刑事诉讼原则和刑事证据规则，推动检察机关侦查监督工作现代化转型，在保障犯罪嫌疑人诉讼权利的同时使犯罪嫌疑人感悟到国家追诉的宽容和饶恕，引导犯罪嫌疑人真诚悔罪并复原被犯罪破坏的社会关系，维护社会公平正义，提升检察机关执法办案的公众认同感，树立司法尊严和权威。检察机关应当在积累案件样板和总结审查经验的基础上，归纳内在规律，调适程序制度，以审查程序促案件质量，将逮捕案件诉讼式审查工作长效化和机制化。

在捕诉一体背景下，审查逮捕与审查起诉工作由同一检察官承担，办案检察官在审查逮捕阶段的办案形态和审查标准难以避免地会向起诉的标

准倾斜，给诉讼式审查的实施也带来了极大的挑战。面对新的业务调整，逮捕案件诉讼式审查应当坚持程序正义方向，不断完善审查程序。

1. 关于指导思想和审查原则

要转变传统的封闭式、书面式审查模式为诉讼式审查，实现兼听则明，确保逮捕质量，加强人权保障，维护司法公信。一是坚持客观中立原则，案件承办人在诉讼式审查中保持中立、客观，不偏听偏信、预设立场；二是坚持直接言词原则，案件承办人亲自参与诉讼式审查，全面听取侦查机关办案人员、犯罪嫌疑人及其辩护人的意见；三是坚持侦查秘密原则。诉讼式审查中特别注意侦查秘密保护，不泄露侦查秘密，不妨碍刑事诉讼流程；四是坚持检察公开原则。邀请被害人、犯罪嫌疑人家属以及人大代表、政协委员、群众代表参加诉讼式审查会，使审查逮捕程序公开、透明，实现法律效果和社会效果双提升。

2. 关于案件适用范围

可采用排除法和裁量法相结合的方式确定案件。对有证据证明有犯罪事实，可能判处十年有期徒刑以上刑罚的，或者有证据证明有犯罪事实，可能判处徒刑以上刑罚，曾经故意犯罪或者身份不明的，法律规定应当予以逮捕，因为在此类案件中犯罪嫌疑人被直接推定具有社会危险性而应当逮捕，检察官没有自由裁量权，因而直接排除适用诉讼式审查；对案件事实证据存疑、可能影响案件侦查、涉及国家秘密、商业秘密和个人隐私以及不满十八岁未成年人犯罪等案件，一般不适用诉讼式审查；综合各地检察机关探索实践，可纳入诉讼式审查案件的范围主要包括：一是事实清楚、侦查取证基本完成，在社会危险性方面存在争议的；二是事实清楚、侦查取证基本完成，是否构成犯罪争议较大的；三是违反取保候审、监视居住规定情节严重，是否需要逮捕争议较大的；四是案件社会影响较大，诉讼式审查有利于体现司法公正的。

3. 关于参与主体

公安机关"控"、犯罪嫌疑人"辩",检察官居中裁决,这种三方构造是诉讼式审查的应有之义,此处不再赘述,重点讨论其他参与主体。首先是律师,既包括犯罪嫌疑人一方自行委托的辩护律师,也包括检察机关为犯罪嫌疑人申请的法律援助律师。有学者的实证调研反映:2012年刑事诉讼法实施后审查逮捕阶段律师参与的比例在5%至10%之间,且只有一半左右的律师提交书面辩护意见。① 实践中还存在一种更为滑稽的矛盾——由于检察机关与辩护律师存在严重的信息壁垒,一些案件中承办人不知道嫌疑人已请辩护律师,导致为犯罪嫌疑人申请法律援助后,法援律师无法顺利会见犯罪嫌疑人;一些案件中辩护律师不知道案件已进入审查逮捕程序,法律意见书提交时案件早已办结,导致辩护律师没有普遍地参与诉讼式审查。最高人民法院、最高人民检察院、公安部、司法部、国家安全部2017年8月联合发布《关于开展法律援助值班律师工作的意见》,明确要建立法律援助值班律师制度。符合法律援助条件的犯罪嫌疑人、刑事被告人,可以依申请或通知由法律援助机构为其指派律师提供辩护。值班律师制度如若与逮捕案件诉讼式审查良好衔接,将为实现犯罪嫌疑人辩护权利、保障逮捕案件诉讼式审查提供极大便利。其次是合适"第四方"的选择性参与。在逮捕案件诉讼式审查的探索中,关于参与主体的争论一直存在。有观点认为,被害人参与诉讼式审查容易因情绪激动、报复心理等影响审查公正和效率;在审查逮捕日趋司法化和职业化的今天,若在诉讼式审查中引入人大代表或政协委员参与,既不利于司法经济,也不利于逮捕诉讼式审查的常态化开展,实有司法作秀之嫌。② 但从检察公开原则角度

---

① 参见马静华:《逮捕率变化的影响因素研究——以新〈刑事诉讼法〉的实施为背景》,载《现代法学》2015年第3期。

② 参见邢小兵、张仁杰、李德胜:《逮捕司法化转型的实践困境反思》,载《中国检察官》2017年第6期上。

出发,除侦辩双方外,适当邀请被害人及其他合适人员等参与,更有利于对犯罪嫌疑人社会危险性的全面审查;听取被害人的意见,可以了解犯罪嫌疑人是否真诚悔罪,被害人是否真诚谅解、是否得到赔偿,有助于疏解被害人对抗情绪,化解社会矛盾;必要时听取犯罪嫌疑人家属、工作单位和居住社区代表意见,有助于查明是否具有帮教条件,取保候审的诉讼保障是否有效等。因此,在不影响案件侦查的前提下,适当邀请被害人、街道社区工作人员、犯罪嫌疑人工作单位人员、人民监督员等合适人员参与诉讼式审查,是利大于弊的有益尝试。

4. 关于诉讼式审查的流程设计

案件承办检察官说明案件基本情况;公安机关介绍提请批准逮捕的事实、理由和依据,重点阐述犯罪嫌疑人社会危险性;犯罪嫌疑人及其辩护人围绕犯罪嫌疑人是否符合逮捕的证据条件和社会危险性条件发言;有被害人一方参与的,被害人及其法定代理人、近亲属对是否要求逮捕犯罪嫌疑人进行陈述并说明理由;参会人员经许可进行发问和辩论。

(二) 强化程序正义,简化审查程序

按照程序正义原则,在审查逮捕中,犯罪嫌疑人应当被告知追诉的性质和理由,有权与侦查机关一起在检察官面前论辩并有权向检察官陈述自己观点和意见。检察机关应当秉持程序正义原则,在审查逮捕案件中不得有任何的偏见和预断,以中立平等的立场听取警察和犯罪嫌疑人的意见,以更好地维护法律实施和诉讼公平而非单纯地追诉犯罪;检察官应当认真听取侦、辩双方意见,尤其是直接背负可能被剥夺人身自由危险的犯罪嫌疑人一方意见和辩解,才能实现程序正义和实体正义的平衡。

在逮捕案件诉讼式审查中应更加注重兼顾司法公正与诉讼效率,既要重视审查程序的启动和流转,重视及时送达审查程序的结果,也要重视审查程序的繁简分离。因为在审查逮捕环节,检察机关面临的案多人少、办案时限紧张（法律规定7天审结，实际仅有5个工作日）等办案资源短缺问题尤其突出，对逮捕案件大范围适用诉讼式审查、以及对所有诉讼式审查的逮捕案件一律采用完整的审查程序均几乎不可能。由于诉讼式审查程序相对复杂缜密，应当不断校正，规范程序，对于事实简单清楚，侦查机关和犯罪嫌疑人对证据和法律适用均无异议，只对是否有逮捕的社会危险性存有分歧的案件，可以适当简化审查程序，对案件事实不再辩争，直接进入社会危险性条件的论辩环节，这样既不侵犯犯罪嫌疑人权利，又节约诉讼资源，提高司法效率。

但是，对于侦查机关和犯罪嫌疑人对事实、证据和法律适用存有较大分歧的案件，应当按照完整的诉讼式审查程序进行审查，以查明案件真相，匡扶实体正义。

（三）听取辩护律师意见，保障犯罪嫌疑人诉讼权益

犯罪嫌疑人是审查逮捕后果的承受者，一旦被施加逮捕这一最严厉强制措施则人身自由、经济活动、社会评价等诸多方面遭受损害。检察机关要祛除"重打击、轻保护"和"重配合、轻制约"的陈旧诉讼理念，恪守客观公正义务，弱化追诉倾向，按照无罪推定原则保障犯罪嫌疑人的诉讼主体地位，保障犯罪嫌疑人在审查程序能够自主充分地陈述和辩解。要重视听取律师意见，凡是犯罪嫌疑人聘请有辩护律师的，都应当召开诉讼式审查会，犯罪嫌疑人及其辩护律师也有权申请检察机关对案件进行诉讼式审查。在逮捕案件诉讼式审查程序中，被刑事拘留而受羁押的犯罪嫌疑人辩护条件受限、辩护能力不足，因此为其提供辩护人、保障诉讼权利十分重要。因为在羁押场所条件有限和等待刑事追责煎熬的双重压力下，犯罪嫌疑人身心俱疲，难以在公开的审查程序中从容应对侦查机关咄咄逼人的诘问；而囿于人身自由被剥夺，信息收发渠道被切断，犯罪嫌疑人对侦查机关指控的罪名、证据等信息没有充分掌握，难以有效准备抗辩。检察

机关应当主动听取辩护律师关于犯罪嫌疑人罪与非罪、此罪与彼罪、罪重与罪轻以及有无逮捕的社会危险性等意见,兼听则明,全面审查,反复斟酌,并将听取和采纳情况在审查逮捕意见书中予以说明。要加强与侦查机关的沟通,确保侦查机关提请审查逮捕时告知检察机关犯罪嫌疑人是否聘请律师,以确保及时听取律师意见,充分审查案件证据条件、刑罚条件和社会危险性条件。

审查逮捕是刑事诉讼中的重要程序,我国长期以来运行的行政化审查逮捕程序深刻地影响着检察机关对审查逮捕程序的认识理念和行为模式。任何权力都应当受到约束,只有被合理规制的权力才不会被误用和滥用,审查逮捕权亦是如此,实现审查逮捕程序诉讼化形态的归位正是制约审查逮捕权的有效模式,也是彰显逮捕权程序价值的重要形式。但是也必须看到,虽然最高人民检察院提出了探索建立审查逮捕诉讼式机制的新任务,但新旧理念的碰撞以及既存制度的惯性,都使得我们必须正视改革和探索中存在的困难,需要我们在探索工作中不断总结、力求完善,以期通过理论和实践的全面互动,增强审查逮捕工作的司法属性,提高侦查监督法治化水平。

第三节　审查逮捕程序中瑕疵证据的补救与排除

一、问题的提出:从非法证据到瑕疵证据

证据的合法性是指证据的形式以及证据收集的主体、方法和程序应当符合法律的规定,并且证据必须经过法定的审查程序,其中重点强调证据收集手段、方法的合法性。[①] 由于关乎公民权益保护,关乎证据客观真

[①] 陈光中主编:《证据法学》(第三版),法律出版社2015年版,第151-152页。

实，关乎司法公正威严，证据的合法性一直是证据审查和评价的重中之重。随着程序正义理念的弘扬，非法证据排除规则因其蕴含的程序制裁和保障人权价值而被誉为证据规则体系中的明珠而引人瞩目。

虽然非法证据排除的理论研究不断深入，重大案件尤其是冤假错案的曝光使得非法证据排除从未远离公众关注的视线，但非法证据排除规则的司法适用却步履维艰，示范性案例更是难觅踪影。究其缘由，一方面是因为证据资源的稀缺使得适用排除规则伤及案件事实的认定和刑事犯罪的惩治，法官顾虑重重；另一方面是因为重大非法取证行为数量上越来越少，手段上更加隐秘，发现并排除的难度加大。

但是，我们并不能就此得出违法证据已经在司法实践中几乎没有存在空间甚至已经杜绝的简单结论。实际上，囿于证据意识、能力水平和客观条件等诸多不足，公安机关侦查取证存在大量违反技术规范或者程序规定的行为，形成"大错不犯、小错不断"格局，轻微违法取证的程序瑕疵时有发生，引发瑕疵证据的审查和认定问题。

非法证据一般是指违反法定程序，以非法方法取得的证据。由于非法证据的获得在程序上严重违反法律规定，在手段上严重侵犯公民基本权利，在后果上严重影响证据真实性，因此排除非法证据已经成为刑事诉讼基本规则。瑕疵证据虽然轻微触犯法律规定，一定程度上妨碍其证明能力和证明力，但基于诉讼价值和证据价值的权衡，瑕疵证据的评价显然不能与非法证据等量齐观。

面对屡见不鲜、屡禁不止的瑕疵证据，各国刑事诉讼制度作出了迥然不同的应对。在司法实务语境下，如何准确界定瑕疵证据、瑕疵证据和非法证据如何区分、瑕疵证据如何补正和解释、补正和解释要达到何种证明标准、检察机关如何监督瑕疵证据的矫正等问题，都值得深入分析和研究。

二、瑕疵证据的界定与生成

(一) 瑕疵证据的界定

2010年最高人民法院、最高人民检察院、公安部、国家安全部、司法部联合发布的《关于办理死刑案件审查判断证据若干问题的规定》以及《关于办理刑事案件排除非法证据若干问题的规定》（以下简称《两个证据规定》）紧扣人权保障和证据裁判原则，对司法机关运用证据认定案件事实提出更加规范的要求和更加严谨的标准，"瑕疵证据"的概念第一次正式出现在我国刑事法律体系中。从《两个证据规定》看，瑕疵证据是通过与非法证据的比照来界定瑕疵证据的内容和明确瑕疵证据的适用原则的。瑕疵证据和非法证据都是违法证据，但前者仅仅是技术性和程序性的轻微违法，而后者则是使用刑事逼供等方式侵犯公民宪法权利的严重违法，后者违法程度和违法后果远高于前者。

《关于办理死刑案件审查判断证据若干问题的规定》以列举的方式阐明了各类瑕疵证据的内容，主要包括：（1）物证、书证：收集调取的物证、书证，在勘验、检查笔录，搜查笔录，提取笔录，扣押清单上没有侦查人员、物品持有人、见证人签名或者物品特征、数量、质量、名称等注明不详的；收集调取物证照片、录像或者复制品，书证的副本、复制件未注明与原件核对无异，无复制时间、无被收集、调取人（单位）签名（盖章）的；物证照片、录像或者复制品，书证的副本、复制件没有制作人关于制作过程及原物、原件存放于何处的说明或者说明中无签名的；物证、书证的收集程序、方式存在其他瑕疵的；物证、书证的来源及收集过程有疑问的；（2）证人证言、被害人陈述：没有填写询问人、记录人、法定代理人姓名或者询问的起止时间、地点的；询问证人、被害人的地点不符合规定的；询问笔录没有记录告知证人应当如实提供证言和有意作伪证或者隐匿罪证要负法律责任内容的；询问笔录反映出在同一时间段内，同一询问人员询问不同证人和被害人的；(3) 被告人供述和辩解：笔录填写的讯问时间、讯问人、记录人、法定代理人等有误或者存在矛盾的；讯问人没有签名的；首次讯问笔录没有记录告知被讯问人诉讼权利内容的；(4) 勘验、检查笔录：勘验、检查笔录存在明显不符合法律及有关规定的情形的；勘验、检查笔录存在勘验、检查没有见证人的；勘验、检查人员和见证人没有签名、盖章的；勘验、检查人员违反回避规定的；(5) 辨认笔录：主持辨认的侦查人员少于二人的；没有向辨认人详细询问辨认对象的具体特征的；对辨认经过和结果没有制作专门的规范的辨认笔录，或者辨认笔录没有侦查人员、辨认人、见证人的签名或者盖章的；辨认记录过于简单，只有结果没有过程的；案卷中只有辨认笔录，没有被辨认对象的照片、录像等资料，无法获悉辨认的真实情况的。《两个证据规定》还通过对各类证据审查方法和重点的列明，间接指明了各类证据可能存有的瑕疵，并表明对严重违法的非法证据予以排除的坚决态度。上述瑕疵证据的内容在 2012 年 11 月最高人民法院《关于适用〈中华人民共和国刑事诉讼法〉的解释》中得到重申和认可，由此确立了独具特色的中国瑕疵证据制度。

虽然瑕疵证据的列明为瑕疵证据的运用提供了准确的参照，但司法个案千姿百态，证据瑕疵层出不穷，列举的瑕疵形式无法涵盖所有的瑕疵证据形态。最高人民法院《关于适用〈中华人民共和国刑事诉讼法〉的解释》也注意到这一情形，用类似于"有其他瑕疵的"的兜底条款来防止挂一漏万。

瑕疵证据是指轻微违反法律，取证行为存有程序瑕疵的证据。所谓程序瑕疵，主要是指那些在程序方法、步骤、时间、地点、签名等技术环节存在违法情节的调查取证行为。[1] 以讯问犯罪嫌疑人笔录为例，程序瑕疵

---

[1] 陈瑞华：《刑事证据法学》，北京大学出版社 2014 年版，第 147-148 页。

主要包括以下方面：（1）记录错误，如讯问笔录填写的讯问时间、讯问人、记录人、法定代理人等有误或者存在矛盾；（2）形式缺漏，如第一次讯问犯罪嫌疑人时笔录中没有告知犯罪嫌疑人诉讼权利；（3）签章缺失，如讯问人在讯问笔录中没有签名，已归案犯罪嫌疑人供述笔录复印件没有逐页盖章或者盖骑缝章；（4）手续违规，如讯问地点不符合规定，主持辨认犯罪嫌疑人的侦查人员少于二人等。

瑕疵证据的瑕疵主要是一种过程瑕疵和操作瑕疵，它既有与合法证据相同的客观性和关联性，又有因轻微违法导致证据能力待定这一区别。所谓客观性，是指瑕疵证据取自案件事实，瑕疵证据本身是客观存在的，能够证明案件的真实情况；所谓关联性，是指瑕疵证据与案件待证事实之间存有直接或者间接的联系，能够证明待证事实或者待证事实的某一部分；所谓证据能力待定，是指瑕疵证据因为轻微触犯法律，需要进行补正或者作出合理解释，且该补正或者解释要接受审查，经审查后该瑕疵证据有可能被采纳为定案的根据，也可能被排除在诉讼程序之外。

结合瑕疵证据的内容和特征，认定瑕疵证据应该把握以下几点：（1）没有违反刑事司法基本原则，即瑕疵证据主要是取证程序和取证方法上存有技术性的程序瑕疵或者手续缺陷，没有违背刑事诉讼基本原则和规定，尤其是没有违背刑事法律的禁止性规范；（2）没有侵犯刑事诉讼参与人尤其是犯罪嫌疑人的诉讼权利，即瑕疵证据主要表现为卷宗笔录中的记录误漏、形式不齐等，出现程序瑕疵的原因在于侦查人员的业务不精或者工作疏忽，并没有使用暴力、威胁、欺骗等严重损害诉讼参与人基本诉讼权利的取证手段，诉讼参与人意志自由和表达自由没有受到限制和束缚；（3）没有破坏证据的客观真实性，即瑕疵证据是在没有侵害人身或者胁迫精神的前提下获取的，程序上的瑕疵不影响证据本身的真实性和关联性，也不影响司法人员运用瑕疵证据正确认定案件事实。

（二）瑕疵证据的生成

瑕疵证据产生于侦查人员发现、提取、固定和制作证据的过程中，主观上出于疏忽过失，客观上源自失误错漏，主客观原因的叠加导致瑕疵证据在刑事执法中难以禁绝。

瑕疵证据的生成原因主要有：

1. 取证理念落后

侦查人员"重打击，轻保护""重实体，轻程序"观念根深蒂固，有罪推定阴霾始终没有彻底清除，仍然固守执法者立场居高临下审视犯罪嫌疑人，在收集、提取、固定证据过程中主观偏见，盲目自信，轻率随意，偏重有罪、重罪证据，漠视无罪、罪轻证据，轻视取证过程的合法性和证据之间的矛盾。

2. 取证水平不高

主要表现在：一是法律水平不高，没有充分理解涉嫌罪名的内容，不能按照犯罪构成要件、证据链条和印证标准有针对性地确定取证的方向和重点，往往错失获取关键证据的时机，甚至湮灭重要证据；二是业务水平不高，不能按照法定程序和操作规程取证，程序不完整，操作不规范。

3. 制度保障不足

当前，以审判为中心的刑事诉讼制度改革正在向纵深推进，但刑事司法制度的完善和落实仍任重而道远，要实现侦查机关完全按照裁判的要求和标准收集、固定、审查、运用证据的诉讼理想还有一段漫长的道路要走。例如，刑事辩护制度和程序参与制度保障不足，诉讼参与人尤其是犯罪嫌疑人不能有效参与并影响取证流程；证据裁判原则没有充分落实，法官、检察官"重配合、轻制约"，对瑕疵证据的制裁和监督不足，认可侦查机关以"情况说明"等书面形式轻易补足瑕疵，某种程度上允忍甚至纵容瑕疵证据的生成和使用。

4. 客观原因

在部分特殊情况下，有些证据的提取十分困难，侦查人员不得不采用变通的方式取证；有时取证时机稍纵即逝，有时证据本身可能存有腐败变质甚至湮灭的危险，侦查人员紧急取证，导致取证过程有瑕疵。例如，毒品犯罪诱惑侦查案件中，侦查的秘密性决定了对毒贩人身和住处的搜查可能没有见证人签名。

三、瑕疵证据的排除与补救

（一）瑕疵证据的排除

1. 非法证据的排除模式

西方国家没有依据违法程度的轻重对瑕疵证据和非法证据进行区分，而是把违反法定程序、以非法方法获取的证据统一认定为非法证据，即瑕疵证据被非法证据所包含。作为一项以程序制裁为名行人权保障之实的证据规则，非法证据排除规则一直是评价证据能力的重要内容。

对于非法证据的排除，西方国家主要采用两种模式：绝对排除和相对排除。采用绝对排除模式国家的代表是美国，美国通过法律和判例把非法证据强制排除在法庭之外明确为一项基本证据规则和诉讼原则；采用相对排除模式国家的代表是英国，英国认为排除非法证据属于法官自由裁量权的内容，应由法官斟酌决定。但随着非法证据排除规则适用的发展，兼顾刑事诉讼价值目标的平衡，非法证据的绝对排除和相对排除两种模式表现出更多互相借鉴、互相糅合的特征。在美国，为了弥补警察侦查瑕疵，强化打击犯罪职能，通过例外判例限制非法证据排除规则的泛化适用。如善意的例外，即如果警察侦查取证行为违反法律规定并非故意而是善意，则该非法证据不应当被排除。在英国，法官裁量排除非法证据也非随心所欲，同样必须遵循法律规定的排除标准和排除范围。

绝对排除模式和相对排除模式还因证据的种类而分别适用。在西方国家，非法言词证据一般要强制性绝对排除，而非法实物证据则采用裁量性相对排除。其中最主要的理由是非法实物证据内容被非法取证手段污染的可能性较小，客观真实性要较强的保证；而非法言词证据因为提供者受到人身或者精神上的伤害或者胁迫，证据的客观真实性大打折扣甚至完全与案件事实不相符。排除非法言词证据尤其是非法逼取的被追诉人口供已经是各国刑事诉讼的司法实践，也是各国应当遵守的一项最低国际刑事司法准则。1948年《世界人权宣言》所确立的禁止酷刑原则已经被国际公约和各国法律所认可，即"任何人不得被加以酷刑，或施以残忍的、不人道的或侮辱性的待遇或刑罚"，且经由酷刑获取的非法证据不得作为定罪量刑的根据。

在我国，刑事法律吸收各国经验，也确立了非法言词证据绝对排除和非法实物（物证、书证）证据相对排除原则。《刑事诉讼法》第56条规定："采用刑讯逼供等非法方法收集的犯罪嫌疑人、被告人供述和采用暴力、威胁等非法方法收集的证人证言、被害人陈述，应当予以排除。收集物证、书证不符合法定程序，可能严重影响司法公正的，应当予以补正或者作出合理解释；不能补正或者作出合理解释的，对该证据应当予以排除。"从刑事诉讼法和相关配套司法解释看，非法言词证据主要是指采用严重违法的非法方法收集的犯罪嫌疑人、被告人供述、证人证言和被害人陈述等言词类证据，应当予以强制排除。而非法实物证据是指取证违反法定程序，可能严重影响司法公正且不能补正或者作出合理解释的物证和书证，由法官或者检察官裁量排除，但法律规定和司法实践均表现出明显的"不排除"倾向。

2. 瑕疵证据的可补救排除模式

瑕疵证据的瑕疵主要是侦查人员在取证过程中出现的技术性、操作性和程序性细节问题，由于它没有违背重大诉讼原则、侵犯公民基本权利，因而被立法者和社会公众所容忍。这也体现出中国法律理念、权利意识与西方国家的重大差异，是为了更好地惩罚犯罪、查明真相的一种现实主义妥协。例如，首次讯问犯罪嫌疑人时，在讯问笔录中没有记录告知被讯问人相关权利和法律规定，在中国被认为是一种程序瑕疵，可以由侦查机关补正或者作出合理解释。而在西方尤其是美国，类似行为却被认为严重破坏任意自白原则，被讯问人作出的自白显属非法，应当予以排除。美国联邦最高法院在米兰达案中判决规定，在审讯之前，警察必须明确地告知被讯问人：（1）有权保持沉默；（2）如果选择回答，那么所说的一切都可能成为对其不利的证据；（3）有权在审讯时要求律师在场；（4）如果没有钱请律师，国家可以为其提供免费的律师服务。①

基于瑕疵证据取证违法程度和危害后果的综合考量，中国刑事证据立法创设了独具特色的瑕疵证据排除模式，即证据的收集程序和方式有瑕疵，经补正或者作出合理解释的，可以采用，有学者称之为可补正的排除规则。可补正的排除规则既非绝对排除，又非相对排除，是我国确立的一种特殊的排除规则。②

但笔者认为，"可补正的排除规则"这一定义没有概括包含瑕疵证据排除规则的全部内容，理由是：（1）从瑕疵证据的补救方法看，除了可以补正外，还包括作出合理解释；（2）从瑕疵证据的形式看，有些瑕疵证据是可以补正的，有些瑕疵证据因时过境迁已经不可以补正。从本质上说，瑕疵证据的排除还是检察官、法官根据侦查机关对程序瑕疵的补正或者解释情况来决定是否排除的，是一种自由裁量的排除模式，但该排除模式与非法实物证据的相对排除模式又有明显区别，表现在：（1）适用对象不同，分别适用于瑕疵证据和非法实物证据；（2）审查重点不同，瑕疵证据排除主要审查侦查机关有证据证明的对程序瑕疵的补正和解释情况，非法实

---

① 陈光中：《证据法学》，法律出版社 2015 年版，第 249-250 页。
② 牟绿叶：《论可补正的排除规则》，载《中国刑事法杂志》2011 年第 9 期。

物证据排除也审查侦查机关对司法公正严重影响的补正和解释情况，但审查的重点不是程序补救，而是是否修复了对司法公正的严重影响；（3）证明标准不同，瑕疵证据和非法实物证据相比，由于关乎司法公正权威，后者的补救标准显然要大大高于前者。因此，瑕疵证据的排除模式与非法实物证据的相对排除模式既有相同点又有区别处，从某种程度上说是一种特殊的相对排除模式，可以称之为可补救的排除模式。

瑕疵证据可补救排除模式是指证据瑕疵经补正或者作出合理解释的，可以采用；不能补正或者作出合理解释的，不得作为定案的根据，即可补救的瑕疵证据不排除，不能补救的瑕疵证据应当排除。

（二）瑕疵证据的补救

1. 瑕疵证据的补救方法

瑕疵证据的补救方法包括补正和合理解释。根据《人民检察院刑事诉讼规则（试行）》第66条的规定，补正是指对取证程序上的非实质性瑕疵进行补救，合理解释是指对取证程序的瑕疵作出符合常理及逻辑的解释。

具体来说，瑕疵证据的补救就是通过程序完善把瑕疵证据转化为合法证据。一般来说，补正是对笔录或记录中信息缺漏进行填补，对取证过程中的技术性手续不全进行完善等，而合理解释是对造成证据程序瑕疵的原因进行说明，阐述证据的客观真实性未收证据瑕疵的干扰等。

瑕疵证据的具体补救方法包括：（1）事后追认。对于取证过程中非实质性侵害诉讼参与人的诉讼权利而形成的程序瑕疵，如果诉讼参与人得知自身权利轻微受损后仍然认可之前侦查机关的取证行为，认可瑕疵证据的客观真实性，则证据的瑕疵得到补救。例如，侦查人员在询问证人时没有告知证人诉讼权利义务，询问笔录也没有记录告知证人有关作证的权利义务和法律责任的，属于程序瑕疵；但如果证人明确表示事先知道作证的责任义务，或者事后知道作证权利义务后仍认可先前证言，但程序瑕疵得以治愈,该证人证言可以被采信。事后追认还适用于首次讯问笔录没有记录告知犯罪嫌疑人或者被告人相关权利和法律规定的情形。(2) 填补缺漏。对于由于内容缺失或者手续不全而形成的证据瑕疵,可以通过填充补齐缺少的形式要件来予以补救。如讯问笔录没有讯问人签名的,可以由讯问人及时补签;现场勘查笔录没有见证人签名的,可以由见证人补签。(3) 纠正笔误。对于证据笔录中由于工作疏忽、记录错误形成的程序瑕疵,可以进行更改予以纠正。如讯问笔录中填写的讯问时间、讯问人、记录人等有误的,通过修改并加盖校对章的方式可以弥补瑕疵。(4) 解释错误。就是对取证瑕疵进行合理解释或说明。合理解释并非补正的后置条款,可以同时适用。即解释既可以对证据瑕疵补正的情况进行解释,也可以对无法补正的证据瑕疵进行解释。合理解释主要是对证据提取的过程和形成瑕疵的原因进行必要的说明。(5) 重新侦查。对无法通过技术性补正和解释补救程序瑕疵的证据,侦查机关可以重新收集、提取和固定证据,重新制作案卷材料。如询问笔录反映出在同一时段,同一询问人同时询问不同证人,且证人证言笔录无法通过事后追认或者合理解释来补救的,可以重新制作证人证言笔录。

2. 瑕疵证据补救规则的不足

一是没有明确瑕疵证据的定义。刑事法律没有没有对瑕疵证据作出权威而明确的界定,虽然司法解释以列举的方式阐述了瑕疵证据的内容,但取证过程千变万化,存在的程序瑕疵难以通过列举的方法全部包罗。如果证据瑕疵的形式不在列举范围内,其补救过程和结果极易引发新的诉争。

二是没有细化瑕疵证据的补救程序。相关司法解释对瑕疵证据补救规则的规定比较原则,缺乏具体可操作性。既没有细化瑕疵补正的方式和程序,也没有细化合理解释的内容和形式。

三是没有规定瑕疵证据的补救标准。虽然《人民检察院刑事诉讼规则(试行)》对瑕疵补救的两种方式即补正和合理解释进行了初步的说明,但这种说明仍然比较抽象，没有明确瑕疵证据的补救要求，没有解释瑕疵证据必须补救到何种程度才能采纳为定案的根据，法官、检察官判断证据瑕疵是否得以修补仍然要逻辑法则和经验法则自行决断。应该达到

四是没有确立犯罪嫌疑人、被告人在瑕疵证据补救程序中的权利地位。瑕疵证据的补救直接关乎犯罪嫌疑人、被告人的刑事责任和人身自由，但犯罪嫌疑人、被告人对补救程序的知情权、介入权和辩护权保障不足，难以提出意见和辩驳。

3. 瑕疵证据补救规则的完善

一是要完善瑕疵证据补救规则的立法规定。应当以概念加列举的方式明确瑕疵证据的定义，把没有侵犯诉讼参与人基本权利，没有违反刑事诉讼基本原则的取证程序瑕疵界定为证据瑕疵；应当明确侦查机关补救瑕疵证据的责任义务，明确补救的方式、时限和程序。

二是要明确瑕疵证据补救的标准。瑕疵证据补救的证明标准应当达到优势证明标准，即让检察官、法官相信证据瑕疵补救后证据的程序瑕疵已经修补，没有侵犯诉讼参与人基本权利，没有侵犯刑事诉讼基本规则，诉讼程序可以继续进行下去。具体包括：（1）关于瑕疵证据补正的要求，应当明确瑕疵证据经补正后，取证瑕疵得到修复，弥补了取证程序的缺失和错漏，程序的合法性得到保障；（2）关于瑕疵证据合理解释的要求，应当明确侦查机关不得以口头方式或者以简单的"情况说明"方式进行随意解释，合理解释要以书面形式体现，但必须附有相关证据予以证明；（3）关于瑕疵证据补救的后果，应当明确瑕疵证据补救后被检察官、法官采信或者排除的根据在于瑕疵补救是否符合逻辑法则和经验法则，补救后的证据与案件其他证据是否存在矛盾，取证程序违法风险是否得到排除。

三是要保障犯罪嫌疑人、被告人的补救程序介入权，明确犯罪嫌疑人有权质疑侦查机关取证程序的合法性并要求侦查机关进行说明，犯罪嫌疑人有权知悉侦查机关对瑕疵证据的补救程序和补救内容，有权质疑司法机

关对瑕疵证据补救后采信与排除的结果。

四是要贯彻侦查人员出庭作证制度。以审判为中心、庭审实质化的基本内容就是审判的直接言词原则，书面式的瑕疵证据补救规则使得法官难以真正审查瑕疵证据的补救效果。由侦查人员出庭现场说明瑕疵证据的形成原因、补救方法和瑕疵证据的客观真实性，同时接受控辩双方质询，有利于全面解决瑕疵证据的程序违法瑕疵，推动刑事诉讼顺利进行。

五是要提高侦查人员业务水平和责任意识。应当强化侦查人员证据意识和取证能力培养，加强业务学习培训，确保规范、合法取证；要树立取证风险意识，对瑕疵证据产生的原因进行研究区分，分析客观原因，矫正主观不足，施行责任追究，从源头上遏制瑕疵证据的出现。

四、瑕疵证据的侦查监督

（一）建构瑕疵证据侦查监督制度的理由和价值

检察机关在审查逮捕过程中，发现并纠正瑕疵证据，是切实履行侦查监督职能的应有之义。

第一，符合法律法规的规定。逮捕的主要功能是保障公民人权和刑事诉讼顺利进行，后者表现为由于犯罪嫌疑人具有社会危险性而有逮捕羁押并继续侦查以查明事实的必要。刑事诉讼法及其配套司法解释明确了检察机关对侦查机关刑事执法和侦查取证行为的监督地位，并赋予检察机关纠正非法取证、排除非法证据的监督职权。《人民检察院刑事诉讼规则（试行）》还建立审查逮捕阶段调查、排除非法证据的基本程序。

第二，符合审查逮捕的本义。审查逮捕是对侦查机关提请批准逮捕的案件事实、证据进行审查，并按照逮捕的条件作出批准或者不批准逮捕决定的司法活动。审查逮捕必须查明案件事实是否清楚、证据是否具备客观性、关联性和合法性，其中证据的合法性决定证据是否具有证明能力，是否具有作为审查逮捕根据的法律资格。因此，监督纠正证据能力待定的瑕疵证据，审慎决定是否作为批准逮捕的根据，是审查逮捕程序的重要内容。

第三，符合客观义务的要求。检察官的客观义务是指，"检察官负有公正执行法律，维护国家、社会利益的客观义务，这基本属于大陆法系职权主义诉讼模式中的概念，表现于检察官在执行职务中对有利于和不利于被追诉人的各种因素应注意和斟酌，从而客观地履行职务。"① 客观公正，是刑事诉讼的根本价值所在，也是对检察官执行职务的根本要求。② 检察官不是单纯的犯罪追诉者，而是法律统一实施和公民基本权利的守护人。检察官客观义务表现在审查逮捕程序中，要求检察官理性对待侦查机关的强烈追诉意向，公正审查侦查机关移送的证据材料，全面考量有罪证据和无罪证据，综合判断包括瑕疵证据在内全案证据的证明能力和证明力，慎重作出批准或者不批准逮捕决定，保证涉嫌犯罪和无罪的人免受非法的刑事追究。

第四，符合侦查监督的立场。侦查监督，是指人民检察院依法对公安机关和侦查人员的侦查活动是否合法进行的监督，③ 其中发现并纠正违法侦查行为是侦查监督的主要内容。在审查逮捕程序中，监督侦查机关补救瑕疵证据，补救不到位则由侦查机关承担因程序瑕疵而不批准逮捕犯罪嫌疑人的后果，是程序性制裁理论的实践，是侦查监督的威力所在，也是检察机关法律监督职能的重要体现。此外，从监督的刚性和及时性看，审查逮捕阶段是补救瑕疵证据的最佳时机，因为此时瑕疵证据的信息最为清晰，如侦查人员记忆清楚、取证原始记录犹在、证人证言易于提取、非法取证工具及影像资料尚未灭失等，有利于有效调查非法侦查行为，发挥瑕疵证据可补救排除规则的实效性、制裁性和震慑性。

---

① 樊崇义：《检察制度原理》，法律出版社 2009 年版，第 59 页。
② 龙宗智：《相对合理主义》，中国政法大学出版社 1999 年版，第 158 页。
③ 陈光中：《刑事诉讼法》，北京大学出版社、高等教育出版社 2013 年版，第 312 页。

强化瑕疵证据的侦查监督，不仅有利于缓解证据资源短缺，查明案件事实真相，惩治刑事犯罪，而且有利于规范侦查机关刑事侦查行为，提高审查逮捕案件质量。通过瑕疵证据的监督，树立强化侦查人员的程序正义理念和依法取证意识，全面保护诉讼参与人尤其是犯罪嫌疑人的诉讼权利。

（二）瑕疵证据侦查监督的制度设计

1. 瑕疵证据侦查监督启动的时间和程序

瑕疵证据侦查监督程序的启动是在审查逮捕期限内进行，可分为依职权启动和依申请启动两种方式。

依职权启动，是指侦查监督部门检察官在审查逮捕案件中，发现侦查机关的取证程序存有瑕疵，要求侦查机关予以补正或者解释。依申请启动，是指诉讼参与人认为侦查机关的取证程序违法，可以向侦查监督部门提出监督纠正瑕疵证据的申请。诉讼参与人提出申请时，应当承担一定证明责任，即提供侦查机关程序违法的初步证据或者线索。检察官经过审查后，决定是否启动监督程序，如果不启动的，应当向申请人说明不启动的理由。

2. 侦查机关补救瑕疵证据的时限和后果

由于审查逮捕时间有限，侦查机关应当在检察机关发出监督文书后立即对瑕疵证据进行补正或者解释，补救工作完成的时间最迟在审查逮捕期限届满前一天。

检察官审查后认为程序瑕疵得到补救的，可以作为审查逮捕的证据使用；侦查机关拒绝补救或者补救不到位的，瑕疵证据予以排除，不得作为批准逮捕的根据。例如，在办理犯罪嫌疑人陈某涉嫌盗窃一案中，案件发生在2010年，侦查机关根据案发现场遗留的指纹比对确定犯罪嫌疑人陈某，陈某也供认不讳，但当时现场勘查笔录显示没有提取任何有价值的物证和痕迹，指纹来历不明；检察机关向侦查机关发出瑕疵证据监督通知书要求作出合理解释，但侦查机关不仅没有合理解释，反而试图用重新制作的新的勘查笔录蒙混过关；检察机关启动瑕疵证据与非法证据衔接机制，排除了该指纹及指纹鉴定意见，并向侦查机关发出纠正违法通知书予以监督纠正。

3. 检察机关审查瑕疵证据及其补救情况的程序

检察官在审查逮捕案件中，要严格法律规定审查侦查机关发现、提取、固定、保存证据的全流程，按照证据取证规范的要求，发现案卷材料中的瑕疵证据。检察官对瑕疵证据的审查主要是审查取证程序是否轻微违法，是否严重妨碍正当诉讼程序正常进行，瑕疵证据的形式错漏是否影响证据客观真实。检察官对瑕疵证据补救工作的审查主要是审查补正和合理解释的形式和内容，认定补救工作是否已经弥补取证程序的缺陷和错漏，保证证据瑕疵的程序违法和形式不齐得到修复；审查过程中应当防止侦查机关随意补救或者机械补救，侦查机关不仅应当说明补救的方法和内容，还应当随附相关证据材料进行佐证。

审查结束后，检察机关应将是否采纳瑕疵证据的结果及时通知侦查机关、犯罪嫌疑人、被告人和其他程序权利受到影响的诉讼参与人，并将补救材料和审查结果附卷随案移送下一诉讼环节。

4. 瑕疵证据侦查监督的救济

瑕疵证据的侦查监督既要防止监督流于形式，侦查机关置若罔闻，不知痛痒，又要防止程序异化，沦为检察机关内部运行的行政化审批流程。应当打破侦查监督程序的封闭性和神秘主义色彩，以公开公正的立场防范检察机关任意监督和随意监督。

瑕疵证据侦查监督制度的救济应当包括以下内容：一是监督程序应当公开，应当公开检察机关监督补救瑕疵证据的内容和结果；二是被追诉人有权知悉监督过程，并对侦查机关补救程序和检察机关据此作出审查决定提出抗辩；三是侦查机关有权对审查程序和结果提出异议。

侦查机关对瑕疵证据审查后排除结果有异议的，可以向检察机关申请复议一次；犯罪嫌疑人或被告人对审查后的采纳结果表示异议的，可以自行或委托律师要求重新审查，但只能重新审查一次。复议不影响批准或者不批准逮捕决定的执行。

刑事诉讼是用证据对已发生的过去进行推演，而过去的事实总是很难百分百再现，能够证明过去事实的证据总量也是有限的。瑕疵证据虽然存有程序瑕疵，但其证明价值不可否认，有时甚至属于关键证据，因此，确立瑕疵证据可补救排除规则与其说是程序正义理念的胜利，毋宁说是为平衡惩罚犯罪价值而迫不得已的选择。监督矫正瑕疵证据，要求侦查机关第一时间补救程序瑕疵，不仅仅是给予侦查机关一次纠正错漏的机会，而且培养侦查机关依法依程序打击犯罪的意识，从根本上，可以保障刑事侦查取证在实体正义和程序正义的道路上双轨运行，切实保证诉讼参与人尤其是犯罪嫌疑人诉讼权益不受非法侵犯。

第四节 审查逮捕程序中的侦查活动监督
——以毒品犯罪诱惑侦查为例

检察机关通过对公安机关提请批准逮捕案件的审查，监督纠正公安机关侦查行为尤其是强制性侦查行为，不仅是检察机关必须履行的法律职责，更是还原事实真相、保障公民人权的当然义务。毒品犯罪严重危害公民身心健康和社会安全秩序，并滋生诸多犯罪，产生一系列社会问题，历来是各国重点打击的对象。诱惑侦查作为在破获毒品犯罪中大量适用的秘密侦查手段，不仅是国家针对毒品犯罪的特殊性而采取的一种社会反应，而且是从严惩处毒品犯罪刑事政策的一种价值选择。

基于赋权与控权的平衡，新刑事诉讼法第153条既授予侦查机关隐匿身份秘密侦查的权力，又明确了限制使用的禁止性条款。检察机关应当发挥侦查监督职能，在审查逮捕案件时不仅考虑逮捕强制措施的适用条件，而且要规范毒品犯罪诱惑侦查程序，强化内外监督，以弘扬诱惑侦查积极功用，限制诱惑侦查消极危险，使诱惑侦查在严格的制度框架下成为惩罚毒品犯罪的有力武器。

一、毒品犯罪诱惑侦查的正当性

诱惑侦查是指国家侦查机关为了侦破某些重特大疑难案件，由侦查人员或其协助者隐藏身份，采取一定的诱惑手段，提供条件或制造机会刺激犯罪的发生，借此抓获犯罪嫌疑人或收集证据材料的一种秘密侦查手段。① 为了及时遏制毒品犯罪，提高打击的效率和效果，诱惑侦查的适用成为必然，具有现实的合理性和正当性。从深圳市某区人民检察院审查批准逮捕工作实践看，2014年1月至9月，共受理公安机关移送的贩卖、运输毒品案335件399人，其中在案件中运用诱惑侦查手段高达91%以上，且在非法持有毒品、容留他人吸毒等毒品犯罪案件中也开始适用诱惑侦查。

（一）法律的允许：打击毒品犯罪的需要

任何侦查手段的运用，都必须得到法律的授权和认可。毒品犯罪作为典型的无被害人犯罪，具有极大的社会危害性，公民个体和社会整体两受其害，并引发一系列道德和法律问题，已经成为社会综合治理的痼疾。由于处于公众批判和刑事打击的高压态势之下，毒品犯罪较其他犯罪的隐秘性更高，呈现出越来越多的有组织犯罪和反侦查的特点，毒品犯罪分子单线联系，上下线之间往往是经过反复考验并多次买卖毒品的"熟客"，陌

---

① 田宏杰：《诱惑侦查的正当性及其适用限制》，载《政法论坛》2014年第3期。

生人很难介入并获得充分信任，且毒品交易通常一对一完成，因此发现和打击毒品犯罪的难度越来越大。面对更趋严峻的毒品犯罪形势，诱惑侦查是破解侦查难题的重要钥匙。

诱惑侦查能够迅速准确地定位毒品犯罪嫌疑人，堵塞毒品流通渠道，摧毁毒品交易网络，使毒品犯罪的成本和风险无限提升，能够有效打击和预防毒品犯罪，符合国家集中有限侦查资源打击严重刑事犯罪的现代刑罚观要求，因而被各国刑事法律所认可。例如美国司法部制定了《联邦调查局关于诱惑侦查的基准》，德国刑事诉讼法规定了秘密侦查人员诱惑侦查等。

（二）正义的妥协：兼顾社会正义和个体正义的平衡

诱惑侦查是以利益诱惑为手段，以行为欺骗为方法，使犯罪嫌疑人主动实施犯罪，因此必然侵犯犯罪嫌疑人的隐私权和自由意志，某种程度上是对公民权利的破坏。但是，个体正义权利并不是绝对的，在社会正义需要时是要受到限制和让渡的。而在毒品犯罪中适用诱惑侦查，是为了维护社会安全秩序所必需，犯罪嫌疑人部分权利的牺牲没有违背正义的基本内涵，且诱惑侦查的发动是以合理事实证据为基础，经过了严格的论证和审批程序，并非可以轻率而为，已经将对公民权利自由的可能损害降到最低。

由于毒品犯罪诱惑侦查是侦查人员或者侦查人员控制的人员直接对犯罪嫌疑人施加利益诱惑进而诱使其产生毒品犯罪故意并决意实施毒品犯罪行为，在一定程度上是属于制造、促成或者加快毒品犯罪的侦查措施。但从社会整体利益维度看，毒品犯罪诱惑侦查能够明确侦查方向，控制犯罪嫌疑人，有效遏制和预防毒品犯罪，因此，诱惑侦查是执法者综合考虑毒品重大危害和犯罪嫌疑人犯罪危险之后，且常规侦查手段无法破获案件时迫不得已的现实选择。

（三）道德的容忍：惩罚失德行为的必要

有效立法，公正司法，自觉守法，是法治的基本要义，而司法者诚信执法就是公正司法的重要内容，司法不诚信则损害公众的法律信仰和道德忠诚。诱惑侦查虽然使用了诱惑欺骗手段，但显然不属于司法不诚信。我国是历史上长期遭受毒品戕害的国家，公众对毒品犯罪深恶痛绝。虽然毒品犯罪分子是因侦查机关的引诱而落入法网，似乎有违人际交往的相互信任准则，也有悖于国家机关应当以值得民众信赖的方式行事的基本原则，但未超越道德底线，没有超出公序良俗的最低限度，因而为社会道德所允忍。

正是因为公众对毒品犯罪的危害性有较充分的认识，认为涉毒行为逾越道德边界，才对诱惑侦查有较高的认同度。一般认为，利益诱惑是外因，而犯罪嫌疑人主观意志是内因，只要对犯罪嫌疑人施加的诱惑本身符合法律道德要求，且该诱惑没有被放大至为正常人根本无法拒绝的异常程度，即犯罪嫌疑人在诱惑面前能够保持理智思考并自由行动的选择权，社会公众就可以接受诱惑侦查的道德正当性。

二、毒品犯罪诱惑侦查存在的风险与问题

毫无疑问，诱惑侦查是一柄双刃剑，一旦误用或者滥用则法律尊严和公民权利两受其害，甚至产生冤假错案。但是，经济侦查的功利主义总是让侦查机关走上追求效率的道路，相比自主摸排、经营线索侦破毒品犯罪尤其是重大毒品犯罪的长期性和艰巨性，对少量毒品犯罪的诱惑侦查因更为高效简捷而备受侦查机关尤其是基层派出所青睐。由于限制不足，毒品犯罪诱惑犯罪有滥用之虞，存在诸多问题。

（一）诱惑侦查手段过度使用

在实践中，诱惑侦查的过度使用主要表现在：（1）轻微毒品犯罪案件诱惑侦查的大量使用。诱惑侦查一般限于重大案件，但司法实践中侦查机关囿于侦查能力不足，装备水平不高，在轻微毒品犯罪案件中大量运用诱

惑侦查，主要针对零星散包犯罪嫌疑人，涉案毒品数量较少，犯罪嫌疑人所受刑罚较短，打击的威慑力和惩罚力不足，毒犯刑满释放后再犯率高，刑罚的效果差。（2）重案件数量轻案件跟踪侦查。公安机关机械侦查，就案论案，沉迷于轻微毒品犯罪案件的诱惑侦查，一旦将犯罪嫌疑人抓捕归案即结案了事，怠于对毒品的来源、犯罪嫌疑人的上线、犯罪组织的架构、毒品交易的网络等问题进行深入侦查，深挖意识和能力不足，诱惑侦查质量不高。（3）诱惑侦查的难度不断加大。由于诱惑侦查手段的大量使用，犯罪嫌疑人的反诱惑侦查意识不断增强，开始使用多次变更交易地点、反复试探考验、毒品与赃资分离、网络交易、不见面交易、暗语代号交易等方式对抗侦查，将犯罪嫌疑人人赃俱获的机会大大减少，犯罪嫌疑人对抗侦查能力不断提高。

一般认为，诱惑侦查的对象是掌握并实施毒品犯罪的犯罪嫌疑人，但值得注意的是，诱惑侦查已经很难查获毒品犯罪的源头，也很难抓获毒品交易的实际控制者，往往只能抓获中间人一类的次要犯罪嫌疑人，诱惑侦查的威力大打折扣。毒品犯罪中的中间人主要有两种：一是指本身没有毒品但有购买渠道并贩卖牟利的中介人，二是指受贩毒分子指派送达并完成毒品交易的送货人。就前者而言，中介人一般有相对固定职业，并非专职毒品卖家，主要是在侦查人员利益诱惑下才实施了犯罪行为，因此产生犯意引诱问题；而后者作为送货人，对犯罪嫌疑人及毒品来源、流通网络等关键信息并不了解，往往成为犯罪嫌疑人的"替罪羔羊"。由于中间人对贩毒分子的信息掌握多限于绰号称呼和联系方式，对其真实身份、详细地址、作案方式规律等了解不多，且贩毒分子反侦查意识不断增强，因而诱惑侦查的真正目的越来越难以实现。

（二）诱惑侦查风险不断加大

诱惑侦查的风险主要表现在：（1）职业举报人举报案件占有较高比

例。各地对打击毒品犯罪有考核指标的压力，也有一定的奖金激励，因此侦查机关为完成考核对举报毒品犯罪线索者进行有偿奖励（即有偿购买），职业举报人即应运而生，他们通过与侦查机关合作大量举报毒品犯罪嫌疑人获取报酬甚至以此为主要生活来源。这些职业举报人整日混迹于毒品犯罪嫌疑人中间或者毒品犯罪高发场所，侦查机关对其制约控制力有限，有些职业举报人甚至因掌握充足犯罪线索而左右侦查机关行动。职业举报人为获取奖励，用高额利益怂恿诱惑他人犯罪或者积极协助甚至参与毒品犯罪，有的举报人本身就是吸毒或者贩毒人员，因而可能制造或者纵容毒品犯罪。（2）无预定侦查对象的诱惑侦查。有的侦查机关事先并无合理的证据证明毒品犯罪事实的存在，甚至没有明确的有重大嫌疑的诱惑侦查对象，完全以"愿者上钩""有一个算一个"的心态在毒品犯罪高发领域（如娱乐场所、同性恋网站等）实施诱惑侦查，诱惑侦查的基本方式是声称愿意高价购买某一毒品，有意者请联系。这种无事实证据支撑的钓鱼式诱惑侦查显属滥用权力，使一个无意犯罪的无辜公民陷于犯罪的极大危险，损害司法权威，侵权公民权利，加剧社会信任危机，践踏司法道德底线，具有极大的危险性和危害性。（3）强迫吸毒人员诱惑他人。侦查机关抓获吸毒人员后，以强制戒毒等行政处罚相威胁，强迫吸毒人员或其亲属诱惑他人，以抓获犯罪嫌疑人为条件即放弃对吸毒人员的行政处理，这不仅严重侵犯吸毒人员的自由意志，破坏侦查的合理性和合法性，而且可能制造新的毒品犯罪。

（三）诱惑侦查的法律适用困难重重

在诱惑侦查的审查中，法律适用遇到的问题主要有：（1）犯意诱发问题。犯罪诱发是指行为人本无犯罪意图，而是在侦查机关的诱惑下产生犯意并实施了犯罪行为，属于制造新的犯罪，是各国刑事法律所摒弃的非法侦查行为。但由于程序不规范，犯意诱发在毒品犯罪诱惑侦查中是客观存在的，有的案件表现得很明显，有的案件被表面证据所掩盖。必须认识到，诱惑侦查是惩防犯罪的手段而非对考验公民抵御犯罪诱惑的工具，应当禁止犯罪诱发型诱惑侦查，但在实践中完全禁止障碍重重。（2）数量引诱问题。数量引诱是指侦查机关引诱原本贩卖较少毒品的犯罪嫌疑人贩卖了较多毒品的诱惑侦查行为。一般认为，数量引诱可以认定犯罪嫌疑人行为构成犯罪，但应当给予量刑优惠。但此类侦查行为的合法性如何判断，从宽量刑的幅度如何把握，需要进一步明确。（3）居间介绍与代购毒品的认定问题。部分案件中犯罪嫌疑人本身没有犯罪前科也不持有毒品，但在侦查人员反复诱惑下向他人购买了毒品后原价贩卖给侦查人员，能否认定为贩卖毒品罪存有很大争议，即这种代购式的诱惑侦查中代购者应认定为贩卖毒品的共犯还是一般的代购行为。2012年5月《最高人民检察院、公安部关于公安机关管辖的刑事案件立案追诉标准的规定（三）》明确指出："有证据证明行为人以牟利为目的，为他人代购仅用于吸食、注射的毒品，对代购者以贩卖毒品罪立案追诉。不以牟利为目的，为他人代购仅用于吸食、注射的毒品，毒品数量达到本规定第二条规定的数量标准的，对托购者和代购者以非法持有毒品罪立案追诉。明知他人实施毒品犯罪而为其居间介绍、代购代卖的，无论是否牟利，都应以相关毒品犯罪的共犯立案追诉。"那么，在侦查人员诱惑代购者声称购买毒品用于自己吸食注射且代购者没有加价获利，毒品数量又未达到非法持有毒品追诉标准的情况下，如何评定代购者的行为？从上线角度看，代购者明知他人是毒品犯罪嫌疑人而代购，属于共同犯罪；从下线角度看，代购者没有牟利目的，为他人代购是用于吸食注射，属于通常意义的代购。这种仅因视角不同导致性质迥异的问题要求执法者必须谨慎行事。（4）诱惑者的责任追究不足。为了侦破案件，抓获毒品犯罪嫌疑人，诱惑者的诱惑行为本身具有一定的社会危害性，有的可能涉嫌犯罪，但由于诱惑侦查程序不规范和部门保护意识，实践中鲜有诱惑者被追究责任尤其是刑事责任。

（四）程序制约严重缺失

由于刑事法律关于诱惑侦查的规定较为原则粗糙，公诉机关及审判机关对侦查机关在毒品犯罪使用诱惑侦查手段的态度较为宽容甚至纵容，因而司法实践中诱惑侦查缺乏有效制约，出于侦查机关自主决定、自主执行、自主变更、自主终止的状态，表现在：一是诱惑侦查的决定缺乏制约。诱惑侦查的决定执行始终是侦查机关的内部行政化自行审批流程的结果，其封闭性、秘密性完全排斥外部机关的知悉和介入，且侦查机关决定实施诱惑侦查的程序较为随意，驳回实施请示的情况较为罕见。二是诱惑侦查的实施缺乏制约。诱惑侦查的时间、地点、条件、针对对象、具体措施有侦查机关自行掌握，没有严格实施操作流程，不仅容易导致侦查事故影响案件侦查，而且极易失重侵犯公民人权。三是诱惑侦查的结果缺乏制约。诱惑侦查获取的证据司法机关难以进行可采性评判，某些技术性侦查手段更是不为人所知，侦查人员或者特情人员往往以书面证言而非出庭作证的方式证明案件事实，等等。

三、毒品犯罪诱惑侦查的侦查活动监督

"诱饵侦查（即诱惑侦查）是一种有利有弊的特殊侦查手段。从弊的角度看，在诱饵侦查中，侦查机关诱使他人并予以追惩很有一点制造犯罪人的味道，而且，对诱饵侦查的诱惑程度也极其难以量化并施以明确的控制，无法排除因诱惑性太强而殃及无辜公民的危险。但在另一方面，在特定犯罪案件的侦查中，诱饵侦查无疑又是一种极其有效的侦查手段，它不仅具有常规侦查手段所没有的优点，而且通常不存在被告人与犯罪人不一致而冤枉无罪之人的风险。"[①] 毒品犯罪诱惑侦查是国家基于社会整体利

---

① 宋英辉、吴宏耀：《刑事审判前程序研究》，中国政法大学出版社2002年版，第263页。

益考量的价值选择，是打击毒品犯罪的"必要的恶"。但必须认识到诱惑侦查稍有偏差则公民权利受损，检察机关应当通过审查批准逮捕和侦查活动监督等途径强化对毒品犯罪诱惑侦查的监督，确保惩防犯罪与保障人权的动态平衡。通常而言，对毒品犯罪诱惑侦查的监督审查要坚持主客观相统一原则，既要审查犯罪嫌疑人事先是否具有主观犯意，又要审查诱惑侦查程序本身是否合法（尤其是诱惑的必要和限度），全面加强侦查监督，确保实体正义和程序正义。

（一）建议并督促公安机关强化审批程序

对毒品犯罪实施诱惑侦查应当是穷尽普通侦查措施无法破获案件的最后手段。侦查机关对毒品犯罪诱惑侦查的审批严格把关，细化毒品犯罪诱惑侦查的适用条件、范围和措施，防止以诱惑犯罪之名行制造犯罪之实，这是世界各国的通行做法。如美国司法部制定的《联邦调查局关于秘密侦查的基准》中规定："任何批准或认可一项被提出的诱惑侦查申请的官员都应当对下列因素仔细考虑的基础上对于诱惑侦查的利弊进行权衡：（1）任何对于个人身体的伤害、财产的损失、所有物的损害、个人或企业的经济损失、名誉的伤害或者对个人的其他伤害的风险；（2）可能使政府承担民事责任或其他损失的风险；（3）任何侵犯隐私或干涉特权、秘密关系的风险；（4）实施诱惑侦查的个人可能被卷入下文 H 项限定的不法行为的危险；（5）政府参与诱惑侦查将要进行的行为的适应性。"①

毒品犯罪诱惑侦查的实施应当具备以下条件：一是有较充分的证据证明存在毒品犯罪事实，如犯罪嫌疑人长期从事毒品犯罪活动或者有毒品犯罪前科、犯罪嫌疑人持有较大数量毒品、犯罪嫌疑人有明确的贩卖毒品犯意、犯罪嫌疑人的身份地址已经掌握等。二是涉嫌犯罪事实具有较大的社

---

① 转引自陈光中：《中华人民共和国刑事诉讼法在修改专家建议稿与论证》，中国法制出版社 2006 年版，第 454 页。

会危害性,如涉案毒品数量较大、有组织毒品犯罪、涉案人数较多、涉及未成年犯罪、可能涉及其他重大犯罪等。三是通过其他侦查手段难以查获案件。四是准备实施的诱惑侦查没有超过必要的限度,即实施的"诱惑"没有超过普通人无法抗拒也不能抗拒的程度。公安机关负责人在审查上述条件时应当从严把关,不能随意发动,使审批流于形式。

(二)从严把握犯意诱发型毒品犯罪案件的审查逮捕条件

由于破获毒品犯罪案件的较高难度,机会提供型诱惑侦查是被各国刑事法律认可的侦查手段,而犯罪诱发型诱惑侦查则因其有滥用公权和侵犯人权之虞而被摒弃。我国刑事诉讼法亦是如此规定,即虽然赋予了公安机关由有关人员隐匿身份实施侦查的权力,但又明确界定了不得诱使他人犯罪,不得采用可能危害公共安全或者发生重大人身危险的方法等禁止性条款。但是,这种摒弃并非绝对的完全排斥,而是在严格限定框架内被有条件的使用。例如,最高人民法院2000年在《关于印发〈全国法院审理毒品犯罪案件工作座谈会纪要〉的通知》中就认可了犯意诱发型诱惑侦查的合法性,但应从轻处罚。该《通知》指出:"在审判实践中应当注意的是,有时存在被使用的特情未严格遵守有关规定,在介人侦破案件中有对他人进行实施毒品犯罪的犯意引诱和数量引诱的情况。'犯意引诱'是指行为人本没有实施毒品犯罪的主观意图,而是在特情诱惑和促成下形成犯意,进而实施毒品犯罪。对具有这种情况的被告人,应当从轻处罚,无论毒品犯罪数量多大,都不应判处死刑立即执行。"

按照主客观相统一的定罪量刑原则,国家仅追究和惩罚的是犯罪嫌疑人在其主观犯意支配下实施的危害社会行为和结果。而在犯意诱发型诱惑侦查中,犯罪嫌疑人的犯罪意图和动机系被诱惑而产生的,若因此承担罪责则显失公正,有纵容侦查机关滥用诱惑侦查手段之嫌,可能使无辜者遭致错误刑事追责,使有过毒品违法行为的人(包括犯罪前科和受过行政处罚）始终处于可能被诱惑而陷于犯罪的危险处境。此外，犯意诱发型诱惑侦查使得侦查人员藐视程序正义，漠视公民权利，滋生恶意执法和违法执法，执法的公正性遭遇巨大危机。

因此，在审查犯意诱发型毒品犯罪案件时，应当区别对待、谨慎审查、从严把关。具体来说，需要重点把握两点：一是对没有证据证明犯罪嫌疑人有毒品犯罪前科或行为，也没有证据证明犯罪嫌疑人持有毒品准备贩卖，仅仅因禁不住侦查人员、举报人或者特情人员的巨大利益诱导（且这种诱惑是正常人无法抗拒的），从其他犯罪嫌疑人处购买毒品予以贩卖的，如无其他从重处罚情节，则无论毒品数量大小都不宜以犯罪论处；如果侦查人员、举报人或者特情人员仅仅实施一般的利益诱导，犯罪嫌疑人即积极实施买卖毒品行为的，如果数量较小可以不作为犯罪处理，如果数量较大则应当以涉嫌贩卖毒品罪批准逮捕，至于数量大小的界定，可以参照非法持有毒品罪的追诉标准。二是对有证据证明犯罪嫌疑人有涉嫌毒品犯罪行为（或有前科），但侦查人员、举报人或者特情人员实施诱惑侦查时犯罪嫌疑人恰好没有毒品，犯罪嫌疑人为牟取不法利益，积极主动地寻找、联系、购买毒品进行贩卖的，应当以涉嫌贩卖毒品罪予以批准逮捕。

由于未成年人或者限制行为能力人辨别控制自己行为能力较弱，抵御利益诱惑能力不足，对其实施诱惑侦查不具有正当性，应予以禁止，因此对引诱未成年人或者限制行为能力人实施毒品犯罪的，如果没有其他严重情节，应当作出不批准逮捕决定，并书面纠正此类违法侦查行为。

（三）强化诱惑侦查案件的侦查活动措施

对适用诱惑侦查手段的毒品犯罪案件加强侦查活动监督，有利于防止滥用诱惑手段，规范诱惑侦查程序，纠正不当违法行为，保证诱惑侦查程序的合法正当。

具体来说，应当做到两点：第一，排除非法证据。在西方国家，非法证据排除规则，是指违反法定程序，以非法方法获取的证据，不具有证据能力，不能为法庭所采纳。① 但在我国，非法证据排除适用于侦查、起诉和审判各阶段，检察机关侦查监督部门也具有排除非法证据的权力。侦查监督部门应当严格审查公安机关诱惑侦查案件，发现侦查人员有不当或者违法诱惑行为的，应当依法绝对排除非法言词证据，权衡排除诱惑侦查获取的非法毒品毒赃等实物证据，并在此基础上依法作出批准或者不批准逮捕决定。第二，纠正违法诱惑侦查行为。对引诱他人尤其是未成年人犯罪，或者采用可能危及诱惑人员或者犯罪嫌疑人人身安全手段等违法诱惑侦查行为，应当发出《纠正违法通知书》予以纠正，对毒品案件诱惑侦查中多次出现的程序和实体问题应当发出《检察建议书》予以纠正。

（四）惩治毒品犯罪诱惑侦查中的职务犯罪

一个被授予权力的人，总是面临着滥用权力的诱惑，面临着逾越正义与道德界限的诱惑。② 由于诱惑侦查审批宽松，缺乏制约，存在被滥用的风险，并可能隐藏侦查人员的职务犯罪行为。近年来，有的侦查人员在毒品犯罪诱惑侦查中滥用职权、徇私枉法，制造犯罪陷害他人的案件屡见不鲜，已经成为产生冤假错案的源头之一，需要检察机关强化监督，严格审查，坚持疑罪从无，确保案件质量，坚决打击诱惑侦查中存在的职务犯罪。例如，在犯罪嫌疑人陈某某涉嫌贩卖毒品一案中，举报人曾某系在押犯罪嫌疑人，为立功抵罪，曾某与社会人员和看守所执法人员相互勾结，以高额报酬诱骗陈某某帮助送毒品到指定地点交易，后警方一举人赃俱获。检察机关经审查、调查后查明了案件真相，认为陈某某虽然具有贩卖毒品的故意和行为，但其故意和行为系因他人设计策划的犯意诱惑而起，

---

① 陈光中：《证据法学》（修订版），法律出版社 2013 年版，第 239 页。
② ［美］博登海默：《法理学——法哲学及其方法》，邓正来、姬敬武译，华夏出版社 1987 年版，第 347 页。

涉案毒品数量较少，且属于侦查机关控制下交付的犯罪未遂，客观上亦不可能产生危害社会的后果，因此情节显著轻微、危害不大，不认为是犯罪，而涉嫌徇私枉法的三名看守所执法人员也将面临法律的严惩。又如在一起连环诱惑侦查的贩卖毒品案中，侦查机关先举报人举报抓获第一犯罪嫌疑人王某，王某又举报抓获了第二犯罪嫌疑人薛某，但在移送检察机关审查批准逮捕时，王某的案卷材料被做成了举报人，以证人的身份指认薛某实施了贩卖毒品行为，检察机关经审查，追捕了王某，并将职务犯罪线索移送反渎部门，经进一步侦查，查明了涉案两名侦查人员和三名协管员收受巨额贿赂后将王某私自放走的事实，五名涉案人员已获有罪判决。

第六章 审查起诉实务问题

我国《刑事诉讼法》第三章第169条至第182条专门规定了提起公诉。其中，第169条规定："凡需要提起公诉的案件，一律由人民检察院审查决定"。关于审查起诉的期限、内容、程序、范围、进程、结果等，则散见于该章的各个条文当中。一般认为，审查起诉是指人民检察院对公安机关侦查终结移送起诉的案件和自行侦查终结的案件进行审查，依法决定是否对犯罪嫌疑人提起公诉的诉讼活动。监察体制改革后，经监察机关调查终结的案件也要移送检察机关审查、提起公诉。审查起诉的职能是检察机关标志性的核心职能，公诉人的案件审查不仅体现基本功底和个人意见，更是代表检察机关对案件的最终处理意见，关系到当事人的合法权益和诉讼权利的实现。

审查起诉环节是一个承上启下的环节。承上是指承接侦查、调查环节，同时可以检验侦查、调查取得的证据，进行把关、质检和过滤。启下是指开启后续的审判环节，使案件进入审判环节，并承担指控和证明犯罪的作用。同时，审查起诉环节也是检察机关宣传的窗口，根据谁办案谁普法的责任制要求，公诉人需要在案件审查起诉过程中，做好普法宣传，同时回应人民群众对检察法治产品的新期待。

公诉技能的培养和传承，需要岗位培训、师傅带徒弟式的口口相传，同时也需要公诉人在日常办案中总结、思考，本章主要聚焦审查起诉实践中需要注意的有关问题。

第一节　审查起诉的理念

审查起诉过程中除了应坚持刑事诉讼法的基本原则外，还特别需要秉持以下理念和原则。

一、无罪推定原则

无罪推定原则的基本含义是指在刑事诉讼中，任何受到刑事追诉的人在未经司法程序最终判决为有罪之前，都应被推定为无罪之人。其最大的意义在于保障犯罪嫌疑人、被告人的合法权益，使其在强大的国家追诉机关面前可以抗衡和自保。因此，证明犯罪嫌疑人、被告人有罪的责任由公诉机关承担。在公诉机关证明被告人有罪，且获得审判机关判决认可之前，任何人在法律上都不得被推定为有罪。其中，关键在于被追诉人在法律上不承担证明自己无罪的责任，该原则实际上是解决证明责任分配的问题。具体而言，该原则包括反对强迫自证其罪的原则，即证明被告人有罪的责任由检察机关承担，不能强迫被追诉人做出有罪供述；还包括疑问有利于被告人的原则，即事实不清，证据不足时，不能认定被追诉人有罪。

二、证据裁判原则

证据裁判原则又称证据裁判主义，指对于诉讼中事实的认定，应依据有关的证据作出；没有证据，不得认定事实。证据必须在法庭上经过双方质证、辩论，并经法庭调查和评议，认为可信、客观后，才能作为判决基础。我国刑事诉讼法第55条规定，对一切案件的判处都要重证据，重调查研究，不轻信口供。证据确实充分，是指定罪量刑的事实都有证据证明，据以定案的事实均经法定程序查证属实，综合全案证据，对所认定事实已排除合理怀疑。事实分为客观事实和法律事实，客观事实是客观上已经发生的事实，无法还原，司法者只能追求认定法律事实，法律事实无限接近于客观事实但永远都无法等同于客观事实。认定法律事实的依据和来源在于证据，对事实的裁判，必须依靠证据，没有证据不能证明事实。作为定案依据的证据必须是合法取得，具有证据资格，且经过法庭调查和质证。这与刑事诉讼法第55条的规定具有内在一致性。

三、客观公正原则

公诉人代表国家追诉犯罪、出席法庭支持公诉，其天生带有追逐有罪判决的倾向，但公诉人绝不仅仅是控诉的立场，更不能成为诉讼结构中的原告一方。公诉人应当从维护法律正义的立场出发，担负起客观公正的义务。公诉人的客观公正义务是指公诉人为了发现案件真实，不应站在当事人的立场，而应站在客观的立场上为维护正义而进行活动。公诉人，一方面是刑事诉讼一方当事人，是控告方，代表国家履行刑事控告的职责和义务；另一方面还具有客观公正义务。在刑事诉讼过程中，公诉人承担着这样的双重职责，既要调查对被告人不利的事实，又要调查对被告人有利的事实。看似矛盾，其实不然，因为公诉人的终极目标是实现刑事诉讼的目的，正确实现国家刑罚权，既要准确惩罚犯罪，又要保护被告人合法权益，以实现法律的真实与正义。这一原则，在我国刑事诉讼法法条中有广泛体现。例如，刑事诉讼法第52条明确规定，审判人员、公诉人、侦查人员必须依照法定程序，收集能够证实犯罪嫌疑人、被告人有罪或者无罪、犯罪情节轻重的各种证据。无论是有罪证据还是无罪证据，均属于检察机关应当收集和审查的范围之内。

坚持客观公正原则，在公诉活动中就要尊重审判机关的中立地位，尊重辩护人的辩护权。在检察机关提起公诉后，要充分考虑审判阶段应当由法院主导。"以审判为中心"的司法改革，呼吁公检法三方形成"层控模式"，即以审判机制设定为终极方法，作为维护公平正义的最后一道防线，应当尊重法院的职责，避免检察机关"做蛋糕"，审判机关"分蛋糕"。另外，新刑诉法第173条规定了检察机关在审查案件时应当听取辩护人或者值班律师的意见，并记录在案，应当提前为值班律师了解案情有关情况提供必要便利条件。认真贯彻落实上述规定这也维护司法公平正义的体现。

四、注重诉讼效益

西方经济分析法学的诞生与崛起，使得"效益价值"得以重视，也成为人们衡量法律制度是否公正、是否有效的依据之一。在公诉活动中注重效益价值，就意味着办理公诉案件时必须遵循经济效率原则，科学、合法地分配与使用司法资源，严格按照繁简分流的制度设计，遵守办案时限，提高诉讼效率，以缓解诉讼成本高、案件积压等问题。另外，要努力实现诉讼结果的公平正义，满足社会公众以及当事人对程序公正、司法公正的期待，取得良好的社会效益。因为诉讼时间的长短一定程度上反映了诉讼活动中诉讼资源投入的多少，而长时间的诉讼活动对犯罪嫌疑人的身心均是巨大煎熬，同时也不利于弥补被害人一方所受到的伤害。在有些案件中甚至被告人或被害人都已经死亡了，案件还没有被审结，即使最终的判决结果是公正的，对于死去的当事人也已经没有意义。因此，在公诉活动中诉讼的时间应该尽可能的缩短，注重实体和程序公正的同时还应该注重诉讼效益的提高。

第二节 审查起诉的程序

一、前置程序

前置程序是案件正式进入审查起诉阶段之前，检察官就介入侦查或调查活动的程序。前置程序并不是每一个审查起诉的案件都必须经历的程序。只有在一些疑难复杂或有重大社会影响的案件中，检察机关应侦查（调查）机关的邀请，或者根据法律监督的需要，在案件尚未移送检察机关审查起诉之前，派出检察官介入侦查或调查活动的一个程序。前置程序，实践中又称"提前介入引导侦查"，是指检察机关为保证侦查机关依法、客观、全面地取证，准确及时追诉犯罪，按照审查起诉的要求，对搜集、固定、补充、保全证据，补正瑕疵、排除非法证据提出意见和建议，并对侦查活动实施法律监督的诉讼活动。

　　提前介入侦查，既是为了有效的监督侦查活动的合法性，也是为了帮助侦查机关更好地收集固定证据，以保证公诉的顺利进行。我国的检警关系模式，不同于大陆法系和英美法系，公诉与侦查机关在追诉犯罪职能方面具有一致性，所以，只有在证据的收集、固定上及时沟通，提高效率，才能共同完成刑事诉讼法赋予的有效打击犯罪和保障人权的使命。公诉引导侦查是检察机关基于自身法律监督属性，为完善刑事案件监督机制、提高办案质量而进行的一项司法改革措施。

　　公诉引导侦查有利于引导侦查机关科学取证、提高效率，同时有利于检察机关发挥监督的职能，保障犯罪嫌疑人的权利。公诉引导侦查需重视以下几个问题：一是注意全面收集。引导侦查取证往往重点强调取证方向，目的是如何收集、固定犯罪嫌疑人有罪的证据，但是对于不在现场的证据、可能证明犯罪嫌疑人无罪的证据容易忽视。审前引导侦查需注意全方面引导，从根本上避免错案，防止因破案心切而导致冤假错案的发生。二是注意把握尺度。公诉引导侦查的首要原则是参与而不干预，引导而不主导，公诉人需在引导侦查过程中准确定位，把握尺度，只补位不越位，只建议不干扰，形成检警合力。三是注意把握阶段。何时介入引导侦查一般是侦查机关掌握主动权，介入太早的话，证据尚未形成，容易干扰侦查，浪费司法资源，无法体现效果，介入太晚的话，容易错失取证时机，导致无法取证。一般而言，采取强制措施之后，正式移送审查起诉之前是比较合适的时机。四是注意引导方式。公诉人应在听取侦查人员意见、查阅案卷材料、充分掌握案件信息和法律适用的基础上，结合案件具体情况，提出有针对性的意见和建议，切不可在尚未全面了解案情的情况下随意提出补正建议。

二、讯问犯罪嫌疑人

刑事诉讼法第173条第1款规定，人民检察院审查案件，应当讯问犯罪嫌疑人。审查起诉阶段对犯罪嫌疑人的讯问是法定程序，与侦查阶段、法庭审判阶段的讯问在目的、意义、程序、重点上都有不同。侦查阶段的讯问是一项最基本的侦查措施，是获取证据的途径，一般对犯罪嫌疑人要讯问多次，形成连续而稳定的供述。审查起诉阶段的讯问是在阅卷和了解案情的基础上，核实案件事实、复核相关证据、听取犯罪嫌疑人的辩解、审查取证程序是否合法，讯问一般次数较少，目的更多在于核实侦查阶段口供的合法性、真实性，发现和排除非法证据，保障犯罪嫌疑人合法权益，查明案件事实，具有核验的性质。庭审中的讯问主要是向法庭展示被告人的犯罪过程，或者揭露被告人辩解的虚假性，为法庭调查阶段的举证质证和后续的法庭辩论打下良好的基础。因此，为了实现审查起诉阶段讯问的目的，公诉人应当对犯罪嫌疑人进行全面细致的讯问。在阅卷的基础上拟定讯问提纲，讯问提纲应当包括犯罪嫌疑人的基本情况和犯罪事实相关内容，除此之外，阅卷后公诉人已经掌握了证据之间的矛盾之处，或者证据链的薄弱之处，因此，讯问提纲还应当包括矛盾言词证据产生的原因、如何解释等问题，以及针对证据锁链薄弱环节的加强性供述。

在审查起诉阶段讯问犯罪嫌疑人，应当注意以下几个问题：一是依法依规进行讯问。公诉人应当按照刑事诉讼法规定的程序对犯罪嫌疑人进行讯问，讯问的次数根据案件需要确定，对于疑难复杂案件，或者辩护人提交新证据公诉人需要核实等案件，可以多次讯问。第一次讯问应当全面、具体、详细，再次讯问可以有针对性地进行。讯问犯罪嫌疑人时，应当同步制作讯问笔录，笔录记载应当真实、全面、清楚，问话和回答应当忠实原话的表达方式，不能分析和整理。如果记载有遗漏或者有误，犯罪嫌疑人可以提出补充或者改正。犯罪嫌疑人也可以自行书写供述或认罪悔罪书。职务犯罪案件讯问犯罪嫌疑人，应当进行同步录音录像，录制人员及录制程序应当符合相关规定。二是注意查明案件事实。对于侦查机关已经查明的证据，应注意核实；对于侦查机关遗漏的问题，进行补充性讯问，此时审查起诉期间的讯问会成为指控此部分犯罪的直接证据；对于相互矛盾的或者模糊不清的部分，进行核实和深入讯问，排除矛盾和合理怀疑；对于犯罪嫌疑人的辩解，应当如实记录，并在审查起诉期间进行核实、比对、分析，去伪存真。三是注意诉讼监督。对于侦查机关已经查明的证据，在讯问中要注意核实其供述的自愿性、合法性和真实性；若犯罪嫌疑人提出非法证据排除的，应当要求其提供线索和材料，并在审查起诉期间进行核实，保障犯罪嫌疑人合法权益。四是注意权利告知和保障。告知犯罪嫌疑人相应的委托辩护权利、认罪认罚从宽权利等，对于进行同步录音录像的，应当告知并在笔录中载明。五是考察犯罪嫌疑人的认罪态度。通过讯问中的沟通和交流，了解犯罪嫌疑人的思想动态和无罪、罪轻辩解，进行法治教育，缓解抵触心理，为庭审答辩做好准备。

讯问犯罪嫌疑人时，还应当注意讯问犯罪嫌疑人有没有聘请辩护人。如果犯罪嫌疑人已经聘请了辩护人，检察官还应当询问辩护人，并听取辩护人的意见。

三、审查案卷材料

审查案卷材料是审查起诉的重要环节。审查起诉的目的是对侦查（调查）机关移送检察机关要求提起公诉的案件进行把关，以决定该案件是否达到了提起公诉的要求，能否对犯罪嫌疑人提起公诉。因此，审查起诉的重点是对移送来的案卷材料进行审查，了解案件的事实是否清楚、证据是否充分，以便决定如何对案件作出处理。

《刑事诉讼法》第171条规定，人民检察院在审查案件的时候，必须查明："（一）犯罪事实、情节是否清楚，证据是否确实、充分，犯罪性质和罪名的认定是否正确；（二）有无遗漏罪行和其他应当追究刑事责任的人；（三）是否属于不应追究刑事责任的；（四）有无附带民事诉讼；（五）侦查活动是否合法。"按照这个规定，检察官在审查案卷材料时，应当重点查明以下问题：（一）犯罪嫌疑人身份状况是否清楚，包括姓名、性别、国籍、出生年月日、职业和单位等；单位犯罪的，单位的相关情况是否清楚；（二）犯罪事实、情节是否清楚；实施犯罪的时间、地点、手段、犯罪事实、危害后果是否明确；（三）认定犯罪性质和罪名的意见是否正确；有无法定的从重、从轻、减轻或者免除处罚的情节及酌定从重、从轻情节；共同犯罪案件的犯罪嫌疑人在犯罪活动中的责任的认定是否恰当；（四）证明犯罪事实的证据材料包括采取技术侦查措施的决定书及证据材料是否随案移送；证明相关财产系违法所得的证据材料是否随案移送；不宜移送的证据的清单、复制件、照片或者其他证明文件是否随案移送；（五）证据是否确实、充分，是否依法收集，有无应当排除非法证据的情形；（六）侦查的各种法律手续和诉讼文书是否完备；（七）有无遗漏罪行和其他应当追究刑事责任的人；（八）是否属于不应追究刑事责任的；（九）有无附带民事诉讼；对于国家财产、集体财产遭受损失的，是否需要由人民检察院提起附带民事诉讼；（十）采取的强制措施是否适当，对于已经逮捕的犯罪嫌疑人，有无继续羁押的必要；（十一）侦查活动是否合法；（十二）涉案款物是否查封、扣押、冻结并妥善保管，清单是否齐备；对被害人合法财产的返还和对违禁品或者不宜长期保存的物品的处理是否妥当，移送的证明文件是否完备。

审查案卷材料，要注意对随案移送的同步录音录像的审查。尤其是对于辩方提出非法证据排除，要求查看同步录音录像的情况下，公诉人对于该同步录音录像必须全部、全程查看。对于确实是非法手段获取的证据，要依法排除；对于瑕疵证据，要由侦查人员进行补充或者合理解释。对于不存在非法取证的情况，要做好庭审预案，对证据合法性进行充分论证。

同时，还要注意对视听资料的审查。对于视听资料的审查不是仅仅看一遍了事，不是仅在审查报告中摘录证据种类和提取过程、制作时间，还需要根据视听资料的具体内容进行描述和概括。举例说明，如一起寻衅滋事的案件，公诉人对涉案监控录像反复进行查看和比对，综合全案证据，总结出了录像时间跟实际时间相差 1 个小时，对于车辆往来各个路口的车流量、人群量等各种情况进行了统计、计算和分析，并将其记录在审查报告当中。在庭审播放该录像的过程中，一边出示该录像，一边对录像的内容进行补充说明，很好地说服了审判人员采纳公诉意见，对被告人的无理辩解予以驳斥，使被告人心服口服。再如，一起非法拘禁案件，拘禁地点在某宾馆，侦查人员调取了该宾馆大堂的监控录像。被告人辩称，将被害人带到宾馆是被害人自愿，虽然 3 天之后将被害人带离宾馆，但在此期间并未限制被害人自由，被害人还 4 次离开宾馆分别跟几个朋友见了面。被害人的朋友也承认期间确实见到过被害人。那么该辩解是否可信？被害人是否有人身自由？公诉人对于该宾馆大堂的记录的监控录像进行了点对点时间的查看，发现被害人到达和离开宾馆均有被告人一方紧随，而期间被害人确实多次离开宾馆，但每次身后都有被告人一方紧紧跟随甚至搂着肩膀，被害人的人身自由始终处于被告人一方的控制之下。公诉人对于该画面的时间点一一进行记录，并在法庭中一一出示，被告人的辩解不攻自破。

四、退回补充侦查

在审查案卷材料的过程中，如果发现侦查机关移送的证据材料难以达到提起公诉的要求，可以退回侦查机关补充侦查。

刑事诉讼法第175条第2、3、4款规定，人民检察院审查案件，可以要求公安机关提供法庭审判所必需的证据材料；认为可能存在刑事诉讼法第56条规定的以非法方法收集证据情形的，可以要求其对证据收集的合法性作出说明。人民检察院审查案件，对于需要补充侦查的，可以退回公安机关补充侦查，也可以自行侦查。对于补充侦查的案件，应当在一个月以内补充侦查完毕。补充侦查以二次为限。补充侦查完毕移送人民检察院后，人民检察院重新计算审查起诉期限。对于二次补充侦查的案件，人民检察院仍然认为证据不足，不符合起诉条件的，应当作出不起诉的决定。可见，在审查起诉阶段，对于事实不清、证据不足的，公诉人可以退回补充侦查，也可以自行补充侦查。究竟适用哪一种，应视案件具体情况确定。如果内容相对简单、审查起诉尚有时间可以由机关自行补充侦查，如果涉及侦查取证活动的监督或者通过退回补充侦查的方式未能达到预期效果，可以由检察机关自行补充侦查，而对于取证工作较为复杂，需要较强的侦查力量、侦查手段、侦查经验时，一般退回侦查机关补充侦查效果会更好。当然，为了提高效率、达到预期效果，可以由公诉人和侦查人员共同完成补充侦查工作。

对于需要退回补充侦查的案件，公诉人应当在公诉案件审查报告中列明，并分析案件证据存在的缺陷，说明补充侦查的理由和补充侦查所要达到的目的。决定退回补充侦查的，人民检察院应当制作补充侦查决定书和补充侦查提纲。制作补充侦查提纲可以听取侦查人员的意见，并加强与侦查人员的沟通，做好补充侦查提纲的解释和说明工作。

补充侦查提纲应当涵盖以下方面：（1）阐明退回补充侦查的理由，包括案件事实不清、证据不足的具体表现和问题；（2）阐明补充侦查的方向和取证目的，明确需要补充侦查的具体事项和需要补充搜集的证据材料条目；（3）依据审查起诉证据标准，明确补充、完善证据需要达到的标准和必备要素；（4）有遗漏罪行的，应指出在起诉意见书中没有认定的犯罪嫌疑人的罪行；（5）有遗漏同案犯罪嫌疑人的，应建议补充移送遗漏的应当追究刑事责任的其他犯罪嫌疑人；（6）对于证据合法性有异议需要调查的，要求补充证据合法性说明，发现瑕疵证据的，要求进行补正或者做出合理解释；（7）其他需要列明的事项。

制作补充侦查提纲应做到要求明确、指向清晰、内容全面，突出说理性和针对性，应充分考虑补充侦查事项的必要性、可操作性和合理性，并对复杂问题、争议问题作适当阐明。

补充侦查提纲一般有以下几种写作方法：

一是将需要补充侦查的事项按照不同的证明内容分别列明，每一事项对应若干需要补充的证据，可以表述为"关于……问题，请补充以下证据"，这种方法适用于需补充同类证据较多的情况。以盗窃罪为例，可以以此顺序展开，即关于证明主体身份需要补充的证据，关于预谋过程需要补充的证据，证明盗窃行为需要补充的证据，证明销赃过程需要补充的证据等。案件退补重报后，公诉人应及时将退补重报的证据情况补充到案件审查报告当中，并载明系退回补充侦查期间补充的证据。

二是将需要补充侦查的证据按照不同犯罪事实分别列明，这种方法适用于多起犯罪事实的案件，便于侦查人员清楚了解每一起犯罪事实所需补充的证据。

三是将需要补充侦查的证据按照证据类型分别列明，例如"请补充调取以下证人证言""请对以下书证、物证进行鉴定"。补充侦查提纲的写作方法没有一定之规，可以根据案件事实、案件复杂程度和补证需要，对补充侦查提纲的内容进行适当调整和分类。

案件重新移送审查起诉后，人民检察院应当及时审查侦查机关制作的书面补充侦查报告和移送的补充证据，查明应补充侦查事项是否全部补证到位，补充侦查活动是否合法，补充侦查后全案证据是否已确实、充分。公诉人应当在公诉案件审查报告中摘录补充侦查的关键性证据，分析、论证补充侦查后全案证据情况。对经退回补充侦查无法查清的事项，应当在审查报告中予以分析和说明。

五、撰写审查报告

在讯问犯罪嫌疑人和全面审查案卷材料的基础上，查办案件的检察官应当撰写公诉案件的审查报告，提出对案件处理的意见。

公诉案件审查报告，是指检察机关公诉人在公诉案件审查过程中，对于案件的基本情况、审查过程、认定事实、证据摘录、证据分析、审查结论、分析意见等方面的重要记录和论证。案件审查报告能够反映公诉案件办理的全过程，是非常重要的法律文书之一。

公诉案件审查报告，是公诉人庭前审查工作的结晶，也是整个庭前审查工作的灵魂，集中体现审查人员审查案件的细致缜密程度，对证据的审查分析能力，对法律的理解运用能力。审查报告需要达到一个目标就是，公诉人通过审查报告，对案件事实、证据和法律适用等问题进行全面、深入、准确的展示和分析。审查报告具有重要意义。一是体现司法亲历性。公诉人肩负案件审查工作，阅卷并制作审查报告是必经的工作程序。而公诉人往往是对整个案件吃得最透，把握最深的人，自己阅卷并制作审查报告是吃透案情的重要途径，也是记录工作过程的重要载体。二是便于领导审阅。在员额公诉人独立承担其决定的案件的司法责任的情况下，仍有一部分重大、疑难、负责案件的办理需要审批，有的需要向检察委员会、上级院等请示汇报，内容完备、结构严谨、论证透彻的审查报告有利于听取汇报的一方全方位了解案情，为检察委员会委员、上级院领导作出正确判断奠定基础。三是保证案件质量。好的审查报告，可以清晰地展现公诉人庭前审查的功底，在不需要翻阅卷宗的情况下，公诉人开庭前可以通过审查报告了解案件的全貌，而不必依赖原始卷宗。如果审查报告遗漏重要的案件信息和相关情节，则可能造成资源浪费、效率低下，最终有损案件质量。四是保证出庭效果。审查报告是起诉书、讯问提纲、举证质证提纲、答辩提纲、公诉意见书等法律文书的重要源头和依据，高质量的审查报告有利于保证出庭效果。五是便于明确责任。审查报告是公诉人个人发表意见的重要依据，反映公诉人是否尽到了审查事实证据和诉讼监督的职责、有无放纵明显的漏罪漏犯、有无遗漏重要事实证据等，在案件复查中，审查报告将成为明确责任的重要依据。

第三节　审查起诉中应当注意的问题

一、讯问犯罪嫌疑人应当注意的问题

审查起诉阶段的讯问是检察机关的工作人员就犯罪嫌疑人涉嫌的犯罪事实和其他与案件有关的事实向犯罪嫌疑人进行依法审问。如何从拒不认罪或在侦查阶段不供述、不辩解的犯罪嫌疑人口中获取有价值的证据，继而推动诉讼顺利进行，是一项值得深入研究的课题。审查起诉阶段的讯问是检察机关依法查明案件事实，与犯罪嫌疑人交流，以此来核实证据的真实性、关联性、合法性的过程。这种方式有利于及时发现是否存在瑕疵证据、非法证据的情况，从而能够及时要求侦查机关进行补正，为下一步庭审做好扎实准备。所以说通过讯问犯罪嫌疑人可以深入了解案情，辨析嫌疑人供述真伪，掌握嫌疑人思想动态，完善证据锁链，防止冤假错案，同时也是检察机关发挥法律监督职能的重要手段之一。

讯问的根本目的是通过对犯罪嫌疑人的审问，来获得其供述，并从中

收集线索与证据。优秀的讯问笔录思路清晰，记录全面详实，能够准确反应案件事实，为办案人员准确高效地审查案件起到了重要作用。

然而司法实践中，审查起诉阶段讯问犯罪嫌疑人经常会出现一些与讯问目的不符的问题，这些问题直接影响到讯问犯罪嫌疑人的效果。这些问题具体表现在以下方面：

第一，思想不重视，准备不充分。整体而言，部分检察官仍然未建立强烈的讯问意识，有些检察人员片面认为只要书面审查案卷就可以全面掌握案情，审查起诉阶段的讯问主要就是核实侦查中所收集的证据，忽视了审查起诉阶段讯问在进一步深入了解案情，解决案件疑点，了解犯罪嫌疑人思想动向以及追漏等方面的作用。思想上对于审查起诉阶段讯问工作的重视不够，在讯问前往往未能认真阅卷，未能提前制作讯问提纲。总之，无论是讯问前的准备还是，还是讯问的具体过程，一些检察官都较为敷衍，致使审查起诉阶段的讯问工作未能充分发挥其作用。

第二，讯问不规范，思路不清晰。检察机关在讯问犯罪嫌疑人时常常存在用语不规范、思路不清晰等问题，具体表现为：（1）讯问笔录缺乏逻辑性，思维较为混乱。其主要原因也是往往是因为办案人在讯问之前准备不充分，没有全面了解案件情况，对于案件的起因、经过以及案件来源、抓获经过等情况未能做到心中有数。（2）讯问语言不规范。有的办案人在讯问嫌疑人时候未能使用法言法语，有些检察院的办案人甚至使用方言讯问，如嫌疑人是外地人对本地方言和语言习惯不了解，影响讯问效果。还有些办案人讯问时均使用法言法语，也增加了嫌疑人对讯问内容理解的难度。（3）讯问具有诱导性。我国刑事诉讼法虽然没有直接禁止诱导性发问，仅是在司法解释中予以禁止，但这对于准确查明案情，推进诉讼程序顺利进行均会产生影响。

第三，讯问不全面，讯问无重点。讯问不全面的具体表现为：（1）讯问内容不全面。对于当事人之间的关系、作案动机、作案目的、作案工具的来源、共同犯罪中各行为人的具体分工以及在经济类犯罪中所得赃款的去向等内容在讯问时存在遗漏的情况。(2) 讯问不深入。未能对于案件的各个细节进行深入讯问,有些问题应该继续追问的却就此止步,从而导致讯问只是走过场,未能发现供述中的破绽,也未能发现嫌疑人供述与其他证据之间的矛盾之处,为案件的正确处理埋下隐患。(3) 讯问重点不突出。对于案件的重要事实,以及影响定罪量刑的关键事实未能重点讯问,导致在此罪彼罪、罪重罪轻等关键问题上未能做到清晰界定。

讯问是案件诉讼过程中的必经程序,也是依法获取、收集证据的主要手段。因此,检察机关的办案人员必须认真对待,提讯之前要做好充分准备,全面了解案情,做到讯问内容无遗漏,且针对性强,为后续的庭审工作打下扎实基础。做好审查起诉阶段的讯问工作,需要从以下几个方面入手:

1. 认真审阅卷宗,全面掌握案件情况

审查起诉部门的检察人员必须提高认识,要有高度负责的工作态度,切实认识到讯问的重要性,认真准备每一次讯问,避免将讯问工作形式化,真正提高讯问质量。在讯问开始之前,检察人员有必要做好相关准备工作,以此为后续庭审工作奠定基础,保障讯问的质效。在提讯之前认真审阅卷宗是十分必要的,通过阅卷至少要掌握以下几个方面的情况:一是审查案件程序方面是否存在问题,是否存在超期羁押、强制措施手续不全,或者是否存在瑕疵证据等问题。因为卷宗是经过侦查机关整理过的,一般不会有很明显的纰漏,若想发现其中的问题,必须下一番功夫,细致入微地审阅卷宗。二是审查案件事实方面,是否存在证明案件事实的证据不充分,讯问笔录记录内容模糊不清或者有遗漏等情况。在审查中必须体现扎实的工作作风,反复对比、分析证据,并查阅相关规定。[①] 三是审查

[①] 晁晓宇:《贪污犯罪的证据审查要点》,载《中国检察官》2014年第8期。

现有证据的"三性",以及证据之间是否存在矛盾,是否存在不合理,无法解释等问题。四是审核、查实犯罪嫌疑人的基本信息,同时通过审查掌握嫌疑人的个人信息,及其是否存在前科劣迹、赔偿、和解或者已经被谅解等情况。五是审查与了解在案件中是否还存在其他犯罪嫌疑人。在审查过程中如果发现非法证据要及时排除,发现瑕疵证据要要求侦查机关进行补正,保证证据的合法性。

2. 精做讯问提纲,做到讯问细致全面

在通过阅卷了解案情之后,应当根据案件具体情况制作较为详细的讯问提纲,具体的提讯工作应当遵循如下基本原则:

其一,合法性原则。不管是什么形式的司法活动,其都必须在法律允许的范围内进行,提讯工作也是如此。检察机关在对犯罪嫌疑人进行讯问时,必须要严格遵循《刑事诉讼法》等相关法律规则,同时也要符合内部规章制度,符合提讯规范。提讯的合法具体表现在两方面,首先是形式上的合法,根据规定,提讯一般要派遣两名检察人员,且书记员不得单独提讯,另外,提讯必须要在特定的地点,要求在提讯完毕后,相关者(犯罪嫌疑人、记录人等)对提讯笔录进行核对签字等;其次是内容上的合法。凡是通过刑讯逼供等方式获得的证据都是非法的,都是排除在规则之外的。2018年修订的《刑事诉讼法》将第19条第2款修改为"人民检察院在对诉讼活动实行法律监督中发现司法工作人员利用职权实施的非法拘禁、刑讯逼供、非法搜查等侵犯公民权利、损害司法公正的犯罪,可以由人民检察院立案侦查。对于公安机关管辖的国家机关工作人员利用职权实施的其他重大的犯罪案件,需要由人民检察院直接受理的时候,经省级以上人民检察院决定,可以由人民检察院立案侦查。"因此,作为检察机关应当更加注重提高自身素质,严格遵守提讯程序。在提讯的过程中,检察人员需要尊重犯罪嫌疑人的人格,应当充分维护其各项合法权利。

其二,客观性原则。检察人员不仅承担着查明、指控犯罪的责任,同时还要履行法律监督职责。因此必须秉持公正态度,不得先入为主、刻板成见,主观性对其是否构成犯罪提前下结论,特别是对于犯罪嫌疑人在预审阶段的供述,既不能主观的认为已经如实供述,也不能武断的判定为虚假陈述。在此,必须要明确两个问题。一是犯罪嫌疑人的供述也是证据的一种,也遵循言词证据的相关规则。言词证据的形成受到陈述人感知、记忆以及表达能力影响,在表达的过程中很可能形成巨大的个体差异,但这种差异的存在恰恰是符合客观规律的表现,而不能直接作为判别是否未如实供述的标准。二是嫌疑人供述与供述笔录不能等同,在嫌疑人供述转化为供述笔录的过程中,依然会受到人为因素的影响,这与嫌疑人供述的同步录音录像是有本质差别的。与此同时,在这个过程中,讯问者也在一定程度上影响了讯问的走向,并且记录人在记录过程中对于原始供述内容的主观判断、取舍、都会导致供述与供述笔录间存在差异。

其三,全面性原则。这里的全面主要是指既要要求嫌疑人如实供述涉案的犯罪事实,同时也要充分倾听并重视嫌疑人无罪或罪轻的各种辩解,特别是犯罪嫌疑人针对有罪指控所做的辩解,要引起案件办案人的高度重视,一些诸如针对有无作案时间、是否在作案地点、是否达到法定责任年龄及其他是否符合犯罪构成要件的重要辩解,一定要在审查过程中加以排除,否则就无法达到起诉条件。此外,要在符合规范的前提下进行全面讯问:一是讯问羁押和强制措施情况。旨在辨别对嫌疑人是否存在非法羁押或超期羁押的情况;二是讯问嫌疑人的"属相"。从中国的传统文化角度出发,属相是辨别人的年龄,特别是农民年龄的有效方法;三是讯问嫌疑人的文化水平和简历,通过这种方式了解犯罪嫌疑人的受教育程度,同时通过其对简历的陈述,了解其过去的生活经历,并从中可能获知一定的线索,或把握与犯罪嫌疑人沟通、交流的方式;四是讯问嫌疑人是否对罪名有异议。这是了解犯罪嫌疑人"犯罪态度";五是讯问嫌疑人的家庭状况。这有助于检察人员了解到犯罪嫌疑人的家庭情况,明确其身份,推断其犯罪动机等①；六是讯问嫌疑人到案情况。即嫌疑人究竟是投案自首还是抓获归案，这可能会影响后续的判决；七是讯问嫌疑人是否有检举揭发。以此来衡量其是否存在立功情节，为后续的实体判决提供依据。检察人员往往会忽视以上问题，这从实质上来说并不利于审查。

3. 确定讯问重点，做到讯问有的放矢

通过审阅卷宗，预测案件的难点、重点，确定讯问的主要内容和方向，做到讯问有极强的针对性：

其一，在犯罪事实确定或者证据已经形成完整的体系时，犯罪嫌疑人翻供或供认的案件部分，检察人员需要重点讯问，同时还要辨析案件的主要情节，以此为后续定罪或实体判决提供依据。比如，如果犯罪嫌疑人涉嫌抢劫罪，那么检察人员则应当重点讯问嫌疑人是否存在"非法占有""实施暴力"等问题，一方面排除犯罪嫌疑人是否有顶罪、串供等可能性，另一方面则解决了犯罪嫌疑人在庭审时翻供的问题。

其二，在犯罪事实明晰以及证据充分的情况下，对于犯罪嫌疑人翻供或供认的案件部分，检察人员应当形成强烈的"零口供"意识，同时也不能主观代入以获取犯罪嫌疑人的犯罪信息为目的进行主观提讯，而是要把侧重点立足于案件矛盾点，在充分获取嫌疑人的供词后，有计划、有针对地讯问案件细节，以此排除掉嫌疑人虚假供述的可能性。

其三，对于犯罪事实不明朗、证据不充分或疑点较多，或者嫌疑人前后供词不一致的情况，侦查机关或检察机关有必要对案件的关键性证据进行重点提讯，同时针对供词不一致的地方进行侧重性讯问，以找到嫌疑人口供不一致的原因，推断出其是否存在有罪证据。另外，如果侦查机关认为在这次案件中还可能存在其他犯罪嫌疑人，讯问者也需要针对这一疑点

---

① 刘洋洋、孙晓冬：《伪基站犯罪案件电子取证分析》，载《警察技术》2016年第1期。

进行重点审问。当然,值得说明的是,讯问需要灵活应对,不能按照一定的规则刻板不知变通。也就是说,即便制定了讯问提纲,但是在实际的提讯过程中,讯问者也不能完全按照提纲来,而是要根据实际情况灵活应对。在提讯过程中,犯罪嫌疑人可能会出现拒不认罪、无视、不配合等态度,此时讯问者则有必要掌握主动权,掌控提讯局面,尽可能地让嫌疑人透露更多的信息。此外,在设置提纲问题时,需要全面考虑,努力做到全面、详实,以此为应对嫌疑人做好充足准备。①

4. 掌握心理法则,建立适当心理关系

在对犯罪嫌疑人进行提讯时,讯问者不得带有自己的主观情绪,而是要尽可能以客观中立者的身份讯问案件经过,同时还要合理地把控讯问局面,控制讯问节奏,以过硬的专业知识、良好的职业素养、强大的心理素质,获取更多的案件信息,提高提讯的质量。另外,讯问者与犯罪嫌疑人之间并非是上下关系或对立关系,而是一种"威慑下的和谐关系",讯问者要尽可能以平等的姿态对嫌疑人进行提问。通常情况下,在开始提讯时,犯罪嫌疑人会表露出抗拒、畏惧或防备等心理,此时如果讯问者仍然以审问或高高在上的姿态进行提讯,那么很可能会激化两者之间的矛盾,激发嫌疑人的逆反情绪,由此得不偿失。因此,在对话与沟通过程中,讯问者要尽可能地消除与嫌疑人的对立性,使其能够接受与讯问者的交流,并跟随讯问者的思路如实回答。新的刑事诉讼法第120条第2款规定,"侦查人员在讯问犯罪嫌疑人的时候,应当告知犯罪嫌疑人享有的诉讼权利,如实供述自己罪行可以从宽处理的法律规定和认罪认罚可能导致的法律后果"。这也从法律层面,帮助侦查人员拉近与嫌疑人之间的距离,便于侦查活动的顺利进行。

---

① 刘丹丹:《审查起诉工作中审讯策略的运用与限制》,载《中国检察官》2014年第1期。

讯问人需要掌握一定的谈话技巧，比如围绕讯问重点，虚实结合，随机应变。讯问者在与犯罪嫌疑人接触时，一方面要树立权威，另一方面要以平和、尊重的姿态消除嫌疑人的防备或警戒心理。因此，在初步接触时，讯问者需要提前表露个人的身份信息，进行自我介绍，以此为后续深入式、互动式的沟通进行铺垫。在进行话题切入，即逐步过渡到犯罪事实审问阶段时，讯问者应尽可能地使用模糊的语言，避免应强制性的陈述而激发嫌疑人的反抗心态。比如，在讯问盗窃案件的嫌疑人是否存在盗窃行为时，应当用"说说你是怎么拿的"来指出其犯罪行为，而并非"你是怎么偷到这个东西的"。用这种模糊语言的讯问，一方面能够消除嫌疑人的防备与抗拒心理，另一方面能够嫌疑人自然而然地跟随讯问者的思路。另外，在犯罪嫌疑人进行供述的过程中，讯问者尽可能不要打断其陈述，而是要以倾听者的身份，听他描述犯罪经过或辩解。当然，为了避免嫌疑人偏离提讯主题，讯问者也要采取恰当的时机进行引导，同时针对已经确定的犯罪事实，如果犯罪嫌疑人不是拒不认罪，而是无理取闹地辩解，讯问者也需要立即制止。笔者在此将描述一起故意伤人罪的案件讯问。在讯问过程中，讯问者向嫌疑人发问："你对此有什么需要补充说明的吗？"。嫌疑人则表示："没有了，只想知道我在起诉书上排第几被告？"面对这个问题，即便案件没有起诉，但是根据检察人员已经掌握的证据，仍然可以明确嫌疑人的定罪以及其地位，所以被列为第四或第五被告，但是如果讯问者如实向犯罪嫌疑人透露，那么很可能会因此丧失整个提讯过程的主动权。对此，讯问者则需要如此反问，即"你认为你应该是第几被告？"。此时嫌疑人会模棱两可地告诉讯问者，"那应该挺靠前的吧"。此时讯问者则可以根据案件经过以及嫌疑人的表现，告诉他根据已掌握的证据资料，可以判定其积极参与行为，"但是你的积极态度以及立功表现，司法机关在进行判决时都会酌情考虑。"通常情况下，嫌疑人为了避免严重的刑罚，而很难会对犯罪事实供认不讳。所以在实际过程中，讯问者需要采用有效的方法，比如"设置陷阱""圈套"等督促犯罪嫌疑人陈述或描述案件经过。检察人员的讯问在法律允许的范围内可以带有欺骗成分，如"离间同案犯"："实话跟你说吧，你的同案已经向我们交代了你们的全部行为，你不要存在幻想了，目前的证据对你很不利，你有什么要向检察机关说的吗？"这种策略虽然存在一定的欺骗性，但是并没有引导或直接定罪嫌疑人，嫌疑人仍然有权选择是否透露。之所以要采取该策略，主要目的是击溃犯罪嫌疑人的心理防线，警告其不存在侥幸，督促其如实回答案件经过。通过这种方式获得的证据并不会列入法律规定的非法证据的范畴。无论什么时候，讯问者都需要把控提讯的节奏，掌握讯问主导权，而这则依赖于讯问者的长期经验积累以及总结，也有赖于其强大的专业素质。

二、退回补充侦查应当注意的问题

侦查机关经常出现侦查工作不细致，取证不充分、不全面的问题，这些问题的存在，也导致案件经常会被检察机关退回补充侦查。

在实践中，需要补充侦查的证据主要有以下四种情形：其一，证据链条不紧密。尤其缺乏直接证据，且间接证据不紧密的情况下，公诉人无法起诉，只能通过补充侦查获取更多的证据。其二，言词证据缺乏完整、准确的笔录。在很大可能下，卷宗的记录来自于公安机关值班人员所作的笔录，由于客观条件的约束，难免存在内容不完善、不具有针对性等问题，甚至可能会与审查起诉阶段的讯问结果存在矛盾，此时，则需要通过补充侦查来消除证据的矛盾点，或提高证据的完整性与证明效力。犯罪嫌疑人供述和辩解即口供也存在类似情况，尤其在重大复杂的案件中特别突出。其三，在现场勘查不仔细、物证提取不到位的情况下，需要进行补充侦查。在实际中，群众通过110报警，此时出警的人员可能并不是侦查人员，因此专业能力差，对现场保护不足。当侦查人员到达案件现场后，现场已经破坏，部分物证毁坏或遗失。或者有些情况下，侦查人员职业素质不高，对现场重视不足，因此马虎侦查，由此导致物证资料较少，无法保证证据效力，此时则需要补充侦查。其四，证据移送不全面。很多情况下，在逃人员并非是由侦查机关直接捕获，而是以移交的形式交由立案侦查机关，但是在移交的过程中，并没有把相关证据完整、详尽地告知立案侦查机关，此时则需要补充侦查。另外，需要特别注意，2018年刑事诉讼法对于补充侦查又新增加了第一百七十条，人民检察院对于监察机关移送起诉的案件，依照本法和监察法的有关规定进行审查。人民检察院经审查，认为需要补充核实的，应当退回监察机关补充调查，必要时可以自行补充侦查。

从目前司法实践情况来看，补充侦查工作中存在着一些亟待解决的问题。这些问题，有的是来自检察机关，如有的检察机关以退回补充侦查当作缓解办案压力的方式，导致一些其实无需进行补充侦查的案子无效退回补充侦查；退补提纲写得不清楚不具体，或者退回补充侦查提纲书写得过于简要（只写要求对什么问题进行补充侦查，而不写理由，或者只写工作目的，又不写具体开展工作的方式）；有的来自侦查机关。来自侦查机关的问题主要有两个：一是退而不查。即侦查机关并没有按照补充侦查的要求仔细、缜密地进行侦查，而是毫无作为，敷衍了事，不去找证人，不去查物证，往往以"找不到"等借口应付了事，由此导致补充侦查工作毫无进展。二是查而不清。即侦查机关虽然按照既定的要求开展补充侦查工作，但是受限于人力物力，工作不到位，所找到的人证与物证与案件并无太大的关联，以至于查而不清。另外，检察机关对侦查机关的监督力度不足，也很容易导致侦查机关出现"退而不查""查而不清"等无作为或办事不力等现象，由此导致补充侦查难以发挥作用，最终影响案件的判决或走向。

退回补充侦查是人民检察院依照法定程序，将事实不清、证据不足的案件退回侦查机关进一步补充证据的诉讼活动。退回补充侦查在查清案件事实方面具有重要作用。因此，审查起诉过程中，检察官应当高度重视退回补充侦查的工作，充分发挥退回补充侦查的作用，不断提高案件质量提供有效路径。

首先，要注意退回补充侦查的必要性。检察机关也要根据案件的实际情况，来辨析案件是否需要退回补充侦查，要谨慎依法使用退查权，避免司法资源的浪费，不应使退回补充侦查成为延长办案期限、环节办案压力的手段，而是应该实实在在地发挥退回补充侦查在查清案件事实方面的作用。检察机关要以对案件高度负责的责任感，进一步树立自行侦查的意识。对于那些可及时获取的重要证据，检察机关应该主动、积极地获取证据，避免因为人为等因素而导致重要性证据因时间的拖而遗漏或者遗失。

其次，要注重与侦查机关的沟通。注重与侦查机关就证据能力、证明标准等方面的协调，既不要人为地提高标准，缩小查处范围，又要坚持法定标准，按照法律规定决定是否起诉。根据相关法律文件对证据的一般规定，引导侦查机关充分考虑证据的客观性、合法性以及关联性等。另外，在补充侦查过程中，要注重审查侦查机关是否按照相关规定全部移交能够证明嫌疑人有无罪行或情节轻重的证据，是否充分听取了辩护人的意见与辩解，是否确保量刑证据完全属实且查实，是否确保证据之间、证据与案件之间不存在矛盾。可以通过召开联席会、研讨会等形式，就侦查过程中出现的问题与侦查机关进行深入沟通，并提出有针对性的改进措施，形成有效、有力的工作机制。

再次，要规范补充侦查提纲内容。针对补充侦查工作，侦查机关要基于缜密、妥善、负责的原则，明确及规范补充侦查提纲内容，明确补充侦查什么、为什么查、证据种类是什么等，增强侦查提纲的可操作性，适当的时候，制定提纲模板、标准提纲，检察机关自身也可以通过定期对退查提纲进行比评等方式，提高退回补充侦查提纲的质量和水平。

又次，要监督侦查机关补充证据。在作出退查决定后，检察机关与公安机关应当相互配合，同时还要充分行使监督权，跟踪补充侦查工作的进度，督促公安机关在规定的时间内收集证据，完成补充侦查工作。如果在此过程中，公安机关人员出现不作为、不配合、敷衍了事等行为，检察机关有权发出违法通知书，督促并要求公安机关责令整改，积极配合。

最后，要落实办案质量终身负责制。我国相关法律文件已经明确表示要建立办案质量终身负责制，对于那些因不作为或违法行为而导致案件实体错误、程序不正义或其他严重后果的情况，要对相关负责人予以行政处罚；对办案过程中刑讯逼供、暴力取证等构成犯罪的行为，要依法追究责任人的刑事责任；对于知情不报、压而不查、恶意拖延等办案行为，也需要依法对相关责任人予以惩罚。在工作中，要进一步确保对上述制度的有效落实，对上述行为可以制定"一月、一季度报送制度"，必要时对相关情况进行全系统通报。

三、证据审查中应当注意的问题

（一）证明标准问题

刑事诉讼中的证明标准，又称"刑事证明标准"，通常是指法律规定的在刑事诉讼中认定犯罪嫌疑人、被告人犯罪等诉讼证明活动需要达到的法定程度。

我国1979年《刑事诉讼法》确定了"事实清楚，证据确实、充分"的证明标准，并要求认定被告人有罪必须达到这一标准。1996年《刑事诉讼法》对这一证明标准并没有做出任何调整，但对于检察机关指控犯罪没有达到这一证明标准的案件，确定了"证据不足，指控的犯罪事实不能成立"的无罪判决的法律后果。同时，1996年《刑事诉讼法》对于一审判决认定的"事实不清、证据不足"的案件，仍然保留了由二审法院撤销原判发回重审的制度。早在2012年《刑事诉讼法》修改之前，两个证据规定对于"事实清楚，证据确实、充分"的证明标准就给出了明确的解释,2012年《刑事诉讼法》则对这一证明标准给出了最权威的解释,确立了较为具体的规则,特别是将排除合理怀疑的规则引入这一最高证明标准之中,要求认定案件事实的证据必须同时达到三个条件,才能被认定为证据确实充分:一是定罪量刑的事实都有证据证明,二是据以定案的证据均经法庭程序查证属实,三是综合全案证据对所认定的事实已经排除合理怀疑。

什么是"事实清楚,证据确实、充分"?从刑事诉讼法和司法解释的相关规定来看,这一证明标准有以下几个方面的含义:

第一,定罪量刑的事实都有证据加以证明。

这一标准,要涵盖定罪量刑的全部事实。其中,为证明被告人的犯罪事实,检察机关需要提出证据证明犯罪事实已经发生、被告人实施了犯罪行为以及犯罪行为的具体细节、被告人的身份与刑事责任能力、被告人的罪过以及共同犯罪中被告人的地位和作用。而为证明量刑事实,检察机关需要对那些对被告人从重处罚的事实,包括法定情节和酌定情节在内,提出证据加以证明。对上述犯罪事实和量刑事实,检察机关假如不能全部提出证据加以证明,那么"事实清楚,证据确实、充分"的标准就没有达到。

第二,每个定案的证据均已经过法定程序查证属实。

这是对单个证据转化为定案根据的要求。"经过法定程序"指证据依法取得且经过法庭调查进行了举证、质证,即具备证据能力;"查证属实"是指证据要满足真实性和可靠性的要求,即具备证明力。任何证据,只有同时具备证据能力和证明力才能转化为定案的根据。这项要求的实质在于每一项证据都同时具有真实性和相关性,其证明力已经得到验证,同时每一项证据的合法性已经过法庭调查和辩论,不属于应当排除的证据。换言之,本案的所有证据都具备转化为定案根据的条件。

第三,证据之间以及证据与案件事实之间不存在矛盾,或者矛盾得到合理排除。

证据之间相互印证、证据与案件事实之间不存在矛盾，这属于最为理想的司法证明结果。但司法实践中，证据之间以及证据与案件事实之间往往存在一定的矛盾，这也是一种证据审查中的常态。对于这些矛盾和不一致之处，唯有通过合理的方式加以排除，也就是能够给出合理的解释和说明，才能认为对待证事实的证明达到法定证明标准。反之，如果证据与证据之间存在着不可排除的矛盾，或者证据与案件事实之间存在的矛盾无法给出合理解释，那么就出现了证据的证明方向不一致或者证明效果相互抵消的情况。

第四，综合全案证据，就对所认定的事实已经排除合理怀疑。

所谓"排除合理怀疑"，是指综合所有经过法庭调查和法庭辩论的证据，审判人员对于被告人的犯罪事实已经产生了内心确信，而不再有任何证据支持或者符合经验法则、逻辑法则的疑问。

第五，根据证据所得出的事实结论为唯一结论。

这一标准又被称为结论唯一性或者排他性。检察机关对被告人犯罪事实的证明需要达到排除其他可能性的程度，也就是将其他各种可能性逐一加以排除，只剩下被告人构成犯罪这一结论，因而该结论是可以确信的。与之相反，司法人员如果综合全案证据仍然认为本案事实有其他可能性，就应当作出事实不清、证据不足的认定。而其他可能性，通常是指两种：一是现有证据证明有可能并没有发生犯罪案件，也就是说本案事实有可能属于意外事故、自杀，仅属于行政违法，抑或是正当防卫或者紧急避险等情况；二是现有证据证明尽管存在犯罪事实，但是却无法证明犯罪行为系被告人所为，存在其他人员作案的可能性。

（二）证据的合法性问题

刑事诉讼法第50条规定，可以用于证明案件事实的材料都是证据。从理论上来讲，证据并无所谓"合法"和"非法"之分。那么，公诉人在审查起诉中肩负的证明证据合法性的责任，指的是什么呢？刑事诉讼法第 59 条规定，在对证据收集的合法性进行法庭调查的过程中，人民检察院应当对证据收集的合法性加以证明。可见，证据的合法和非法之分，是从证据收集的手段的合法与非法的角度来区分的。刑事诉讼法第 175 条第 1 款规定，人民检察院审查案件，可以要求公安机关提供法庭审判所必需的证据材料；认为可能存在刑事诉讼法第 56 条规定的以非法方法收集证据情形的，可以要求其对证据收集的合法性作出说明。

我国非法证据排除规则起步虽晚，但发展迅速，影响巨大。从最初确立到不断完善，虽然只历经短短数年，只是司法改革历程中的一小步，但却像一根撬动地球的杠杆，极大地推动了中国法治进程的跨越式发展，极大地彰显了中国现代司法的文明理性。2010 年"两个证据规定"的颁布，初步形成我国刑事证据规则体系。2012 年修正的《刑事诉讼法》吸收了其中大部分成果，正式上升为法律规定。为了实现保障人权和惩罚犯罪的目标，澄清理论与实务中的争议问题，进而将非法证据排除规则落到实处，2017 年新出台的《严格排除非法证据若干问题的规定》将《刑事诉讼法》条文加以细化，有助于加强公民人身权的司法保障，有助于保证公正司法、提高司法公信力。当前出台《严格排除非法证据若干问题的规定》的直接目的，是为了有针对性地解决非法证据排除规则运行中所遭遇的司法冷遇，进而准确惩罚犯罪、切实保障人权、规范司法行为、促进司法公正。不仅意味着我国非法证据排除规则的"全面升级"，也标志着我国刑事司法领域排除非法证据的努力进入了一个新阶段，即从规则上的"初步确立"逐渐走向实践中的"严格实行"。作为我国非法证据排除规则发展进程中的重要节点，《严格排除非法证据若干问题的规定》不仅仅昭示着从源头上防范冤假错案的决心，同时还体现出理念上的进一步推进，即对于程序正义的彰显、司法行为的规范和人权保障的强调。

在司法实践中，关于证据的合法性问题，常常会遇到一些争议问题：

(1) 同步录音录像是否属于证据？辩护人是否当然具有查阅、复制的权利？

目前理论、实务界对于同步录音录像是否属于证据，属于何种证据，还存在一定争议。主要有以下四种观点：第一种观点认为属于证据，是视听资料；第二种观点认为是犯罪嫌疑人供述；第三种观点认为不属于证据；第四种观点认为属于"过程证据"。

第一，从形式上看，同步录音录像是以录音录像的形式显示证据内容，属于视听资料。但证据意义上的视听资料应是指通过录音录像的形式记录存储的信息来证明案件有关事实的材料。而同步录音录像的作用不是用来证明待证事实发生时的情况，而是通过声音图像为载体，对侦查机关收集证据的方法和状态予以固定，作用是为了证明取证行为的合法性。因此，与现场视听资料相比，显然同步录音录像有专门人员预先准备拍摄而成，其具有规范性和程序保障性，其以证据固定、保全为主要目的，仅仅是证据固定和形式转换的手段，不具有证据类型的独立性，因此不是法律意义上的视听资料。虽然对于证明案件事实不属于视听资料，但当同步录音录像用于证明侦查人员非法取证时，则属于现场记录，属于视听资料。

第二，从实质上看，是犯罪嫌疑人供述，与笔录具有本质属性，仅仅是表现形不同。即讯问笔录是以笔录为载体的犯罪嫌疑人供述，而同步录音录像则是以音像为载体的犯罪嫌疑人供述。

但在司法实践中会存在很大的问题。一是同步录音录像并非刑事诉讼法要求的必备证据形式。并非所有的犯罪嫌疑人供述都有同步录音录像，仅有特定种类的案件必须具备同步录音录像。如果犯罪嫌疑人供述与同步录音录像具有等同关系，那么二者之间究竟谁互相替代的关系还是并列关系，容易造成混乱。二是容易造成办案拖沓。司法实践中，为了更好的固定证据，也为了确保取证合法性，侦查机关往往在条件具备的情况下，倾向于尽可能多的进行同步录音录像。如果将同步录音录像的效力等同于犯罪嫌疑人供述时，意味着司法工作人员必须对每一份同步录音录像认真细致审查，这往往容易导致案件过分拖沓，甚至在证据材料极多的案件中不具有现实操作性。三是犯罪嫌疑人供述与同步录音录像二者效力关系很难界定。如果以是否属于重大实质差别来判断二者的效力高低，但对于"重大实质差别"该如何定性很难界定。但可以明确的是：讯问笔录的起止时间应当与讯问过程录音或者录像的起止时间吻合，且讯问笔录的内容应当与讯问录音或者录像所反映的内容相符。两者存在矛盾的，应当以讯问录音或者录像所反映的内容为准。例如一起私分国有资产案件，讯问笔录显示被告人供称"这些国有资产等等再分"，但被告人坚称自己未曾作出上述供述。经播放讯问过程录音录像，发现录音录像中被告人供述的是"这些国有资产等等再说"，虽然仅是一字之差，但对案件的定性却有重大影响。上述情形中对于讯问笔录与讯问录音录像中所反映内容的差异，显然要以客观性更强的录音录像为准。

第三，从最高人民检察院的答复来看，同步录音录像不当然具有证据的资格。

从最高法适用刑事诉讼法解释第 80 条和 180 条来看，法院并未要求检察机关在开庭前必须移送同步录音录像，仅在必要时，可以调取同步录音录像。最高检规则第 74 条则明确规定，对于提起公诉的案件，被告人及其辩护人提出审前供述系非法取得，并提供相关线索或者材料的，人民检察院可以将讯问录音、录像连同案卷材料一并移送人民法院。这里用的词是"可以"而非"应当"，也就是说是否有必要主动进行移送，司法解释并无强制性规定，属于检察机关自行决定的范畴。同时，该条也明确将"同步录音录像"连同"案卷材料"进行并列，说明，同步录音录像并未包含在案卷材料范围之内，应属于案卷材料以外的其他与案件有关材料，这样显然说明，同步录音录像并不当然属于辩护人的阅卷范围，也并不当然属于检察机关必然向法院移送的范围。而 2014 年 1 月 27 日最高检研室专门就辩护人可否查阅、复制同步录音录像问题进行了答复,答复中也采用此观点。

第四,同步录音录像属于过程证据。"过程证据"作为一种记录特定诉讼行为过程事实的证据,在我国刑事司法实践中得到了较为广泛的使用,存在多种不同表现形式,包括笔录证据、录音录像、提讯登记、体检记录等,侦查人员出庭证明侦查行为合法性的证言也具有过程证据性质。过程证据虽然独立于结果证据,却足以印证结果证据的合法性与真实性,并对程序性事实与量刑事实具有直接的证明作用,尤其是在程序性裁判中扮演至关重要的角色。

《严格排除非法证据若干问题的规定》中对于录音录像、提讯登记、体检记录的形成作出了较为具体的规定,同时明确"公诉人对证据收集的合法性加以证明,可以出示讯问笔录、提讯登记、体检记录、采取强制措施或者侦查措施的法律文书、侦查终结前对讯问合法性的核查材料等证据材料,有针对性地播放讯问录音录像,提请法庭通知侦查人员或者其他人员出庭说明情况。"根据这一规定,首先,强调了过程证据在对证据收集合法性进行证明时所占据的主导地位;其次,指引侦查机关、检察机关在诉讼进程中重视对于过程证据的收集、制作和保存;最后,审判机关应当着重审查过程证据,消除或形成针对证据收集合法性的合理怀疑,进而有效地排除非法证据。

我们认为,同步录音录像从其设置初衷来看作为一种证据保存形式,有利于固定证据,防止违法取证,保障犯罪嫌疑人合法权利;同时也对侦查人员起到保护作用,防止任意指责侦查人员刑讯逼供。因此,同步录音录像不具有独立的证据资格,不属于需要移送法院的证据材料,也不存在需要查阅、复制的问题。在某些特定的场合,同步录音录像具有有限的证据材料的作用,但仅存在于以下两种情况:一是证明证据合法性问题。检察机关不仅要用证据证明犯罪成立,也要证明证据收集程序上的合法性,因此，在必要的情况下，同步录音录像作为证明取证程序是否合法的证据，就有必要在法庭进行出示，并且接受质证。因此刑事诉讼法并未强制规定检察机关向法院必须移送同步录音录像，而是由司法解释规定了检察机关认为有必要可以移送，法院认为有必要可以调取。二是某些情况下，可以证明犯罪嫌疑人供述的内容是否客观。即在上一个问题中提到的，如果对犯罪嫌疑人供述的真实性、客观性产生合理怀疑时，这时出示同步录音录像则是最好的证明方式。如果是关于重大是非问题的矛盾，则不应采信笔录；如果仅仅是不影响定罪量刑的细枝末节的字面表述的不同，则不影响笔录的采信问题。

（2）如何认识"威胁""引诱""欺骗"？

司法实践中引诱、欺骗的含义及标准不好界定，讯问和询问中很多涉及心理较量的语言、行为和策略，都不可避免地带有引诱、欺骗的成分，在法律限度内或者经法律许可的威胁、引诱也并不构成违法。如果将这些讯问、询问方法都视为非法，进而将相关的言词证据作为非法证据排除，将给侦查工作带来巨大的冲击。尽管如此，并不意味着采用引诱、欺骗方法收集的证据能够被法庭所采纳。由于采用引诱、欺骗方法收集的证据极有可能是虚假的，因此，如果法庭通过审查讯问记录等证据材料能够认定侦查人员采用引诱、欺骗方法获取被告人供述，且该供述不能与在案证据相印证，也可以从证明力的角度，因该供述具有虚假性而依法予以排除。关于以上问题，笔者做如下思考。2017年《关于办理刑事案件严格排除非法证据若干问题的规定》进一步界定了非法言词证据的范围。将"威胁""非法拘禁"纳入非法证据排除规则的适用对象。具体说来是将"威胁"手段限定为"以暴力或者严重损害其本人及其近亲属合法权益等"相威胁，将"非法拘禁"设定为非法限制人身自由的方法。对于侦查人员通过这两种非法取证行为所获取的有罪供述，该规定也做出了适用上的区别对待：侦查人员采用"威胁"手段的，需要达到令被讯问人"遭受难以忍受的痛苦而违背意愿"的程度，司法机关才可以排除非法证据；而侦查人员采取"非法拘禁"等手段的，则不需要达到上述程度，而可以直接成为适用强制性排除规则的对象。

四、撰写审查报告应当注意的问题

公诉人在撰写审查报告时，要根据侦查机关移送的卷宗等证据材料，总结案件事实、情节，并提出应当适用的法律规范。因此，证据审查和法律适用是审查起诉的两大核心任务，也是审查报告的核心内容。

（一）证据的审查与摘录

一个公诉案件，尤其疑难复杂案件，证据如何审查判断运用、审查报告的证据部分如何制作是重点。审查和摘录证据材料需要注意以下几个问题。

1. 证据摘录要客观、全面

案件审查报告应包括卷宗中所有的核心证据，所以摘录要全面、详细，最好做到任何一个重要证据，不用翻阅卷宗，在审查报告中即可体现出来。

发破案经过经常容易受到忽视，很多公诉人在审查报告中不予摘录。但发破案经过在认定案件事实时非常重要，因为发破案经过是否自然是影响司法人员形成内心确信非常重要的一环。尤其是在毒品等犯罪案件中，诸如侦查机关是否利用了技术侦查手段破案、是否符合相应的法律规定、群众举报的依据是什么等内容，有助于公诉人认定案件事实，也有助于法官形成内心确信。

遵循如实客观的原则，对侦查机关认定的事实、情节包括谁指使、教唆、如何分工等全部事实予以客观摘录，同时对于侦查机关如何援引法律条款，也应准确描述，为公诉人撰写认定事实、准确适用法律提供参考。

对犯罪嫌疑人供述、被害人陈述、证人证言等是否需要全部摘录，要根据案件的具体情况：

首先，特殊案件需要全部摘录。对于一些重大、疑难、复杂案件，尤其是犯罪嫌疑人反复翻供、证人反复翻证的案件，尤其是涉及犯罪嫌疑人、证人在立案前后关键供述、证言发生实质性变化时，应当全部客观按照时间顺序进行摘录。对于犯罪嫌疑人自书的悔过书、证人自己写的证明材料等，也应摘录。需要注意：第一，犯罪嫌疑人总共有几次供述，其中有几次有罪供述，是立案前还是立案后，占全部比重的多少，是连续稳定还是极其不稳定等，都能够通过客观全面、连续摘录供述的方式予以总结，而供述规律的总结有助于司法人员对犯罪嫌疑人供述的合法性、客观性、真实性进行核查，总结其供述规律。一般来说，有罪供述越连续、越稳定，可信性越强。第二，要看有罪笔录都分别在什么阶段，对应哪个侦查阶段和侦查人员等。一方面，可以分阶段对应在案相应证据，分析犯罪嫌疑人做出有罪供述和翻供分别对应的时间节点，与其他相应的证人证言情况以及物证、书证、鉴定意见等其他证据情况的对应规律；另一方面，也防止犯罪嫌疑人滥用非法证据排除规则，公诉人可以从侦查主体的变化，例如从派出所、到刑警、到预审或者侦查部门的变化、侦查人员的变化等，寻找犯罪嫌疑人供述的规律，对证据合法性进行客观把握。第三，要高度重视自书的悔过书。自书的悔过书中往往有详细的犯罪的心路历程及认罪经过，往往是犯罪嫌疑人认罪态度最好的时候写的，一般犯罪事实交代最透彻，思想认识最深刻，这份书证的摘录可以放在犯罪嫌疑人供述中，按照时间顺序排列，有助于防止犯罪嫌疑人翻供，并且驳斥其非法证据排除申请。理由在于，自书的悔过书的写与不写，究竟些什么内容，详细到什么程度，思想认识如何等，一般犯罪嫌疑人具有充分的选择自由，没有侦查人员进行诱导、提问、干涉，事后推翻自己的自书悔过书、提非法证据排除的难度相较于一般的犯罪嫌疑人供述笔录来说难度较大。第四，要按照时间顺序摘录。其好处在于可以以时间为轴线，将证人证言、物证、书证、鉴定意见等其他证据作为参照物，对不同的证据种类进行比对和分析，公诉人可以发现犯罪嫌疑人供述的规律和特点。值得注意的是，对于犯罪嫌疑人推翻以前有罪供述的案件，尤其应做好时间顺序的摘录和与其他证据的比对，从中总结先供后证还是先证后供的规律等。一般来说，先供后证是指在其他证据取得之前，犯罪嫌疑人在没有任何证据提示的情况下做出了有罪供述，往往可信性更强，也是司法人员形成内心确信的常用方法。

其次，一般案件需要有选择有重点的摘录。案件审查报告的撰写也应适应案件繁简分流的趋势，对于一般的案件或者简易程序、速裁程序案件，审查报告摘录原则无需上述方法中那么复杂。但是对于一般案件中，如果涉及犯罪嫌疑人翻供、证人翻证，即使公诉人可以比较容易分析出其翻供、翻证不合理，不予采信，但仍应将翻供的犯罪嫌疑人供述、翻证的证人证言予以摘录，保持审查报告的完整性、客观性、真实性，也可为日后出庭防止犯罪嫌疑人再次翻供、证人再次翻证等做好预案。

此外，在摘录证据材料时还要注意：公诉人具有客观公正义务，任何一个工作步骤都应遵循客观、公正的原则。对于笔录的摘抄，原则上不允许进行综合概括。在每一份笔录中都应注明起止时间、地点、取证人员、卷宗页数等。特别是在公诉人出庭举证、质证阶段，如果对被告人曾经的供述进行概括摘录并综合出示的话，容易引起被告人质疑：究竟是哪年哪月哪日的笔录说过这样的话？而定位到相应的侦查卷宗时，对于公诉人概括的笔录难以找到具体出处，容易让辩方对控方的客观性、真实性产生质疑。

2. 摘录的具体规则

摘录的开头要有概括性的说明。犯罪嫌疑人或者证人共做过几份笔录，对于其中有代表性的笔录应该全部摘录。例如，有罪、无罪的证据，立案前、立案后的第一份笔录，全面有罪供述的系统笔录、翻供笔录、翻证笔录等等。对于缺乏系统性供述的笔录，需要有选择地进行综合摘录。例如，部分笔录能够证实预谋过程，部分笔录证实实施过程，部分笔录证实销赃过程等等，对于这样的内容具有补充关系的笔录需要全部摘录。另外，对于一些关键的容易引起控辩双方争议的情节，可对几份笔录中涉及该情节的关键笔录予以摘录，可以用对关键情节供述的连续性和稳定性反驳犯罪嫌疑人的无理由翻供。

对于审查起诉阶段提讯的笔录，一般掌握的原则是，如果公诉人的提讯笔录能够证实唯一性、关键性证据，则需要在审查报告中予以摘录，并在法庭中予以出示。例如在一起盗窃案中，犯罪嫌疑人不认罪，辩解从未去过盗窃现场，而指控本起事实的关键证据在于现场起获了带有该犯罪嫌疑人 DNA 的烟蒂。但是，仅凭该烟蒂能否认定该犯罪嫌疑人实施了该起盗窃犯罪呢？公诉人在讯问时特意进行了问题的设计。例如，你平时是否吸烟？你常常吸烟的牌子有哪些？犯罪嫌疑人肯定了自己的吸烟习惯，并回答仅抽老家独有的两个牌子的香烟，北京市场没有这个牌子，一般人也难以买到。据此回答，公诉人从起获的烟蒂中查看香烟的品牌、查找生产地、销售地，对犯罪嫌疑人在检察机关做出的笔录进行比对，其供述得到了在案证据的印证，成为指控其实施了该起盗窃行为的关键证据。对于这样的检察机关提讯笔录，应当进行摘录并在法庭予以出示。

对于笔录起止时间、侦查人员姓名、单位、地点、页码，需要全面客观地摘录。一是规范性要求。二是司法实践的需要。审查报告虽然没有法定的格式，但有最高人民检察院统一下发的规范模板，按照规范摘录证据是公诉人必须遵循的原则。同时，该模板的设计符合司法实践的需要，尤其是在一些不认罪案件中，案卷中的一些关键情节的摘录可能成为指控被告人犯罪或者证实被告人无罪的关键性证据。举例说明。在一起盗窃案件中，犯罪嫌疑人提出，对于起诉意见书中认定的一起 2010 年 2 月 20 日晚上 8 点的共同盗窃自己没有作案时间,因当天他还在派出所因其他事情接受询问。公诉人调取了其到派出所接受询问的笔录,该笔录显示,询问时间的起止时间分别为 2010 年 2 月 20 日 10:00—17:00。如果公诉人仅仅摘录了笔录的起止时间,在下午 5 点到晚上 8 点之间,被告人仍然可以到达犯罪地点实施盗窃行为,无法证明其辩解的真伪。但由于公诉人在摘录该份笔录时摘录了这份关键证据中所有的细节,其中包括涉案人员被口头传唤到达派出所的时间和离开的时间,其到达时间早于询问笔录开始的时间,离开时间晚于笔录结束的时间,即为上午 9:35 分到达,晚上 22:00 离开,上面有犯罪嫌疑人本人签字和捺印。由此细节,公诉人还原了客观真相,减少了该起犯罪的认定,保障了被告人的诉讼权益。

对于被害人、证人住址、电话,以及证人与嫌疑人、被害人关系,也需要摘录。一是规范性要求。二是司法实践的需要。对于住址、电话等信息的摘录,方便实践中不时之需,在提起公诉后,如果公诉人需要向被害人、证人核实案情,通过审查报告中的记录即可迅速查找,不需要再到法院查阅卷宗,浪费司法资源。对于被害人、证人与犯罪嫌疑人的关系需要记录,是案件审查的客观需要。因为有利害关系的证人所做的证言需要根据其与犯罪嫌疑人、被害人关系的亲疏远近慎重采纳。

对于鉴定意见应当全面摘录。尤其是故意伤害案中,对于伤情的鉴定、成伤机制的鉴定,需要全部摘录并全面分析。

对于不认定的事实,也需要摘录。公诉人对于案件有全面审查的职责和义务,对于侦查机关移送的每一起事实都应审查清楚,不论结果是否认定,只要侦查机关在起诉意见书中列明了该起事实,都需要摘录并进行分析。即使认为该起事实不予认定,也应基于该起事实的证据情况进行分析后综合判断。

对于辩护意见,应当摘录。一是辩护人的意见有助于公诉人全面、客观地对案件进行判断,同时也是庭前准备的重要参考资料,可根据辩护意见有针对性地起草质证提纲、答辩提纲。二是充分了解辩护人的基本信息和辩护习惯、辩护特点，有助于公诉人做好充足的庭审准备。

3. 对证据的分析

证据的摘录仅解决了证据是什么的问题，但证据分析才能解决怎么用的问题，即让单个的证据与待证事实进行关联、比对、印证。证据分析是让证据说话，让证据活起来，动起来的一个关键环节。其实质是对证据去粗取精，去伪存真，由此及彼，由表及里的过程。而证据分析的关键在于通过证据的印证关系与待证事实建立联系，从证据中还原出一个无限接近于客观真实的法律事实。

证据分析论证中要注意，并非格式性地写明"在案证据能够相互印证，形成证据链条，足以证实某某事实，排除合理怀疑等"。而是要对在案证据一一进行比对和分析。根据个案不同，证据分析没有一定之规，但可以肯定的是，证据分析不是按照证据种类一一进行罗列，而是根据一定的逻辑顺序，将构成要件的待证事实进行分块、串线、定点。其中的分块是指，将待证事实根据相应的犯罪构成，分解成几个模块。举例说明，对于受贿罪，一般需要分成以下个模块：主体、职务便利、谋利行为、收钱行为、主观方面等，针对个案不同，可将谋利行为分为预谋、实施、实现等不同的阶段。其中的串线是指，将已经分好的模块，按照一定的逻辑顺序进行排列，例如受贿罪，从主体到客观行为到主观心态的逻辑顺序，例如对于盗窃罪，按照时间顺序，从预谋到实施到销赃的逻辑顺序。其中的定点是指，根据分好的模块和排列好的逻辑顺序，从案件中摘取具体的证据进行逐一分析比对，而这一分析比对核心在于证据的印证关系。举例说明，某徇私枉法案中，犯罪嫌疑人明知实施盗窃的人涉嫌犯罪，应当作为刑事案件立案侦查，但仍然故意包庇不使他受追诉并将其释放。为了查明是谁具体将其释放，让被释放的盗窃人员进行辨认。而被释放的盗窃人员称，到派出所后，自己一共接触过甲和乙两个人，将自己释放的是其中一个。但其辨认中没有认出来谁将自己释放,但是其指认出其中的甲不是将自己释放的人。由此,我们可以推定,将其释放的人是乙。而该被释放的盗窃人员又能证实,将自己释放的人,给自己做了一个笔录,写了一个事实经过,并在释放前叮嘱自己不要再实施犯罪行为。由此,我们可以证实,将其释放的乙对其做了笔录,让他写了一个事情经过,其对于该人涉嫌盗窃犯罪完全知情。

由此可见,证据分析的意义就在于,将很多零散的看似没有关系的证据,通过细节的比对、印证、分析、推理,用一个严谨的逻辑,封闭的链条,将证据串联起来,还原案件事实的真相。

公诉人要遵循客观公正义务,全面审查案件事实和证据,尤其是在存疑案件中尤为重要。需要客观分析,证明涉嫌有罪的证据有哪些,印证关系如何,是否有何缺口;存疑证据有哪些,或者相反证据有哪些。在基于正反两方面客观证据基础上,再分析两方面证据该如何采信的问题。即使得出的意见是存疑不起诉,但该存疑不起诉的依据是客观全面的证据摘录和客观全面的证据分析,最终结论能够经得起法律和时间的检验。

证据合法性是证据分析的前提和基础,如果没有合法性作为前提,即使某证据再关键,也绝不能让其进入法庭作为认定被告人有罪的依据。作为具有客观公正义务的公诉人,更应当坚守证据合法性底线。因此,任何案件的办理,证据合法性是首要前提。即使犯罪嫌疑人、辩护人没有提出证据合法性疑问,公诉人在案件审查过程中也应对证据合法性进行审查,包括审查案卷材料、核实体检记录、提讯记录、同步录音录像、向犯罪嫌疑人核实是否有非法证据线索提供、是否受到过刑讯逼供等非法待遇,核查在案物证、书证提取、扣押手续是否完备,程序是否合法等。如经仔细核实,不存在证据合法性方面的怀疑,在审查报告中仅需记录核查的过程和结论。

如果经核查,发现瑕疵证据,应督促侦查机关予以补正或者做出合理解释。如果对证据合法性产生质疑，应进行深入调查核实，听取犯罪嫌疑人、辩护人的意见，并请侦查人员说明情况，必要时进行深入调查核实，并将调查结论及时汇报。对于明确属于非法程序获取的证据，公诉人应当具有担当意识，勇于排除、善于排除非法证据，坚守法律底线。

（二）案件事实的认定与表述

在证据摘录和审查判断的基础上，审查报告要形成对案件的法律事实的认定。审查报告是一份报告性法律文书，其反映了办案人员审查案件的全部内容。它虽不是一份对外公开的法律文书，不具有对外法律效力，但对于案件归档以及案件复查具有重要意义。这就决定了，在审查报告中认定的事实，需要客观全面之外，还要准确、翔实。例如，起诉书中认定的事实最常见的表述方式是甲乙因琐事互殴，这样的表达方式概括性、客观性都比较强，但缺点显而易见，即无法让人全面了解案情。审查报告中认定的事实则需要详细具体，有细节，二人因何故而互相殴打，双方是否有积怨，究竟谁先动手等等。

对一个行为的司法认定要建立在案件事实的基础之上，因此，审查报告中认定的事实非常关键。一方面，认定的事实是由全案证据综合认定而成，具有客观性、真实性，每一句事实都有相互印证的证据可以证明；另一方面，认定的事实，会决定涉案人员适用何种罪名，适用何种刑罚。因此，案件事实的叙述要说清、说细、说透、说全面。例如涉案人员的关系、单位名称，全名、简称，法律关系，公司变化关系，数据，事情发展脉络等都要准确无误。一般可以按照事情的发生、经过、结果的顺序进行叙述，也可按照结果、经过、发生的倒叙进行叙述。具体逻辑关系需要根据个案进行组织和安排。

对于证据不清的拟作存疑不起诉的案件该如何描述，是公诉人遇到的难点问题。我们认为，如果在认定事实中，没有特别交代的情况下，都是需要有确凿证据予以确定的。例如，事实中描述"某年某月某日甲乙通话商议某事"，至少要有甲乙二人供述相印证，才能在认定的事实中进行这样的描述。但问题是，如果甲乙供述无法印证二人是否进行了商议，该如何在认定的事实部分进行描述呢？尤其是该细节是认定是否构成共犯的关键证据时，就会决定罪与非罪的问题。对此要客观描述，哪一方供述哪一方不供，有多少证据印证，都要表述清楚。

（三）案件的法律适用

对于一个公诉案件，公诉人在证据摘录分析基础上形成案件的法律事实，据此方可进入法律的适用阶段。

张明楷教授曾经说过，心中当永远充满正义，目光不断往返于规范与事实之间，唯此，才能实现刑法的正义性、安定性与合目的性。那么在解决了案件的证据和事实问题后，如何在不断翻新的犯罪事实与静态的法律条文之间建立起动态的联系，即如何用固定的法律条文去适应不断翻新的犯罪手段和犯罪种类，考验着司法者的智慧。公诉人必须透彻把握法律精神、法律原理，才能准确适用法律，确保无辜者不受法律追究，也给犯罪分子适当的惩罚，因此适用法律非常关键。那么法律适用的前提，需要司法人员熟悉掌握如下几个层次的法律法规等规范性文件。第一层次是刑法、刑事诉讼法的法条和司法解释，这些法律规定在具体刑事案件办理过程中具有最高的法律效力；第二层次是最高人民法院、最高人民检察院发布的具有司法解释性质的文件，例如各种答复、意见、纪要等；第三层次是最高人民法院、最高人民检察院发布的权威指导案例；第四层次是本省（直辖市）、地区公检法联合发布的规范性文件、法律适用意见、纪要等文件；本省（直辖市）、地区的规范性意见、疑难问题解答，在省市、地区范围内适用；第五层次是最高人民法院、最高人民检察院发布的权威指导案例之外的司法实践中的生效判决，虽然我国不是判例法国家，但实践中的判例对于后续检法两家的司法适用具有重要的参考价值。

具体案件中的法律适用，一般包括以下几方面的内容：

第一，罪与非罪。法律适用首先要确定涉案人员的罪与非罪，是否有刑事诉讼法第十六条规定的法定不起诉的情形，例如情节显著轻微的、已过追诉时效的等。

第二，此罪与彼罪。此罪与彼罪的仔细区分有助于精准打击犯罪，准确适用刑法，也使得犯罪分子的犯罪与刑罚能够相适应。在审查报告的撰写中，如果认定的罪名与公安机关侦查移送的罪名相同，公诉人只需要对构成什么罪名进行正面论证即可，当然，对于相似罪名或者可能有观点认为构成的其他的罪名，也应作相应的补充论证。而对于改变公安机关移送的罪名时，应首先论证为什么不构成公安机关移送时认定的罪名，然后再正面论证，公诉人认为构成什么罪，具体理由有哪些。

第三，一罪与数罪。即行为人是一个行为还是多个行为，一个行为是触犯一个还是数个罪名，最终定一罪还是数罪。

第四，各罪之间是否有牵连、吸收、竞合等关系，是应并罚还是分别论处。

第五，量刑建议。全面总结提炼每个案件的法定量刑情节和酌定量刑情节，从重量刑情节和从轻量刑情节，提出恰当精准的量刑建议。

此外，追诉漏罪漏犯、追加事实、检察建议、检察意见等诉讼监督事项、赃款赃物、风险评估、辩护人意见、领导关注、舆情监测等有关问题，根据个案需要，也可在审查报告中体现。

(四) 审查报告中的常见问题

从公诉实践看，审查报告中经常会出现以下几个方面的问题：

第一，没有具体写明审查后的事实认定。"依法审查后认定的事实"是刑事公诉案件的核心，也是其适用法律的根本依据。但是有的审查报告并没有具体写明"审查后认定的事实",而仅仅是记录"同公安机关认定事实基本一致"。尤其是对于那些存在事实有增减的案件,如果审查报告仅简单记录"认定事实与侦查机关一致",显然是不合适的。事实上,如果审查报告表明"办案人审查后认定的案件事实与侦查部门基本一致",那么其实从某种程度上便承认了事实并不完全不一致,而不一致的地方也必然会影响到后续的实体判决。总而言之,审查报告必须要根据案件的实际情况,依法、如实、详尽、具体地写明审查认定后的事实,尽可能地还原案件经过以及案件审查经过。

第二,没有对案件事实进行明确的认定。有的审查报告对案件事实的认定较为马虎,即在同一篇审查报告的事实认定中,均罗列出有利于与不利于犯罪嫌疑人的证据。这意味着检察人员在进行案件审查时,并没有对证据或案件事实展开分析,并没有明确认定案件事实。甚至部分审查报告直接以犯罪嫌疑人的供述与辩解作为事实认定,这显然是违背法律正义以及程序公正的。在一些重大、复杂的案件中,一些正确的事实结论难以得出,但是不能在毫无分析、毫无取舍的情况下,完全依靠全案所有证据的罗列来表明对事实的认定,而是要基于一定的逻辑思维分析,"依法审查后认定的事实"是法律对办案人甄别、取舍、分析证据材料的总体性概括,是存在法律依据、同时证据充分而构成的法律事实。以客观表述的方法来反映与呈现案件事实。当然,如果全案证据不充分,应当作存疑不起诉处理的情况,则需要记录为"该案事实不清"。

第三,对依法认定的事实表述不准确。有的审查报告对案件事实的认定不够准确。一是对依法认定的案件事实表述不全面、不准确。有一些审查报告对于案件起因、经过、犯罪嫌疑人的主观方面等内容并没有表述进去。比如,在共同犯罪案件中,审查报告并没有详细地表述共同预谋情节,而仅仅是用"犯罪嫌疑人经预谋"的表述一笔带过,但是对于嫌疑人之间如何共谋、出于何种动机、谁先提出犯罪等内容并没有描述。而根据相关法律文件的要求,"依法审查后认定的事实"必须要全面、客观、清晰地描述犯罪嫌疑人的动机、犯罪地点、犯罪手段、犯罪经过、是否存在坦白、自首情节,凡是会影响到最终定罪量刑的事实与情节都需要具体、详尽地表述。二是认定事实中存在与定罪量刑无关内容。部分审查报告在认定事实时,部分偏离了"定罪量刑",而是把一些无关紧要的内容表述进去,由此使得审查报告的内容冗长无用,甚至还会招致主观臆断的嫌疑,由此一来,则严重削弱了审查报告的客观性以及质量。

第四,证据摘录不全面、不精准。一是审查报告所摘录的证据不全面,或者证据内容不具体。证据作为诉讼案件中的关键与重要依据,其与案件事实之间的关系,直接决定了诉讼的结果,决定了诉讼过程的公正性与有效性,甚至直接决定了最终的定罪量刑。然而,在一些审查报告中,检察人员并没有在"认定上述事实的证据"部分完整、详细地摘录证据内容,这种做法使得审阅者无法清晰、直观地了解到本案证据的具体内容,由此则在一定程度上削弱了证据的关联性、客观性。还有一些审查报告虽然在"认定上述事实的证据"部分完整地摘录了证据,但是由于缺乏取舍与分析,以至于关键证据内容模糊或被淹没。二是没有围绕认定的事实摘录证据,具体表现为:把一些与案件事实无关联的证据或分析论证不足的证据记录在报告之中,或者把一些重要性的证据简单罗列,而且未能与案件事实一一对应,而未能根据认定事实的先后顺序有秩序、有计划地呈现。三是证据摘录过于冗长烦琐。部分审查报告并没有突出证据重点,主次不分明,内容详略不得当,所摘录的言辞证据过于琐碎,在缺乏分析与取舍的情况下大段摘录,以至于证据的重点与关键点模糊。

提高审查报告的质量,应当着重从以下几个方面入手:

第一,要文字表述准确。举例说明,部分报告中会把"被害人近亲属"表述为"被害人家属",把"法定代理人"表述为"诉讼代理人"。另外,在审查报告中,部分报告办案人把对犯罪嫌疑人的年龄表述为"证实其具有刑事责任能力",而正确的表达应当是"已到达法定刑事责任年龄"。此外,审查报告中还随处可见常识性错误,甚至书面用语错误的情况。比如,把"杀害"表述为"杀死",把"逃逸"表述为"逃跑"。在同一篇审查报告中,部分情况下还会出现时间、地点书写不一致的情况。这些问题从表面上无伤大雅,但是却体现了审查报告制作者的水准以及职业素养,决定了文书的质量。综上而言,为了能够保障审查报告的质量,为了使审查报告更准确、具体地呈现案件经过以及最终审定结果,有必要规范用语,使用法言法语,并且以严谨、缜密的措辞进行表述。此外,文书办案人也需要不断地强化自己,牢牢掌握法律基础知识,透彻理解法律基本概念,从而为后续文书的规范用语、准确表述奠定基础。

第二,要目的明确。办案人在制作公诉案件审查报告时,其有时候会忽视了证据证明问题的说明,或者主观带入,对证据进行了夸张描述。举例说明,当检察机关在犯罪嫌疑人家中查获的人证、物证等,直接表述为"证实其用……进行走私",但是在没有证实的情况下,并不能仅凭查获的证据证明该犯罪嫌疑人犯了走私罪。一些情况下,报告制作者还把一些不符合思维逻辑、表意不清晰的书证列举出来,并把这些证据统称为"证实案发及嫌疑人归案情况",但是事实上这些证据并不能完整证明。而之所以会出现这种表述,很大程度上是因为办案人不了解、未掌握案件来源以及案件经过。因此,在进行审查报告制作时,办案人必须要秉持着"宗旨清晰""目的明确"的原则,以递进的形式摘录证据。即立案与破案的过程要层层递进,嫌疑人归案情况要逻辑分明、符合客观实际;要证明侦查、讯问等行为合法合规;要能够明确自首等法定的量刑情节。第二嫌疑人存在包庇嫌疑案件在移送过程中,表述归案经过的文书仅仅只表述了杀人嫌疑人的归案经过,对该嫌疑人包庇行为却并没有提及。然而,在第一次供述过程中,第二嫌疑人已经表露了杀人的犯罪事实。对此,办案人与公安机关沟通,了解到包庇嫌犯在抓捕归案后,对杀人嫌犯的犯罪事实与其动向据不透露，因此公安机关记录员未能固定笔录，而根据包庇嫌犯的首次供述，已经可以确定其存在包庇行为的事实。针对这一情况，办案人要求公安机关重新调取包庇嫌犯（第二嫌疑人）到案情况的相关资料，同时将其与包庇嫌犯首次供述的相关资料进行对比，并要求公安机关重新出具包庇嫌犯的归案经过等信息，由此使得整个案件得以起诉。综上可见，办案人必须要时刻秉持着缜密的逻辑思维，对证据进行甄别、判断，而不能仅仅依靠侦查人员提供的书证证据。另外，在审查起诉阶段，需要充分地把握全案的证据，对于遗漏点、不足点、矛盾点、疑点等地方要完善、补充、解决，使得审查报告中的每一个证据都具有证明效力，每一个内容都具有针对性，都能够真实、客观地指控犯罪行为，以此来保证审查报告的质量以及有效性。

第三，要逻辑缜密。由于办案人员常规性办理中国公民犯罪案件，受到一定思维惯势的影响，在办理外国人案件中，丧失了应有的敏锐，如在外国人盗窃案件文书制作中，表述"盗窃现金××元"显然不适当，应表述为"盗窃人民币××元"。又如对于涉罪外国人身份、住址未经有效证实，侦查机关按其自己所报的国籍、身份、住址来认定其情况，我们在报告中对这些情况表述应注意写明"系其自述"。有的办案人虽然报告格式标题等都按照样本规范书写，甚至按照现行要求先客观、后主观的顺序列举证据，但是，多份客观证据、主观证据应先列举哪份，因为并无规定，办案人没有标准了，就随意排列，不注意证据之间内在的联系和逻辑顺序。例如，有的案件是通过现场勘查提取的血迹、衣物、凶器进行鉴定所得出的依据定案的，但办案人按照侦查机关移送过来的证据卷宗顺序，在客观证据的列举中随意地将鉴定意见列举在前，现场勘查提取物证笔录列在后，这有悖于人们认识的客观逻辑，使阅者在看到物证的鉴定时，因未见到物证的有效提取证明而对物证来源的合法性产生合理质疑。再如，如侦查机关扣押了涉案物品，我们办案人就应在列举扣押物品清单后，按顺序列举返还被害人物品清单,因为此两份书证密切相关,具有时间和逻辑上的承接性,也便于阅者得出侦查机关是否依法扣押、返还涉案物品、侦查行为是否合法的确定性结论。但是,有些办案人并不注重这些,甚至有的案件除嫌犯供述再无其他证据直接证明其犯罪事实,例如嫌疑人衣物上的血迹经鉴定与被害人血迹 DNA 分析一致,但现场勘查笔录及照片中无此衣物记载也无提取记录,更加无法体现衣物上的血迹情况,也无血迹照片细目佐证此份证据的来源。如果把这份无来源、无提取、无持有人签名、无物证照片在卷的血迹鉴定直接写入报告中,相信任何人都不会认为这会成为一篇好的报告,同时法官也无法对此证据产生内心确信。因此,需要靠缜密的逻辑思维敏锐地发现证据的问题,及时查明、依法补救,并依据补救情况得出结论撰写入报告中,堵塞不该有的缺口和漏洞。

第四,要反复推敲。几年前,司法界曾掀起过一段"零口供"定案的风潮,这和近二十年来,全国多起因刑讯导致的冤错案件的曝光关联,但不长时间,即告偃旗息鼓。口供主义的历史影响,侦查机关追求高破案率等原因不必一一细述。但作为国家公诉人——公诉案件的审查把关者、刑事诉讼的匡正纠错者的检察官,应当破除绝对依靠嫌疑人口供定案的桎梏,把关注的目光聚焦到客观证据上。办理任何案件都要清楚该案除了口供是否还有足以认定嫌疑人有罪的其他证据。当然这需要从审查起诉之初即对案件进行客观审视、推敲,及时引导侦查机关完善、补充证据,最终对案件形成内心确信并且笃定不疑。在审查报告的制作中,对客观证据在案件事实认定中的作用进行充分阐述。格式样本的第五部分是审查认定的事实、证据及分析。这里需要注意的是分析,也就是我们常称的分析论证。应当采取一事一证一分析的原则,也就是摘录每份证据的具体内容后,要对其所证明的事项进行必要的说明,并对证据本身及证据与证据之间是否存在问题以及存在的问题是否影响对案件事实的认定等进行必要的分析。对于分组举证的,要对该组证据所证明的事项进行小结和说明。全案证据摘录后，要对全案所有证据的合法性、客观性、证据与待证事实的关联性以及证据之间能否相互印证、证据之间是否存在矛盾及是否能够排除、各证据的证明力大小、全案证据能否形成完整的证据链条、根据证据是否能够得出唯一的排他性的结论等问题进行有理有据的分析和说明。

第五，要全面审视、拾遗补缺。一是对需要说明的问题，要做出说明。一篇趋于完美的公诉案件审查报告，在即将完成的时候，公诉人还需要全面回顾、审视在办案过程中所进行的思考。有过哪些疑问、顾虑？产生的疑问、顾虑是如何解决的？解决后目前的结果是怎样的？还有哪些尚未解决又无法解决的问题？这些问题是否影响本案的定罪量刑？如果影响定罪量刑还可以采取什么对策？等等。这些都可以在需要说明的问题中加以阐明。这样做，一方面是为领导决策提供依据，另一方面也是对自己所办案件中涉及的问题所进行的原始、客观记录，真正使自己所办案件经得起历史的检验。二是要视情况添加有关诉讼过程等项目。一般情况下，案件报告按照样本的格式制作就可以，但由于样本格式也是在实践中逐渐形成并不断进行改善的，也会有不尽完美的地方，这时需要一双善于发现的眼睛和一个智慧的头脑，办案人在此方面就有过不少独到的做法。例如，有些陈年积案，在按格式样本叙写被害人基本情况时，应写明被害人年龄（系未成年人的注明出生年月日），但被害人系成年人的情况下，是该写办案人制作报告时其年龄情况，还是案发时其年龄情况？一些办案人采取更完善的表达方法，叙明被害人出生年月日并在括号内注明其殁时年龄，使得报告内容更全面、明了，更加突显证明目的。由于其对样本进行小小的改动或者添加使报告内容更为完整，证明的关联性和指向性更明确，这些独到做法非常令人赞赏。另外，有些案件经过撤案、变更事实、追加事实、重新起诉、一审、二审、发回重审、再审等等复杂的诉讼过程，制作这类案件的报告就应当单独加列一项"本案的诉讼过程"，以便加强阐明案件诉讼经过的完整性力度，更加体现层次和条理性。还有的案件也可以视特殊情况添加有利于阐明案件的其他项目，如曾经向市委、市政法委、上级院等等部门做过专门请示或者汇报的情况，或者曾召开过公、检、法三家会议专门进行过研究等等情况，不一而足，但宗旨只有一个，即客观真实地记录历史，任何时刻都能通过卷宗这个载体使全案事实及办案过程得到真实再现。三是要添加目录。重大复杂案件的审查报告往往很长。添加目录可以使审查报告更加完整、容易查找和对照。只要读过报告的人就会发现，除了样本要求后附的退补提纲、起诉书、相关法律法规能顺利查阅，报告中的其他内容都很难快速找到。在报告前页制作目录，将报告中各个部分的内容、页码、相关人等逐一标记、注明，虽然有一定的工作量，但比起给自己查找、领导查阅带来的简明、方便比起来，这点工作量是微不足道的。建议对于涉案人员众多、多罪名、多事实、证据复杂多变的案件报告制作目录，便于查找和对照。四是必须时可添加表格、图例，使报告增加条理性。有的案件由于多人、多起、连续犯，证据中又多涉及数额、重量、不同人员参与的情况，在制作报告时会感觉难以表述清楚、明确，而且仅用文字表述显得有些单一、乏味。

第四节　提起公诉

　　提起公诉是指人民检察院代表国家将犯罪嫌疑人提交人民法院，要求人民法院通过审判追究其刑事责任的一种诉讼活动。人民检察院做出提起公诉的决定后，犯罪嫌疑人的诉讼地位转变为刑事被告人。

　　在对案卷材料进行审查的基础上，承办案件的检察官要对该案是否应当提起公诉作出决定。凡是符合提起公诉法定条件的，人民检察院应当决定提起公诉。在实行检察官办案责任制的情况下，检察官对其所办理的案件在权力清单范围内具有提起公诉的决定权。其他案件则必须提出意见后报请检察长决定，或者由检察长提交检察委员会讨论决定。犯罪嫌疑人认罪认罚的，人民检察院应当就主刑、附加刑、是否适用缓刑等提出量刑建议，并随案移送认罪认罚具结书等材料。

一、提起公诉的条件

（一）提起公诉的实体条件

我国《刑事诉讼法》第176条规定："人民检察院认为犯罪嫌疑人的犯罪事实已经查清，证据确实、充分，依法应当追究刑事责任的，应当作出起诉决定，按照审判管辖的规定，向人民法院提起公诉，并将案卷材料、证据移送人民法院。"按照这一法律规定，人民检察院提起公诉，应当具备两个实体条件：

第一个条件是犯罪嫌疑人的犯罪事实已经查清，证据确实、充分。

犯罪事实是对犯罪嫌疑人正确定罪量刑的基础。因此，人民检察院提起公诉必须查明犯罪事实。这里的犯罪事实，既包括客观方面的犯罪行为，又包括犯罪嫌疑人的主观心理态度和影响定罪量刑的其他事实。

根据《人民检察院刑事诉讼规则（试行）》的相关规定，具有下列情形之一的，可以确认犯罪事实已经查清：一是属于单一罪行的案件，查清的事实足以定罪量刑或者与定罪量刑有关的事实已经查清，不影响定罪量刑的事实无法查清的；二是属于数个罪行的案件，部分罪行已经查清并符合起诉条件，其他罪行无法查清的；三是无法查清作案工具、赃物的去向，但有其他证据足以对犯罪嫌疑人定罪量刑的；四是证人证言、犯罪嫌疑人供述和辩解、被害人陈述的内容中主要情节一致，只有个别情节不一致且不影响定罪的。对于数个罪行的案件，部分罪行已经查清并符合起诉条件的，应当以已经查清的罪行起诉。

证据是认定犯罪事实的客观依据。人民检察院代表国家对犯罪嫌疑人提起公诉，必须以确实、充分的证据为根据。证据确实、充分，要求指控的犯罪事实都有相应的证据予以证明，且证据之间、证据与案件事实之间不存在矛盾，足以排除非犯罪嫌疑人作案的可能性。

第二个条件是依法应当追究刑事责任。

犯罪嫌疑人实施了某种犯罪行为，并非一定要承担刑事责任。根据我国《刑法》第13条、《刑事诉讼法》第16条的规定，具有法定不应当追究刑事责任的情形时，人民检察院不能提起公诉。对于犯罪情节轻微，依法不需要判处刑罚或者免除刑罚的，人民检察院认为可以不追究刑事责任时，可以不起诉。只有对于犯罪嫌疑人实施的犯罪行为，人民检察院认为应当追究刑事责任时，才提起公诉。

（二）提起公诉的程序条件

根据法律规定，提起公诉还需符合两项程序条件。第一个条件是人民检察院对案件具有管辖权。人民检察院只能对有管辖权的刑事案件提起公诉。获得案件管辖权有两种途径：一是根据法律规定，当同级人民法院具有审判管辖权时，人民检察院即具有公诉管辖权；二是根据上级人民检察院的指定而获得案件管辖权。第二个条件是犯罪嫌疑人在案。只有犯罪嫌疑人在案，人民检察院才能将其起诉至人民法院审判，否则不能提起公诉（刑事缺席审判案件除外）。

二、起诉书的制作

人民检察院作出起诉决定后，应当制作起诉书。起诉书是人民检察院代表国家向人民法院提起公诉、指控被告人构成犯罪，并要求追究其刑事责任的法律文书，集中体现了人民检察院对公诉案件进行审查起诉后的结论性意见。它既是检察机关对刑事案件审查终结的结论，又是人民法院收案的依据。起诉书作为叙述案件事实、涉案证据、适用法律的综合性法律文书，是制作者个人文字功底甚至是综合素质的集中体现。

起诉书的核心是对犯罪事实的叙述，要求具有"规范性"的法定格式,"准确"选用最确切、最恰当的词语反映客观事实,写作风格和语言运用要具有"朴实性",检察人员应极力删除多余语句,既要做到要素齐全,又要做到简明扼要。尤其应避免粘贴起诉意见书的文字,同时也应防止完全摘录审查报告中认定事实的倾向,坚决杜绝语法错误、文字错误、标点错误等。

1. 起诉书的格式化内容

起诉书的核心内容是人民检察院对案件事实的认定意见以及起诉的根据和理由,此外还包括被告人的基本情况、案由、案件来源等。起诉书主要内容包括:

(1) 被告人的基本情况,包括姓名、性别、出生年月日、出生地和户籍地、身份证号码、民族、文化程度、职业、工作单位及职务、住址,是否受过刑事处分及处分的种类和时间,采取强制措施的情况等;如果是单位犯罪,应当写明犯罪单位的名称和组织机构代码、所在地址、联系方式,法定代表人和诉讼代表人的姓名、职务、联系方式;如果还有应当负刑事责任的直接负责的主管人员或其他直接责任人员,应当按上述被告人基本情况的内容叙写。

(2) 案由和案件来源。

(3) 案件事实,包括犯罪的时间、地点、经过、手段、动机、目的、危害后果等与定罪量刑有关的事实要素。起诉书叙述的指控犯罪事实的必备要素应当明晰、准确。被告人被控有多项犯罪事实的,应当逐一列举,对于犯罪手段相同的同一犯罪可以概括叙写。

(4) 被告人认罪认罚情况,包括认罪认罚的内容、具结书签署情况等。

(5) 起诉的根据和理由,包括被告人触犯的刑法条款、犯罪的性质及认定的罪名、处罚条款、法定从轻、减轻或者从重处罚的情节,共同犯罪各被告人应负的罪责等。

被告人真实姓名、住址无法查清的，应当按其绰号或者自报的姓名、住址制作起诉书，并在起诉书中注明。被告人自报的姓名可能造成损害他人名誉、败坏道德风俗等不良影响的，可以对被告人编号并按编号制作起诉书，并附被告人的照片，记明足以确定被告人面貌、体格、指纹以及其他反映被告人特征的事项。

起诉书应当附有被告人现在处所，证人、鉴定人、需要出庭的有专门知识的人的名单，需要保护的被害人、证人、鉴定人的名单，涉案财物情况，附带民事诉讼情况以及其他需要附注的情况。证人、鉴定人、有专门知识的人的名单应当列明姓名、性别、年龄、职业、住址、联系方式，并注明证人、鉴定人是否出庭。

2. 制作起诉书应当注意的问题

近年来，随着检察改革及各项执法规范化建设的推进，检察机关起诉书总体质量不断提高。多数起诉书能够全面反映诉讼过程，客观地表达案件事实和争议焦点，充分阐述检察机关认定案件事实和适用法律的正确性、合法性。但仍有相当一部分起诉书存在质量不高、制作粗糙、内容不全面、说理不充分等现象。

起诉书制作中存在的问题包括格式上和内容上两个方面。从格式上来看，有的没能严格按照高检院的《人民检察院刑事诉讼法律文书格式（样本）》最新版本制作，不够规范。内容上，有的没能紧扣犯罪构成要件来叙述案件事实，证据罗列不具体，起诉依据理由笼统、空洞，说理不到位，过于程式化，缺乏个性化，有的甚至出现错别字符、漏字符和多字符等。因此，制作起诉书需要注意以下几个方面的问题：

第一，格式化方面的问题：绝大多数起诉书整体来看比较规范。但具体来说，写作格式方面需要注意的以下一些问题：（1）起诉书样式、字体、字号、行间距、页边距要统一，每页行数、每行字数应相同。一些起诉书字体、字号不符合规定，间距密密麻麻，使人阅览起来很不方便，形式不够完美。有的起诉书数字、符号等书写不规范，本应大写的却是小写，或本应小写的却大写；括号有时小括号，有时则用中括号，没有统一使用中括号。（2）数字表述方式一致。起诉书中涉及的日期时间、赃物价值可以用阿拉伯数字表示，涉及法律、司法解释条文的条款项目一般应当用序号方法进行表述。但有的起诉书全部使用阿拉伯数字，有的全用汉字，有的则随意交叉使用。（3）印章使用要统一规范。有的起诉书"副本"章上的字没有与起诉书上的字一样横排，而是竖排；有的副本章不够清晰。有的"院印"没有正盖在日期中间偏上方位置。"本件与原本核对无异"章，没有盖在代理检察员、检察员名字与落款时间之间。有的两页纸张以上的起诉书没有加盖"骑缝章"；（4）起诉书内容要核对无误。对起诉书文字方面的错误，有的没有更正。有的虽然做出了更正，但却没有使用更正章。

第二，内容方面的问题。起诉书是对整个案件诉讼的归纳和总结。无论是当事人或是案外人看了起诉书，都应该对整个案件有一个清晰的思路。然而，部分起诉书对案件事实的叙述，有的缺乏筛选，不够准确、精炼，没有紧扣犯罪构成要件来归纳，有的甚至偏离或者冲淡文书主旨；有的对与定罪量刑密切相关的核心事实要素叙述不全面，应该详细论述的却没有展开，有的甚至遗漏了与定罪量刑有重大关系的要素，有的则在叙述共同犯罪案件事实时并没有提及该被告人具体的犯罪行为，却指控其构成犯罪；有的把与定罪量刑无关的事实、非法律事实和没有相应证据证明的事实也写进了起诉书。总体来讲，撰写起诉书，在内容方面应该注意以下几点：（1）逻辑清晰，重点突出。有的起诉书认定事实、定性理由与结论脱节，叙事不够简练和清晰，缺乏内在逻辑性。起诉书认定案件事实要按一定的逻辑顺序进行，或者按照事情发展的经过顺序叙述。如对嫌疑人所犯重罪的叙述要占主要篇幅，而轻罪应占次要篇幅，不能不分轻重。共同犯罪案件特别是多被告人、多次作案、触犯多个罪名案件起诉书的结构，需要合理安排内容、突出重点，注意总结归纳、层次分明，可以选择突出主罪法、先总后分法、罪名标题法等写法，使被告人总数、涉及罪名数、各被告人总的作案次数、总的案值金额等问题一目了然。（2）结合案情，充分说理。有的起诉书没有任何说理，有的虽然有说理，但是说理过于程式化，缺乏个性，千篇一律，有的说理泛泛而谈，甚至偏离案件事实空发议论，缺乏针对性和说服力。有的说理未遵照"三段论"要求进行，缺乏逻辑性、严密性。总之，起诉书在认定案件事实、适用法律的理由方面必须论证充分、透彻，不能仅仅写结论。（3）条文准确，引用得当。有些起诉书在引用法律条款上存在许多问题，主要表现在：引用法条不全，或者对共同犯罪案件中的主犯、从犯，以及未遂、中止、自首、立功、数罪并罚等量刑情节，没有分别叙述、分别引用法律条文。有的甚至是引用法律条款错误，有的过多引用同一条款，有的则是引用条款不具体，即只引用条文，而未具体到款项。法律条文是法律文书中最具说服力的法律依据，在撰写文书时引用条款可增强法律文书的权威性。起诉书在引用条文时必须精准，这也是准确适用法律的前提。（4）用语规范、精准凝练。有的起诉书写得比较口语化或使用方言土语，缺乏法言法语。也有的起诉书中直接引用当事人在讯（询）问过程中的一些方言、土语乃至黑话，使文书不够庄重，失去了其应有的严肃性。有的用语甚至容易产生歧义。起诉书的内容一定要用法言法语论述，将案件事实归纳总结概括，能够用简单清晰的语言将案件事实叙述清楚，才是一份优秀的起诉书。

三、移送起诉书和其他证据材料

根据我国《刑事诉讼法》第176条规定，人民检察院认为犯罪嫌疑人的犯罪事实已经查清，证据确实、充分，依法应当追究刑事责任的，应当作出起诉决定，按照审判管辖的规定，向人民法院提起公诉，并将案卷材料、证据材料移交法院。

具体而言，起诉移送案件材料应符合下列要求：

1. 起诉书的移送。移送的起诉书应当一式八份，每增加一名被告人增加起诉书五份。

2. 证据目录的移送。人民检察院移送的证据目录应当是提起公诉收集的证据材料的目录。

3. 证人名单的移送。人民检察院移送证人名单应当包括提起公诉前提供了证言的证人名单。证人名单应当列明证人的姓名、年龄、性别、职业、住址、通讯处等。根据最高人民法院《关于执行〈中华人民共和国刑事诉讼法〉若干问题的解释》的规定，移送的证人名单还需列明出庭作证和拟不出庭作证的证人。

4. 全部案卷材料、证据和认罪认罚具结书等材料。

关于被害人姓名、住址、被告人被采取强制措施的种类、是否在案及羁押处所等问题，人民检察院应当在起诉书中列明，不再单独移送材料；对于涉及被害人隐私或者为保护证人、鉴定人、被害人人身安全，而不宜公开证人、鉴定人、被害人姓名、住址、工作单位和联系方式等个人信息的，可以在起诉书中使用化名替代证人、鉴定人、被害人的个人信息，但是应当另行书面说明使用化名等情况，并标明密级。

人民检察院对于犯罪嫌疑人、被告人或者证人等翻供、翻证的材料以及对于犯罪嫌疑人、被告人有利的其他证据材料，应当移送人民法院。人民法院向人民检察院提出书面意见要求补充移送材料，人民检察院认为有必要移送的，应当自收到通知之日起3日以内补送。对提起公诉后，在人民法院宣告判决前补充收集的证据材料，人民检察院应当及时移送人民法院。

四、提起公诉的法律效力

提起公诉是审查起诉阶段和审判阶段的连结点，其效力体现在以下三个方面：一是必然启动审判程序，使人民法院产生审判的权力和义务。凡是公诉案件，人民法院只能根据人民检察院的起诉进行审判，其审判活动受到起诉范围制约。对于人民检察院提起公诉的案件，人民法院必须进行审理并作出裁判。二是犯罪嫌疑人和被害人的诉讼权利和义务发生变化。因人民检察院提起公诉，犯罪嫌疑人的诉讼地位发生变化，成为刑事被告人。被告人、被害人开始享有审判阶段的法定诉讼权利，并承担相应的诉讼义务。三是对人民检察院的诉讼活动具有制约作用。刑事案件提起公诉并由人民法院作出有罪判决后，人民检察院不能就同一事实再次提起公诉。但人民法院以证据不足为由判决无罪，如果有新的证据证明被告人有罪的，人民检察院可以再次起诉。在人民法院作出判决前，人民检察院可以要求撤回起诉。撤回起诉后没有新的事实或者证据的，人民检察院不得再次提起公诉。

第五节 不起诉

不起诉，是指人民检察院对侦查机关侦查终结或监察委员会调查终结移送起诉的案件进行审查后，认为犯罪嫌疑人的行为不符合起诉条件或者没有必要起诉的，依法作出不将犯罪嫌疑人提交人民法院进行审判，不追究刑事责任的一种处理决定。不起诉是人民检察院对案件审查后依法作出的处理结果之一，其性质是人民检察院对其认定的不应追究、不需要追究或者无法追究刑事责任的犯罪嫌疑人所作出的一种诉讼处分。它的法律效力在于不将案件交付人民法院审判，从而在审查起诉阶段终止刑事诉讼。

一、三类不起诉的审查与适用

根据我国刑事诉讼法的规定，不起诉可以分为法定不起诉（绝对不起诉)、酌定不起诉(相对不起诉)和证据不足不起诉(存疑不起诉)。

(一)法定不起诉及其适用条件

法定不起诉,又称绝对不起诉,指犯罪嫌疑人没有犯罪事实,或者有《刑事诉讼法》第 16 条规定的情节显著轻微、危害不大,不认为是犯罪的;犯罪已过追诉时效期限的;经特赦令免除刑罚的;依照刑法告诉才处理的犯罪,没有告诉或者撤回告诉的;犯罪嫌疑人、被告人死亡的;其他法律规定免于追究刑事责任的情形之一的,人民检察院应当作出不起诉决定。

具体来说,《刑事诉讼法》第 16 条规定的不起诉条件是:

一是情节显著轻微、危害不大,不认为是犯罪的。情节显著轻微,是指通过对案件的事实情况进行考察,依法确认属于虽有违法行为,但社会危害不大的案件,对这类案件依法不按犯罪处理,而改由公安机关或行政执法部门加以行政处罚。情节显著轻微和危害不大是互相补充的一个条件,不是两个并列的条件,两者不能分割。要正确使用这一法定条件必须坚持主、客观相一致原则,在综合分析案件情节、行为的社会危害性的基础上依照法律的明确规定对某种行为能否认定为犯罪作出评判。

二是犯罪已过追诉时效的。刑事追诉时效,是指刑法规定的司法机关追究犯罪人刑事责任的有效期限。我国《刑法》第四章第八节对追诉时效期限作出具体规定。犯罪已过诉讼时效不予起诉,是近代各国刑事诉讼法普遍适用的原则,公诉时效的长短与犯罪适用的刑罚轻重成正比。

三是经特赦令免除刑罚的。特赦是赦免的一种,是由国家元首或国家最高权力机关以命令的方式,对特定的犯罪人免除其刑罚的全部或部分的执行。自 1959 年以来,我国实行了多次特赦,从其对象、范围和条件看,我国特赦的特点是:特赦对象不是个别人,而是一类或几类罪犯;不针对刑罚尚未开始执行的罪犯,而是对经过一定时间改造,确有悔改的罪犯实行的；其免除的不是罪犯的全部刑罚，而是尚未执行的剩余部分；程序上由全国人民代表大会常务委员会根据中共中央或国务院建议，经审查决定，由最高人民法院和高级人民法院执行。

四是告诉才处理的犯罪，没有告诉或者撤回告诉的。告诉才处理的犯罪，是指犯罪必须有被害人的控告，司法机关才能追究被告人的刑事责任。告诉才处理的案件属于自诉案件范围，控诉权归属于被害人，对于这类案件，行使起诉权、放弃权和撤回起诉均属于被害人自由处分的权利范围。根据刑法的规定，告诉才处理的案件包括四类：侵占罪，侮辱、诽谤罪（严重危害社会秩序和国家利益的除外），虐待罪（致使被害人重伤、死亡的除外），暴力干涉婚姻自由罪（致使被害人死亡的除外）。

五是犯罪嫌疑人死亡的。根据刑法罪责自负原则，司法机关只能对实际构成犯罪的行为人行使追诉权，犯罪嫌疑人死亡，追究其刑事责任已无实际意义，故检察院不能向法院起诉已经死亡的犯罪嫌疑人。但在共同犯罪案件中，部分犯罪嫌疑人的死亡则并无影响，对已死亡的犯罪嫌疑人在起诉书中只需注明"另案处理"即不起诉处理即可。虽然死亡的犯罪嫌疑人无需追究其刑事责任，但是根据《刑事诉讼法》第298条的规定，对于贪污贿赂犯罪、恐怖活动犯罪等重大犯罪案件，犯罪嫌疑人、被告人逃匿，在通缉一年后不能到案，或者犯罪嫌疑人、被告人死亡的，依照刑法规定应当追缴其违法所得及其他涉案财产的，人民检察院可以向人民法院提出没收违法所得申请。

六是其他法律规定免予追究刑事责任的。其他法律规定免予追究刑事责任的情形，是指犯罪嫌疑人虽然实施了依法达到犯罪程度的危害行为，但是根据刑法或者其他法律的规定，不追究刑事责任的情况。其主要包括：我国《刑法》第16条规定的由于不可抗力或者不能预见的原因造成损害后果的；不满16周岁的人实施的行为不属于《刑法》第17条规定应当追究刑事责任范围，而不予追究的；《刑法》第18条规定的精神病人在不能辨认或者不能控制自己行为的时候造成危害结果的；《刑法》第20条第1款、第3款规定的正当防卫；《刑法》第21条第1款规定的紧急避险；《刑法》第24条规定的没有造成损害的中止犯等。

（二）酌定不起诉及其适用条件

相对不起诉，又称酌定不起诉，是指人民检察院认为犯罪嫌疑人的犯罪情节轻微，依照刑法规定不需要判处刑罚或者免除刑罚而作出的不起诉决定。相对不起诉的案件，行为人的行为社会危害性轻微，即使起诉至法院，法院很可能根据刑法第37条规定作出免予刑事处罚的非刑罚处罚措施。即，虽然宣告有罪，但罪不及刑。

由此，相对不起诉的适用条件有两个。一是行为人的行为已经构成犯罪。行为人的行为已经构成犯罪，是指行为人的行为已经符合我国《刑法》第13条的规定，具备了社会危害性、刑事违法性和应受惩罚性三个特征，以及《刑法》分则规定的罪名特征，且人民检察院审查后，认为其犯罪事实清楚，证据确实、充分，足以认定为犯罪。二是行为人的行为符合"犯罪情节轻微，依照刑法规定不需要判处刑罚或者免除刑罚"的要求。犯罪情节轻微是适用相对不起诉的前提条件，其是指从犯罪嫌疑人实施犯罪行为的动机、目的、手段、危害后果等情况以及犯罪嫌疑人的年龄、一贯表现等综合考虑，认为犯罪情节轻微。依照刑法规定不需要判处刑罚，是指虽然不具有免除处罚的情节，但犯罪嫌疑人的犯罪情节轻微，社会危害较小，综合全案具体情况，结合刑法和司法解释关于法定刑和量刑标准的规定，认为不需要判处刑罚。免除处罚，主要是指我国《刑法》规定的可以免除处罚的情况。

对于情节轻微的案件作出不起诉决定，检察机关具有自由裁量权，一方面及时结束诉讼过程，减少当事人诉累，保护犯罪嫌疑人合法权益；另一方面有助于提高诉讼效率，节约司法资源。但同时，对于检察官的相对不起诉的裁量权，检察机关应当通过一定的规范机制予以监督、审核，防止不起诉权滥用，杜绝"人情案"，确保司法公正和司法统一。

(三) 存疑不起诉及其适用条件

存疑不起诉，又称证据不足的不起诉。《刑事诉讼法》第175条规定，人民检察院审查案件，对于需要补充侦查的，可以退回侦查机关补充侦查，也可以自行补充侦查。但对于两次退回补充侦查的案件，检察机关仍认为证据不足，不符合起诉条件的，应当作出不起诉的决定。根据《人民检察院刑事诉讼规则（试行）的规定，人民检察院对于二次退回补充侦查或者补充调查的案件，仍然认为证据不足，不符合起诉条件的，应当作出不起诉决定。人民检察院对于经过一次退回补充侦查或者补充调查的案件，认为证据不足，不符合起诉条件，且没有退回补充侦查或者补充调查必要的，可以作出不起诉决定。

由此，存疑不起诉的适用条件有两个。一是程序条件，必须经过退回补充侦查。人民检察院在审查起诉过程中发现证据不足，不符合起诉条件的，不能径行决定不起诉，必须退回补充侦查。人民检察院可以在法定退回补充侦查的次数范围内，根据案情决定退回补充侦查一到两次。对于两次退回补充侦查的案件，人民检察院仍然认为证据不足，不符合起诉条件的，应当作出不起诉决定。只经过一次退回补充侦查的案件，如果人民检察院认为证据不足，不符合起诉条件，且没有再次退回补充侦查必要的，也可以作出不起诉决定。二是实体条件。"证据不足，不符合起诉条件"，是适用存疑不起诉的实体条件。当案件达不到证明标准的质量和数量要求时，人民检察院可以依法作出不起诉决定。根据《人民检察院刑事诉讼规则（试行）》的规定，具有下列情形之一，不能确定犯罪嫌疑人构成犯罪和需要追究刑事责任的，属于证据不足，不符合起诉条件：（1）犯罪构成要件事实缺乏必要的证据予以证明的；（2）据以定罪的证据存在疑问，无法查证属实的；(3)据以定罪的证据之间、证据与案件事实之间的矛盾不能合理排除的；(4)根据证据得出的结论具有其他可能性，不能排除合理怀疑的；(5)根据证据认定案件事实不符合逻辑和经验法则，得出的结论明显不符合常理的。《人民检察院刑事诉讼规则（试行）》第405条规定，对于存疑不起诉的案件，如果发现新的证据，符合起诉条件时，可以提起公诉。

二、不起诉决定书的制作

不起诉决定书是人民检察院作出不起诉决定的载体。凡是不起诉的案件都应当以不起诉决定书作为终止刑事诉讼的标志。人民检察院作出不起诉决定后，应当制作不起诉决定书。不起诉决定书是人民检察院代表国家依法确认不追究犯罪嫌疑人刑事责任的决定性法律文书，具有终止刑事诉讼的法律效力。其主要内容包括：

1. 被不起诉人的基本情况，包括姓名、性别、出生年月日、出生地和户籍地、民族、文化程度、职业、工作单位及职务、住址、身份证号码、是否受过刑事处分，采取强制措施的情况以及羁押处所等；如果是单位犯罪，应当写明犯罪单位的名称和组织机构代码、所在地联方式、法定代表人和诉讼代表人的姓名、职务、联系方式。

2. 案由和案件来源。

3. 案件事实，包括否定或指控被不起诉人构成犯罪的事实以及作为不起诉决定根据的事实。

4. 不起诉的法律根据和理由，写明作出不起诉决定适用的法律条款。

5. 查封、扣押、冻结的涉案财物的处理情况。

6. 有关告知事项。

三、不起诉决定书的宣布与送达

不起诉决定由人民检察院公开宣布。公开宣布不起诉活动应当记入笔录。不起诉决定自公开宣布之日起生效。被不起诉人在押的,应当立即释放;被采取其他强制措施的,应当通知执行机关解除。不起诉决定书应当送达被害人或者其近亲属及其诉讼代理人、被不起诉人以及被不起诉人所在单位。送达时,应当告知被害人或者其近亲属及其诉讼代理人,如果对不起诉决定不服,可以自收到不起诉决定书后7日内向上一级人民检察院申诉,也可以不经申诉,直接向人民法院起诉;告知被不起诉人,依照我国《刑事诉讼法》第177条第2款规定作出的被不起诉,如果不服,可以自收到不起诉决定书后7日内向人民检察院申诉。

对于监察机关、公安机关移送起诉的案件,人民检察院决定不起诉的,应当将不起诉决定书送达监察机关、公安机关。

四、不起诉后对被不起诉人的其他处理

人民检察院决定不起诉后,可以根据案件的不同情况,对被不起诉人予以训诫、责令具结悔过、赔礼道歉或者赔偿损失。需要对被不起诉人给予行政处罚、行政处分或者需要没收违法所得的,人民检察院应当提出检察意见,连同不起诉决定书一并移送有关主管机关处理。有关主管机关应当将处理结果及时通知人民检察院。

五、不起诉后涉案财物的处理

根据刑事诉讼法的规定,人民检察院决定不起诉的案件,应当同时对侦查中查封、扣押、冻结的财物解除查封、扣押、冻结。按照《人民检察院刑事诉讼规则(试行)》的规定,不起诉的案件,人民检察院应当及时

对查封、扣押、冻结的财物及其孳息作出处理。人民检察院对查封、扣押、冻结的财物及其孳息应当调查其权属情况，是否属于违法所得或者依法应当追缴的其他涉案财物。案外人对查封、扣押、冻结的财物及其孳息提出权属异议的，人民检察院应当审查并依法处理。

涉案财物处理工作由负责审查起诉的部门负责。负责审查起诉的部门应当及时审查并提出处理意见报检察长或者检察委员会决定。确认查封、扣押、冻结的财物及其孳息属于违法所得、违禁品或者供作案所用的本人财物，除依法返还被害人的以外，应当经检察长批准或者检察委员会审议，制作收缴决定书，在作出不起诉决定后30日内予以收缴，一律上缴国库。对不能确认查封、扣押、冻结的财物及其孳息属于违法所得或者依法应当追缴的其他涉案财物的，不得收缴。

查封、扣押的涉案财物，随案移送的，由人民检察院负责处理。涉案财物未随案移送的，人民检察院应当在作出收缴决定之日起10日内，将收缴决定书送达查封、扣押机关，并告知其在1个月内将执行回单送回。对冻结的存款、汇款、债券、股票、基金份额等财产决定收缴的，人民检察院应当将收缴决定书送达相关金融机构和财政部门，通知相关金融机构依法上缴国库并在接到执行通知后15日内，将上缴国库的凭证、执行回单送回。

人民检察院决定不起诉的公职人员职务犯罪案件，对监察委员会随案移送的涉案财产，应商监察委员会后，区分不同情形，作出相应处理：（1）因犯罪嫌疑人死亡而决定不起诉，符合《刑事诉讼法》第298条规定的违法所得没收程序条件的，按照相关规定办理；（2）因其他原因决定不起诉，对于查封、扣押、冻结的犯罪嫌疑人违法所得及其他涉案财产需要没收的，应当提出检察意见，退回监察委员会处理；（3）对于冻结的犯罪嫌疑人存款、汇款、债券、股票、基金份额等财产，能够查明需要返还被害人的，可以通知金融机构返还被害人；对于查封、扣押的犯罪嫌疑人的违法所得及其他涉案财产能够查明需要返还被害人的，直接决定返还被害人。

六、不起诉的救济途径

（一）被不起诉人申诉

被不起诉人对不起诉决定不服提出申诉的，应当递交申诉书，写明申诉理由；没有书写能力的，也可以口头提出申诉，制作笔录。

对于人民检察院依照刑事诉讼法第177条第2款规定作出的不起诉决定，被不起诉人对不起诉决定不服，在收到不起诉决定书后7日以内提出申诉的，应当由作出决定的人民检察院负责审查起诉的部门进行复查。被不起诉人在收到不起诉决定书7日后提出申诉的，由负责控告申诉检察的部门进行复查。经复查，认为原不起诉决定正确的，出具复查结论直接答复申诉人，并做好释法说理工作；认为原案存在错误可能，需要调取原案案卷进一步复查的，移送负责审查起诉的部门办理。

人民检察院应当将复查决定书送达被不起诉人、被害人，撤销不起诉决定或者变更不起诉的事实或者法律依据的，应当同时将复查决定书抄送移送审查起诉的侦查机关、监察机关。

人民检察院复查不服不起诉决定的申诉，应当在立案3个月以内作出复查决定，案情复杂的，不得超过6个月。

（二）侦查机关申请复议复核

根据《刑事诉讼法》第179条的规定，公安机关认为不起诉的决定有错误的时候，可以要求复议，如果意见不被接受，可以向上一级人民检察院提请复核。根据《人民检察院刑事诉讼规则（试行）》的规定，公安机关认为不起诉决定有错误要求复议的，人民检察院负责审查起诉的部门应当另行指派检察人员进行审查，并在收到要求复议意见书后的30日以内作出复议决定，通知公安机关。上一级人民检察院收到公安机关对不起诉决定提请复核的意见书后，应当在30日以内作出决定，制作复核决定书送交提请复核的公安机关和下级人民检察院。经复核改变下级人民检察院不起诉决定的，应当撤销或者变更下级人民检察院作出的不起诉决定，交由下级人民检察院执行。

监察机关认为不起诉的决定有错误的，可以向上一级人民检察院提请复议，上一级人民检察院应当在收到复议意见书后的 30 日以内作出复议决定，并通知监察机关。

（三）被害人申诉

被害人对不起诉决定不服提出申诉的，应当递交申诉书，写明申诉理由；没有书写能力的，也可以口头提出申诉，制作笔录。

被害人不服不起诉决定，在收到不起诉决定书后 7 日以内提出申诉的，由作出不起诉决定的人民检察院的上一级人民检察院负责审查起诉的部门进行复查。被害人向作出不起诉决定的人民检察院提出申诉的，作出决定的人民检察院应当将申诉材料连同案卷一并报送上一级人民检察院。

被害人不服不起诉决定，在收到不起诉决定书 7 日后提出申诉的，由作出不起诉决定的人民检察院负责控告申诉检察的部门进行复查。经复查，认为原不起诉决定正确的，出具复查结论直接答复申诉人，并做好释法说理工作；认为原案存在错误可能，需要调取原案案卷进一步复查的，移送负责审查起诉的部门办理。

人民检察院应当将复查决定书送达被害人、被不起诉人和作出不起诉决定的人民检察院。上级人民检察院经复查作出起诉决定的，应当撤销下级人民检察院的不起诉决定，交由下级人民检察院提起公诉，并将复查决定抄送移送审查起诉的侦查机关、监察机关。

（四）人民检察院自我纠错

人民检察院对于不起诉错误的，也有自我纠错机制：一类是作出不起诉决定的人民检察院发现不起诉决定确有错误，符合起诉条件的，应当撤销不起诉决定,提起公诉。第二类是最高人民检察院对地方各级人民检察院的起诉、不起诉决定,上级人民检察院对下级人民检察院的起诉、不起诉决定,发现确有错误的,应当予以撤销或者指令下级人民检察院纠正。

七、特殊不起诉

犯罪嫌疑人自愿如实供述涉嫌犯罪的事实,有重大立功或者案件涉及国家重大利益的,经最高人民检察院核准,公安机关可以撤销案件。撤销案件须经公安部报最高人民检察院核准。最高人民检察院收到公安部报请核准撤销案件报告书及相关材料后,应当及时审查,必要时可以提讯犯罪嫌疑人、调查核实相关证据。经检察长批准或者检察委员会审议,作出是否核准撤销的决定,并制作批准撤销案件或者不予批准撤销案件决定书,送达公安部。核准撤销案件,由负责审查起诉的部门办理。报送材料应当包括立案决定书、报请核准撤销案件的报告以及全部在卷证据材料。

犯罪嫌疑人自愿如实供述涉嫌犯罪的事实,有重大立功或者案件涉及国家重大利益的,经最高人民检察院核准,人民检察院可以作出不起诉决定,也可以对涉嫌数罪中的一项或者多项提起公诉。地方人民检察院报请最高人民检察院批准不起诉或者对涉嫌数罪中的一项或者多项提起公诉的,应当经上级人民检察院同意,以书面方式层报。上级人民检察院同意报请意见的,应当将相关材料报送上一级人民检察院。报送材料包括起诉意见书、案件审查报告、报请批准的报告各5五份,以及全部在案证据材料。

最高人民检察院收到地方人民检察院报请核准不起诉或者对涉嫌数罪中的一项或者多项提起公诉的案件报告书及相关材料后,应当及时审查,必要时可以提讯犯罪嫌疑人、调查核实相关证据。经审查,认为符合刑事诉讼法第182条规定情形的,经检察长批准或者检察委员会审议,作出核准的意见,制作核准不予起诉或者对数罪中的一项或者多项提起公诉决定书。层报核准的期间不计入审查起诉期限。

第七章 普通程序出庭实务问题

加强出庭支持公诉工作是全面推进依法治国、深化司法改革的必然要求。党的十八届四中全会作出的《关于全面推进依法治国若干重大问题的决定》指出，推进以审判为中心的诉讼制度改革，全面贯彻证据裁判规则，完善证人、鉴定人出庭制度，保证庭审在查明事实、认定证据、保护诉权、公正裁判中发挥决定性作用。这些要求，尤其是在普通程序审理的案件中，将更加凸显庭审在确保案件质量和司法公正中的重要作用。随着庭审实质化程度的加强，控辩双方庭审对抗性进一步增强，普通程序出庭支持公诉的重要性更加凸显，面临的挑战也更加严峻。[①] 因此，公诉人出庭必须要做好出庭准备工作，需要正确分析把握证据，准确认定案件事实。

第一节 出庭前的准备

一直以来，公诉部门都是检察机关的一个窗口，出席法庭对公诉活动来说直观地展现了检察工作的风貌和形象，尤其在以审判为中心的诉讼制

---

① 张相军、陈鸶成、郭振：《新形势下提高出庭公诉能力和水平之对策》，载《人民检察》2015年第18期。

度改革以后,出庭效果如何很可能会影响判决结果,所以说出庭公诉工作是检察工作的重中之重。有人甚至把出席法庭比作是一场没有硝烟的战争,战争的目的是查明案件事实,准确适用法律,切实维护社会的公平正义。所以,公诉人出席法庭是一项非常重要的任务,出席法庭之前必须要做好各项准备工作,做到对案情更加了如指掌,胸有成竹,应变有数。

一、复读案卷材料

查清案件事实是大陆法系国家长期以来一直追求的目标,更是衡量公诉工作质量的重要标准。因此,要做好出庭工作,一定要正确分析把握证据,准确认定案件事实。从司法实践来看,公诉人常常遇到的情况是要同时办理很多案件,一个案件起诉至法院后,很可能数月以后才会开庭审理,起诉与开庭的间隔时间较长,导致开庭时公诉人对于案件细节已经记忆模糊。为了达到较好的出庭效果,在开庭前,公诉人对案件材料进行复读、回忆案件概况、梳理案件脉络是十分必要的。从实践经验看,在一般情况下,普通程序案件出庭前,对案卷材料至少要复读两遍。第一遍是泛读。泛读是在对案卷材料进行快速阅读,迅速回忆并理清案件脉络找出重点问题,预测庭审争议焦点,为下一步有针对性地准备庭审预案打下基础。第二遍是精读。精读是有目的性、有针对性地对重点案件材料进行精读。通过精读,审查主要证据是否存在问题,如有问题及时进行补正,从而对证据形成更深层次的认识和把握。通过庭前的两遍复读,进一步总结案件争议焦点,并有针对性做好如下准备工作:

(一)法律准备

首先,要全面掌握案件所涉及的罪名概念、犯罪特征、法律依据、法学理论以及相关案例。尤其是在犯罪构成理论上要准备充分,在此罪彼罪存在争议的情况下,除了准备起诉书认定罪名涉及的理论,还要准备其他相近罪名的理论，并做好比较分析和论证。其次，要注意收集熟悉案件所涉及的其他学科知识材料，如法医学、精神病学等专门学科的材料。

（二）事实证据准备

首先，把握案件的事实一定要全面和精准，不能留下审查空白和盲区，只有对案件事实证据了然于心，才能够从容应对庭审。其次，要充分考虑到案情在开庭前可能发生变化的情况，对证据不全或有矛盾的及时补正，把矛盾点和疑点解决在开庭之前；对重要证据再次进行复核，确认证据证明内容的真实性和可靠性。必要时，应重新讯问被告人。出庭前，要充分估计被告人在庭上翻供或者证人推翻原证言的可能性，并研究相应的对策，强化证明被告人有罪的证据体现的完整性和严密性，切实做到事实清楚，证据确实、充分，适用法律正确，以在庭审中争取主动。积极做好证人的思想工作。为增强证据的证明力，公诉人应耐心细致地说服证人出庭作证要客观、真实，以有力地揭露、证实犯罪。

（三）程序准备

通过复读案卷材料确定哪些证据在庭上出示以及出示的时机，并对证言进行节选、标页、与口供核对，从而使举证活动前后衔接紧密，紧凑有序。对程序方面容易引起争论的问题进行预测，对辩护人可能证据突袭，以及对程序方面可能提出的其他问题做好充分准备。

二、准备庭审预案

出庭公诉能否取得成功，首要的是要了解案情，做好出庭前的准备工作。庭前准备既不能漫无边际又不能过于狭窄，而是要针对案件的具体情况，突出重点，全面准备。在庭前准备中，预测辩护人、被告人的辩护观点是提高出庭应变能力、保证出庭效果的重要任务，也是事关公诉成败的关键一环。"知彼知己，百战不殆"。"知己"是吃透案件，熟练法律法规等相关知识;"知彼"是预测被告人庭上的心理状态,是否会出现翻供等情况,辩护人是否会提出新的证据,会从案件证据的哪个环节提出异议等。因此,只有做好科学的预测,才能制定有效的应变对策,有针对性地拟定法庭讯问、举证和答辩提纲,以防突发情况出现时慌忙出乱,甚至无言以对。①

准备庭前预案,一是要进一步熟悉案情,做到全案心中有数,制作详细的讯问提纲;二是要根据案件事实和证据,找出薄弱环节,预测辩论焦点,对辩护人在辩论可能提出的问题,拟写答辩提纲;三是要认真准备公诉词,全面、充分地论证犯罪。另外,在法庭上要随机应变,根据法庭调查的情况和被告人、辩护人在法庭质证中表现出的辩护意向,及时修改、调整庭前准备的内容。

(一)讯问提纲

《刑事诉讼法》第191条第1款的规定:"公诉人在法庭上宣读起诉书后,被告人、被害人可以就起诉书指控的犯罪进行陈述,公诉人可以讯问被告人。"根据这个规定,公诉人当庭讯问被告人是刑事诉讼法明确规定的法庭调查程序。公诉人当庭对被告人进行讯问,应根据被告人当庭陈述的情况,仅仅围绕案件的主要事实进行讯问。为了保证庭审中讯问被告人的顺利进行,庭前就需要做好准备,拟制讯问提纲。

讯问提纲的基本内容应当包括四个方面的内容:第一,针对主体身份、职务、岗位职责等内容进行讯问,通过此处全面向法庭展示犯罪嫌疑人的基本情况,尤其是职务犯罪中要揭示其是否具有涉嫌犯罪的职务便利以及其是如何利用职务便利实施犯罪。第二,针对案件事实的讯问,按照犯罪构成的要件,结合案件事实的发生、发展过程,对犯罪事实进行全面的讯问,并根据涉嫌犯罪的性质的不同,分别有重点地讯问。第三,针对

---

① 陈晓东:《公诉人出庭策略探讨》,载《今日南国》2010年8月(总第166期)。

量刑情节进行讯问,对自首、立功、赔偿等情节的讯问。第四,针对认罪态度进行讯问,从而使法庭了解被告人的认罪悔罪情况。讯问提纲制作时要根据案件的发生、发展过程,条理清楚,层层深入,要合理掌握讯问的范围和重点,突出案件的主要情节,重点进行讯问。对一些与案件定罪量刑关系不大的枝节问题可以简写或者不写。针对被告人对起诉书控诉犯罪事实的供述,对被告人认罪并供述清楚的犯罪事实,应抓住主要情节制作问题;对被告人对定性有异议的,应着重从被告人作案时的主观心理状态和实施行为的手段、过程上详细设计讯问问题;对被告人避实就虚、推脱罪行的,要从被告人犯罪的时间、地点、造成后果等方面设计问题;对被告人对证据提出异议的,则要从现场情况和细节上准备讯问内容。同时更要站在被告人的视角推测其面对某一发问时的可能反应,针对不同的反应,准备好回应的内容,进一步设计有应对性的追问问题,避免讯问陷入被动局面。最后,当我们将全部考虑和推演落实为书面文字,就会得到一份优秀的讯问提纲。

(二)示证、质证提纲

我国《刑事诉讼法》没有对示证和质证作详细的规定,法学界目前也没有统一的认识。有些学者认为:示证是控辩双方对所有证据的举证活动,而质证则是对一切证据的质疑,两项活动的对象包括一切证据。这被认为是广义的解释。质证就是在庭审中控辩双方围绕证据的真实性、关联性、合法性,进行说明,从而确定证据的证明力和证据能力,以便法庭进行认证,决定该证据的是否能够被法庭采信。公诉人首先要提高当庭举证质证能力。当前普通程序案件出庭公诉模式千篇一律,公诉人举证、质证等环节拖沓冗长繁琐现象不同程度存在,造成出庭效率低下。

所以,在设计质证提纲时要注意以下问题:一是详略得当。在被告人不认罪的案件中,对被告人无异议的证据,在举证时也予以简化,做到详略得当。二是目的明确。公诉人出示证据要紧扣证明公诉主张这一目的。善于根据案件的不同种类、特点和庭审实际情况，围绕犯罪构成要件和争议焦点，合理安排和调整举证顺序，要点突出。三是选择合适的示证方式。在司法实践中，往往是示证在先，质证在后，认证在末的先后关系。① 具体的示证顺序要根据案件情况选择逐一出示或者采用分组出示的方式。关于质证的顺序，则要根据出示证据的顺序准备。

关于质证，公诉人的基本指导思想应是：客观评价，有理有据，去伪存真，合理吸收。质证的过程是去伪存真的过程，对质疑中的合理成分，应当实事求是地加以吸收，一概排斥的态度是不科学的，亦有悖于质证的目的。但质疑有时也会成为辩方对公诉证据的一种扰乱手段，公诉人应把握质证大方向，谨防陷于辩方的质疑圈套，并善于排除质疑干扰。有质疑即应有质辩。所以在设计质证提纲时应该预测辩方质疑的内容，应根据可能提出问题设计质证提纲，质证提纲的具体内容一般从证据的"三性"提出应该被采纳的意见，但是在设计具体质证提纲及当庭发表质证意见时候应该重点注意以下问题：（1）对于质疑无碍公诉证据效力的，应简要而明确地表达质疑不能成立或者不能否定证据效力的意见，不要对所有质疑详细回答或过多纠缠。（2）质疑的问题可能模糊公诉证据的效力时，应给出有力的反驳，明确指出其谬误或者不合逻辑之处，并依据整组证据的综合证明力，阐明证据的效力。（3）质疑的问题确实无法否定，从而影响到公诉证据效力或者致庭审无法继续的，公诉人应提出继续补充侦（调）查的意见或者果断建议休庭。②

（三）答辩提纲

公诉人在辩论环节的表现对于影响法官的判断也是转关重要的。很多

---

① 李岫春：《示证与质证研究》，载《当代法学》1999年增刊。
② 乔志华、李小平：《规范示证质证认证强化出庭公诉效果》，载《人民检察》1999年第11期。

人以为只要到庭审随机应变，指出辩护方的问题即可。事实上若想庭审中能够在答辩环节游刃有余，要做好以下两个方面的工作：

第一，要全面预测庭审争议的焦点。做好庭前辩论焦点的预测才是做好法庭辩论的前提和基础，否则再有技巧的辩论也将是空中楼阁，毫无根基，是站不住脚的。辩论焦点可以从以下几个方面进行预测：（1）从案件事实和证据中预测。有些案件在罪与非罪、此罪与彼罪的认定上往往会存在争论，这些争议往往会成为当庭辩论的焦点，因此公诉人应在庭前应广泛听取意见，查阅相关理论和以往的案例，从事实证据、法律依据、法学理论上做好辩论充分准备。（2）从起诉书中预测。检察机关的起诉书，历来是辩方寻找进攻突破口的地方，我们可以针对起诉书的内容，从被告人的基本情况、认定的事实、证据和适用法律方面按顺序逐一寻找可能成为辩论的内容，推测辩护观点，凡是认定的犯罪事实，证据薄弱的地方，都要特别注意，在答辩提纲中进行准备。（3）从被告人的供述中预测。从被告人以往的供述中可以清晰地看到被告人一直不供认的内容，了解为自己辩解的主要内容，预测其当庭供述的内容，有针对性地在答辩提纲中予以体现。（4）从辩护人的意见中预测。在庭审之前，很多辩护人早已经介入案件，并且在侦查和批捕、起诉阶段就已经为犯罪嫌疑人做了大量工作，甚至也提交了很多的书面意见，也有的辩护人会通过电话或者面谈的方式向公诉人表达了自己的辩护意见。对于这些书面和口头的意见，一定要认真倾听，从中寻找辩护人辩护意见的主要观点，这些观点往往也是庭审辩论的主要问题。一定要在答辩提纲中对这些问题予以充分回应。

第二，要认真拟定答辩提纲。答辩提纲的拟定，要按照答辩的一般规律进行。拟定的大致方向可以分为犯罪构成方面、量刑情节方面和程序方面。

犯罪构成方面，一般要根据犯罪构成的四个要件中辩护方可能提出的问题逐一进行准备：一是对于提出证据不足，事实不能认定的，要重点论证证据锁链是否完整，尤其是在没有直接证据的情况下，间接证据是否已经形成完整的证据锁链是一定要充分论证的。二是对于事故类的案件,辩护方往往会提出是过失行为所致或者是意外事件,公诉人在在拟定答辩提纲时候要注意对被告人主观心态的论证。三是对于定性存在争议的,公诉人要结合事实、法律、法学理论一同进行论证。一般采用三段论的方式,即先阐述法律规定和法学理论(大前提),然后再结合案件分析被告人的行为违反了上述法律规定(小前提),最后得出该案应该按照上述法律和法学理论进行认定的结论(结论)。从确定案件性质方面提出问题。

在犯罪情节方面、程序方面,也是同样要进行逐一进行分析,鉴于篇幅有限,此处不再一一赘述。

以上是答辩提纲中共性的内容,我们在制作答辩提纲时不仅要包含普适性的内容,同时还要针对每个案件的具体特点,根据庭前预测出的辩护观点,按事实、证据及认定的法律依据拟出详细的答辩提纲,比如犯罪金额、因果关系的认定方面,都是要在设计答辩提纲时需要关注的问题。

三、重视庭前会议

庭前会议一词最初来源于英美法,其英文表述为"Pretrial Conference",在域外立法例中常被表述为"审前讨论会""庭前预备会议""处理庭",《基本法律词典》将其解释为"在刑事起诉开始后,法庭审理开始前,由法院主持召开,诉讼双方参与以确定案件争点、进行证据展示以及采取其他措施确保刑事庭审的顺利进行,并尽可能地解决争议问题的一项会议。"[①] 从域外的立法来看,庭前会议并不是必须的,而是由法官自由裁量后决定是否召集。参会主体一般包括法官、控辩双方。庭前会议制度的设立初衷在于明晰争议焦点,处理证据可采性等特定问题,最终目的

---

① Amy Hackney Blackwell, Essential Law Dictionary, Naperville: Sphinx Publishing, Sourcebooks, Inc. 2008, p. 385.

在于公正审判和提高诉讼效率。

我国庭前会议制度是 2012 年修改后的《刑事诉讼法》增加的一项制度，是庭审制度改革的重要内容之一，该制度有助于法官确定庭审重点，提高庭审效率，保障庭审质量。①

（一）庭前会议制度设立的目的与价值

刑事诉讼中的庭前会议是指在法庭决定开庭之后，开庭审理之前由法官主持的，由控辩双方共同参加的，解决、梳理案件程序性问题及部分实体性问题，旨在为庭审扫清阻碍、保证庭审集中审理的准备程序。② 庭前会议制度的建立，在起诉、审判之间增加了中间程序，为之后庭审能够顺利进行做好准备，这项制度的设立弥补了庭前审查方式的不足。根据新刑事诉讼法的规定，设立庭前会议制度的目的是"了解情况，听取意见"，据此可以认为，它只是一个庭审前的"会议"制度，而不是庭审的提前预演，更不是庭审前的"审判"制度。庭前会议应定位于"会议"，而不是"审判"。

庭前会议程序的司法价值主要体现在提高审判效率和保障人权方面。该制度的建立是"在开庭以前，审判人员对回避、出庭证人名单、非法证据排除等与审判相关的问题了解情况，听取意见"。据此，该项制度为在开庭审理前，就相关程序问题，如回避、非法证据排除以及出庭证人名单等，由审判人员了解情况，听取意见。主要是为了减少庭审中各方因程序问题产生的对抗和碰撞，从而避免庭审时间过长，目的是提高庭审的质量和效率，保证审判的公正，其价值则是体现在集中审理、程序正义的实现、保证被告人的合法利益等方面。

---

① 卞建林、陈子楠：《庭前会议制度在司法实践中的问题及对策》载《法律适用》2015 年第 10 期。

② 闵春雷、贾志强：《刑事庭前会议制度探析》，载《中国刑事法杂志》2013 年第 3 期。

（二）庭前会议制度的适用范围及启动方式

从诉讼经济和司法实践的角度来看，对于每一起刑事案件在法庭审理之前都召开庭前会议是完全不必要的，更是不可能实现的。为此，《关于适用〈中华人民共和国刑事诉讼法〉的解释》（以下简称《解释》）将庭前会议的适用范围限定为四类案件：（1）当事人及其辩护人、诉讼代理人申请排除非法证据的；（2）证据材料较多、案情重大复杂的；（3）社会影响重大的；（4）需要召开庭前会议的其他情形。关于"其他情形"，各地法院一般通过实施细则或试行规定加以细化明确。根据《解释》第99条的规定，开庭审理前，当事人及其辩护人、诉讼代理人申请排除非法证据，人民法院经审查，对证据收集的合法性有疑问的，应当依法召开庭前会议，就非法证据排除等问题了解情况，听取意见。可见，适用简易程序审理的案件中，也有可能就非法证据排除问题召开庭前会议。结合实践现状来看，庭前会议的适用还是主要集中在案情疑难、复杂、证据繁多或者有较大社会影响以及有申请排除非法证据、申请变更强制措施等程序性请求的案件中。庭前会议能够保证上述案件法庭审理程序的完整性和集中性。

对于庭前会议的启动方式，无论是现行《刑事诉讼法》，还是《解释》以及《人民检察院刑事诉讼规则（试行）》（以下简称《刑检规则》）均没有提及。就制度本身的价值、功能来看，庭前会议的启动方式，应当包括依申请和依职权两种。这一观点不仅可以从域外立法中得到启示，在我国部分地区的刑事司法实践中亦有体现。"程序正义的核心与实质即在于程序主体的平等参与和自主选择。"① 由于庭前会议关系到控辩双方的利益，因而这一程序的启动应当赋予控辩双方申请权或建议权，这也是遵

---

① 邱联恭：《程序选择权之法理——着重阐述其理论基础并准以展望新世纪之民事程序法学》，三民书局出版社1993年版，第375页。

循正当程序、实现程序独立价值的必然要求。如果是法院依职权启动的庭前会议，控辩双方均无权拒绝。检察机关在庭前发现非法证据可以提出申请，由法院通过庭前会议进行审查。控辩双方在庭前会议达成合意的内容，可以通过庭前会议笔录确认，签名后具有法律效力。①

（三）参加庭前会议注意的问题

根据2012年《刑事诉讼法》及其司法解释的规定，公诉人在参加庭前会议时候应注意如下问题：

首先，庭前会议主要解决与审判有关的程序性问题。我国庭前会议旨在平衡控辩审三方力量，在庭前准备时就解决一些程序性问题，而非实体性的问题，这是检察机关首先需要注意的问题。在庭前会议中，检察机关享有提出管辖、回避、申请证人出庭的相关权利，并且也负有全面展示证据的义务，如未履行义务，辩护人可以向法院提出要求检察机关履行义务。② 对于管辖权异议、回避以及不公开审理申请。控辩双方应当提交申请书说明理由，提交书面申请有困难的，可以口头申请，并由书记员记录在案，申请人签名或捺指印。还要注意的是，为避免滥用管辖权异议，只有在法定的情形下才能申请变更管辖。另外，申请人如果提出回避申请，应提供证明材料。

其次，庭前会议要确定庭审时需要出示的证据。检察机关如有新的证据在庭前会议中需要出示，在庭前会议中确定出庭证人、鉴定人、有专门知识的人的名单，确定是否申请排除非法证据。在庭前会议中最后，解决其他与审判有关的问题。2012年《刑事诉讼法》以及《解释》列举了一些庭前会议要解决的问题，但仍无法穷尽庭前会议所要解决的所以问题，

---

① 王啟光：《"以审判为中心"视野下刑事辩护制度的完善》，载《湖南工程学院学报》（社会科学版）2018年第28卷第4期。

② 杨凌芳：《刑事庭前会议"三角"结构模式初探——以推进庭审实质化为视角》，载《东南司法评论》2018年第11期。

而且随着司法实践的不断向前发展，很可能会出现新的问题需要在庭前会议中解决。因此，兜底条款的存在是在为其他需要通过庭前会议解决的问题预留出一定空间。所以，检察机关要提前做好准备，确定哪些问题是需要在庭前会议中解决的，尤其是法律中没有列举的情形，一定要考虑充分，在庭前会议前做好准备。

最后，争取在庭前会议中实现程序分流。根据新刑事诉讼法和相关司法解释的要求，凡是人民法院公开审理的公诉案件，检察院必须派员出庭。该规定虽然确保了基本的诉讼构造，但也确实给公诉人增加了工作量。庭前会议在程序设计上应当起到繁简分流的作用，对于符合刑事诉讼法中关于简易程序规定的案件，特别是"事实清楚、证据充分，被告人承认所犯罪行，对指控的犯罪事实没有异议"的案件，检察机关应当在庭前会议中及时提出，法院也可以在主持庭前会议时予以建议。同时，法律也明确规定，简易程序的选择权在于被告人，程序选择权是当事人的重要权利，特别是对于被羁押的犯罪嫌疑人，在一般情况下，其期待尽快得到法院的公正裁判。庭前会议恰好给控、辩、审三方提供了一个就刑事案件程序进行交流和讨论的平台，在案件基数保持不变的情况下，加快刑事案件的程序分流，能够在追求正义的基础上更好地提高诉讼效率。

（四）促成刑事和解

刑事和解是我国刑事诉讼法中新增加的一个特别程序，目的在于促进刑事案件被告人和被害人之间社会关系的修复，以确保恢复性司法目标的实现。刑事和解应当贯穿刑事诉讼的整个过程，不论刑事诉讼到了哪个阶段，只要有和解可能就应当促使实现。根据法律和相关司法解释，刑事和解可以在公安机关、人民检察院主持下的侦查阶段、审查起诉阶段进行，也可以在法院主持下的审判阶段中进行。

刑事和解的好处在于，对被告人而言，对于达成和解协议的案件，检察院可以向法院作出从宽处理的建议,法院应当对被告人从宽处理,进而使其获得较为宽缓的刑罚;对于被害人而言,能够更加及时有效地得到相关的赔偿,不仅包括精神上的抚慰而且还包括物质上的满足,避免了以往刑事审判之后附带民事判决难以执行的尴尬局面。

庭前会议制度为当事人在审判阶段达成和解提供了平台和契机,积极悔过的被告人当然也希望能够在法院的主持下尽早促成和解协议。在庭前会议阶段,在检察机关的公诉人、人民法院的审判人员都在场的情况下,刑事案件被害人也不太可能提出无理的"天价赔偿",同时,较刑事判决最后的赔偿数额而言,在庭前会议中达成的和解赔偿数额更加具有弹性。在庭前会议中达成和解的好处还在于,它能够保证当事人对刑事案件的审判结果更加信服,减少了被害人申请检察院抗诉的可能,也减少了当事人因对判决不满而寻求法外救济(比如上访)的可能,确保了刑事司法的终局性和权威性的实现。[①] 因此,检察官出庭公诉前,应尽可能的促成当事人之间的和解,以减少法庭上的争论。

第二节 出席法庭

开庭是审判机关对案件进行审理的阶段,其主要方式分为公开和不公开审理。我国刑事、诉讼法规定,对于涉及国家秘密、个人隐私、审判时不满18周岁的案件应当不公开审理。对于涉及商业秘密的,当事人提出申请可以不公开审理。另外在第二审程序或者审判监督程序中会出现不开庭审理的情况。在刑事诉讼中,规定以下四种情况应当开庭审理。一是被告人、自诉人及法定代理人对第一审认定事实、证据提出异议,可能影响

---

① 郭旭:《论庭前会议检察权之行使》,载《铁道警察学院学报》2014年第2期第24卷,总第110期。

定罪量刑的上诉案件。二是被告人被判处死刑的上诉案件。三是检察院抗诉的案件。四是其他情形。对于当事人提起上诉的案件，应当讯问被告人，听取其他当事人、辩护人、诉讼代理人的意见，人民法院有权不开庭审理。①

2018年修改后的《刑事诉讼法》第183条规定，"基层人民法院、中级人民法院审判第一审案件，应当由审判员三人或者由审判员和人民陪审员共三人或者七人组成合议庭进行，但是基层人民法院适用简易程序、速裁程序的案件可以由审判员一人独任审判。"根据该规定检察机关在提起公诉时，可以建议审判机关适用速裁程序。同时新刑事诉讼法也规定了速裁程序的除外情形。本书仅以一审刑事案件普通程序为例，探讨如何做好出庭工作。

一、法庭调查

回顾我国刑事诉讼程序的改革历程，法庭调查程序始终是改革的重点和难点。1979年《刑事诉讼法》的法庭调查程序具有强烈的职权主义色彩，法官在庭前对案件事实证据进行实质性审查，存在"先定后审""庭审走过场"等问题，法庭调查程序未能有效发挥作用。1996年《刑事诉讼法》修改，借鉴控辩式庭审模式的合理因素，将原有的起诉全部案卷移送制度修改为仅仅移送证据目录、证人名单和主要证据复印件或者照片，并将庭前公诉审查定位为程序性审查。调整之后，由于司法体制和工作机制等原因，相关制度在实践中面临许多内在困难，一些地方基于现实的考虑变相恢复了起诉案卷移送制度，早期的庭审虚化等问题未能得到根本上的解决。但就法庭调查模式而言，在很大程度上改变了传统的职权调查模

---

① 陈瑞华：《认罪认罚从宽制度的若干争议问题》，载《中国法学》2017年第1期。

式，逐步形成了职权式和控辩式融合的混合模式。① 2012 年《刑事诉讼法》修改，为进一步完善庭审程序，在庭前准备程序、证人鉴定人出庭作证、非法证据排除规则等方面提出许多举措。尽管庭审程序不断完善，但由于体制机制等多方面原因，非法证据排除难、疑罪从无难等各类问题仍然存在。为充分发挥庭审在查明事实、认定证据、保护诉权、公正裁判中的关键作用，党的十八届四中全会提出推进以审判为中心的诉讼制度改革，这与现代刑事诉讼构造即法官居中裁判、控辩双方平等对抗的程序正义异曲同工。事实上，庭审的实质在于以证据验证事实，这一过程被分解为法庭调查、法庭辩论、最后陈述等环节，法官扮演着庭审的主持者，也充当着庭审过程的倾听者。因此，对于公诉人而言，以怎样的方式在法庭上展开诉讼活动，说服法官支持起诉书指控的犯罪事实是一门值得认真研究的学问。

（一）讯问被告人

刑事诉讼法第 191 条规定公诉人在法庭上宣读起诉书后，被告人、被害人可以就起诉书指控的犯罪进行陈述，公诉人可以讯问被告人。也就是说，庭审中公诉人讯问环节视需要而定，可以讯问，但不必须。讯问中公诉人需要掌握一定的讯问技巧，比如围绕讯问重点，虚实结合，随机应变。公诉人在与犯罪被告人接触时，一方面要树立权威，另一方面要以平和、尊重的姿态消除被告人的防备或警戒心理。以此为后续深入式、互动式的沟通进行铺垫。在进行话题切入，即逐步过渡到犯罪事实审问阶段时，公诉人应尽可能地使用模糊的语言，避免应强制性的陈述而激发被告人的反抗心态。比如，在讯问盗窃案件的被告人是否存在盗窃行为时，应当用"说说你是怎么拿的"来指出其犯罪行为，而并非"你是怎么偷到

---

① 刘静坤：《"庭审中心主义"改革历程和路径探索》，载《人民法院报》2014 年 5 月 16 日第 6 版。

这个东西的"。用这种模糊语言的讯问，一方面能够消除被告人的防备与抗拒心理，另一方面能够被告人自然而然地跟随公诉人的思路。

1. 讯问围绕起诉书指控事实

这一点是基于起诉书的基本功能而言的，公诉人的讯问必须紧密围绕起诉书的内容展开，不能有所超越和偏离。在被告人进行供述的过程中，公诉人尽可能不要打断其陈述，但也不能任由被告人随意供述，为了避免被告人偏离主线，公诉人还要适时引导，同时对于被告人一些无理取闹地、毫无根据的辩解，公诉人也要进行制止。

2. 讯问目的明确

公诉人法庭讯问的重要任务就是展示事实和说服法官。为此，公诉人在庭前必须明确讯问思路和讯问策略，重点就能够证明指控的犯罪事实和犯罪情节展开讯问，对于对定罪量刑影响不大的细枝末节问题上不做过多纠缠，把握住讯问的方向和主动权，努力使法官形成有利于控方的内心确信。

3. 讯问内容明确

公诉人在法庭讯问环节，应当始终坚持"只问自己知道的"。因为，公诉人是在向法庭展示犯罪事实，并利用其他在案证据对不认罪被告人进行反驳，使讯问始终处于掌控之中。对于公诉人不清楚的问题建议在庭前讯问和阅卷时审查清楚，在庭审中不再针对自己不清楚的问题进行讯问，否则被告人一旦说出不利于指控的内容，公诉人很可能在短时间内找到应对方法，使讯问陷入被动局面，甚至会增强被告人负隅顽抗的信心。

4. 讯问一问一答

讯问尽量保证一次只问一个问题，一次问了多个问题，会产生很多问题：一是有些被告人会选择性回答部分问题，回避部分难以回答的问题，使讯问无法达到预期效果；二是被告人会因未记清全部问题，而不能够进行全面回答，甚至还会要求公诉人重复问题，打乱讯问节奏，影响讯问效果；三是几个问题同时提出，会使得被告人通过系列问题迅速了解公诉人的讯问意图，使突袭式发问失去效果。因此，公诉人在讯问时应做到一次只问一个问题。

5. 以封闭式发问为主

在庭审中，公诉人进行讯问时尽量避免开放性问题，开放性问题会使被告人不知道从何答起，使讯问漫无边际、甚至偏离主题。例如，在一次庭审模拟中，公诉人就两名被告人是否对杀人事前进行了通谋，问道：你讲一下某年某月你给 A 打过电话都说了什么？答：记不清那天是否打电话了，也记不清说什么了。那么这样的讯问是无效的，没有讯问到任何有效信息。可以更改为：你觉得 B 这样做对吗？答：B 做得不对，我当时特生气。问：那你是否将此事告诉了 A。答：是的，我就马上打电话给 A 说这件事。问：你当时告诉 A 你想怎么解决你和 B 之间的矛盾了吗？答：我当时说我要下毒杀了他，我让 A 帮我约 B 见面，然后我寻找机会。问：A 听了之后有什么反应？答：A 没说什么，A 和 B 之前也是有矛盾的，A 也觉得 B 很讨厌……总体来讲，封闭式发问的讯问效果会更好一些，但在使用封闭式发问方式时候，应当把握好度，从而避免让辩护人认为是在引供、诱供。

6. 建立适当心理关系

在对犯罪被告人进行提讯时，公诉人不得带有自己的主观情绪，而是要尽可能以客观中立者的身份讯问案件经过，同时还要合理地把控讯问局面，控制讯问节奏，以过硬的专业知识、良好的职业素养、强大的心理素质，获取更多的案件信息，提高提讯的质量。另外，公诉人与犯罪被告人之间并非是上下关系或对立关系，而是一种"威慑下的和谐关系"，公诉人要尽可能以平等的姿态对被告人进行提问。通常情况下，在开始提讯时，犯罪被告人会表露出抗拒、畏惧或防备等心理，此时如果公诉人仍然以审问或高高在上的姿态进行提讯，那么很可能会激化两者之间的矛盾，激发被告人的逆反情绪，由此得不偿失。因此，在对话与沟通过程中，公诉人要尽可能地消除与被告人的对立性，使其能够接与公诉人的交流，并跟随公诉人的思路如实回答。

(二) 询问证人

公诉人提高交叉询问的能力应当从以下几个方面着手：

首先，公诉人在庭前应充分了解交叉询问的规则、程序、不当询问的范围以及所导致的法律后果、证人的背景等情况，结合证人特点拟定询问提纲，这样才能在庭审中取得主动。

其次，在庭审过程中，公诉人应当从证人证言的导出方式入手，引导好证人情绪。当证人对问题进行叙述时，公诉人要仔细聆听，不要随意打断，询问过程中与证人的眼神交流应当具有平缓性和鼓励性，使其体会到被尊重、被信任的感觉，对于证人没有目的性的叙述时，公诉人应当适时制止，把握问题重点，及时引导被询问人回归正题，回答对庭审有用的信息。在对证人的询问中，公诉人要掌握庭审中的话语权，确保证人能够如实作证，但采取的询问方式要适当，注意缓和庭审紧张气氛，不能用攻击性的语言询问，以免造成居高临下式的垂直询问，防止证人在庭审中出现负面情绪，导致对庭审不利的后果。

再次，询问问题的设计要层次分明。层次清晰的询问不仅有利于通过询问、查明案件事实，而且有利于抓住破绽，揭露谎言。要把问题切割成层层递进的小问题，采用一问一答的方式，争取在主询问环节把起诉指控犯罪事实大致呈现出来。交叉询问"是英美对抗式庭审中律师的基本能力……它有一些基本的原则：一是一问一答，一次只问一个问题，回答完毕再继续问下一个问题……防止证人长篇大论。"[①]

最后，在庭审过程中，公诉人要恰当运用异议权对不当询问进行干预和制止；异议权的内容包括了要求驳回传唤申请、变更证人询问顺序，限

---

① 田文昌、陈瑞华：《刑事辩护的中国经验》，北京大学出版社2012年版，第376页。

定证人回答范围，撤销不当询问问题，排除证人证言效力等方面的权利。

(三) 示证、质证

示证和质证是出庭公诉的重要环节。庭审中如何合理组织证据，如何有条理地出示证据，如何有效回应被告人及辩护人的质疑等，不少方面都值得认真总结和研究。本书就上述问题在前文进行了深入探讨。对证据进行科学的归纳组合，是做好示证和质证工作的前提和保障，做到证据组合归类合理、条理清晰、重点突出，不仅能在分散的证据之间建立逻辑联系，形成完整的证明锁链，还能够强化法庭对证据的理解和对事实的判断。质证的主要目的在于在审判人员支持下，由控辩双方对所出示证据材料的合法性、客观性和关联性相互进行质疑和辩驳，以确认是否作为定案依据。提高质证能力，要求公诉人熟练掌握各类证据的质证方法和质证策略，熟悉言词证据和实物证据的特点差异，善于从不同角度区别质证。特别是要善于根据庭审变化动向，掌握质证主动性，提高质证针对性和有效性。公诉庭审既要追求庭审质量，也要追求庭审效率。因此，公诉人举证即要细致全面，又要简明扼要，详略得当。

1. 突出举证、质证重点

公诉人在举证中要根据案件的证据情况及对辩护意见的预测，确定举证、质证的重点。在决定定罪量刑的重点问题上要加强举证，突出重点，从而收到扼住要害的显著效果。举证的重点主要包括三个方面：一是证明犯罪构成要件中核心事实的证据，比如故意伤害案件中证明伤害程度的证据、诈骗案件中证明虚构事实的证据等。比如职务犯罪中被告人的主体、工作职责及是否利用了职务便利等是举证、质证重点。二是证明被告人犯罪实施阶段的证据。实施犯罪是犯罪过程的中心阶段，它不但是连接主体与客体的纽带，而且也是犯罪意图外化，形成定罪量刑的主要事实根据的阶段，对证明被告人这一阶段行为的证据要重点举证。三是证明经预测可能成为控辩焦点的事实与情节的证据。如受贿案件中证明被告人主体身份是否属于国家工作人员的证据等。一言以蔽之,公诉人举证要紧紧围绕起诉书指控的犯罪事实,分清主次,重点突出。在案件庭审中,根据被告人认罪态度一直较好的案件特点,因为在讯问环节,被告人对犯罪事实供认不讳,在举证阶段我们不再举证被告人在侦查阶段的有罪供述,而是重点宣读行贿人的陈述、其他证人证言、书证等,这样既体现了突出重点的举证思路,又避免了重复举证。

2. 分组进行举证

对于证据量比较大的案件,公诉人可对证据进行分组举证,使杂乱的证据经过分组后显得清晰有序,结构严谨,提高诉讼效率。分组要体现公诉人对证据的合理归纳与组合,对证据组合的逻辑思路要清晰,各组证据间显得顺理成章。分组举证的方法,可以在举证前先说明举证方式,包括对采取多媒体示证也进行说明,而举证方式说明这一环节是我们在重大复杂案件庭审中往往忽略的一个环节,当然对于简单案件没有必要。

一般来讲,有如下几种分组情况:

第一,按证据种类列举。即按照"嫌疑人供述、被害人陈述、证人证言、书证、物证……"等依次罗列证据,这主要适用于案件简单、罪名单一的情况,比如,故意伤害、敲诈勒索、强奸等案件。

第二,按罪名列举。对于那些罪名较多的案件,则可以依次按照罪名罗列证据,标注"罪名一(如盗窃)、罪名二(如掩饰隐瞒犯罪所得)……",并在每一个罪名下面,按照上述证据种类进行摘录。

第三,按犯罪构成列举。对于职务犯罪案件,一般会按照"主体身份""职务便利""基本事实"的顺序将相应的证据进行列举,对客观事实以及主观事实分别进行分析论证。比如,受贿类案件举证中可以将证据分为大的三组证据进行出示,第一组主体身份类证据,第二组受贿事实部分证据,第三组全案综合证据(包括立案、拘留等程序性证据和自首、退赃等量刑证据）；而对于第二组多起受贿事实部分证据，又可以分为几个小组证据分别出示，几个小组中又分为二部分，第一部分收受贿赂部分证据，第二部分为行贿人谋取利益部分证据。上述分组举证，结构严谨，体现了严密的内部承接关系。

第四，其他方式。对于量刑情节争议较大的，可以把量刑情节单独列举，并基于已有证据分析论证该量刑情节是否成立。对于案中犯罪主体多或罪名较多，以及嫌疑人多次犯罪的情况，也可以借助表格、轴线图等方式列举。

采取分组举证要注意的问题是：第一，分组要逻辑合理。第二，每组举证要作小结。

公诉人在法庭上不仅要履行举证责任，还要履行质证义务，举证阶段就表现为对每组证据的举证情况进行小结，简明扼要地论证所举该组证据的真实性、合法性、关联性以及证明力的有无、大小等问题。质证效果如何，更多取决于庭前准备，一是对于证据形式的审查。审查证据的来源是否合法，收集程序是否存在瑕疵，重点审查其来源、收集、保管、鉴定、出示等各个环节，从中发现证据形式方面存在的问题。对于物证、书证的收集程序、方式有瑕疵的，可以经补正或者作出合理解释。对于非法证据，则要及早排除。二是对证据的内容进行审查。审查证据内容是否真实可靠，对于证据材料有必要的应该向出具该证据材料的人员进行核实，从而确定内容的真实性，同时更要考察证据材料与案件是否具有关联性等，从而确定证据材料是否能够作为定案的依据。

二、法庭辩论

法庭辩论，是在法庭调查的基础上由公诉人与辩护人就被告人的案件事实、证据、罪名、法律适用以及是否具有自首、立功、认罪悔罪等量刑情节，进行评判、论证、辩驳，其目的在于为法庭准确适用法律提供依据。法庭辩论作为法庭审理的重要环节，是公诉人讲法理、析证据，利用准确的判断、周密的思维、适宜的节奏、严谨的论辩来表现自身的综合素质，树立检察机关形象和威信的过程。法庭辩论中，被告人及辩护人的辩护发言，有些长篇大论，涉及内容很多但主要观点并不突出；有些虽用语不多，但论点却不少，又未能将观点论述清楚；有些则纠缠于细枝末节，甚至是一些与定罪量刑无关的问题；有些争议焦点是伦理方面，有些争议问题涉及的是具体细节等。案情不同，辩护人考虑问题的角度不同，争议的焦点也很可能大不相同。然而，公诉人对辩护人在庭审中所提的问题不可能有问必答，而应紧紧案件事实犯罪构成及犯罪情节进行答辩。公诉人法庭辩论中，应当注意运用技巧来取得良好的法庭效果。在一审法庭的辩论环节，首先由公诉人发表意见、被告人、辩护人针对公诉主张进行辩解、攻击、瓦解指控事实作出说明。公诉人的法庭辩论，第一项就是发表公诉意见，这就是公诉人的立论，往往会以"公诉意见暂时发表到此"为结束语。公诉人要善于利用自己的"首轮"发言权，将自己的观点也即论点简洁、完整地立起来，使法庭和旁听人员对案件有一个完整的、"先入为主"的了解。这也使被告人、辩护人的攻击重点为"破"公诉人的论点，这样有攻无守，难免让其"一叶障目不见泰山"，自己的论点和批判公诉人的观点混为一谈，其观点就不利于被法庭采纳。法庭辩论中，公诉人常用来介绍被告人及被害人基本情况、说明事物性质、形状、特征和发展变化过程及其客观意义。公诉人在法庭辩论中要客观、真实、浅显、准确、详尽地说明事物，并善于抓住事物的特点，以使其和同类事物相区别。运用比喻的修辞方法，可以帮助公诉人把深奥抽象的犯罪构成理论具体生动地表达出来，使议论深入浅出、明白可见、易于理解，当用来叙述犯罪后果及其危害时，能够更真切具体。当庭辩论时，为了能让人们真切感知犯罪给家庭社会造成的危害后果，可以使用比喻说明道理或事物。排比能够使表达句式整齐、节奏分明，增强语言的旋律美，利于表达强烈奔放的感情，突出论述主题，增强语言的气势，既可以全面深刻、严密透彻地阐述事实道理，又可以淋漓尽致、强烈深沉地抒发感情。设问在法庭辩论中主要是提出问题，提醒辩论方注意或引导法官思考；反问主要是加重语气，用反问的语气表达出肯定的内容，表明自己的观点，引起共鸣。设问与反问可以增加表达变化，避免平铺直叙，使法庭辩论波澜突起，具有极强的攻势。对偶形式工整，结构对称，语言精练，形象生动，具有音韵和谐，节奏鲜明的特点，能够使公诉人语言富于文采，增强法庭辩论的文化内涵，又能突出辩论主题，增强语言魅力，同时因其具有中国传统文化的语言特色，对普法宣传也具有实际意义。

公诉人在出庭时应该将庭审情况结合庭前制作的答辩提纲做出答辩，努力做到以下几点：

1. 认真倾听，抓住要点

在实践中，大多数辩护人在法庭调查阶段向被告人及证人发问和出示相关证据并不是毫无目的的，而是其通过缜密分析案件证据中存在的问题，试图通过一系列活动来证实自己的辩护观点的铺垫。因此，公诉人应当认真听取辩护人发问，并根据证据的变化等情况，准确揣摩辩护人的辩护意图，预测其辩护观点。① 在法庭辩论一审法庭的法庭辩论由公诉人首先发表意见，然后由被告人及其辩护人针对公诉主张进行攻击、瓦解指控事实和罪名。在被告人及辩护人发表辩护意见时，公诉人也一定要认真倾听辩护意见，抓住辩论的要点和焦点以及辩护意见中存在的问题，对于需要答辩的问题要迅速记录下来，公诉人还应当根据庭审具体情况，将庭上辩护人提出的辩护观点和庭前准备的答辩提纲进行对照分析，确定答辩的内容，然后逐条简单写明答辩要点。

---

① 谢志强、刘洪林：《公诉人应对庭审翻供案件的对策探略》，载《中国检察官》2016年第1期。

2. 条理清晰，客观准确

要结合答辩提纲及辩护人、被告人在法庭上发表的意见，快速组织语言进行答辩。答辩要逐条地进行答辩，不要回避辩护人的质问，而是实事求是、有理有据进行答辩。公诉人在法庭辩论中要客观、真实、准确、地阐明观点，不能用模糊或者自己不清楚的内容进行答辩，否则很容易被辩护人抓住漏洞，继而陷入难看的境地，影响整个庭审效果。

3. 繁简适当，结合法理

在答辩内容上合理分配精力，答辩不需要面面俱到，更不需要每个问题都做出非常细致的答辩，要处理好繁与简的关系。对一些单纯是事实、证据或对某一法律的不同认识，不必面面俱到，只对某一事实或法律作简要论证即可，但论证应当精辟深刻、切中要害，对于和指控事实无关或者关联性不大的辩护意见大可不必"有问必答"。对一些较为复杂的问题，则需要既摆事实，又要讲道理，同时更要结合法学理论详细论证。

4. 语言规范、语气平和

公诉人在论证法律时，要注意法律语言的规范性、准确性、简洁性、庄重性。法律语言的规范性是指词汇、概念具有特定性。法律语言的准确性是指概念范围要明确，指向要具体，不能产生歧义。法律语言的简洁性是指要用最少的语言表达出最大的信息量。法庭辩论发表公诉意见时，要将被告人的犯罪动机、目的、时间、手段、过程、结果用简短有力的语言予以表述，在抓住案件要点的同时，又能使人便于记忆和接纳。语言必须严谨规范。也就是要使用法言法语，即准确运用法律术语，用严谨的逻辑推理论证犯罪。同时要保持语气平和，不能揭人短处，尖酸刻薄，冷嘲热讽。公诉人既不能盛气凌人，咄咄逼人，也不能漫不经心、消极懈怠，而是要以平等的姿态，积极地回应，在激烈的对抗中要保持良好的合作氛围。一是公诉人对自身情绪的控制。公诉人首先要认识到紧张、冲动情绪的出现，在庄重的法庭，尤其是面对重大、疑难、复杂案件"强大"的辩护团队和众多的旁听人员时，是一种正常的心理反应。公诉人要提醒自己"以国家公诉人的身份出席法庭"，背后有更为强大的力量和信念支持，要充满信心，保持良好的竞技状态，掌握辩论的主动权。二是对被告人、辩护人、旁听人员等的态度进行控制。被告人、辩护人必然极力进行辩护，希望自己的观点被法庭采纳，公诉人要理解这种心理，坚持"对抗而不对立、交锋而不交恶"，做到平心静气、以理服人；旁听人员往往会在控辩双方之中有一个支持的对象，公诉人除了以辩论内容和技巧压服对手，更要重视与自己形成抵制心理的受众，使其认同自己的观点，这也是一个法制宣传教育的过程。

此外，在辩护人对被告人发问或对证人进行询问时，要灵敏把握这些问题背后可能隐藏的意图。只有这样，在随后进行的法庭辩论中才能有所准备，坦然应对。在实践中，大多数辩护人在法庭调查阶段向被告人及证人发问和出示相关证据并不是毫无目的的，而是其通过缜密分析案件证据中存在的问题，试图通过一系列活动来证实自己的辩护观点的铺垫。因此，公诉人应当认真听取辩护人发问，并根据证据的变化等情况，准确揣摩辩护人的辩护意图，预测其辩护观点。

三、最后陈述

被告人最后陈述是被告人的一项重要诉讼权利，也是法庭审判中一个独立的阶段，在审判长宣布辩论终结后，审判长应当告知被告人享有最后陈述的权利。最后陈述权的理论基础在于对刑事被告人弱势地位的特别关注，也是对言词原则的体现。最后陈述程序的设置，有助于法官更好地发现案件真实，同时还凸显了对被告人人格的尊重，又可以教育旁听民众。

在性质上最后陈述权主要是辩护权。辩护权具有三个特性：专属性、防御性和绝对性。最后陈述权也是具有上述三个方面的性质。最后陈述权的专属性意味着它是专属于刑事被告人的一项权利，任何人包括律师都不能限制或者代替被告人进行最后陈述。《德国刑事诉讼法典》第 258 条第（二）项规定："由被告人作最后陈述。"第（三）项规定："即使有辩护人为他作了发言，对被告人仍然应当询问他是否有为自己辩解的陈述。"在防御性方面，最后陈述权就体现得更为明显。它本来就是立法为了平衡控方和被告人的诉讼能力而多为被告人附设的一道防线，在形式上又体现为被告人作为防御一方的最后一道防线。最后陈述权的绝对性应当体现为只要一个公民受到了刑事公诉和刑事审判，而不管其犯罪性质、严重程度如何，他都应享有最后陈述权。我们不能以罪轻为理由认为没有最后陈述的必要，从而限制剥夺被告人的最后陈述权。如《意大利刑事诉讼法典》在第 523 条规定"最后陈述的进行"时便提出："……5. 在任何情况下，如果被告人和辩护人要求最后发言，应当得到允许，否则导致行为无效。"而辩护权有一个前提，那就是首先要体现为一种对抗。但有些情况下被告人的最后陈述并不具有对抗性，仅仅是一些抒情性质的发挥，最后陈述权会体现为一种情感宣泄权。最后陈述权的这种性质也是由被告人的受国家追诉的特殊地位所决定的，这种地位意味着被告人在刑事诉讼中要比其他任何人承受更多的心理压力。当然，被告人情感的释放也并不是漫无边际，应当是与案件有关的。被告人在最后陈述中如果提出了新的事实或证据，合议庭认为可能影响正确裁判的，应当恢复法庭调查；如果被告人提出新的辩解理由，合议庭认为确有必要的，可以恢复法庭辩论。对于适用简易程序和速裁程序的案件，可以对庭审作出相应简化，但是为了保护犯罪被告人合法利益，仍然要保证被告人最后陈述这一环节的进行。①

---

① 刘鹏：《论刑事速裁程序中的被告人最后陈述权》，载《河北科技师范学院学报》（社会科学版）2018 年第 17 卷第 4 期。

第三节　庭审常见问题及其对策

2013年最高人民法院在召开的第六次全国刑事审判工作会议上明确提出，审判案件应当以庭审为中心，事实证据调查在法庭，定罪量刑辩论在法庭，裁判结果形成于法庭，要求全面落实直接言词原则、严格执行非法证据排除制度。2017年12月，最高人民法院又发布了深化庭审实质化改革的"三项规程"，即《人民法院办理刑事案件庭前会议规程（试行）》《人民法院办理刑事案件排除非法证据规程（试行）》和《人民法院办理刑事案件第一审普通程序法庭调查规程（试行）》，并于2018年1月1日起全面推行"三项规程"，以推进以审判为中心的刑事诉讼制度改革成果在刑事审判活动中的贯彻落实，真正突出庭审实质化，解决庭审走过场等问题，使庭审切实成为解决定罪量刑的核心环节，可以说庭审实质化给公诉工作带来了很多挑战。

一、证据突袭

公诉人面临证据突袭也被称之为公诉突袭，通常是指检察机关在当庭指控阶段面临新的指控事实、新证据的情况而产生的案件变化。在《人民检察院刑事诉讼规则（试行）》第455条中明确表示："辩护人向法庭出示公诉人不掌握的与定罪量刑有关的证据，需要调查核实的，可以建议法庭延期审理"。但是当前个别律师为了追求胜诉采取证据突袭，这样也会对公诉人当庭工作制造困扰，甚至需要对于新证据的核实、侦查拖延时间，然而当前我国的司法系统条例中并没有明确的针对公诉人面临证据突袭的相关规定，但是在零散的其他规定中对公诉人的当庭辩护权利给予保障，但是对于新证据的突袭，一旦证实证据的真实性也势必会对公诉人增加困扰。面对证据突袭问题，公诉人要冷静面对，根据新证据的具体情况采取策略，决定是否当庭质证。如果是对案件定罪量刑没有影响的，当庭可以对证据做出准确判断的，建议可以允许当庭示证、质证。对于一些确实可能影响定罪量刑的新证据或者是公诉人对于新证据的"三性"确实无法当庭准确审查的，可以请求法庭延期审理。当然，目前也有学者呼吁在刑诉法中引入庭前证据开示制度，我们也期待刑诉法能够得到进一步完善，使该问题得到解决。

二、非法证据

2012年修改后的刑事诉讼法明确规定了非法证据排除规则。2018年修改后的刑事诉讼法第52条进一步规定，审判人员、检察人员、侦查人员必须依照法定程序，收集能够证实犯罪嫌疑人、被告人有罪或者无罪、犯罪情节轻重的各种证据。严禁刑讯逼供和以威胁、引诱、欺骗以及其他非法方法收集证据，不得强迫任何人证实自己有罪。《关于办理死刑案件审查判断证据若干问题的规定》中规定，非法证据主要是侦查人员通过严重侵犯犯罪被告人、被告人合法权益手段获得。以犯罪嫌疑人供述为例，该规定中"采用刑讯逼供等方法所取得的供述，没有犯罪嫌疑人、被告人确认的讯问笔录，没有提供翻译的盲聋哑、少数民族人员犯罪被告人、告人所做的供述，都是非法证据，应当排除"。因此，非法证据主要是指被告人认为警方通过刑讯逼供等非法手段，比如：暴力、威胁、冻饿晒烤等精神折磨的方式来收集被告人的供词、证人证言、被害人陈述等言词证据。按照刑事诉讼法的规定，非法证据既不能作为判决的依据，也不能作为侦查终结移送起诉和提起公诉的依据。法庭辩论已经从传统的定罪量刑之辩发展到程序之辩、证据之辩。刑事辩护律师已经将法庭辩论的重点转向了程序和证据问题。证据之辩、程序之辩已经成为审判中心主义背景下的一种新型辩护形态，申请非法证据排除"兼具证据辩护和程序辩护的双重特点。说其是程序辩护，是因为它挑战的是侦查程序的合法性；说其是证据辩护，因为它又挑战控方证据的证据能力，所以既是证据辩护，又是程序辩护"①。证据辩护、程序辩护的核心是挑战侦查程序、公诉程序的合法性，挑战控方证据的证据能力。这种"进攻性辩护"与传统的消极防御的辩护形态不同，其矛头所指向的是控方程序的合法性和证据的证据能力，其目的就是要说服法官宣告程序无效，排除非法证据。这种态势迫使公诉人必须积极适应这种进攻性辩护，提升对抗这种进攻性辩护的能力和水平。② 对于辩护人提出的非法证据问题可以通过以下几种方式处理：一是通过庭前仔细的阅卷，尽早发现此类问题，在庭前能够排除非法证据。二是如果在庭审中被告人提出供述是侦查机关通过刑讯逼供方式取得的问题，公诉人可以通过讯问以及结合被告人入所体检报告向法庭证实被告人是否被刑讯逼供的问题。事实上，讯问是一种重要的揭露事实真相的方式。逻辑严密的讯问可以让被告人来不及思考和编造谎言。这样做的目的是揭露矛盾。当被告人若隐若现地暴露出矛盾的时候，不要见好就收，而是要冷静地跟进追问，把问题切割成小问题继续跟进，让矛盾暴露得更加充分。下面举例说明：

公诉人：你所做的有罪供述属实吗？

被告人：不属实。

公诉人：为什么没有如实供述呢？

被告人：因为我遭受了虐待，讯问人员不让我吃午饭，一直从早讯问到晚，我饿的不行，就开始胡乱说了。

公诉人：那你阅读笔录了吗？

---

① 陈瑞华、田文昌著：《刑事辩护的中国经验》，北京大学出版社 2012 年版，第 68 页。

② 李勇：《审判中心主义背景下出庭公诉的对策研究》，载《中国刑事法杂志》2016 年第 5 期。

被告人： 讯问的人没让我看，我没看笔录就签字了。

公诉人： 根据讯问笔录的时间记载，每次讯问都是在上午的十一点之前结束，并没有连续讯问不让你吃午饭的情况发生。另外，从你给笔录做了多处有利于你本人的修改可以看出，你是认真阅读了笔录的，并不存在你没有阅读直接签字的情况，你听清了吗？

被告人： ……（无语）

当然，如果被告人当庭提出的非法证据的问题，确实可能存在的情况下，公诉人必须审慎对待，可以通过建议法庭延期审理的方式，查明是否确实存在非法证据。具体内容包括：（1）讯问犯罪被告人或者询问被害人，使其陈述被非法取证的具体细节；（2）听取辩护人或者诉讼代理人对非法取证行为的意见；（3）如果犯罪被告人被羁押的，审查讯问过程的录音录像以及讯问笔录；（4）审查看守所的体检记录并询问相关人员；（5）听取涉嫌非法取证的侦查人员的意见；（6）审查其他能够证明非法取证行为存在与否的证据。司法实践中，侦查人员通常会对犯罪被告人进行多次讯问，每次讯问都会制作相应的讯问笔录，对于犯罪被告人在其他时间、地点所作的与非法方法取得供述内容一致的供述，应该区别对待：犯罪被告人在遭受刑讯逼供等非法取证方法之前的供述，如果确属自愿作出，可以作为指控证据使用；犯罪被告人在遭受刑讯逼供等非法取证行为之后的多次有罪供述，通常应当加以排除。①

关于看守所羁押记录、健康检查记录的举证。公诉人应积极争取看守所的配合，及时调取被告人入所各项记录。司法实践中，公诉人可以到被告人羁押的看守所向收押人员、管教人员、医务人员、同监室被羁押的人员调查询问，以证实被告人出入监室被讯问前后的身体状态，看守所都有

---

① 哈腾：《庭审实质化的检察应对》，载《商丘师范学院学报》2018 年第 34 卷第 8 期。

发现被刑讯致伤拒绝收押的规定，即使收押进来管教人员也会及时发现。所以，上述人员的证言对于被告人是否被刑讯逼供具有直接证明力。同时调取羁押部门有关犯罪被告人、被告人收押时的体检表，通过书证、物证、证人证言之间的核实对照，以查证办案单位是否存在刑讯逼供行为。

三、庭审翻供

在庭审中经常会遇到被告人突然推翻以往有罪供述的情况，常常使公诉人措手不及，甚至不知道该如何应对，不仅打乱了庭审的节奏，而且也严重影响庭审效果。对于如何应对庭审中被告人翻供的问题，建议做好如下工作两方面工作。一是大胆预测、有所准备。公诉人在庭审前应该对案卷进行深入细致审查，全面掌握案件事实、针对刑事案件的关键情节、证据进行梳理和分析，客观判断证据之间是否存在疑点和矛盾之处，预测被告人可能翻供的内容，在庭前做好有针对性准备，公诉人可以针对证据情况，决定是否需要及时补充其他证据，为顺利庭审打好基础。二是冷静理性，寻找破绽。在审判中心主义背景下，被告人翻供是难以避免的情况，公诉人不要过于纠缠，一定要冷静对待并理性应对。在庭审现场，对于翻供言论不必急于反驳。事实上，在庭审中很难将已经翻供和翻证的供述和证言重新翻过来，公诉人也不应该将目标锁定于此，而应将目标设定为揭露其翻供、翻证的不合理性和虚假性上。《人民检察院刑事诉讼规则（试行）》第439条第2款规定："被告人在庭审中的陈述与在侦查、审查起诉中的供述不一致，足以影响定罪量刑的，可以宣读被告人供述笔录，并针对笔录中被告人供述的内容对被告人进行讯问。"所以，对于当庭突然翻供，公诉人应该变换角度进行讯问，针对矛盾穷追不舍，利用证据矛盾、证言矛盾发动攻势，从而发现破绽，揭露被告人翻证的不合理性。例如，在一起强奸案中，被告人当庭称其没有实施强奸行为，公诉人并没有急于让被告人立即做有罪供述，而是顺势继续讯问，目的是通过客观证据揭露犯罪真相。

公诉人：当晚你和被害人住在哪里了？

被告人：住在酒店，我当时喝得太多，在酒店休息，入住的是一个标间，我和被害人各自睡了一张床，我没有强奸她。

公诉人：你们在酒店睡了多久？

被告人：从当晚睡到第二天早晨。

公诉人：根据酒店的监控录像显示被害人在进入酒店后两个小时左右后即匆忙离开了，并没有睡到第二天早晨。

被告人：那我喝多了睡着了，不清楚她什么时候离开的。

公诉人：你以往供述称你和被害人是自愿一起入住酒店，那为何被害人没有和你一起住到第二天早晨，而是在你熟睡后，深夜一个人匆忙离开了酒店，也没有告知你呢？

被告人：……（沉默不语）

公诉人：从现场勘验笔录和拍摄的照片看，你们入住的是一个标准间，但是只有一个床的卧具被打开，另外一张床整整齐齐，还是入住前的样子，并没有被使用的痕迹，那你们究竟是怎么住的呢？

被告人：（沉默片刻）我确实是把被害人按倒在我的床上了……

最后，被告人在公诉人一个个细节的追问之下，不得不承认自己当晚实施了强奸行为。

四、重新鉴定问题

《刑事诉讼法》第 197 条规定：法庭审理过程中，当事人和辩护人、诉讼代理人有权申请通知新的证人到庭，调取新的物证，申请重新鉴定或者勘验。但是，在实践中，并不是所有重新鉴定的申请都是合理的。不合理的重新鉴定具有消极作用，必须依法控制不必要或不合理的重新鉴定，主要是指不符合法律规定或通过其他司法方式可以解决的重新鉴定。如鉴定主体、司法机关在鉴定工作的某些环节上的不足或失误，可以通过法庭质证弥补的重新鉴定；诉讼当事人违背诉讼程序或无足够依据坚持要求的重新鉴定；等等。不合理的重新鉴定会引起鉴定秩序混乱、降低诉讼效率、破坏司法权威、增加诉讼成本等消极作用。因而这种不合理的重新鉴定行为是立法、司法、执法、鉴定管理、鉴定主体等相关方面都不支持而应坚决抵制的行为。对于非鉴定程序违法和鉴定意见不属于重大争议的鉴定缺陷，应当说服诉讼当事人通过法庭质证补救，合法合理地拒绝不必要的重新鉴定申请。对于经过多次重新鉴定，鉴定意见仍不一致、法庭质证也未满足证据认证要求的疑难、复杂鉴定事项，案件所在程序的司法机关可依职权委托具有相应资质的国家级鉴定机构或该行业的顶级鉴定机构，组织权威鉴定专家进行共同鉴定，尽量减少"久鉴不定"的重新鉴定。[①]

五、情感战的应对

做到有理、有利、有节，理性平和对抗，做到"对抗而不对立，交锋而不交恶"。法庭辩论需要口才，更需要激情，但是法庭辩论也绝不能逞口舌之快。近来一些律师在法庭上极尽煽动、表演、作秀之能事，引起社会各界广泛关注。一些律师把法庭辩论当作发表演讲的舞台，有的律师惯于用文学化和煽动性的语言，甚至把旁听公众当作发表辩护词的对象，面向公众高谈阔论，这与法治是不相符的。公诉人不可受此风感染，时刻牢记，辩论的目的是说服法官，而说服是一种理性的艺术。

---

① 叶自强：《论多次鉴定的驱动机制与法律对策》，载《法治现代化研究》2018 年第 1 期。

第八章　未成年被告人的权利保障问题

修改后的《刑事诉讼法》针对未成年人刑事案件诉讼程序设置了专章，即作为《刑事诉讼法》第五编特别程序的一章。这一变动，体现了我国刑事司法对未成年人的特别保护。本章一共11条，包括如下内容：第277条刑事实体法原则（对犯罪的未成年人实行教育、感化、挽救的方针，坚持教育为主、惩罚为辅的原则）、第278条强制辩护原则、第279条社会调查制度、第280条严格限制适用逮捕措施原则、第281条合适成年人在场制度、第282—284条附条件不起诉制度、第285条审判不公开原则、第286条犯罪记录封存制度以及第287条法条适用规定。反观修改前的《刑事诉讼法》，仅在第14条、第34条和第152条分别规定了法定代理人到场、法律援助和不公开审理等原则，且第14条还属于任意性规定，可知修改后的《刑事诉讼法》在保护未成年人方面有了大大加强。

比较该章与《刑事诉讼法》的其他章节可知，第278条至第286条都是关于未成年人刑事诉讼程序的特殊规定，这些规定与《刑事诉讼法》一般程序的规定有很大的不同。对于这些新规应如何理解、执行，成了司法实务面临的重要问题。为了更好地适应新《刑事诉讼法》的规定，依法办理未成年人案件，切实保障未成年人的合法权益，最高人民检察院于2013年对2002年出台的《人民检察院办理未成年人刑事案件的规定》进行了修订。修订后该《规定》共六章，除第一章总则和最后一章附则外，主要规定了未成年人刑事案件的审查逮捕（第二章）、未成年人刑事案件的审查起诉和出庭支持公诉（第三章）、未成年人刑事案件的法律监督（第四章）以及未成年人案件的刑事申诉检察（第五章）。应该说，《规定》对《刑事诉讼法》中的11条进行了一定程度的细化，但仍然过于粗疏。2017年，最高人民检察院出台了《未成年人刑事检察工作指引（试行）》（以下简称《工作指引》），对实践中存在的诸多具体问题进行了较为细致的规定。

本章旨在探讨新《刑事诉讼法》实施背景下未成年被告人的权利保障问题，拟以《刑事诉讼法》第五编第一章所规定的合适成年人参与制度、附条件不起诉制度、犯罪记录封存制度、社会调查等为研究对象，重点考察其具体实施过程中的实务疑难问题，研究合法合理的解决办法。

第一节　社会调查制度

一、未成年人社会调查的制度起源

19世纪美国伊利诺伊州少年法院创立未成年人社会调查制度至今200余年，世界各国探索该项制度形成了较为丰富的实践经验和完备的立法体系。在英美法系，社会调查制度称为量刑前报告（pre‑sentence report）。美国的量刑前报告由专门的缓刑官对未成年人进行长期深入的了解，制作出的报告交由法官后，在庭审中予以公开，由控辩双方就此展开辩论，被害人对此有异议也可以辩论。缓刑官的量刑前报告虽然不具有约束力，但法官极为重视，往往依此判决。在德国，这项制度被称为"人格调查（Persoenlichkeitsermittlung/Persoenlichkeitserforschung）"。德国虽然没有缓刑官，但设立有青少年福利机构，涉及未成年人的成长发育状况，福利机构可以主动启动调查,也可以由法官通知,提供详细全面的调查材料供法官、检察官及其诉讼参与人参考。日本专门设立了未成年人案件的专属管辖,即家庭裁判所。家庭裁判所一般通过社会调查来决定该案件是属于未成年人刑事案件还是未成年人保护处分案件。负责案件的调查官可以根据调查的需要向学校或者工作单位提出书面照会,而且调查官不仅调查被告人,对被害人也应进行全面调查。①

保护未成年人权益的国际公约和规则也明确规定了社会调查制度。例如,《联合国少年司法最低限度标准准则》(简称北京规则)第 16.1 条规定:"所有案件除涉及轻微违法行为的案件外,在主管当局作出判决的最后处置之前,应对少年生活的背景和环境或犯罪的条件进行适当的调查,以便主管当局对案件作出明智的判决。"北京规则还对该条予以说明,即在大多数少年法律诉讼案中,必须借助社会调查报告,使主管当局了解少年的社会和家庭背景、学历、教育经历等有关事实。②

二、未成年人社会调查在我国的发展

未成年人刑事案件社会调查制度在我国已有 30 多年的实践探索。1991 年,最高人民法院发布的《关于办理少年刑事案件的若干规定(试行)》第 12 条规定:"开庭审判前,审判人员应当认真阅卷,进行必要的调查和家访,了解少年被告人的出生日期、生活环境、成长过程、社会交往以及被指控犯罪前后的表现等情况,审查被指控的犯罪事实和动机。"这被认为是中央政法机最早提出要对未成年人案件进行全面调查的规定。

此后,1995 年公安部《公安机关办理未成年人违法犯罪案件的规定》、2001 年最高人民法院《关于审理未成年人刑事案件的若干规定》、

---

① 陈立毅:《我国未成年人刑事案件社会调查制度研究》,载《中国刑事法杂志》2012 年第 6 期。

② 曾新华:《未成年人全面调查制度若干问题之探讨》,载《法律科学》2014 年第 2 期。

2002年最高人民检察院出台的《人民检察院办理未成年人刑事案件的规定》、2010年最高人民法院、最高人民检察院、公安部、国家安全部、司法部联合颁布的《关于规范量刑程序若干问题的意见（试行）》都专门规定了未成年人全面调查制度。

2010年8月14日，中央综治委预防青少年违法犯罪工作领导小组、最高人民法院、最高人民检察院、公安部、司法部及共青团中央六部门联合出台了《关于进一步建立和完善办理未成年人刑事案件配套工作体系的若干意见》，系统规定了社会调查制度的调查主体和运作机制，明确在办理未成年人案件和执行刑罚时，应当综合考虑案件事实和社会调查报告的内容。

2012年《刑事诉讼法》第279条规定："公安机关、检察机关、法院在办理未成年人刑事案件时，可以根据情况对未成年犯罪嫌疑人的成长经历、犯罪原因、监护教育等情况进行调查。"至此，在未成年人刑事诉讼程序专章中确立了未成年人刑事案件社会调查制度的法律地位。2013年1月1日施行的《人民检察院刑事诉讼规则（试行）》第486条第1款规定："人民检察院根据情况可以对未成年犯罪嫌疑人的成长经历、犯罪原因、监护教育等情况进行调查，并制作社会调查报告，作为办案和教育的参考。"

三、社会调查报告的法律定位

关于未成年人刑事案件社会调查报告的法律定位问题，主要是指其是否具有证据属性，如具有证据属性，那么应归属于何种证据。社会调查报告的具体性质没有定位，公安司法机关对其效力理解不同，导致社会调查报告不能发挥应有的作用。

一种观点认为，证据应能证明案件的真实情况，而调查报告的内容与犯罪原因有关，与犯罪事实是否存在，构成何罪、罪责多重等没有关系，因此并不是证据，只是公安司法机关作出判断的参考依据；① 未成年人社会调查报告并不在《刑事诉讼法》规定的证据之内，而且其制作带有主观性，并不是案件事实本身有客观联系，因此不能成为证据，而是一种量刑依据。② 这一观点有《人民检察院办理未成年人刑事案件的规定》（以下简称《规定》）进行佐证。其中第9条规定，"人民检察院根据情况可以对未成年犯罪嫌疑人的成长经历、犯罪原因、监护教育等情况进行调查，并制作社会调查报告，作为办案和教育的参考。"第15条规定，"审查逮捕未成年犯罪嫌疑人，应当审查公安机关依法提供的证据和社会调查报告等材料"。显然，《规定》将社会调查报告视为办案和教育的"参考"，并明确将之视为证据之外的材料。最高人民法院少年法庭指导小组副组长、研究室主任胡云腾也撰文称，"未成年人调查报告是针对未成年人各方面情况进行调查形成的材料，并非证明案件事实的材料，不属于《刑事诉讼法》第五十条规定的证据"。③

另一种观点主张，未成年人刑事案件社会调查报告具备了证据的客观性、关联性和合法性，应当被视为证据。④ 它是一种品格证据，⑤ 而且，

---

① 郑圣果：《未成年人社会调查报告只能作为办案参考》，载《检察日报》2011年6月1日。
② 张慧：《我国未成年人社会调查报告制度研究》，载《法制与经济》2013年第8期。
③ 胡云腾：《立足审判实践修改完善未成年人刑事诉讼司法解释》，载《预防青少年犯罪研究》2013年第1期。
④ 张静、景孝杰：《未成年人社会调查报告的定位审查》，载《华东政法大学学报》2011年第5期。
⑤ 王志坤：《未成年刑事案件社会调查制度研究》，载《法学杂志》2014年第10期。

至少是量刑证据。① 理由是：证明案件事实的材料都是证据，既包括定性定罪方面的事实，也包括量刑的事实；根据"两高三部"《关于规范量刑程序若干问题的意见（试行）》第11条规定："人民法院、人民检察院、侦查机关或者辩护人委托有关方面制作涉及未成年人的社会调查报告的，调查报告应当在法庭上宣读，并接受质证。"这实际上是在规定社会调查报告的举证、质证程序，这就隐含着将其定位于证据的意味。②

实践中，各地做法也不一样。有的地方将社会调查报告作为证据使用，或虽未明确作为证据使用，但规定社会调查报告向法庭宣读后，需接受法庭的质证，社会调查员要接受控辩双方的提问及法官的询问。更多的地方则并不将社会调查报告视为证据，而是将报告作为法院量刑的一个参考因素。

虽然理论和实践中对于社会调查报告的性质都没有定论，但我们更倾向于认为，社会调查报告具有证据属性。首先，"少年司法关注于越轨少年的全部事实，既包括其在案事实，也包括其人格事实。社会人格调查报告所揭示的关于越轨少年社会人格状况信息，是少年司法中更为重要的事

---

① 卢君：《社会调查报告可以作为未成年人犯罪的量刑证据》，载《人民司法》2012年第8期。另外，田宏杰和庄乾龙认为，社会调查报告都具有证据属性，因为：从实体法的角度看，社会调查报告是进行未成年人刑事犯罪立法以及令未成年犯承担刑事责任的根据；从程序法的角度看，社会调查报告是公安机关、司法机关以及执行机关作出决定、裁定、判决及实施矫正方案的依据；而从证据法的角度看，社会调查报告则是量刑证据的重要组成部分，参见：《未成年人刑事案件社会调查报告之法律属性新探》，载《法商研究》2014年第3期。曾新华认为，社会调查报告属于证据，因为：在审查批准逮捕阶段，它是批捕必要性的证据；在审查起诉阶段，它是公诉必要性的证据；在审判阶段，它是量刑的证据；在执行阶段，它是执行和确定矫正方式的证据。前引曾新华文，《未成年人全面调查制度若干问题之探讨》。

② 陈旭、刘品新：《未成年人社会调查报告的法律规制》，载《预防青少年犯罪研究》2013年第4期。

实与证据"。① 换言之，社会调查报告反应的是司法审判中重要的不可缺少的部分。若仅仅将其作为一个"参考"，意味着社会调查报告不具备正式的法律地位，可用可不用或者用不用对量刑影响不大，这就给调查报告是否做到真实或是否必须证明其真实带来了很大的不确定性，从而也就给法庭是否采用及采用程度带来了很大的随意性。② 其次，考虑到我国目前实践中社会调查主体多样，调查主体的身份、立场、利益和思维习惯等可能对调查报告客观性产生的不利影响，由检察官、律师或其委托人作出的调查报告必须经过质证，因为从经验和常识来看，律师的调查可能更关注有利于未成年被告人的材料收集，而公诉人的调查则可能偏重于收集不利于未成年被告人的材料。③ 如果不将社会调查报告视为证据，就可以不对其进行质证，也就不能达到公平公正。

四、社会调查的主体

（一）如何确定社会调查主体

关于社会调查的主体，大多数国家都由专门的社会调查官担任。④ 在我国，修改后的《刑事诉讼法》规定，公安机关、法院和检察院在办案中可以进行社会调查。但并未明确规定谁是调查主体，是自行调查还是委托调查。

实践中，依照最高人民法院《关于审理未成年人刑事案件的若干规

---

① 高维俭：《少年司法之社会人格调查报告制度论要》，载《环球法律评论》2010年第3期。

② 胡学相、张中剑：《完善未成年被告人人格调查制度的司法对策——以广州市的审判实践为样本》，载《华南理工大学学报》2014年第5期。

③ 前引卢君文，《社会调查报告可以作为未成年人犯罪的量刑证据》，载《人民司法》2012年第8期。

④ 例如，美国少年法院或者少年法庭除少年法官外，另设缓刑官员，由缓刑官员对未成年人进行社会调查。日本也采用类似的做法，家庭裁判所的每一名法官均配备调查官专门进行未成年人社会调查工作。

定》第 21 条规定:"开庭审理前,控辩双方可以分别就未成年人被告人性格特点、家庭情况、社会交往、成长经历以及实施被指控的犯罪前后的表现等情况进行调查,并制作书面材料提交合议庭。必要时,人民法院也可以委托有关社会团体组织就上述情况进行调查或自行进行调查",各地对调查报告性质有三种理解:一是作为控辩双方提交的书面材料,二是作为法院委托的社会组织提交的书面材料,三是法院自行调查的书面结论。①据此,发展出调查报告的四种实施模式:法官自行调查模式、司法所的社区矫正人员调查模式、法律援助律师或者辩护律师调查模式,以及志愿者模式。② 以上模式各有特点,也都存在一定的问题。例如,法官自己调查模式,在调查法官和审判法官不能分离的情况下,可能导致庭审形式化;司法行政机关模式参与量刑的正当性存在疑问;律师模式难以推广,取决于本地法院的开明态度;志愿者模式则面临无人监管、不够专业等问题。③

我们认为,应区分社会调查的启动主体和实际调查主体。《刑事诉讼法》中规定的"公安机关、法院和检察院在办案中可以进行社会调查",指的是启动调查的主体。即在侦查阶段,未成年人刑事案件是否立案、对未成年犯罪嫌疑人是否有羁押必要性或者采取强制措施的必要性以及是否

---

① 曹志勋:《推广社会调查报告的障碍及对策》,载《中国刑事法杂志》2012 年第 2 期。

② 各地多采取混合模式,即除了办案机关可以进行社会调查外,还同时采取其他模式,委托其他主体进行社会调查。例如,广东除了相关办案机关自行调查,亦委托共青团、妇联、工会等人民团体或社区矫正机构、未成年人保护组织等社会团体协助调查。山东则试行社会调查员制度,如淄博市淄川区成立了未成年人犯罪调查员组织,社会调查员由检察院和区社会治安综合治理委员会及团区委从教育、医疗、卫生、社会公益组织等单位共同选聘,团区委负责社会调查员的日常管理工作。江苏的做法是公、检、法均可实施社会调查,所委托组织或人员包括团委、工会、妇联、机关工委、基层司法助理员、离退休老干部、老教师等;有的还成立专门的社会调查员办公室,聘请固定的社会调查员对未成年被告人的社会背景进行调查。重庆市沙坪坝区,检察机关实行援助律师社会调查,而法院则委托司法局社区矫正人员进行社会调查。

③ 前引曹志勋文,《推广社会调查报告的障碍及对策》。

移送审查起诉等方面的社会调查由侦查机关启动。在审查起诉阶段，如移送之案件无社会调查报告材料，由检察机关启动社会调查程序。在审判阶段，如没有社会调查报告，必要时法院可依职权启动调查。① 但是，实际调查主体应该另行确定。

社会调查的出发点是满足对未成年人刑事案件案情进行全面了解的需要，在此基础上寻找处理未成年人刑事案件的最佳路径，进而在探究未成年人不当行为原因的基础上，制定恰当的矫正与教育方案。② 因此，为了提供科学、全面的社会调查报告，社会调查主体需满足以下条件：第一，专业性。社会调查的事实要起到辅助办案机关作出妥切处理决定的作用，它就必须按照刑事司法活动的专业要求提供事实并加以佐证。无论是量刑方面还是社区矫正方面的意见，要基于人格分析、评估，并合乎刑事司法政策。③ 第二，统一性。人格调查制度是一项重要的司法活动，有必要在调查主体的选任上设置选拔条件和选拔程序，在调查主体的管理上设置统一的管理机构。④ 从这两个目标出发，在现有的法律规定和实务条件下，⑤ 我们认为最合适的做法是在作为司法行政机关的社区矫正机关下设专门的社会调查工作组，调查组成员中应吸收心理学、教育学、网瘾治疗专家和精神病学家参与社会调查。⑥ 这样的设置不但能够避免由控辩双方提交调

---

① 前引陈旭、刘品新文，《未成年人社会调查报告的法律规制》。
② 前引陈旭、刘品新文，《未成年人社会调查报告的法律规制》。
③ 前引王志坤文，《未成年刑事案件社会调查制度研究》。
④ 前引胡学相、张中剑文，《完善未成年被告人人格调查制度的司法对策——以广州市的审判实践为样本》。
⑤ 2010 年《六部委意见》规定社会调查由未成年人户籍所在地或居住地的司法行政机关矫正工作部门负责，该部门可联合相关部门开展社会调查或者委托共青团组织或其他社会组织协助调查。
⑥ 四川省高级人民法院课题组：《未成年人刑事案件审理中社会调查制度的实际运用与分析》，载《法律适用》2014 年第 6 期；前引王志坤文，《未成年刑事案件社会调查制度研究》。四川省高级人民法院课题组：《未成年人刑事案件审理中社会调查制度的实际运用与分析》，载《法律适用》2014 年第 6 期。

查报告所面临的客观公正方面的质疑,又能确保专业科学。

(二) 社会调查主体的法律地位

关于社会调查主体的法律地位,我国法律目前对这个问题没有作明确规定,实践中,有的地方将之视为证人,如上海市长宁区法院就将社会调查员视为证人,其主要职责在于接受法院委托开展调查并在庭审中宣读庭前社会调查报告。还有很多地方将社会调查主体视为一般诉讼参与人。[1] 学理上认为,社会调查主体作为一个有刑事调查取证权的主体,对一系列涉及未成年人格的事实进行调查,提出处理意见,并在庭审过程中示证质证,这就意味着它已经超越了庭审中的(传闻)证人的角色。[2] 应当为社会调查员赋予特殊诉讼参与人的法律地位,赋予其与鉴定人、翻译人员平行的诉讼地位比较合适。[3] 我们赞同这一观点。

我们认为,讨论社会调查主体的法律地位,关键在于根据社会调查报告的性质和作用,厘清社会调查主体应当具有的诉讼权利。从前文对社会调查报告的性质分析可知,社会调查报告具有证据属性。社会调查报告提交到法庭以后,应组织法庭调查,对社会调查报告的制作、内容等进行质证。在庭审时,调查主体应当出庭并就报告的形成及内容进行说明,接受司法机关和相关诉讼参与人的询问。经过质证、听取诉讼参与诸方的意见之后,经查证属实,未成年人社会调查报告才可以用作定案的根据。[4] 据此,社会调查员在目前至少应当具有出庭权,庭审发言及接受法官询问权(法定听审权)。除此之外,为了确保社会调查报告的专业性、科学性,还

---

[1] 前引胡学相、张中剑文,《完善未成年被告人人格调查制度的司法对策——以广州市的审判实践为样本》。

[2] 前引王志坤文,《未成年刑事案件社会调查制度研究》。

[3] 前引四川省高级人民法院课题组文,《未成年人刑事案件审理中社会调查制度的实际运用与分析》。

[4] 前引陈旭、刘品新文,《未成年人社会调查报告的法律规制》。

有必要保证社会调查主体的如下权利：参与未成年刑事诉讼全过程、被及时告知启动未成年刑事诉讼及其进程、被告知未成年人临时羁押及监禁令执行的宣布及执行、在审前程序中与犯罪嫌疑人会见交谈、与刑罚执行中的未成年人联系权，等等。①

五、社会调查的内容

关于社会调查报告的内容，《刑事诉讼法》规定社会调查的内容为"成长经历、犯罪原因、监护教育等情况"。这一规定过于粗疏。其他相关法律法规虽然规定内容更多一些，②但在实践应用中仍显不足。《工作指引》做出了一些新的规定。

（一）《工作指引》第 36 条

本条规定了社会调查主要包括的内容。围绕导致未成年人违法犯罪的各种主、客观因素及反映其人身危险性大小的因素，本条第一项要求调查个人基本情况，包括未成年人的年龄、性格特点、健康状况、成长经历（成长中的重大事件）、生活习惯、兴趣爱好、教育程度、学习成绩、一贯表现、不良行为史、经济来源等；第二项要求调查社会生活状况，包括未成年人的家庭基本情况（家庭成员、家庭教育情况和管理方式、未成年人在家庭中的地位和遭遇、家庭成员之间的感情和关系、监护人职业、家庭经济状况、家庭成员有无重大疾病或遗传病史等）、社区环境（所在社区治安状况、邻里关系、在社区的表现、交往对象及范围等）、社会交往情

---

① 根据我国目前的法律规定和司法实践现状，社会调查主体的诉讼权利被剥夺时，难以获得救济。今后有必要借鉴德国的做法。德国在未成年刑事司法中赋予少年法院救助站独立的诉讼地位，并保障其一系列的诉讼权利，少年法院救助站若不参与未成年刑事诉讼，必将严重损害法院的查明义务，构成重大程序违法，进而成为启动上告审（Rivision/法律审）的事由。

② 前引王志坤文，《未成年刑事案件社会调查制度研究》。

况（朋辈交往、在校或者就业表现、就业时间、职业类别、工资待遇、与老师、同学或者同事的关系等）；第三项要求调查与涉嫌犯罪相关的情况，包括犯罪目的、动机、手段、与被害人的关系等；犯罪后的表现，包括案发后、羁押或取保候审期间的表现、悔罪态度、赔偿被害人损失等；社会各方意见，包括被害方的态度、所在社区基层组织及辖区派出所的意见等，以及是否具备有效监护条件、社会帮教措施；第四项做了兜底规定，根据实际情况调查人员认为应当调查的其他内容。

需要注意的是问题设计的方式。实践中，不少法院将上述内容再进一步细化为各种问题，以格式化的问卷方式要求未成年犯罪嫌疑人回答。但是，这样的细化容易出现过于抽象的问题，一是问题设计可能无法反映真实情况。例如，"家庭情况"这一项内容，本在于考虑未成年人是否得到家庭关爱，是否能获得引导和监护等。这其中父母当然是最重要的角色，但仅仅以是否与父母共同生活、父母关系是否和睦这种简单的是、否回答，并不能全面科学地反映出家庭情况，未成年人可能和祖父母一起生活，而且可能得到良好的教育。此外，问题的设计还应当贴近未成年人，有的问题难以回答。例如，平时能否控制情绪、什么状态下不能控制自己，这类问题未成年人不好把握。

第36条对社会调查的内容做出了详细而全面的规定，但是具体操作时必须注意问题设计的针对性。不同的未成年人犯罪案件具体情况不同，决定对未成年人量刑或设计矫正方案时关注的重点也应有所不同。社会调查要在量刑和矫正方面发挥作用，也应该根据案件的具体情况有所侧重。[1] 我们建议，应首先从社会调查设计的内容目的出发，例如，在调查前需要考虑社会调查报告中要求了解"家庭情况""性格特点""犯罪前

---

[1] 陈姝：《未成年人刑事案件社会调查制度的实践与完善》，载《人民司法》2014年第21期。

后表现"等的目的何在，在此基础上，再设计调查内容。调查内容应有所侧重，主要考虑犯罪嫌疑人所犯罪的类型，如是暴力犯罪还是财产犯罪，不同类型的犯罪所对应的人格特质不一样。调查可以首先采取问卷形式，再根据问卷回答进一步进行深度访谈，从而避免问卷式的不足，并且可在调查报告中设"特殊情形以及特别的建议"一栏，针对不同的对象进行不同的分析，将特殊的内容与特别的影响列举出来。[①]

（二）《工作指引》第38条

在进行了社会调查之后，还需要专业知识对该未成年人进行全面、综合、客观、公正的评价，并对造成犯罪的原因、未成年人的人身危险性和社会危险性进行科学的、深层次的、专业的分析判断，提出处理意见。[②]即对被控告少年作出社会诊断和估计（人格评估），在此基础上，再对可能采取制裁措施给予参考建议。过去在我国实践中，社会调查报告的建议部分几乎没有任何规制，一般都是进行社会调查的主体在进行了事实部分的了解后随意得出结论，所建议的内容也是一律呼吁"减轻处罚、从宽处理"。这和国外相关法律强调的专业性还是有所差别。[③]

为了改善这一问题，《工作指引》第38条对此做出了明确规定。社会调查结束后，应当制作社会调查报告，主要内容包括：（一）调查主体、方式及简要经过；（二）调查内容；（三）综合评价，包括对未成年犯罪嫌疑人的身心健康、认知、解决问题能力、可信度、自主性、与他人相处

[①] 李兰英、程莹：《新刑诉法关于未成年人刑事案件社会调查规定之评析》，载《青少年犯罪问题》2012年第6期。

[②] 罗芳芳、常林：《〈未成年人社会调查报告〉的证据法分析》，载《法学杂志》2011年第5期。

[③] 如《日本少年法》第9条规定："家庭裁判所考虑对该少年应当审判时，应对案件进行调查，在调查时，务必调查少年、监护人或者有关人员的人格、经历、素质、环境，特别要有效地运用少年鉴别所提供的关于医学、心理学、教育学、社会学以及其他专门知识的鉴定结果。"

能力以及社会危险性、再犯可能性等情况的综合分析；（四）意见建议，包括对未成年犯罪嫌疑人的处罚和教育建议等。对于社会调查人员意见不一致的，还应当在报告中写明。

应该说，该条在完善社会调查报告的形式方面做出了重要贡献，但是，具体如何进行"综合评价"，怎样才能给出专业的意见和建议，仍然需要在实践中不断调试。我们认为，有必要在实践中确立每一调查事项的考量标准。以美国为例，调查中细化了若干衡量被调查人人身危险性的加重和减轻因素，少年调查官根据这些因素，计算未成年人犯罪行为危险性的分数。"美国威斯康星危险评价工具"就是犯罪危险性评价量表。量表分 11 个问题，根据不同答案对应分数之和得出犯罪危险性等级。① 我们也可以试行这种做法，引入心理学、教育学、社会学等领域的专业人士对社会调查事实部分的内容进行权重分析，预估被调查人的人身危险性。当然，"由于人格形成的复杂性和测量技术的限制"，在客观评估后还有必要针对访谈内容作进一步的判断，从而得出尽可能准确的评估意见。②

第二节　合适成年人参与制度

一、合适成年人参与制度的起源及其理念

（一）合适成年人参与制度的历史起源

学说上认为，澳大利亚 1914 年颁行的《犯罪法案》中规定的"成年讯问朋友"是合适成年人制度的雏形，该法案考虑到讯问未成年人时成年朋友在场，可以阻止警察的压迫行为并确保未成年人所做的陈述是自愿

---

① 刘强：《美国社区矫正的理论与实务》，中国人民公安大学出版社 2003 年版，第 194 页。

② 前引陈姝文，《未成年人刑事案件社会调查制度的实践与完善》。

的，因此规定了未成年人在被讯问时享有一位成年朋友在场的权利。虽然该规定并没有系统化，但其内涵已经相当丰富。例如，在接受警察讯问之前，未成年人有权与成年朋友单独交流；未成年人的成年讯问朋友包括三个顺位，一是父母、监护人或律师，二是未成年人选择的朋友或亲属，三是独立的第三人。律师担任讯问朋友后，就不能在该案中以律师身份出现，等等。①

合适成年人制度的真正起源是英国的费肯特案件。1972年，英国男子费肯特被谋杀，三名少年在审讯中招供，遂被判犯谋杀罪。后来上诉法官对此案进行调查发现，这三名少年权利受到侵犯以致出现虚假供述，其中一名少年智力迟钝。警察在没有任何成年人在场的情况下对他们讯问，并未告知其有权与律师或朋友联系，该判决遂被上诉法院宣布无效。② 以此为契机，英国《1984年警察和刑事证据法》正式确立了适当成年人参与未成年犯罪嫌疑人审讯制度，规定除非在某个紧急情况下，警察在对被拘留的未成年人进行讯问时，必须有合适的成年人在场，否则即为违法。合适成年人的职责有两项：一是为未成年人提供意见并观察讯问是否进行得公平合理；二是协助该未成年人与警察人员沟通。③ 合适成年人的选任应与案件无关，保持中立，具备履行职责的能力，不提供专业建议。未成年犯罪嫌疑人的合适成年人包括：其父母或监护人、社会工作者、其他年满18岁的有负责能力的成年人。不得担任合适成年人的有：与案件实体或处理程序有关的人、在担任合适成年人之前未成年人已向其承认罪行的人、已与未成年人疏远且未成年人明确反对到场的未成年人父母、警察或

---

① 吴亚杰：《我国建立合适成年人参与制度的构想》，复旦大学2005年硕士学位论文，第15页。

② 刘立霞、郝小云：《论未成年人刑事案件中的合适成年人制度》，载《法学杂志》2011年第4期。

③ 俞楠：《律师担任合适成年人的适格性分析》，载《甘肃社会科学》2012年第2期。

受雇于警察署的人、律师等。① 为了确保该制度实施，1998 年英国《犯罪与骚乱法》确定适当成年人参与侦查讯问是一种法定要求，规定每一地方当局必须提供适当成年人服务。②

（二）合适成年人参与制度的理念

制度理念的把握关系到制度的整体运作。对制度理念的理解不同，往往导致制度从设计到执行存在极大的分歧。因此，有必要首先厘清合适成年人参与制度的理念。

我国《刑事诉讼法》第 277 条规定，"对犯罪的未成年人实行教育、感化、挽救的方针，坚持教育为主、惩罚为辅的原则"，并对该原则的具体化作了进一步说明，"人民法院、人民检察院和公安机关办理未成年人刑事案件，应当保障未成年人行使其诉讼权利，保障未成年人得到法律帮助，并由熟悉未成年人身心特点的审判人员、检察人员、侦查人员承办。"也就是说，为了达到教育、感化和挽救的目的，在办理刑事案件时，必须保障其各项权利、顾及其身心特点。

这一规定，与合适成年人参与制度的学理基础，即"儿童最大利益原则"和"国家亲权理论"相契合。前者认为涉及儿童的一切行为，必须首先考虑儿童的最大利益，尊重儿童的基本权利，并最大限度地确保儿童的生存和发展。后者主张，国家居于未成年人的最终监护人地位，如果未成年人的父母在监护子女方面缺乏能力或者履职不当，国家可以超越父母的亲权而对未成年人进行强制干预和保护。③

我国合适成年人制度在具体的建构过程中，必须以这一理念为核心；在解决实践中的一些争议时，有必要以该理念作为解释基础。例如，关于

---

① 中国政法大学刑事法律研究中心：《英国刑事诉讼法（选编）》，中国政法大学出版社 2001 年版，第 420－421 页。
② 顾军：《未成年人犯罪的理论与司法实践》，法律出版社 2010 年版，第 37 页。
③ 韩索华：《合适成年人制度研究》，载《法学杂志》2013 年第 7 期。

应否建立法定代理人排除机制问题,合适成年人是否只能是法定代理人的补充,在有法定代理人的情况下一律不能采用合适成年人?再如,合适成年人的法定职责究竟是什么?合适成年人应如何选任?等等。儿童最大利益原则和国家亲权理论在实践中没有被很好地贯彻,常常导致司法机关以司法便捷作为最大利益,在合适成年人的选任和职能定位等问题上损害未成年人的利益。因此,应在争议问题的解决上首先考虑未成年人司法理念。

二、合适成年人制度在我国的发展情况

我国 1996 年《刑事诉讼法》第 14 条第 2 款规定,"对于不满十八岁的未成年人犯罪的案件,在讯问和审判时,可以通知犯罪嫌疑人、被告人的法定代理人到场"。之后的一些法条陆续对合适成年人到场的规定进行了初步建构。例如公安部 1998 年 5 月发布的《公安机关办理刑事案件程序规定》第 312 条、2002 年 4 月发布的《公安机关办理劳动教养案件规定》第 17 条、最高人民检察院 2002 年 4 月发布的《人民检察院办理未成年人刑事案件的规定》第 11 条等文件中,都要求讯问未成年人时,除有碍侦查、调查或无法通知的情形外,应当通知未成年人父母、其他监护人或教师到场。六部委 2010 年 8 月联合出台了《关于进一步建立和完善办理未成年人刑事案件配套工作体系的若干意见》,把律师也列入了合适成年人的范围,并增加了选任时可以征询未成年犯罪嫌疑人的意见。

2012 年《刑事诉讼法》第 281 条第 1 款规定:"对于未成年人刑事案件,在讯问和审判的时候,应当通知未成年犯罪嫌疑人、被告人的法定代理人到场。无法通知、法定代理人不能到场或者法定代理人是共犯的,也可以通知未成年犯罪嫌疑人、被告人的其他成年亲属,所在学校、单位、居住地基层组织或者未成年人保护组织的代表到场,并将有关情况记录在案。到场的法定代理人可以代为行使未成年犯罪嫌疑人、被告人的诉讼权

利。"这个规定,不仅进一步扩大了合适成年人的范围,而且还将旧法的"可以通知"改为了"应当通知"。这使得合适成年人制度开始有了强制力的保障。2017年的《工作指引》更是对合适成年人制度作出了详细规定。

在实践运用上,从21世纪初开始,合适成年人参与制度被陆续引入我国云南盘龙、上海、厦门同安等地进行试点,形成了合适成年人参与未成年人刑事诉讼的三种模式。由于没有统一的关于合适成年人的规定,各地均从本地少年司法发育的基础、已有的资源、面临的问题等实际情况出发,探索适合当地的合适成年人参与模式。以上海为例,2010年4月19日,上海市举行了"合适成年人参与刑事诉讼签约暨未成年人刑事司法联席会议启动仪式",上海市公、检、法三机关联合会签了《关于合适成年人参与刑事诉讼的规定》,创建了全国首家省级未成年人刑事司法协作平台。2012、2013年,上海市人民检察院会同公安、法院、司法局先后制定了《关于进一步规范合适成年人到场工作的指导意见》《关于规范讯问在押未成年人时到场人员行为的若干意见》,在《刑事诉讼法》修订的背景下,进一步深化合适成年人到场机制。近年来又根据司法实践建立了合适成年人值班制度、对合适成年人进行培训表彰等机制。云南昆明市盘龙区和英国救助儿童委员会在2002年6月合作建立了以"合适成年人参与制度"为主线、"司法分流"为重点的未成年人保护体系,形成了"合适成年人"专职为主、兼职为辅、志愿者参加的模式。厦门试点形成了同安模式:将法定代理人作为合适成年人的一种,检察机关聘请的合适成年人来源广泛,包括未成年人的监护人或近亲属、老师或学校工作人员、人民监督员、共青团、居委会、村委会工作人员等。不得担任合适成年人的有被执行刑罚的人、与案件有利害关系的人及其他不宜担任者。

从目前各地实施合适成年人参与制度的情况来看,该制度起到了应有了作用,受到了欢迎。首先,合适成年人的参与可协助未成年人与司法工作人员进行沟通，消除未成年犯罪嫌疑人的紧张、焦虑情绪，确保未成年人在既宽松又公正的情况下理性地对待检察人员的讯问并能客观地回答问题；在未成年犯罪嫌疑人不配合讯问时，可以向其解释有关的法律规则，说明法律后果。其次，合适成年人监督司法部门公正办案，防止对未成年人采用逼供、诱供等不正当手段获取口供，提高公众对证据、司法的信任程度。[1] 此外，合适成年人在场的讯问也提高了口供的采信力，可以有效制止未成年犯罪嫌疑人庭审翻供的发生。[2] 不过，该制度在实施过程中，也出现了不少问题。以下对这些问题进行分别考察。

三、合适成年人的选任

目前，合适成年人的选任标准参差不齐，所选任的合适成年人或素质不高或专业知识不全或主动性不强等，直接影响该制度运作的效果。

（一）相关法律规定

《刑事诉讼法》第281条规定，除了法定代理人之外，未成年犯罪嫌疑人、被告人的其他成年亲属，所在学校、单位、居住地基层组织或者未成年人保护组织的代表都可作为合适成年人。《人民检察院办理未成年人刑事案件的规定》第17条第4款进一步对"基层组织"做了阐释，即包括居住地的村民委员会、居民委员会。《工作指引》第46条到第53条对此问题做了详细指导。"人民检察院应当加强与有关单位的沟通协调，制作合适成年人名册，健全运行管理机制，并开展相关培训，建立起一支稳定的合适成年人队伍。"

---

[1] 田相夏、毅敏：《"合适成年人参与未成年人刑事诉讼的理论与实践研讨会"会议综述》，载《青少年犯罪问题》2009年第2期。

[2] 林志强：《合适成年人参与制度的实践探索和完善进言》，载《青少年犯罪问题》2007年第2期。

（二）问题探讨

第一，如何理解《工作指引》第50条中"选择合适成年人应当重点考虑未成年人的意愿和实际需要，优先选择未成年人的近亲属"的规定？

合适成年人最为重要的工作是与未成年人进行良好有效的沟通。因此，《工作指引》将"未成年人的意愿和实际需要"置于选任合适成年人的条件之首位。这里，一方面强调"意愿"，体现的是未成年人是否愿意与该合适成年人进行沟通；另一方面强调"实际需要"，这是在"意愿"的基础上进行"有效"沟通的条件。通常情况下，未成年人的亲属是未成年人最为熟悉和亲近的人，也自然成为了合适成年人的首选，近亲属中最为重要的就是法定代理人。不过，并不是说，在存在法定代理人等近亲属的情况下就必须以其作为合适成年人。

第二，如何理解《工作指引》第50条中的"其他热心未成年人保护工作的人员"？

合适成年人制度的设置主要是为了实现"保护未成年人"的目的。根据《工作指引》，要实现这样的目的，主要从以下几个方面来把握：（1）熟悉未成年人身心特点，即应与被讯问未成年人之间存在亲情、师生关系或者熟悉一般未成年人的心态、行为、习惯并具备良好的沟通能力。（2）掌握一定未成年人心理、教育或者法律知识。即应该具备一定的专业知识背景和社会阅历，在讯问中帮助未成年人理解诉讼行为、有效监督讯问活动并指出不当讯问行为。（3）具有较强社会责任感，即对未成年人有爱心、对未成年人保护工作有热心，确保与未成年人畅通交流、取得其信任、对其进行抚慰，同时具备优秀的品格，能够对未成年人进行有效教育。（4）经过必要培训，即应就合适成年人如何遵循正当程序与未成年人沟通，如何大致沟通效率和成果的最大化等问题进行培训。据此，虽然《工作指引》中没有提及何谓"其他热心未成年人保护工作的人员"，在解释上必须依循前述四个方面来进行。

第三，如何理解《工作指引》第51条第4项的选任限制？

按照该项规定，案件的诉讼代理人、辩护人、证人、鉴定人员、翻译人员以及公安机关、检察机关、法院、司法行政机关的工作人员，不得担任该案中的合适成年人。这项规定的用意非常明确：合适成年人参与刑事诉讼的首要目的和作用都应当是保护未成年人的合法权益，其应当首先被定位为未成年人权益的"专门保护者"。在诉讼中承担其他功能的人，因角色混淆、利益冲突等原因，无法将未成年人的利益放在首位，因此不适合再担任涉案未成年人的合适成年人。

有疑问的是，在同一案件中担任了某个未成年人的合适成年人的，能否担任同案另一未成年人的合适成年人，该项规定并没有禁止。对此各地的做法并不相同。如2010年4月上海市检察院、上海市高级人民法院、上海市公安局、上海市司法局联合发布的《关于合适成年人参与刑事诉讼的规定》就规定，"两名以上的未成年人共同犯罪的，不能由同一合适成年人参与刑事诉讼"。而有的司法机关在案件诉讼过程中并没有注意这一点。如某案中有未成年共犯15名，侦查机关为该15名未成年犯罪嫌疑人一并聘请3名合适成年人。应该说，同一合适成年人不宜辅助同一案件的多名未成年共犯，因为其不能为每一名未成年犯罪嫌疑人提供平等的保护。

第四，如何理解《工作指引》第46条中法定代理人的"其他不能或不宜到场的情形"？

《刑事诉讼法》规定"应当通知"法定代理人；"只有当无法通知、法定代理人不能到场或者法定代理人是共犯的"，才"可以通知未成年犯罪嫌疑人、被告人的其他成年亲属，所在学校、单位、居住地基层组织或者未成年人保护组织的代表"。《人民检察院办理未成年人刑事案件的规定》还补充规定道，"未成年犯罪嫌疑人明确拒绝法定代理人以外的合适成年人到场，人民检察院可以准许，但应当另行通知其他合适成年人到场"。应该说，上述规定对于法定代理人在什么情况下不能担任合适成年人还缺乏明确规定。

学理上，存在如下争议。有的观点认为，狭义的合适成年人只是法定代理人的补充。只有当法定代理人无法到场时，才能够考虑其他合适成年人，法定代理人应该是绝对的第一顺位的人选。另一种观点则认为，在未成年人被讯问程序中，父母不应具有绝对到场权，如其到场不符合未成年人利益的要求，则应由其他更适合到场的成年人所替代。[1] 从我国引入该项制度以来的实践来看，法定代理人与合适成年人的关系主要有三种模式：第一种是救济模式，即合适成年人是法定代理人的补充，只有在法定代理人不能到场的情况下才可以到场；第二种是独立模式，合适成年人是一种独立于法定代理人之外的诉讼参与人，法定代理人是否到场并不影响合适成年人介入刑事诉讼；第三种是包容模式，在同等条件下，应优先邀请法定代理人到场，如果法定代理人不能或不适宜到场时才邀请合适成年人到场。[2]

《工作指引》实际上采取了上述第三种模式。其中第46条规定，法定代理人有下列情形之一的，即视为法定代理人不宜或不能到场：（一）与未成年犯罪嫌疑人构成共同犯罪的；（二）已经死亡、宣告失踪或者无监护能力的；（三）因身份、住址或联系方式不明无法通知的；（四）因路途遥远或者其他原因无法及时到场的；（五）经通知明确拒绝到场的；（六）阻扰讯问或者询问活动正常进行，经劝阻不改的；（七）未成年人有正当理由拒绝法定代理人到场的；（八）到场可能影响未成年人真实陈述的；（九）其他不能或者不宜到场的情形。上述规定第（一）至（八）项

---

[1] 前引韩索华文，《合适成年人制度研究》。
[2] 彭燕、刘晓辉：《检察机关建立法律援助律师担任合适成年人制度探究》，载《预防青少年犯罪研究》2012年第8期。

较为明确,第(九)项作为兜底条款,所谓的"其他不能或者不宜到场"究竟该如何解释就存在问题。

在刑事诉讼法中,法定代理人是第一顺位的合适成年人,因为通常来看,法定代理人更容易履行监督、沟通、抚慰和教育职责,从而达到保护未成年人的目的,是最合适的"合适成年人"。但是,在个案中会出现法定代理人无法胜任这些职责的情况,例如,法定代理人和涉案未成年人长期缺乏沟通,漠视该未成年人的利益,不可能实现"保护未成年人"的目的。我们认为,应该从合适成年人的制度目的去理解法条规定。可以将"不能或不宜到场"理解为不能履行合适成年人的职责、不适合到场。即除了基于客观原因不能到场外,还应当包括不愿意到场、即使到场也不愿意履行职责、即使愿意履行职责也没有能力履行等情况。当然,不能因为存在法定代理人品行不端、有犯罪记录、虐待未成年人、教育方法粗暴、与未成年人关系恶化等事实就马上排除法定代理人到场,而应结合未成年人是否明确表示拒绝法定代理人到场并提出正当理由来决定。[①] 要不要通知法定代理人到场,最重要的是尊重未成年犯罪嫌疑人的意愿。

在法定代理人到场,但不愿意履行职责的情况下,可以要求其他合适成年人到场。司法实践中,已经出现了法定代理人和其他合适成年人一同参加诉讼活动的案例。如王某抢劫案。王某父亲是其法定代理人,但是向法庭提出自己年事已高且普通话表达不清楚,请求让其两个女儿共同参加庭审,以准确表达意愿并行使相关诉讼权利。一审法院考虑到该请求的合理性,同意王某的两个姐姐以合适成年人身份参加庭审。在二审中,检察机关发现王某的父亲与两位姐姐分别以法定代理人和合适成年人身份参与

---

① 赞同这一看法的还有鲍俊红:《合适成年人到场制度的具体适用》,载《检察日报》2013年5月22日第3版。

一审庭审，并在一审判决书上明确记载。① 如果认为这属于不规范执法，应予改正，则过于片面。但是，对于实践中司法机关未通知法定代理人即聘请合适成年人的情况，我们认为不妥。如果以法定代理人可能妨碍诉讼为由，不履行通知法定代理人参加诉讼的义务，径行聘请合适成年人参加诉讼，则并不是在保障未成年人的合法权益，而是可能剥夺了未成年人的合法权益。

总之，合适成年人参与制度是基于"儿童最大利益原则"和国家亲权理论而设立的，其目的在于在刑事诉讼中最大限度地保护未成年人的利益。当法定代理人无法满足这一要求时，应考虑其他合适成年人。实际上，这一做法也得到了国际公约的认可。1985年联合国《少年司法最低限度标准规则》及1989年《儿童权利公约》规定被指控犯罪的未成年人在诉讼中有要求父母或监护人在场的权利，父母或监护人参加诉讼应为了儿童的利益，否则必须排除他们参加诉讼。

第五，如何理解《工作指引》第50条第3款的规定？

过去，对于应否培养职业化的合适成年人，一直存在争议。所谓职业化的合适成年人，即培养一批以诉讼中合适成年人的工作为职业的人，对其进行职业化的管理、考核与培训，当司法部门有需要时可随时到场。我国部分地区支持合适成年人专职化，主要理由在于非职业化合适成年人讯问时不能随叫随到，具体案件中常出现合适成年人担任不连续、频繁更换合适成年人的情况，不利于合适成年人与未成年人建立信任关系，不利于互相沟通，也不利于保密。但反对者认为，合适成年人非职业化可以保障来源广泛、数量充足、背景多元，有利于对未成年犯罪嫌疑人、被告人进行抚慰和教育，有利于更好地利用社会资源且无需大笔经费。②

---

① 朱萍：《合适成年人参与未成年人刑事诉讼的问题及完善建议》，载《犯罪研究》2012年第2期。

② 前引韩索华文，《合适成年人制度研究》。

《工作指引（试行）》第50条第3款的规定，人民检察院应当加强与有关单位的沟通协调，制作合适成年人名册，健全运行管理机制，并开展相关培训，建立起一支稳定的合适成年人队伍。该规定并没有明确是否要求培养以合适成年人为专职的队伍，但确实提到了要对合适成年人进行管理和培训，加强合适成年人队伍的稳定性。

我们认为，建立起一支稳定的合适成年人队伍，定期对合适成年人队伍进行法律、心理学、儿童学等方面的培训，提高他们的履职能力，有利于保证合适成年人的连续性，有利于和未成年人的沟通，及时建立信任关系。上海检察机关就通过建立合适成年人值班制度，保证讯问"夜场"等活动的顺利进行。但是，建立合适成年人的专职队伍，必须注意专职化可能带来的负面效果。合适成年人相对固定和集中，在与警察和司法人员的反复接触中更容易增进合作意识，反而淡化其监督意识。从目前的司法实践中来看，未成年人的法定代理人或其亲友是首先考虑的合适成年人，在有法定代理人和亲友的情况下，一般不需要其他合适成年人。专职合适成年人发挥作用的场合比较有限。我们的建议是，各地可根据案件数量、司法规范程度及其他社会情况来分析专职合适成年人的利弊，来加强专职合适成年人的队伍建构。

第六，合适成年人应由谁聘请、如何聘请？

在实践中，合适成年人参与机制在很多地方都是由办案机关推动的，合适成年人往往由办案机关聘请，办案机关还因此承担了相应的费用。此外，各地办案机关在合适成年人的选择上随意性较大，基本由办案人员个人决定，缺乏随机性。上述情况，使得办案人员在自己承办的案件中愿意选择一些与自己"关系较好"或者在讯问过程中与自己配合较为"默契"的合适成年人。这客观上造成了合适成年人依附于办案机关的后果，导致合适成年人难以维持中立性，影响合适成年人监督作用的发挥。对于这个问题，我们认为，个案中合适成年人的选定不能由办案人员直接指定。诚然，办案机关必须承担起联系合适成年人的实际工作，但不能将合适成年人的选择权交由办案机关，这种做法不符合该制度"保护未成年人"的目的。在有条件的地区，为确保选任的合适成年人立场中立、充分发挥监督职能，还应避免办案人员与合适成年人的搭配相对固定化；对于按照区域确定分工的合适成年人，应一定时期调换负责区域和轮岗。

关于合适成年人的支持保障，目前合适成年人的酬劳没有统一的财政渠道，由办案机关自行解决。实践中公、检、法支付的报酬很少，合适成年人酬劳支付缺乏规制。根据《工作指引》第52条规定，由社会组织的代表担任合适成年人的，其在人民检察院审查逮捕、审查起诉阶段因履行到场职责而支出的交通、住宿、就餐等费用，人民检察院应当给予补助。对上述合适成年人因履职所需要的其他必要条件，人民检察院应当予以保障。另外可以由同级财政建立专门的经费，根据次数和其他参与情况按半年予以发放，还可以建立奖励机制，对表现优异的合适成年人予以奖励，增强其责任感和荣誉感。[①]

第七，如何确保未成年人选择、拒绝、更换合适成年人的权利？

未成年人选择合适成年人的权利，既包括提出具体人选的权利，也包括提出理想人选特征的权利。这一权利如何实现，取决于选任合适成年人的程序如何设置。我们认为，可分为以下几个步骤来进行：首先，由未成年人依次提出一至五位具体合适成年人的人选。在这份人选中，如果没有提及法定代理人，办案人员仍然应通知法定代理人，并对未成年人和其法定代理人进行调查询问。有充足理由认为法定代理人不适合担任合适成年人时，应启动法定代理人排除机制。其次，如不能提出具体人选或上述具体人选均无法联系或不能到案，未成年人可以选择由其学校、单位还是基

[①] 齐钦等：《浅谈合适成年人到场制度的具体适用的研究》，载《中国检察官》2018年第4期。

层组织代表作为合适成年人到场。如未作上述选择或上述单位表示不能派出代表到场，由讯问地兼职合适成年人或临时社会合适成年人到场，[①] 未成年人可以对合适成年人的性别、年龄段、职业背景、籍贯提出要求，办案机关应尽量予以满足。确定了合适成年人后，应尽量确保其参与所有讯问活动，而不宜频繁更换未成年人。

未成年人也享有拒绝和更换合适成年人的权利。未成年人放弃选择合适成年人的权利，由司法机关选择了合适成年人后，未成年人拒绝的，或者未成年人选择了之后又要求更换的，在有正当理由的情况下都应允许。但是，考虑到司法效率，对于拒绝或者更换的次数应予限制，根据《未成年人刑事检察工作指引（试行）》第49条的规定，原则上以两次为限，但合适成年人不能正确行使权利、履行义务，不能依法保障未成年人合法权益的除外。

四、合适成年人的权利义务及其实现

过去，我国法律对于合适成年人的权利义务规定极少。在《刑事诉讼法》第281条第2款和《人民检察院办理未成年人刑事案件的规定》第17条第6款中，规定合适成年人"认为办案人员在讯问中侵犯未成年犯罪嫌疑人合法权益的，可以提出意见"；"讯问笔录应当交由到场的法定代理人或者其他人员阅读或者向其宣读，并由其在笔录上签字、盖章或者捺指印确认"，意即必须经合适成年人知晓并确认。从法条内容来看，仅仅赋予了合适成年人提出意见的权利，但这个权利怎么实现，还有没有其他

[①] 特殊情况下，法定代理人、亲友合适成年人和学校、基层组织代表难以及时到位，为兼顾司法便利和刑事诉讼时限，必要情况下，可以由兼职合适成年人参与对未成年人的刑事讯问、审判。没有兼职合适成年人的或者未成年人提出相关特征要求的，可以选用临时社会合适成年人。兼职合适成年人和临时社会合适成年人来源广泛，根据就近原则，可由讯问地学校老师、共青团干部、居委会工作人员、志愿者等等担任。

权利,如何保障该权利,都没有明确。立法更像是仅仅在确保一个成年人"到场"。

由于对合适成年人的权利义务的内容和实现程序并没有明确的法律规定,实践中合适成年人到场后存在如下问题:第一,合适成年人定位错误。有些合适成年人将自身定位为"消极的在场者",只有未成年人向他们发问或求助时才会发言,① 有的则忽视自己未成年人权益"专门保护者"的首要作用,过多地担任了未成年人"教育者"和讯问过程"促进者",甚至成为讯问人员的"协助者",突出强调其教育功能而忽视了同等重要的保护功能。② 第二,合适成年人到场制度的重心仍停留在参与庭审程序以及在此过程中对未成年犯罪嫌疑人的教育感化,对审前社会调查、庭审前的教育和宣判后的矫治帮教重视还远远不够。③ 第三,合适成年人履职受限。为了防止合适成年人的参与影响办案,有的地方要求合适成年人只有获得办案人员许可后才能发言或者与未成年人交谈。④ 然而,侦查阶段首次讯问是获取犯罪嫌疑人口供的关键时间,对抗性最强,未成年犯罪嫌疑人最需要保护。如果合适成年人无法参与侦查阶段的首次讯问,即使他可以参与之后的所有讯问,其作用已经大打折扣。⑤ 完善的权利义务规定,以及明确的法律后果,是确保合适成年人制度发挥作用的保证。因此,在实践中有必要对合适成年人的权利义务及其实现进行明确和细化。

---

① 前引韩索华文,《合适成年人制度研究》。
② 实践中,有的未成年人在访谈中表示,在讯问过程中合适成年人会协助办案人员做一些工作,因此将合适成年人当作了办案人员。有的地方则要求合适成年人应当"动员"未成年人向讯问人员如实交代。参见何挺:《"合适成年人"参与未成年人刑事诉讼程序实证研究》,载《中国法学》2012年第6期。
③ 李春生:《合适成年人到场制度之我见》,载《中国律师》2013年第12期。
④ 前引韩索华文,《合适成年人制度研究》。
⑤ 前引韩索华文,《合适成年人制度研究》。

(一) 合适成年人的权利义务

《工作指引》第47条规定，到场的合适成年人享有下列权利：（一）向办案机关了解未成年人的成长经历、家庭环境、个性特点、社会活动以及其他与案件有关的情况；（二）讯问或者询问前，可以在办案人员陪同下会见未成年人，了解其健康状况、是否告知权利义务、合法权益是否被侵害等情况；（三）向未成年人解释有关法律规定，并告知其行为可能导致的法律后果；（四）对未成年人进行法制宣传，有针对性地进行提醒教育；（五）发现办案机关存在诱供、逼供或其他侵害未成年人合法权益的情形，可以当场提出意见，也可以在笔录上载明自己的意见，并向办案机关主管部门反映情况；（六）阅读讯问、询问笔录或者要求向其宣读讯问、询问笔录；（七）法律法规规定的其他权利。

到场的合适成年人应当履行下列义务：（一）接到参与刑事诉讼通知后持有效证件及时到场；（二）向未成年人表明自己的身份和承担的职责；（三）在场发挥监督作用和见证整个讯问、询问过程，维护未成年人基本权利；（四）抚慰未成年人，帮助其消除恐惧心理和抵触情绪；（五）帮助未成年人正确理解讯问或者询问程序，但不得以诱导、暗示等方式妨碍其独立思考回答问题，不得非法干涉办案机关正当的诉讼活动；（六）保守案件秘密，不得泄露案情或者未成年人的个人信息；（七）发现本人与案件存在利害关系或者其他不宜担任合适成年人的情况后，应当及时告知办案机关或者所在地未成年人保护组织；（八）法律法规规定的其他义务。

应该说，上述规定是建立在明确权利义务的规定方向，或者说指导思想，对合适成年人进行正确定位的基础上的。根据该制度的"保护未成年人"目的，合适成年人应做到监督、抚慰、沟通和教育这四项工作。具体而言，应监督讯问中是否存在侵犯未成年人合法权益的行为；在讯问中对未成年人予以关心和抚慰，减少因讯问、审判对未成年人造成的心理伤害；帮助未成年人正确理解和真实表达，促进未成年人与讯问人员的沟通；对未成年人给予不同于办理刑事案件立场的教育，等等。上述规定中权利义务的拟定，正是紧密围绕这四个方向才能最大限度地实现保护未成年人的目的。

值得讨论的问题如下：

第一，上述规定并没有明确合适成年人的参与范围。针对目前合适成年人制度只集中于讯问的现状，应建立起合适成年人从审前社会调查、庭前讯问、审判再到判决后矫正的全程保护教育机制。具体而言，应加强审前社会调查的针对性保护；重视庭前讯问的安抚监督，及时地开导未成年犯罪嫌疑人说出案件的实情，监督讯问人员；建构和参与判决有罪后的矫正方案。① 因此，办案人员讯问、审判未成年人时，合适成年人有权全程在场旁听。这里的讯问应当是侦查和审查起诉阶段的每一次讯问，审判应当是每一次开庭审理，即覆盖每一次讯问和审理。在讯问中有权发言，提供解释或要求讯问人员予以解释，与未成年人进行沟通，以中立立场适时对未成年人进行思想教育等，这是进行沟通、抚慰和教育的实质内容。②

第二，未成年人与合适成年人的沟通效果不佳。主要原因有：1. 单独沟通的时间难以有效落实。办案机关出于办案效率的考虑，往往是合适成年人到场之后进行了简短介绍，立即开始讯问，使得合适成年人没有时间了解未成年人的身心情况及深层次的需求，未成年人在短时间内也难以对合适成年人产生信任感。而且，办案机关往往不提供合适成年人与未成年人单独沟通的机会，通常都是在场陪同。所以未成年人难以脱离紧张的讯问环境，无法与合适成年人建立有效的信任。2. 实践中合适成年人由于参与时间仓促、准备内容不充分，表现得比较消极，其履行的职责主要

---

① 前引李春生文，《合适成年人到场制度之我见》。
② 随着实践中的适用和接受程度的提升，合适成年人参与还应拓展到涉及未成年人的辨认、搜查、扣押和逮捕等涉及基本权利的侦查行为和强制措施适用。

是到场和旁听，整个讯问环节很少发言，而未成年人由于陌生感和距离感也不愿意与他们多交流，严重削弱了合适成年人发挥作用的实质效果，客观上导致合适成年人在场的形式化。有论者认为，在通知合适成年人参加诉讼时，应使其了解涉罪未成年人的家庭、生活基本情况以及涉案情况等，保证在准备充分的前提下参与程序。并且，在讯问或审判前，办案机关可预留一部分时间给合适成年人当场与涉罪未成年人进行沟通，甚至规定该沟通时间的最低限度，便于两者建立互信关系。①

（二）权利义务的实现

对合适成年人的权利义务作出了明确规定之后，还需要进一步采取措施确保其实现。包括以下内容：

第一个问题是设置科学的程序。合适成年人的权利主张和义务履行应通过良好的程序设置来实现。具体程序合适成年人参与制度的具体程序如下：（1）确定合适成年人人选。对未成年人进行讯问和审判，案件承办人讯问和审判开始前，将《合适成年人选任意见书》交未成年人填写，根据未成年人的意愿确定合适成年人人选。（2）通知合适成年人到案。电话或书面通知合适成年人到场。合适成年人到场之前，办案人员不得开始讯问。（3）准备工作。首先，办案人员应告知合适成年人所享有的权利义务，简要介绍基本案情，合适成年人应在《合适成年人权利义务告知书》上签字；其次，合适成年人到场后，就监督讯问进行相应准备工作。合适成年人有权与未成年人单独交流，办案人员应保障单独交流的充分性。合适成年人应当向未成年人表明其身份，告知未成年人的权利和义务，询问其需要什么帮助。合适成年人还应当和办案人员就保证讯问和审判顺利进行的相关事项进行沟通。（4）旁听讯问。合适成年人旁听整个讯问过程，发现不当讯问及时提出，对未成年人不安情绪予以抚慰，对未成年人疑惑

---

① 前引齐钦文，《浅谈合适成年人到场制度的具体适用的研究》。

之处予以解释或要求讯问人予以解释,但不得干扰正常讯问和审判的秩序;对发生不当或违法讯问行为时,合适成年人有权指出;合适成年人在场应对讯问和审判的过程和内容作详细的记录。对合适成年人的正当发言办案人员不得无故打断、阻止。(5)阅读笔录并签字。讯问、庭审结束后,合适成年人阅读讯问、审判笔录,核对无误后签字;发现记录不实的,要求纠正,讯问人员拒绝纠正的,合适成年人有权要求讯问人将其意见记录在案。①

第二个问题是建立考核机制。合适成年人在参与讯问和审讯过程中,是否以保护未成年人为方向,是否履行了其应该履行的义务,需要进行考核。若不对合适成年人的工作进行考核,则有关合适成年人职责和纪律等方面的规定在实践中不可能对其行为产生有力的约束与指引,仅仅是一种"建议性"的规定。只有科学的考核才能保障合适成年人参与的实际效果。

首先,负责考核的主体不应为办案机关,否则合适成年人难以保持中立性。具体应由哪些机构负责,有学者建议有条件的地区可以设立专门的机构进行选聘、日常管理、工作考核、定期培训、发放补贴或薪酬;而其他地区可以由司法行政机关或关心下一代工作委员会、共青团组织等部门联合,或者在共青团或未保委等机构下设管理办公室进行上述工作。② 我们认为,这些形式都可以探索。其次,关于如何评价合适成年人的工作是否称职的问题,我们认为,不能完全由办案机关来进行评价,而应分别从未成年人和办案机关的角度来考核。具体而言,对于是否及时到讯问场地、是否遵守司法秩序等问题,由办案机关来评价。合适成年人违反纪律、妨害正常办案的,或者给予未成年人不当引导的,办案机关可以向合适成年人管理机构提出纠正意见。对于是否保护了未成年人,是否积极监督司法机关,是否

---

① 蒋宏伟:《合适成年人权利应当明确》,载《检察日报》2015年7月15日第3版。前引韩索华文,《合适成年人制度研究》。

② 前引韩索华文,《合适成年人制度研究》。

起到了沟通、抚慰、教育等作用，可以由未成年人来评价。①

第三个问题是法律后果如何规定。合适成年人能否对办案人员起到监督作用，取决于是否规定了相应的法律后果。《刑事诉讼法》第281条第2款规定"讯问笔录、法庭笔录应当交给到场的法定代理人或者其他人员阅读或者向他宣读"；《人民检察院办理未成年人刑事案件的规定》规定第17条第6款规定，"到场的法定代理人或者其他人员认为办案人员在讯问中侵犯未成年犯罪嫌疑人合法权益的，可以提出意见。讯问笔录应当交由到场的法定代理人或者其他人员阅读或者向其宣读，并由其在笔录上签字、盖章或者捺指印确认。"可见，《刑事诉讼法》几乎没有关于合适成年人监督的内容；《规定》中虽然做了一些规定，但没有可操作性。例如，在合适成年人未到场的情况下就对未成年人进行了讯问的，讯问笔录是否有效？如何对办案人员进行制裁、如何补救？合适成年人提出意见，而办案人员不采纳的，应如何处理？合适成年人不在笔录上签字，该笔录是否有证据效力？等等。这些问题不解决，合适成年人制度的实际效果不可能体现出来。

我们认为，这个问题可以从两方面来解决。一方面，应该对侦查机关办理未成年人案件的程序进行明确规定，要求必须有未成年人到场，确保其成为常规程序部分。侦查机关在首次讯问未成年犯罪嫌疑人时才知其为未成年人时，应立即停止讯问并通知合适成年人到场，重新讯问。对于违法操作的办案人员予以更换，并对其违法行为进行相应处罚。另一方面，应该赋予合适成年人"签名"一定的法律效力。证明合适成年人讯问时在场的最简便有效的方式是其在讯问笔录上签名，合适成年人认为办案人员

---

① 在具体操作上还可以进行研究。例如，涉案未成年人可以填写意见书，就合适成年人是否做到了意见书中所列的工作、满意程度如何等，进行评价。对于非常不满意的情况，负责考核的主体应作进一步的调查，再根据调查结果对该合适成年人作出相应的处理，如指出其问题，进一步培训，严重时取消其资格。

的讯问存在违法情况时,最有效的办法也是拒绝签名。至于没有合适成年人签名的口供在法律上效力如何,这是一个值得研究的问题。有的学者认为,"对于没有合适成年人到场签字的未成年人言词证据,应当严格依法予以排除",有的则主张,"既然法律明确规定法定代理人及其他合适成年人讯问时应当在场,如果未在场则属于重大的程序违法,除非经过补正或合理解释能证明其讯问时在场,否则未成年犯罪嫌疑人的口供不具有证据效力","在法庭对证据合法性进行调查时,合适成年人可以作为证人出庭,说明讯问的过程和口供获得的情况"。[①] 我们认为,从《刑事诉讼法》第56条非法证据排除的规定来看,后一种观点更加合理。

第三节 附条件不起诉制度

一、附条件不起诉制度的起源与发展

附条件不起诉制度是指检察官在审查起诉过程中,针对个案具体情况可以裁量作出暂时不予起诉的制度,即检察机关对已经具备追诉要件的犯罪,在一定条件下,要求被追诉人遵守或履行一定事项为前提从而暂时放弃对其提起公诉,若被追诉人在所附期间内信守承诺,遵守所应当履行的义务,检察官即不再对其进行追诉的制度。

刑事诉讼程序中的附条件不起诉制度最早起源于德国。"二战"之后,由于犯罪人数剧增,德国司法界面临着取证难、定性难、司法资源匮乏等现实压力。为了更有效地利用司法资源,学者们提出了起诉便宜主义理念。附条件不起诉制度随着这样的历史背景而产生。1953年德国刑法赋予

[①] 前引韩索华文,《合适成年人制度研究》。

了检察机关不起诉裁量权,检察官可根据案情决定是否终止起诉被指控人。① 德国附条件不起诉案件的适用对象并不限于未成年人,而是所有实施轻罪的被告人,② 由检察院综合案情和公共利益来作出是否适用附条件不起诉的决定,但法院和被指控方同意才可以生效。检察院要求被指控人实施一定的金钱给付或履行其他义务,旨在消除和弥补被指控人轻罪行为的社会危害,使得被损害的利益恢复原状。根据法律,被指控人必须在6个月到1年内履行义务,违反这一期限要求将承担不利的法律后果。③ 在美国,附条件不起诉制度称为延迟起诉(deferred prosecution)或审前分流(pretrial diversion)。当辩护人按照要求履行特定的义务或者参加辅导或治疗时,就暂时中止诉讼进程。当其在特定的时间内完成了所有要求,刑事指控将会被撤销,反之起诉继续进行。至于该延迟起诉制度适用于何种类型的案件,司法实践中通常分为未成年人犯罪、营利性公司法人犯罪和吸食毒品犯罪。④

在我国,最高人民检察院于2009年出台了《贯彻落实中央政法委关于深化司法体制和工作机制改革若干问题意见的实施意见》,司法改革意见中明确提出了"设立附条件不起诉制度"。此后,各地开始探索适用附

---

① 德国《刑事诉讼法典》第153条a项规定:"经负责审理程序的法院和被指控者同意,检察院可以对轻罪暂时不予提起公诉。同时要求被告:做出一定的给付,弥补行为造成的损害;向某公益设施或国库交付一笔款额;作出其他公益给付;或者承担一定数额的赡养义务,以这些要求、责令适合消除追究责任的公共利益,并且责任程度与此相称为限。"

② 根据2002年修订的《德国刑法典》第12条规定,重罪与轻罪的界限标准为1年自由刑,且此处的刑期为法定刑,即只有最高刑为1年以下自由刑或者课处罚金刑的违法行为才能够适用附条件不起诉的决定。

③ 韩成军:《新〈刑事诉讼法〉对附条件不起诉制度的完善》,载《河南社会科学》2012年第10期。

④ 郭旭:《附条件不起诉制度在中国的实施》,载《上海政法学院学报》2013年第28期。

条件不起诉制度,① 经过一段时间的实践积累,2018 年《刑事诉讼法》第 282 条、第 283 条、第 284 条对附条件不起诉制度做了专门的规定。其中,第 282 条规定了附条件不起诉的适用条件;第 283 条规定了考验期内,人民检察院、监护人和未成年犯罪嫌疑人各自的义务;第 284 条则规定了作出撤销不起诉决定或不起诉决定的条件。这些规定作为未成年人附条件不起诉制度的法律依据,是我们研究附条件不起诉制度的基础。从这些条文来看,我国的附条件不起诉制度主要为了满足两个目的,一方面为了保护未成年人。即满足一定条件后暂时不起诉未成年人,避免污名化。另一方面还有惩戒、教育作用,确保未成年人在规定的期限内履行相应的义务。

二、附条件不起诉与相对不起诉

《工作指引》第 184 条规定,人民检察院对于既可以附条件不起诉也可以起诉的未成年犯罪嫌疑人,应当优先适用附条件不起诉。对于既可以相对不起诉也可以附条件不起诉的未成年犯罪嫌疑人,应当优先适用相对不起诉。如果未成年犯罪嫌疑人存在一定的认知偏差等需要矫正,确有必要接受一定时期监督考察的,可以适用附条件不起诉。

本条规定了起诉、附条件不起诉和相对不起诉在适用中出现交叉时应该采取何种做法。当可以起诉也可以附条件不起诉时,《工作指引》认为应当做附条件不起诉处理,这反映出对未成年人注重以帮助、教育为重点的司法态度。而当可以附条件不起诉也可以相对不起诉时,采取相对不起诉的做法,应当如何理解?考虑到附条件不起诉制度保护、惩戒未成年人的目的,附条件不起诉与相对不起诉相比,对犯罪嫌疑人具有更强的约束与惩戒性质。② 实践中应以犯罪嫌疑人是否有帮教必要作为标准,换言

---

① 例如,2011 年甘肃省人民检察院制定了《甘肃省检察机关关于适用附条件不起诉的暂行规定(试行)》。

② 刘少军:《附条件不起诉制度的改革与完善》,载《东方法学》2012 年第 3 期。

之,"凡是需要通过长时间的考察来决定诉与不诉的案件原则上都应依法使用附条件不起诉"。① 对于犯罪情节轻微、主观恶性较小、再犯可能性不大的初犯、偶犯等,没有考察 6 个月以上时间的必要,可以直接作出相对不起诉决定。但是,对于有帮教必要的,例如,在社会调查中发现其日常存在明显的不良行为,其所处家庭和社会环境不可能对其进行帮助教育的,应适用附条件不起诉。②

三、附条件不起诉制度的适用条件

《刑事诉讼法》第 282 条规定:"对于未成年人涉嫌刑法分则第四章、第五章、第六章规定的犯罪,可能判处一年有期徒刑以下刑罚,符合起诉条件,但有悔罪表现的,人民检察院可以作出附条件不起诉的决定。人民检察院在作出附条件不起诉的决定以前,应当听取公安机关、被害人的意见。"应该说,本条对于附条件不起诉制度的适用条件作出了原则性的规定,实践中仍然需要厘清以下问题。

(一)如何理解"可能判处一年有期徒刑以下刑罚"

"未成年人涉嫌刑法分则第四章、第五章、第六章规定的犯罪,可能判处一年有期徒刑以下刑罚"是附条件不起诉制度适用的基本条件。如果对"可能判处一年有期徒刑以下刑罚"从法定刑的角度理解,则刑法分则第四、五、六章规定的犯罪中只有第 252 条侵犯通信自由罪和第 322 条偷越国(边)境罪符合条件。但这样一来,附条件不起诉制度的适用范围就太窄了,导致该制度丧失意义。因此,究竟如何理解"可能判处一年有期徒刑以下刑罚"存在疑问。

---

① 刘少军:《附条件不起诉制度的改革与完善》,载《东方法学》2012 年第 3 期。
② 郭建龙、刘奎芬:《试论附条件不起诉之适用问题》,载《中国刑事法杂志》2013 年第 11 期。

早在《刑事诉讼法》作出附条件不起诉的规定之前，各地就已经开展了实践。从各地附条件不起诉案例看，主要有盗窃、抢劫、故意伤害（轻伤、重伤）、聚众斗殴、寻衅滋事等，所涉嫌的罪名并不限于极其轻微的犯罪。这些犯罪所对应的法定刑大部分是"三年有期徒刑以下刑罚"，少数为"三年以上十年以下有期徒刑"，如抢劫罪、故意伤害罪（重伤），也有"五年以下有期徒刑、拘役或者管制"的，如寻衅滋事罪。其中抢劫案均属暴力轻微，未成年犯罪嫌疑人认罪悔罪，系初犯、偶犯，或在共同犯罪中作用较小等；故意伤害（重伤）案一般系邻里、同学、同事之间因琐事引发纠纷，双方达成刑事和解等；寻衅滋事案一般是造成轻微伤或轻伤后果，犯罪嫌疑人与被害人达成刑事和解等。[1]

学界根据实践中的这些表现，对"可能判处一年有期徒刑以下刑罚"提出了看法。一种观点认为，"可能判处一年有期徒刑以下刑罚"应理解为宣告刑，而不是法定刑，即根据具体案情，结合量刑标准的规定，可能判处一年有期徒刑以下刑罚的都符合条件。[2] 具体而言，首先应当考察犯罪案件的具体犯罪事实、情节，确定可能判处的刑罚，其次，根据刑法总则第17条对未成年人犯罪"从轻或者减轻处罚"的规定，对前述刑罚从减轻，得出的刑罚在一年以下的，就可以适用附条件不起诉。由此倒推法定刑的话，可以大致认为，法定量刑档次原则上为"三年有期徒刑以下刑罚"，特殊情况下"三年以上五年以下刑罚"也可以考虑适用。[3] 这种观点是学界主流观点。[4] 另一种观点则主张修改立法，认为，"一年有期徒刑以下刑罚的案件在实践中可以通过相对不起诉处理，因此将附条件不起

---

[1] 张寒玉、吕卫华：《附条件不起诉制度若干问题研究》，载《人民检察》2013年第9期。

[2] 前引郭建龙、刘奎芬文，《试论附条件不起诉之适用问题》。

[3] 前引张寒玉、吕卫华文，《附条件不起诉制度若干问题研究》。

[4] 赞同的还有郭旭：《附条件不起诉制度在中国的实施》，载《上海政法学院学报：法治论丛》2013年第28期。

诉的范围限制在一年有期徒刑以下刑罚的案件，新设制度的意义难以体现"。① 考虑到未成年人有较大的可塑性，重新走向社会的可能性很大，应将刑罚条件改为"可能判处三年有期徒刑以下刑罚"。②

针对这些争论，《人民检察院办理未成年人刑事案件的规定》第29条第1款第2项作出了说明，即"可能被判处一年有期徒刑以下刑罚"应根据具体犯罪事实、情节来判断。我们认为，这是对现行《刑事诉讼法》的正确理解。《刑事诉讼法》在制定附条件不起诉制度时，仔细参考了各地的实践情况。因此，"可能判处一年有期徒刑以下刑罚"势必是在对案件中的具体事实和情节进行考虑之后做出的判断，例如，犯罪嫌疑人在共同犯罪中所起作用很小、被胁迫参加、有未遂中止情节、因防卫过当或者紧急避险过当构成犯罪，等等。③

（二）如何界定"有悔罪表现"

"有悔罪表现"是适用附条件不起诉的重要条件，但目前法律对何种情形属于"有悔罪表现"没有明确规定。司法实践中，各地主要从以下三个方面衡量未成年犯罪嫌疑人是否确有悔改表现：一是犯罪嫌疑人的认罪态度；二是专业心理咨询公司针对犯罪嫌疑人出具的心理评估报告；三是犯罪嫌疑人是否向被害人真诚道歉和积极赔偿被害人的损失。④

学者对这一问题解决方案大致相同。例如，有的学者认为，犯罪后如实

---

① 童建明：《新刑事诉讼法理解与适用》，中国检察出版社2012版，第259页。

② 王光笑、杨楚庸：《论附条件不起诉自由裁量权的风险及其规制》，载《湖北警官学院学报》2014年第12期。

③ 值得探讨的是，案后情节也可以影响量刑，如认罪态度（自首、坦白）、刑事和解等，若根据案中的具体事实和情节，不能判处一年以下有期徒刑，但加上案后情节可能判处一年以下有期徒刑时，能否适用附条件不起诉呢？我们认为，案后情节通常用于判断嫌疑人是否有"悔罪表现"，在刑罚衡量中适用案后情节，是有利于被告人的二次评价，严格来说刑法并不禁止。从附条件不起诉目前适用情况来看，适用范围仍然过窄，从进一步扩大适用的目的来看，有必要承认案后情节在刑罚衡量中的适用。

④ 前引张寒玉、吕卫华文，《附条件不起诉制度若干问题研究》。

交代罪行，并具有下列情形之一的，可以认为具有悔罪表现：（1）犯罪后积极配合司法机关办案；（2）向被害人赔礼道歉、积极退赃、尽力减少或者赔偿损失；（3）取得被害人的谅解；（4）具有自首或者立功表现；（5）犯罪中止等。① 有的则从三个方面来谈悔罪表现，一是未成年犯罪嫌疑人要有自首和立功表现，对自己的犯罪行为供认不讳，积极配合侦查机关查获线索，协助抓捕同案犯罪嫌疑人；对于检察机关指控的犯罪事实以及罪名正确的要完全同意，没有任何疑义。二是犯罪嫌疑人完全清楚检察机关指控的内容，对指控的内容没有疑义，并知道其承认的法律后果。三是真诚的内心悔悟。嫌疑人应真诚地从内心体会到自己的行为对被害人的伤害后果以及对社会秩序的严重破坏；积极协调家人对被害人进行必要的赔偿，退还赃款赃物并及时挽救损失，赔偿的数额参照造成的损失以及被害人的满意度；未被关押的犯罪嫌疑人应当面向被害人及家属赔礼道歉，以实际行动取得被害人的谅解。② 还有的学者则认为"悔罪表现"体现在以下四个方面：（1）是否如实供述自己的罪行；（2）是否主动交代与案件有关联的人和事；（3）是否积极退赃和赔偿被害人损失；（4）是否深刻认识犯罪的危害。

我们认为，悔罪表现之所以成为附条件不起诉的条件，主要是因为其体现了犯罪嫌疑人人身危险性低，从而使得通过刑法进行特殊预防的必要性减低。从这个意义来看，悔罪表现可以考虑以下方面：一是认罪态度。犯罪嫌疑人是否自首、坦白，是否真诚地认识到自己行为的危害性。二是积极补救。包括是否协助抓捕同案犯，是否对自己的行为表示忏悔，是否积极寻求被害人及其家属的谅解，是否对被害人的损失进行了赔偿，等等。有必要指出的是，不能认为凡是对检察机关指控的犯罪事实以及罪名提出异议的都不构成"悔罪"，未成年人有对此表达不同看法的权利，应

---

① 前引张寒玉、吕卫华文，《附条件不起诉制度若干问题研究》。
② 前引王光笑、杨楚庸文，《论附条件不起诉自由裁量权的风险及其规制》。

综合其整体表现，判断其是否"悔罪"。

（三）是否将被害人同意作为附条件不起诉的前提条件

刑事诉讼法规定："人民检察院在作出附条件不起诉的决定以前，应当听取公安机关、被害人的意见。"但是否将被害人同意作为附条件不起诉的前提条件，并没有明确。从实践来看，很多地方在试行附条件不起诉制度时，明确规定犯罪嫌疑人与被害人达成和解是适用附条件不起诉的前提条件之一，以此促使犯罪嫌疑人与被害人双方达成和解。如《北京市顺义区人民检察院实施附条件不起诉制度暂行细则》规定，"有明确被害人的"，对未成年犯罪嫌疑人作附条件不起诉决定必须符合"与被害人达成刑事和解"这一条件。学者们也同意这样的做法，认为被害人是受犯罪行为直接侵害的人，在诉讼中是一方当事人，没有特别充分的理由，被害人意见是应当采纳。《刑事诉讼法》和《规定》中所说的"听取意见"不能理解为走程序，① 这种做法有利于案件公正、公平，可以让被害人参与到案件的办理，让受害人的损害得以一定的补偿。②

但是，《工作指引》第187条明确规定，"对于被害人不同意附条件不起诉的，人民检察院可以作出附条件不起诉决定，但要做好释法说理和化解矛盾工作。""对于审查起诉阶段无法联系到被害人，经审查符合附条件不起诉条件的，可以作出附条件不起诉决定。"

我们认为，被害人意见对附条件不起诉的决定有重要的影响，应当尽量促使被害人谅解或达成和解。这是将被害人同意视为前置程序的意义，即必须积极寻求和解，这也是被害人确实"悔罪"的表现。由于附条件不起诉制度要求"可能判处一年有期徒刑以下刑罚"，这类案件一般不会给

---

① 前引张寒玉、吕卫华文，《附条件不起诉制度若干问题研究》。
② 史运伟、胡黎：《我国未成年人附条件不起诉的实践适用研究》，载《黑龙江省政法管理干部学院学报》2014年第5期。

被害人造成很大的损害，因此，在犯罪嫌疑人确实积极地、真诚地寻求被害人谅解的情况下，通常能够与被害人达成和解。换言之，如果被害人没有同意，那么一般可以认为犯罪嫌疑人并没有达到积极、真诚地寻求谅解的程度。但是，不能认为"被害人同意"是适用附条件不起诉制度的必不可少的前置程序。当对是否适用此制度发生争议时，根据《人民检察院办理未成年人刑事案件的规定》第31条的规定，"人民检察院可以召集侦查人员、被害人及其法定代理人、诉讼代理人、未成年犯罪嫌疑人及其法定代理人、辩护人举行不公开听证会，充分听取各方的意见和理由。"若被害人及其家属不同意，并能提出合理的理由的，检察机关应慎重考虑，反之，则可以对未成年犯罪嫌疑人适用附条件不起诉。

这一点，也可以通过和解不起诉和附条件不起诉的对比来加以说明。我国《刑事诉讼法》对和解不起诉的要求是，基于民间纠纷引起的，涉嫌刑法分则第四章、第五章规定的罪名，可能判处三年有期徒刑以下刑罚的犯罪案件，以及除渎职犯罪以外的可能判处七年有期徒刑以下刑罚的过失犯罪案件，如果双方当事人达成和解协议的，犯罪情节轻微，不需要判处刑罚的，可以做出不起诉的决定。比较而言，和解不起诉与附条件不起诉都对适用案件的范围有限制，并且存在一定范围的重叠，但和解不起诉适用的其实是"相对不起诉"，主要是考察嫌疑人和被害人之间的赔偿谅解情况，而附条件不起诉主要考察嫌疑人的主观方面是否有悔罪表现。① 可见，在附条件不起诉中，是否达成谅解并非必要的前置程序。

四、附条件不起诉制度中的考察帮教机制

2018年《刑事诉讼法》第283条规定，"在附条件不起诉的考验期内，由人民检察院对被附条件不起诉的未成年犯罪嫌疑人进行监督考察。

---

① 前引程晓璐文，《附条件不起诉制度的适用》。

未成年犯罪嫌疑人的监护人,应当对未成年犯罪嫌疑人加强管教,配合人民检察院做好监督考察工作。"《规定》第43条第2款规定,"人民检察院可以会同未成年犯罪嫌疑人的监护人、所在学校、单位、居住地的村委会、居委会、未成年保护组织等有关人员,定期对未成年人进行考察、教育,实施跟踪帮教"。

《工作指引》第196、197条对这一问题进行了更为详细的规定。第196条的内容是:"在附条件不起诉的考验期内,人民检察院应当对被附条件不起诉的未成年犯罪嫌疑人进行监督考察。监督未成年犯罪嫌疑人履行义务、接受帮教的情况,并督促未成年犯罪嫌疑人的监护人对未成年犯罪嫌疑人加强管教,配合人民检察院做好监督考察工作。""人民检察院可以会同司法社工、社会观护基地、公益组织或者未成年犯罪嫌疑人所在学校、单位、居住地的村民委员会、居民委员会、未成年人保护组织等相关机构成立考察帮教小组,明确分工及职责,定期进行考察、教育,实施跟踪帮教。""考察帮教小组应当为考察对象制作个人帮教档案,对考察帮教活动情况及时、如实、全面记录,并在考察期届满后三个工作日内对考察对象进行综合评定,出具书面报告。"第197条规定:"人民检察院在附条件不起诉决定适用、监督考察等过程中,可以运用心理测评、心理疏导等方式,提高决策的科学性和考察帮教的针对性。"

根据上述条文变化,说明《工作指引》在努力加强帮教的专业性。从各地过去的司法实践情况看,考察帮教工作大多由检察机关作为牵头组织者,联合附条件不起诉对象所在工作单位、学校、居住地的基层组织等共同开展。[1] 有些地方还以联合公安、司法、街道、教委、妇联、团委等部门

---

[1] 如《上海市人民检察院实施附条件不起诉制度暂行细则》规定,"人民检察院应当组织未成年犯罪嫌疑人所在社区、学校或单位、未成年人保护组织的有关人员以及专业社工、心理咨询师、自愿者等社会帮教力量,建立帮教小组,协助人民检察院开展监督考察工作。"

共同下发文件的形式，建立多部门联合帮教的长效机制。① 这种检察机关牵头，通过协议形式联合学校、社区（村组）、司法机关的临时性、松散性的帮教组织形式缺乏强有力的制度支撑，一些部门参与帮教考察的积极性不高，敷衍了事，导致帮教考察流于形式；现有帮教措施主要停留在以说教为主的思想教育阶段，帮教的专业性、针对性不够强，矫正效果不明显。

《工作指引》注意到了这个问题，提出了三点来进行改进：一是明确在帮教过程中加入了司法社工、社会观护基地、公益组织三个主体，并将其放在所有的帮教主体之首，体现了加强帮教主体的专业性的倾向。二是要求确定各帮教主体明确的分工和职责，并对考察帮教活动规定了制定帮教档案、进行综合评定以及出具报告等硬性要求。用以规范帮教活动。三是在第197条规定了监督考察过程中对心理测评、心理疏导等方式的运用，同样体现了对帮教监督过程的科学、专业性的要求。

值得研究的有以下几个问题：

第一，如何对外地未成年犯罪嫌疑人进行帮教。由于"无固定住所、无正当职业、无稳定收入"，一些外地未成年犯罪嫌疑人往往不具备有效监护或者社会帮教条件，无法适用附条件不起诉制度，这容易导致该制度演变为本地户籍的未成年犯罪嫌疑人的一项"福利"，造成本地和外地涉罪未成年人的不平等保护，从而引发社会矛盾。如北京市2013年上半年被做出附条件不起诉的26名未成年犯罪嫌疑人中，外地籍未成年人仅占20%，这和北京高达70—80%的外来未成年人犯罪比例形成巨大的反差。②

第二，如何提高帮教效果的问题，我们认为，可以从以下几方面来展

---

① 如《北京市顺义区人民检察院实施附条件不起诉制度暂行细则》是顺义区检察院会同顺义区未保委、北京市公安局顺义分局、顺义区教委联合出台的；北京市朝阳区检察院则与区司法局、共青团朝阳区委会签了《关于对附条件不起诉的非在校未成年人实行"监督考察"工作的实施细则（试行）》，与区教委、共青团朝阳区委会签了《关于对附条件不起诉的在校未成年人实行"监督考察"工作的实施细则（试行）》。

② 前引程晓璐文，《附条件不起诉制度的适用》。

开：首先，应具体明确帮教各方的职责。在帮教体系中，应对各参与机构的职责作出划分，避免发生责任推诿的现象。其次，应进一步引入社会力量、专业机构，弥补考察、帮教资源不足和专业性欠缺的问题。再次，应建立科学有效的帮教机制。一是找准帮教点，如有学者认为，可将社会调查作为附条件不起诉的必经程序，找准对未成年人进行教育的"感化点"，以便"对症下药"，取得最佳的教育效果。① 二是优化帮教方式，避免一味的说教形式，而以鼓励未成年人参与公益、帮助他人等形式，调动未成年犯罪嫌疑人悔改的积极性，促使其自我改进。以帮教组织的力量来履行管理、矫治和教育未成年犯罪嫌疑人的工作。三是建立跟踪回访机制，巩固帮教成果。

第三，如何对外地犯罪嫌疑人进行帮教。目前实践中主要是建立管护教育基地。有三种模式，一是企业模式。在经济较为发达的地区，检察机关在具有较强社会责任感的企业中择优建立管护教育基地。企业为未成年犯罪嫌疑人提供工作岗位，以便其适应正常的生活和工作，基地负责人对未成年犯罪嫌疑人进行考察。二是社区模式。对一些人口较为集中以及外来人员、未成年人较多的社区，检察机关积极协调社区建立管护教育基地。三是公益组织模式。即在一些事业单位中建立管护教育基地，为未成年犯罪嫌疑人提供矫治和教育场所。② 除了建立管护教育基地外，一些社

---

① 前引张寒玉、吕卫华文，《附条件不起诉制度若干问题研究》。
② 这一点，江苏、浙江等地工作进展较好。如江苏省张家港市检察院于 2007 年率先试行对涉罪外来未成年人进行定点管护；2008 年，江苏省无锡市检察机关联合公安、法院、司法行政、团委、关工委等部门，积极动员企业、社区等社会力量，建立管护教育基地，为无逮捕必要、又不具备取保候审条件的涉罪外来未成年人；2009 年以来，江苏省苏州、常州等地检察机关也纷纷建立"未成年人关爱教育基地"、"外来人员平等保护基地"；无锡市开发区检察院在无锡新区社会事业局下属的 7 家敬老院成立了管护教育基地；江阴市检察院探索建立的东发管件有限公司关爱基地；昆山市检察院在青阳街道富华社区居委会设立观护站。浙江省宁波市北仑区检察院针对涉罪外来未成年人较多的问题，与热心公益的企业签订附条件不起诉帮教协议，建立帮教基地。昆山市检察院在青阳街道富华社区居委会设立观护站。

工服务发达的地方还启动了"政府购买服务",如上海市检察机关借助"政府购买服务"的方式,通过覆盖各区县的社工力量,建立起对涉罪未成年人实行帮教的社会观护制度。这些方式充分利用了社会资源,为缺乏监护条件的涉罪未成年人提供了帮教条件,取得了良好效果,有利于维护未成年人合法权益,预防和减少未成年人重新犯罪。

五、适用附条件不起诉的制度保证

从前文来看,附条件不起诉制度适用条件较相对不起诉制度更严,但检察机关需花费更多的精力,在作出附条件不起诉的决定时,就需要听取当事人和法定代理人与侦查机关的意见,协调各方利益;在作出决定后,落实观护单位,制定考察帮教的方案,在未成年犯罪嫌疑人长达半年甚至一年的考察期内跟踪履行考察帮教职责,定期与帮教人员沟通联络,定期听取被考察人的思想汇报,定期向监护人及观护单位了解表现情况等。在考察前、考察后,还要两次汇报、至少上一次检委会的程序设置,整个过程还要作更多文书,如附条件不起诉决定书、未成年犯罪嫌疑人的保证书、未成年人犯罪嫌疑人监护人担保书,附条件不起诉考察教育协议书、考察意见书等诸多法律文书。这些繁琐的事务,使得"长期处于案多人少压力下的检察官疲于应对,这也造成附条件不起诉案件的隐性流失"。[①]

对此,有必要通过建立相应的制度来确保附条件不起诉在实践中更好地适用。首先,各地检察院应根据《刑事诉讼法》和《规定》,对附条件不起诉、相对不起诉在类罪中的适用参考标准进行细化,根据两者的区别,尤其需要对于未成年犯罪嫌疑人是否适用帮教的情况进行细化,符合各自条件的必须根据相应的制度来处理,杜绝执法随意性。其次,附条件不起诉程序的烦琐与检察官案多人少的实际情况确有矛盾,可以通过设置

---

① 前引程晓璐文,《附条件不起诉制度的适用》。

鼓励适用的考评机制来缓解。①

第四节 未成年人犯罪记录封存制度

一、未成年人犯罪记录封存的域外考察

未成年人犯罪消除/封存制度是指,通过法律程序将未成年犯罪人的前科记录予以消除/封存,使社会公众无法知悉。这一制度被认为有利于弱化未成年人的犯罪"标签"心理,避免其被歧视,有利于其迅速重新回归融入社会,进而进一步降低未成年犯的重新犯罪率,有利于社会秩序的稳定。该制度最早产生于美国。1899年,世界上第一部未成年人犯罪记录封存的法律《少年法院法》在美国伊利诺伊州诞生。该法将少年触犯刑法的行为不叫"犯罪(crime)",而称之为"罪错(delinquency)"。此后,美国其他州也纷纷效仿伊利诺伊州立法,截止2014年有16个州允许消除未成年人犯罪记录。② 现在,《美国法典》第5038条专门规定了未成年人犯罪保密封存制度,并限制了相关规则的适用。例如,规定犯罪记录消除的条件为"行为无挑剔"、"已具备正派品行"等;犯罪记录消除分为"依职权"提起和"依申请"提起;犯罪记录消除的期限分别依据罪行轻重有所差别,有1年和3年期限之分。③

在欧洲大陆,不少国家也规定了这一制度。如1923年颁布的《德国青少年刑法》(1998年修订)第97条规定"被判处刑罚的少年达到行为

---

① 前引程晓璐文,《附条件不起诉制度的适用》。
② 崔汪卫:《论未成年人犯罪纪录封存制度的适用》,载《中国青年研究》2014年第2期。
③ 安文录:《国际视野下涉罪未成年人刑事记录封存制度的几点思考》,载《犯罪研究》2011年第5期。

端正，品行正派时，法官可依职权或者当事人依申请，由法院宣布该少年以前所犯罪行的全部犯罪记录消除，但涉及普通《刑法典》第 174 条至 180 条，或者第 182 条规定的除外。"法国《刑事诉讼法典》第 770 条规定："对未满 18 岁的未成年人作出的裁判决定，在此种决定作出起 3 年期限届满后，如未成年人已经得到再教育，即使其已经达到成年年龄，少年法庭得应其本人申请、检察机关申请或依职权，决定从犯罪记录中撤销与前项裁判相关的登记卡；经宣告撤销犯罪记录登记卡时，有关原决定的记述不得留存于少年犯罪记录中；与此裁判相关的犯罪记录卡应销毁"。俄罗斯、瑞士等国也作了类似规定。①

现在，未成年人犯罪记录应封存或者消除已经成为了国际社会的共识。为保护未成年人的合法权益，弱化和消除社会对未成年人的标签效应，联合国等国际和区域性组织制定了一系列保护未成年人权益的国际公约和规则。《联合国保护被剥夺自由少年规则》（简称东京规则）、《联合国保护被剥夺自由少年犯罪准则》（简称利雅得准则）和《联合国少年司法最低限度标准准则》（简称北京规则）等三个国际公约成为未成年犯罪法律制度的重要渊源。根据这三个规则，封存未成年人的犯罪记录是联合

---

① 《俄罗斯刑法典》第 18 条第 4 款规定："一个人在年满 18 周岁之前实施犯罪的前科，以及其前科依照本法典第 86 条规定的程序被撤销时，在认定累犯时不得计算在内。"《瑞士联邦刑法典》第 96 条第 4 款规定，被附条件执行刑罚的少年在考验期届满前经受住考验的，审判机关命令注销犯罪记录。

国未少年司法准则的最低限度要求,① 各签约国均必须严格贯彻执行。

二、未成年人犯罪记录封存的国内立法

从 2003 年开始，未成年人犯罪记录封存实践就已经在我国展开，河北石家庄市长安区人民法院提出《未成年人前科消灭实施办法》，对初犯、偶犯，且罪行较轻的未成年犯罪人，如果确有悔过表现，遵纪守法不致再犯新罪的，可由法院作出撤销前科裁定，出具前科消灭证明书。随后，上海、四川、山东、贵州、河南、江苏等省也先后展开实践。②

2008 年，中共中央批转的《中央政法委关于司法体制和工作机制改革若干问题的意见》中要求"有条件地建立未成年人轻罪犯罪记录消灭制

---

① 《北京规则》第 8 条规定："应在各个阶段尊重少年犯享有隐私的权利，以避免由于不适当的宣传或加以点名而对其造成伤害。原则上不应公布可能会导致使人认出某一少年犯的资料"。该规则第 12 条明确规定："对少年罪犯的档案应严格保密，不得让第三方利用。应仅限于与处理手头上的案件直接有关的人员或其他经正式授权的人员才可以接触这些档案。少年罪犯的档案不得在其后的成人讼案中加以引用"。《东京规则》第 13 条规定："被剥夺自由的少年不应因有关这一身份的任何理由而丧失其根据国内法或国际法有权享有并与剥夺自由情况相容的公民、经济、政治、社会或文化权利"。该规则第 19 条规定"所有报告包括法律记录、纪律程序记录和医疗记录以及与待遇内容、形式和细节有关所有的其他文件，均应放入个人档案内保密……非特别允许任何人员不得查阅……在少年释放时，这些犯罪记录应予以封存，并在封存一定的时间后加以销毁"。

② 例如，2004 年，上海检察机关推行"未成年人刑事污点限制公开"，对经考察合格的相对不起诉记录不记入档案。2007 年，四川省彭州市法院出台《少年犯"前科消灭"试行方案》，对于在校未成年人的过失犯罪或危害性不大的轻微刑事犯罪，经申请可以裁定撤销其刑事处罚记录，相关刑事法律文书不再记入档案。2010 年 9 月 1 日起施行的《贵州省未成年人保护条例》第 50 条规定，对违法和轻微犯罪的未成年人，可以试行违法和轻罪记录消除制度。2010 年底，河南省法院系统在平顶山、新乡法院开展了未成年人初犯、偶犯"前科封存"试点工作，对于被判 5 年以下有期徒刑，主观恶性不大，不会危害社会的未成年人初犯、偶犯，家人可以申请封存犯罪记录。2013 年 4 月施行的《江苏省未成年人犯罪记录封存工作实施意见》将新刑事诉讼法第 286 条进一步细化规定为，"被判处 5 年以下有期徒刑、拘役、管制、单处罚金、驱逐出境以及免予刑事处罚的未成年被告人。"

度"。这是我国第一个提出要确立未成年人轻罪犯罪记录封存制度的规范性文件。2009年3月,最高人民法院颁布的《人民法院第三个五年改革纲要(2009—2013)》要求"配合有关部门有条件地建立未成年人轻罪犯罪记录消灭制度"。2010年8月,中央综治委预防青少年违法犯罪工作领导小组、最高人民法院、最高人民检察院、公安部、司法部、共青团等中央六部门联合制定的《关于进一步建立和完善办理未成年人刑事案件配套工作体系的若干意见》要求:"对违法和轻微犯罪的未成年人,有条件的地区可以试行行政处罚和轻罪记录消灭制度。非有法定事由,不得公开未成年人的行政处罚记录和被刑事立案、采取刑事强制措施、不起诉或因轻微犯罪被判处刑罚的记录。"但是,上述规定的效力层级都较低,而且没有规定各地必须遵守,与我国所加入的前述三个国际公约的要求不符。

我国《刑事诉讼法》第286条规定:"犯罪的时候不满十八周岁,被判处五年有期徒刑以下刑罚的,应当对相关犯罪记录予以封存。犯罪记录被封存的,不得向任何单位和个人提供,但司法机关为办案需要或者有关单位根据国家规定进行查询的除外。依法进行查询的单位,应当对被封存的犯罪记录的情况予以保密。"正式从法律层面确定了犯罪记录封存制度。[①]

三、犯罪记录封存的适用对象

《刑事诉讼法》对未成年人犯罪记录封存制度的适用对象范围作了明

---

① 从前述介绍来看,国际上一般的做法是未成年人犯罪记录消灭,我国目前仅达到了国际公约中的最低要求,即未成年人犯罪(轻罪)记录封存。应该说,实行未成年人犯罪记录消灭制度已成为国际少年刑事立法趋势。我国作为签署国,有义务逐步完善现行法律体系,探索建立与签署承诺一致未成年人犯罪记录消灭制度。有学者建议,我国立法和司法解释应当对封存的未成年人犯罪记录的消灭设置一个合理的期限,在这一期限内如果犯罪的未成年人表现良好,主动接受改造,期限届满后司法机关可依职权或依申请消灭犯罪记录。参见前引崔汪卫文,《论未成年人犯罪纪录封存制度的适用》。

确规定，即"犯罪的时候不满十八周岁，被判处五年有期徒刑以下刑罚"的人。其中，"五年有期徒刑以下刑罚"包括五年以下有期徒刑、拘役、管制、单处罚金、驱逐出境。关于"五年有期徒刑"这一标准是否合适，在学界引起了争议。

有学者分析，立法可能是考虑到，五年有期徒刑以下刑罚通常被认为是轻罪，其社会危害性和主观危险性较低，可塑造性强，将其犯罪记录封存更符合大众利益；而且，由于我国刑法第100条第2款规定，犯罪的时候不满十八周岁被判处五年有期徒刑以下刑罚的未成年犯在入伍、就业时免除如实向有关单位报告自己曾受过刑事处罚的义务。为了和这一规定相协调，前科封存制度中也规定为五年有期徒刑以下刑罚。①

但是，从犯罪记录封存制度的目的来看，它是以保护未成年人为出发点的，旨在避免未成年人污名化，使其能够回到正常的社会生活中。行为的危害程度以及行为人的人身危险性并不是该制度考虑的主要因素。② 这一点从国际公约和外国立法就可以看出来。如《北京规则》关于未成年人轻罪犯罪记录封存的规定并未区分罪轻和罪重的未成年人，所有未成年人的犯罪记录都必须密封保存。至于罪行和刑罚的轻重，国外立法一般认为仅对销毁其犯罪记录时的考验期产生影响。③ 可见，将犯罪记录封存的适用主体限定在判处5年以下有期徒刑的范围，至少与我国已加入的国际公约还有距离。我国应以未成年人犯罪记录全部封存作为最终目标，目前可以根据情况逐渐对犯罪记录封存对象进行扩大，仅将实施几类严重犯罪的

---

① 张丽丽：《从"封存"到"消灭"——未成年人轻罪犯罪记录封存制度之解读与评价》，载《法律科学》2013年第2期。

② 前引张丽丽文，《从"封存"到"消灭"——未成年人轻罪犯罪记录封存制度之解读与评价》。

③ 如法、德等大陆法系国家，日本、韩国等亚洲国家和我国港澳台地区，在未成年人犯罪记录消灭制度上，均以罪质轻重作为区别对待的重要标准。朱锡平：《宜教不宜罚：未成年人轻罪记录封存制度的走向选择》，载《青少年犯罪问题》2013年第6期。

未成年人排除在前科封存制度之外。例如，有学者认为诸如危害国家安全等社会危害性极大或者情节极其恶劣的刑事案件，不应适用犯罪记录封存制度；① 有的主张，实施了危害国家安全的犯罪、黑社会性质组织犯罪以及严重暴力犯罪的未成年人应予以排除，② 具体做法还可以讨论。

以下的问题曾经困扰司法实践：当检察机关对未成年人以相对不起诉和附条件不起诉处理时，相关记录是否需要封存。从法条来看，犯罪记录封存制度明确了对象是"犯罪"且判了"刑罚"的人。相对不起诉和附条件不起诉的未成年人事实上也已经构成犯罪，但没有经过司法审判，从这个意义上来说并不符合法律界定的"犯罪"的人，③ 更没有承担刑罚。由此产生争议。普遍观点认为，从社会公众的观点来看，受到相对不起诉和附条件不起诉处理的未成年人也是"犯过事"人。倘若他们知悉相关记录，也可能对未成年人产生歧视，对未成年人的学习、生活产生影响，从保护未成年人的目的出发，有必要对"被判处5年以下有期徒刑刑罚的"作扩大解释，对这类记录予以封存。④ 最终，2013年12月出台的《人民检察院办理未成年人刑事案件的规定》第66条对这一问题做出了明确答复，"人民检察院对未成年犯罪嫌疑人作出不起诉决定后，应当对相关记录予以封存"。

四、关于"但书"规定的适用问题

2018年《刑事诉讼法》第286条规定，犯罪记录封存后不得向任何

---

① 王一平：《关于我国未成年人犯罪前科封存制度的几点建议》，载《法制与社会》2013年第23期。
② 前引朱锡平文，《宜教不宜罚：未成年人轻罪记录封存制度的走向选择》。
③ 曾新华：《论未成年人轻罪犯罪记录封存制度》，载《法学杂志》2012年第6期。
④ 肖中华：《论我国未成年人犯罪记录封存制度的适用》，载《法治研究》2014年第1期。

单位和个人提供,但"司法机关为办案需要"以及"有关单位根据国家规定"可以查询的除外。关于本条规定存在如下问题。

首先,如何界定法条中的"司法机关"。根据我国宪法及相关法律,刑事诉讼中的人民法院、人民检察院是司法机关,公安机关和国家安全机关不包括在内。对此,有的学者表示赞同,① 有的则认为,对"司法机关"应作广义理解,即包括公安机关、检察院以及法院。② 有的则认为,"司法机关"不仅指人民法院和人民检察院,还包括具有侦查权的公安机关和国家安全机关。③ 我们认为,一方面,不论如何扩张理解"司法机关",该概念都是不包括国家安全机关的,因此国家安全机关不应有查询权。另一方面,对"司法机关"的理解应根据"办案需要"来进行。法条之所以规定有"办案需要"的司法机关可以查询未成年人犯罪记录,是为了平衡保护未成年人和社会利益的角度考虑。因此,可以将司法机关广义地理解为包括法院、检察院、公安机关在内。

其次,"为办案需要"如何理解。有的学者认为,需明确"为办案需要"只能是出于"为了从该未成年人案件中查询其他线索、需要追究漏罪、对其进行有针对性的教育以帮助其顺利回归社会"这三种目的,案件包括刑事、民事和行政案件。④ 还有的则主张,"为办案需要"应与国际公约的规定一致,即按照《北京规则》中的规定,仅限于案件处理与未成年人犯罪记录封存案件有直接关系,不查询将无法查明案件事实和及时破案的情况,且必须由办案人或者经授权的人进行查询。⑤ 比较而言,公约

---

① 张永丹:《我国的未成年人犯罪记录封存制度》,载《青年与社会》2013年第1期。
② 前引曾新华文,《论未成年人轻罪犯罪记录封存制度》;张丽丽文,《从"封存"到"消灭"——未成年人轻罪犯罪记录封存制度之解读与评价》。
③ 王东海:《未成年人犯罪记录封存制度的中国实践:适用与走向》,载《中南大学学报》2013年第5期。
④ 前引曾新华文,《论未成年人轻罪犯罪记录封存制度》。
⑤ 前引崔汪卫文,《论未成年人犯罪纪录封存制度的适用》。

的规定更加严格。我们认为,既然我国已经加入了国际公约,在没有相反规定的情况下,理应按照公约来理解我国的规定。

再次,什么是"有关单位"。关于这一点争议比较大。有的学者认为,可参照我国刑法第 30 条的规定来理解这里的"有关单位",即包括"公司、企业、事业单位、机关、团体",并指出"党政机关的纪检部门、公安司法机关、国家安全部门为办案需要可以查询犯罪记录,外交部门、政审部门(不影响就业,但至少会影响其担任某种特殊职务,如领导干部、军队干部)等国家机关也应有权查询被封存的犯罪记录"。① 还有的学者则主张,应对"有关单位"进行严格界定的同时,特别应当排除的是公司、企业、事业单位、团体对犯罪记录的查询,即规定只有国家机关才有权查询,而且要有严格的限制。② 我们赞同后者。前科封存记录旨在保护未成年人,只有当其与较大的公共利益发生冲突时,才有必要进行衡量。倘若不对"有关单位"进行较为严格的限制,就等于为未成年人犯罪记录封存制度的有效执行预留了不良空间,随时可能使他们在升学、就业等方面受到社会的歧视和排挤。③ 由于国家机关一般处理公务,可能面临公共利益和未成年人利益的权衡,因此,"有关单位"有必要限于国家机关。

最后,什么是"国家规定"。我们认为,关于"国家规定",刑法第 96 条有明示,即全国人民代表大会及其常务委员会制定的法律和决定以及国务院制定的行政法规、规定的行政措施、发布的决定和命令,部门规章和地方性法规不应包括在内。④ 实践中,《江苏省未成年人犯罪记录封存工作实施意见》对"国家规定"的内涵也采用了这一解释。

---

① 高一飞,高建:《犯罪记录封存的制度安排与实施机制》,载《南通大学学报》2012 年第 5 期。
② 前引王东海文,《未成年人犯罪记录封存制度的中国实践:适用与走向》。
③ 前引崔汪卫文,《论未成年人犯罪纪录封存制度的适用》。
④ 前引张丽丽文,《从"封存"到"消灭"——未成年人轻罪犯罪记录封存制度之解读与评价》。

值得探讨的是以下问题。我国许多法律都对曾经受过刑事处罚的公民设置了从业障碍。例如,《公务员法》第 24 条规定:"曾经犯罪受过刑事处罚的,不得录用为公务员。"《律师法》第 7 条规定:"受过刑事处罚的人,过失犯罪除外,不予颁发律师职业证书。"《教师法》第 14 条规定,受到剥夺政治权利或者故意犯罪受到有期徒刑以上刑事处罚的,不得取得教师资格;已经取得的,丧失教师资格。其他如《法官法》《检察官法》《人民警察法》《拍卖法》《会计法》《商业银行法》《公司法》《证券法》《执业医师法》等也作出了类似的规定。① 这些规定是否意味着有关单位可以查询未成年人犯罪记录呢?我们持否定回答。首先,这些法律中并没有明确规定相关单位有查询未成年人犯罪记录的权力。其次,《刑事诉讼法》中规定"未成年人犯罪记录封存制度",正是为了保障其在升学、就业等方面不受歧视,这里的就业范围,势必包括公务员、法官、教师、拍卖师等职业。② 因此,有必要将上述法律中规定的"曾经犯罪受过刑事处罚"理解为不包括犯罪记录封存的情况在内。③

五、犯罪记录封存的适用主体和程序

(一) 犯罪记录封存的决定主体和执行主体

对未成年人犯罪记录进行封存,首先需要明确的是封存的决定主体和执行主体,即由谁来决定哪些单位和个人应当对未成年人的犯罪记录进行封存。对此,《刑事诉讼法》在条文中并没有明确规定。实践中,多数地

---

① 前引朱锡平文,《宜教不宜罚:未成年人轻罪记录封存制度的走向选择》。
② 从法律效力等级来看,刑事诉讼法于 2013 年规定,属于新法,在犯罪记录部分应优于《公务员法》等其他法律。
③ 有其他学者建议,立法机关应当修改或清理与未成年人犯罪记录封存制度相抵触的法律法规、行政规章和规范性文件等,为该制度的实施扫清障碍,使犯罪记录封存的未成年人在升学、就业等方面与正常的公民享有同等的权利。参见姚佳:《未成年人犯罪记录封存制度的新思考》,载《公安学刊》2013 年第 2 期。

方由法院或检察院作出决定,有的地方则由专门机构(机构成员一般由公安机关、法院、检察院、司法行政机关、共青团组织等抽选人员组成)作出决定并负责监督。在理论上,有的认为应由作出生效判决的法院作为封存犯罪记录的决定主体,[1] 有的则认为,案件经过人民法院判决的,由人民法院作为决定的主体;案件在人民检察院被作为相对不起诉和附条件不起诉处理的,由人民检察院作为决定的主体。[2] 还有的认为,未成年人犯罪记录封存的决定主体包括公安机关、国家安全机关、检察院、法院、刑罚执行机关(含包括未成年犯管教所在内的监狱、由公安机关设立的拘役所、看守所)和司法行政机关。[3]

对此,《工作指引》第 82 条明确规定,人民检察院应当在收到人民法院生效判决后,对犯罪记录予以封存。这说明,法院和检察院是确定该未成年人是否符合犯罪记录封存的条件的主体(由人民法院决定刑罚期限,由人民检察院决定是否不起诉),其他机关无法判断该犯罪记录是否需要封存、何时开始封存,因此,只有等法院和检察院作出判决和裁定,并同时作出犯罪记录封存的决定,传达给其他机关时,其他机关才能进行封存。从这个意义上说,法院和检察院是未成年人犯罪记录封存的决定主体。至于执行封存决定的主体,范围则广泛得多,凡是有未成年人犯罪记录的单位,都应当在收到未成年人犯罪记录封存决定后予以执行。这里,不仅包括公安机关、国家安全机关、刑罚执行机关和司法行政机关,还应包括未成年人所在的学校、单位、居住地基层组织以及刑事案件的当事人、辩护人、诉讼代理人等可能存有未成年人犯罪记录的主体,这些单位

---

[1] 青岛市中级人民法院课题组:《未成年人轻罪犯罪记录封存程序的构建》,载《山东审判》2011 年第 2 期。

[2] 马艳君:《未成年人犯罪记录封存制度实践设想》,载《中国检察官(司法实务)》2012 年第 6 期;前引曾新华文,《论未成年人轻罪犯罪记录封存制度——我国新〈刑事诉讼法〉第 275 条之理解与适用》。

[3] 前引肖中华文,《论我国未成年人犯罪记录封存制度的适用》。

和个人都有义务对封存的相关犯罪记录的情况保密。①《工作指引》第83条对人民检察院如何封存做出了具体规定。

(二) 犯罪记录封存的内容和程序

刑事诉讼法没有对犯罪记录封存的内容和程序作出明确的规定，目前相关司法解释当中，《人民检察院办理未成年人刑事案件的规定》第63条对检察院如何封存犯罪记录进行了一定说明。《工作指引》第83条做出了更加明确的规定："人民检察院应当将拟封存的有关未成年人个人信息、涉嫌犯罪或者犯罪的全部案卷、材料，均装订成册，加盖"封存"字样印章后，交由档案部门统一加密保存，执行严格的保管制度，不予公开，并应在相关电子信息系统中加设封存模块，实行专门的管理及查询制度。未经法定查询程序，不得对封存的犯罪记录及相关电子信息进行查询。""有条件的地方可以建立专门的未成年人犯罪档案库或者管理区，封存相关档案。"

从上述规定中，讨论以下问题：一是封存的内容。有的认为与未成年人犯罪相关的一切犯罪记录、案卷材料、诉讼文书等都应当进行封存保密。② 有的则认为，未成年人犯罪记录封存制度的目的出发，所有让他人知悉后可能引起他人确定、推测、怀疑行为人曾经在未成年时实施过犯罪的材料，都应作为"犯罪记录"予以封存。③《工作指引》中规定了个人信息、涉嫌犯罪或者犯罪的全部案卷材料，都是封存的内容。应该认为，采取了后一种观点。在实践中，个别公安人员对曾在未成年时被相对不起诉或行政处罚的被查询人出具"因××一案，被公安机关取保候审一年""曾因犯罪行为被公安机关行政处罚"的证明，忽略了对这部分记录的封

---

① 李萍：《未成年人轻罪犯罪记录封存制度探讨》，载《检察日报》2012年10月24日第3版。
② 前引曾新华文，《论未成年人轻罪犯罪记录封存制度》。
③ 前引肖中华文，《论我国未成年人犯罪记录封存制度的适用》。

存。从《工作指引》的规范目的出发来考虑，对轻于5年有期徒刑刑罚的惩罚记录都应当予以封存，也应当包括行政处罚记录。

二是犯罪记录的封存管理上。《工作指引》鼓励根据条件对未成年人犯罪档案进行分类管理，并建立档案库，由专人负责保管并落实保密措施。① 管理者还应建立完善的犯罪记录查询措施，对于符合国家规定的单位查询犯罪记录的，应"要求有符合档案管理办法规定的书面手续，明确查询的注意事项，例如查询或记录方法、范围、可否外借或复印、时间等等"。② 此外，实践中公安机关出具无犯罪记录证明的形式不统一。对于无犯罪记录的被查询人，公安机关出具打印版的"无犯罪记录证明"，而对于有犯罪记录又符合封存条件的被查询人，公安机关只能出具手写版的证明，从而使他人能够从证明的形式判断被查询对象是否有前科。为了加强对未成年人的保护，应当统一无犯罪记录证明形式。

六、犯罪记录封存的救济制度

刑事诉讼法第286条第2款规定，依法进行查询的单位，应当对被封存的犯罪记录情况予以保密。《人民检察院办理未成年人刑事案件的规定》第69条规定，人民检察院发现有关机关对未成年人犯罪记录应当封存而未封存的，不应当允许查询而允许查询的或者不应当提供犯罪记录而提供的，应当依法提出纠正意见。但是，依法应当对未成年人的犯罪记录进行封存的主体不履行封存保密义务、导致泄露未成年人犯罪信息时应承担何种责任，未成年当事人及其代理人如何维权，这些问题刑事诉讼法和其他司法解释等规范性文件中均未规定。这可能导致未成年人犯罪记录封存制

---

① 在电子数据档案管理上，应当通过在计算机查询系统中设置查询或使用权限等技术手段予以封存，严格确定对未成年人犯罪记录查询的条件和操作人员的资质。前引肖中华文，《论我国未成年人犯罪记录封存制度的适用》。

② 前引肖中华文，《论我国未成年人犯罪记录封存制度的适用》。

度形同虚设。而且，由于办案人员的不当披露、社会调查过程中的不当泄露、审判阶段的公开宣判以及媒体的失范报道，未成年人犯罪记录在封存前没有采取保护措施，导致提前泄露，也增加了封存的难度。

我们认为，一是实践中各地应摸索建立司法救济制度，对于有封存义务的单位和主体的封存职责及违反职责的后果作出明确规定；二是未成年人及其代理人可通过民事渠道，对有封存保密义务的主体违反义务致其损害的行为请求赔偿。对于造成严重后果的，符合我国刑法第 253 条规定的出售、非法提供公民个人信息罪的，还应依法追究其刑事责任。[1] 三是协调好社会调查和犯罪记录封存之间的关系，建立专业的调查人员队伍，规范调查的方式和方法，明确调查人员和被调查对象的保密义务，加强对媒体的监管等。[2]

---

[1] 前引王东海文，《未成年人犯罪记录封存制度的中国实践：适用与走向》。
[2] 宋英辉、杨雯清：《未成年人犯罪记录封存制度的检视与完善》，载《法律适用》2017 年第 19 期。

附录一

普通程序出庭公诉情况调查

2018年刑事诉讼法的修改,标志着我国以速裁程序、简易程序、普通程序为主体的多层次诉讼体系的确立。在这个多层次诉讼体系中,速裁程序、简易程序所审理的案件,都是犯罪事实清楚、证据充分,被告人承认犯罪事实或者认罪认罚且同意适用速裁程序或简易程序的案件,这类案件事实清楚、证据充分、被告人认罪,因此相对比较容易办理。但是,按照普通程序审理的案件,或者是被告人不认罪的案件,或者是可能判处无期徒刑或者死刑的案件,或者是有重大社会影响的案件。这类案件需要投入更多的司法资源,需要通过法庭的实质化审理来查明案件事实,作出公正的裁判。"以审判为中心"的诉讼制度改革,在很大程度上,就是要在普通程序审理的案件中通过法庭审理来查明案件的事实真相,通过法庭审理来让人民群众看到公平正义的实现。检察机关作为公诉机关,在刑事诉讼中指控犯罪的职能履行的如何,最主要的是看在普通程序审理的案件中,出庭支持公诉、指控犯罪的效果如何。以审判为中心的诉讼制度改革所倡导的"庭审实质化",也集中反映在普通程序的审理中。

因此,为了深入了解"以审判为中心"的诉讼制度改革的推进状况,研究检察机关应对刑事诉讼制度改革的实际效果,我们以普通程序的出庭支持公诉为研究对象,于 2018 年 8—9 月、2018 年 12 月—2019 年 1 月,选择东部(Z、J、S)和西部(Q、Y)五个省市的 44 个检察院(其中,省级检察院 5 个,市级检察院 13 个,区级检察院 26 个)进行深入调研。参加座谈会的先后有 350 余位检察官,在座谈会上发言的有 285 位,他们都是在第一线办案的员额检察官及检察官助理,包括主管刑事检察的副检察长。现将我们在调研中了解到的情况以及我们的分析研究介绍如下:

一、普通程序出庭公诉的基本情况

2012 年 3 月 14 日,全国人民代表大会通过了《关于修改中华人民共和国刑事诉讼法的决定》,对我国的刑事诉讼制度做出了许多重大修改。2016 年根据《中共中央关于全面推进依法治国若干重大问题的决定》,推行"以审判为中心"的诉讼制度改革,2018 年 10 月 26 日全国人大常委会对刑事诉讼法做出了进一步的修改。刑事诉讼制度的这些改革,对检察机关的公诉工作带来了全面的挑战,尤其是对检察机关出庭支持公诉、指控犯罪的活动,产生了重大的影响。我们在同办案第一线的检察官座谈讨论中,深切地感受到,各级检察机关认真学习贯彻新的刑事诉讼法,努力按照新刑事诉讼法的规定办理刑事案件,保证了新的刑事诉讼法在检察环节的有效实施。特别是"以审判为中心的诉讼制度"改革以来,检察机关认真贯彻落实《中共中央关于全面推进依法治国若干重大问题的决定》和最高人民法院、最高人民检察院、公安部、国家安全部、司法部联合发布的《关于推进以审判为中心的刑事诉讼制度改革的意见》(以下简称《改革意见》),高度重视普通程序的出庭支持公诉工作,积极克服检察资源紧缺的困难,努力发挥刑事指控体系中的主体作用,想方设法落实刑事诉讼法规定的有关普通程序出庭支持公诉的各项制度,推进庭审实质化,促进公诉案件公平公正的审理。

但是也要看到,受各种因素的影响,检察机关出庭支持公诉的工作,在实践中还存在着许多值得研究的问题和值得改进的地方。归纳起来，可以把存在的问题概括为三个不适应，即普通程序的适用率与刑事诉讼法修改的宗旨不适应；出庭举证质证的现状与诉讼制度的改革不适应；公诉人在法庭上的应对能力与庭审实质化的要求不适应。

（一）普通程序的适用情况

2012年刑事诉讼法修改的一个重大变化，就是扩大简易程序的适用范围，从而减少普通程序的适用。按照1996年刑事诉讼法的规定，基层人民法院管辖的案件，除了告诉才处理的案件和被害人起诉的轻微刑事案件之外，只有依法可能判处3年以下有期徒刑、拘役、管制、单处罚金的公诉案件，事实清楚、证据充分，人民检察院建议或者同意适用简易程序的，才可以适用简易程序。但是，按照2012年刑事诉讼法的规定，基层人民法院管辖的所有案件，只要是案件事实清楚、证据充分，被告人承认自己所犯罪行、对指控的犯罪事实和适用简易程序没有异议的，除了法定不适用简易程序①的以外，都可以适用简易程序。2018年刑事诉讼法修改时增加了速裁程序，这也意味着适用普通程序的案件范围进一步减少。这项改革的宗旨就是希望通过速裁程序和简易程序来处理绝大多数的刑事案件，以便集中更多的司法资源来审理被告人不认罪的和特别重大的案件，保证在这些有争议的案件审理中让人民群众看到公平正义的实现。

但是，从我们调查的情况看，普通程序的适用率并没有明显减少。当问及普通程序适用的比例时，多数基层检察院给出了一个大致的比率（见表1），有的基层检察院还给出了具体的数据（见表2）。从各地检察机关在座谈中提供的概率来看，普通程序的适用率普遍比较高。有的检察院反

---

① 《刑事诉讼法》第215条规定："有下列情形之一的，不适用简易程序：（一）被告人是盲、聋、哑人，或者是尚未完全丧失辨认或者控制自己行为能力的精神病人的；（二）有重大社会影响的；（三）共同犯罪案件中部分被告人不认罪或者对适用简易程序有异议的；（四）其他不宜适用简易程序审理的。"

映,本地法院只对可能判处3年有期徒刑以下的案件适用简易程序,甚至有的县自新刑事诉讼法实施以来,所有公诉案件都适用普通程序。只有个别检察院起诉的案件适用普通程序的比例比较低。

表1:公诉案件适用普通程序比率

所在省份	所涉基层检察院	普通程序占比
Q省	X市C1区人民检察院	76.56%
	H1州全州基层检察机关	70%-80%
	H2州H县人民检察院	100%
	H2州M县人民检察院	80%-90%
	H2州P县人民检察院	80%
Y省	K市S县人民检察院	48.14%
	K市X区人民检察院	40.23%
	D州D市人民检察院	56.91%
	D州Y县人民检察院	59.39%
	B市全市5个基层检察院	21.8%
	B市L区人民检察院	15.97%
J省	S市W区检察院	20%
	W市J区人民检察院	20%
	W市X区人民检察院	13.9%
	N市J区检察院	19.8%
Z省	H市J区人民检察院	20.40%
	H市S区人民检察院	30%
	N市B区人民检察院	12.5%
	N市Y区人民检察院	9.72%
S市	S市H1区人民检察院	20%
S市	S市H2区人民检察院	20%
S市	S市C区人民检察院	33%

表2：公诉案件适用普通程序比率

单位	出席法庭案件数（件）（2017）	普通程序出庭数	占比	出席法庭案件数（2018）	普通程序出庭数	占比
Q省X市C区	512	392	76.6%			
Y省K市S县	361（2016） 448	206 224	57% 50%	255	100	39%
Y省D州D市	530（2016） 676	380 428	71.7% 63.3%	337（2018.1—7）	198	57.8%
Y省D市Y县	406	196	48.3%			
Y省B市L区	601（2016） 621	74 106	12.3% 17.1%	463（2018.1-7）	67	14.5%
Z省	64114（2018.1—11）	17038	26.6%			
Z省H市J区	1486	321	21.6%	1306	247	18.9%
J省N市Y区				630	115	18.3%
J省W市X区	1667	232	13.9%			
S市H区				1005	203	20.2%

就适用普通程序的比例来看，西部地区适用普通程序的比例明显高于东部地区。Q省诸基层检察机关办理的公诉案件中，普通程序适用比例高达70%—90%；Y省除B市外，诸基层检察院办理的公诉案件中普通程序占比也多在50%左右。而调研所涉东部地区两省一市基层检察机关办理的公诉案件中普通程序占比多在20%左右。

从访谈中检察人员反映的情况看，普通程序适用率普遍较高的因素主要有以下三方面：

第一，对于办案人员而言，普通程序的办案时限较长。在"案多人少"的背景之下，采取普通程序办案时间更为充裕。因此，承办法官对于采取简易程序审理案件往往持有排斥的态度。这一点，在条件艰苦、司法人才匮乏的西部地区表现尤为明显。除法院方面对简易程序适用不积极外，检察机关办案人员也存在因办案期限问题倾向适用普通程序的情况。西部地区区域面积大，路途占用办案时间多，交通设备差，基于办案期限的考虑，本来应当适用简易程序的案件，法官、检察官都愿意按普通程序案件来办理。此外，个别地区存在因公安机关整体办案水平不高，而需要更多时间来完善案卷材料，因此选择普通程序，更有利于满足办案期限的要求。在座谈中，大多普通程序适用比例较高的基层检察院，检察人员都反映因办案期限导致倾向选用普通程序的现象。

除为了延长办案期限而适用普通程序之外，还有一些案件，检察院建议适用简易程序，法院也同意适用简易程序，但在审理过程中，由于被告人对某些犯罪情节不认可检察官的说法、律师在法庭上提出无罪辩护、被告人与被害人之间的赔偿协议没有达成或者达成的协议在庭审时还没有兑现等原因，法院也会将简易程序改为普通程序。如有的检察院反映，2017年232件普通程序审理的案件中，由简易程序转为普通程序的就有91件；有的检察院反映，2018年115件普通程序审理的案件中，由简易程序转为普通程序的就有27件。有的检察院则反映，简易程序转为普通程序的案件占普通程序案件的50%左右。

第二，就被告人而言，刑事诉讼法将被告人"认罪"作为适用简易程序或速裁程序的必要条件。但对于刑事诉讼法所规定的"被告人承认自己所犯罪行，对指控的犯罪事实没有异议的"有不同理解，存在将"承认被指控的事实，但否认其构成犯罪""承认被指控的犯罪事实，但对某些情节有辩解，或对自己的责任有辩解"的案件排除在简易程序选择范围之外的现象。如是，这部分案件进入普通程序的适用范围，造成了普通程序占比的升高。

第三，就检察机关而言，近年来随着认罪认罚从宽制度的实施，检察机关对认罪认罚的轻微刑事案件更倾向于适用不起诉。不起诉率的上升，使得情节较轻的案件不进入庭审阶段。这在客观上也使被告人不认罪的案件在提起公诉的案件中占比增大，故普通程序的适用率较高。在此方面，Q 省 H2 市 P 区反映较为突出，且提供了 2013 年起至今的数据，趋势特征较为明显，可作为较典型之例证（见表3）。

表3：Q 省 H2 市 P 区被不起诉人数比例

年份	2013	2014	2015	2016	2017	2018（截至8月）
受案人数	123	153	95	116	117	64
被不起诉人数	22	27	14	27	27	18
被不起诉人数比例	17.9%	17.6%	14.7%	23.3%	23.1%	28.1%

综上所述，办案人员为争取更宽松的办案期限而倾向适用普通程序、将虽然承认被指控的犯罪事实但有辩解的案件排除在简易程序选择范围之外、不起诉率的上升"浓缩"了情节重而复杂的案件比例，是实践中普通程序适用占比高的主要因素。其中前两个因素存在西部地区较东部地区更为突出，很大程度上造成了西部地区普通程序适用比例较东部地区明显偏高的现象。

普通程序适用率高，使速裁程序、简易程序提高诉讼效率的功能价值没有充分发挥作用，案件简繁分流的作用不够明显，以至于检察官（包括法官）要花费更多的时间和精力在普通程序的办理上，难以集中力量办理重大复杂案件。

（二）出庭举证质证的状况

检察官出庭支持公诉，最主要的任务是指控犯罪、向法庭证明案件所涉犯罪行为系被告人所为。因此，举证质证就成为出庭支持公诉最重要的活动。尤其是在被告人不认罪的普通程序案件中，举证质证的效果直接关系到庭审实质化的实现程度。做好出庭举证质证工作，对于全面贯彻证据裁判规则，有效应对庭审实质化，具有非常重要的意义。

新刑事诉讼法实施以来，特别是推行以审判为中心的诉讼制度改革以来，检察机关非常重视普通程序出庭支持公诉中的举证质证活动，普遍实行"三纲一书"制度，要求出庭支持公诉的检察官，在出庭前仔细阅读和熟悉案卷材料，准备好庭上讯问被告人的提纲、举证质证提纲和辩论提纲；在法庭上全面出示能够证明犯罪事实存在以及犯罪行为系被告人所为的各种证据，形成能够排除合理怀疑的证据链。最高人民检察院还于2018年5月2日专门制定下发了《人民检察院公诉人出庭举证质证工作指引》（以下简称《工作指引》），要求各级人民检察院"切实加强举证质证工作，更好发挥公诉人在庭审中的职能作用，着力提高出庭公诉质量和效果，不断提升司法公信力"。但是在调研中，一线办案的检察官普遍反映普通程序"出庭难"。出庭难主要表现在以下几个方面：

1. 审查证据容易补强证据难

公诉人出庭支持公诉，关键是靠证据。因此在审查起诉过程中，检察官往往要根据出庭支持公诉的需要，对侦查机关移送的证据进行仔细审查，确保在法庭上出示的证据合法、充分，并且能够形成排除合理怀疑的证据链，能够经得起辩方的质证。特别是在被告人不认罪的案件中，检察官对证据的审查格外严格。但在实践中，由于许多地方的公安机关将普通刑事案件的侦查权下放给派出所，派出所的人员多数没有受过刑事法律方面的专门训练，并且人员的流动性比较大。侦查机关移送的证据往往达不到法庭审理的要求，有的程序不完全合法，有的不能证明犯罪构成的全部要件，有的不能证明影响定罪量刑的具体情节。检察机关不得不将案件退回侦查机关补充侦查。据有的检察院反映，公诉案件中退回补充侦查的比率达90%。尽管检察机关退回侦查机关补充侦查时通常都会列举具体的补充侦查提纲，但侦查机关在很多情况下都没有按照检察机关的补充侦查提纲去收集补充证据，以致补充侦查来的证据仍然达不到法庭审理时对证据的要求，使检察机关面临进退两难的境地。有的检察机关为了解决补证难的问题，内部规定：第一次退回补充侦查时由办案人员自行与侦查机关协调，如果补充侦查回来的证据还达不到起诉的要求时，第二次退回补充侦查，就由刑事检察部（公诉科）主任或者主管的副检察长出面，与侦查机关协调，以保证补充侦查得来的证据能够满足法庭审理的需要。

补证难的问题主要表现在三个方面：

一是需要补充证据时补不来。案卷中有能够证明犯罪事实以及犯罪行为系被告人所为的证据，但缺少能够证明犯罪构成全部要件的证据，如缺乏能够证明犯罪主观方面的证据、赃物去向的证据、与身份有关的证据、危害程度的证据等；或者缺乏能够证明犯罪事实发生的前因后果的证据、作案动机的证据、可能影响到定罪量刑的情节的证据、共同犯罪中同案犯相互关系的证据等。这些证据需要通过补充侦查来补充时，侦查机关往往会以时过境迁、难以评估、难以查清等为由，不予提供，或者提供一些难以证明相关事实的证据。

二是需要补强证据时补不强。案件中证据来源或者证据的真实性可能引起怀疑时，检察官为了防止在法庭上被辩方质疑，往往会要求侦查机关补充其他证据来补强其证明力，但侦查机关很少提供有效的证据来补强，甚至会认为不需要补强而不予理睬。如在某些案件中，检察官审查起诉时担心证人证言可能会在法庭上被辩方质疑，要求侦查机关补充新的证人证言或者其他证据来印证证人证言的真实性时，侦查机关有时会以没有其他证人为由，再次提供同一个证人的证言。

三是需要证明证据合法性时难以提供有力证据。有些证据的来源不清楚或者辩方可能以证据来源非法而要求排除时，检察机关往往会要求侦查机关提供能够证明证据合法性的证据。侦查机关有时会以公函的方式来证明或者担保证据来源合法,而不是提供能够证明证据来源合法的其他证据。如在毒品犯罪案件中,毒品来源往往难以证明。特别是对于刑事诉讼法明确要求讯问犯罪嫌疑人时应当录音或者录像的案件中,有的侦查机关还以没有录音录像为由不予提供,有的虽然提供了录音录像,但录音录像不完整,有明显的剪辑痕迹。这种情况对出庭支持公诉带来了一定的困难,甚至使检察官在法庭上举证质证时陷入被动。

2. 知己容易知彼难

检察官只有知己知彼,才能在对抗性明显增强的法庭审理中自如地举证质证。按照《工作指引》的要求,公诉案件开庭前,公诉人应当熟悉案情,掌握证据情况,做好举证质证准备;应当通过参加庭前会议,及时掌握辩护方提供的证据,全面了解被告人及其辩护人对证据的主要异议,并在审判人员主持下,就案件的争议焦点、证据的出示方式等进行沟通,确定举证顺序、方式。在实践中,庭前会议是公诉人提前了解辩方对证据的异议、对案件的争议的主要途径,也是做好出庭准备的重要环节。

庭前会议制度是 2012 年修改《刑事诉讼法》时新增加的一项制度。设置庭前会议制度的目的,是为了让法官在复杂案件开庭审理之前了解情况、听取意见,以解决案件审理中的管辖权异议、申请重新鉴定、调取证据、变更强制措施、证人保护等程序性问题,确保法庭的集中审理,提高庭审的质量及效率,保障控辩双方诉权的行使。同时,庭前会议也是控辩双方相互开示证据、了解争议焦点的机会。在以审判为中心的诉讼制度改革中,庭前会议的重要意义进一步被强调。《改革意见》第 10 条要求完善庭前会议制度,并明确提出了健全普通程序庭前证据展示制度,听取出庭证人名单、非法证据排除等方面的意见,并在第 11 条提及庭审中对于庭前会议控辩双方没有异议的证据进行简化举证、质证。最高人民法院《关于全面推进以审判为中心的刑事诉讼制度改革的实施意见》(以下简称

《实施意见》）中也专章对以审判为中心的诉讼制度改革背景下庭前会议的适用情形、人员、程序、内容、效力等做了规定。2017年7月，最高人民法院印发了《人民法院办理刑事案件庭前会议规程（试行）》《人民法院办理刑事案件排除非法证据规程（试行）》和《人民法院办理刑事案件第一审普通程序法庭调查规程（试行）》三个规范性文件（以下分别简称《庭前会议规程》《排非规程》《法庭调查规程》，合称"三项规程"），对庭前会议制度作了明确的规定。

但是从我们了解到的情况看，在司法实践中，庭前会议召开的概率极低。由于很少召开庭前会议，公诉人在绝大多数普通程序审理的案件中，很难了解被告人及其辩护人对控方证据的异议，更难以掌握辩方准备在法庭上将要提出的证据，导致公诉人在法庭上的举证质证中处于被动。

首先，关于庭前会议启动的问题。现行《刑事诉讼法》及相关司法解释均仅提到庭前会议由审判人员召集，但未提及庭前会议的启动方式。这便造成了实践中关于由谁启动、如何启动庭前会议不明确的问题。在司法实践中，关于庭前会议的启动方式，多由法院依职权启动。J省W市人民检察院在调研中提及，其辖区内检察机关在办案过程中，除人民法院依职权启动庭前会议外，多为辩护律师申请启动，而检察机关一般不会申请启动；Y省B市反映在"三项规程"出台之前，不允许检察官提出庭前会议申请或建议。这在实践中就导致庭前会议的启动普遍较少。当问及普通程序中召开庭前会议的情况时，多数检察人员认为"极少"，有的甚至反映，本地法院从未召开过庭前会议；有的反映，法院只在重大、争议案件中召开庭前会议；有的反映，普通程序案件中召开庭前会议的不到10%。Z省H市S区人民检察院提供的数据显示，在该院所办案件中，出席庭前会议的比例不足3%。而J省S市G区人民检察院提供的数据则为不足0.6%，只有金融犯罪案件全部适用庭前会议。Q省X市人民检察院表示，庭前会议适用率约2%左右。法院不愿召开庭前会议的主要原因是法官认为，在庭前会议中讨论的问题，通常在庭审过程中都会再提出，召开庭前会议是在浪费时间。

其次，关于庭前会议的功能问题。根据全国人民代表大会法制工作委员会的立法说明，设立庭前会议制度的目的是"明确庭审重点、提高庭审效率、保证庭审质量"①。但实践中存在着办案机关不重视庭前会议、庭前会议流于形式的问题。再如，《庭前会议规程》第3条第1款规定："庭前会议由承办法官主持，其他合议庭成员也可以主持或者参加庭前会议。根据案件情况，承办法官可以指导法官助理主持庭前会议"。而调研中，多个检察机关反映承办法官主持召开庭前会议的很少，多由法官助理代为主持。又如，在Y省K市人民检察院的调研中反映，实践中庭前会议组织、安排较为简陋、粗糙，往往达不到庭前会议设置的初衷或制度目的，有时表现得较为随意。实践中庭前会议启动具有随意性，如调研中部分检察机关反映在案件复杂、需提前明确争议焦点时没有召开庭前会议，而一些仅因民事赔偿问题争议的案件却召开庭前会议。有的检察院反映，庭前会议到底是为了解决程序性问题还是为了解决证据问题，目的并不明确。有的律师在庭前会议上不提非法证据排除问题，但在法庭上突然提出要排除非法证据。也有的检察院认为，庭前会议的效果很好，把可能在法庭上争论不休的问题，通过庭前会议予以解决，缩短了开庭的时间。

再次，关于庭前会议的效力问题。调研发现，在实践中，存在着庭前会议决定或达成合意的事项在法庭上仍然再次提出的现象，使庭前会议的拘束力被忽视。尤其是非法证据排除的认定方面，庭前会议中出现并已取得共识的，在庭审中依然会涉及的情况较多（如J省W市X区）。

最后，关于庭前会议处理对象的范围。根据《刑事诉讼法》与《庭

---

① 全国人大常委会法制工作委员会刑法室编：《关于修改中华人民共和国刑事诉讼法的决定：条文说明、立法理由及相关规定》，北京出版社2012年版，第215页。

前会议规程》的规定，庭前会议处理对象为程序性事项，旨在提高庭审效率，防止庭审中断，节约司法资源。虽然《庭前会议规程》中有提及民事调解的事项，但其不构成庭前会议的主要目的与主要内容。而实践中，庭前会议所涉及问题混杂。如 Y 省 D 州 D 市人民检察院反映，所办案件中，甚至有专门为民事赔偿问题启动庭前会议的情况。再如 J 省 W 市 X 区人民检察院在座谈中提到，庭前会议的内容有时夹杂了举证、质证程序，有取代庭审的状况。在需要以庭前会议解决的问题方面，实践中则存在发挥不足的问题。如 Y 省 K 市人民检察院在在座谈中提到，庭前会议较少涉及非法证据排除问题；J 省 W 市 X 区人民检察院提到，辩方庭审中证据突袭情况不同程度地存在，庭前会议防止证据突袭的作用不够显现。从座谈中反映的情况看，法官不合理召集庭前会议、驾驭庭前会议能力较低；公诉人未能充分认识到通过庭前会议进行庭前证据开示、明确控辩争议焦点，而仅仅被动出席庭前会议、未能主动归纳争议焦点、释明证据合法性问题、侦查程序问题等，是导致庭前会议处理对象混乱、效果欠缺的主要原因。

庭前会议制度实施中存在的这些问题，使出庭支持公诉的检察官很难掌握辩方的证据和案件的争议点，难以心中有数地做好出庭前的准备工作，在一定程度上影响了普通程序中出庭公诉的质量。特别是对于出庭经验不够丰富的检察官而言，不能预先了解辩方对案件的看法，甚至无法知晓辩方会不会在法庭上突然出示自己没有掌握的证据，出庭前无法做到"心中有数"，只能根据自己的理解来准备出庭支持公诉。这样就很难应对辩方在法庭上的"突然袭击"。

3. 举证容易质证难

检察官在出庭支持公诉时，不仅要负担举证的责任，向法庭展示能够证明犯罪事实的存在以及犯罪事实系被告人所为的所有证据，而且要确保所举证据能够排除任何合理怀疑，经得起辩方的质证。尤其是随着以审判为中心的诉讼制度改革的推进,法庭上的对抗性进一步增加,在被告人不认罪的普通程序审理中,检察官展示的每一个证据都可能遭到辩方的质疑。在这种情况下,就需要由证人、鉴定人、侦查人员甚至包括具有专门知识的人出席法庭,协助检察官完成举证的任务,同时协助法庭查明案件的事实真相。例如,近年来,在普通程序审理的案件,辩护律师经常会提出侦查取证的程序不合法或者有瑕疵的问题,这些问题就需要侦查人员出庭说明取证的过程,以便向法庭展示取证过程的合法性。但是如果侦查人员不出庭,仅仅靠检察官的辩解,就很难说服辩方和审判人员。

刑事诉讼制度改革的重大内容之一就是在刑事诉讼法中明确规定了侦查人员、证人与被害人、鉴定人、有专门知识的人员(以下简称"四类人员")出庭的制度。刑事诉讼法学界对此给予了高度评价。最高人民法院在其颁布的《实施意见》中明确要求:确保"诉讼证据出示在法庭、案件事实查明在法庭"。因此提高"四类人员"的出庭比率成为推进诉讼制度改革的客观要求。①

侦查人员、证人与被害人、鉴定人、有专门知识的人员出庭,既是通过法庭调查查明案件事实真相,实现庭审实质化的重要保障,也是检察官在法庭上举证质证的客观需要。"四类人员"出庭的情况,直接影响到检察官出庭支持公诉时举证质证的效果。

当问及四类人员出庭的情况时,多数检察院给出了一个大致的比率(见表4),有的检察院则提供了具体的数据(见表5)。从我们了解到的情况看,四类人员出庭的情况与刑事诉讼法修改的要求和法学界的预期相去甚远。多数检察院反映,在普通程序审理的公诉案件中,四类人员出庭的很少。甚至有的检察院反映,新刑事诉讼法实施以来,全市没有一个证人出庭的案件。

---

① 参见李舸禛:《"四类人员"出庭问题研究》,载《人民检察》2017年第8期。

表 4："四类人员"出庭情况

省份	所涉地区	对于"四类人员"出庭频率的情况
Q 省	X 市人民检察院	较少
	X 市 H1 区人民检察院	没有
	X 市 H2 区人民检察院	仅 2 起，均为侦查人员出庭
	H2 市人民检察院	仅 1 起侦查人员出庭
	H2 市 P 区人民检察院	鉴定人员出庭 3 人，侦查人员出庭 1 人
	D 州人民检察院	不足 10 件
Y 省	D 州 D 市人民检察院	2 件
	K 市人民检察院	极少
	K 省 S 市人民检察院	很少
	B 市人民检察院	很少
	B 市 L 区人民检察院	无
Z 省	H 省全省检察机关	占普通程序案件 3.37%（2017—2018）
	H 市 J 区人民检察院	6 起 10 人，其中证人出庭 4 人，均为辩护人提出
	N 市人民检察院	较少
J 省	W 市人民检察院	18% 普通程序案件有"四类人员"出庭，效果较好
	W 市 X 区人民检察院	情况较好，鉴定人与侦查人员出庭情况基本得到解决
	W 市 W 区人民检察院	较少
	S 市各检察机关	证人出庭较多，其他较少
S 市	S 市人民检察院	较少
	S 市人民检察院第一分院	较少
	P 区人民检察院	较少
	S 市人民检察院第二分院	千分之几

从上表中可以看出，多数检察机关所办案件"四类人员"出庭总体上

数量较少，效果也不够理想。但 J 省 W 市人民检察院反映，该地区普通程序审理的案件中侦查人员出庭的情况较多，且效果较为理想。通过访谈可知，其辖区内审判机关、检察机关与侦查机关建立了关于侦查人员出庭的机制，一方面对侦查人员在有必要时的出庭构建了具有约束力的制度，另一方面倒逼侦查人员适应出庭。

调研反映，"四类人员"出庭少、出庭难、出庭效果不理想的问题，可以说是一个普遍存在的问题。

与此同时，我们也发现，"四类人员"出庭的情况，在东西部地区存在着明显的差异。东部地区"四类人员"出庭的比例出现了逐年增多的趋势（见表 4），并且出庭的效果也在发生变化，检察官担心"四类人员"出庭效果不好的顾虑也在逐渐消除。

表 5：Z 省全省"四类人员"出庭情况

年份	普通程序	证人	鉴定人	侦查人员	专门知识人员
2018 年 1 – 11 月	17038	133	83	455	356
2017 年	18541	57	39	73	4
2016 年	21330	52	19	0	0
2015 年	20926	1	4	0	0
2014 年	21026	9	5	0	0
2013 年	20965	7	9	0	0

除"四类人员"出庭率不高以外，在调研访谈中还了解到实践中存在公诉人应对"四类人员"出庭、庭上询问出庭人员能力不足的问题。公诉人在庭审中，有出现询问问题缺乏设计、对鉴定人与有专门知识的人提问缺乏专业性等问题。

"四类人员"不出庭，在很大程度上就使举证质证的任务完全由出庭支持公诉的检察官来承担，特别是在普通程序审理的案件中，辩护律师对证据的任何一个方面提出质疑，检察官都要自己来回应，往往会显得"势单力薄"（因为公诉人需要向法庭提出能够证明犯罪的所有证据并证明这些证据能够形成排除合理怀疑的证据链，而辩护人只要指出证据链不完整就可以了），影响举证质证的效果。

（三）诉讼制度改革给普通程序出庭带来的变化

"以审判为中心的诉讼制度改革"是一项系统性的、影响深远的改革。这项改革，对检察机关的刑事诉讼职能活动必将产生重大的影响，尤其是对普通程序出庭支持公诉的活动，影响更大、更直接。检察机关能否适应以审判为中心的诉讼制度改革所带来的冲击，直接关系到普通程序中出庭支持公诉的效果。

1. 诉讼制度改革对普通程序出庭支持公诉的影响

以审判为中心的诉讼制度改革旨在使诉讼制度与司法制度更加符合司法规律与法治规律、破解制约司法公正的突出问题、加强司法活动中的人权保护①，改革的实质内容在于对侦查中心主义的纠正、对审判活动实质化的确保、对当事人诉讼权益的充分保障②。既为改革，便蕴含对过往实践进行一定程度纠偏之意；既为纠偏，便包含了对过往实践一定程度地否定。因此，"变化"理应成为改革效果的直观评价指标。

关于以审判为中心诉讼制度改革前后，普通程序出庭支持公诉工作的变化，调研所涉单位中反映不一：有的认为变化较大，有的认为变化不大，甚至有的认为没有变化。鉴于市级检察机关适用普通程序比例较高、较具典型性，故以调研所涉市级检察机关所反映以审判为中心诉讼制度改革前后普通程序出庭支持工作的变化作为样本，列表如下（见表6）。

---

① 参见沈德咏：《论以审判为中心的诉讼制度改革》，载《中国法学》2015年第3期。
② 参见叶青：《以审判为中心的诉讼制度改革之若干思考》，载《法学》2015年第7期。

表6：以审判为中心诉讼制度改革前后普通程序出庭支持工作的变化情况

所属省份	检察机关	变化程度	表现方面（如有变化）
Q省	X市人民检察院	无明显变化	-
	H1州人民检察院	有变化	法官对庭审主导性增强，相应公诉方能动性空间有缩小； 程序项目增多，效率有降低； 庭审对抗性增强。
	H2州人民检察院	有变化	庭审对抗性增强。
Y省	K市人民检察院	有变化	对案卷与证据质量要求提高。 程序项目增多，效率有降低； 庭审对抗性增强。
	D州人民检察院	变化明显	庭审对抗性增强； 不可控因素增加； 对案卷与证据质量要求提高。
	B市人民检察院	有变化	庭审对抗性增强； 举证、质证工作重心变化； 对案卷与证据质量要求提高。
Z省	H市人民检察院	无明显变化	-
	N市人民检察院	有变化	压力增大，律师的所有意见，法官都要求检察官答辩； 对证据质量要求提高，退补率达95%。
J省	N市人民检察院	无变化	-
	S市人民检察院	没有变化	-
	W市人民检察院	有变化	庭审对抗性提高，律师辩护更加精细； 法庭调查程序规范； 四类人员出庭比率增加； 质证多元化。
S市	S市人民检察院第一分院	有变化	出庭难了，法官对质证的要求高； 法庭更重视证据合法性。
	S市人民检察院第二分院	没有太大变化	-

从上表中可以看出，以审判为中心诉讼制度改革前后：对于普通程序出庭支持公诉工作感到变化明显、有变化的市级检察机关有 8 个，其中 5 个为西部省份检察机关；认为无变化、无明显变化、无实质变化的 5 个，其中 4 个为东部省市检察机关。换一角度视之，83.3% 的西部省份市级检察机关感到改革前后普通程序出庭支持公诉工作变化明显或有变化；而这一数据在东部省市的市级检察机关仅为 42.9%。关于变化的表现方面，5 个市级检察机关提到庭审对抗性增强；4 个提到对案卷与证据质量要求提高；3 个市提到对质证的要求提高；1 个提到法官对庭审主导性增强，相应地，公诉方能动性空间有缩小。关于庭审"对抗性增强"的变化，检察人员大多提及到辩护方就取证过程合法性进行辩论的案件增多、被告人的辩护意识增强，辩护方式多样性增加；关于法官对案卷与证据质量要求提高，大多检察人员提及普通程序出庭支持公诉工作的重心由原来准备起诉材料的案头工作转移到当庭的言辞性工作，对于举证质证的要求更为细致化。

关于以审判为中心的诉讼制度改革前后，普通程序出庭公诉工作有无变化的感受所存在的两极分化的现象，当然不可机械地带入"变化"指标来评价改革效果：存在部分地区办案机关本身重视审判、审判活动实质化程度强，而面对改革提出的新要求已大部分达标。因此应当在具体分析其成因基础上，来判断"有明显变化"与"无明显变化"何者为问题，何者为改革应有状态。

2. 检察官在普通程序出庭支持公诉中对改革的适应情况

调研发现，与对改革带来的变化的感受类似，不同地区对改革的适应情况也不尽相同。认为刑事诉讼制度改革前后普通程序审理没有变化或者变化不大的检察人员，自我感觉完全能够适应普通程序出庭支持公诉的工作；认为刑事诉讼制度改革前后变化明显的检察人员，往往会感到普通程序中出庭支持公诉的工作更难做了。

从总体上看，各地各级检察机关在应对以审判为中心的诉讼制度改革中，都采取了一系列措施推进这方面的工作，以帮助检察人员适用诉讼制度改革带来的挑战。如组织培训、动员学习有关文件、召开检察官会议讨论普通程序出庭中可能遇到的问题、出台规范性文件严格规范普通程序的出庭支持公诉工作、选拔经验丰富的检察官出席普通程序法庭等。但是，依然存在着检察人员在以审判为中心的诉讼制度改革中对普通程序出庭支持公诉不适应的现象。通过调研中的访谈可知，对于改革之后感受到的变化多是伴随与对变化的不适应而提出的。在"侦查中心主义"观念指导下的实践中，侦查机关将案卷移送给公诉部门后，公诉部门的工作重点在于构建指控证据体系，而这项任务主要是通过审查起诉的案头工作完成的。相比较于以审判为中心的改革要求，侦查中心主义的实践中庭审实质化的程度不高，控辩双方争议激烈程度低，所能影响的事项有限。由此导致公诉人对出庭工作的不够重视。在以审判为中心的诉讼制度改革提出新要求后，公诉人的观念还未从侦查中心主义中转变，工作方式还未能适应改革，由此造成了其公诉工作质量不高的问题。这种现象主要表现在以下几个方面：

第一，认识方面。一是重视不够。有的检察人员认为，刑事诉讼制度改革不改革无所谓，反正普通程序都是按照刑事诉讼法的规定进行审理，出庭支持公诉还是老样子。所以对以审判为中心的诉讼制度改革持消极态度。调研中发现，一些认为在改革前后普通程序出庭并无明显变化的检察机关反映，审判机关与检察机关均缺乏推动庭审实质化的动力，甚至有的地方由于工作量增加而不愿推动，仅有辩护一方对庭审实质化诉求很高。二是有畏难情绪。有的检察人员担心法庭的对抗性增强，不可控因素增加，难以驾驭法庭上的举证质证过程。有的检察人员怕出庭，怕被告人当庭翻供，打乱自己预案中的举证体系；怕辩护律师在法庭上搞"证据偷袭"，突然拿出公诉人事先不掌握的证据材料，一时难以核实；怕'四类人员'出庭作证时没有按照预期的方式作证,出现不可控的因素,一时难以应对,等等。在检察机关推行捕诉一体的改革中,一些长期从事侦监工作的检察人员担心自己没有出庭经验,难以应对经验丰富的辩护律师。尤其是许多地方已经实行法庭审理过程网上直播,西部地区检察人员普遍担心自己在法庭审理中稍有不慎就可能产生不好的效果,影响公诉人的社会形象。三是有抱怨情绪。有的检察人员认为,推进以审判为中心的诉讼制度改革以后,法官在普通程序案件审理中更加强势,把"以审判为中心"变成了以法官为中心。有的检察人员认为,在一些事实清楚、证据充分的案件中辩护律师寻找各种理由对证据提出无关痛痒的质疑,甚至进行纯表演性的发言,法官也不予制止,让不懂法律的旁听群众以为辩护律师讲的很有理,显得公诉人很被动。有的检察人员认为,庭审实质化与以前的普通程序审理并没有实质性的变化,当庭宣判率仍然为零,但法庭的时间却大大延长了,白白浪费司法资源。

第二,能力方面。在调研中,许多检察院的领导感到,目前公诉人队伍出庭支持公诉的能力亟需提高。以审判为中心的诉讼制度改革以来,普通程序案件法庭审理中的对抗性明显增加,对举证质证的要求越来越高,而公诉人队伍在检察机关始终是相对年轻的队伍,一些检察人员出席普通程序审理的法庭举证质证的能力难以适应。有的检察人员出庭支持公诉时,只知道按照事先准备好的"三纲一书"照本宣科,对被告人及其辩护律师提出的问题不知如何回答,或者不愿回答,怕被抓辫子,甚至有的检察人员庭前对于"三纲一书"的准备工作,存在大量复制粘贴、应付而为的情况,在法庭上更容易陷入被动。有的检察人员在法庭上虽然能够完整地出示案卷中提供的证据材料,但缺乏体系性、系统性思维和论证方法,对各种证据之间的关联性说理不够,一旦辩护律师对某个证据提出质疑,公诉人又不能进一步解释证据之间的关联性,就可能使法官认为证据链不完整。有的检察人员在法庭上讯问被告人的策略和技巧不强,一旦遇到翻供的被告人，就会束手无策，只能通过被告人以前的供述来支持公诉。

第三，客观方面。导致检察人员在以审判为中心的诉讼制度改革中显得不适应，也有某些客观方面的原因。一是在司法实践中，侦查中心主义的观念对刑事诉讼活动依然产生着负面影响，重卷宗材料，轻法庭调查的现象在公安机关、检察机关、审判机关仍然存在。特别是一些侦查机关在侦查取证方面并没有实质性的改变，以致证据不完整、取证过程不注意程序、证据本身存在瑕疵等现象经常出现，在法庭质证的过程中，这些问题往往使公诉人十分被动。二是随着涉黑案件、电信诈骗案件、非法集资案件等涉众型案件的增多，一个出庭支持公诉的检察官往往要面对多名被告人及其辩护人，加之这类案件开庭的时间都比较长，使得检察人员在精力上体力上难以支撑。在有被害人的案件中，出庭支持公诉的检察人员既要应对被告人及其辩护人提出的问题，也要满足被害人方面的要求，使普通程序法庭审理的案件更加复杂，公诉人难以预料的因素确实比较多。三是面对非法证据排除，有些公诉人缺乏应对经验。而一些检察机关组织关于应对非法证据排除的培训不足、预案不足，导致一旦遇到辩护人或当事人在法庭上提起非法证据排除时，应对不力，甚至有时不能守住指控立场。在对"庭审实质化"要求愈发严格的形势下，非法证据排除制度成为辩护律师乐于使用、乐于学习的技巧，不同职业性质决定刑辩律师对于非法证据排除的学习与培训热情更高，并在一定程度上走在了检察机关之前，也造成了非法证据排除的实践中公诉人落于下风的现象。

此外，2018 年，最高人民检察院明确提出要在机构改革中实行捕诉一体。在调研中，各级检察机关不同部门的检察人员都对此发表了自己的看法。多数检察人员认为，实行捕诉一体，有利于加强对侦查活动的监督，更好地引导侦查取证，保证公诉案件的质量；有利于减少重复劳动，提高诉讼效率。但是许多检察人员也都预感到由此带来的压力，普遍担心难以适应。一方面是长期从事侦监工作的员额检察官，由于缺乏出庭经验，特别是对近年来庭审方式改革不太了解,担心自己难以应对普通程序案件出庭支持公诉的工作,在法庭上陷入被动。另一方面,从事公诉工作的员额检察官也担心:既要办理公诉案件,又要办理审查批准逮捕的案件,这边承办的公诉案件要准备开庭,那边同时又送来审查批准逮捕的案件,在时间上安排不过来。因为审查批准逮捕的案件有很强的时限性,一旦受理就必须在7天(实际上只有5天)之内办结,如果承办的公诉案件法院在这期间安排了开庭,并且是普通程序案件(有的可能需要一两天才能开完庭),公诉人就将会焦头烂额。一旦遇到涉黑涉众案件,每一个犯罪嫌疑人都要提审,再加上普通程序案件出庭,更是难以应对。

二、普通程序出庭公诉中存在的主要问题

从上述情况中可以看出,各级检察机关在应对诉讼制度改革中高度重视普通程序的出庭支持公诉工作,采取了许多措施保证指控犯罪的职能充分履行,但也面临着一些与立法初衷、与诉讼制度改革的要求不相适应的问题。正视这些问题并分析其存在的原因,有助于进一步做好普通程序的出庭支持公诉工作,更好地发挥检察机关在刑事诉讼中的职能作用。

(一)普通程序适用率高

如前所述,在检察机关提起公诉的案件中,普通程序适用的情况,虽然各地差别较大,但总体上,应该说适用率还是偏高的。普通程序的适用率高之所以是一个问题,是因为它与刑事诉讼法修改的初衷是偏离的。

普通程序适用率的问题,究其本质,是刑事诉讼繁简分流的问题。而刑事诉讼的繁简分流目的在于平衡刑事诉讼的公正价值与效益价值。《刑事诉讼法》设定了普通程序与简易程序、速裁程序,旨在根据不同案件情况来适用不同的程序,保障刑事诉讼的公正,同时根据案情复杂程度,犯罪嫌疑人、被告人涉及犯罪之轻重以及其他有关因素来决定将有限的司法

资源进行什么样的分配。① 2012年修改刑事诉讼法时进一步扩大了简易程序的适用范围,一方面是为了缓解日益增多的刑事案件与司法机关人员相对固定(有限)之间的矛盾,提高诉讼效率,另一方面也是为了让司法机关有可能集中更多的司法资源来办理复杂的案件。2018年刑事诉讼法的修改,在简易程序的基础上增加了速裁程序,更是为了快速办理简单、轻微的刑事案件,让司法机关能够腾出更多的精力办理疑难复杂的案件。可以说,刑事诉讼法修改的初衷是通过构建多元化诉讼结构,最大限度地提高诉讼效率,以保证司法机关集中力量实现普通程序的实质化审理。因此大幅度减少普通程序的适用率,是保障刑事诉讼制度改革顺利进行的先决条件。

然而,在司法实践中,这种诉讼制度改革的初衷并没有实现。从我们调研的情况看,普通程序的适用率,大部分地方在20%以上(只有个别地方在10%以上),有的地方高达70%以上,甚至100%。调研中,有的基层检察院反映,按普通程序办理的案件中,被告人认罪的在70%左右,而该地方适用普通程序的案件占公诉案件的80%—90%;有的基层检察院反映,被告人不认罪的案件不到5%,而该县2017年受理审查起诉的案件210件388人中按照普通程序办理的就有196件355人。这样大量适用普通程序办理刑事案件的情况,不可能有效地实现繁简分流的目标,导致大量的司法资源耗费在众多的轻微刑事案件中,而这些案件的绝大多数都是事实清楚、证据充分、当事人认罪的案件,没有必要花费大量的司法资源来办理。相反的,由于在这些数量众多的轻微刑事案件中花费了过多的司法资源,司法机关反而没有更多的人员和精力来办理犯罪嫌疑人不认罪的疑难复杂案件,"案多人少"的矛盾似乎成了司法机关难以扭转的现状。

这个问题存在的原因,我们在上文中已经提到,如果进一步分析深层

---

① 参见胡婧:《刑事审判程序分流研究》,中国政法大学2018年博士论文,第9页。

次的原因,归结起来主要有三:

一是对人权保障重视不够。简易程序、速裁程序都要求快速办理被告人认罪的普通刑事案件,这既是提高诉讼效率的需要,也是尊重和保障人权的需要。快速办理可以缩短刑事诉讼的周期,减少犯罪嫌疑人在刑事诉讼中的压力。特别是在犯罪嫌疑人被羁押的情况下,缩短办案周期即在一定程度上意味着减少犯罪嫌疑人人身自由被剥夺的时间。在司法实践中,一些犯罪嫌疑人所犯罪行并不严重,由于侦查、起诉、审判的时间拖得过长,本来可以不判处刑罚或者不判处较长时间刑罚的案件,由于犯罪嫌疑人已经被羁押了较长的时间,法院不得不按照已经羁押的时间对其判处刑罚,无形中就使犯罪嫌疑人受到了不公正的待遇。2012年修改刑事诉讼法时,减少审前羁押成为社会各界和法学界的一致呼声。对于已经羁押的犯罪嫌疑人而言,缩短诉讼周期,不仅意味着可能减少人身自由被限制的时间,而且意味着减少精神上受痛苦的时间。但是,司法机关的一些办案人员并不关心犯罪嫌疑人的感受,有意无意地拖延办案的时间。有些案件完全符合速裁程序的适用条件,但有的办案人员怕麻烦(速裁程序增加了告知犯罪嫌疑人的次数、要求在值班律师见证下签署具结书等环节)而不愿适用。特别是在一些案件数量不大的地区,"案多人少"的矛盾并不突出,办案人员本身缺乏紧迫感,对于自己承办的案件,能拖的尽量拖时间,以致许多可以通过简易程序或者速裁程序办理的案件,人为地将其作为普通程序案件来办理。

办案人员为争取更为宽松的期限而排斥简易程序、倾向普通程序的做法显然有违立法初衷。首先,为追求办案期限的宽松,而将更宜适用简易程序、速裁程序的案件适用普通程序来办理,是对司法资源一定程度上的浪费。在可以以更节约司法资源的简易程序、速裁程序办理的案件中投入普通程序之司法资源,会使得案多人少的矛盾加剧。其次,为追求办案期限的宽松选择普通程序会对《刑事诉讼法》相关规定造成一定程度的架空。虽然《刑事诉讼法》所规定的是"可以"适用简易程序、速裁程序的情形,并在消极条件中安排了自由裁量的空间,但该任意性规范标志着法律认定的"何种情况可以适用简易程序、速裁程序"的标准,也即所需投入司法资源与条文中所列举情形相当时的标准。而案件未达到该标准却过于频繁地逃避适用简易程序、速裁程序,会成为对该标准的无视以及对简易程序、速裁程序制度一定程度上的架空。最后,为追求办案期限的宽松选择普通程序对犯罪嫌疑人、被告人造成不必要的负担。当然,规范体系的不健全也是出现办案人员为争取更为宽松的期限而排斥简易程序和速裁程序、倾向普通程序现象,导致立法所追求的"繁简分流"效果不能实现的重要原因。

二是对法律规定理解不准确。按照刑事诉讼法的规定,基层人民法院管辖的案件,凡是案件事实清楚、证据充分,被告人承认自己所犯罪行,对指控的犯罪事实没有异议并且对适用简易程序没有异议的,只要没有刑事诉讼法第215条明确规定的4种情形,都可以适用简易程序;凡是可能判处3年有期徒刑以下刑罚的案件,案件事实清楚,证据确实充分,被告人认罪认罚并同意适用速裁程序的,都可以适用速裁程序。但是在司法实践中,许多办案人员对"被告人承认自己所犯罪行,对指控的犯罪事实没有异议"和"被告人认罪认罚"的理解和把握过于严苛,并且忽视了被告人"对适用简易程序没有异议"和"同意适用速裁程序"的规定,以至于许多可以按照简易程序和速裁程序办理的案件,都按照普通程序来办理。从调研情况看,一些地方在是否选择简易程序的问题上,把犯罪嫌疑人或被告人提出的任何辩解都认为是对指控的犯罪事实有异议,以致不敢适用简易程序。例如,在一些因邻里纠纷引起的故意伤害案件中,犯罪嫌疑人、被告人对指控的犯罪事实没有任何异议,只是提出纠纷的起因在对方或者对方也有责任等;有的只是因被害人要求赔偿的数量过大,犯罪嫌疑人接受不了等,检察机关就按照普通程序移送、审判机关也按照普通程序审理。在一些盗窃案件中，犯罪嫌疑人对盗窃的犯罪事实供认不讳，但辩解自己当时并不知道被盗物价值那么大，或者认为对被盗物品的估价过高等，司法机关也会按照普通程序来办理。而对"认罪认罚"的理解，各地掌握的标准差异更大。有的地方认为，犯罪嫌疑人只有对检察机关指控的犯罪事实全部认可并对检察官提出的量刑建议完全同意，才能适用速裁程序；有的地方要求犯罪嫌疑人对被害人提出的任何赔偿请求都没有异议，才能适用速裁程序；有的地方甚至要求，检察官提出判处缓刑的量刑建议时必须有犯罪嫌疑人户籍所在地社区矫正部门出具的同意接收的书面保证，才能适用速裁程序。有的地方，对犯罪嫌疑人认罪认罚但辩护律师要求从轻处罚的案件，就认为不能适用速裁程序。这样一来，适用简易程序和速裁程序的案件大大减少，以至于一些本来可以不适用普通程序的案件，只好按照普通程序来办理。

三是对诉讼制度改革认识不深刻。速裁程序在试点过程中，一些检察院、法院比较积极，认为这项工作可以出"亮点"，可以树立"改革先锋"的形象，但是在刑事诉讼法正式规定之后，一些检察人员认为，速裁程序在检察环节，增加了讯问犯罪嫌疑人的次数，增加了陪同值班律师见证犯罪嫌疑人签署认罪认罚具结书的环节，甚至还增加了向犯罪嫌疑人户籍所在地了解当地能否接收对其社区矫正的情况等工作量，在办理时间上又有明确的限制，所以在程序选择上，宁愿选择简易程序，不愿选择速裁程序；宁愿选择普通程序，不愿选择简易程序。另一方面，在司法实践中，由于"四类人员"出庭的比例很小，在以审判为中心的诉讼制度改革推行前后，普通程序案件的审理并没有实质性的变化。无论是检察官办案还是法官审理案件，依然是根据侦查卷宗中提供的证据来进行的，所以许多地方的检察官、法官都认为诉讼制度改革只是口头上的，办理犯罪嫌疑人、被告人不认罪的案件，主要还是看侦查机关提供的证据材料，对卷宗的依赖远远大于对在法庭上查明案件事实真相的期许。因此，适用简易程序还是适用普通程序，制度改革的意义不大，而适用普通程序，办案的期限相对可以延长，于是就尽可能地选择普通程序。

这些因素，导致了实践中普通程序的适用率，在一些地方，大大超过了程序设置的价值追求。

（二）举证质证方式单一

如前所述，2012年刑事诉讼法实施六年多的时间里，"四类人员"出庭的比例仍然很低。"以审判为中心"是针对刑事司法实践中存在的过分看重案卷移送的侦查中心主义倾向而提出来的。[①] "四类人员"不出庭，在很大程度上就导致了检察官出庭举证质证只能依赖卷宗中提供的证据材料。而卷宗中提供的证据材料，无论是客观性证据还是言词性证据，都是以静态的形式呈现于法庭的。在被告人不认罪的情况下，对这些证据的质证，就只能靠出庭支持公诉的检察官口头回应。所以，如果说，检察官出庭支持公诉中存在着举证质证方式单一的问题，那么，这个问题的根源在于"四类人员"出庭的比率过低。

"四类人员"出庭率普遍较低的原因是多方面的，其中最主要的原因有三个方面：

第一，"四类人员"不愿出庭。不愿出庭的原因，一是担心破坏自己的社会关系网。应当出庭的人员绝大多数都是身处"熟人社会"的关系结构中的，且未来将一直在这样的社会关系结构中生活。出庭作证无论有利于哪一方，都可能给自己所处的社会关系网中增添不利的因素。特别是受传统的"熟人社会"风气和"厌讼"观念的影响，许多证人虽然目睹了事件发生的过程甚至参与其中，但就是不愿出庭作证。例如，Q省人民检察院反映，在一些人口稀少，特别是仅有几万人的区县，案件中涉及的办

[①] 王敏远等：《重构诉讼体制——以审判为中心的诉讼制度改革》，中国政法大学出版社2016年版，第94页。

案人员、鉴定人、证人、当事人等人员大体上都相识，如果有人到法庭上去作证证明某个当地人犯罪，他本人甚至全家就无法在当地生活下去了。有的基层检察机关在办案中，发生过侦查机关以组织的名义协调，请求侦查人员不出庭，以防其在当地"混不下去"；甚至还曾发生过官方机构提供办案所需说明时，为"保护干部"而在办案机关提出相关材料应有签名的要求时，做出了拒绝签名的决定，更遑论使相关侦查人员出庭说明情况。相较于西部地区，社会结构的组织方式更为丰富、人口流动性也更强的东部地区较少存在此种现象。但不论东部地区还是西部地区，证人受熟人关系影响而不愿出庭作证的现象甚为普遍。拟出庭作证的证人大多与案件一方或多方当事人相熟，碍于熟人社会的压力与传统观念不愿出庭作证，而积极出庭作证的证人多为一方或多方当事人关系密切的亲友，他们证言的客观性、真实性又存在一定的怀疑。二是担心给自己带来损失。出庭作证前，证人可能要接受检察人员或者辩护律师的嘱咐；出庭作证需要按照法庭指定的时间赶往开庭的法院，在交通不方便的地区，这对一些四类人员来说，本身就是一个负担。既要出交通费，又要耽搁自己的工作。出庭不仅需要花费一定的时间，而且还要耗费一定的精力，因为以前从未有过出庭作证的经历，在法庭上说什么、怎么说，事前会反复考虑，被要求出庭作证的人一般都会感到压力很大。三是担心在法庭上说错话。拟出庭的人员多数都惧怕出庭。一方面是受"厌讼"传统观念与缺乏应对庭审的心理素质，担心在庭审中"说错话"给自己的声誉、形象带来不利的影响，"四类人员"均对出庭怀有畏惧感。另一方面，是因为他们没有在庄严的法庭上被问话的经历，心理紧张，回答问题时犹豫不定、语义不详，很难满足法庭对证据的要求。多数人员则抱有案件与自己无关，多一事不如少一事的心态，找各种借口尽可能地不出庭。此外，实践中，也确实存在有鉴定人无法清晰准确表达其掌握的知识，或是证人因压力过大而出现前后矛盾甚至推翻先前证言等情形。这些因素都导致了"四类人员"普遍不愿意出庭的状况。

第二，办案人员不愿让"四类人员"出庭。检察人员和审判人员对"四类人员"出庭，一方面存在着积极的心态，检察人员希望通过四类人员出庭，增强自己指控犯罪的效果，让四类人员帮助自己更好的完成举证任务，审判人员希望通过四类人员出庭了解更多的与案件事实有关的信息，坚定自己对案件事实的判断；另一方面又对四类人员出庭存在顾虑。调研中一些检察机关反映，审判人员和出庭支持公诉的检察人员均有排斥"四类人员"出庭的现象。一是"怕出问题"的心态。"四类人员"出庭往往会为庭审带来一定的不确定性。有的办案人员担心"四类人员"当庭说出不利于指控犯罪的证词或话语，打乱了自己指控犯罪的预案；也有的担心"四类人员"不能准确表达有利于指控犯罪的问题而造成不良的效果。在面对非法证据排除程序中侦查人员出庭情况时，有的公诉人担心该出庭的侦查人员不能按照指控的思路与节奏进行说明，担心其出庭为庭审带来了不确定性的因素，为自己的工作带来难度。二是"怕麻烦"。一些审判人员与出庭支持公诉的检察人员存在"多一事不如少一事"的心理，希望尽可能地缩短开庭时间，担心"四类人员"出庭后，辩护律师反复询问，拖延庭审时间。三是"怕尴尬"。有的检察人员和审判人员则因应变能力缺乏、面对出庭四类人员法庭经验不足、对实质化的庭审不适应等问题，在对出庭的"四类人员"如何发问、如何应对其带来的压力方面，存有畏惧心理，担心在法庭审理中出现尴尬的局面。特别是在旁听人员较多的情况下，怕四类人员出庭给自己的工作带来难以应对的情况，影响自己的法庭形象。因此对申请与批准"四类人员"出庭缺乏积极性。在调研中，有的检察院提到，为减少办案压力，"四类人员"需要出庭时，往往以书面说明的方式代替出庭。此外，办案机关对"四类人员"出庭的重要性认识不足，如在调研访谈中有的检察人员提及，公诉人往往忽视"四类人员"在庭审中的重要作用，过度依赖书面陈述。

第三,缺乏必要的配套措施。四类人员出庭所必要的配套措施不到位,在很大程度上影响了这一制度的落实。一是人身保护难以到位。有的检察院反映,目击证人对某一案件作证后,被犯罪嫌疑人的近亲属跟踪、辱骂、骚扰,证人请求公安机关保护,公安机关认为这种行为不够治安处罚的标准,难以对其作出处理。这种情况并非特例。二是有专门知识的人出庭制度构建不完善。许多地方缺乏司法机关与专门机构沟通联系的渠道,在具体案件中需要有专门知识的人出庭时,检察官想联系有关单位申请派人出庭十分困难。如 Y 省 K 市 X 区人民检察院提及,当地未形成联系申请有专门知识的人出庭的渠道;Q 省 H2 市 P 区人民检察院提及缺乏专门知识人员的资源。三是公检法三机关相互衔接、配合不畅。在实践中,有的鉴定机构或侦查部门为保护其工作人员而不配合出庭作证、说明情况的工作,甚至有的不愿意让直接负责的工作人员签字。这种情况暴露出各有关单位没能建立相关协调机制以保证相关人员履行出庭义务。

"四类人员"出庭的状况,在一定程度上反映了庭审实质化的程度,因为庭审实质化要求"保证庭审在查明事实、认定证据、保护诉权、公正裁判中发挥决定作用"①。庭审实质化对质证方式提出的具体要求之一就是贯彻直接言词原则,以保证被告人在法庭上与证人面对面进行质证的权利。② 以审判为中心的诉讼制度改革,使"四类人员"出庭成为改善公诉人出庭支持公诉中举证质证的瓶颈。四类人员出庭率低,制约了公诉人举证质证方式的多样化,影响了举证质证的庭审效果。

(三) 出庭应变能力不强

应该说,多年来,全国各级检察机关培养了一批又一批优秀的公诉

---

① 《中共中央关于全面推进依法治国若干重大问题的决定》,载《人民日报》2014年10月29日。

② 李明:《庭审实质化进程中的质证方式改革研究》,载《推进以审判为中心的诉讼制度改革》,中国人民公安大学出版社2017年版,第332页。

人,出色地完成了在法庭上指控犯罪的任务。从公诉人队伍中脱颖而出的人才许多都走上了领导岗位。也正因为如此,各级检察机关的公诉人队伍普遍存在着年轻化的状况。年轻的检察官不仅具有深厚的法律功底,而且具有旺盛的工作热情或正义感,很多从事公诉工作的检察官都在尽心尽力地履行公诉人的职责。但是也要看到,年轻的公诉人缺乏出庭支持公诉的经验,特别是在疑难复杂案件中、在经验丰富的职业律师面前,其应变能力往往会相形见绌。在调研访谈中,一些检察人员认为,面对以审判为中心的诉讼制度改革,感到"压力很大";有的虽然满怀信心地表示完全有能力做好普通程序出庭支持公诉的工作,但也提到法庭上遇到的种种棘手的问题。而普通程序出庭难,则是检察人员普遍提出的问题。出庭难的感觉,除了客观原因之外,在一定程度上也反映了检察人员在法庭上的应变能力有待提高。

公诉人在法庭上的应变能力,虽然与出庭经验的积累有关,但更重要的是与自身的素质有关。

一是与公诉人的心理素质有关。公诉人出庭支持公诉,是代表国家指控犯罪的,因此要具有客观公正、理性平和的心态。但是在实践中,有的公诉人出庭往往抱着"求胜"的心态,一心想"打赢官司",以致在审查案卷、出庭举证时,只注意犯罪嫌疑人有罪的证据,有意无意地忽略了对犯罪嫌疑人有利的证据。这就很容易在法庭上被辩护律师抓住证据链上的漏洞,在质证中处于被动。有的公诉人怀有强烈的正义感,追诉倾向十分明显,一旦遇到在法庭上翻供或者无理狡辩的被告人,往往义愤填膺,情绪过于激动,影响了正常的思维和应对质证、辩论有理有据有节的进行。有的公诉人缺乏在法庭上与辩护人平等对抗的心态,以"代表国家"自居,甚至以法律监督者的姿态对待法庭上的质证和辩论。有的公诉人过分看重检察机关内部的考核指标,不希望自己在出庭时出现任何可能被扣分的情况,以致在法庭上强词夺理,不能平和地处理法庭中出现的预料之外的情况。诸如此类的心理状态，都必然影响到公诉人在法庭上的应变能力。

二是与开庭前的准备情况有关。公诉人在出庭前，需要在知己知彼的基础上做好充分的准备，才有可能在法庭上应对自如。但是，如前所述，公诉人往往是知己容易知彼难，面对犯罪嫌疑人不认罪的普通程序案件，就更需要公诉人在出庭前反复熟悉案情，仔细做好各项准备工作，包括对辩方可能提出的各种辩护理由的预测和应对方案。所以，对普通程序出庭支持公诉，检察机关都要求有预案。但是在实践中，有的公诉人认为，法官判案主要是看卷宗中的材料，开庭审理只是"走个过场"，所以不重视出庭前的准备工作，一旦在法庭上遇到"较真"的辩护律师，就感到焦虑，容易陷入被动。有的公诉人所做的预案千篇一律，只是为了应付，甚至认为自己出庭多了、没有什么可准备的。有的公诉人只是按照自己构想的指控犯罪的思路准备预案，没有预测辩方可能提出对证据的质疑或者对案情的另一种解释，以致一旦法庭质证或辩论的环节没有按照自己预想的那样进行，就不知所措。有的公诉人在提前准备中只注意案情，很少注意犯罪嫌疑人的人生经历和心理特征，一旦遇到被告人当庭翻供，就不知从何问起，使法庭讯问被告人的活动陷入僵局。有的公诉人提前准备不足，在法庭上不知如何讯问被告人或者讯问的目的性不强，难以达到讯问被告人的效果，有的则不了解被害人在法庭上向被告人发问的目的，对诱导性询问不能及时发现和制止。

三是与挖掘证据内涵的能力有关。案卷中的证据材料只是为公诉人提供了指控犯罪的素材，如何运用侦查机关提供的素材，构筑无懈可击的证据链，并且让法庭确信这个证据链的真实可靠性，则需要凭借公诉人举证质证的水平。在庭审中，由于公诉方担负着证明被告人有罪的责任，其举证、质证工作要始终围绕着被告人有罪来进行，并以此来构筑被告人的行为构成犯罪的、能够排除合理怀疑的证据链。而辩护方则以出罪为目的，其在法庭上更多的是拆解公诉方所欲构筑的证据链。因此，在证据链的构筑方面，公诉方要做到"无懈可击"，辩护方只需要提出一个合理的怀疑，就可能打破控方的证据链。这就在客观上要求出庭支持公诉的检察官深入挖掘每一个证据材料的内涵，既要利用其能够证明犯罪的一面，也要注意防止其可能被用来证明无罪的一面。但是对此，许多公诉人往往注意不够。有的公诉人在法庭上举证时，只是在"读"证据材料，很少就证据的可采性和证明力展开论述，特别是对证据链中各个证据之间的关联性，很少加以分析论证。有的公诉人只是利用证据的表层意义来证明案件事实，不知道挖掘证据更深层次的含义，一旦遇到辩方就某些证据提出质疑，往往缺乏补救性的论证，导致证据链的断裂。

四是与公诉人在法庭上的应变技能有关。在庭审实质化的背景下，普通程序出庭支持公诉，在很大程度上考验着公诉人的法庭应变能力。在被告人不认罪的情况下，被告人及其辩护律师提出的问题，有很大部分是公诉人自己所无法预料的。对于事先没有准备好的证据疑点和辩论焦点，公诉人的应变技巧如何，直接关系到出庭支持公诉的效果。优秀的公诉人往往能够凭借自己深厚的法律功底、广博的知识积累、丰富的庭审经验，自如的回答事先没有预料到的问题、处理法庭上突发性的变故。但是许多公诉人往往做不到这一点。一旦遇到预料之外的情况，有的公诉人就显得束手无策，不知道如何回答或处理；有的公诉人甚至直接申请法官休庭，影响了法庭审理的效果。特别是在多被告人的案件中，遇到多位辩护律师的交叉质疑，有的公诉人就不知所措，难以有条不紊地应对。

这些情况都在一定程度上影响了出庭支持公诉的效果，也表明公诉人队伍在法庭上的应变能力有待提高。

调研中也反映出，辩护律师关于证据辩护技巧的学习机会丰富，而公诉人缺乏对新形势的适应性、技巧性培训，有的公诉人整天忙于办案，无暇参加公诉技能培训，普通程序出庭的水平难以提高。面对以审判为中心的诉讼制度改革，愈发感到力不从心。这些现象，在西部省份人才难来、人才难留的背景下被放大，从而显得更为突出。也由此解释为何面对以审判为中心的诉讼制度改革感到变化较大的检察机关多集中在西部省份。

三、改进普通程序出庭公诉的路径

检察机关在普通程序中出庭支持公诉，通常要受到四个方面的影响：一是受法庭及其审判人员的影响。检察机关提起公诉的案件，是否按照普通程序开庭审理、是否召开庭前会议、是否允许证人鉴定人等出庭，以及如何审理，都是由审判人员掌控的。检察机关出庭支持公诉的人员必须服从法庭的安排，才能履行出庭支持公诉的职能。二是受案卷中的证据材料的影响。侦查机关所获得的证据是否充分、是否合法、是否能够排除合理怀疑，直接影响到出庭支持公诉的效果。三是受辩方的影响。法庭是控辩双方平等博弈的场所，检察官出庭支持公诉是在辩方的积极参与下活动的，被告人及其辩护律师在法庭上的活动，必然会直接影响到检察官出庭支持公诉的活动及其效果。四是受自身能力的影响。面对法庭的规则、审判人员的提问、被告人及其辩护律师的质疑，检察官的心理素质、举证能力、思辨水平、应变技巧，甚至语言表达能力等，无不受到考验，并且直接影响到出庭支持公诉的效果。这些情况都可能影响到普通程序的适用情况及其效果。因此，改进普通程序出庭公诉工作，需要同时考虑这四个方面的因素，有效解决普通程序出庭公诉面临的问题。

（一）减少普通程序适用率

如上所述，实践中普遍存在着普通程序适用率高的问题。减少普通程序的适用率，笔者认为，应当着重从以下几个方面入手：

1. 提高对繁简分流必要性的认识

实践中"弃简就繁"的现象，在一定程度上反映了部分办案人员包括检察官、法官对繁简分流的程序价值认识不足。因此，提高对刑事案件程序选择中的繁简分流必要性的认识，是减少普通程序适用率过高问题的一个重要方面。

在刑事诉讼中构建多元化诉讼结构，本身是在公正与效率之间权衡选择的结果。一方面，在刑事案件居高不下、司法资源相对有限的情况下，提高诉讼效率是立法和司法双重选择的价值追求。这就必然导致对被告人认罪的案件，通过简化诉讼程序的方式快速结案，让司法机关和当事人都能在尽可能短的时间内从诉累中解脱出来（这类案件，当然也要依法办理，保证案件处理的公平正义）。另一方面，为了维护公平正义，保障当事人的诉讼权利和合法权益，对于被告人不认罪的案件和重大复杂案件，需要投入更多的司法资源，进行精细化地审理，保证这类案件认定事实和适用法律的准确性。有的学者指出，美国的刑事案件通过普通程序审理的比例是3%—5%。这样，美国的法官就有充分的精力来处理被告人不认罪的案件，他们可以对这些重大、疑难、被告人不认罪的案件进行仔细、全面的审理。所以，推进"以审判为中心"改革必须配套完善案件的繁简分流机制。[①] 实践证明，只有快速地办理大量的轻微、认罪案件，才有可能腾出更多的司法资源来办理少数重大复杂的案件。如果在轻微、认罪的案件中耗费的司法资源过多，就不可能在重大复杂案件上花费更多的司法资源。只有司法机关、司法人员充分认识到刑事案件繁简分流的必要性，才有可能在司法实践中自觉地对轻微、认罪案件启动速裁程序或简易程序，进行快速办理。

同时，快速办理轻微、认罪的案件，也是保障犯罪嫌疑人、被告人权利的要求。刑事案件从侦查阶段开始，犯罪嫌疑人的人身自由就要受到一

[①] 参见陈卫东：《以审判为中心：解读、实现与展望》，载《推进以审判为中心的诉讼制度改革》，中国人民公安大学出版社2017年版，第48页。

定程度的限制，能够快速办理的案件，及时办结，就可以使当事人尽早地从诉累中解脱出来，就可能防止其人身自由受到不必要的限制。实践中，一些办案人员以各种理由把本来应当适用速裁程序或简易程序的案件，人为地作为普通程序案件来办理。有的地区，在2012年刑事诉讼法修改5年之后，还按照1996年刑事诉讼法的规定把简易程序的适用限定在可能判处3年以下有期徒刑的案件（这种情况很难说是对新的刑事诉讼法不了解，在很大程度上应当视为对刑事诉讼法关于"尊重和保障人权"的规定熟视无睹）。这样做，即违背了构建多元化诉讼结构体系的宗旨，也无视犯罪嫌疑人、被告人的人权保障。有的地方因为案件量小，办案的压力不大，而有意识地把可以适用简易程序的案件作为普通程序案件以拖延办案时间，更是对当事人权利的不尊重。因此，司法机关应当高度重视诉讼结构多元化改革的意义，教育办案人员充分认识刑事案件繁简分流的必要性，督促承办案件的检察官、法官尽可能地适用简易程序或速裁程序，快速办理案件，以便有可能集中更多的司法资源用于办理重大复杂案件。

2. 扩大简易程序、速裁程序的适用

减少普通程序适用率的前提是扩大简易程序、速裁程序的适用。因此，正确理解刑事诉讼法关于简易程序、速裁程序的规定，督促承办案件的人员尽可能选择适用简易程序、速裁程序，就显得十分必要。

一方面，要准确理解刑事诉讼法规定的简易程序、速裁程序的适用条件。实践中反映较多的是对简易程序适用条件中的"承认自己所犯罪行，对指控的犯罪事实没有异议"和对速裁程序中的"认罪认罚"的理解存在争议。一些办案人员机械地理解法律的规定，认为只有犯罪嫌疑人及其辩护人对公安机关移送检察机关审查起诉的案件没有任何异议，才可以适用简易程序，否则就要适用普通程序。这种理解应该说是片面的。没有任何异议，无疑是应当适用简易程序。但是，虽然在某些方面有异议但如果这种异议并不影响犯罪嫌疑人、被告人对自己所犯罪行的承认，同样可以适用简易程序。因为承认自己所犯罪行，就是承认指控的犯罪事实，至于所犯罪行构成什么罪名、责任如何认定或区分、刑罚如何适用，那是法律适用问题，是由法院行使的权力。犯罪嫌疑人、被告人及其辩护人对这些问题的不同看法或异议，不应当成为否定"承认自己所犯罪行，对指控的犯罪事实没有异议"的理由。刑事案件中的民事赔偿问题，更不应当成为否定"承认自己所犯罪行，对指控的犯罪事实没有异议"的理由。因为，在刑事诉讼中，犯罪嫌疑人答应赔偿被害人本身就意味着承认自己所犯罪行，至于赔偿协议的达成和履行，既要受被害人方面的要价是否合理的制约，也要受犯罪嫌疑人的财产状况即赔偿能力的制约。不能因为一时达不成赔偿协议，就把本应适用简易程序的案件改为适用普通程序。① 同样地，对速裁程序中的"认罪认罚"，也不能机械地理解为犯罪嫌疑人、被告人对什么样的处罚都认可，才能适用速裁程序。只要是犯罪嫌疑人、被告人承认自己所犯罪行并且表示愿意接受法律处罚的，就应当认为是犯罪嫌疑人、被告人"认罪认罚"。不论是简易程序还是速裁程序，都应当允许犯罪嫌疑人、被告人有辩解的权利，不能把辩解视为不承认自己所犯罪行或者不认罪认罚的表现。只有犯罪嫌疑人、被告人不承认自己所犯罪行即不认可指控的犯罪事实的，才应当作为普通程序来办理（刑事诉讼法规定的不适用简易程序的案件除外）。

另一方面，上级司法机关有责任督促下级司法机关尽可能地适用简易程序、速裁程序来办理犯罪嫌疑人、被告人认罪的案件。尤其是在轻微、认罪的刑事案件中，要尽可能地减少司法资源的投入，保证基层检察院、法院有更多的人力和精力办理犯罪嫌疑人、被告人不认罪的案件和重大复

---

① 笔者认为，刑事案件中达不成赔偿协议的，应当由法院判决来决定被告人应当承担的赔偿数额，既不能因赔偿协议达不成而影响案件的审理，也不能单纯根据被害人的要价来确定应当赔偿的数额。刑事案件中既要保护被害人的权益，也应当公正地对待被告人。

杂的案件。为此，上级司法机关应当加强对适用普通程序办理的案件的检查或评查，对可以不适用普通程序而适用普通程序办理的案件进行分析，逐渐减少普通程序适用的比率。

3. 规范程序选择的标准

在普通程序办案期限较为宽松，而简易程序、速裁程序办案期限较为紧张的现状下，办案人员为办案便利自然存在选择普通程序的倾向。如果关于程序选择的法律规范过于宽松，为办案人员选择普通程序或简易程序、速裁程序赋予比较大的自由裁量权，那就必然会导致普通程序的适用率偏高。因此，在刑事诉讼法已有规定的前提下，应当通过规范性文件进一步细化不同程序的适用标准，提高程序选择中可依据的规范数量，收紧办案人员自主选择程序的空间。这样才有可能使普通程序与简易程序、速裁程序的分流回归到制度设计的初衷上来，保证诉讼制度改革中实践与理念的一致性。

为此，建议最高司法机关或省级司法机关联合就适用普通程序、简易程序、速裁程序的标准通过制定司法解释或者细则的方式进一步明确化，统一检察机关和审判机关程序选择的标准，减少办案人员自由选择程序的空间，以防止程序选择中"弃简就繁"现象的大量出现，影响诉讼效率。细化程序选择的标准，应当以诉讼制度改革的价值追求为目标，充分考虑司法实践需要，权衡公正与效率，确保司法资源的合理配置。

目前，一些地方已经制定了速裁程序的适用规则、认罪认罚从宽案件的办案规则。但是这些规定过于冗繁，要求严格，使速裁程序、简易程序案件的工作量比普通程序还要多，并且有相当部分是没有实际意义的程序性手续和文书，与繁简分流的精神背道而驰，以致实践中该简化程序的，并没有简化。因此，规范程序选择的标准，应当按照刑事诉讼法修改的立法精神，进一步简化速裁程序、简易程序的环节和要求，保证轻微、认罪案件真正能够快速办理。否则，多元化诉讼结构体系在实践中就成了繁繁相加的诉讼结构,难以实现繁简分流的目标。

(二) 完善普通程序相关制度

上文已经提出,普通程序出庭公诉中存在的问题,在一定程度上与相关制度的落实不到位有关。而这些问题,既涉及到检察机关,也涉及公检法三机关的配合。解决这些问题,需要司法机关相互配合,通力合作,也需要进一步完善落实相关法律制度。作为普通程序中需要司法机关共同解决的问题,主要是有关庭前会议的问题和"四类人员"出庭的问题。

1. 完善庭前会议制度

庭前会议制度是 2012 年修改的刑事诉讼法中增设的一项制度。庭前会议制度设立的宗旨,是在普通程序审理的案件中预先解决那些可能导致庭审中断、影响庭审顺利进行的程序性问题,如管辖权异议、申请重新鉴定、证据开示、非法证据排除、申请调取新证据、变更强制措施、证人保护等,以确保法庭的集中审理,提高庭审的质量及效率。但是在司法实践中,庭前会议召开的比例极为有限。有些检察人员认为庭前会议的作用很大,尤其是在复杂、涉众型案件中,庭前会议可以有效解决某些程序性争议、明确双方争议的焦点,既有利于公诉人做好出庭前的准备工作,也有利于庭审效率的提高。调研中也反映出,个别检察人员对庭前会议不够重视,消极被动地出席庭前会议,没有在庭前会议上提出需要解决的问题;有的案件,庭前会议上达成共识的问题,辩护人在法庭上再次提起,让法官觉得庭前会议没有效果,影响了召开庭前会议的积极性。也有学者指出:庭前会议制度在司法实务中普遍存在着性质与功能定位不明、程序设置存在空白、法律效力待定、程序衔接不畅等问题。[①] 因此,完善庭前会议制度,对于提高普通程序出庭支持公诉的质量、提高普通程序审理案件

---

① 参见石晓波、李声高:《庭审实质化背景下的庭前会议制度研究》,载《推进以审判为中心的诉讼制度改革》,中国人民公安大学出版社 2017 年版,第 342 页。

的效率,具有重要意义。《改革意见》中也明确提出要"完善庭前会议程序,对适用普通程序审理的案件,健全庭前证据展示制度,听取出庭证人名单、非法证据排除等方面的意见"。

完善庭前会议制度,首先,要明确规定庭前会议的启动条件。最高人民法院或高级人民法院应当根据司法实践的情况,明确规定召开庭前会议的条件,以减少承办案件的法官在是否召开庭前会议问题上的随意性。这些条件可以包括必要性条件和选择性条件。对于拟按照普通程序审理的案件,如果具备必要性条件,承办案件的法官就应当召开庭前会议;如果只是具备选择性条件,承办案件的法官可以决定是否召开庭前会议。其次,要明确庭前会议启动的程序。按照刑事诉讼法的规定,庭前会议无疑是由承办案件的法官主持召开的。除了承办案件的法官有权启动庭前会议之外,应当赋予控辩双方启动庭前会议的申请权,即应当允许承办案件的检察官和辩护律师根据自己对案情的了解主动申请召开庭前会议,承办案件的法官应当尊重控辩双方的这种权利。庭前会议的主持人,应当是承办案件的主审法官,而不应当是合议庭的其他成员,更不应当是法官助理。因为,只有主审法官主持召开的庭前会议,在会议上解决的问题才有可能防止在法庭时重复。最后,庭前会议的程序不仅应当约束主持会议的法官的行为,而且应当约束出席庭前会议的其他各方的行为。一方面,对于可能导致庭审中断的问题应当在庭前会议上提出,如拟在法庭上出示的新证据、拟就证据合法性提出质疑的等问题,应当在庭前会议上提出,以便给对方庭前准备的机会。另一方面,对庭前会议上达成共识的问题,出席庭前会议的各方都不应当在庭审中再争论,除非出现新的情况。庭前会议的规则明确了,庭前会议的召开才能规范,庭前会议的效果才能显现、作用才能发挥。

2. 提高"四类人员"的出庭率

"四类人员"出庭,在普通程序案件中,是检察人员在法庭上有效地指控犯罪、自如应对不认罪的被告人及其辩护人的质证和辩解、顺利完成支持公诉任务的重要帮手，也是审判人员通过法庭审理查明案件事实真相的关键环节。而"四类人员"出庭率低是普通程序中普遍存在的问题。这个问题存在的原因，既与我们国家的传统文化和诉讼观念有关，也与制度设计不尽完善有关。因此，提高"四类人员"出庭率，需要从三个方面入手：

第一，转变观念，提高对"四类人员"出庭的认识。转变观念首先是要转变办案人员的观念。实践中存在着办案人员害怕"四类人员"出庭带来不确定性、害怕"四类人员"出庭影响指控效果、忽视"四类人员"出庭重要意义的观念。这些认识问题在一定程度上影响了检察人员申请四类人员出庭的积极性，也影响了法官安排四类人员出庭的积极性。为此，应当进一步加强对办案人员的教育培训，一方面要强化办案人员对"庭审实质化"的认识和保障被告人诉讼权利的意识，充分认识到"四类人员"出庭对诉讼制度改革的重要意义，以积极的心态对待"四类人员"出庭的问题。另一方面要帮助办案人员学习掌握引导四类人员出庭作证的技巧。特别是出庭普通程序法庭支持公诉的检察官，要学会在法庭上如何向四类人员发问、如何处理"四类人员"在法庭上所作出的证言或解释与庭前所作出的证言或解释不一致的问题、如何根据"四类人员"在法庭上的证言或解释来支持公诉。

转变观念也有一个持续不断地坚持宣传教育，逐步转变人民群众尤其是具体案件中"四类人员"的观念的问题。这个问题虽然是一个长期的过程。但是通过在一个个具体案件中对"四类人员"的宣传教育，不愿出庭、不敢出庭、不会出庭的问题就会逐渐改善。这本身需要承办案件的检察人员在办理犯罪嫌疑人不认罪的案件中，积极主动地去动员"四类人员"出庭，并帮助他们了解法庭审理的规则和情况，帮助他们消除恐惧心理和担忧，帮助他们解决出庭可能遇到的问题，有诚意地、有效地保护他们的合法权益。这样可以促进"四类人员"出庭的自愿性,增加"四类人员"出庭的频率。

第二,完善"四类人员"出庭配套制度。实践中反映较多的问题是缺乏有效保障"四类人员"出庭的措施和缺乏专家证人人才库。缺乏出庭保障制度历来是谈及较多、存在困难较大、难以根本解决的问题。但在以审判为中心的诉讼制度改革对"四类人员"出庭率提出要求的背景下,就需要投入更多力量予以解决。出庭保障涉及两方面的工作:一是人身保护,需要对出庭人员尽量匿名化或在必要时候直接提供保护力量;二是财产保障,需要对于出庭人员出庭而付出的时间、经济、精力成本做出一定的补偿。为此,需要进一步完善关于人身保护的制度设计与技术应用。首先,要建立"远程出庭"的支持体系,其中既包括制度支持,也包括技术支持。制度设计方面,应当建立适当的评估体系,评估直接出庭作证对拟出庭人员的人身权益威胁的大小,明确何种情况可以"远程出庭"的问题。在技术方面,要建立配套的视讯、声讯设备,并设立专业的维护人员。事实上,调研所涉部分地区"远程出庭"的支持体系已经建立,并取得一定成效。其次,应适当适用隐去身份的方法,如在"远程出庭"中改变图像或声音特征、案件情况允许的情况下对直接出庭者进行遮挡等措施。最后,在实有必要的情况下,可以帮助出庭人员离开原本生活圈,或是通过人身禁止令等方式保护其不被特定人群接触等。该项措施被部分调研所涉地区适用于未成年被害人与证人,取得了较好效果。

有专门知识的人出庭需从社会招募专家。基于司法工作的严肃性与便利性,各地均应当建立相对固定的"专家库"并从中选取。为此,应将"出庭专家"作为一种社会任职与称号,赋予符合要求的专家一定荣誉感,并在实际出庭后支付合理报酬,来吸引社会人才"入库"。实践中也有经济欠发达地区提出其辖区内专业人才数量与类别均不足以建立"专家库"的情况。为此,应当建立出庭专家共享机制,由较高级别部门协调,使出庭专家跨区域出庭或是远程出庭,以缓解各地人才资源不平衡带来的问题。

第三,建立完善的跨部门配合机制。

"四类人员"出庭是涉及检察机关、审判机关、侦查机关、鉴定机构等多部门的综合性工作,制度的运行需要所涉部门良好配合。实践中所出现的相关部门不配合办案机关要求其工作人员出庭作证或说明情况的现象,原因之一是缺乏专门的跨部门配合机制。为保证"四类人员"出庭作证或说明情况的工作得以顺利进行,所涉部门应当建立起专门程序、专门手续、专人对接,使提请"四类人员"出庭时的具体工作有章可循。调研所涉的J省W市的检察机关已与侦查部门建立起此类联络机制,并在侦查人员出庭说明情况方面取得了良好的效果。但除侦查部门外,更多的部门应当被纳入机制当中。鉴于所涉部门范围可能是开放性的,检察机关与审判机关应与主管事项较为全面的地方政府制定衔接机制,尽量全面地覆盖可能涉及的部门。

此外,检察机关与审判机关应当针对社会上普遍存在的"厌讼"观念,主动联合司法行政机关,加强相关普法宣传,向公民普及出庭作证的义务;加大庭审工作对社会的开放力度,鼓励公民旁听庭审,引导公民关心和了解法庭审判活动,使公民更多接触庭审氛围,消解对法庭的距离感,能够以平常心态面对出庭。

(三)加快公诉人才培养

上文已经提出,面对以审判为中心的诉讼制度改革,检察人员不适应的现状十分明显。做好普通程序出庭支持公诉工作,需要进一步更新办案人员的观念、提高庭上举证质证的水平、增强应对非法证据排除的能力。这就要求检察机关采取有效措施,加快公诉人才的培养,以便在普通程序实质化审理的改革中树立良好的国家公诉人形象,顺利完成指控犯罪的任务。

首先,在观念方面,应当进一步提高检察人员对"以审判为中心"的诉讼制度改革的认识。一方面,要提高对诉讼制度改革必要性和重要性的认识,深刻理解"以审判为中心"对完善我国的诉讼制度、促进司法文明的重大意义。自觉地克服消极、被动、漠不关心的心态,认识到这种改革是社会进步的必然趋势。特别是在刑事检察工作中,每一位公诉人都不可避免地要陷入其中,不可避免地受其制约,除了适应这种改革所带来的挑战,别无他途。另一方面,要预测"以审判为中心"的诉讼制度改革必然出现的趋势,做好主动应对的工作。应当看到,在被告人不认罪的案件中,法庭审理的实质化将会不断加强,控辩双方的对抗性将会不断精细,庭审实质化对出庭前准备工作的要求和庭上举证质证水平以及应对能力的要求将会越来越高。这些都将倒逼出庭支持公诉的检察官不得不高度重视普通程序出庭公诉的工作、不得不提高出庭公诉的能力。

其次,在技能方面,应当进一步增加实战性训练。调研中有些单位反映,从最高人民检察院到地方各级检察机关组织的培训,数量不少,但涉及理论的内容的较多,对提高公诉能力有直接效果的实战性训练不足。对此,应当增加由优秀的一线公诉实务工作者主讲的实务性、技能型训练,特别是针对非法证据排除、询问出庭人员等实践中反映问题较多的难点问题,进行有针对性的技巧学习。要增加关于在法庭上举证示证的科学性、逻辑性的训练,增加法律思维和论辩技巧的训练。组织更多实战观摩、模拟法庭等活动,并开展与审判机关、律师等其他法律职业人员的交流,并在对之进行总结、归纳中学习。特别是在检察机关普遍实行捕诉一体机构改革和"随机轮案"的背景下,缺乏普通程序出庭支持公诉经验的公诉人在一定时期内明显增加,对其进行出庭举证质证的技能培训,尤其迫切。此外,实践中新类型案件如电信诈骗案件、金融证券犯罪案件、知识产权犯罪案件、涉黑涉众案件等出现的频率,以及非法证据排除的适用情况,在各地的分布很不均匀,检察人员在这些方面出庭支持公诉的经验积累也相差较大。在全国检察系统一体化的条件下，由经验较为丰富的检察机关向经验较为缺乏的检察机关传授相关技巧是实用的举措。与此同时，应当加强同律师之间的交流，参加律师协会举办的活动，并加强对律师辩护技巧的学习，以实现知己知彼。

最后，在人才培养方面，应当建立跨区域人才交流机制。在调研中，我们深切的感受到，不同地区检察人员素质的差别所带来的思想观念、敬业精神、公诉水平、处理案件的方式等方面的不同。建立跨区域检察人才交流机制，不仅有利于在"检察一体化"的管理体制下促进检察人才的培养，而且有利于在全国范围内从整体上提高普通程序出庭支持公诉的水平。当前我国检察系统中，跨区域人才交流机制较为缺乏。这既是因为我国编制管理体制对较低级别检察人员跨区域交流的政策空间较小，也是因为检察人员自身多不愿离开熟悉的工作生活环境。为此，应当由最高人民检察院与编制管理部门协调，完善检察人员的跨区域交流机制。这种交流机制至少应当包括两个方面：一是人才分配机制。在调研中发现，我国公诉人队伍中人才分配不均较之人才缺乏形势更为严峻。虽然这与我国复杂的自然、社会与经济条件相关，暂时无法从根本上解决，但保证艰苦、落后地区人才"够用"是现阶段必须完成的工作。针对艰苦、落后地区"留不住人"的问题，应当完善该类地区的包括经济、生活、事业前途在内的全方位人才补偿机制。鉴于我国东西部之间、省际之间发展程度差异总体较大的状况，最高人民检察院应加强对经济欠发达地区检察机关人才引进的指导和管理，在人才引进、人才培养、逐级遴选等方面对人才短缺的地区实行政策倾斜，使经济欠发达地区检察机关的人才有更多的发展机会，以实际措施鼓励和支持法律专业人才到经济欠发达地区的检察机关工作。二是人才支援机制。人才支援是在现有人才基础上缓解人才短缺的重要措施。我们所说的人才支援，包括两层含义：第一，通过人才交流，从办案水平高、人才资源丰富的地区选派优秀检察人员，在一定时期内，到人才匮乏的地区检察机关带领当地检察人员办理普通程序案件，帮助那些地区的检察机关提高出庭支持公诉的能力，并保障重大、复杂、新类型案件的出庭公诉质量。第二，通过"人才借用"，在不同办案单元或者不同检察院之间，一次性地借调有经验的检察人员协助办理重大、复杂、新类型案件。毕竟，不是每一个办案单元的员额检察官都是出庭经验丰富的行家里手，在"随机轮案"的分案机制下，如果一个社会影响重大或者涉案人员众多或者新类型案件分配到一个缺乏这方面经验的员额检察官手里，承办案件的检察官难以胜任时，就可以通过这种"人才借用"机制，获得其他检察官的帮助。在不同检察院之间也可以通过这种"人才借用"方式，由上级检察机关出面协调，请其他检察院的检察官来协助本院办理这类案件。新修改的《人民检察院组织法》为这种"人才借用"提供了法律依据。《人民检察院组织法》第24条第4项明确规定，上级人民检察院对下级人民检察院行使的职权包括："可以统一调用辖区的检察人员办理案件"。按照这个规定，当一个检察院遇到重大、复杂、新类型等案件而本单位缺乏办理这类案件的人才时，可以向上级检察院提出申请，由上级检察院调用辖区内其他检察院办理这类案件由专长的检察人员去办理。

总之，改进普通程序出庭支持公诉的工作，是诉讼制度改革的必然要求，也是检察机关在新形势下更好地履行刑事诉讼法赋予的职责亟需解决的问题之一。改进普通程序出庭支持公诉的工作，需要从多方面来努力。而尽可能地减少普通程序适用率、完善相关制度和加快公诉人才培养则是其中最重要的三个方面。这三个方面的工作做好了，检察机关应对诉讼制度改革的能力和效果都将明显提升。

附录二

未成年人刑事检察情况调查

随着社会的进步与人权理念的发展,世界范围内越来越多的国家以认可了成年人刑事司法的价值追求和司法理念与未成年人刑事司法之间的差异性。从价值追求来说,成年人刑事司法的制度目的是保障人权和打击犯罪并重,而未成年人刑事司法则更关注于少年犯的社会复归问题。从司法理念来说,成年人刑事制度的司法理念是罪刑法定和罪责刑相适应,强调的是同样的犯罪行为应到得到同样的刑事处罚,才符合公平正义的社会期许;与之不同的是,未成年人刑事司法强调的是刑罚个别化的理念,要根据未成年犯罪嫌疑人的家庭环境、身心特点、悔改态度、人身危险性等方面作出最有利于未成年健康成长的处理办法。这也导致了在办案过程中,办案人员不同的关注重点,即为了追求同案同判,办案重心是犯罪行为本身;而在处理未成年人犯罪时,为了履行国家监护权,办案人员除了查明犯罪事实以外,还要花更多的精力在犯罪人身上,根据犯罪人的人身特点给出处理结果,帮助其回归社会。正是由于这些不同点,许多国家和国际组织纷纷出台了未成年人特殊制度或法律规定。

1985年12月召开的联合国第40届大会通过了《联合国少年司法最低

限度标准规则》（以下简称《北京规则》），其充分强调了少年司法问题的特殊性与重要性，指出应当根据各国实际情况，针对少年违法行为建立专门的司法制度、规则与机关，确保最大限度地对做出违法行为的青少年给予教育与帮助，避免其过早地被烙上"犯罪人"的印记，从而难以改过自新、融入社会。作为联合国成员国之一，我国一直积极认真地贯彻《北京规则》的基本原则与相关规定，有条不紊地建立和推行少年司法特殊制度。2012年刑事诉讼法根据未成年人的身心特点，以"教育为主、惩罚为辅"作为基本原则，正式在刑事诉讼程序中设立了未成年人特殊制度。除了进一步强调一贯坚持的对未成年人要少捕慎诉、分别羁押等基本规定外，还明确了合适成年人、社会调查、附条件不起诉等专门针对未成年人刑事犯罪的特殊程序。为了进一步将刑事诉讼法的规定落实到检察工作实处，最高人民检察院在充分遵守刑事诉讼法未成年人特殊程序相关规定的基础上，结合检察工作的特点，于2017年颁布了《未成年人刑事检察工作指引（试行）》（以下简称《指引》），细化了特别程序的各个环节，让各级检察机关在处理未成年人问题时有法可据、有例可循。

未成年人特殊程序正式确立后，检察机关作为法律监督机关在未成年人保护工作中扮演着举足轻重的角色，未成年人刑事检察工作实施的如何以及面临怎样的困难等问题值得引起司法界的关注。因此，我们前往五个省份（直辖市），在44个省级、市级和地方检察机关通过座谈的方式进行调查研究，了解不同地区、不同层级检察机关实施未成年人特殊程序的情况。走访的地区为西部的云南省和青海省，以及东部的浙江省、江苏省和上海市。① 这其中既包括了我国欠发达地区，也包括了经济和法治发展较

---

① 下文中西部省份将由 A 和 B 表示，东部省份（直辖市）由 C、D 和 E 表示。对于具体检察机关的表述将以字母代替，大写加粗字母（**A**）表示省级检察机关，大写非加粗字母（A）表示市级检察机关，小写非加粗字母（a）表示基层检察机关。如 **A**Aa 人民检察院既指 A 省 A 市 a 区人民检察院，AA 检察机关则表示 A 省 A 市全市检察机关。

为发达的地区,从而可以全面了解未成年刑事检察工作(以下简称"未检")的进展情况以及面临的挑战。这些问题既包括普遍存在的困惑,也涉及具有地方性特色的难点。

一、未成年人刑事检察的基本情况

总体来说,各地检察机关均认真学习和贯彻未成年人刑事司法的各项特殊制度,不仅严格遵守法律援助、社会调查、犯罪记录封存、合适成年人到场等"硬性"规定,许多地区还秉承"教育为主、惩罚为辅"的原则积极改进办案方式,以关爱未成年人为出发点开展多重帮教方式,帮助一批又一批曾经误入迷途的未成年人重回正轨。

(一)落实办案队伍的专业化

由于未成年人的特殊性,检察机关在处理涉未案件时需要拥有不同于成年人案件的工作方法。首先,未检办案人员要有不同的办案理念,不能一味追求对犯罪行为的惩罚,而要以教育为目的帮助其认识到自己的错误和回归社会。其次,与成人司法所强调的客观中立不同,为了实现上述目的,未成年人检察工作需要检察官融入感情去与未成年犯罪嫌疑人进行沟通,① 深入其内心活动以进行心理疏导。最后,出于保护和教育未成年人的目的,刑事诉讼法对未成年人案件设立了一系列特殊规定,许多具有教育性、感化性、挽回性的手段和措施,如社会调查制度、附条件不起诉制度等是成年人案件所没有的。这些特殊程序不仅设置较多,而且需要投入大量精力才能达到预想的效果。因此,成立一个具有教育挽回意识、熟知未成年人特殊程序制度的专业化未检团队是很有必要的。《指引》第7条明确要求,检察机关应当由熟悉未成年人思想教育工作的同一名检察官或

---

① 田宏杰,温长军:《突破与超越:未成年人刑事检察工作机制研究——兼及未成年人刑事案件公诉体系的构建》,载《法学杂志》2012年第11期,第121页。

办案组办理同一案件，实现捕、诉、监、防一体化的办案机制，从审查逮捕到审查起诉、从诉讼监督到犯罪预防均由其负责，从而针对犯罪未成年人的身心特点进行帮助和教育。

1. 专门的办案人员

根据调研情况来看，各地检察机关对于未检专门化、一体化的工作模式开展较好。从人员配备上来看，均实现了由专人办理未成年人案件的工作模式。以 B 省为例，目前全省从事未检工作的检察人员共有 442 人，包括员额检察官 206 人，检察官助理 141 人，书记员 95 人，其中专职负责未检工作的 165 人，占未检人员总数的 37.7%。具体到基层院方面则如表 1 所示，每个基层院均至少有一名负责未检工作的员额检察官，大部分员额检察官也能匹配到至少一名辅助人员、检察官助理或书记员。未检工作开展较好、未成年人案件较多的地区则未检部门人员所有增加，如 EAp 人民检察院作为基层院有 18 名检察人员专门负责未检工作。市级和省级检察院一般比基层院的人员配备上更充足一些，例如 B 省人民检察院的未检办有 7 名员额检察官、4 名辅助人员和 1 名行政人员，而该省基层院普遍只分配 1 名员额检察官负责未检案件。

表 1 基层院未检部门人员数量情况

检察机关 人员类型	AH1h	AH2g	BDd	BKs	CHj	CNy	DJw	DJj	EAp
员额检察官	1	4	1	1	1	2	2	4	10
其他人员①	1	2	0	2	1	4	2	3	8
总数	2	6	1	3	2	6	4	7	18

---

① 由于各地人员称呼和性质不同，此处统称为"其他人员"，包括辅助人员、书记员、检察官助理等负责未检工作的非入额的检察人员。

2. 专门的办案组织

在工作分配上，许多地方检察机关即便目前还没有对所有案件推行"捕诉一体"制度，但是对于未检案件还是切实做到了捕、诉、监、防一体化。具体来说则有两种模式：第一种是无独立编制的专办。该模式为目前实行最为普遍的办案模式，一般在公诉部门内设立专门的未检办案组或单列未检办。例如 D 省从 2012 年开始由三四个人成立专门的未检组，2016 年单列出来成立未检办，但是没有独立编制，现在全省未检办独立办公达到 70%。有些未检工作发展较为完善的检察机关将未检办公室直接用未检检察官的名字命名或者取一个温馨的名字，如 BKx 人民检察院的"春蕊工作室"、BZz 人民检察院的"启辰"工作室、BBl 人民检察院的"检爱"工作室、DWx 人民检察院的"小敏姐姐工作室"，等等，专门负责一切有关未成年人的案件以及青少年犯罪预防、法治宣传工作等。第二种则是在个别有条件的检察机关成立具有独立编制的未检机构，如 B 省 K 市 14 家基层院中有 5 家成立了独立编制的未检部门。与一般的办案组相比，独立的未检机构更有利于未检工作专业化、高效化的实现。但基于客观原因的限制，这类模式仅存在于个别地区的个别检察机关。有些地方以前为了专业化办理未成年人案件而成立了独立编制的未检公诉处，但是由于大部制改革以及日益增加的办案量，独立编制的未检部门不能适应当下的办案环境，从而又将独立的未检公诉处撤销，改为在公诉部门内设的未检办案组，即转变为第一种办案模式。例如，B 省早在 2015 年全省 148 个检察机关中就有 104 个检察机关设立独立编制未检办公室，占比 70%。后基于上述原因又将大部分检察机关的未检独立编制撤销，合并到刑事检察部门，仅个别院在调研时仍保留独立编制。但无论是哪种办案模式，所被调研的检察机关均实现了专人办理未成年人案件，有专门的、固定的人员或团队负责未成年人案件的办理，实现了捕诉一体以及监防一体。

（二）贯彻慎捕少押的刑事政策

《北京规则》提出"审前拘留仅仅作为万不得已的手段使用，而且时间应尽可能短……如有可能，应采取其他替代办法，诸如密切监视，加强看管或安置在一个家庭或一个教育机关或环境之内"。《指引》也指出要给未成年人提供一个良好的重返社会的环境，"最大限度地减少羁押措施、刑罚尤其是监禁刑的适用"。这是由于将未成年人收押于看守所或监狱容易使其被"交叉感染"，从而了解到新的犯罪手段和犯罪经验。此外，一旦被关押，未成年人内心很可能形成自我否定或"破罐子破摔"，从而丧失重新学习和回到正轨的决心和信心。因此，除确有必要外，对未成年犯罪人应当尽可能少批捕，让其在社会和家庭中进行改造或矫正更为合适。

1. 较低的逮捕率

在受访的五个省（直辖市）地区，检察机关在审查逮捕未成年人犯罪案件时都严格遵守"少捕慎诉"的基本原则，根据犯罪情节和未成年嫌疑人的人身特点，能不逮捕的均尽量不予逮捕。由于市级检察机关受理的刑事案件一般都较为复杂，涉嫌的罪名较重，不捕率较基层院来说会相对较低，如 CH 人民检察院 2016 年至 2018 年平均不捕率为 34.7%，而 CHs 人民检察院 2016 年至 2018 年三年平均不捕率为 60%。EBh 人民检察院 2016 年的不捕率甚至达到了 100%，2017 年和 2018 年的不捕率也达到了将近 70%。总体上来看，大部分省份，尤其是东部经济较发达地区，都保证了较高的不捕率，将全省（市）范围内未成年犯罪嫌疑人的不捕率维持在 30% 到 40% 左右。如 E 地区少年司法制度起步较早，该地区检察机关受理审查逮捕案件中，不捕率从 2007 年的 8.4% 提高到现在的 40.3%，涉罪未成年人非羁押强制措施的适用比例从 4.8% 上升到 47.6%。CH 市全市检察机关不捕率则从 2016 年的 31.9% 上升到 2018 年的 42.5%。

当然，在西部地区，由于社会条件、法治条件的不完善，检察机关在审查逮捕方面无法达到上述地区较高的未成年人不捕率。如 A 省 2013 年至 2017 年共计受理未成年人审查逮捕案件 1582 人，其中不批准逮捕 349 人，不捕率为 22.1%。AX 地区检察机关 2015 年 1 月至 2018 年 6 月共受理未成年人审查逮捕案件 287 人，其中不批准逮捕 45 人，不捕率为 15.7%。同期，AH 地区检察机关受理未成年人审查逮捕案件 120 人，不批准逮捕 29 人，不捕率为 24.2%。毕竟，在这些地区未成年人刑事检察工作起步较晚，办案人员的工作方式和工作理念的转变需要时间。并且，受经济条件和家庭环境的限制，这些未成年人没有得到良好的教育，法治观念淡薄，所涉案件也较之更重。由于大部分未成年人案件都在基层院，我们可以通过两个基层院的未成年人逮捕情况进行一个横向比较。

表 2　BKx 人民检察院未成年人批准逮捕数据①

类型年份	受理审查批捕人数	不批准逮捕人数	不捕率
2013	150	19	12.7%
2014	151	25	16.6%
2015	161	9	5.6%
2016	109	37	33.9%
2017	129	27	20.9%
2018（上半年）	65	14	21.5%

表 3　DSw 人民检察院未成年人批准逮捕数据

类型年份	受理审查批捕人数	不批准逮捕人数	不捕率
2013	37	19	51.4%
2014	58	22	37.9%
2015	52	15	28.9%

---

①　由于到 B 省调研时在 2018 年 8 月，因此该地区的相关数据只到 2018 年上半年截止。

续表

类型年份	受理审查批捕人数	不批准逮捕人数	不捕率
2016	49	27	55.1%
2017	46	19	41.3%
2018	56	19	33.9%

从上述两张表格中可以看出，作为西部偏远地区的检察机关，BKx人民检察院的未成年人不捕率除了2016年有超过30%之外，其余年份基本维持在10%到20%之间，2015年甚至低至5.6%。而同样作为基层院的DSw人民检察院的未成年人不捕率几乎每年都高于BKx人民检察院20%以上。该院今年来未成年人不捕率高达到55.1%，其最低的时候也有28.9%，高于BKx人民检察院的平均不捕率。

但是，我们依然应当看到西部地区未成年人检察工作良好的发展趋势。上表中反映，虽然BKx人民检察院的不捕率在单个的数据上看，不如DSw人民检察院的高，但是除了2015年和2016年的波动以外，该院的未成年人不捕率总体上呈现上升的趋势，从2013年的12.7%上升至2018年上半年的21.5%。并且，通过逐年的比较也可以发现，BKx人民检察院与DSw人民检察院之间的差距在趋向缩小，2013年双方相差38.7个百分点，随后几年都维持在20个百分点的范围，到了2018年年份内，该差距则缩小到了12个百分点左右。[①] 除此之外，西部省份虽然在经济条件和法治环境上总体不如东部，但是依然有许多地区很早就开始关注少年司法，甚至属于未成年人特殊程序的试点地区。因此，这些地区检察院的未检工作同样发展得较好，不捕率与东部地区不捕率不相上下，例如BB地区检察机关2017年至2018年未成年人不捕率为37.7%；BBt人民检察机关2017年

---

① 虽然BKx人民检察院的相关数据只截止到2018年上半年，但是全年数据一般只受理审查批捕人数和不批准逮捕人数上有所增加，不捕率不会有太大出入。

的不捕率达 45.7% 等。

2. 较低的羁押率

当然，值得注意的是，"少捕"政策提倡的实质上减少未成年人的羁押人数，让涉罪未成年人尽量在社会中得到改造。而不捕率并非必然等于非羁押率。有些地区的不捕率虽然相较于其他地方低，但是未成年人的羁押率同样很低。这种情况主要存在于东部一些未检工作发展较早较完善的地区。例如 CWg 人民检察院 2018 年的不捕率只有 20% 左右，但是审前羁押率也只有 26.7%。也就是说虽然在逮捕环节有八成的未成年人被批准逮捕，但是从整体上看，依然有近八成的未成年犯罪嫌疑人没有处于羁押状态。当然，在少年司法较完善的地区，如果不捕率较高，也必然会导致更低的羁押率，如 DN 地区检察机关的不捕率为 55%，而未成年犯罪嫌疑人的羁押率则低至 10%。

如此低的审前羁押率与检察机关一直以来重视未检工作分不开。由于检察机关长期对涉罪未成年人坚持贯彻少捕少羁押原则，使得当地公安机关逐渐也了解和认可了这一政策的内涵。大部分案件在侦查环节就采取了取保候审的强制措施，案件直诉法院，不经过检察机关审查批捕环节，因此移送审查逮捕的未成年涉罪案件逐渐减少。移送过来审查逮捕的案件一般都是确实有逮捕必要的案件，从而导致这些地区的未成年不捕率并不是特别高。这应当说是未检工作得到发展、取得成果的表现之一。这不仅仅让检察机关内部认识到未成年人非羁押处理的重要性，同时还让公安机关也得到了统一认识，认可了"少捕"的社会化教育方针。例如，EAp 人民检察院之前的不捕率为 60% 以上，但随着公安机关办案人员少年司法的理念得到更新，对一些在校生案件或轻罪案件则直接取保候审，不再会提请检察机关批准逮捕，因此近年的不捕率下降为 30% 左右。CH 地区移送审查逮捕未成年人的案件数自 2013 年以来持续下降，从 2013 年的 2627 件 4764 人下降至 2018 年的 1589 件 2274 人，提请逮捕的未成年人数下降了 47.7%。

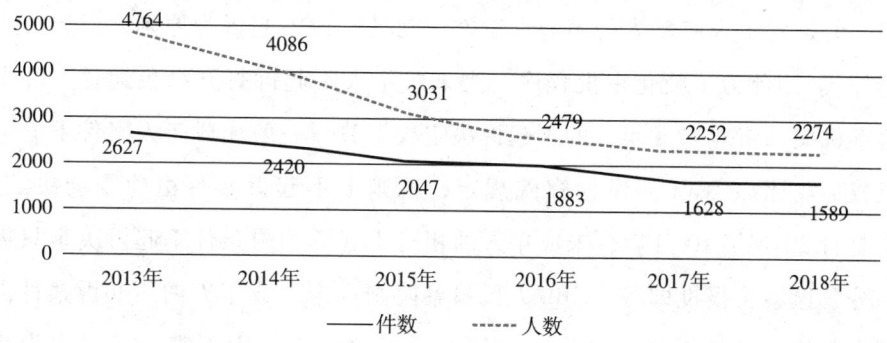

图1 CH检察机关移送审查逮捕未成年人

除了在审查逮捕环节严格把关，检察机关还积极履行羁押必要性审查的职责。有的检察机关对于被批准逮捕的涉罪未成年人，在审查起诉阶段一律启动羁押必要性审查程序，通过"积分制"评估法就未成年人的犯罪情节、成长环境、悔罪表现、监护条件等25个方面进行风险评估，并以该积分情况作为是否变更强制措施的依据。通过这一方式，使得一部分虽然前期被逮捕羁押的未成年人，鉴于其在校学生的身份、无前科、退赃认错、证据已固定等情况，变更强制措施为取保候审，从而有利于这些青少年回归校园以继续学业。不仅对未成年犯罪嫌疑人起到警示教育的作用，还体现了司法的人文关怀。

（三）坚持教育为主的方针

"少捕"还只是减少未成年人"犯罪后遗症"的第一道关卡，对于那些情节轻微、确实认罪悔罪的未成年人，为了不让他们因背上"犯罪人"的烙印而难以日后融入社会，还需要对这类青少年坚持"慎诉"的原则，尽量不将他们送上法庭。为了更好地将这一原则贯彻到未成年人刑事检察工作中，检察机关往往对于未成年人的不起诉案件规定了有别于成年人案件的审批制度。大部分检察机关的检察官权限明细中并不包含对不起诉案件的决定权。对不起诉案件都是持以谨慎态度，需要检委会或检察长决定。但是对于未成年人的不起诉案件,则是"以不起诉为原则,以起诉为例外"。因此为了简化审批程序,为未成年人不起诉打开绿色通道,许多检察机关都将对未成年人的不起诉决定权下放,一般比成年人案件下放一级权力。比如 DWj 人民检察院规定,原则上不起诉案件由检委会决定,但是自 2018 年 10 月后,未成年人的相对不起诉和附条件不起诉决定只需向分管检察长报批即可。EBh 人民检察院则规定,成年人的不起诉案件需要向分管检察长报批,但是未成年人的不起诉案件则不需要经过报批程序。CN 人民检察院的未成年不起诉案件也是全权交由承办检察官自己负责。有些地区虽然附条件不起诉的决定需要上检委会,但是程序上仍然贯彻"慎诉"的政策,例如 CHj 人民检察院检察官做出附条件不起诉决定需交检委会讨论,考验期满后决定不起诉的由分管检察长批示,但是依然起诉的,则需要由检委会决定。

1. 较高的不起诉率

在这些政策和程序的支持下,各省(直辖市)的检察机关在法律规定的允许范围内,大胆积极地对未成年犯罪嫌疑人做出各类不起诉决定,不起诉率持续攀升,例如 E 地区检察机关的不起诉率从 2007 年的 3% 已上升到 2018 年的 52.2%,其中相对不起诉率 21.3%,附条件不起诉监督考察后决定不起诉 29%。与不捕率的情况类似,未成年人不起诉率同样存在两个特点:一是基层检察院的不起诉率高于市级检察院。由于所涉罪名较轻,因此基层检察院的不起诉率往往更高。例如 CH 人民检察院作为市级院在 2016 年至 2018 年的未成年人案件平均不起诉率为 61.4%,而该市的基层院 CHs 人民检察院同期不起诉率为 81.7%,其中 2016 年和 2018 年两年的不起诉率甚至达到 100%。这意味着大部分的未成年人犯罪嫌疑人最终在检察环节即被做出了不予起诉的决定,没有再经历后续的审判程序。二是东部地区不起诉率高于西部地区。这一点可以通过西部 A 省与东部 C 省的两张表格更直观地感受到。

表4　A省检察机关未成年人不起诉情况数据

类型 年份	受理审查 起诉人数	法定 不起诉	从疑不起 诉人数	相对不起 诉人数	附条件 不起诉人数	不起 诉率
2015	419	3	3	11	19	8.6%
2016	364	1	1	19	25	12.6%
2017	361	3	9	23	27	17.2%
2018（上半年）	114	4	3	9	15	27.2%

表5　C省检察机关未成年人不起诉情况数据

类型 年份	受理审查 起诉人数	法定 不起诉	从疑不起 诉人数	相对不起 诉人数	附条件 不起诉人数	不起 诉率
2015	4768	22	28	541	251	17.7%
2016	4370	22	15	838	430	29.9%
2017	4449	20	16	1137	478	37.1%
2018（上半年）	1592	7	15	369	237	39.4%

通过上述两个表格我们可以清楚地看到，C省的未成年人案件为A省的十倍，不起诉率远远高于A省。该时间段内，A省的平均不起诉率为16.4%，而C省则高达31.0%，是A省的近两倍。然而，不可否认的是，虽然A省不起诉率远低于C省，但是其一直处于上升的状态，并且增长速度越来越快。2016年该省的不起诉率比2015年上升了4%，其后逐年增速，到2018年上升了10%。当然，在西部地区同样也有不起诉率较高、甚至超过一些东部地区检察院达到50%以上的检察机关，例如BBt人民检察院2017年受理未成年人审查起诉案件17件34人，起诉11件16人，不起诉率达到52.9%。总之，无论是西部地区还是东部地区，即便在具体数据上有所差异，但是整体上来说都认真贯彻了"少捕慎诉"的原则，"能不起诉则不起诉"，尽量避免让未成年犯罪嫌疑人留下"犯罪人"的标签。

2. 较高的附条件不起诉率

正如上文所提到的，将犯罪人收监管理容易导致"交叉感染"，这对未成年犯罪人来说更是如此。未成年人还处于发育阶段，收监管理不仅使得未成年人相互进行消极影响，还会让其因失去自由而与正常、健康的社会环境相隔绝，从而不利于教育、感化、挽救目的的实现。《北京规则》因而鼓励采用替代处罚的监外教养来处理未成年人犯罪问题，用非监禁办法替代监禁刑。我国刑事诉讼法未成年人特殊程序中的附条件不起诉制度，正是应和了《北京规则》中倡导的这一精神。刑事诉讼法第282条规定，对于涉嫌刑法分则第四、五、六章规定犯罪行为的，并且可能判处1年以下有期徒刑的未成年人，即便符合起诉条件，只要其确有悔罪表现，检察机关可以做出附条件不起诉决定。经过6个月到1年的考验期后，被决定人没有违反相关法律规定的，检察机关则可最终做出不起诉决定。作为少年司法中重要的非犯罪化、非刑罚化措施，附条件不起诉可以避免对未成年犯罪嫌疑人贴上罪犯的"标签"，有利于帮助未成年人实现教育矫治和社会复归。[①] 例如，案例一是较为典型的附条件不起诉案件，鉴于犯罪嫌疑人可能判处一年有期徒刑以下刑罚，确有悔罪表现，并且为在校学生，因此对其作出附条件不起诉不仅有利于对陈某某进行帮教，同时还不会影响他的学业。

案例一

犯罪嫌疑人：陈某某

年龄：16岁

罪名：盗窃罪

检察机关：AXc人民检察院

[①] 谢登科：《困境与出路：附条件不起诉适用实证分析》，载《北京理工大学学报（社会科学版）》2015年第4期，第145页。

案情：2017年2月23日凌晨，犯罪嫌疑人伙同他人潜入当地电信营业厅内偷盗耳机和保险箱，当时撬开保险箱未果。2017年23日11时，犯罪嫌疑人再次伙同他人撬开保险箱并盗走保险箱内5部手机。作案过程中，犯罪嫌疑人负责望风。5部手机价值3180元。

量刑：根据当地量刑意见，犯罪嫌疑人陈某某的量刑幅度在4个月拘役至10个月有期徒刑内。

处理结果：鉴于陈某某为未成年人，可能被判处1年有期徒刑以下刑罚，且为在校学生，故对其作出附条件不起诉决定，考验期为6个月。除了遵守刑事诉讼法所规定的考验期义务外，还需每个月向检察机关提交不少于1000字的思想汇报。考验期结束后，犯罪嫌疑人已被不起诉。

附条件不起诉作为未成年人程序所特有的不起诉方式，在实践运用中占有相当的比例。A省和C省的附条件不起诉占不起诉的平均比率分别为49.8%和32.4%。具体到省内情况，有些地区的附条件不起诉比例甚至高到80%—90%。例如，D省S市市内所有检察机关2013年至2018年附条件不起诉占不起诉的平均比率为72.9%，从2015年开始至今每年占比均超过84%，2017年甚至高达95.5%，也就是说被不起诉的未成年人人几乎都是被做出附条件不起诉。如下表所示。

表6　D省S市检察机关未成年人不起诉情况数据

年份 \ 类型	不起诉人数	附条件不起诉人数	附条件不起诉占不起诉比率
2013	32	9	28.1%
2014	37	18	48.6%
2015	51	45	88.2%
2016	66	56	84.8%
2017	156	149	95.5%
2018	212	195	92.0%

再如，作为西部基层院的 BKx 人民检察院，除了 2015 年的附条件不起诉比率很低——这与当年所受理的案件类型相关，其余每年的附条件不起诉占不起诉的比例均超过 75%。此外，BD 地区的检察机关每年平均做出附条件不起诉 30 件左右，占未成年人案件不起诉的比率也有 70%—75%。具体数据见下表。

表 7 BKx 人民检察院未成年人不起诉情况数据

年份 \ 类型	不起诉总人数	附条件不起诉人数	附条件不起诉占不起诉比率
2013	12	9	75%
2014	20	18	90%
2015	7	1	14.3%
2016	27	23	85.2%
2017	55	51	92.7%
2018（上半年）	32	25	78.1%

总之，附条件不起诉制度在各地检察机关都得到了较好的实施，并且附条件不起诉的比率逐年增加。检察机关已经认识到附条件不起诉对教育、挽救未成年人的重要性，从最开始的观望态度转变为大胆适用。可见附条件不起诉在未成年人刑事诉讼中适用得还是较为广泛的。当然，也有些院一开始对附条件不起诉的积极性并不高，觉得需要经历一个考验期过于麻烦。但是在省院的有效推动下，将附条件不起诉适用情况作为考核标准之一，基层检察院的积极性也就被带动了起来。

（四）保障未成年人的权利

第三方参与制度指的是为了保障未成年人的基本权利不受侵犯以及缓解其在被讯问时的心理压力和抵抗情绪，法律要求司法机关在讯问未成年犯罪嫌疑人时要有法定代理人或合适成年人在场。刑事诉讼法明确规定，对未成年人进行讯问时，应当通知其法定代理人到场；法定代理人不能到场的，刑事诉讼法规定"可以"指定其他成年亲属，所在学校、单位、居住地基层组织或者未成年人保护组织的代表等合适成年人到场。而《规则》对检察机关提出了更高的要求，指出法定代理人不能或不宜到场的，要"保证"未成年人的其他成年亲属，所在学校、单位或者居住地的村民委员会、居民委员会、未成年人保护组织的代表等合适成年人到场。也就是说，未成年人的讯问环节必须有法定代理人或合适成年人到场，办案人员不能单独讯问未成年人。许多国家均建立了类似的合适成年人制度，同时联合国《儿童权利公约》也将此制度纳入其中[①]。因此，我国借鉴国外的经验将合适成年人制度予以确立，不仅是积极履行国际条约义务，更是国家重视保护未成年人基本权利的体现。

法定代理人、合适成年人的到场，既是为了保障未成年犯罪嫌疑人的合法权益，也有对侦查机关和检察机关讯问活动的监督和见证作用。毕竟未成年人法律意识薄弱、社会经验不足，对自己的权利义务了解不透彻，有时候权利被侵犯而不自知。这时候法定代理人或合适成年人及时参与到刑事诉讼程序中来，可以为保护他们的基本权利提供一道屏障。除此之外，未成年人的父母或其关系亲密的其他亲属、老师等出席讯问场合，可以有效缓解未成年人的内心压力，起到一定的心理安抚作用，从而缓和对办案人员的对抗情绪。

从总体上看，检察机关在法律援助以及法定代理人、合适成年人到场制度的落实方面做得比较好，检察机关办理的未成年人案件基本上实现了辩护律师全覆盖。在讯问未成年犯罪嫌疑人时也均百分之百保证了法定代

[①] 何挺：《"合适成年人"参与未成年人刑事诉讼程序实证研究》，载《中国法学》2012年第6期，第146页。

理人或合适成年人到场。在具体实施过程中,均是优先通知法定代理人前来。例如,BKx人民检察院在讯问未成年犯罪嫌疑人时,一般优先通知法定代理人到场,法定代理人到场率达90%。未检检察官一方面可以对未成年人和家属情绪进行疏导,另一方面也可以及时对家属开展法治教育和亲职教育。

当然,也会有法定代理人不能或不宜到场的情况。"不能到场"主要是当法定代理在外地工作或者涉案未成年人本人是在外地犯案,由于工作原因或经济原因,法定代理人确实无法赶到。例如D省的未成年犯罪嫌疑人主要为外地人,许多人的父母由于路途原因确实不能在讯问时到场。因此D省2018年合适成年人到场率达到83%,远高于法定代理人到场率。"不宜到场"在现实生活中主要原因是亲子关系存在矛盾,比如未成年人强烈反对父母在场,或者父母在场会给未成年人造成巨大心理压力,使得未成年人不愿意在父母面前如实供述。当法定代理人"不能到场"或"不宜到场"时,检察机关则会选择合适成年人到场。检察机关一般会选择未成年人所在学校的老师或者社区居委会、团委、关工委、司法所的相关人员担当合适成年人。有些检察机关也会有固定的合适成年人名单,名单中除了上述机关专门负责未成年人工作的人员外,还包括高校心理学、教育学、法学等专业的老师以及其他社会公益组织人员。当需要合适成年人出席时,则根据名单中人员的工作时间进行安排。

除了刑事诉讼法所规定的法定代理人、合适成年人参与讯问的制度,《规则》还特别规定了亲情会见制度。涉案未成年人无论犯下什么罪行,毕竟仍是未满十八岁的孩子,家人的关爱往往是其最需要的,也是最能打动其内心的。许多检察机关在法定代理人到场进行讯问后,往往会额外再留出时间给双方,进行亲情会见。例如BKx人民检察院有法定代理人在场的情况下,会在讯问结束后提供10分钟左右的亲情交流时间。如果讯问时法定代理人不在,事后提出会见的,则审查后在3日内安排会见。其谈话内容不一定要与案件有关，即便只是普通的家人之间的沟通，相互了解各自的近况，表达父母对孩子的牵挂。通过亲人的关怀感化来挽救未成年人，从心理上弥补关爱的缺失。未检检察官也可以借此进行双向教育，有利于案件的顺利审查以及涉罪未成年人的社会回归。

（五）探索有效帮教的措施

调研期间了解到，检察机关充分履行"教育、感化、挽救"的职责，帮助涉罪未成年人认识到自己的错误，增强法律意识，重回生活正轨。其中，附条件不起诉是检察机关对未成年人进行帮教的重要手段。在附条件不起诉的考验期，检察官需要负责对未成年人进行帮教和疏导，了解未成年人的生活或学习状况以及心理动态。BDy人民检察院就要求考验期的未成年人每周电话汇报一次，每月撰写一篇思想汇报并且每两个月撰写一篇读书笔记。通过这种方式，不仅可以及时掌握未成年的近况，还能督促未成年人进行自我反思和阅读书籍，汲取知识。绝大部分被附条件不起诉的未成年人都没有再犯罪或违反相关规定，通过了考验期，最终被不予起诉。其中很多人都重回校园或者找到了稳定的工作，更有努力学习并考取大学者，例如BKs2018年上半年共对29人做出附条件不起诉决定，期间正值高考，其中两名被附条件不起诉的未成年人顺利参加高考并获得了大学录取通知书。再如，案例二中，4名被附条件不起诉的未成年人，在考验期结束后，均继续完成自己的学业或回到工作岗位。在接受到了法律教育和教训的同时，也没有影响到自己的社会生活，给了他们一个不背负"犯罪人"的身份重归社会的机会。

案例二

犯罪嫌疑人：吴某某、丰某某、苗某某、何某某

年龄：均16岁

罪名：聚众斗殴罪

检察机关：DSw 人民检察院

案情：2013 年 11 月 2 日下午，吴某某与同学崔某某发生争执，后吴某某纠集小学同学丰某某、苗某某、何某某等人持钢管殴打被害人崔某某及其同伴凌某某，致崔某某、凌某某轻微伤。

处理结果：因 4 人均为初犯，且在审查起诉环节与被害人达成和解协议，获得被害人谅解，可能被判处 1 年有期徒刑以下刑罚。且经社会调查，吴某某和丰某某在校期间表现良好，其中吴某某换了一所中专院校继续学业，丰某某面临中考，苗某某和何某某辍学后也都已有工作。故对 4 人做出附条件不起诉决定，考验期为 6 个月。

社会效果：考验期结束后，4 人均被不起诉。其中丰某某考取某技术学院，苗某某和何某某也继续在原工作岗位踏实工作。附条件不起诉制度不但让 4 人增强了法律意识，还最大限度地挽救了 4 名失足未成年人，让他们更好地回归了社会。

许多检察机关还积极地与当地公益组织、义工组织、志愿者组织、关工委、团委、妇联等合作，除了借助他们的力量，加强对涉案未成年人的附条件不起诉考验工作以外，还让涉罪未成年人加入他们的公益活动中。例如 BKx 人民检察院在对附条件不起诉未成年人进行团体辅导时，组织他们与当地志愿者一起为交通协管人员、环卫工人等送矿泉水，沿途还一起将乱摆放的共享单车按顺序摆放到合适的地点，方便市民出行。与有爱心的公益人士们一起进行诸如打扫城市卫生、摆放共享单车、为户外工作人员送冷饮或热粥等有意义的活动，让曾经涉罪的未成年人发现社会的温暖一面，通过一件件平凡的事体会生活的不易和他人的艰辛，把自己对过去犯错产生的悔意转化为对他人和社会的回报。

除了参与各项公益活动，有的检察机关对于附条件不起诉的未成年人还采用了管护基地的办法对其进行教育和帮助。这一方法已经在许多地方取得了良好的效果。作为全国最早系统地开展未检工作的 EAc 人民检察院,早在 1993 年即建立了"观护员"制度,1994 年即建立了未成年人帮教考察基地,并逐渐完善成现在的涉罪未成年人社会关护体系,推动政府出资建设提供食宿的"阳光基地",为情节轻微的涉罪未成年人提供观护帮教。在这一模式的引导下,全国各地也积极建设适合本地区的管护基地。B 地区的 K 市即联合当地中级人民法院、共青团委、市关工委、某集团一起建立了关护基地,目前已经接纳了全市基层院做出附条件不起诉处理的 38 名未成年人。B 地区的 D 市则与当地司法局联合设立了未成年人管护基地,基地内有菜地和果园,还有大课堂、心理矫治室、访谈室以及设备齐全的男、女生宿舍。2018 年在管护基地开展了"四个一"活动,即对附条件不起诉的未成年人进行一次爱国主义教育、一次感恩教育、一次交心谈心和一次法律讲座,得到了家长和未成年人的一致好评。D 地区则自 2016 年全省共对 800 多名未成年犯罪嫌疑人做了附条件不起诉。由于其中多为流动人口,因此该地检察机关在多方位社会力量的配合下将这些未成年人放在社区、学校和企业里进行观护教育。作为 EAc 人民检察院所在的 E 地区也进一步将观护帮教进行深化,自 2010 年未成年人社会观护体系全面建立以来,现已实现了全覆盖。每个区均有观护站,每个街道均有观护点,还另外成立了 24 个管护基地,主要接纳无监护人、无固定住所以及无固定收入的未成年犯罪嫌疑人。目前已经对 5533 名涉罪未成年人进行了观护帮教,99.4% 的涉罪未成年人没有脱保或者重新犯罪,顺利回归社会。

在帮教工作实施较好的地区,帮教对象不仅仅是正处于附条件不起诉考验期的未成年人,而是将范围扩大到所有被不起诉但又确有帮教必要的未成年人,并取得了良好的效果。如 C 省 H 市截至 2018 年年底,共对 300 余名被不起诉未成年人进行帮教,帮教覆盖率达到 83% 以上。2016 年和 2017 年帮教对象的再犯率分别为 1.72% 和 1.56%。该市近年有 13 名被附条件不起诉的未成年人经过帮教后考取大学或大专。D 省则自 2016 年以来检察机关帮助涉罪未成年人入学就业有 1000 多名，帮助考上大学 92 名。

二、未成年人刑事检察中存在的问题

虽然从总体上看未成年人特殊程序在检察环节发展良好，各级检察机关都能严格按照法律要求落实相关程序，"教育为主，惩罚为辅"的司法理念也在逐渐融入未检办案工作中。但是不可避免的是，未成年人特殊程序的实施过程中依然存在些许问题，这些问题有些在西部地区突出体现，有些则是东西部各检察机关普遍存在的困惑。

（一）办案人员专业化程度参差不齐

虽然按照最高人民检察院的要求，全国各级检察机关普遍建立了专业化的办理未成年人刑事案件的队伍，但是办案人员的专业化程度和办理未成年人刑事案件的水平，差距较大。这种差距，在东西部地区之间表现得更为明显。

现在检察机关基本都实行"大轮案"制度，即员额检察官们按循环顺序被随机分案，但遇到未成年人案件时则不参与轮案，而是直接分配给未检检察官。与成年人案件相比，未成年人犯罪案件的数量较少，一般占总案件数的 10% 或以下。于是，面对办案量的整体压力以及有限的员额检察官这一事实，受访两个西部省份的检察机关不得不将一部分成年人案件分摊到未检检察官手中。即未检检察官除了负责未成年人案件以外，还需要参与整个检察办案的大轮案中，处理一些成年人案件。也就是说，在这些地方的大部分未检检察官是"兼职"的，即要办理未成年人案件，也要办理成年人案件。这样一来，可以缓解员额检察官人均办案量的压力，同时也解决了因未成年人案件过少，检察官若仅办理未成年人案件则考核工作量不达标的问题。对于这一现状，许多受访检察官表示质疑这种"专办"

模式，认为只是确保了由固定的人办理未检案件，并不是真正意义上的"专人专办"。

此外，未检的"专人专办"不应仅仅停留在"有专门的人办理"这一层面。之所以要"专人专办"，是因为未检工作不同于一般的检察工作，其"打击犯罪"的目标是次要的，更主要的是教育、感化和挽救未成年人。这不是仅仅依靠"将案件办理完结"即可实现，而是需要运用一定的心理学、教育学和社会学的知识，理解未成年人的心理动态，能够有针对性地、有技巧地与未成年人进行沟通，帮助其解开心结，从根本上认识到自己的错误。因此，最高检要求"未检"人员需要具备一定的犯罪学、社会学、心理学、教育学等相关专业的知识。但西部大部分检察机关缺乏相关方面的培训，未检检察官只能在具体工作中通过自学摸索相关知识，存在学习内容不体系、不全面的情况，不能很好地将理论知识运用到实际工作中。

在心理测评方面，西部省份有个别检察机关发展较快，例如B省K市2013年仅K市人民检察院做了2件心理测评，但是到了2017年全市各级检察机关已经有110例。但是总体上而言，西部检察机关对心理测评或心理疏导的工作重视程度不够，尤其与东部经济较发达、未成年人工作开展较好的检察机关相比这方面差距更明显。在硬件方面，许多西部地区检察机关的未检专用工作室没有建立起来，或者即便有些检察机关有专门的未检办公室，也鲜有用于开导未成年人的心理疏导或心理测评设备。软件方面，西部地区检察官自身的专业化能力也有待提高。目前西部地区未检工作配备的检察人员也较少，一般是一名员额检察官负责未检案件。未成年人特别程序中社会调查、附条件不起诉考验期、亲情会见等工作较为耗时，并且除了案件本身，还有大量的犯罪预防与法治宣传等事务性工作。因此，未检检察官并没有多余的时间去进行自我进修和参与培训。在接受调研的西部检察机关中，仅一个检察机关表示他们的未检检察官取得了3

级心理咨询师的资格。与之相比较，东部地区许多检察官考取了 2 级或者 3 级心理咨询师资格，例如 C 省 N 市 2018 年全市共 25 名未检检察官中取得心理咨询师资格的即有 20 名，此外还有更丰富的心理咨询机构的社会支撑。与更专业的东部地区相比，许多西部地区未检检察官不是没有保护和教育未成年人的意识，而是不知道如何与未成年人进行沟通，更不知道如何有效地对其进行教导。这就导致在讯问或者教育未成年犯罪嫌疑人时，检察官只能例行公事地了解下其基本情况，然后象征性地进行批评教育。至于未成年人是否将检察官的话听进去，是否起到了教育意义则无暇顾及，并且也力不从心。

（二）隐私权的保护不到位

少年司法一个重要的政策导向即是帮助涉罪未成年人重新回到生活正轨，尽量给青少年改过自新的机会。为了让真心悔改的涉罪未成年人不因过去的错误而背上沉重的负担，需要对他们的涉罪经历采取一定的保密措施，不要让他们因为"前科"而难以融入社会。这就牵涉到涉罪未成年人隐私权保护的问题，即在刑事案件办理过程中以及案件结案后，一定程度上对涉罪未成年人的犯罪向公众予以保密，除法律另有规定外不得公开。我国也一直秉承着这一精神，例如未成年人案件不得公开审理、犯罪记录封存制度等。然而，有些制度的设置虽然以保护未成年人为出发点，但在实践操作中却可能不得不一定程度上将隐私权予以让渡。这一问题突出表现在社会调查制度的落实过程中。

1. 社会调查中的隐私问题

社会调查制度旨在通过对涉罪未成年人的家庭环境、成长经历、学习背景等方面的了解，综合判断该未成年人的犯罪原因、主观恶性、可改造性等特点，从而做出一个更有利于未成年人健康成长的处理结果，是刑罚个别化理念的体现。2001 年最高人民法院颁行《关于审理未成年人刑事案件的若干规定》奠定了我国社会调查制度的法律基础，随后在一些司法解释和规范性文件中也有所提及，直至2012年修订的《刑事诉讼法》则在"未成年人刑事案件诉讼程序"中明确规定了社会调查制度。①

就所调研的五个地区检察机关的实施情况来看，社会调查基本都达到了百分之百的落实。未成年人刑事司法发展较好的地区，公安机关在侦查阶段即已做完社会调查，在未成年刑事司法发展较慢的地区或者公安机关的社会调查做得不够全面时，则由检察机关对未成年犯罪嫌疑人进行社会调查。但是，许多承办未成年人刑事案件的检察官表示，他们在做社会调查时发现很难拿捏好隐私保护与全面调查之间的平衡。一方面，鉴于社会调查的目的是帮助办案人员了解涉罪未成年人的身心成长特点，因此越想要了解得深入全面，就越需要对未成年人身边的亲戚、朋友、老师、同学进行询问；但另一方面，向这些人了解情况的同时，实际上等于暴露了涉罪未成年人正在接受司法机关处理的状态，也就是说公开了该未成年人是犯罪嫌疑人的身份。即便办案人员在询问过程中尽量保密，但也不可避免地会让被询问人心中产生怀疑，理所当然地认为一定是该未成年人犯了法，否则不会有相关人员来了解情况。这样即导致一个矛盾，即询问的范围越大，越能完整地反映出未成年人的成长环境，但与此同时也会越多的人知道该未成年人因违法犯罪正在接受调查的事实。未成年人的隐私权似乎被侵蚀，使得许多检察官担心这将不利于该未成年重新回到以前的学校或生活环境。

2. 犯罪记录封存中的隐私问题

除此之外，犯罪记录封存在实践中也存在对未成年人隐私权保护不到位的情况。如果将未成年人的犯罪记录记录在学籍档案、人事档案、户籍

---

① 彭智刚、卫杰：《论检察机关办理未成年人刑事案件社会调查的路径——以新〈刑事诉讼法〉实施为切入点》，载《中国刑事法杂志》2013年第9期，第100页。

证明等文件中,势必会对该未成年人在升学、就业、婚姻等方面造成持续性的负面影响,使他们因很难回归社会而自暴自弃,甚至再次走上犯罪的道路。① 鉴于此,我国刑事诉讼法规定,对于判处 5 年以下有期徒刑的未成年人应当封存其犯罪记录;除司法机关为办案需要或者有关单位根据国家规定进行查询之外,不得向任何单位和个人提供。

经过我们的走访调查,未成年人案件的最终判刑普遍低于 5 年,以 3 年有期徒刑以下刑罚为主。例如 E 地区检察机关起诉到法院并判刑的未成年人案件中,93.3% 被判处 3 年有期徒刑以下刑罚;DJw 人民检察院 90% 以上起诉的未成年人案件均处 3 年有期徒刑以下刑罚;CWj 人民检察院 2018 年仅 1 个涉嫌多罪名的未成年人被判 5 年以上有期徒刑,3 年以上 5 年以下有期徒刑的 1 个,绝大部分都是 3 年有期徒刑以下刑罚;CHs 人民检察机关 2016 年至今共起诉了 6 名未成年人,这 6 人中最高的判 4 年,大部分都被判处 1 年以下;而 CN 人民检察院作为市级院,一般受理的都是情节较为严重的案件,其也表示 80%—90% 的未成年被告被判处缓刑,连续两年被判监禁刑的未成年人为个位数。

可见,大部分的未成年被告人都符合犯罪记录封存的条件。目前,从数据上看受访地区犯罪记录封存制度实行得较好,均实现了封存率 100%。但是,绝大部分仅仅是物理意义上的封存,即只是将相关案卷贴上封存的封条,有的条件好的地方则将封存的案卷单独存放,而有的则依然将封存案卷与普通案卷存放一起。更为重要的问题是,虽然法律规定一般情况下不得向单位或个人提供犯罪记录,但是现实生活中,出国留学或升学就业时需要开具无犯罪记录证明,这使得公安机关处于两难的境地。一方面法律规定不得透露相关犯罪记录,另一方面该未成年人确实有犯罪记录,若

---

① 张丽丽:《从"封存"到"消灭"——未成年人轻罪犯罪记录封存制度之解读与评价》,载《法律科学(西北政法大学学报)》2013 年第 3 期,第 57 页。

开具无犯罪记录证明去说明该人没有犯罪记录,则又与事实不符,有损国家公权力机关形象。因此,面对这种情况,许多公安机关都是选择不予开具相关证明,这等于从侧面暴露了该未成年人的犯罪前科情况,对其升学就业造成不良影响。对此,检察机关只能多方进行沟通协调,甚至直接向有关学校、工作单位等说明相关法律政策和规定,但这终究不是长久之计,并且也有违犯罪记录封存的初衷。

(三)附条件不起诉与相对不起诉的适用标准不清晰

上文中虽然指出总体上而言,许多检察机关对未成年人积极适用附条件不起诉,并且取得良好的社会效果,但是在具体操作中仍然存在一定的问题,即检察官们对附条件不起诉的适用标准依然存在困惑。有的地方适用附条件不起诉的标准较低,有的则很高,从而导致了附条件不起诉的适用率有较大差异。

如同为 D 省的 S 市与 W 市,两市作为东部发达城市,人口流动大,85% 以上的涉罪未成年人为外来流动人口。因此,从两地未成年人案件的犯罪类型和社会条件上看,可以说具有较高的相似性,但是在适用附条件不起诉时,两地检察机关却表现出了不同的态度。S 市持鼓励的态度,大胆适用附条件不起诉,附条件不起诉占未成年人犯罪案件不起诉的比例持续攀升,到 2015 年一直保持 80% 以上;反观 W 市则对附条件不起诉持相对保守的态度,近年来附条件不起诉占未成年人犯罪案件不起诉的比例一直呈下降趋势。除了附条件不起诉刚开始施行的 2013 年占比超过了 60%,后续几年基本都在 50% 以下。这在一定程度上反映出实践中对附条件不起诉的适用标准存在认识不统一的情况,具体来说则是与相对不起诉的混淆。具体数据见下表。

表 8　D 省 S 市和 W 市附条件不起诉适用情况

年份 \ 类型	D省S市检察机关			D省W市检察机关		
	不起诉人数	附条件不起诉人数	附条件不起诉占不起诉比率	不起诉人数	附条件不起诉人数	附条件不起诉占不起诉比率
2013	32	9	28.1%	30	20	66.7%
2014	37	18	48.6%	49	20	40.8%
2015	51	45	88.2%	41	21	51.2%
2016	66	56	84.8%	36	9	25.0%
2017	156	149	95.5%	47	18	38.3%
2018	212	195	92.0%	116	43	37.1%

实践中，有的检察官就认为附条件不起诉和相对不起诉之间存在一定的法律竞合问题。即附条件不起诉的适用条件除了要求属于刑法第四、五、六章所规定的行为外，很重要的一条即是"可能判处一年以下有期徒刑"。根据我国目前的刑法规定，法定刑中很少有直接规定"判处一年以下有期徒刑"的表述，因此在适用附条件不起诉时，对这一条的理解即转换为"犯罪情节轻微"，因为只有犯罪情节不那么恶劣、犯罪后果不那么严重的，才会有可能判处 1 年以下有期徒刑的刑罚。当将附条件的适用条件作出这一变通理解后，则似乎与相对不起诉的适用条件存在一定重合。即只要未成年犯罪嫌疑人触犯的是刑法第四、五、六章的规定，并且犯罪情节轻微，则有可能适用附条件不起诉或者相对不起诉。

鉴于二者都要综合考虑犯罪情节、主观恶性、危害后果、悔罪表现等因素，难以精准把握界限，许多检察官在办案时依然感到困惑，不知道到底该适用附条件不起诉还是相对不起诉。从调研反映出来的情况看，面对这种选择时，有些地区的检察官一般会选择做出相对不起诉的决定，除了因为"优先适用相对不起诉"的政策性要求，还有个更重要的原因即是相对不起诉在程序上更便捷。附条件不起诉毕竟需要经历一个考验期，在考验期中检察官需要对未成年人进行跟踪考察，还要承担其再犯罪的风险。而相对不起诉一旦做出后，则案件即已完结，不需要更多后续的工作。反观相对不起诉，一旦做出不起诉决定后，检察机关的工作即已完成，不需要后续的考验期帮教。

"教育为主、惩罚为辅"原则不是指对未成年人的轻微刑事案件一味采取放任不管的态度；相反，这是要求司法人员担负起感化未成年人的社会责任。附条件不起诉作为针对未成年人的不起诉制度，其教育意义是不言而喻的。虽然同为适用于犯罪情节轻微的行为，但是附条件不起诉中的考验期制度，对未成年人有着督促和教导作用。在考验期中，检察官应当掌握未成年人的生活和学习状态，了解其思想状况，适时作出心理辅导和沟通，帮助其端正态度、改正错误，从而重回健康的成长轨道。然而，实践中对附条件不起诉制度的回避态度，无疑让负有帮教意味的司法制度形同虚设，有违我国刑事诉讼制度对未成年犯"教育为主"的立法初衷。

个别地区也会存在反向倾向，这种情况往往是上级为了鼓励附条件不起诉的适用，将附条件不起诉数据作为考核指标。因此有的检察官会为了达到指标或考核加分，明明可以直接适用相对不起诉的而适用附条件不起诉。无论是上述的哪一种情况，都不是以相对不起诉和附条件不起的法律意义为依据做出相关决定，也就无法发挥两种不起诉处理应有的法律和社会效果。

当然，在附条件不起诉适用较多的地区，检察官们也在实践中总结出来自己的标准。如表9中所示，这些检察机关中的未检检察官在区分适用相对不起诉还是附条件不起诉时一般会考虑罪名性质、犯罪情节、主观恶性、帮教必要性等因素综合进行判断。这表明这些检察官们已经能够通过具体案情来进行区分，而不是简单地为了工作方便或工作考核做出选择。但是我们依然可以发现，虽然这些地区的检察官们对需要考虑的因素大体一致，但是在具体判断时依然存在认识不一致的情况。例如 DWj 人民检察院的检察官认为最主要的是看犯罪情节，而 EAc 人民检察院则将人身危险性放在考虑的第一位要素。另外，CHs、DNj 和 DWj 三地的检察官会考虑未成年人的家庭帮教条件，即如果父母不在身边或者缺乏良好的监管条件的话，则会倾向于附条件不起诉；而 CNy、DSw、EAc 和 EBh 则主要考虑犯罪事实（罪名、犯罪情节、犯罪金额等）和人身危险性（个人悔罪认罪情况、主观恶性、帮教必要性等）两方面内容。

表9 检察官适用相对不起诉和附条件不起诉的考量因素

检察机关类型	CNy	CHs	DNj	DSw	DWj	EAc	EBh
相对不起诉	优先适用；罪名性质轻	情节轻微	情节轻微	可能单处罚金；一般为盗窃一次	例如虽然盗窃金额大，但是临时起意的，主观恶性不大，且主动退回了的	例如初犯、偶犯、顺手牵羊、临时起意	犯罪金额刚到起刑点
附条件不起诉	罪名性质较重；行为偏差严重，有帮教必要	情节重一点；原生家庭没有帮教能力	主观恶性大、悔改不明显、有帮教必要	可能判处拘役、一年有期徒刑以下刑罚；一般为多次盗窃、聚众斗殴等	例如虽然金额小，但多次盗窃，主观恶性大的	例如虽然情节轻，但是屡教不改的	犯罪金额超过起刑点很多；主观恶性大、有帮教必要
考量因素	罪名性质、帮教必要性	犯罪情节、家庭帮教条件	犯罪情节、家庭帮教条件、个人悔罪认罪情况	罪名，可能判处刑罚	主要看犯罪情节、主观恶性；其次看金额、家庭帮教条件	主要看人身危险性；其次看犯罪情节	金额或情节、主观恶性、帮教必要性

因此，在实践中面对相对不起诉和附条件不起诉，有的地区检察官确实无法对二者进行区分，于是只能选择最有利于自己工作进行的方式；有的地区检察官则凭借经验总结出了判断依据，但是总体上并没有形成统一的适用标准。可见，关于相对不起诉和附条件不起诉的适用情况需要进一步的厘清。只有正确理解了二者的适用条件，才能将每一种制度都发挥其最大功效，从而做出真正有利于未成年人成长和改造的处理决定。

（四）对未成年人的帮教力量地区发展不平衡

事实上，保护未成年人不应当仅仅只是检察机关一家的责任，而是需要依靠其他司法行政部门、社会公益组织等积极参与，从旁予以协助。《指引》中强调，应当建立有效的外部联动机制，加强与政法机关、教育部门、民政部门、未成年人保护组织等机构的联系，从而形成一个司法保护、家庭保护、学校保护、政府保护和社会保护有效衔接的未成年人保护机制。

调研期间了解到，实施犯罪的未成年人多为两类人员：一类是父母在外地务工的留守未成年人；另一类则是自己在外地务工的未成年人。这两类人员都存在家庭监护缺失、文化教育匮乏、生活条件落后、安全感不足、心理疏导欠缺等问题。这些问题一方面导致这些未成年人容易遭受来自外界的不法侵害，诱发其犯罪；另一方面也使得他们一旦犯罪后，若对其进行帮教存在一定的困难，因为对于这类人等于失去了"家庭帮教"的层面，也就意味着检察机关和社会需要承担更多的帮教义务。

然而正如上文提到的，许多地区的未检检察官不仅办理未成年人案件，还要办理成年人案件，首先从案件量来说就不少于一般的检察官。再加上还有青少年法治宣传与犯罪预防的任务，这类工作从起草策划、外界沟通到材料准备、活动实施，都是需要耗费许多的时间和精力，使得未检检察官疲于奔命。在这些工作量的基础上，还要加上对不起诉涉罪未成年人的帮教工作，会使得未检工作明显感到人员不足。

这就导致附条件不起诉考验期原本应当是对未成年人进行帮教的重要阶段，现实中有些检察机关却只能确保形式上的到位，质量如何则无暇顾及。从表10中可以看出，有些地区检察机关的帮教方式仅为口头教育、交谈或者由未成年人对自己的近况进行汇报，帮教形式单一，这也直接关系影响到帮教成效。往往只要未成年人没有违反相关规定，考验期结束即做出不起诉决定。检察官自己也表示，觉得检察机关的帮教手段有限，从而导致帮教效果也很有限，起不到附条件不起诉考验期应有的成效。毕竟，仅靠检察官单方面的口头教育以及未成年人对自身情况的汇报总结，是很难真正对未成年人实现"教育、感化、挽救"的目的。

表10　基层院附条件不起诉的帮教情况

检察机关类型	AH1m	AH2g	BKs	BBl	CHj	CHs	DNy	DWj	EAp	EAc
帮教方式	汇报	口头教育	书面报告、口头汇报、管护基地	交谈、汇报、管护基地、星级考评	交谈、汇报、亲子活动	交谈、汇报、管护基地	交谈	交谈、汇报、管护基地	交谈、汇报、管护基地	交谈、汇报、管护基地
帮教效果	一般	不够理想	很好	很好	还可以	很好	不好说	一般	一般	很好
适用感觉	太麻烦，还不如直接起诉判缓刑	没什么太好的方式	学习新技能，基本无再犯	量化考验内容有利于检验帮教效果	挺好的	有利于未成年人成长	感觉帮教效果有限	惩戒力度有限	考验期太长，宁愿直接起诉或相对不起诉	有利于未成年人成长

当然，表10中同样反映出采用多种帮教手段的地区，大部分都取得了良好的效果，检察官也普遍觉得发挥了应有的帮教作用，有利于未成年人的健康成长。这主要是依靠社会力量建立了一些管护基地，将未成年人放在管护基地中进行考察，确实比单一的口头交流和书面汇报更容易对未成年人起到改造作用。因此，《指引》也提出，鼓励检察机关通过政府购买服务或者聘请专业人士，参与附条件不起诉考察、心理疏导与测评等未检工作中来。这样一方面可以减轻检察官的工作量，保证每项工作都做到位；另一方面，由专业人士来办理，可以保证未成年人获得更专业的心理测评和疏导，使得未成年人教育和犯罪预防更具专业水准。然而，这一机制的建立需要依靠良好的社会体系。在一些偏远或者欠发达的西部地区，专业的未成年人帮教机构很有限，甚至没有，社会公益组织更是发展得很不完善。因此，检察机关没有可以借助或依靠的社会力量去帮助其对未成年人实施帮教。

鉴于这种情况，有些地区则干脆尽量不适用附条件不起诉，导致附条件不起诉的使用率很低。例如表11中的A省H1市是A省人口较为集中、经济发展较好的地区，但是该地基层院适用附条件不起诉的案件依然极少。6个基层院中，有3个基层院自附条件不起诉制度确立以来从未适用过该制度，其中AH1h1为该市受理未成年人案件较多的地区，依然没有对未成年人做出过附条件不起诉的决定。另外3个基层院即便有，但是也均不超过10人，而且也看不到增加的趋势。另外，AH2d人民检察院等西部检察机关同样表示没有适用过附条件不起诉或者即便适用了总数也仅一两件，大部分不起诉案件选择了相对不起诉。当然，该地办理未成年人案件总数毕竟较少，这在一定程度上影响了附条件不起诉的适用数量。但是五年间从未适用过附条件不起诉的情况也同样在一定程度上说明当地检察机关面对附条件不起诉时持保守态度，其主要症结还是在于考验期的帮教任务完成的在困难。

表 11　A 省 H1 市基层院适用附条件不起诉情况

类型 年份	AH1p		AH1m		AH1l		AH1h1		AH1h2		AH1x	
	受理案件人数	附条件不起诉人数	受理案件人数	附条件不起诉人数	受理案件人数	附条件不起诉人数	受理案件人数	附条件不起诉人数	受理案件人数	附条件不起诉人数	受理案件人数	附条件不起诉人数
2013	8	1	7	2	21	0	16	0	0	0	6	0
2014	2	0	10	0	6	0	15	0	6	0	7	0
2015	12	4	19	1	13	0	18	0	0	0	5	0
2016	9	0	6	2	13	1	12	0	0	0	2	0
2017	10	0	15	0	3	0	16	0	4	0	6	0
2018①	1	0	8	3	8	0	6	0	0	0	0	0

三、未成年人刑事检察工作的若干思考

目前检察机关在办理未成年人刑事案件中虽然遇到种种难题，并且有些困境不是靠检察机关一家的努力可以排除，而是整个社会发展的问题，但是大部分的困难可以通过对相关法律规定的梳理、机构之间的协调、自身能力的提高等手段在一定程度上予以解决。

（一）提高专业化程度

调研期间了解到，许多检察机关为了尽可能地实现"专人专办"，已经不仅将未成年人犯罪的案件作为未检案件，同时还将一切涉及未成年人的案件，例如未成年人为被害人的、民行案件涉及未成年人利益的、甚至刑事附带民事赔偿中牵涉未成年人的案件等划分在未检的工作范围内，从而加大未检工作组的办案量。这样一来，一方面确保了"未检检察官只办

---

① 由于调研时为 2018 年 8 月，因此此行数据仅为 2018 年 1 月至 2018 年 8 月期间数据。

未成年人案件"的专业性,另一方面也实现了未检检察官办案量的饱和,减轻甚至消除未检检察官办案量不足与一般检察官办案量超负荷之间的失衡状态。

然而,在未成年人案件较小的地区或者其他类型案件量特别大的地区,即使采用上述的办法可能依然无法解决二者之间的矛盾。其实,关于"专人专办"的问题,刑事诉讼法只是说"由熟悉未成年人身心特点的审判人员、检察人员、侦查人员承办",《规则》中也只是强调了办理未成年人案件要实现捕、诉、监、防一体化,并没有要求未检检察官只能办理未成年人案件。这也是基于我国刑事案件特点和刑事检察现状做出的规定,对未检检察官不做"专职"的要求,即给各检察机关留下因地制宜的空间。对于未成年人案件量足够多的地区,要求未检检察官"专职"办理未成年人案件有利于检察办案专业化的实现;而对于那些未成年人案件较少,或者"人案矛盾"突出的地区,允许未检检察官"兼职"办理非成年人案件也无可厚非,其既做到了有经验的检察官专门处理未成年人案件,又符合检察工作的实际需要。

当然,无论是"专职"还是"兼职",未检工作的专业化还是要予以保证。首先硬件上要保证未检工作有专门的未检工作室。未检工作室应当比一般的检察办公室布置得较为温馨,不给未成年人造成心理压力,比如布置一些暖色调的家具或装饰、使用圆形桌等。在这样的环境下,对于未成年犯罪嫌疑人来说对抗心理较小。其次,软件上,未检检察官个人也要有意识地、自发地不断提高自己的专业素养。这种专业素养除了办理未成年人案件的业务能力,还包括犯罪学、心理学、教育学、社会学等专业知识,至少要掌握基本的理论知识和实用技巧。检察机关虽然可以聘请外部的专业人士进行心理测评、心理疏导等专业工作,但是这些专业知识可以帮助检察官在讯问、询问等业务工作中更有针对性地进行提问和谈话。

在受访的东部地区,一些未检检察官已经自发或者在检察院的支持下学习心理知识，并获取心理咨询师资格证。如 C 省自 2016 年起，全省未检部门共有 99 名未检工作者取得心理咨询证，占未检总人数的 30% 左右。再如图 2 中展现的 C 省 N 市的情况，自 2013 年未成年人特殊程序实施以来，该市未检部门积极响应最高检的号召，鼓励未检部门的检察人员学习心理学知识，考取心理咨询师资格证。2013 年全市仅 6 名检察人员考取心理咨询师资格证，但人数一直持增长之势，到了 2018 年已有 20 人。DSw 人民检察院的未检科有 2 名员额检察官和 2 名检察官助理，4 人均获得了心理咨询师资质，其中二级 3 人，三级 1 人。如下图所示。

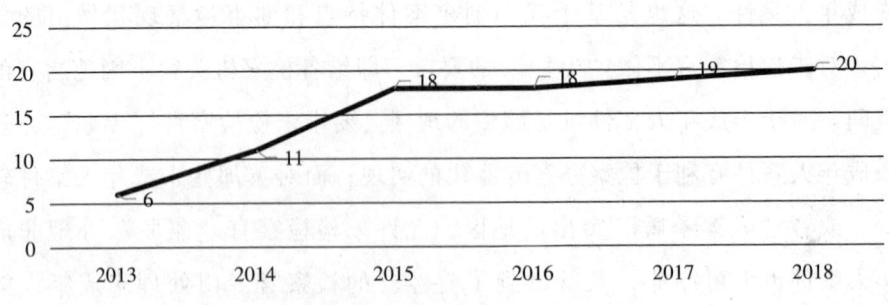

图 2　C 省 N 市未检部门取得心理咨询师资格证人数

这些未检人员能够在自己本职工作之余，抽时间自学其他有利于未检工作顺利进行的学科，并考取相应的资质证明，值得所有从事未检工作的检察人员学习。因此，检察机关在充实检察官法学理论和提升其检察业务能力的同时，还应当注意扩充未检检察官在犯罪学、心理学、教育学、社会学等其他人文科学的基础知识。通过这种方式可以实现未检检察官价值理念、知识维度等方面的重建，进而激发检察官们灵活地自我解决未检实践工作中的各类问题。①

---

① 田宏杰，温长军：《突破与超越：未成年人刑事检察工作机制研究——兼及未成年人刑事案件公诉体系的构建》，载《法学杂志》2012 年第 11 期，第 122 页。

(二) 理性看待"教育为主, 惩罚为辅"

"教育为主, 惩罚为辅"是少年司法的基本原则, 这也是一切未成年人特殊程序设置的根基。因此, 在具体理解和操作这一项规定时, 就需要以该原则为出发点和衡量标准去进行价值取舍。"教育为主, 惩罚为辅"强调的是对于涉罪未成年人应当秉承教育和挽救的态度去进行积极引导, 帮助他们认识错误和重回正轨。但与此同时, 也应当注意避免"泛保护主义"的出现, 毕竟"惩罚为辅"不是"无惩罚", 涉罪未成年人毕竟违反了法律的规定, 做出了一定的犯罪行为, 这类行为必须警醒和杜绝。如果一味地强调"安抚", 不仅无法达到"教育"个人的目的, 让该未成年人从自己曾经的错误行为中得到教训, 同时也无法对其他未成年人起到警示的作用。因此, 我们必须一方面要宽容地接纳和帮助诚信悔改的涉罪未成年人, 但是另一方面也必须认识到涉罪未成年人因自己的犯罪行为不可避免地会导致一定的消极后果。既要帮助他们回归社会, 也要适当地对其采取一定的惩戒措施。有了这一基本理念, 许多问题也就迎刃而解。

1. 社会调查问题

社会调查报告对未成年犯罪嫌疑人的强制措施适用、不起诉裁量和定罪量刑等方面起着重要的信息支撑功能, 更是对其进行有针对性的教育、矫治的工作基础。[①] 不让社会调查走过场, 就必须发挥其"掌握未成年人基本情况从而为后续处理做参考"的作用。有检察官反映, 出于保护未成年人隐私权的目的, 他们只会向直系亲属去了解情况。但很多时候仅从父母口中去了解未成年人的情况是不全面也是不客观的, 检察官还是应当根据具体情况综合判断和选择调查对象。尤其对于在校学生来说, 其在学校的表现情况、交友情况等对于其身心成长有着至关重要的影响。也正因如

[①] 彭智刚、卫杰:《论检察机关办理未成年人刑事案件社会调查的路径——以新〈刑事诉讼法〉实施为切入点》, 载《中国刑事法杂志》2013年第9期, 第101页。

此，域外很多国家的社会调查范围都不仅限于未成年人的直系近亲属，如美国的社会调查由缓刑官负责完成，其需要通过会见未成年人和其父母、走访其老师、同学、邻居以及朋友等方式充分了解未成年人的生活经历和学习环境。[①] 再如德国的社会调查报告书中包含家庭情况、学习经历等调查事项，其中学习经历又涵盖学习成绩、老师和同学对未成年人的评价等内容。[②] 可见，为了制作一份能够全面展现未成年人成长经历和身心特点的社会调查报告，仅从父母口中获取信息是远远不够的，来自老师和同学的评价往往具有重要意义。

但是，无论对哪类人群进行调查，必须始终以"必要性"为调查门槛，在综合了解情况的前提下尽可能地缩小调查范围，并且强调隐私保护的重要性。例如在掌握涉罪未成年人在校情况时，没有必要对任课老师和同学进行大范围的访问，可以仅向班主任了解情况，或者必要时通过班主任去向其同学了解其他情况。毕竟，班主任一般是最全面掌握一个学生的在校表现，同时由班主任出门去向同学询问该生情况，也更自然而不会引起同学们之间的猜测。总而言之，进行社会调查时，应当找必要的、关键的、对未成年人熟知的人进行了解。这类人主要、但并不限于直系亲属。在这过程中确实会让除父母外的人知道该未成年人做出了违法行为，但是这是其自身行为所带来的不可避免的消极后果。并且，既然已经确定了接受调查的都是熟知该未成年人的人，这类人往往也都已经或者迟早会知晓其违法犯罪行为，只是检察官有义务在调查时强调对该信息进行保密的重要性和意义。

---

① 王远生、严军兴：《英国刑事司法与替刑制度》，中国法制出版社1999年版，第86页。

② 田宏杰、温长军：《突破与超越：未成年人刑事检察工作机制研究——兼及未成年人刑事案件公诉体系的构建》，载《法学杂志》2012年第11期，第123页。

2. 犯罪记录封存

对于犯罪记录封存，首先，本着"教育为主"的原则，必须明确该制度的意义就在于"教育、感化、挽救"未成年人并帮助他们回归社会。未成年人相较于成年人犯罪一般犯罪动机相对单纯，其犯罪行为具有很大的盲目性，① 往往是因为内心不够成熟而未能理性对待外界刺激或诱惑。但也正因为心智的不成熟，未成年人一方面比成年人更容易受不良因素影响，具有"易感性"；另一方面只要有正确的引导，同样比成年人更容易接受改造，具有"易变性"。② 因此，为了不让他们因过去的错误背上犯罪人的烙印，严格落实和贯彻不向单位和个人公开被判五年以下有期徒刑的未成年人的犯罪记录很有必要。这不仅限于物理封存，而是要真正做到未成年人不会因为曾经的轻罪犯罪经历而影响其升学、就业和婚姻。至于公安机关提供犯罪记录证明的问题，则期望有关部门进行会商，对于无犯罪记录和未成年人时有被判5年以下有期徒刑的犯罪记录的未成年人，在有关单位要求出具"无犯罪记录证明"时，一律使用"成年后无犯罪记录"的表述，并且附上相关的法律规定和解释。

其次，本着"惩罚为辅"的原则，应当明确"犯罪记录封存"毕竟不是"犯罪记录消灭"。《刑事诉讼法》第 275 条中的但书明确规定"但司法机关为办案需要或者有关单位根据国家规定进行查询的除外"。这就决定了：（1）司法机关为了办案需要可以查询。调研期间有检察官提出疑问，如果未成年人再犯，其之前已经封存的犯罪记录是否可以作为第二次犯罪的入罪或量刑依据。最典型的情况为很多地方规定二次盗窃的，其入罪金额较初犯减半。那么未成年人再次盗窃的时候是否可以直接适用减半

---

① 张丽丽：《从"封存"到"消灭"——未成年人轻罪犯罪记录封存制度之解读与评价》，载《法律科学（西北政法大学学报）》2013 年第 3 期，第 57 页。

② 朱孝清：《关于未成年刑事检察工作的几个问题》，载《预防青少年犯罪犯罪研究》2012 年第 6 期，第 6 页。

后的入罪金额。显然，刑事诉讼法已经规定了司法机关为了办案需要可以查询已经被封存的犯罪记录，既然能够"查询"这些记录，则必然是因为这些记录会影响当前的案件处理。犯罪记录封存的本意是为了帮助真心悔改的未成年人重新融入社会，如果该未成年人再次犯罪，则表明其"屡教不改"，不再属于犯罪记录封存制度所保护的对象。（2）有关单位根据国家规定可以查询。我国《公务员法》《法官法》《检察官法》《兵役法》等职业法律中明确规定，有犯罪记录的人员不得从事相关行业或服兵役，因此公务员录取、入伍等情况时曾经的犯罪事实依然有必要让相关单位知晓。毕竟这些职业一般属于国家重要领域，对从业者有较高的品格要求。虽然这些未成年人无法进入上述行业有些惋惜，但是正如前文所说，即便是未成年人，只要已经有了刑事责任能力，就应当对自己的行为负责。这是其曾经违法犯罪所应当承担的合理后果，同时相对于其他遵纪守法的未成年人来说也体现了国家法律的公平性。

（三）正确适用附条件不起诉

我国刑事诉讼法除了规定仅针对未成年人适用的附条件不起诉以外，还有存疑不起诉、绝对不起诉（或称法定不起诉）和相对不起诉三种不起诉类型。存疑不起诉指的是检察机关认为指控犯罪嫌疑人犯罪事实的证据不足，不符合起诉条件，从而做出不起诉决定。绝对不起诉指的是检察机关经过审查后认为犯罪嫌疑人的行为没有违反法律规定，不构成犯罪，或者根据法律规定不予追究刑事责任，从而做出的不起诉决定。相对应的，相对不起诉则是指虽然根据刑法规定构成犯罪，但是由于情节轻微，不需要判处刑罚或免于刑事处罚，则检察机关做出不起诉决定。这三类不起诉情形均适用于所有犯罪嫌疑人，自然也包括未成年犯罪嫌疑人。其中，存疑不起诉和绝对不起诉在适用时一般不会引起混淆，因为二者分别针对的是无法起诉或不具备起诉条件的案件，只要有相关情况的出现，检察官就应当做出不起诉处理，没有过多的自由裁量权。① 相反，相对不起诉和附条件不起诉的适用条件相对具有弹性，检察官具有是否适用的裁量权。再加上两种不起诉方式都是对轻微犯罪的处理方式，因此在实践中难免出现适用上的"模棱两可"。然而，通过对法律规定的仔细分析就会发现，这两种制度不仅在适用范围上不完全相同，而且在适用罪行的轻重程度和法律意义上均有所不同。

1. 适用情节不同

根据法律的规定，相对不起诉的适用对象是"犯罪情节轻微，依照刑法规定不需要判处刑罚或者免除刑罚的"行为。根据这条法律规定可以得出两个结论：其一，适用相对不起诉的行为首先必须是已经构成犯罪的行为，否则就可以做绝对不起诉处理；其二，情节必须是轻微的，轻微到可以不需要判处刑罚或者可以免除刑罚的程度。

反观附条件不起诉，其适用的条件是"可能判处一年有期徒刑以下刑罚，符合起诉条件，但有悔罪表现的"行为。其中，"可能判处一年有期徒刑以下刑罚"这句话的主干部分即"判处刑罚"，也就是说"一年有期徒刑以下刑罚"不包括免除刑罚的情况，那么附条件不起诉也就不能适用于那些因情节轻微而不需要判处刑罚或者应当免除刑罚的犯罪行为。换句话说，适用附条件不起诉的行为，其犯罪的程度和情节，相对于适用相对不起诉的行为，应当更为严重。只不过其依然属于轻微型犯罪，并且确有悔罪表现，才考虑给予行为人一个改过自新的机会，暂缓起诉。这是相对不起诉与附条件不起诉自己的重大区别。

因此，在判断是适用相对不起诉还是附条件不起诉时，除了罪名之外，首先要看犯罪的情节轻重程度如何。二者从理论上来说应当属于并存

---

① 郭裴飞：《附条件不起诉制度的完善》，载《中国刑事法杂志》2012年第2期，第67页。

关系，如果未成年人犯罪情节轻微，不需要判处刑罚或者免除刑罚的，则只能适用相对不起诉，即排除了适用附条件不起诉的可能性。[①] 只有当未成年人的行为构成犯罪且可能判处1年有期徒刑以下刑罚的，才能考虑适用附条件不起诉。至于是否适用，还需要看未成年人的悔罪程度、帮教必要性等因素。

在具体判断该轻微情节是"免于处罚"还是"可能判处一年有期徒刑以下刑罚"时，则需要综合全案情况以及未成年人的主观方面进行考量。一般而言，对于初犯、偶犯、临时起意、顺手牵羊、涉罪金额很小等情节轻微的犯罪行为，可以优先考虑相对不起诉；对于屡教不改、多次犯罪、故意策划、涉罪金额较大等，但总体上依然情节较为轻微的犯罪行为，再加上犯罪嫌疑人认罪悔罪的，则可以考虑适用附条件不起诉。但是这仅仅只是一个大致的参考标准，具体情况依然需要检察官根据具体案情进行判断。这既是检察官自由裁量的权力，同时也是检察官办案能力的体现。

2. 法律意义不同

相对不起诉与附条件不起诉背后的法律内涵与法律效果并不一样。相对不起诉是罪刑法定原则和刑法谦抑性原则结合的产物。一方面，行为人的行为确实符合刑法规定的犯罪构成要件，属于犯罪行为；但是另一方面，由于情节确实轻微，没有造成严重的法律后果，本着"轻刑化"的刑事政策，则做出不起诉的决定。可见，相对不起诉是给刑法规定一个缓冲的余地。毕竟文字规定存在局限性，而现实社会又具有复杂性特点。有时某个行为按照字面意思解释确实构成犯罪，但同时又情节轻微，没有对个人或社会造成严重的后果。如果对这类轻微刑事犯罪的人判处刑罚，其定

[①] 谢登科：《困境与出路：附条件不起诉适用实证分析》，载《北京理工大学学报（社会科学版）》2015年第4期，第147页。

罪量刑对行为人带来的不良影响与其所犯行为导致的不良后果之间不对等。如果对其作出不起诉决定则既尊重了刑法的罪刑法定原则，又彰显了刑法的谦抑精神。

附条件不起诉则是"教育为主、惩罚为辅"原则的集中体现，要求检察官们面对涉罪未成年人，要"既不能不教而罚，也不能不教而宽"①。由于未成年人所实施的行为不仅属于犯罪行为，而且犯罪情节和犯罪后果的轻微程度不足以免除刑罚，如果将其起诉至法院，就很有可能会被做出有罪判决，影响未成年人今后的成长发展和社会活动。但是，对于这种情况又不能直接作出不起诉处理。因为一方面其轻微程度达不到相对不起诉"可免于处罚"的条件；另一方面，当一个未成年人作出可能判处 1 年有期徒刑以下刑罚的犯罪行为时，不能一味追求宽容放纵。毕竟惩罚对未成年人起到的警示作用是单纯的说服教育所无法替代的。② 因此，有必要对这些未成年人采取一定带有管教和惩戒作用的非刑罚措施，附条件不起诉即满足这一要求。在附条件不起诉的考验期间，未成年人是被考验的对象。刑事诉讼法对被附条件不起诉人规定了一些法律义务，如按照考察机关的规定报告自己的活动情况以及离开所居住的市、县或者迁居要报经考察机关批准等。与相对不起诉相比，被附条件不起诉的未成年人显然更受管束，一些权利也受到了限制，需要履行一些附加义务。这也是附条件不起诉有别于相对不起诉的意义所在。③ 附条件不起诉制度在给未成年犯罪嫌疑人提供改过自新、不被起诉的机会的同时，实际上对未成年人还起到一定程度的惩戒作用。

---

① 朱孝清：《关于未成年刑事检察工作的几个问题》，载《预防青少年犯罪犯罪研究》，2012 年第 6 期，第 8 页。

② 张栋：《未成年人案件羁押率高低的反思》，载《中外法学》2015 年第 3 期，第 829 页。

③ 樊荣庆：《未成年犯罪刑事诉讼程序的施行与适用》，载《政法论坛》2013 年第 5 期，第 179 页。

值得注意的是，由于附条件不起诉拥有上述帮教的意义，一些检察官在选择不起诉的类型时，常会考虑到未成年犯罪嫌疑人相对不起诉后自身是否有被帮教的条件。如果未成年犯罪嫌疑人家庭教育缺失或父母在外地无法督促教育，检察官则会选择附条件不起诉，由检察机关进行至少6个月的管护教育。这类做法确实具有一定的现实意义。但是不能忽视的是，犯罪行为以及犯罪情节的轻重才是判断适用相对不起诉还是附条件不起诉的基本前提。在选择不起诉类型时确实需要考虑"帮教"这一因素，但是这指的是根据未成年犯罪嫌疑人自身的悔改情况等来确定是否有帮教的必要。有些案件中，未成年犯罪嫌疑人一贯表现良好，只是一时糊涂犯下轻微罪行，事后也深表后悔，但是同时也确实父母在外务工。这种情况下，看似没有良好的帮教条件，但是该犯罪嫌疑人也不存在由检察官进行帮教的必要。如果此时检察官鉴于"无帮教条件"而做出附条件不起诉的决定，实际则是对未成年人权益的侵害，甚至有可能将附条件不起诉变成对人身自由权的变相限制。因此，在具体选择相对不起诉或附条件不起诉时，还是应当回归到案件本身，以情节轻微等为根本依据，帮教条件、家庭环境等只能作为最后综合判断的参考要素，而不是决定因素。

总之，虽然相对不起诉和附条件不起诉在适用上看似有重叠的部分，但是其实二者并不能互相替代。如果对本应做出相对不起诉的未成年人做出了附条件不起诉，则一方面违背了刑法的谦抑性，另一方面也增加了检察官没必要的工作量；相对应的，如果对本应做出附条件不起诉的未成年人做出了相对不起诉，则是对未成年人的不负责，有违"教育为主，惩罚为辅"的原则，毕竟"教育"并不等于"放纵"，"宽容"更不是"纵容"。所以，无论是为了省事而一律做出相对不起诉，还是为了"业绩"而一律做出附条件不起诉，都是不可取的，而是应当根据未成年人的犯罪情节和人身危险性选择正确的不起诉方式。

(四) 丰富帮教手段

"教育为主、惩罚为辅"原则突出了对未成年人案件帮教性的特点，其最终目的不是惩罚未成年人，而是要对涉罪未成年人进行有效的教育和感化，从而达到挽救的目的，重回家庭、学校和社会。为了实现这一目的，单纯的说教虽然是对未成年人进行了"教育"，但作用显然是相当有限的，尤其对于处于叛逆期的青少年来说，有可能还会产生适得其反的效果。这就需要检察官们从内心深处关心这些未成年人的成长，充分发挥自己的主观能动性，利用身边一切可利用的机会，积极寻求更多样、更有效的帮教手段。

1. 充分利用社会资源

《北京规则》指出，未成年司法问题应当以社会力量为主，这些社会力量既包括家庭、学校的力量，也包括社区、企业等多种力量。社会参与是未成年人刑事司法的一项重要内容，通过司法资源与社会资源的有效衔接以弥补家庭监护的缺失和不足。[①] 因此，未成年人的教育工作不是仅仅依靠检察机关就能完成的，尤其在附条件不起诉中，考验期期间对未成年人的教育和帮助更是一个需要其他部门以及社会力量通体配合的问题。[②] 毕竟检察机关的核心业务是办理案件，在条件允许的情况下，帮教未成年人的工作应当主要依靠社会力量和相关部门去具体实施，建立多元化的社会支持体系。检察机关则主要起到牵头引导和监督跟踪的作用，充分调动所有可利用的资源，让未成年人初犯法律时可以在社会中接受有效的教育，实现改造，尽量减少司法介入以减轻司法程序带给青少年的消极后果。

[①] 王贞会：《家庭监护功能缺位的实践表征及其治理路径——以 308 名涉罪未成年人为样本的分析》，载《法学论坛》2018 年第 6 期，第 187 页。

[②] 刘艳红、李川：《江苏省预防未成年人犯罪地方立法的实证分析——以 A 市未成年人犯罪成因和预防现状为调研对象》，载《法学论坛》2015 年第 2 期，第 151 页。

由政府出资购买专业的帮教服务固然是一条最为有效的帮教路径，但是许多地区，尤其西部省份，经济较为落后，当地政府没有足够资金进行政府购买或者建设专门的管护基地。① 这就需要由人大或政法委牵头，由检察机关负责主导和监督，联合工会、团委、妇联、青保办、关工委、居委会、教育局等机构共同参与到未成年人的帮教工作中来。具体到附条件不起诉的考验工作，检察机关则可以与教育界合作，利用当地现有场地和资源对涉罪未成年人采用管护教育。例如将考验期安排在合作学习或企业中进行，让附条件不起诉的未成年人到此学校学习，考验期合格后可留在该校就读。对于一些监护人无暇或者不愿看管的中学生，则可让其就读于寄宿制学校，委托学校一起就未成年人的表现进行考验和监护。

除了教育系统，还可以联合当地有社会责任心的企业，让未成年人到该企业中学习技术、进行实习、参与工作，考验期合格后，不但对未成年人不予起诉，还可以让其选择在该企业工作。值得注意的是，在管护期间还应当注重对未成年人隐私权的保护。这一点 D 省 N 市的检察机关考虑得较为全面。该市与当地一家瓷器厂合作，涉罪未成年人在此跟着师傅学习制瓷技术。在此期间，除了与检察官和社工直接对接的企业高管以及带领未成年人学习技术的师傅以外，其他人对该未成年人的身份并不知晓，与一般的实习生同等待遇。未检检察官则定期到企业了解未成年人的学习和工作情况，与企业直管工作人员进行沟通。

以前的管护基地侧重于管护，但是在管护基地体系基本落实后则更侧重于技能培训，并且由青少年组织的社工对其进行考察。过去，很多青少年屡教不改、再犯率高，主要是因为没有经济来源，也没有提高自己能力的渠道。现在通过这种方式，检察机关不仅解决了考察工作人手不足的问

---

① 樊荣庆：《未成年犯罪刑事诉讼程序的施行与适用》，载《政法论坛》2013 年第 5 期，第 177 页。

题,更为重要的是,还让青少年学会了一门技术,找到了一份工作。有了稳定的工作和正常的生活习惯,青少年再犯罪的概率也就小了很多。可见,管护基地的建立不仅为基层院解决了考察难的问题,更是为这些未成年人提供了一个有利于其未来成长的帮教条件,让他们在管护基地接受教育和学习技能,为日后自食其力地回归社会打下基础。

2. 充分利用内部资源

在一些社会发展不够完善,社会力量薄弱的地区,检察机关可能没有过多可借助的专业人员或社工参与到对未成年人的帮教过程中;社会机构如学校和企业,可能由于思想认识较保守,不愿意为检察机关提供帮教场所。因此,只能依靠检察机关自己负责帮教的实施。

事实上,在已经建立起完善帮教体系的地区,检察机关在最初同样面临社会力量支持不到位、帮教条件受限的困境,完全只能依靠未检检察官们自己亲力亲为地做每一项帮教工作。然而,社会毕竟在进步,随着未成年人检察工作的全面发展以及与社会各机构的深入沟通,由检察机关领导、各方社会力量通力配合的帮教体系也将随之建成。因此,正处在未检帮教初期阶段的检察机关,应当从关爱未成年人的身心健康出发,在自己能力范围内积极拓展思维,开发多种样态的帮教方式。

在没有可利用的外界条件下,未检察官们则应尽可能地充分利用检察机关的内部资源,对于正处于附条件不起诉考察期的未成年人,除了常规的思想汇报以外,还可以邀请他们参加检察机关组织的多项活动。比如邀请未成年人加入检察机关内部的读书会,培养其爱看书的良好习惯,学习新的知识,领会新的感悟;爱好运动的未成年人,则可以邀其一起参加篮球赛、足球赛,发挥其特长,进行健康的体育锻炼;检察机关内部举办的一些文艺晚会也可以邀请未成年人参加,或是表演才艺,或是发表感言,树立其自信心。在条件允许的前提下,还可以让家长参与到活动中来,这样在对未成年人进行感化的同时,对父母来说也是一次改善家庭关系的亲子活动体验,从而实现"双向帮教",更有利于未成年人的成长。总之,通过让未成年人融入检察人员的文体活动的方式,让未成年人感受到检察官们积极青春的生活状态,培养健康的生活习惯,树立正确的生活理念,让检察官们通过自己的身体力行潜移默化地感染和感化这些曾经犯下错误的青少年们。

图书在版编目（CIP）数据

刑事检察实务问题研究/张智辉主编. —北京：中国检察出版社，2019.7
ISBN 978－7－5102－2317－4

Ⅰ.①刑… Ⅱ.①张… Ⅲ.①刑事诉讼－研究－中国 Ⅳ.①D925.204

中国版本图书馆 CIP 数据核字(2019)第 150666 号

刑事检察实务问题研究
张智辉　主编

出版发行：	中国检察出版社
社　　址：	北京市石景山区香山南路 109 号　（100144）
网　　址：	中国检察出版社（www.zgjccbs.com）
编辑电话：	(010)86423750
发行电话：	(010)86423726　86423727　86423728
	(010)86423730　68650016
经　　销：	新华书店
印　　刷：	北京宝昌彩色印刷有限公司
开　　本：	710 mm × 960 mm　16 开
印　　张：	37.75
字　　数：	497 千字
版　　次：	2019 年 7 月第一版　2019 年 7 月第一次印刷
书　　号：	ISBN 978－7－5102－2317－4
定　　价：	118.00 元

检察版图书，版权所有，侵权必究
如遇图书印装质量问题本社负责调换